THE CUSTODIANS

DOLORES CANNON

人類の保護者

UFO遭遇体験の深奥に潜むもの

ドロレス・キャノン 著

誉田光一 訳

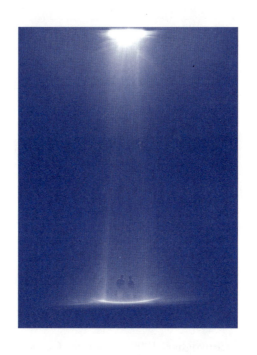

ナチュラルスピリット

THE CUSTODIANS
by Dolores Cannon

Japanese translation published by arrangement with
Ozark Mountain Publishing, Inc. through The English Agency (Japan) Ltd.

人類の保護者——ＵＦＯ遭遇体験の深奥に潜むもの

人類の保護者——UFO遭遇体験の深奥に潜むもの●The Custodians—Beyond Abduction●目次

第一部

第二部

第一部

第1章 方向転換

わたしが退行催眠による前世療法を始めたのは一九七九年のことだったが、当時は、それが自分をあのように途方もない場所や状況に導くことになるなど、想像もしていなかった。その後、わたしはいくつかの奇妙なわき道に入り込み、そこで信じがたいような体験をした。過去の幽冥界《シャドウランド》からやって来た興味深い人物たちと出会い、もはや永久に失われたと思われていた貴重な情報を得ることができたのだ。それは、この驚くべき退行催眠の手法を用いてこそ可能なことで、以来、わたしは過去の世界を探り、そこで得られた数々の発見についての著作活動にすべての時間を費やしてきた。

わたしには未知のものに対する飽くことのない好奇心と研究意欲、旺盛な知識欲があり、それがわたしを不断の探求へと駆り立ててきた。わたしは、それが被術者の人生上の諸問題を解決するのに用いられるのでないかぎり、催眠術を現代的な状況に応用することには興味がなかった。病的恐怖や健康上の問題などは過去世から持ち込まれたものであり、また、カルマによる親縁関係が現世の家族関係に影響を及ぼしているのである。わたしが通常、喫煙や過食などの生活習慣上の問題解決のために一般的な催眠術を使うとしても、それは過去世への退行と併せて行なう場合のみだった。わたしの開発した手法によれば、被術者は自動的に過去世に戻されるので、わたしは被術者の現世に焦点を合わせることはなかったのだ。

しかし、ある時、わたしは思いがけずUFOによる誘拐《アブダクション》体験現象の世界に踏み入り、以来すべてがすっかり変わってしまった。わたしの探究は、それまでとはまったく違う予想もしなかった方向に向かうことになったのである。わたしの前に扉が開かれ、垣間見ることの許されたその世界は、一般の人々にとっては、むしろ霧に包まれた未知の領域のままであってほしかったものなのかもしれない。およそ人類には理解不可能と思われるそんな世界には、踏み込まぬほうがいいと言う人もいるだろう。しかし、そこに知識と英知があるのであれば、わたしは探求せずにはいられず、尽きることのない多くの質問をぶつけずにはすまされない。なんであれ、新たな研究対象はわたしの探究心をかきたて、それを無視することはできないのである。しかしながら、この領域への参入の道は、これまでわたしの取ってきた通常のコースからはまったく外れているので、方法を変え、新しい状況に適応することが必要と思われた。

わたしはUFO、いわゆる〝空飛ぶ円盤《フライング・ソーサー》〟には以前から興味があった。この現象に関する多くの本の中でも強く印象に残っているのは、一九六〇年代に出版されたベティーとバーニーこと、ヒル夫妻の話（『*The Interrupted Journey*』〔中断された旅〕）で、これが、いわゆるUFO誘拐体験現象についての最初の報告である。そこに書かれている夫妻の体験の多くは真実だとわたしは確信していた。例えば、明らかにテレパシーで交信したらしいとか、彼ら宇宙人《エイリアン》にはこちらに害を及ぼす意図はないということなどは、まったく妥当な話と思えたのだ。

また、上空で起き続ける不思議な現象に対し、懐疑的な態度を取る人たちのコメントも沢山読んだ。そして、このような現象の存在を肯定する側と否定する側双方の意見を公平に判断した結果、わたしは否定派の合理的・論理的な考え方ではどうしても説明できない何かが実際に起こっているに違いないと、ひそかに確信した。

あるいは、そもそも、こうした現象自体が論理的には簡単に説明できないように仕組まれているのかもしれない。これらはすべて宇宙人たちの作戦で、こんな風に人類を混乱させ、UFOなどありえないと結論づけさせるように最初から彼らが計画していたのではないか。

「空飛ぶ円盤」の話が世に知られるようになったのは、わたしが十代の頃、一九四〇年代の終わりから五〇年代の初めにかけてのことだった。当時、一般には荒唐無稽な話とされていたが、わたしには、そこには何かあるに違いないと思えた。その頃のわたしは、UFOに関するさまざまな記事を読んだりして最新情報を得るという程度で、そんな自分が、まさか後年、本格的にUFOの研究を始め、別世界の宇宙人と直接交信することになるなど、想像すらしていなかったのだ。

しかし、実際に宇宙人とコンタクトするようになってからも、わたしは別に驚いたり不審を抱いたり、恐れたりすることはなかった。それは、これまで仕事の上で接してきたさまざまな不可思議な事象が、やがて遭遇することへの周到な準備になっていたのかもしれない。とにかく、わたしには強い「好奇心」があり、やがてそれはわたしのトレードマークとなって、情報を引き出す際、おおいに役立ったのである。

わたしがUFOに関する調査研究の分野に足を踏み入れたのは、一九八五年五月のことだった。友人であるミルドレッド・ヒギンズに、アーカンソー州フェイエットヴィル市の彼女の自宅で開催されたMUFON《ムーフォン》（Mutual UFO Network UFO相互ネットワーク）の州会員の集会に招待されたのだ。ミルドレッドは、アーカンソー州MUFONの副会長をしていた。わたしが超常現象に興味を持っていることを知っていた彼女は、そうした分野の研究者や愛好家たちと出会うのをわたしが喜ぶのではないかと考えたのだ。わたしも、自分の専門である退行催眠による前世療法と分野は違うが、本で読んだことのあるいくつかのＵＦＯ事件について質問してみるのも面白いかもしれないと思った。

その集会でわたしはＭＵＦＯＮが、ＵＦＯ研究団体の中でも最大、かつ、もっとも権威のあるグループで、全世界に会員がいるということを知った。そして、会員のほとんどは科学的な物の見方をする人たちであると思われたので、自分の研究については黙っていることにした。というのもその頃、そのような試みは、まだ多くの人々にとっては馬鹿げたことであったから、自分が真面目に取り組んでいる調査研究が大勢の前で嘲笑の的になるのが嫌だったのだ。当時、自分の研究については公にしていなかったので、わたしが何をしているか知っている人はほとんどいなかった。

ＭＵＦＯＮの国際部長であるウォルト・アンドラスも、その集会に出席していた。彼は話し好きで直情タイプの人物だったが、頭に入っているＵＦＯ関連の出来事ならどれでも瞬時に思い出すことができるかのようだった。わたしはそんな彼の博識に深く印象づけられたが、そうしたＵＦＯ事件の多くは彼自身の調査によるものだということであった。

その日、わたしがのちにＵＦＯとの縁を深める上でおおいに影響を与えられたもう一人の人物とも出会ったのだが、第一印象は特に強いものではなかった。その人、ルーシャス・ファリシュは、とても物静かで目立たぬ人物だったが、人の話は細大もらさず聴き取って、まるでスポンジのように情報を吸収していた。今にして思えば、このようなタイプの人間だったからこそ、表舞台で活躍する人々よりも多くの情報が得られたのだ。彼は『*UFO Newsclipping Service*』（『ＵＦＯニュース切抜きサービス』）という月刊誌を発行しており、世界中からＵＦＯ関連の最新情報が彼のもとに集まって来ていた。

会議も終わりに近づく頃になると、わたしも出席していた会員たちとかなり打ち解けてきたので、思い切って自分が催眠術を使って過去世研究を行なっていることを彼らに告げた。これは明らかに「科学的」アプローチからは外れており、こんな正体を明かしたからには皆に仲間はずれにされると覚悟していたのだが、驚いたことにウォルトは、催眠術は有効な道具であり、なんであれ、情報を得るのに役立つものは大歓迎だと言うのだった。

この集会の後も、わたしはルーシャス・ファリシュと連絡を取り続けることにした。彼はわたしの研究に対して好意的で、恐れていたような軽蔑的な反応はなかった。

一年後、わたしは初めて、催眠術を用いたUFO研究の分野に足を踏み入れることになった。その頃、ホイットニー・ストリーバーの『*Communion*』(邦訳『コミュニオン――異星人遭遇全記録』扶桑社)が世に出た。バッド・ホプキンの『*Missing Time*』(『失われた時間』)も、しばらく前に出版されていたが、多忙のため、わたしは両方とも読んでいなかった。

しかし偶然にも、一九八六年の五月、わたしのエージェントからストリーバーの本を渡され、その中にUFO関連で退行催眠術を使用したという記述があるから読むようにと薦められた。そして同じ頃、ルーシャス(友人たちにはルーと呼ばれている)から電話で、またフェイエットヴィルのヒギンズ宅でその年の例会があることを知らせてきた。そして、彼のところに、自分は宇宙人に誘拐されたと信じている女性から依頼があり、退行催眠術を受けてみたいとのことなのだが、わたしにやってみる気があるかと言うのだった。

わたしはUFO関連での退行催眠は行なったことがなかったが、彼はできると思ったらしい。もっとも、このような分野での経験者などそんなに多くいるわけもなく、ましてやアーカンソー州にはまずいなかっただろう。彼が言うには、ほとんどの精神科医や心理学者たちは、専門外という理由から、この種のことには関わりたがらないのだそうだ。

しかし、ただ催眠術ができるというだけでは、こうしたことに携わる資格があるとは言えない。異常な出来事に遭遇しても平然として対処し、どんな事態の展開にも動ずることなく、客観的に調査研究を進めることができなければならないのだ。

少なくともその点においては、わたしには十分資格がある。奇怪な、科学では説明できないような世界で長く仕事をしてきたので、何が起きても驚くことはあるまいと思った。原子爆弾で死んだ人（『*A Soul Remembers Hiroshima*』〔広島を記憶する霊魂〕）や、十字架にかけられたキリストを実際に見たという人（『*Jesus and the Essenes*』〔イエスとエッセネ派〕）と出会っているのだから、宇宙人による人類誘拐事件の調査をするにあたっては、大抵の人たちよりは適格と言えるのではなかろうか。

集会には三十名ほど出席していたので、この種の退行催眠術を行なう状況としてはどんなものかという心配があった。少なくとも、催眠術に必要なリラックスした環境ではない。普通、わたしが施術する時には、被術者の家を訪れ、部外者からは完全に遮断された場所で行なう。立会人がいることもあるが被術者の同意を得られた場合だけに限られ、それも被術者の希望する顔ぶれであることがほとんどで数も少なかった。被術者をリラックスさせるには環境が非常に大切であって、こんな三十名もの人々の前では、まるでその若い女性をさらし者にするようなものだ、とわたしはルーに言った。大勢の人の前で彼女がどう反応するか見当がつかないし、施術の結果そのものも、そこに人々がいることでなんらかの影響を受けるに違いないと思われた。

また、こうした分野での施術は当時まだ経験したことがなかったから、内心うまくいくかどうか不安で、どのように進めていったらよいか自信もなかった。

それまでのわたしの方法だと被術者は自動的に過去世に戻ってしまうので、少し方法を変え、被術者を過去世ではなく、この現世での出来事に集中させる必要がある。

これまでいろいろな方法で催眠術を行なってきたので、新たな手法を編み出すことには自信があった。今までのやり方をいくらか変えればいいことはわかっていたが、それがどのような結果をもたらすかは明らかではなかった。わたしの方法は、ほとんどの場合こちらの予想通りうまくいっていたが、少数ながら、そうでない被術者もたまにはいた。そのような時、術者は事態に即応すべく技法を工夫しなくてはならない。しかし今回、時間は限られており、新たな方法を考えてあれこれ検討している余裕はない。まさに試行錯誤で、臨機応変に対応しなくてはならないというのに、部屋を埋め尽くした大勢の人々の眼前というのは、新しい方法を試すのにふさわしい条件とはとても言えなかった。

そんなわけで、その若い女性への施術には懸念が伴ったが、それはこれがＵＦＯ関連の事例だったからではなく、わたしが信念を持って行なってきたいつものやり方を変えねばならないということが理由だったのだ。こうして、わたしはまた、このようなさまざまな理由から結果が予測できない、未知の領域へと足を踏み入れようとしていたのであった。

ところが驚いたことに、この新たに編み出した方法がじつにうまくいき、その若い女性の被術者を通して多くのＵＦＯ関連の情報を得ることができたのだ。それは、わたしの退行催眠術を目撃していた人たちの誰一人として、これがわたしのＵＦＯ分野での初仕事であったなどとは気づかないほどうまくいったのであった。

それはわたしにとって、新たにＵＦＯ研究分野に参入したという記念すべき出来事であった。人々を夜中に家から勝手に連れ出し、宇宙船に連れて行っていろいろな検査をし、宇宙の地図を見せたり、子ども時代の記憶をたどったりさせるこの小さな灰色の生き物たち。そんな宇宙人の世界に入り込んだ最初の日でもある。それはまた、退行催眠の被術者が恐怖感やトラウマに直面するという事態に立ち会った最初の経験でもあった。恐怖感が頻繁に起きると、被術者は感情的になり過ぎて情報が得られなくなってしまう。その若い女性も恐怖のために、ただ彼女が目にするものや耳に入ってくることしか報告できず、わたしの質問の多くに答えることができなかった。しかし、そのことがかえってわたしに興味を湧かせ、さらなる好奇心を呼び起こさせるという結果をもたらしたのだ。

わたしには、そうした感情を避けて通り、潜在意識から直接情報を得ることができるという確信があった。膨大な情報が蓄積されている潜在意識から情報を得る方法は、わたしの扱った別のケースではかなり有効であることが証明されている。だから、ちょっと工夫しさえすれば、UFO体験を持つ被術者でも、必ずうまくいくはずだった。

ちょうどその頃（一九八六年）、わたしはすでにノストラダムスとのコンタクトが進行中で、そのような奇怪な世界にはもう慣れっこになっていた。それらは三年後の『*Conversations with Nostradamus*』（『ノストラダムスとの対話』）という三部作の出版につながっている。だからわたしは、奇妙不可思議な出来事や未知の世界に恐れをなすようなことはなく、むしろ、それらは逆にわたしのレポーター魂を刺激し、さらにもっと知りたいという気にさせたのであった。

集会が終わり、帰宅したのは真夜中過ぎだった。あのような経験をした後で、こんな時間に寂しい田舎のハイウェイを走るのは、さすがに薄気味悪かった。今日新しく得られた奇怪な情報のすべてが次々と頭の中に蘇ってきた。わたしは何か落ち着かなくなり、孤独なドライブを続けながら、時折り恐る恐る空を見上げた。本当にあんな生き物が宇宙にいて、地球の人間とコンタクトしているのだろうか。さっきまでわたしがしていたことを、その生物体が知ったらどう反応するだろうか。ひょっとしたら、まさに今この瞬間も、彼らはこのわたしを観察しているのかもしれない。そんなことを考えていると運転中もずっと不安で、やっと家にたどり着き、敷地内の車道に乗り入れた時には、ホッと安堵の胸をなでおろした。

家の中に入ると、もう午前一時だった。このＵＦＯの分野をもっと研究したいとは思っていたものの、わたしも人間だから、宇宙からやって来た生物体などと関係を持つというのは気味が悪く、それなりの覚悟が必要だったし、当然のことながら最初は恐怖感を抱いた。それまでの宇宙人と言えば、映画に出て来るような奇怪な恐ろしい姿で地球を乗っ取りに来た連中ばかりである。いつも恐ろしい悪役として登場する宇宙人は、怖い敵なのだと信じ込まされており、わたしたちを助けてくれるような存在ではないとされていたのである。これからこういう仕事をしていくにあたり、このような恐怖の感情を、どうしたら自分自身から取り去ることができるのだろうか。トランス状態の被術者には、すべてをより明確に把握することができ、施術者の心の中さえも見えてしまうものなのである。

このケースがきっかけとなり、似たような事例を多く取り扱うようになると、宇宙人による誘拐は頻繁に行なわれていることがわかり、わたしにとってはまったく珍しいことではなくなった。多くのケースを手がけていくうちに、誘拐にはある一定のパターンがあることが判明してきて、被術者が本当に宇宙人に誘拐されたのか、それとも誘拐されたと思っているだけなのかを区別できるようになった。誘拐された人たちは皆、灰色で小さな体に大きな目を持った生物体と出会い、各種の医学的な検査をされている。そうした検査中、もう少し人類に近い宇宙人が部屋に現われることもある。そして時には、昆虫のような姿をした奇妙な宇宙人も目撃された。そして、そこには常に湾曲した壁の部屋があり、台が置かれていて、その台の真上には明るいライトが設置され、見たこともない器具が使用される。コンピューターのような機器が見られることもある。多くの場合、誘拐された人たちが宇宙船から連れ戻される前に星図や本を見せられ、いずれ時が来ればこの本を思い出し、内容を理解することができるだろうと告げられる。誘拐された人たちの多くは、子どもの時に最初のコンタクトを経験している。その年齢は十歳くらいであることが重要らしい。親子三代にわたって宇宙人に誘拐されたケースも二、三あった。誘拐された子どもの母親や祖母が、じつは自分も同様な目にあったことがあるということを、不承不承、気が進まぬながら話してくれたのである。それはまるで、実験室で行なわれる数世代にもわたった動物実験や観察のようなものだ。

その頃わたしはフィルとセッションを重ねており、後年『*Keepers of the Garden*』(邦訳『この星の守り手たち』ナチュラルスピリット)という本に収録されることになるさまざまな情報を得ていた。事の全体像が、いくらかは明らかになり始めていたのだ。同書には、古代に宇宙人が地球にやって来て生命の種を播いた、とある。彼らは、地球に生命が誕生して以来ずっと地球を観察していたのである。であれば、宇宙人が今でもわたしたちを見守り、その発達状況を観察しているのはごく自然なことと言えるし、彼らが人間についていろいろ検査したりテストを行なったりするのも納得できる。けれどもそれは、その人間の生活に支障をきたさぬよう、本人にわからぬように行なわれねばならない。あの本にあるように、誘拐された人たちはその時の記憶をすべて消され、その後、何ごともなかったように日常生活を続けるのが理想的と言える。しかし、実際には多くの人がトラウマになるような辛い経験としてそれを記憶に留めており、日常の意識には上らなくても、しばしば夢の中にそれらが出て来るということがわかった。大気中の化学物質や汚染物質、麻薬や医薬品、アルコールなどは、体内に取り込まれると脳の働きに影響を及ぼし、記憶をぶつ切りにして断片化したり忘れさせてしまったり、感情ばかりの歪んだものにしたりしてしまうらしい。実際に起こったこととして記憶に残っていないのだ。彼らの顕在意識が、その体験を感情的な記憶に変えてしまったのである。そこでわたしは、感情的な顕在意識を通り越し、潜在意識と直接接触することにした。過去の経験から、探している答えはそこに隠されていることがわかっていた。感情的な意識の影響を取り除くことにより、真実が表面に浮かび上がって来るのである。

その理由

ほとんどのUFO研究者は、UFOの目撃報告とその物理的痕跡のみを対象としていて、それ以上追求することはない。あるいはまた、宇宙人による誘拐事件だけを調査し、そこでストップしてしまう。わたしはそこで終わりにせず、さらに先へと踏み込んでみた。すると、そこには予想もしなかった広大な展望が開けてきたのである。見えたのはまだそのほんの一端でしかないが、その全体像はわたしたちの想像を絶し、これまで人類に啓示されたなかでも最大規模のものではないかと思われる。それは、人類とは何なのか、人類はどのようにして生まれ、これからどうなっていくのかを示す物語のシナリオでもあった。だが、わたしたちには、この物語に隠された秘密を知るための心の準備が出来ているのだろうか。

宇宙人たちが、本人の承諾があるなしにかかわらず、人類に対してある種の遺伝子的操作を行なっており、それとUFO現象にはなんらかの関わりがあるらしいということは、何人かの調査研究者らによって認められているようだ。また宇宙人たちは、ただ自分たちの医学研究的な興味から人間を誘拐し検査しているのではなく、彼らの上層部の命令に従って行動しているのだと思われる。それは病院で医療スタッフが、まるで患者の感情など無視するかのような態度で検査や診察を行なうのと似ている。病院で受ける検査の理由を問いただした時、そのようなそっけない扱いを受けた経験は誰にでもあるのではないか。また病院で、子どもが怖がったり、いろいろと知りたがったりしたとしても親は、「お医者さんが悪いところを見つけるために検査をしているんだから、おとなしく言われたとおりにしていなさい。痛くないから大丈夫よ」と黙らせてしまうだろう。たとえ親に検査の理由がわかっていたとしても、なまじ説明してかえって怖がらせることになっても困るし、どうせ理解できないだろうからと、ちゃんとした説明などしないのが普通だ。だから必要な処置が終わるまで、子どもを静かにさせておこうとするのである。すると子どもたちは後で、「お母さんは痛くないと言ったけど、痛かったじゃないか」と言い立てるだろう。子どもはだまされたと思い、母親に不信感を抱く。その結果、病院や医者、看護師などに対して恐怖感を持つようになってしまうこともある。また、わたしたちにしても、子どもたちに理解力があることを知らないで、説明してもどうせわからないと思い込んでいるという可能性もなきにしもあらずだ。

同じことが宇宙人にも言える。彼らはわたしたち地球人を、子どもか、あるいは彼らよりまったく知能が劣る生物と見なし、説明してもわからないだろうと考えているのではないのか。誘拐された人たちも、病院で抗議する子どもと同様、宇宙人には地球人を勝手に検査する権利はない、と言うかもしれない。宇宙人は、わたしたちを軽々しく扱い、何をしているのかきちんと説明してくれない、と。

もし、この宇宙人による人間の検査やテストが、もっと多くの人に及ぶ大掛かりのものになったとしたら、それはまるで、患者で混み合い、毎日数百回も同じ検査を繰り返す、人に冷たく無関心な病院と同じようなことになるのではないだろうか。同じ検査を何度も繰り返し行なっているうちにそれがマンネリ化し、いちいち説明する必要などないと思ってしまう。個々の患者と話をする時間もなければ、そんな興味もない、というわけだ。そんな中で、もしたまに、話しかけたり慰めてくれたりするスタッフがいたとすれば、その親切は忘れることができず、ロボットのように無感情に働くほかの連中とはまったく違う人物として記憶に残るだろう。前述の宇宙人たちの地球人に対するやり方も、大量の検査を時間内にこなさなければならない、過重労働で疲れ切った病院スタッフのそれと同じなのではないのか。

ＵＦＯ研究者の多くも、宇宙人がなぜ人間を検査したりテストをしたりするのか、その理由を理解しようと苦心してきた。これまで、さまざまな推測やら説明がなされてきたが、今後もさらにいろいろ出て来ることだろう。この異常現象に取り組む個々の研究者が、自身の研究成果にもとづいて、さらには彼らのこれまでの人生経験や個々の信念、希望的観測などから、さまざまな仮説を組み立てるのだ。

多くの人たちは、宇宙人が行なっている遺伝子操作、あるいは遺伝子組み換えには、なんらかの目的があるに違いないと考えている。またある人は、人類は優秀な血統を持ち、すでにほぼ完全な生物体となっているが、宇宙人は劣等な血統に属する、あるいは絶滅の危機に瀕した種族なのではないか、と推測している。彼らはなんらかの理由で生殖機能を失い、そのため人類の精子や卵子を利用して存続を図ろうとしているのだ、と考える人もいる。その手段としては自然の方法か体外受精を用い、人類と宇宙人の混血児を造っているのだ、と言う。このようなやり方は人類にとっては恐怖であり、そんな目的を持った宇宙人は脅威にほかならない。

だが、わたしの見解は違う。宇宙人が地球で取っている行動は、彼らのためではなく、わたしたち人類のためなのだ。もちろん、宇宙人にもいろいろなタイプがあり、なかには利己的な目的を持って地球にやって来る者たちもいるかもしれない。しかし、そのような宇宙人はごくわずかであって、異端者とか特異な存在であると見なされるべきだ。『この星の守り手たち』で述べたように、地球上に最初の人類が現れるよりはるか以前に、わたしたちの世界に関するプロジェクトを計画した高次の力があるのだ。この基本計画はわたしたちの想像を絶するとてつもないものであり、それが現在実行に移されているのである。その過程はいくつかのステップに分けられ、高次の力に属する生命体たちにそれぞれ役割が割り当てられた。個々の生命体は自分の担当分だけに責任を負っているのであって、プロジェクト全体の遂行についての責任はない。おそらく、その全貌は彼らの理解をも超えているのであろう。彼らは地球に生命を誕生させ、それを何十億年にもわたる長い年月を掛けて育ててきたが、担当する個々の生命体にとっては、それはただ割り当てられた仕事に過ぎないのだ。そんな彼らは他のさまざまな惑星においても、その成長過程の諸段階で同様な役割を持っていたのかもしれない。担当者が死んでも、また別の生命体がその役割を引き継ぐのであろう。このプロジェクトはきわめて長期的なもので、細部にわたる周到な計画のもとに実施されている。時間は問題ではなく、最終目標だけがすべてなのだ。その目標とは、肉体的にも精神的にも優れた種の創造である。そのようなプロジェクトは一夜にしてなるものではなく、また細心の注意を払って立てられた計画であっても、思惑通りいかない危険性は常にある。起こりうる状況を、すべて前もって想定することは不可能であろう。

ある時、隕石が衝突し、それまで地球に存在しなかった種類の有機生命体が侵入したことで、完璧であるべきプロジェクトにひびが入った。その有機生命体は故郷の地では無害であったが、まだ汚れを知らず、清潔で無垢であった地球上で繁殖して突然変異を起こし、芽生えたばかりの人類という種にとっては有害なものとして一気に広がった。初めて人体に病気というものがもたらされたのである。本来のプロジェクトでは、人類はまったく病気を知らぬ完全な体を持ち、長く生きることになっていたのに、宇宙人たちは、この想定外の成り行きに気づくと大変嘆き、その対策のために最高幹部評議会が招集された。そして、この壮大な実験が思いがけず悪い方向に向かってしまったことを深く悲しんだものの、ここまで苦労して進めてきたものを放り出すのはあまりにも惜しいということから、プロジェクト続行の決定がなされた。そこで、被害を最小限にとどめるよう努力しつつ、現状に妥協しながら残った実験を進めることとなった。

その発祥の頃から、人類は常に高次の力により世話を受け、改良され、面倒を見てもらいながら進歩してきた。遺伝子の操作や組み換えは、最初から人類進化には欠かせない手段だったのであって、別に目新しい技術ではないのだ。それがなければ、わたしたちは今でもまだ洞穴に住み、動物のように、生きるだけで精一杯の生活をしていたであろう。宇宙人たちは、そんな人類を注意深く育種し、彼らが持っているようなすばらしい霊的能力や直観力を徐々に人間に備え付けていったのだった。やがて、人間は動物のような時代を卒業し、みずからの生活や用務を自力で行なえるようになったので、宇宙人たちは、それ以上人間の行動に深く影響を与えるようなことをするのをやめた。というのも、地球では自由意志が働くことが重要とされ、宇宙においても、自由意志の尊重こそは厳格に守られるべき大原則だからである。

この星をはぐくんで来た守り手たちが、いまや保護者へとその役割を変えたのだ。少しでも楽な生活ができるよう、人間には多くの道具や知識が与えられてきたが、新たな種としての時代を迎え、すべて自力でせねばならなくなった。人間は、他の惑星の住民たちに迷惑が及ばぬ範囲で、過ちを犯したり知識を悪用したりすることも、権利としては可能だった。宇宙人たちは、人類の運命に干渉しないという大原則を固く守っている。もちろん、人類についての調査研究は今も続けられている。随時、人類の発達程度を確認し、環境にどう適応しているかを調査しているし、必要に応じて修正のための遺伝子操作も施されている。人類誕生以来、こうしたことが続けられてきたのなら、きっと今もなお行なわれているに違いない。それが、わたしたちには到底計り知ることのできない高次の力の意向に従っているのであれば、どうしてわたしたちに異議など唱えられようか。それは母親に向かって、生んだ子どもの面倒を見る権利や資格があるのか、と問いただすようなものではないのか。

発展を続けた結果、人間は地球環境に影響を及ぼし、自分たちの体にかなりの変化を起こすほどまでにそれを変えてしまった。人間の住む環境がこのように悪化するにつれ、宇宙人による人間の体の検査の頻度が増してきたという事実は、わたしには単なる偶然とは思えない。宇宙人は、人間たちがみずからの体に何をしでかしているのか知りたいのだ。人間に起こる体の変化には、彼らはいつも関心を持っていた。ありとあらゆる化学物質で大気を汚染した結果、人間の体が蝕まれているのなら、それに対応できるように彼らが人間の体を変えたり調整したりするのはごく自然のことではないのか。その対応策の一つとして遺伝子操作があるとしても、それはやむをえないことだろう。その昔、地球上での実験中に隕石がもたらした病気という災いを、今なお彼らは修復しようと努力しているのだ。彼らは、病気を知らない人類が、すばらしい事業を達成しつつ長寿を享受するという、本来の夢のような計画を、いまだにあきらめていないに違いない。

自著『この星の守り手たち』の中で、わたしは宇宙人が別のプロジェクトで完全な人間を創り、宇宙のどこかに用意してある惑星に居住させようとしているらしいと述べた。この地球が、核戦争か何かで回復不可能なほど汚染されてしまった後で、人類の実験を、新しい汚染されていない環境で再度試みようというものだ。その可能性はあるにしても、これだけでなく、まだほかにも何か計画が用意されているのではないか。

一九八八年の秋、わたしに不思議なことが起きた。ある晩、ひとかたまりの情報が、そっくりわたしの頭の中に挿入されたような気分に襲われたのだ。それは、夢を見ている時の状態とはまるで違った今まで経験したことのない奇妙な気分だったが、はっきりとした自覚があった。そんな気分に襲われている時でも、その情報を理解できる程度には目覚めていた。情報は、特定の文章や意見という形ではなく、一つの概念として簡潔にまとまった状態でわたしの脳に収まった。わたしが催眠術を掛けた被術者たちが、よく「概念を受け取ったけれど、それを言葉にして説明するのは難しい」と言っていたものだが、その時のわたしはまさにそんな状態で、彼らの気持ちがよく理解できた。こうした経験は初めてだったし、その後二度と起こることはなかった（と思う）。

わたしの頭に入って来た概念が、ＵＦＯの乗組員たちの行動やその理由などであることはわかった。それは、ＵＦＯに関する本を執筆するとしたら絶対必要な情報に違いなかったが、わたしはまだそれを書き始めてはいなかったのだ。当時、わたしは三部作『ノストラダムスとの対話』の第一巻の最終推敲を行なっている最中で、宇宙人がどうして遺伝子組み換えを行なっているのかなどという問題についは考えてもいなかった。ただ、いつかは執筆することになるだろうと思って、ＵＦＯ関連の情報を集めていただけだったのだった。

それは、当時このテーマに関して書かれていたどの本にもない概念であり、認識、説明であった。その内容を覚えておくことはとても重要と思われ、それこそがわたしが捜し求めていた情報であると強く感じさせられていた。この概念はあまりに多くの側面から成っていたので、すぐにそれらを分析検討するだけの時間的余裕はなかった。それで翌日コンピューターに入力することにして、それまではなんとか記憶していられるだろうと、わたしは再び眠りに落ちた。

翌朝、頭の中に奇妙な感覚を感じながら目を覚ますと、完全に覚醒するより前に、昨夜、頭の中に入り込んで来た時と同様の生々しさであの概念が蘇ってきた。これはありきたりの夢ではなかった。夢なら、いつものように、目が覚めたとたんに消え失せ、その映像だけでも思い出すのは困難だっただろう。それは映像ではなく、哲学的な概念だった。とても重要なことだから、ちゃんと思い出し、記録しておかなくてはならないと、昨夜に引き続き、何かに強く促されているように思われた。

早くコンピューターに入力しなくてはと思ったが、まずその前にやらねばならない家事があった。その日、わたしは娘と一緒に、自宅のささやかな果樹園で収穫した桃をビン詰めにすることになっていたのだ。熟した桃は、すぐに処理しないとだめになってしまう。昨夜の大事な情報が頭の中をぐるぐる駆けめぐるのに悩まされながらビン詰め作業を行ない、最後の一本を密封し、冷やすためにテーブルに置いた後、ようやくコンピューターに向かう時間が出来た。

次に考えたのは、その概念をどのようにして言語化するかということだった。多くの場合、これがもっとも難しい。というのも、概念とはそれ自体、一つの完全に出来上がったものとして存在しているので、言語に変換する際に必要となる分解を嫌うからである。しかし、完璧にできないことは重々承知の上で、それでもやるしかなかった。それは興味深いアイデアであり、その説明はそのまま一冊の書物となりうるし、概念によって思い描かれた結論に向かって方向付けされたものであった。とは言うものの、当時はまだ、それがどんな本になるのかなどまったく不明で、わたしの頭の中にはぼんやりとした構想があるだけだった。結局、これらの初期材料は、ファイルされたままその後十年間眠っていなくてはならなかった。そして一九九八年には、わたしの手元に一冊にまとめるのに十分な情報が集まったのだが、それらは皆、一九八八年に与えられたこの概念に沿ったものだったのである。

その概念

わたしには、彼ら宇宙人による人間の遺伝子操作は、人類を保護し存続させるためのもので、わたしたちの生存を保証してくれるものであることが理解できた。そのような眼で見れば、宇宙人たちの取っている行動は人類に対する大変な親切心に基づくもので、彼らがわたしたちを世話するにあたって計り知れないほど献身的であることがわかる。ノストラダムスの著作では、今のような人間の生活や文明が崩壊してしまう可能性がかなり高いことが強調されている。そこでは地球の地軸が傾く可能性が予見されているのだ。そんな大変動には洪水や地震、火山の噴火、大津波などの過去に起きたような大災害に加え、これまで知られていなかったありとあらゆる災厄が伴い、おびただしい死者が出るであろう。かろうじて生き残った者も、病気や飢えで死んでいくに違いない。その結果、特別に頑強な一握りの人間だけが残されることになる。

わたしは人類の可能性を信じている。人類には、生き残り、存続する力があると信じている。わたしもノストラダムスと同様、これが〝世界〟の終わりになるとは思っていない。しかし、わたしたちの知る〝現在の〟世界の終局は免れないであろう。わたしたちの生き方はまったく変わらざるをえないが、人類は驚異の忍耐力をもって新しい生活に必要と思われる部分を再び回復し、復興できると思う。

このようなことをわたしは考えたくないし、そんな可能性があると思うのも嫌だ。しかし、多くの専門家たちが、その可能性があることに同意しているのである。宇宙人たちは未来を予見し、起こりうるすべての出来事を想定しているのかもしれない。以前起こった実験中の事故を、二度と繰り返さないように努力をしているのではないのか。遺伝子操作や組み換えをすることによって人間を汚染された環境でも機能するようにし、大変動後に予想される癌やその他の病気に罹らないようにしたり、また、新世界に適応して生きていく際の大きなストレスにも耐えられるような人間を造ろうとしたりしているのではないのか。

本書に出て来る被術者の一人の女性は、彼女が、病気で苦しんだり死にかけている人々を自分にできる範囲で助けようとしている場面を見た。彼女自身は病気でなく、病気になることのない体を持っていた。彼女の役割は人を助けることであった。もしかすると彼女は、地軸の変動や、その後に起きる大災害によって荒廃した地球で生き残り、他の人たちを救うという目的のために造られた新しい人間の一人だったのかもしれない。

わたしが今まで集めた情報から推察すると、宇宙人たちは人類の幸福と繁栄におおいに関心を寄せているのだと思われる。彼らは太古の昔から人類の面倒を見てきたのであって、今さらそれをやめてしまうとはとても考えられないのである。

ある人間たちは、現在彼らのために準備されている別の惑星に移り住み、病気のない世界で繁栄できるように変えられつつある。そこは今の地球とよく似ていて、そこに連れて行かれても抵抗なく新しい生活が始められるよう、その新天地でも以前と同様なやり方で暮らせるようにしつらえられている。また、この地球上で、人類のほとんどが絶滅するような大変動をも乗り越えて生き残ることができるように変えられている人間たちもいるかもしれない。

わたしは、いずれこの現象の全貌がわたしたちに理解できる時が来ると信じている。そして、宇宙人たちが恐るべき存在などではなく、わたしたちの祖先であり、兄弟であり、保護者として迎えられるべき生命体であることがわかるだろう。彼らの壮大なる計画の目的が、やがてすべて人類の前に明らかになり、理解されることになるであろう。

観察

このような、かなり過激な思想の洗礼を経たことで、わたしは身のまわりで起こる出来事に対する自分の見方が変わってきたのに気づいた。身近な人間たちを見る目、彼らの生き方を見る視点が違ってきて、そうした人々の人生が、全世界規模の状況の中でどのように互いに関わりあっているかなど、いろいろと考えるようになったのだ。そして、そういった事柄に注目してみると、宇宙人は人類の保護者であるという考えがより明確に裏付けられ、信じられるようになってきた。

遠い将来には、わたしたちもどこかの惑星の保護者の役割を担うことになるかもしれない。それはただ可能性があるだけでなく、実際に起きるに違いない。わたしたち人類は、地球で保護プロジェクトを開始した宇宙人たちと同様、とても好奇心が強い生き物なのだ。人類がついに宇宙旅行に成功して、はるか遠くの星に行き着いた時、もしそこが静寂に包まれた死の世界だったとしたら、それをただそのままにしておくなど、わたしにはとても考えられない。その頃には当然、そうした場所に実験的に生命を吹き込む技術くらいは、人類も持ち合わせているだろう。

最初に原始的な単細胞生物を持ち込み、その地で首尾よく生命が維持できるかどうかを見極めた上で、その後実験をくり返し、やがて、より進化した生物を導入したり、遺伝子を操作して現地の環境に適応したものにしたりする。人間の持つ旺盛な好奇心を考えれば、そうなる以外には考えられない。それにより傷つくものは何もない。もともと生物が存在しなかったわけだし、たとえ存在していたとしても、きっと、きわめて原始的な単細胞生物程度だろう。そんな風にして、将来の科学者たちは生命体を持ち込み、その適応性を検証する実験の楽園として不毛の惑星を活用するに違いない。そんなことをしたからといって、傷つく者は誰もいない。そこでは、地球では禁じられていたような実験も許される。異星においてはなんの規制もないからである。

もちろん、将来の人間も、いずれかの政府の支配下にあるか、でなければ、少なくとも、なんらかの上位存在による指導・指示のもとにあるに違いない。科学者たちは大きなマスタープランに基づいた命令に従って行動するであろう。なぜならそれは、普通の科学者が一人で行なうには、あまりにも複雑過ぎるからである。そして、そうした実験生物体がうまく適応して育つように世話をする係も必要で、それはいわば庭木を剪定したり接ぎ木をしたりするような役目である。この程度の仕事なら、言われたとおりにするだけでよいので、あまり教育のない人間にもできるし、ロボットでも可能かもしれない。こうした私的なプロジェクトは、地球人たちに知られようが知られまいが、そんなことには関わりなく、この新世界での実験に意義を認める研究者たちによって延々と、何世代にもわたって続けられていくだろう。そうした実験からは膨大な量の新情報が得られ、地球上の人類の繁栄に貢献することは間違いない。地球人の生活にも役立つそのような実験を、科学者たちが止めてしまうなどありえないことだ。

数え切れないほどの世代を経るうちに、生物はその惑星に根付き、次第にそれぞれの特徴を現してくるだろう。おそらく、地球起源の生物は、そこに移された後に交雑して遺伝子的に新しい環境に適応していくことだろう。そして、遂には知能を持った動物が現れ、それらに対しては当然のように遺伝子操作が施され、わたしたち地球人と同様の特徴を獲得するであろう。そうした実験から得られた新知識や革新的技術は、科学界に反響を呼び起こすに違いない。そのようにして出来上がった生物は、わたしたちに似た特徴を持ってはいるだろうが、移植された環境に適応しているので、まったく同じというわけではないだろう。眼や呼吸器、循環器などは、地球の人間とは異なっているかもしれない。彼らは地球には住めないだろうが、それでも人類には違いない。

もし彼らが、マスタープランで描かれた規範から逸脱し、欠陥が生じ始めたら、実験は中止され、生物はすべて処分されてしまうのだろうか。わたしはそうは思わない。その頃の人間にも神の聖霊がまだ十分宿っているはずで、すべての生命体は、たとえそれが人間自身により創造されたものであっても神聖であると考えるに違いない。人間はその生物を欠陥に適応できるように助けるか、あるいは、自然淘汰により滅びゆくがままに任せるのではないか。

そんな生物体の中でも優性形質を持った種が進化し、文明を作り始めたとしたら、人間による管理の度合いは減少するだろう。常時監視し続ける必要がなくなるのだ。むしろ、この新たな生物が、どのように独自の進化を遂げるのかを見守るほうが、よほど興味深いことになるだろう。どんな道徳を生み出すのか？　創造性は豊かだろうか？　好戦的な性格なのだろうか？　わたしたち人間自身をより深く理解するためにも、干渉を控えてこれらの新しい生物体を自由に進化させ、どの性質が生まれつきのもので、学習して身に着けるのはどんな性質なのかを研究するべきであろう。

とは言うものの、まったくの自由放任はありえない。アドバイザーが彼らの中に加わり、その生活がより良くなるよう助言を与えるであろう。このアドバイザーは神と崇め奉られ、彼がその惑星を立ち去った後々までも敬われ続けることであろう。アドバイザーは驚くべき能力と知識を持っているから、神と見なされるのは当然だ。食物を得る方法を教え、いかにして生き残るかを指導するだろう。しかし、精神の発達について調べる必要があるので、それ以上の手助けはしない。知識を与えた上で、それをどのように使うかは彼ら自身が決めなくてはならない。過度の干渉は、実験を台無しにしてしまいかねないのだ。さらに細かいことを書けばきりがないが、おおむね、こんな具合の筋書きになるだろう。

実験は継続され、親の惑星によって中止させられることはないだろう。それは幾世代にもわたって続けられ、年代記に記録されていくに違いない。それを見守る「観察者」は常に存在し、データを取り続けることだろう。そうしたなか、生物の中から何体かが選ばれ、それらについてはより詳しく観察されて、遺伝子の変化、環境による影響などが調査される。もし何か問題が見つかれば修正されるが、これは干渉にはならない。というのも、理想的な状態にあるその生物は、自分に対して何が行なわれたかを知ることもなく、これまでどおりの生活を続けられるからだ。実験がここまで進んだら、研究者たちは実験室の外に出て、気づかれないように覗き窓越しに観察を続けたほうがいいだろう。

それは、絶滅危惧種の鳥を保護して育てるようなものだ。孵化した後、飼育係は変てこな鳥の仮面やかぶりものを着けて雛を育て、彼らに人間が親だと思わせないようにする。研究者によれば、人間を親と思ってしまった鳥は、野生に返れなくなってしまうという。鳥には鳥としての自覚が必要なのである。

では、もしもその生物体が方向転換し、獲得した新知識を使って戦争を起こすようになったらどうするか？　さらには、その戦争が深刻化し、恐ろしい破壊力を持った兵器が開発されたとしたら？　その新兵器が、彼ら自身ばかりでなく、世界全体をも破壊し尽くしてしまうような無茶なやり方で使われようとしたら、観察者たちは、ただ彼らのなすがままにしておくのだろうか？　そんなことはないと思う。数え切れないほどの世紀の間、守り育て、行なってきたこの実験を、ここで諦めてしまうか、あるいは、あえて干渉に踏み切るか？　これはきわめて重大な問題であるから、地球上で最高レベルの決定機関において決断が下されるだろう。その結果、実験の究極のクライマックスを演じさせるために自然の成り行きに任せるということもありうる。が、そうなると実験のすべてを失うことになる。おそらく、そうなる前に細胞を採取してクローンを作り、地球上に保管するか、または別の不毛の惑星に持って行き、また最初からやり直すことにするだろう。いずれにせよ、すべてを失うようなことは避けるに違いない。

その生物体が、彼らの惑星を完全に破壊してしまいかねないような成り行きになれば、その影響は太陽系はおろか、近傍の星々や銀河系にまで及ぶ恐れがある。そのような甚大に過ぎる混乱は避けなければならない。そんな事態になれば、わたしたちは不干渉という大原則を曲げ、表に出て行くことになるだろう。そして、彼らを創造したのはわたしたちであって、彼らの保護者として、太古の昔から彼らを守ってきたのだと告げるであろう。その時、彼らはわたしたちの言うことを信じ、受け入れてくれるだろうか？　事態は好転するだろうか？

こうしたシナリオは、空想科学小説のように思えるかもしれないが、これと同じことが今、実際に人類の上に起きようとしていないと言い切れるだろうか？　あるいはそれは、ここ地球ばかりでなく、この広い宇宙に無数に存在する他の惑星上において、すでに起こっていることなのかもしれないのだ。

人類に好奇心がある限り、探求は続けられる。求め続けていれば、あらゆる壁は乗り越えられ、目的は達成されるだろう。この宇宙はわたしたちの故郷であり、これまでもずっとそうであった。好奇心は人類の持つ重要な特質であり、それはわたしたちの創造主や保護者から受け継がれたものだ。この特質は、人類が今後も地球上に住み続けるにせよ、あるいはどこか別の惑星に移住するにせよ、これから生まれてくる子々孫々にいたるまで、末永く引き継いでゆきたいものである。

知識とは、分かち合うことができなければ、なんの価値もないものだ。

第2章 凝縮された、あるいは歪められた時間

本人がまったく気づかぬうちに数時間が過ぎてしまうという「失われた時間《ミッシング・タイム》」事件について、今まで多くの研究者たちが調査してきた。のちほど、わたしもそうした事例をいくつか紹介して検討するが、わたしは、それよりもさらに不思議な現象を発見した。それは、時間が凝縮されるということだ。ある出来事が、通常それに費やす時間よりも、はるかに短い時間内に起きてしまうのである。こうした事例は、それを経験した本人にしてみれば、いわば不可解な仕方で時間が歪められたということになる。

わたしたちは普通、時間とは直線的なものという観念にとらわれている。宇宙の中でも地球人だけが、このような実在しないものを測定する方法を発明したらしい。わたしは退行催眠術を用いたセッション中に、時間とは幻想に過ぎず、それは人間の発明なのだと何度も教えられてきた。宇宙人には時間という概念がなく、彼らによれば、この時間という誤った概念を捨てない限り、地球人が宇宙空間を旅行することはできないという。これこそが、人類が地球上に縛り付けられている主たる原因だというのだ。

時間というものが存在しないということが心理学的には理解できたとしても、それを本当に納得するのは、わたしたちにとって不可能でないまでも非常に難しい。わたしたちの生活は余すところなく

時間に支配され、常に年や月、週、日、時、分単位で行動している。日常生活から時間という概念を取り去ったら、わたしたちの社会的活動はまず不可能だ。物事はAからBへと、ある一定の時間内に整然と進行するものと皆信じている。そこから逸脱したり、まったく別なことが起きたりするなどということはありえず、もしあれば、それはわたしたちの信念体系に反している。このように、わたしたちの意識が焦点を定める範囲は非常に狭小で、なんであれその範囲を越えたものはすべてありえないこととされ、ゆえに何も起こらず、存在しないことになるのだ。

もし仮に、地球が太陽のまわりを回るのとは違った風に公転している惑星に住み着いたとしたら、わたしたちはどうやって時間を測定するだろうか。そこではいつも太陽が照っていて夜がないとか、あるいは、いつも真っ暗だとしたらどうだろう。また、太陽が二つあるとか。地球上とは全然別の方法で時間を知るのか、それともそんな面倒な時間など必要ないということになるのだろうか。さらにまた、もしも長期にわたる宇宙旅行をしていたとしたらどうなるのだろう。そこには夜と昼を区別する目印は何もなく、季節や年として分割する理由もない。そう考えると、地球人が時間を持つ目的が宇宙人たちに理解しがたいのは当然だし、そんなものは無意味だと考えるのも無理はない。もし、わたしたちが、彼らと同じような状況下で生活したり、あるいは、もっと地球と違った環境に置かれていたりしたとしたら、時間などというものを創り出し、ひたすらそれに固執し続けることにはまったく意味がないと結論づけるかもしれない。

宇宙人たちは、わたしたちのように時間に縛られていないので、硬直した時間という思考の枠組みによってわたしたちの眼からは隠されている別の次元や異なるレベルの世界を容易に発見することができた。その結果、彼らはなんであれ意のままに非物質化し、それをまた物質化することにより、瞬間移動《トランスポート》させることを可能にしたのである。彼らは空間の割れ目や裂け目をすり抜けて、まるで家の戸口をくぐり抜けるようにして、いとも簡単に異次元の世界に行くことができる。もちろん、彼らはこんなことは、わたしたちの祖先がまだ穴居生活さえ始めていないような、はるか昔から行なっていたに違いないので、わたしたちが彼らのレベルに達するにはまだまだ相当の時間が掛かりそうだ。おそらく、そんなことは不可能だと思い込んでいる意識そのものを変えない限り、そのような割れ目や裂け目を見つけることはできないのだろう。しかし、人類に似た存在である宇宙人にできたのだから、わたしたちにもできないはずはない。進化に必要な情報を教えようとして、何千何万年もの間、ずっと人類の意識に働き掛けてきている彼らは、今もなお、時間という障壁を取り去る秘術をわたしたちに伝授し、異次元にいたる黄金の扉のありかを教えようとしているのかもしれないのだ。

宇宙人にとってはごく当たり前でも、地球人には理解しがたいような、さまざまな超自然的概念があるのだろう。普通の科学研究者は、すべてを単純明快な要素に還元することを好み、眼に見えないものや測定できないもの、手で触れることのできないもの、解剖できないもの等は、すなわち存在しないと決めつけてしまう。そのような人たちは、一番近くの星に行くには時速何キロで飛行する必要があり、それに必要な燃料を開発する必要がある、という風に考えるほうが安心できるのだ。そういった人たちには、想念の力で飛行するとか異次元間を動き回るといった概念は、なかなか理解できない。

UFOの飛行原理は単純明快とは言えない。その謎は、探れば探るほどますます複雑怪奇な様相を呈し、その概念が通常の思考を超えたものであることが明らかになってくる。おそらくこれが、このまったく新しい技術が今にいたるまで人類に与えられていない理由なのではないか。これまでわたしたちは、宇宙人がＵＦＯで飛び回る方法を、自分たちの頭で理解可能な風に想像し、理解したつもりになってきた。例えば、地球の科学者たちに理解できる物理法則に従って、従来の燃料の中のどれかを用い、しかも光速を超えて飛行するといった具合に。

宇宙人たちは、はるか昔からわたしたちに情報を与えてくれてきたが、その分量は、その時々に十分消化できるだけに限られていた。与えられた概念・思想に慣れ、それに対して恐怖感を覚えなくなったら次のもう少し高度な課題が与えられるといった調子である。幼児に幾何学や微積分学を理解することが無理なように、わたしたち人類が宇宙人の用いる概念全体を理解するのは到底不可能だと思われる。だから、わたしたちにすべてが示されることはないだろう。わたし自身、宇宙人に、彼らがすべての質問に答えるとは思わないでくれ、と何度も言われている。ある種の知識は薬になるが、毒になる知識もあるのだろう。つまり、助けになるよりも害を及ぼす度合いのほうが大きいというわけだ。そこでわたしは、宇宙人から与えられた概念をそのまま受け取り、それを分析し理解しようと努めた。すると、それが理解できた頃、次の情報が与えられた。しかし、それはわたしの理解できる範囲に限られていたようだった。だからわたしも自分の著書では、読者が理解できるような仕方で説明するようにしている。本書にも、わたしが今まで紹介したことのない概念が含まれているだろう。わたしたちの前には、まだ地図に載っていない広大な領域が開けている。そこをこれから探検しようではないか。わたしたちは未知の世界に向かって、最初の一歩を踏み出そうとしているのである。

世間では、宇宙人や宇宙船は、現在知られている物理学の法則に合わない行動を取っている、と言う。彼らのすることは〝自然の理に反している〟と言うのだ。これは、彼らの存在を否定する上での最大の根拠となっている。また、報じられているような、彼らが空中で演ずる芸当などは不可能だとも言われる。わたしは、これらの現象は決して自然の法則に反するものではなく、むしろごく自然なものであることが判明する時がやがて来ると考えている。彼らは、まだわたしたちが知らず、考えたことすらない、まったく新しい物理学の法則に従って行動しているに違いない。その物理学は、わたしたちが現在受け入れている現実の枠組みに当てはまらないから新奇に感じるだけで、彼らにとってはまったく自然なものなのだ。

わたしが得た情報によれば、ＵＦＯが突然レーダーから消え去るのは、彼らがその振動数を即座に変えることができるからだ。それは簡単に言えば、扇風機の羽根や飛行機のプロペラが、回転数を上げると見えなくなるようなものである。わたしたち地球上にいる生物は、彼らの世界より低い振動数で振動しているのだ。このことはわたしの著書『*The Convoluted Universe*』（『入り組んだ宇宙』）に、さらに詳しく説明してある。

彼ら宇宙人は、他の惑星に住んでいるのではなく、別の次元の住人なのだ。それら異次元には多くの世界（物質的な、あるいは非物質的な）が存在し、なかには、わたしたちの世界とすぐ隣り合わせの世界もある。ただ振動数が、わたしたちの世界の振動数よりも高いだけなのだ。地球人が彼らの世界の存在を知ることはほとんどない。しかし、より進歩している彼らのほうはこちらの世界の存在に気づき、しばしば訪れては観察するようになった。そのためには、彼らは自分たちの振動数を下げなくてはならない。短時間であれ、低い振動数の状態でいることは彼らにとって苦痛であるという。逆に、地球の人間が彼らの次元に入り込む時には振動数を上げなくてはならないし、また戻って来る時には下げる必要があるだろう。

宇宙人の多くは進化が進み、もはや肉体を必要とせず、純粋なエネルギーとして存在している。そんな彼らも、わたしたち人間と接触する時には、必要とあらば肉体を形成する。純粋なエネルギーである彼らが、旅行する時になぜ宇宙船を必要とするのか不思議に思うが、たぶん、重力とか大気とかいう生命維持に必要な要素を運ぶばかりでなく、彼らの振動数を維持するのにそれが必要なのだろう。

今まで多くの人間が小型の宇宙船の中に連れて行かれたが、彼らの体には特に後遺症のようなものは残っていない。おそらく宇宙人たちは宇宙船の振動数や機能を、人間の振動数に合わせてくれているに違いない。小型の宇宙船の中には背の低い灰色の生命体がいたと報告されているが、彼らは、地球の振動数でもうまく機能できる一種のクローンのようなものか、そのように作られた生命体なのだ。それらは、彼らの製作者である背の高い灰色の宇宙人たちが、地球上での単純作業を行なわせるために自分たちに似せて作ったものなのである。地球の人間や動植物などから採取されたサンプルは、大きな宇宙船の中に運ばれ、そこで詳しく分析される。その大きな宇宙船、または〝母船〟に、人間が連れて行かれた例はあまりない。それらはあまりにも巨大過ぎて地球上への着陸が困難なため、通常は大気圏内の上方で待機しているのだという。

だが、わたしは、彼らの振動数では透明人間のようになって地球の人間には見えないから、ということもあると考えている。母船にいる宇宙人は、おそらく地球の振動数まで自分たちの振動数を下げることが難しいので、彼らにとって快適な環境にとどまっているのであろう。人間が母船に入り込むには、体の分子を調整して振動数を上げる必要があるが、そんな状態をずっと保つことはできず、もしも長引くと体が分解してしまう。そして地球人が母船を離れて地球に戻る時には、複雑で困難なプロセスを要する変化が体に起き、再調整されて振動数が下がる。そうした変化が起きる際、体はショック状態から元の状態に戻ることになり、人は混乱して見当識を失い、一時的に体が麻痺したり、身体的な症状、例えば外傷などが残る場合もある。そんな事情から、巨大な母船の中に入れられる例が少ないのであろう。小型の宇宙船に連れて行かれ、そこで小柄な灰色の宇宙人たちに会う例のほうが圧倒的に多いのである。普通の人間では、母船に入る際の身体的変化に耐えられないのだろう。

一九九八年にアメリカ合衆国がロシアと共同で行なった宇宙滞在計画で、地球を周回する宇宙ステーション・ミールから最後に帰還したアメリカ人乗組員が言うには、最大の難関は、長期間の無重力状態の後で、体を圧迫する地球の重力に慣れることだったそうだ。

失われた時間の発生現場で起こっているのは、報告された通りの事態とは限らない。一般に、時間が失われた時、その当事者は宇宙人かＵＦＯに直接遭遇していたと思われている。特に、その直前に光や宇宙船が目撃された場合にはそうだ。しかしわたしは、必ずしもそうとは限らないと考えるようになった。当人が不愉快な、あるいはトラウマにつながるような体験の記憶の扉を閉ざして思い出さないようにしているだけで、じつは宇宙人とはなんの関係もないという例がかなりあるのだ。

こうした情報は、トランス状態（催眠状態）が十分に深まり、被術者の潜在意識と直接交信できた時、正確に得ることができる。それは感情の影響を受けない意識状態であり、そこには全記憶があって、実際に起きたことをそのまま報告してくれるのだ。わたしは、催眠術を用いて調査を行なう人たちに、被術者が失われた時間やその他、何かある一定のパターンに属すると思われるような経験の報告を行なった際には、早急に結論を出すのは避けるべきだと常に言っている。

ある現象を説明しようとする時には、まず一番簡単な理由を考えてみるべきだ。それで説明できない場合にのみ、より複雑なことを考えればよい。多くの場合、もっとも簡単な説明で解決できるものだ。しかし、人によっては、何か不可解な理由から、自分の体験について、ことさら複雑な説明をしたがることがある。「自分は失われた時間を経験した。だからきっとＵＦＯの船内に連れて行かれたに違いない」と結論する。ある種の不可解な心理により、こうした抽象的な説明のほうが、もっと日常的でありふれた、しかし本人にとっては不快な説明よりも受け入れやすいのだ。わたしが扱ったあるケースでは、当事者の男性が時間を失う経験をしたのは確かで、宇宙人とのコンタクトも存在した。しかし、それは単に、二つの現象が偶然重なっただけだったのだ。

トムには一九七二年にマサチューセッツ州で時間を失った経験があり、そのことがずっと気になっていた。そこで、当時のことを検証してみることにした。

その日、彼は仕事上のことで顧客の家を訪れた。彼のほかに数人の来客があり、素敵な夕食をともに楽しんだ。やがて、だいぶ夜が更け、女性客のうちの一人が、これから隣町にある彼の自宅に帰るのは大変だろうから、自分のアパートに泊まっていったらどうかと誘ってくれた。

彼女が運転する車に乗ってアパートに向かっていた時、彼の記憶によれば、木立の上空に明るい光を見たという。その光を見た彼女は、落ち着きを失ったように見えた。その後、翌朝、彼女のアパートで目を覚ますまで、彼の記憶はまったくない。彼は麻薬や酒の類は一切用いていなかったが、その失われた時間内に何が起こったのかは皆目見当がつかなかった。その後まもなく、その女性はそのアパートから引っ越し、どこに行ったのかは不明である。彼の印象では、彼女はちょっと変わった感じの人物で、人づきあいのいいほうではなく、好んで人と話をするタイプでもなかったという。

催眠下の彼は事件当日の場面へと戻り、日付も正確に覚えていたし、美味だった夕食についても説明した。彼は、通常の意識状態では忘れていた多くのことについて細かく説明してくれた。その多くはわたしたちが知りたいこととは無関係ではあったが、すべての情報がそこにあって検索可能であることを証明してくれた。

その女性の名前はステラと言い、車は七二年型のポンティアックだった。その車で彼女のアパートに向かったのはほぼ真夜中で、ドライブ中のとりとめのない会話についても彼は思い出した。その時、火の玉か〝流れ星〟のようなものが視界に入った。二人がそれを見つめていると、空中に浮いたその光は、だんだん明るさを増しながらこちらに近づいてくるようだった。

突然、エンジンが止まり、車は道路の真ん中で立ち往生した。ステラは怯えたが、奇妙なことに、トムはまったく違った反応を示した。彼は突然、極度の疲労を覚え、眠りに落ちてしまったのだ。こんな状況下で眠ってしまうなど、通常は絶対にありえないことだ。しかし、わたしは彼の潜在意識が眠っていないことを知っているので質問してみた。

すると潜在意識は、トム自身もステラも眠ってしまったと言った。そして、まばゆいばかりの光が車の周囲を包み、すべての窓から差し込んでいたという。それから車のドアが開き、眠っている二人の体は車から運び出された。わたしは、誰が二人を車から運んだのかと聞いた。

「彼らは人間のように見える。一人の男の髪は褐色で、もう一人はブロンドのようだ。彼らはわたしたちを外に出してから車内を調べている。調べ終わると、わたしたち二人のほうに眼を向け、何か物体をわたしたちの上にかざした。それから、二人をまた車の中に戻した」

彼らは意識を失った彼の体を立たせ、何かの器具を体に沿って上下に動かした。その器具はカチカチという音を出していた。意識のない彼の体を立たせるにはかなりの力が要るのではないかと思われ、トムもそう思ったが、彼らはいとも簡単にやってのけたと言う。

その器具については、「テレビのアンテナのように細く、長さは三十センチから四十センチくらいで、まわりには針金のコイルが付いている」。そして、「ネオンのような、緑から濃い紫にいたる色合いの光がそれから発している。器具を体に沿って動かす時、その光が器具のまわりにあり、カチカチという音も出ている。でも、その器具で何をしているのかはわからない」とトムは言った。

その後、トムとステラが車内に戻されるとエンジンは始動して、車は再び道路上を走っていた。あの男たちと光も消えていた。

「あらまあ、ちょっと眠ってしまったようだわ。かなり疲れているみたい」とステラは言った。トムも、まるでうっかり居眠りをしていたかのような気分だった。ついで時計に眼をやった彼女は驚いて言った。「なんてこと、もう二時半よ！　あの家を出たのは確か十二時ごろだったはずよね？　どうしたのかしら。さあ、急がないと」

しかし、彼女のアパートに着くまでの間に、二人ともさっきの事件についてはすっかり忘れてしまった。トムは激しい疲れを覚え、体中のエネルギーがすべて抜けてしまったようで、その後の車中では居眠りをしていた。アパートに着くとステラはトムに、他の住人を起こすといけないから音を立てないように、と言った。自分用の部屋に案内されるとすぐ彼はベッドに倒れ込み、そのままぐっすり寝込んでしまった。そして翌朝、電話の鳴る音で目が覚めるまでのことは何も覚えていなかった。

わたしは彼の潜在意識に、あの奇妙な器具でいったい何を調べていたのかを知っているかどうか聞いてみた。すると潜在意識は言った。

「わかっている。それはステラのせいだ。彼女は、ベトナム戦争に関する軍事機密を保有するボストン南部のある企業に勤務していて、すべての情報を入手できる立場にあった。あの二人の男は彼女から情報を得ようとしたのであって、わたしのほうには特に関心はなかったと思う。彼らが彼女に接触した時、たまたまわたしが居合わせただけのことだ。彼らは常に彼女を監視していて、これまでにも何度となく接触していたのだと思う。彼女はいつも落ち着きがなく、何か変だという感じはしていた。疑い深く、簡単には友人関係にならないし、頻繁に住所を変えた。マサチューセッツ州に移る前はカリフォルニア州にいたし、その前はハワイ、さらにその前は日本にいた。彼女は世界中を旅してきたのだ」

ドロレス「彼らはその器具で彼女にも同じようなことをしたのですか？」

トム　「わたしは自分が検査されていたので、彼女が何をされているかはよく見えなかった。だが、わたしに対するのとは違う何か別のことをしていたのは確かだ。彼らは彼女と一種のコンタクトを行なっていたのだ」

ドロレス「その器具は何を測定するものだったのですか？」

トム　「それはCTスキャンのようなもので、わたしの生体機能を調べていた。また、脳波も測定していた。彼らは脳波を通じてわたしたちに影響を与えることができるのだ。しかし、彼らは悪者ではない。彼らは冷酷であるとか無感情なわけではなく、ただ単に彼女を監視していただけなのだ。彼女が何か、例えばスパイ活動のようなものに巻き込まれているのではないかと危惧しているようだった。彼女は多くの情報に通じていたので、それが監視されていた理由のひとつだと思う。放射線細菌学の学位を持ち、電気工学でも博士号を取っていて、非常に頭の良い女性だ」

ドロレス「では、そんな風にして彼女から情報を得ようとしていたのですか？」

トム「いや、違う。彼らは彼女の思考はすべて読めるので、彼女が知っていることはすべて知っていた。彼らにとって彼女は、なんらかの理由で重要な人物らしいのだ。それが何であるかはわからない」

ドロレス「彼女がスパイ活動に関係しているかもしれないことを、どうして彼らが心配しているのでしょうか？　それが何か彼らにとって不都合になるのですか？」

トム「彼女は問題を抱えていた。ソ連圏の某国に属する機関から接触があり、十万ドルの報酬で話をもちかけられたのだが、彼女はそれを断り、どこかに引っ越したのだ」

ドロレス「それでは、彼女がなんらかのスパイ活動をすることを心配していたのですか？」

トム「いや、そうではなく、彼女はもともと彼らの監視対象であった人間の一人なのだ。ただそれだけだ。科学に関係したあらゆる種類の条約、その他、これらに類する事柄についての情報を入手できる人物だったということも、監視対象になった理由だ」

ドロレス「今あなたが話してくれた彼女に関する情報を、あなたは以前から知っていたのですか、それとも今、情報を得ながら話しているのですか？」

トム「ああ、彼女が学位を持っているということは知っていた。それから、ボストン郊外の会社に勤務していることや電気工学関連の仕事だということも知っていた。けれど、スパイの件については知らなかった」

ドロレス「すると、彼女について、当時あなたが知らなかったことを、今知りつつあるということですね？」

トム　「そうだ。彼女は彼らから監視されることをとても嫌がり、そのために世界中を旅したのだ。彼女は彼らから逃れようとしていたのだ。あの事件の後、彼女は引っ越した。たぶん、マサチューセッツ州からは出て行ったのだと思う。まったく連絡が取れないから」

ドロレス「すると、その後、彼女とは会ってないということですね？」

トム　「そうだ。彼女は（ちょっと間を置いてから驚いたように）ヒューストンに移った。ヒューストンに転勤になったのだ。だから引っ越したんだ」

ドロレス「そうですか。あの日以来、あなたは何か似たような経験をしましたか、光や何かを見たとか？」

トム　「いや、まったくない。あの時だけだ」

このケースが興味深いのは、時間を失う経験をした本人が、宇宙人たちの調査対象ではなかったという点である。もしその気になれば、この被術者にはさまざまな妄想をめぐらせる余地がいくらでもあったと思われるが、今回、事実上、彼はまったくの脇役でしかなかった。しかも、その後、類似のことは何も起こっていないという。もし、でまかせであったなら、いくらでも話は大きくできたはずだ。というわけで、彼の話には、なんらの誇張も粉飾もないと言ってよいだろう。

一九八八年と八九年に、わたしは歪められた時間を示唆する三つのケースに出会った。それらは時間が歪んだと言うより、異次元に入り込んだと言ったほうがいいのかもしれない。

一九八七年の夏、ルー・ファリシュは「ＵＦＯに関係した不思議な経験のある人は電話ください」

という小さな広告を、地元のスーパーマーケットの無料新聞に載せた。彼にとってそんな広告を出すのは、最初にして最後のことであった。すると、ジャネットという名の女性から電話があり、ルーの住んでいる地域で前の晩に奇妙なことが起こったと言う。通話中、彼女は何か落ち着きのない様子で、素性も明かしたくないということだった。彼女によれば、それはリトル・ロック市からコンウェイ付近を過ぎたあたりにある自宅に帰る際のことだった。リトル・ロックから彼女の家までの距離は八十キロほどで、車だと通常四十五分掛かるところを、その日帰宅に費やした時間はたったの十五分だったという。いつもと違って、州間を結ぶ四車線のハイウェイを走る車が一台もなかったのも、とても異常なことだった。家に着くと、ふだんは騒がない犬たちが激しく吠え立てた。

これは失われた時間というより、凝縮された時間のケースのようだ、とルーは言った。この出来事で唯一ＵＦＯと関連すると思われる点といえば、その時彼女が木立の上方に輝く巨大な光体を見た、ということである。実業家だという彼女は名前を明かしたがらず、話しながらも当惑気味であったという。

ルーは、さらに話をするためにジャネットの家を訪ねた。彼女は非常に現実的な人物で、ＵＦＯに関しては何も読んだことはなく、興味を持ったこともなかった。彼女は、起こったことがなんであれ、常識に照らし、論理的に説明できるはずだと考えている。しかし、短縮された時間や空で輝いていた明るい光については、どう解釈していいかわからないと言った。ルーが、催眠術を受けてみてはどうかと提案すると、彼女は頑なに拒んだ。わたしはルーに、決して無理強いせず、彼女自身の意思に任せるようにと伝えたが、もし可能なら彼女に会ってみたいと思った。

次の年になっても、ルーはジャネットと時々連絡を取っていた。彼女は、あの時の光をなんとか理解しようと、ありとあらゆる種類の奇妙な説明を手当たり次第に試みていた。その中には、誰かが木に隠れていて、鏡で上方に光を反射させていたのでは、などというのもあったが、これなどは実際の現象以上に奇怪に思われた。しかし彼女は、なんとかして自分の受け入れ可能な説明にたどり着きたいと必死だったのだ。また、何か予知的な不思議な夢を見るようになったとも報告し、これまで彼女にはなかった超自然的な傾向も示し始めていた。

ルーは、ジャネットをわたしに会わせようと努力していたようだったが、どうもうまくいかなかった。いつも彼女にとってより大事なスケジュールと重なってしまい、それは大体においてビジネスに関わるものだった。あの時の出来事はたしかに衝撃的ではあったが、彼女にとっては最優先するほど重要ではなかったのだ。

こうして時間が経過してしまったことが、かえって幸いだったのかもしれなかった。というのも、彼女のケースに出会った頃、時間の凝縮などという概念はわたしにとってまったく新奇なものだったからだ。しかしその後、わたしは、さらに二件のこれと明らかに似通ったケースに遭遇し、これらの間には類似点があるのではないかと思うようになった。そのエディとヴァレリーの二件については、のちほど本章の中で紹介することにする。

ようやくジャネットに会えたのは、一九八九年の四月にユリーカ・スプリングスで開催されたオザークUFO会議の期間中であった。彼女はあまり気乗りしないながらも参加し、ルーがわたしに紹介してくれた。彼女によれば、この週末にこなさなければならない大事な用事が少なくとも三十件はあり、本当はこんな会議などに時間を使いたくはなかったのだ、ということだった。明らかに、彼女はこういったことにあまり興味はないようだった。それでも彼女はいろいろな発表を熱心に聴き、写真やスライドの上映にも見入っていたが、彼女に起きたことと似た例はなく、やはり時間の無駄だと感じていた。皆が会議場にいる時、わたしとジャネットはロビーの椅子に座り、二人だけで話した。

ジャネットはブロンドの、とても魅力的な女性だった。上品だが、気取っているという風ではなかった。身なりも洗練されていて、裕福で教養のある階層の人たちとの付き合いにも慣れているように見受けられた。それでいてとても人なつこく、お高くとまっている風ではなかった。彼女はわたしと二人きりになってもリラックスしていて、すぐに自身についていろいろと語り始めた。今まで胸のうちにあったものをすべて吐き出すことができて、ほっとしているようにも見え、わたしが彼女を馬鹿にせず、助けようとしていることを感じ取ったようだった。そして彼女は最終的に、あの事件について とことん突き詰めて調べてみようという気になった。というのも、最近、彼女には、あの時の情景が突然蘇ってくることがよくあり、その際、さらなる詳細が思い出されて、それで悩んでいたのであった。彼女は、あの出来事は絶対に論理的説明が可能であり、それさえ見つかれば悩みも解消するはずだと信じていて、その時起きたことについて注意深く、正確に、そして詳細に語り始めた。

わたしは彼女ならきっと、この奇妙な凝縮した時間という出来事についても自分なりに調査しているに違いないと思っていたが、やはりそうだった。彼女は関心のあることについては、気の済むまで詳細にわたって徹底的に調べ上げるタイプらしかった。彼女はあの夜、自分がリトル・ロックのレストランを出た時刻を複数の人々に当たって確認していた。それはほぼ真夜中で、彼女は州間ハイウェイ四〇号線を走行した後、自宅の近くで左折して脇道に入った。ハイウェイからその地域に出入りできる道はその一本しかなく、だから昼夜を問わず常に車の通行が絶えることはない。彼女は毎日通るその道のどの部分も熟知しており、沿道の家もすべて記憶にあった。しかし、その夜は何もかもが奇妙で、いつもと違っているようだった。星もまったく見えず、あたりは異常に静まり返っていて、コオロギの鳴き声さえも聞こえなかった。そして、どの家にも一切灯りがなく、いつも点いている街灯の水銀灯さえも消えていた。彼女は、その辺の家には夜になるといつも灯りが煌々と輝き、遠くからでもよく見えることを知っていた。しかし、なんの物音もせず、人の住んでいる気配もなかった。なかでも、とりわけ異常に思えたのは、一台の車も通っていないことだった。

その時、ある物体が彼女の眼に映った。それは巨大で、木立のすぐ上、彼女の右上方に浮かんでいた。かなりの大きさの楕円形で、とてもくっきりとして明るいオレンジ色を発していたが、その輝きはその物体の周囲だけに留まり、遠くを照らすことはなかった。物体には何も書かれておらず、窓もなく、外縁を取り巻く照明なども一切なく、ただ楕円形全体が一様にオレンジに光り輝いていた。最初にそれを見た時、彼女は、今ちょうど太陽が沈むところで、それが雲に反射した色なのではないかと思った。その時にはもう太陽が沈んでから何時間も経っていたのだが、これが彼女の最初の解釈だった。ついで頭に浮かんだのは、流星の放つ閃光やオーロラという可能性であった。そんな光は今まで見たことがなかったのだが、何か論理的に成り立ちそうなものと結び付けようとしたのだ。彼女は車の速度を落とし、そろそろと徐行しながら観察することにした。ふだんなら、交通量の多いここでは、それはとても危険な行為のはずだった。

徐行運転しながら、ジャネットはその巨大な光体にすっかり心を奪われていたが、そのうち、前方の路面に動物の死骸のようなものがあることに気づいた。すぐ近くまで行って車を停めてよく見ると、驚いたことにそれは普通の飼い猫らしかったが、奇妙な姿勢のまま凍りついたように動かなかった。お座りの格好だが、毛は逆立ち、前足は宙に浮き、彼女の注意を奪ったあの光体の方向を見上げたままの状態であった。猫は死んでいるのではなく、光体を見つめたままの異様な格好で硬直していたのである。まるで、一時停止させた動画のようだった。そしてこの猫だけが、この時彼女の見ることのできた唯一の生き物らしきものだった。それを生き物と言ってよければの話だが。

彼女はゆっくりと車を進めながら光体を見つめていた。そして、そのすぐそばに差し掛かった時、それは消えた。が、その消え方は奇妙だった。その物体のてっぺんと底部がゆっくりと互いに近づいて来たかと思うと、やがてそこには木立の上の暗闇しか残っていなかったのだ。上縁と下縁がくっつくやいなや、忽然と消え去ったのである。その様子を彼女は両手を使って説明したが、それはまるで巨大な眼のまぶたが閉じるのを見ているようだった。それはただ単に、木立の向こう側に降下して行ったので見えなくなっただけではないのか、とわたしは質問してみた。彼女は、もしそうなら、下がって行く際に木立の間を通して光が見えたはずだと言った。物体の上部と下部が互いに近づいてくっつき、そして光が消えた、という事実に間違いはないと彼女は確信していたが、その物体が照明を消したまま、暗闇の中、そこに浮かんでいたという可能性もある。星一つない夜だったから、闇にまぎれて見えなくなったということも考えられなくはない。

そこで何が起こったにせよ、ともかく彼女は、その後ますます混乱しながらも車の速度を上げ、家路を急いだ。その時の彼女に恐怖はまったくなく、あったのはただ畏怖の念と当惑、そして驚嘆だけだった。その一方で、彼女の現実的な頭脳は、あれはいったい何だったのかと考え続けていた。

車を自宅の敷地内の車道に乗り入れると、頑丈な檻の中に入れられた純血種の飼い犬たちが狂ったように吠え始め、檻から出ようとして格子を引っかいたり噛んだりした。もともと温和な性質の品種なので、そんな風に大騒ぎしたことはこれまでまったくなく、彼女やそれ以外の誰かが車道に入って来ても、一度も吠えたことなどなかったのだ。しかし、なぜかその夜の帰宅時だけ、彼らは狂乱状態になった。わたしは彼女に、その時、車や彼女自身の状態に何かふだんと違う異変が見られなかったかと聞いてみたが、何もなかったということだった。

家に入り、腕時計を見て彼女は驚いた。自分の時計が狂っていないかどうか家中の時計で確かめたが、すべてが同じ時刻を示していた。彼女はあまりにも速く家に着いてしまっていたのだ。推定では掛かった時間はたったの十五分だったが、そもそもゆっくり運転していたのだから、そんな短時間で家に到着するのは不可能だった。彼女は寝ていた夫を起こし、時計を見て今何時か教えてくれと言った。そしてさらに、明朝まで、今夜彼女が帰って来た時間を憶えておいてくれと頼んだ。

ジャネットは最近になって、あの事件に関することがフラッシュバックのように突然頭に浮かぶようになり、やがて、あの物体を最初に目撃した時、ハイウェイ上で彼女の車の前を何かが横切ったことを思い出した、と言う。また、それと同時に、ハイウェイの真ん中に光が走ったとも言う。それは鏡を反転させる時にきらりと光るのとよく似ていた。正確に表現するのは難しいが、彼女は、カーニバルで設営されるびっくりハウスの中の鏡の部屋を連想したと言う。

ジャネットの話にはさらに先があると思われたが、結局、わたしが彼女に催眠術を用いることはなかった。彼女は自分の生活が元通り送れるようになったので、この上、事件についてさらに探求する必要を感じなかった。彼女にとっては仕事が第一なので、なんであれ、よけいなことに心を煩わされたり、生活をかき乱されたりはしたくなかったのだ。あの出来事はおそらく、理解不能の不思議な現象ということで、ずっと彼女の記憶に残り続けるのであろう。

わたしがこの仕事をしていくにあたって、こころしているもっとも重要な点は、当事者が通常の生活を続けられるということである。わたしは、それがどんな経験であれ、その人がそれを理解し、自分の生活の中に統合していくための手助けをしようとしているのである。もし、ある問題の存在を明らかにすることで、その人があまりに動揺すると思われる場合には、そこで作業を中止するほうが良い。また、好奇心から催眠術を試そうとする人たちには、知らないほうが良かったと後悔するような事柄が明らかになる場合もある、と告げることにしている。そのような情報は、一度表に出したら、元に戻すことは容易ではないのだ。ジャネットの場合、彼女が催眠術を受けなかったのはたぶん正解だったのだろう。というのも、せっかくそれまで入念に築き上げてきた生活を混乱させるのは、彼女の望むところではなかったからだ。このケースは、これで良かったと言えると思う。わたしは常に被術者の気持ちを優先しているのだ。

次の二つの例の場合、当事者たちは二人とも当時のことをはっきりと憶えていた。催眠下で彼らの記憶はさらに鮮明になり、細部まではっきりと思い出すことができた。

エディは三十代の肉体労働者で、自分の遭遇した事件についてはあまり語りたがらなかったが、ガールフレンドに促されてようやく話す気になった。彼はテープレコーダーが気になって困惑し、尻込みしているようだった。そこでわたしは、テープレコーダーをテーブルの上にセットすると彼に、「すぐに慣れて、マイクがそこにあることさえ忘れてしまいますよ」と告げた。インタビューしても、話の細かな部分までは憶えていられないので、録音して正確を期するのである。また、それによって普通の状態の意識で記憶していたことも確認でき、平常時の記憶と催眠下で話されたこととの区別もできる。会話が進むにつれ彼はリラックスし、やがてテープレコーダーのことなどまったく忘れてしまったようだった。

エディが語ったのは二十年ほど前、彼が十七歳の高校生だった頃に住んでいたミズーリ州の農村地帯で起きた出来事だった。町の友人を訪ねて行った帰り、彼は古びたトラックを運転して家に向かっていた。もう夜も遅く、舗装もされていない田舎道の付近には人家もまばらだった。

最初にその光を見た時、彼はそれを、最近このあたりにも設置され始めた水銀灯の外灯だと思った。その頃、一部の農家で白熱電球の代わりに使い始めていたのだが、しかし、それにしては見慣れない場所にある。やがて近づくにつれ、それはますます明るさを増し、しかも空中高くにあることがわかったので、それが農場の外灯とは違うことがはっきりしてきた。その光は彼のほうに向かって来ると真上で停止し、今度はトラックにぴったりついて来たので、彼は窓から顔を出してそれを見ていた。

家から八百メートルばかりの地点に来た時、突然それはトラックを追い越し、前方にある林の上空に浮かんだ。その時初めて彼には、それが大きなレンズ状の物体であることがわかった。物体の内部にはオレンジ色の照明が並び、中央で帯状のものがぐるぐる回転していて、そのため内部の灯が点滅しているように見えた。その物体の底部はメタリックシルバーだった。

不思議に思った彼は、もっとよく観察するため、丘のふもとにトラックを止めて車外に出た。そしてボンネットの上に座り、その奇妙な物体を観察し始めた。おかしなことに恐怖感はまったくなかったが、それはたぶん彼が田舎育ちで、野外で過ごすことが多かったせいだろうと思われた。トラックの上に座って観察していると、物体の底から青い光が発して、真下の木々の上部を照らした。物体は空中に完全に静止し、帯状のものが回転しているのに音はまったく聞こえなかった。その大きさだが、彼の推定によれば、今わたしたちがいる部屋と同じくらいだったと言う。とすると、大体七〜八メートルだ。

エディはそこで十五分から二十分ほど観察を続けたが、その間にもう一つ不思議なことが起きた。彼の家からおよそ五キロほどの近所に住む一家が、おんぼろのピックアップ・トラックでやって来たのだが、その一家には夫婦のほか大勢の子どもたちがいて、彼らは皆、トラックの荷台に座り込んでいた。

彼は両腕を大きく振り、上方を指さして、懸命に彼らの注意を引こうとした。彼のトラックは道路に半分はみ出して止まっていたので、気づかないわけがなかった。ところが、彼らは車の速度を緩めもせず、そのまま走り去ってしまったのだ。彼はその時、自分が透明人間であるかのように思えたと言う。後になって彼らに、あの時どうして止まらなかったのかを尋ねたいと思ったものの、結局のところ、あの事件について誰かに話す気にはどうしてもなれなかったと言う。

家に着くと、彼は叫び声を上げながら階段を駆け上った。すでに眠っていた両親はその声に驚いて飛び起きて来たので、窓から外を見るように言ったのだが、その時、あの物体はすでに水銀灯ほどの大きさに縮小していた。そして次の瞬間、それは消えて見えなくなってしまった。彼の両親の目に映ったものは、彼が見た大きな物体ではなく、ただの薄明かりだった。

その年、その地域では多くのＵＦＯ目撃事件があり、なかには警察官によるものもあった。だが、彼の場合ほど近くで目撃された例は一つもなかった。しかし、彼は物笑いの種にされることを恐れ、誰にも話さなかった。そんなことで、自分について妙な評判が広まるのは嫌だったからだ。わたしもへんぴな田舎に住んでいるので、彼の気持ちはよくわかった。田舎の人間は、近所の評判をとても気にするものなのだ。

彼は言う。
「そんなわけで、わたしは何年間も悩みながら過ごしました。たぶん、自分はちょっといかれているのだろうとか、何か精神に問題があって、あんな馬鹿話を創作したのではないかと思ったこともありました。でも、もちろん、そんなことはありません。わたしはこの眼で見たんですから。それは闘いでした。見たものを見なかったことにするか、あるいはいさぎよく認めるかという。あれを高性能のエアガンなら命中させられるくらいの至近距離で目撃したのは確かなんです。誰かに話したいと思ったことは何度もありましたが、そのたびに、この人もきっと自分を狂ってると思うんだろうな、と考えてやめました。そんな風に思われるに決まっているようなことを、わざわざ話したくなかったんです」

彼の感じたことは、ほかのUFO目撃体験者にも共通する事実だ。この事件以前、エディはUFO関連の本など一切読んだことがなかった。農業で暮らしている彼には、銃やワナによる狩猟のほうがよほど興味があった。彼が、自分が見たのと同じような対象物を探すためにいろいろ本を読むようになったのは数年前からであった。しかし、「何か部分的に似ているような感じのするものはあったが、まさにこれだと言えるようなものはどこにも見つからなかった」と彼は言う。

ここまで話すだけでもエディはかなり困難を感じているようで、まだ馬鹿げていると思われるのではないかと恐れ、そのような可能性のある立場に自分を置くことを嫌がっている様子だった。彼にしてみれば、何年にもわたって秘密にしていたことを、赤の他人であるわたしに話すのには、かなりの勇気を要したのだろう。

しかし、やがて気分がほぐれたらしく、彼が同意したので、次の週、催眠術により、さらに詳しい情報が得られるかどうか試みることにした。

術を掛けたものの、特に新しい情報は得られなかった。彼の記憶は正確だった。そこでエディの潜在意識に、平常の意識にはない、より詳しい情報があるかどうか問い掛けてみることにした。被術者が十分に深いレベルのトランス状態に入ればこれは可能で、思いがけない情報が得られることもしばしばある。わたしは、エディの平常意識が憶えていない何かが起こったのかどうかが知りたかった。

彼の答えは、ある情報の注入があった、というものだった。断片的な、切れぎれの情報の小片が入って来て、同時に指示も与えられたという。繰り返し彼の言う注入とは、いったい何を意味するのか問いただすと、彼はわたしの聞いたこともない言葉を口にした。聴こえた通りに書くと、contruvering（コントルヴァリング？）となる。なんのことかわたしにはさっぱりわからず、エディもまた、それが何を意味しているのかは知らないと言った。彼が言うには、その情報の断片は宇宙船から送られたもので、彼の成長と発展を促進するのだそうだ。それは実際に形のある物質で、彼の体の細胞に入り込み、吸収されるとのことだが、それがどのような情報なのかについては彼にもまったく見当がつかない。

ＵＦＯを目撃した人たちの多くは、記憶には残っていないものの、自分はＵＦＯの中に連れて行かれたに違いないと思い込んでしまうが、わたしの調査の結果からは、必ずしもそうではないことが判明している。情報は、実際にその人と対面しなくても潜在意識に入れることができるので、ある場合には、ただＵＦＯを目撃しただけで、そこから発信された情報を得ることが可能なのだ。それはすべて、潜在意識レベルでの出来事なのである。だから、自分はただＵＦＯを目撃しただけだと思っている人たちの中にも、じつはもっといろいろなことが起きていて、彼らの知覚できないような仕方で影響を受けている人々が多いのだ。

わたしが、どうしてエディに今回のことが起きたのかと彼の潜在意識に聞いてみると、傷つきやすい人間だからだ、という答えだった。彼は感じやすく、純真素朴であるがために接触《コンタクト》しやすいのだという。物欲が強く俗世間的な志向を持った人との接触は困難なのだ。〝傷つきやすい〟あるいは〝純真である〟ことは、接触しやすいということを意味しているという。驚いたことに、その人がUFO現象を信じているかどうかは問題ではなく、要するに、その人物の注意を引くことができればよいというのである。UFOの乗員たちはまず最初の突破口を探し、後はそこから対象の中に入り込み、その人物の核心に到達すれば、そこに種《たね》を蒔くことができるというのだ。

どんな種を蒔くのか興味を持ったので聞いてみると、奇妙な答えが返ってきた。

「彼らの存在の種、彼らが一つであることの種だ。わたしは分割されてはいない。一体であり、別々の存在ではない、一つである。種、あるいは概念は、光の流入によって魂の中に植え付けられる。一体であるという記憶は細胞の中にある。入り口のある場所ならどこにでも植え付けることができる。わたしたちは彼らと一体なのだ。わたしたちは別々に創られたのではなく一つのものとして創造されたのだ。彼らは、このことをわたしたちに知らせたいと考え、そしてこの夜、わたしたちに出会う機会を得た。彼は情報を植え付けるための良い候補者なのだ」

今までにもエディは、知らずして情報を受け取っていたに違いない。教訓とか概念とかは彼の潜在意識に直接入ったので、彼の通常の意識にはそれらの記憶はない。彼が覚えているのは、不思議な動物たちとの奇妙な体験といったことだけだ。というのも、動物たちはこういうことに積極的に参加するので、動物の眼を通して接触が行なわれることが多いのだ。エディは、彼にとっては意外な出来事が起こった時、動物の眼の中に一体なるものの精神を見たのだ。その動物たちも、時には本物でなく幻覚に過ぎないこともある。これは人の弱点を見つける時に行なわれる。

「該当の人物は静かにしていなければならない。自分の世界を停止させなければならないのだ」

彼らは思いがけない出来事を起こすことによって、人に実際にはそこにないものを見せるのだ。不意をつくのである。しかしわたしは、人はいつも何かに対して身構えているわけでもないのに、と思った。

潜在意識の答えはこうだった。

「意外かもしれないが、人はいつも身構えているものなのだ。だから我々は驚かせて不意をつく必要がある。人が何か宇宙船とか動物などに集中している時、我々は彼らの注目を集め、彼らの世界を停止させることができる。そして情報を注入するのだ。我々は驚きを利用する。人がいつもの日常茶飯事に関わっている時には、彼らの注意を引いたり集中させたりすることはできず、うまくいかない。なんとかして注意をそらすことが重要なのだ」

それでは彼らは、付け入る隙を見つけるために、常にその人を観察していなければならないのか、とわたしが聞くと、彼はその通りだと言った。宇宙人が、当事者以外の人々に見えないわけも、これで説明できる。彼らの世界は停止していないのだ。

さらに彼が言うには、

「動物ばかりでなく、夢もまた利用される。その場合の夢はコントロールされていて、普通の夢とは違う。それは覚醒夢（lucid dreams　明晰夢とも・訳注）という、普通の夢よりもっとリアルなタイプのもので、夢を見ている間、何度にもわたる身体的な知覚体験がある。その感覚は目覚めた後にも残っている。また、色が着いていたり恐怖感をともなったりすることもあるが、いずれにしても通常の夢ではない。何の夢かは関係ない。この種の夢はとても生々しく、目覚めてもその生々しさの感覚は残っている。この夢の中では恐怖感に襲われることがよくあるが、これは夢を見ている人がその最中に不意をつかれることが多いからで、目覚めている時とほぼ同じような具合に驚かされているのである。恐怖というのは感情の中でももっとも強力なものなので、覚醒時でも夢の中でも、時によってはその人の世界を停止させるために利用されるのだ。強力な感情を作り出すことで、我々は接触がしやすくなる。驚きや恐怖という要素が、精神的な目覚めへのきっかけとなるのだ。といっても、本来、恐怖感は必要な時に適切に用いられるべきもので単に突破口のひとつに過ぎないのだが、人によってはいつまでもそれを持ったままになってしまうことがある。送られて来たメッセージを理解するよりも、そのほうが楽だと感じる人が多いのだ。恐怖感など持つ必要はまったくないのに、なぜかそれに執着する。というわけで、相当な恐怖感を与えられないと世界が停止しない人が大勢いるのだが、それはもう、その人の好みだから仕方がない」

ドロレス「どうやら宇宙人たちは人の感情を、わたしたちには理解しがたいような仕方で利用するようですね？」

エディ「我々は感情を、自分たちも理解していないような使い方で用いてきたのだ」

ドロレス「ということは、人はちっとも恐れる必要はないと？」

エディ「その通り。殻をそっと優しくつついて割ってやるためにそれが利用されているのであって、危害を加える意図などまったくない」

満員のトラックがエディに一切気づかなかったという奇妙な話と似たことは、わたしの扱った他のケースの中でも繰り返し報告されている。あの出来事は、エディだけのためのものだったらしい。なぜなら、乗っていた人たちは頭上の巨大な宇宙船にも、またエディの存在にも気がつかなかったからだ。これはまったく不思議なことだ。わたしも田舎に住んでいるからよくわかるのだが、そういった地域では、もしも道路脇に車が止まっていたりしたら、通り掛かった車は必ず停まって、何か手助けが必要かどうか確かめるものだ。隣の家といっても相当離れていて、いざという時にも連絡が困難な田舎では、こうして助け合うのが常識であって、困っている隣人を無視するなどということはありえない。彼らにはエディが見えなかったのだ。エディは、他人にはなんら影響を与えない、彼だけの小さな時間の歪みの中に入り込み、まったく個人的な体験をしていたのであった。

セッションが終わって目覚めたエディは、動物にまつわるいくつかの不思議な出来事を思い出した。ある時、彼が牧草地で父親を手伝ってトラクターを運転していると、一羽のハトが飛んで来て彼の右腕に止まった。彼は大変驚き、その瞬間、何事かが起こったような気がした。またある時には、トウモロコシ畑で座って休んでいると、一匹のコヨーテがやって来て、彼のまわりをぐるぐる歩き始めた。普通、コヨーテは人間を避けるものなので、これも不可解な出来事だった。またある時は、森で狩をしていたら鹿が来て、近づいて手で触っても逃げなかった。その鹿も、怖がる様子をまったく見せなかった。そんな不思議な出来事を経験するたびに、彼はいつも、自分の生き方をゆっくりとさせるために何事かが起きたような気がした。それらは彼の物事に対する見方を変えた。

ＵＦＯを目撃した人の話の中には、動物たちの異常な行動がよく出て来る。ホイットリー・ストリーバーは、こうしたケースのいくつかを、実際に起きたことを見せないために動物の幻覚が現れるのだとして、「遮蔽記憶《スクリーン・メモリーズ》」(screen memories)と呼んでいる。こうしてみると、宇宙人との接触は、必ずしも肉体を介した物質的なものであるとは限らず、また劇的な展開ばかりでもないようだ。別に生身の宇宙人が相手でなくてもよいのだ。それは、人がまったく予期していない時に限って、非常に捕えにくい仕方で起きているように思える。それは人の意識に鮮明な印象を残すが、意識下ではさらに意味深い何かが起きている。にもかかわらず、その人は他のことに気を取られ、その間に入って来ている情報にはまったく気づかないのだ。

わたし自身、フクロウとの不思議な体験があり、それがあまりにも奇妙だったため今でも忘れられずにいる。はっきりした日付は忘れたが冬だったことは確かで、まだ、わたしがUFO関係の事件に本格的に取り組むようになる前だったと思う。というのも、それは「遮蔽記憶」の問題が提起される前で、わたしはフクロウの件をあまり重要視していなかったからだ。だから、それは一九八八年前後のことだったと思う。

その日、わたしは別の都市で開催された超自然的なテーマを研究する集会に出席し、もう真夜中をとっくに過ぎた頃、車で帰宅する途中だった。わたしの家は人里を遠く離れ、森林に覆われたオザークの山の上にある。近所に家がないということは特に気にならない。というのも、仕事でよくあちこちに講演旅行など行くので、多くの時間を世界中の大都会で過ごしているからだ。都会で忙しいスケジュールをこなした後には、一軒家に帰って味わう孤独が楽しみになる。ふもとから我が家まで登る距離は六~七キロだが、その間、人家はたった五軒あるのみだ。一番近い家からも一・六キロ離れているような有様だから、夜になると道はまったくの暗闇で、野生動物もよく見掛ける。

その日、山頂にある我が家に向かう途中、最後の隣人宅の門前を過ぎたあたりでのことだった。ちょうどわたしの土地の区域に入る頃、大きなフクロウがヘッドライトに照らされた道路の真ん中にいるのが見えた。車がすぐそばまで迫っても動こうともしない。ヘッドライトに目が眩んだのか、立ちすくんだままだ。フクロウの頭はフェンダーの上に出ていたので、まばたき一つしない大きな丸い目がはっきり見えた。わたしは警笛を鳴らし、さらに近づいた。怪我させたくなかったので、道路からどいてもらいたかったのだ。するとフクロウは向きを変え、大きな羽を広げて地面すれすれに飛び、ヘッドライトに照らされた範囲のぎりぎり外側まで行くと、また地面に降りて止まった。わたしがまた車を動かすと、やはりすぐ近くに行くまで動かない。そしてちょっと先まで飛んで着地すると、またこちらのほうに顔を向けた。こんなことが我が家の門に到着するまで繰り返された。

フクロウは毎回、車の前方のいろいろな場所に止まってこちらを向き、数秒間、まばたき一つせずにわたしを見つめてから飛び立つのだった。その様子がとてもおかしく、思わず笑ってしまった。わたしは怖いとは思わず、フクロウに向かって「お願いだからどいてちょうだい、あなたを轢きたくないのよ」と話しかけ続けた。とにかく、車がすぐそばまで近づき、警笛を鳴らさないと動かないので、何度かは危うく轢いてしまいそうになった。フクロウは車が停まってから飛び立ち、ちょっと飛んではまた地面に降りるので、かなりの時間が掛かってしまい、やっと我が家の車道への入り口に差し掛かった時には、フクロウはその反対側の道路際に止まって、わたしが家の敷地内に入るのを眺めていた。

このことを義理の息子に話すと、フクロウは普通そんな行動は取らないので、不思議な話だと言った。彼は、ふだん、ワナを仕掛けたり狩に出掛けたりしていて、このあたりの森に棲む動物の行動には詳しい。また、わたしの話の通りなら、そのフクロウはかなり大きいもののようだとも言っていた。

遮蔽記憶のことが話題になり、そうした現象にフクロウが関連していると知った時、興味深いとは思ったが、わたしの場合、恐怖感はまったくなく、面白いと思っただけだったので、あの経験がそうだとは思わなかった。また、あの夜、帰宅した時間をきちんと確認したし、その後もしばらくは寝ずに起きていたので、失った時間は何もなかったことも確かだった。

それから七、八年後の一九九六年十月、この時の記憶が急によみがえり、少し不安になった。当時、わたしはスコットランドとイングランド北部での講演旅行を終えたばかりだった。この後続いて、イングランド南部のドーセットで開催される会議で発表する予定があったが、その日まで数日間の余裕があったので、ロンドンでゆっくり過ごすことにした。

わたし流の「ゆっくり」の仕方は、たぶん、普通の人とはだいぶ違っているだろう。わたしはこの余暇を利用して、ロンドンの大英自然史博物館を訪れた。博物館と図書館は、わたしのお気に入りの場所だ。

何時間も掛けて、巨大な恐竜の再生骨格が据え付けられた大ホールから、全世界の動物の標本がガラスケースの中に保存されている展示室まで見て回り、鳥類の部屋に入ったわたしは、そこで思いがけない発見をした。そこにはあらゆる種類のフクロウの剥製が入った陳列ケースがあったのだが、その中には、あの時わたしが見たほど大きなフクロウは見当たらなかったのだ。そして、背筋にぞっと寒気が走った。その中には一羽として、頭がわたしの車のフェンダーより高くなるようなものはいなかった。

混乱状態でじっとそのフクロウたちを眺めていると、さまざまな疑問が湧き出て来た。あの夜、わたしが道路で見たフクロウは、本当は何だったのか？　今自分が調査研究しているケースと同様なことを、自身で経験したのだろうか？　あの夜、何かほかに別なことでも起こっていたのだろうか？あの時にはそんなことは少しも考えず、ただ面白いと思っただけだった。しかし、今にして思えば、もし何か別な意味を持つことが起きていたとすれば、それは、わたしがこれからすることになる仕事のために親切心から実施された、易しい予行演習とも言うべきものであって、決して恐れる必要のない出来事だったのだろう。

だからと言って、これが宇宙人との接触の一例だったと主張しているわけではない。以来わたしが調査を行なっている諸々のケースと、あまりにも類似点が多いと言っているのである。いずれにせよ、この件はわたしの心にさまざまな疑問をもたらした。本書の中にいくつも例が出て来るように、彼らが人の注意を引いた途端、瞬時にしてそれは起きるのだ。意識せぬうちに、沢山の出来事がわたしたちの身の上に起きているかもしれないとは、まったく不思議な話である。

わたしが調査した中から、リトル・ロック市で起きた別のケースを紹介しよう。

それはある女性の通勤途上、朝のラッシュアワーのハイウェイで車を運転している時に起こった。カプセル状の大きな飛行物体が、突然彼女の前方の空に現れたのだ。彼女は、渋滞中の路上の車が皆、急ブレーキを掛けて停まるのではないかと思った。ところが、他の車は何事もなかったように動いている。脇の歩道にはジョギング中の人々がいたので、彼女は車の中から彼らに手を振り、大声で叫んだりして彼らの注意を引こうと空を指さし続けた。ところが彼らは、まるで彼女が透明人間であるかのように、まったく気づくことなくジョギングを続けていた。そこで彼女は車を歩道に乗り上げて止め、その飛行物体を観察した。するとそれは、何度か急旋回したかと思うと飛び去ってしまった。あんなに大きなものだったのに、ほかの誰も気づかなかった。彼女は拉致されなかったし、その間、ほかに何も異常なことは起きなかった。

この事件は、ここからは地球の裏側に当たるイングランドで一九九七年にわたしが調査したケースと、すべての点において一致している。宇宙人は、他の人には目撃させることなく、ある特定の個人にだけ出来事が見えるようにする能力を持っているのだろうか。同様のケースについては、のちほどもう少し詳しく述べてみたい。

どうやら、わたしたちの世界とは別のレベルで起きている多くのことがあるのは明らかなようだ。そして、それが通常の意識で感じられた時だけ、わたしたちは不安を感じるらしい。このことについて、わたしたちはほとんど気づかず、また、いずれにせよ、どうすることもできないのだから、悩んでみても仕方がない。ノイローゼになるのが落ちだ。まあ、こうしたことにもそれなりのわけが、いうなれば、狂気の理由とでも言うべきものがあり、いつの日か、わたしたちもそれを発見するのかもしれない。

しかしながら、これらの出来事はジャネットに起きたのとは違うタイプのようだ。エディの場合には物が動いていたが、ジャネットの時には動いていなかった。ジャネット自身は動き続けたのだが、彼女以外のすべては停止したままだった。ジャネットは、彼女が通常存在している次元での動きよりも速く自分が動いたかのように感じたのだ。まわりの世界が停止しているように見えたのは、すべてが低い振動数で動いていたからだ。それはまるで、彼女が別の次元に滑り込んで行くようなものだった。次にもう一つの例を挙げる。

ヴァレリー（ヴァル）が最初にＵＦＯ体験について話してくれた時、その頃のわたしはまだＵＦＯについて特に詳しく調査研究していたわけでもなかったので、彼女の話にはあまり興味が持てず、よくあるＵＦＯの目撃談だと思っただけだった。ところがそのうち、彼女は異常な状況下での体験を語り始めたのであった。聴き取りのためにヴァレリーの家を訪れた一九八八年の冬には、わたしはこの方面の研究にかなり深入りしていたので、彼女に詳しい話をしてもらい、記録を取っておくことにした。今となってみると彼女の一件には、前述した二件の歪んだ時間の例との関連性が見られる。

三十過ぎの女性理容師ヴァルは、わたしの住む地域にほど近いある小さな町に住んでいた。わたしは彼女の仕事が休みの日に家を訪れ、体験談を録音させてもらった。

そのことが起きたのは一九七五年頃で、彼女はアーカンソー州フォートスミスの郊外に住んでいた。フォートスミスは、州西部の中央に位置する中ぐらいの都市だ。

その日、彼女の家には友人が数人来ていたのだが、夜中の二時ごろまでには、ほとんど皆帰って行った。ヴァルは、残った一人の女性を車で市内のアパートまで送って行くことになっていた。いくつかの脇道を通ってハイウェイに向かっている時、彼女は奇妙な物体を目撃した。それは月よりも大きく、白く光り輝いていた。ヴァルは車を道路脇に止め、同乗の友人とともにその物体を観察した。そこは陸軍の基地からさほど離れていなかったので、軍が何か夜間演習でもしているのかとも思った。それは傘のような形をしていたので、ヴァルは最初パラシュートかと思った。しかしすぐに、そんなありふれたものではないことが明らかになった。見ていると、突然それは二人をめがけて飛んで来て、車の上空に浮かんで停止した。怖くなったヴァルは、車をバックさせて向きを変え、市内に向かって走り去った。しかし、ハイウェイに入ってもその白く光り輝く物体はついて来て、車の助手席側の上空を車の速度に合わせて飛んでいた。物体の形は一定ではなく刻々変化したが、常に真っ白に光り輝いていた。

ヴァルは、できるだけ早く市内に入ろうと車を加速した。その時、彼女は異変に気がついた。ハイウェイのどの車線にも車がなく、ライトも見えなかったのだ（これはジャネットの体験と驚くほどよく似ている）。この不思議な状況は、車がハイウェイを降りて市内に入っても続いた。彼女の車が近づくと、市中の街灯の光が次々に消えて行ったのだ。

それでも彼女は、前方を見て運転することはできたが、草も木も、何もかもが動きを止めていて、ただ不気味な静けさだけがそこにあった。犬もいなければ猫もいない。道路上には車も人もなく、どの家々にもまったく灯りはなかった。それはまるで、この世には彼女ら二人しか存在していないかのようで、薄気味悪いあの〝トワイライト・ゾーン〟（アメリカで一九五九年から六四年まで放映された人気SFテレビ番組・訳注）の世界にいるような感じだった。彼女の表現を借りれば、そこは真空の世界のようで、音もなければ動きも何もなかった。彼女の車が通った地域の街灯はすべて消えていたが、どこか上空から来る柔らかな光があたりを照らしていた。

彼女たちは、どこか人のいる場所に行こうと決め、終夜営業のレストランがある大きなショッピング・モールの近くまで行ってみた。するとその飛行物体も、ショッピング・モールの建物の上空で停止した。レストランのそばに車を寄せて見ると、二十四時間開いているはずの店内に人の気配は一切なかった。さらに車で走り続けたが、どこへ行っても車はおろか、人っ子ひとり見当たらなかった。いつもなら、いくら深夜とはいえ、市内の通りには誰かしら人がいるはずだった。

パニック状態になった二人は、下町にある友人の事務所に向かった。その友人はよく夜中まで仕事をしているので、行けばきっと会えるだろうと思ったのだ。事務所に足を踏み入れた瞬間、二人の世界は通常に戻った。二人は、彼の事務所に立ち寄った本当の理由は告げずに、しばらくそこで話し込んだ。そしてようやく、ヴァルは友人をアパートに送り届けることができたのだった。

ところが、その後の帰宅途中、ハイウェイに向かって車を走らせていると、またもやあの飛行物体が彼女の眼前に現れたのである。それはまるで、彼女が来るのを待っていたかのようだった。友人の事務所にいた時にも、アパートに向かっていた時にも、すべては正常だった。それなのに、今また光る物体が戻って来て、運転席側の彼女の上空を伴走している。彼女はスピードを上げて家まで走り、家の敷地内の車道に入ると、その物体は向きを変え、あっという間に夜空に消えて行った。その物体が、最初にかなりの高速で彼女に近づいて来て、最後にまた高速で飛び去ったことからして、あれはきっと何かが操縦しているに違いない、とヴァルは思った。

話し合った結果、催眠術を掛けて当時の詳しい状況を調べてみることになった。術が掛かるとすぐヴァルは、さほど重要ではない事柄の詳細を思い出し始めた。例えば、車で送った友人の名前（通常の意識下では思い出せなかった）とか、家を出た正確な時間、彼女の車の種類や年式、夜遅く友人を送って行かねばならないことに腹が立ったこと、などである。最初に光る飛行物体を見て、大あわてで市内に向かって運転して行った時の状況を語る時には、彼女の呼吸は目に見えて速まり、興奮していた。ヴァルは助手席の友人に向かって、「こんなにスピードを上げて運転するなんて馬鹿みたいね。もし、あれがこの車を捕まえたいと思ったら、簡単にできちゃうんだから」と言っていた。とにかく、彼女は人のいる町中へ早く行き着きたかった。そうすれば、この物体の目撃証人が得られると思ったのだ。催眠術下の彼女の証言は、通常の意識状態での証言と非常に近いものだった。

ヴァル　「フォートスミスに行けば、きっと誰かいるわよ。ショッピング・モールの近くには、いつだってパトカーが停まってるし、サンボ・レストランならこの時間でも食事してるお客がいるはず。とにかく、そばまで行ってみなくちゃ。でも不思議ね、動いてるものがなんにも見えないわ。車も、動物なんかもいやしない。なんにも。気味が悪いわ。トワイライト・ゾーンみたいにタイム・ワープしたような感じ。そういえば街灯も、遠くには見えるけど、近づくと消えてしまうみたい。停電でもしたのかしら。今、ショッピング・モールのすぐそばに来ている。あの物体はその建物の真上にいます。あれは月だと思いたいけれど、それにしては変よね。形もどんどん変わるし、ありえないわ」

ドロレス「それはどんな形に変化したの？」

ヴァル　「正確には言えないけど、月のように丸くはなくて楕円に近い形。でも、輪郭がぼやけてはっきりしてなくて、白く輝いていました。サンボ・レストランには誰もいません」

ドロレス「あなたの車のエンジンの音は聞こえる？」

ヴァル　「いいえ、何も聞こえないわ。わたしたちの心臓はすごくドキドキしてるけどね」（笑う）

　催眠から覚めた後も、ヴァルは心拍がかなり速くなっているのを感じ、まるで、身体的な反応も含めて当時を再体験しているかのようだった。

ヴァル　「わたしたち二人以外はすべて歪んだ時間の中にいるようです。車は動いているし、お互いの声も聞こえます。車は正常ですが、そのほかの音はまったく聞こえません。とても静かです。本当におかしなことです」

二人は運転中、他の車に出会うこともなく、生き物の気配すら感じることはなかった。彼女の友人の事務所に行くことに決め、二人の車がその事務所のある横丁に入った途端、すべてが平常に戻り、あるべきところにある灯りのすべてがともった。事務所に到着した二人は、それまでに起きた不思議な現象について友人に話そうと思ったものの、そこではすべてが正常だったので、何かあまりに馬鹿らしく感じられ、やめてしまった。

ヴァルは彼女をアパートの前で下ろした後、帰宅すべく再びハイウェイのほうに車を向けた。すると、あの物体が再び現れ、あたりはまたトワイライト・ゾーン状態に戻った。またしても音は聞こえなくなり、車も灯りも人も消えた。事務所ではすべてが正常だったのに。

ヴァル　「家に帰らなければならないので車を運転しています。相変わらず、光り輝く物体はわたしの車について来ます。悪いことをされそうには思えないのですが怖いです。本当に不思議な出来事です。グリンダとは、このことは誰にも話さないという約束になっています。皆に狂ったと思われたくなかったからです、精神病院なんかに隔離されたくないし。グリンダも、絶対に人には話さないと約束してくれました。家に着き、その光る物体を見ながら敷地内に入ると、それは〝さっと〟向きを変え、最初に現れた時と同じように高速で飛行して見えなくなりました」

催眠下で語った彼女の記憶は、平常時に語ったこととほぼ同じだったので、より詳細な情報を得るには、彼女の潜在意識から直接話を聞くしかないと思われた。そこで彼女の潜在意識に語りかけ、彼女が運転中に経験した光も動きもない不思議な現象の間、何が起きていたのか聞いてみた。

ヴァル　「検査だ。それはこの存在の観察であった。家を出て、車を運転している間中、ずっと彼女は観察されていた。彼女が言っているようなことは実際に起こった。宇宙船は、彼女が運転している間ずっと彼女を観察し、エネルギーのパターンを調べ、いくつかの検査も行なった」

ドロレス「その観察や検査はどのように実施されたのですか？」

ヴァル　「いや、そんなに難しいことではない」

ドロレス「彼女は宇宙船に連れて行かれたのですか？」

ヴァル　「いや、検査機器は非常に高性能なので、遠くのものでも感知できる。実際、このようなことはよく行なわれていて、こうした検査や観察は車の中にいるままでも可能なのだ」

ドロレス「このような検査をする目的は何でしょうか？」

ヴァル　「それはただ情報を得るためだ。妙な意図はない」

ドロレス「彼女はなぜ、歪んだ時間の中にいるように感じたのですか？」

ヴァル　「それは、歪んだ時間の中に、実際にいたからだ」

ドロレス「もう少し詳しく説明してもらえますか？」

ヴァル　「パターンの移動から生じたエネルギーと力が彼女のパターン知覚に影響を与え、その結果、彼女の環境に対する知覚にも影響が及んで、まるで時間が停止したかのように感じられたのだ」

ドロレス「それでもまだ、彼女は本当に車を運転していると思っていたのですか？」

ヴァル「彼女は実際運転していた」

ドロレス「彼女は、自分のまわりで起きていることをちゃんと認識していると思っていたんですね」

ヴァル「そうだ。しかしドロレス、多くのことがいくつかのレベルで同時に起こるということは、あなたにはもうわかっているだろう」

ドロレス「だんだんそういう考え方に慣れてきてはいます」

ヴァル「これも、多くのことが同時に起きる一例だ」

ドロレス「どうして、灯りや車などがなくなったのでしょうか。わたしにはそれが不思議です。その時、彼女のまわりの時間は本当に止まってしまったのでしょうか？」

ヴァル「そうだ。でも、そのことが彼女以外の世界になんらかの影響を与えることはない。これらの事象に優先する上位の力が働き、それらを待機イベントとして適切に処理するのだ。わかるかな？」

ドロレス「理解しようとしています。つまり、すべてが凍りついたようになるわけですか？」

ヴァル「そうだ。でもそれはほんの一瞬で、影響はまったくない」

ドロレス「では、周囲の人々の生活には、なんの影響もなかったのですね？」

ヴァル「その通り」

ドロレス「しかし、灯りは本当になかったのですか？」

ヴァル「その一瞬、本当に灯りはなかった」

ドロレス「それはエネルギーがそうさせたのですか？」

ヴァル「そういうことだ」

ドロレス「他の人たちも、灯りがなくなったことに気がつくのでしょうか？」

ヴァル「気がつかない。このパターンによる観察は、この人間とその友人にのみ起こっていることなのだ」

ドロレス「そうすると、もし誰かが外から見ていたとしたら、その人にはすべてが正常に見えるのですね？」

ヴァル「この時間の要素（The Time Element　テレビ番組『トワイライト・ゾーン』の原作の書名である・訳注）とは、その状態を外部から覗き込んでいる者は誰もいなかったということなのだ」

ドロレス「まわりに誰もいなかった、ということですか？」

ヴァル「何もなかった。それはほんのつかの間、ほんの瞬間、ほんの一瞬で、まるで、その時間はなかったかのようだった」

ドロレス「ということは、その時、二人のほかには他の誰もこのことに関わっていなかったと？」

ヴァル「その通り」

ドロレス「とすると、時間が凝縮したというわけですか？（そうだ）ということは、彼女が思ったほど時間は経過していなかったんですね？（そうだ）つまり、時間が経ったのではなく、時間が凝縮したんですね？」

ヴァル「そうだ。彼女には、かなりの時間が経過したように思われたが、しかしながら、そうではなかった」

ドロレス「では、その一瞬の間に、いったい何が送信されたのですか？」

ヴァル「魂の記憶のパターンの観察。光も送られた。概念状態、思考過程も。そして調整も行なわれた。人間の調整は、送受信能力に関して行なわれる。また、調整や訓練の際に意識中に組み入れられたパターン間に生じたコンフリクト（IT用語で競合、衝突の意・訳注）についても。それに、光る物体の搭乗員たちが実際どのような存在であるかについても送信されたのだ。わかったかな？」

ドロレス「彼女との情報の交換もあったのですか？」

ヴァル「相互理解にいたる交換があった。例えば彼女は、今回はとても驚いて怖かったけれど、非常にありがたいことだった、とも感じている。いわば、それは天からの恵みであり、世の常識を超えるものだったと。それは、とりもなおさず、より偉大なものの存在を認めたということであり、彼女には新しい境地が開けたのだ」

ドロレス「その時、同伴の友人との間にも何か相互作用があったのですか？　つまり、今回のことは両人に起きていたのでしょうか？」

ヴァル「今回のことがこの友人にどのような影響を及ぼしたかを判断するのは難しい。本人（ヴァル自身・訳注）についてはよくわかるのだが。もちろん、本人だけではなく、同伴者も観察の対象にされた。だから、この友人がいても差し支えなかったわけで、もし邪魔なら、事は本人ひとりだけの時に起こされただろう。とすれば、友人からも同様に情報を得たのではないか」

ドロレス「その時、その友人とも何か情報のやりとりがあったのでしょうか？　言い換えると、彼女にも彼らから何か情報が送信されたのでしょうか？」

ヴァル「深い意識レベルでは送信があった。普通の意識レベルではない」

ドロレス「それは害のあるものではないですよね？」

ヴァル「ない、ない。害などまったくない」

ドロレス「でも世の中には、害があると信じている人もいます」

ヴァル　「その通りだが、そうした人間たちは夢の中で迷っているような状態にあり、何もかもが混乱した中で過ごしているのだ」

ドロレス「それでは、その宇宙船について話してくれませんか。あるいは、その中で情報を収集していた宇宙人についてでもいいですが」

ヴァル　「それは言えない。言えるのは、彼らが善き者であるということだ。あの輝いていた光は、そういう意味を表していたのだ」

ドロレス「彼女に送信された情報は、彼女が生きていく上で活用できるものですか？」

ヴァル　「そうだ。彼女もそのことを心の中では知っていたのだが、実際には恐れてしまったので、そういう自分に戸惑ったのだ」

ドロレス「でも人間は皆、自分に理解できないものを怖がるものです」

ヴァル　「そうだが、彼女はいつも勇敢でありたいのだ」

ドロレス「彼女が選ばれたのには何か特別なわけでもあるのですか、それとも、たまたまだったのですか？」

ヴァル　「光を受信するのは、その多くが選ばれた者たちだ。光を当てられたと言ってもよい。彼らの魂はお互いに兄弟姉妹としてつながっているし、神の他の創造物にもつながっている。これは彼らの意識が目覚める以前からのことだ」

ドロレス「それでは、彼女にそういうことが起きたのは、たまたまその場所に居合わせたからではなく、最初から計画されていたのですね？」

ヴァル　「すべては計画のもとに行なわれている」

ドロレス「わたしの調査対象者の中には、子どもの時からそのような体験をしている人たちもいます」

ヴァル「彼らは、たまたまその場所に居合わせたのか？」

ドロレス「いいえ、その人たちの場合、そうではありません」

ヴァル「ふむ。他の人々の場合も、たまたまではないと思うか？」

ドロレス「わかりません。わたしはまだ学習中です。けれど、彼女の場合は明らかに良いことでした。彼女のためになることでした」

ヴァル「それは彼女のためになることだった。なんであれ、わたしたちがそれをどのように、何をするために使うのかが問題なのだ」

ドロレス「また、彼女から情報を送信したのも良かったのですね、それはおそらく彼らの理解向上に役立つでしょうから」

ヴァル「そうだ。彼らの理解力には想像を絶するものがある。この女性にも多くの情報が注ぎ込まれた。しかし情報とは通常、別の知識を得ることによってさらにその意味が増すものなのだ」

ドロレス「以前から気になっていたことがあります。今までわたし自身が宇宙人との接触等で経験したことは、すべて友好的な好意あるものでした。しかし、宇宙人との接触等がもたらす体験には、悪意による非友好的なものもあると聞いたことがあります。それは、悪意を持った宇宙人もいるということなのでしょうか？」

ヴァル「そうは思わない。わたしの考えでは、それはそのような否定的な考え方で話を作って言いふらしている者たちがいるということだと思う。それらは皆、彼らの創作で歪められているのだ」

ドロレス「恐怖感とかいった感情が、彼らの知覚を狂わせたのでしょうか？」

ヴァル　「もちろんそうだ。まず最初に恐怖感があると、それに付随して、暗く否定的な、愛や生命や神とはまったく反対の諸々の概念が作られるのだ」

ドロレス「彼らは好意的、友好的と受け取るべき経験をしたのに、彼らの意識がそれを否定的な、悪意あるものと解釈したのでしょうか？」

ヴァル　「そういうこともありうるだろうが、わたしもすべてを知っているわけではない」

ドロレス「では、こんな質問はどうでしょうか。意識が好意的なものを悪意と勘違いすることがあるとしたら、逆に、悪意のあるものを好意的なそれと勘違いすることもあるのでは？」

ヴァル　「意識が好意を勘違いすることはない。いいか、そこには明白な違いがある。わたしたちが好意と感じるものは、善と感じられるものである。それをわたしたちは神と感じるのだ。わたしたちが悪と感じるものは幻覚であり、それは夢を見ているような状態なのだ。だから、わたしたちが好意や善、あるいは神を感じる時は、わたしたちの知覚は正常だ。もし、わたしたちが悪を感じたら、それは事実そうであったかもしれないが、だとしても、それはたまたま悪に転じてしまっただけなのだ。知覚する過程でそのように受け取ってしまったのだ。理解が足りなかっただけだ。わかるかな？」

ドロレス「わたしもその通りだと思っています。しかし中には、宇宙人に危害を加えられたと思っている人もいます」

ヴァル　「人間の中には、宇宙人に危害を加えられたと思う人もいれば、隣人や友人にやられたと思っている人など、いろいろいるが、それはただ彼らがそう感じているだけなのだ。わたしたちは、すべてのものは善であるという理解にいたる必要がある。恐怖が先立つと、すべてが悪く感じられてしまうのだ。恐怖は知覚を狂わせる。ここで、わたしの一番深いところにある魂が言っていることを伝えよう。一番深いところにある魂が言うには、恐怖に駆られると悪を感じてしまう、ということだ」

ドロレス「だからわたしは、いつも善意ある出来事としか遭遇していないのでしょうね」

ヴァル「あなたは、この役割にぴったりの人間だと思う」

ドロレス「わたしはまた、遺伝的な実験とか遺伝子組み換えについての話も聞いていますが、その結果、とても人間とは言えないようなものも出来たということですが」

ヴァル「この惑星上で遺伝の実験が行なわれているのは確かだと思う。だが、それは人類が行なっていることだ。人類は、自分たちの霊性に許された以上のことをしでかしている」

ドロレス「それは興味深い見解だと思います。そんな実験を行なっている人間たちが、この地球上にいるとおっしゃるのですね?」

ヴァル「その通り。だが、そんな実験を続けることは許されないだろう。わたしの得た情報によれば、人類を助けるために他の惑星から地球に来ている者たちが実在する。彼らは多くの点で地球の人類より進んでいる。人間とは、創造主たる神と共同して創造する存在である。そして彼は、彼の心がよしとするすべてのものを創り出すことができる。それゆえ、愛から創造されたものもあれば、恐怖から創り出されたものもある。他の惑星から地球にやって来た生命体たちは、皆、愛の心からやって来たわたしたちの兄弟姉妹だ。彼らは皆、人類を愛し、地球を愛し、この宇宙そのものを愛している。彼らは、わたしたちが彼らを必要としている時にやって来たのだ。彼らはわたしたち人類が目覚める、ちょうどその時期にやって来たのだ」

ヴァルの潜在意識は、ヴァル自身が実際に宇宙人や宇宙船と遭遇したことはなかったと言う。あったのはただ、この情報の交信だけだったそうだ。

催眠から覚めた時、ヴァルは催眠中の最初の部分は憶えていると言った。当時のことをとても生々しく再体験したらしい。しかし、潜在意識との対話である終わりのほうについては何も覚えておらず、自分が語っている内容をテープで聴いて驚いていた。

これはこうした場合によくあることで、潜在意識が情報を提供している間のことは、本人は何も覚えていないのである。潜在意識がしゃべっている時には、あたかも別人が話をしているように、自分が入っている身体の主について「わたし」と言わず、「彼」とか「彼女」とか言って第三者扱いする。潜在意識は常に自身から距離を置いて見ているので、このように客観的に分析できるのである。

第3章

物事はすべて見掛けどおりとは限らない

〝遮蔽記憶《スクリーン・メモリーズ》〟という術語を、UFOや宇宙人に関連した著作で最初に使用したのはホイットリー・ストリーバーだった。これは、ある出来事や物事の不正確な記憶のことである。実際に起きた出来事がなんらかのものにより覆い隠され、当事者の心が事実と異なる解釈をしてしまうことだ。多くの場合、それは元の事実より安全で穏当なものになるので、その当事者本人は恐怖感を持たず、トラウマになることも避けられる。遮蔽記憶について最初に聞いた時、わたしには、それは潜在意識の防衛システムの一部で、ある出来事を記憶したり、それが現実にあったと認めることが有害と判断されたりした場合に、それらから本人の精神を守る手段ではないかと思われた。

遮蔽記憶にはよく動物が登場する。わたしは、こうした例と思われるものを数件扱ったことがあるが、現実に起こった場面の上に、いわば〝上塗り《オーバーレイ》(overlay)〟が施されるのである。そして、なぜかこの時、フクロウがよく使われる。わたしの別著『この星の守り手たち』に出て来るフィルのケースでも、深夜にフクロウがハイウェイに飛んで来て、彼の車に轢かれそうになってびっくりした経験が語られている(同書邦訳第二〇章二七七頁参照・訳注)。催眠術を掛けて調べてみると、それは実際にはフクロウではなく小さな宇宙人たちの乗った飛行物体で、ハイウェイ上で彼の車を強制的に停止させていたのであった。フィルの潜在意識は、それをそのまま記憶することがないように、より当たり障りのない出来事として偽装したのだ。これから紹介する〝上塗り〟された記憶についての事例は、失われた時間の問題とつながりがある。

わたしがブレンダを知るようになってから数年経ち、彼女はわたしのノストラダムス関連の研究の中で重要な役割を果たしていた。わたしたちはこの仕事に熱心に取り組んでいたが、ちょうどその頃からわたしはUFO研究にも関わるようになり、宇宙人による誘拐事件を催眠術を用いて調査する仕事を始めていたのであった。

一九八九年一月のある日、いつも通り催眠術のセッションのためブレンダの家を訪れると、彼女は一九八八年三月に起きた不思議な出来事について話したいと告げた。おかしなことだとは思ったものの、なぜか今まで話せずにいたという。しかしこのところ、わたしが以前よりずっとUFO現象に打ち込んでいるので、今なら興味を示すのではないかと考えたらしい。それがUFOとか宇宙人に関係があるかどうかはわからないが、時間が失われたことやフクロウが出て来たことは確かだと言うのだ。

その日、彼女は仕事を終え、車で帰宅の途についた。彼女の勤務先はフェイエットヴィル市にあり、自宅までは通常、車で三十分ほどで、このことが起きた時にはもう前方に見えるところまで家に近づいていていた。日はすでに沈んでいたが、まだそれほど暗くはなかった。途中、車がカーブに差し掛かると、車道の真ん中に一羽のフクロウがうずくまっているのが見えた。それはこのあたりによくいる褐色のフクロウではなかった。全体が輝くように真っ白な中、胸のあたりだけ部分的に明るい銀色で、眼は真っ黒だった。それは文句なしに美しいと言えるフクロウで、彼女は轢いてしまわないように車の速度を落とした。どうやら、アメリカの北部やカナダなどの寒い地方に生息するシロフクロウではないかと思われた。のちに動物学者の友人に聞いてみると、アーカンソー州では、シロフクロウは真冬には見られるが春になるといなくなるので、もし本物だったとすれば、それはかなりまれな例だということだった。

彼女が最初に気づいた時、フクロウは後ろ向きだったが、すぐに振り向いてこちらを見た。そして羽ばたくと、彼女のトラックに向かって飛んで来た。広げた羽は車のフロントガラスと同じくらいの幅だった。彼女は驚き、トラックの屋根をかすめて行ったフクロウを見るために首を回して後ろを振り返った。ところが、そこにはフクロウはおろか、鳥らしきものなど何も見えなかった。不思議に思った彼女が向き直って再びトラックの前方を見ると、なんと外は真っ暗だった。あまりにも急に暗くなったことに驚き戸惑いながらも、仕方なくヘッドライトを点け、四百メートルほど先の自宅へと車を走らせた。家の中に入ると、いつもの習慣で時間を見た。すると、家の時計は通常の帰宅時間である五時半前後ではなく、七時近くを示していた。その間の一時間三十分はどうなってしまったのだろうか？　彼女は夏にしか残業しないので、五時に会社を出たのは確かなのだ。

とても不思議だったが、そういえば、何かこのような奇妙なことが起きた時には、記憶が遮断されている場合がある、という話を聞いたことがあったのを彼女は思い出した。

わたしは彼女に、何かほかに変わったことがなかったかと尋ねた。すると、そのことがあった後、彼女の家の電化製品が二、三日おかしかったという。この種のことは以前にも起きていて、彼女は自分の体の電磁場か何かのために、腕時計を着けられない人間なのであった。しかし、その影響がこんなにも大きく、しかも長く続くことはそれまで例がなかった。今回は、すべての電気器具がおかしくなってしまったのだ。家のテレビは数日間というもの、彼女が前を歩くたびに画像が乱れた。職場でもコンピューターが暴走し、時計や計算機は誤作動を繰り返した。今回の電磁場はいつにも増して強力に電化製品・電子機器に作用したばかりか、彼女は音に敏感になり、数日間というものは通常、人間の耳には聴こえぬはずの高周波音まで聴こえるようになっていた。例えば、電話の呼び出し音が鳴る直前、じつは普通の人には聴こえない高周波音が発信されているのだが、彼女は鳴り出す寸前に受話器を取り上げ、応答した。これには上司も当惑し、「落ち着け、ブレンダ。ちゃんと鳴ってから取ってくれ」と言ったものだ。

店舗などに設置されている防犯システムのある種のものは、キーンという高周波音を発している。普通の人間にはまったく感知できないが、ブレンダには鼓膜が破れそうなほどに大きく聴こえた。そのため、彼女は音が聴こえなくなるまでショッピング・モールには行かないようにしていた。

家でも、ぜんまいを巻こうと手に取っただけで時計が壊れてしまった。会社のは電気時計なので、触る必要さえなかった。彼女がそこにいるだけで、その部屋の時計は皆狂ってしまい、すべて修理不能になった。電子レンジのクロック機能も影響を受け、タイマーをセットしようとして彼女が数字を入力するとピーピーと大きな音を立てた。手を触れなくても、ボタンを押そうと指を近づけただけで音が出た。このような機器への奇妙な影響力は四日間続き、それ以降は通常の状態に戻った。

そこでわたしたちは、ノストラダムスについてのいつもの作業を中止して、この失われた時間が生じた際に、いったい何が起きていたのかを探ることにした。彼女は、たとえ何が起こっていようと、自分は大丈夫だと思うと言った。

彼女に催眠術を掛け、一九八八年三月の後半へ行くよう指示した。すると、彼女はすぐに、トラックを運転して家に向かっている場面に行き着いた。そして、その日の仕事中に起きたこと、最近交通事故に遭った自分の母親を心配していることなどをしゃべり続けた。それは運転中に彼女が考えていた事柄だ。また、彼女は疲れていたので、早く家に帰り、熱めの風呂に入ってゆっくりしたいとも考えていた。

家のすぐ近くにあるカーブに差し掛かった時、走っている車線の真ん中に何かが立っているのが見えた。それを轢かないように、彼女はトラックを止めた。催眠術が掛かっていない時の彼女は、車のスピードを落としたと言っていたが、今は車を完全に止めたと言った。さらに驚いたことに、彼女が見たものはフクロウではなかった。

ドロレス「何が道路に立っているのですか?」

ブレンダ「よくわからないのですが、昔だったら、たぶん、これは天使と呼ばれたものではないかと思います」

ドロレス「(驚いて) 天使ですって?」

ブレンダ「高い次元からやって来た存在かもしれません。一人の男性が道路の真ん中に立っています。全身、白く輝いています。着ているものも白く見えます」

ドロレス「その輝きとは、オーラのようなものですか?」

ブレンダ「そうとも言えます。(説明しにくそうな様子) 言ってみれば、ちょっと露出オーバーのモノクロ写真のような感じです。あの全体が薄い色で、そこから白い光が放射しているような感じです」

ドロレス「灯りが輝いている感じではないのですね?」

ブレンダ「うまく表現できませんが、そんな風にも見えるし、またオーラのようにも見えます。そしてまた露出オーバーの写真のようにも見えるので、その三つを一緒にしたような感じです」

ドロレス「衣服の色は白なんですね？」

ブレンダ「少なくともわたしにはそのように見えます。彼のまわりがあまりに輝いているので、色がよくわからなくなっているようです。髪の毛も白く見えます」

ドロレス「姿かたちはどんな風に見えますか？」

ブレンダ「それもあまりはっきりしません。とにかく光ばかりですから。わたしには古代の彫刻に似た昔のギリシャ人のように見えます。額は広く滑らかで、鼻筋もきれいで真っ直ぐです。とてもよく均整の取れた体つきです」

ドロレス「身長はどのくらいですか？」

ブレンダ「百八十から百九十センチメートルくらいです」

ドロレス「じゃ、大きいですね？」

ブレンダ「はい、かなりいい体格の男性です。こっちを向いている時にはその光は見えませんが、こちらから眼をそらしているのもわかります。そこに立ってあたりを見回しています。眼から光が出ています。眼の光の目的はわかりません。彼はわたしを見ていません。周辺を眺めている時には見ることができます。彼を傷つけたくはありませんから。わたしも、これ以上進むとぶつかってしまうのでトラックを停めました。彼はトラックのほうに向かって歩いて来ます。運転席側にやって来ると、トラックの上に手をかざして何か身振りをしました。彼は手を一度だけ振りました。（彼女は左手をゆっくりと振る動作をした）手はトラックのボンネットに平行に動かしてから、そのまま続けてフロントガラス面に平行に上方へと移動させていきました。この時、彼の手とトラックとの間隔は、大体十五センチから二十センチくらいでした」

ブレンダの平常意識が、フクロウがトラックの上をかすめるように飛び去ったと記憶していた時に、どうやら以上のことが起こっていたらしい。彼女がトランス状態の時には、迷うことなくそれは人だったと言っているので、シロフクロウという誤った上塗りが平常の意識によってなされたことは明らかだ。トランス状態では、彼女は一度もフクロウのことは言っていない。

ブレンダ「そこでわたしはトラックの窓ガラスを下げて、彼が車に乗せてほしいのか、それとも何かほかに用事があるのかと聞いてみました」

彼女の行動は、そのように異様な人物を見た時の反応としては不自然なものに思われる。相手が普通の人間であれば当然とも言える行為なのだが、そうではなかった。こんな時には普通、車のアクセルを踏み込み、急発進してその場から逃げ去るものだ。窓を開けて、光り輝いている者に向かって話しかけるとは、どう考えてもおかしい。これは明らかに彼女に恐怖感がなく、危険も感じなかったということだ。彼女に、その時、何も変だと思わなかったのかと聞いてみた。

ブレンダ「たしかに奇妙でしたが、ただ、わたしは彼がいったい誰なのか、そして何をしているのかが気になったんです。もし、わたしに危害を加える気なら、とっくにそうすることができたでしょう。あんなに光り輝いて、眼からも光を発しているんですから、その気になれば、彼の立っている場所からだってわたしをどうにかできたと思います」

ドロレス「じゃ、彼を怖いとは思わなかったのですね？」

ブレンダ「まあ、少々心配もし、若干は緊張していたかもしれません。でも、パニック状態とかではありませんでした。そして何か困っているのか、それともどこかに乗せて行ってもらいたいのかと聞いてみました。すると彼は、『どうもご親切にありがとう、お嬢さん。わたしの乗り物はあそこにありますから』と言うと、道路沿いの丘を指さしました」

ドロレス「そこには何か見えましたか？」

ブレンダ「いいえ、丘しか見えませんでした。そこにはわずかばかりのヒマラヤスギの木が生えていました。彼の身振りからすると、何かがあったとすれば、丘の頂上を越えた向こう側だったのかもしれません。そこだと、こちらからは見えませんから」

わたしもブレンダの家に行く途中、その道路は何度も通ったことがある。このことがあった後で、わたしはその丘をじっくり観察した。丘は畑の真ん中にあり、道路からはあまり離れていない。頂上には何本か木が生えていて近くに家はない。それほど高くはないので、もし宇宙船がそこにあって見えなかったとしたら、それはそんなに大きなものではなかったということになる。それが人間の目には見えないように細工されていたのでなければ。

ブレンダ「わたしは、『あなたはどなた？　その姿はどう見てもわたしたちとは違うわよね。宇宙人？それとも、どこか上の次元の世界から来たの？』と聞きました。すると彼は、自分は長老評議会のメンバーだと言いました。わたしが、『その評議会って何なの？　評議会というのは普通、グループや何かにアドバイスを与えたり運営したりするものよね』と言うと彼は、これまで多くの宇宙人が地球のさまざまな場所を訪れたが、彼らが持ち帰って来た地球の発展状況に関する情報はまちまちでそれぞれ食い違い、あるグループは地球人と公《おおやけ》に接触を開始してもよいと言うし、また別なグループは、今まで通り地球人を無知の状態のままにしておくほうがよいと言う。そこで評議会の決定に従い、彼がその目で確かめるために地球にやって来たのだ、と言いました。彼のミッションは、いわば秘密の現地調査で、持ち帰る情報は、彼らが地球人を無知の状態のままにしておくか、それとも接触して光と健康と知識をもたらすかを決定する上で根拠となる資料の補強になるのでしょう」

ドロレス「あなたの言う〝無知〟とは？」

ブレンダ「人類は、一方では疑いながらも、もしかしたら宇宙人は存在するかもしれないと考え、人によっては存在してほしいと思い、夢にまで見たりします。でも、政府の発表する公式見解では、そんなものは存在しないことになっています。このような、事実を受け入れない態度を彼らは無知と言っているのです。彼らは、地球人に受け入れられるような仕方で接触し、それにより疑いを払拭して宇宙人の存在が証明できるような方法を考えています。そして、地球人が彼らの仲間入りができる程度に進化するまで、彼らは彼ら自身の生活を送りながら、ただ見守っているのです」

ドロレス「彼はあなたと交信する時には音声で行なうのですか？」

ブレンダ「いいえ、違います。それは〝音声化されたテレパシー〟と言えるかもしれません。彼の話は、まるでしゃべっているかのようにはっきりと聞こえますが、口はまったく動いていません。たぶん、彼は自分の伝えたいことをわたしの心に向かって発信し、そしてわたしはそれをとても快い響きの音声として知覚していたのだと思います」

ドロレス「その後、どうなりましたか？」

ブレンダ「彼は、自分は今していることを続けなければならないので、あなたは家に帰りなさい、と言いました。わたしが彼にしてあげられることは、何もありませんでした。彼は、わたしの目の前で手を一度だけ振りました。その途端、彼は見えなくなりました。たぶん、彼に備わっている精神の力か何かを使ったのだと思います。そしてわたしは、その時経験したことを思い出すことができなくなっていました」

ドロレス「彼はどうして道路の真ん中に現れたのでしょうか？」

ブレンダ「それについてはわたしにもわかりません。彼は、あちこちに行っては、人類やそこで進行しているすべてのことを観察していたんじゃないでしょうか。わたしの前に現れたのはたぶん、普通の人間が彼らに道路で遭遇した時に、どんな反応を示すのかが見たかったのではないかと思います。そんな時、パニック状態になって逃げようとするのか、恐怖のあまり攻撃してくるのかとか、そんなことが知りたかったのではないでしょうか」

ドロレス「まあ、そうなる人たちもいるでしょうからね」

ブレンダ「そうですね。でも、彼は平均的な事例のサンプルを集めていたのだと思います。あちこちに出現しては、その都度、目撃者の記憶を消し去っていたわけです。彼は、彼の容姿に対して、人間がどんな反応を示すかということに注目していました。一般の人々が地球外生命の存在を否応なく見せつけられた時、通常どう反応するか、ということについて知りたかったようです」

ドロレス「彼がトラックの横にやって来た時、何かほかに気づきましたか？」

ブレンダ「すべてが真っ白に光り輝いていました。着ているものは全体にゆったりしていて快適そうに見えました。カフタン（caftan または kaftan。トルコや中央アジア等の丈長で長袖の民族衣装・訳注）を着て、その上にポンチョか何かを重ね着したような感じです。腰の回りには飾り帯も締めていました。服には何か物を入れるためのポケットやパウチみたいなものがいくつか付いているようでした。靴は布製のブーツのようなもので、その布の厚さは二、三センチくらいあるにもかかわらず、柔軟性があって柔らかそうでした。ゆったりとしたローブでしたが、二、三枚重ねて着ていたので、あの季節でも暖かそうに見えました。服の生地は、繊細に織られたウールか何かのように見えました」

ドロレス「頭に髪の毛はありましたか？」

ブレンダ「もちろんありました。真っ直ぐな白髪のようで、前髪は切られていて、後ろのほうは肩のあたりまで伸びていました。あまりにまぶしい光が出ていたので、彼のまわりの色は判別できませんでした。皮膚と髪は白く、目は銀色に見えました。ひげはきれいに剃られていました」

ドロレス「まだ目から光が出ていましたか？」

ブレンダ「いいえ、わたしと話をしていた時には出ていませんでした。でも、彼があたりの景色を眺めている時には目から光が出ていました」

ドロレス「それでも、彼のことを特に怖いとも思わず、奇妙な人、とだけ思ったのですね？」

ブレンダ「とても奇妙でした。でも、わたしの質問にも嫌がらずに答えてくれたので、楽しかったです」

ドロレス「ほかに何か、彼に質問したことはありますか？」

ブレンダ「地球外生命は本当に存在するのか、それとも、わたしが希望的観測で存在すると思い込んでいるだけなのかを聞いてみました。すると彼は、『地球以外にも生命体は存在し、その種類も非常にさまざまだ』と言いました。それら生命体の姿かたちは多種多様で、能力にもいろいろあって、その中のいくつかの種族は、人類が十分に実用的な宇宙船を開発し、早く銀河系社会の一員になることを期待して待っている、ということです。彼の言うには、宇宙人もいろいろで、それぞれ固有の特徴を持っており、やや好戦的な種族もいれば、陽気でユーモアを解する気質の種族もいるのだそうです。そして彼は、ちょっと不思議な、でも期待させられるようなことを口にしました。『しかし、もうすぐあなたがたは皆、すべてを知るだろう』と言ったのです。それを聞いて、人類はまもなく、もしかしたらわたしが生きている間に、あちこちの星に行けるようになるのだ、と思いました」

ドロレス「その評議会とは、どこにあるのでしょうか。そのことについて彼に質問しましたか？」

ブレンダ「評議会は、ある特定の場所にあるわけではなく、メンバー全員が同意した場所に集まるのです。彼らのための特別な宇宙船があるらしく、それはとても大きくて、その船内でほとんどの会合が開催されるようです。評議会のメンバーはいろいろな惑星から、さまざまに異なった種族の代表としてやって来ます」

ドロレス「でもあなたは、彼の容姿は人間のようだと言いましたよね？」

ブレンダ「はい、彼は人間に似ていました。わたしは彼に『いろいろな星に住んでいる生命体は、それぞれに多種多様な想像もできないような姿かたちをしているのですか？　それとも、大体は皆、基本的に人間のような形をしているのですか？』と聞いてみました。すると彼は、大きく分けると二種類あり、人間によく似たものと、まったく違っていて、とても知性を持った生命体とは思えないようなものとがある、と言いました」

ドロレス「彼の手を見たと言いましたね。人間の手のようでしたか？」
ブレンダ「手はとても大きく、長い指でした。ピアノの鍵盤で言えば、十二度か十三度でも楽に届きそうです。わたしの手なら、届いてもせいぜい九度か十度くらいでしょう。（彼女はピアノを弾くので、指を広げて届く鍵盤の数で手の大きさを表現したのだ）彼の指は手の大きさに比べて長いようでした。でも、指の本数はわたしたちと同じだったと思います。ゆったりした衣服を着ていたので、何か人間と違う体の特徴があるかどうかはわかりませんでした。一番目についた点は、平均的な人間よりは大きいということです。わたしはその時、彼の故郷はきっと地球よりももっと健康に良い環境なので、体も大きくなるのだろうと思いました」
ドロレス「彼は背だけが高かったのですか、それとも全体として大柄な体格だったのですか？」
ブレンダ「大柄でした。背は高いし肩幅も広く、手も大きかったです。歯もとてもきれいでした。たぶん、今まで一度も歯医者に行ったことがないでしょう。賢く優しそうに見えました。彼によれば、人類にはやや攻撃的な傾向があり、時に好戦的になることもあるので、そのため、宇宙人の中には地球人を恐れている人たちもいるそうです。もし、こうした性質を自己コントロールすることができるようになれば、人類の将来は非常に明るいものになるだろう、ということでした」

奇妙な遭遇体験についての彼女の話はこれだけだった。そこで、もっと情報を持っているはずの彼女の潜在意識に直接質問してみたかったので許可を求めた。これまでわたしは、潜在意識に拒否されたことは一度もない。

ドロレス「ブレンダが会ったというこの宇宙人のことを、もっと知りたいと思います。彼の姿は、実際、彼女が述べた通りだったのですか？」

ブレンダ「彼女が述べた通り、彼は本当に光り輝いていた。しかし体には、目で見てはっきりわかる、人間とは異なるいくつかの特徴があった。彼はそのことを彼女の記憶から消し去ったか、初めから見えないようにしたのだろう。彼は自身を魅力たっぷりに仕立て上げたので、彼女にはまったく人間のように見えたのかもしれない」

ドロレス「では、彼の本当の姿はどんなだったか教えていただけますか？」

ブレンダ「彼の髪の毛は白色で垂れ下がっていた。髪の長さは彼女が記憶していたよりも長く、生え際はもう少し後退していた。生え際がかなり鋭角の三角形だったので、彼女は若者のヘアスタイルと間違えたのだと思う。手はたしかに大きかったが、かなり骨ばってもいた。指の関節は人間より一つ多いので、真ん中の関節が二つあるように見える。そのため、指の曲げ方も人間とは違う」

ドロレス「指の数はどうでしたか？」

ブレンダ「四本と、それに親指が二本だ」

ドロレス「(これは驚きだった) 親指が二本？　どういうことでしょうか？」

ブレンダ「二本の親指だ。彼の手の平はわたしたちのより長く、それを構成している骨の数も多い。それで一本の親指は普通の位置にあるが、その上にもう一本の親指が付いているのだ。二本の親指が付くだけの十分なスペースが上の指の根元までの間にあるというわけだ（この説明の間、常に手真似をしていた)」

ドロレス「では親指が二本で、合計六本の指ですね？」

ブレンダ「そう、両手ともそうだ。爪もわたしたちのよりも幅が狭く長い。爪の根元の部分は細長いU字型で、四角張ったわたしたちの爪とは違う」
ドロレス「顔も違っていましたか？」
ブレンダ「彼女が記憶していたよりは厳しい表情をしていた。彼は、そのままの顔つきだと彼女が怖がるだろうと考えていたのだ。大きな目からはみなぎる力が溢れ、ぎらぎら光っていたし、眉毛もかなりもじゃもじゃで濃かった。それに、目には瞳孔や虹彩はなく、ただ真っ白だった」
ドロレス「盲人の目でそのようなものを見たことがありますが、あんな感じですか？」
ブレンダ「そうだが、彼の白い目は光り輝いていた。力を放射していたのだ」
ドロレス「ほかに何か特徴は？」
ブレンダ「ほかには別に特に変わったところはない。頬はどちらかというとくぼんでいた。あごは丈夫そうで、しっかりした形をしていた。耳に関しては、髪の毛で隠れていたのでなんとも言えない」
ドロレス「皮膚の色も白かったのですか？」
ブレンダ「違うと思う。光が強過ぎて、本当の色を見分けるのは難しかった。しかし、毛髪や目の色と比較してみると、皮膚はそれよりやや濃い色だったと思う。皮膚も光り輝いていたので、実際の色より明るい感じに見えたのではないか」
ドロレス「鼻と口は人間のものと同じでしたか？」
ブレンダ「同じだった。鼻と口はあったが、歯が人間と同じかどうかははっきりしない。話をしている時にも口は開かないので見えなかった。彼は、考えを相手に投射することによって話すのだ」
ドロレス「でも、ブレンダは歯を見たと言っていますが」

ブレンダ「それは、彼女には、彼が時々笑みを浮かべたように見えたからだ。実際の彼は、とても厳かな表情をしていた」

ドロレス「ということは、彼は無表情だったのでしょうか？」

ブレンダ「いや、表情の変化はあったが、歯を見せることはなかった。眉をひそめたり首をかしげたりとかはしたが、笑うことはなかった。顔は特に前から見ると幅が狭いのがよくわかる。それは口元に向かって逆三角形で、幅が狭く顎のとがった形をしている。彼の顔と比べると、わたしたちの顔はむしろ平たいと言えるだろう」

ドロレス「着ていたものはブレンダが言った通りでしたか？」

ブレンダ「衣類は身に着けていたが、それは彼女の描写よりはもっと複雑なものだった。金属製のものがかなり付いていて、それらは衣服の一部となっていた」

ドロレス「それはいったい何のためのものですか？」

ブレンダ「さまざまな機器のようなものだ。装飾としてだけのものもあったし、彼の階級を示すものもあった。宇宙船などを操作するリモコンもあった。リモコンはベルトに組み込まれていた。弾薬帯のようなものも胸に斜めに交差させ、たすきのように掛けていて（彼女の身振りからするとそれは二本あった）、それには金属製のものが装填されていた」

ドロレス「機器のようなものと言いましたが？」

ブレンダ「というか、むしろ、押しボタンとかスイッチとかいったようなものだ。小さなピンのような形をしていたが、それぞれ皆用途がある。ただの飾りではない。もしそれが機器類だとしたら、超小型のものだ」

ドロレス「では、彼の着ていた衣類さえも、彼女の説明と違っていたのですね？」
ブレンダ「袖とか裾がゆったりしていたという点は同じだが、機器とか、彼女が見たらたぶん〝何かの小道具〟とでも呼んだであろうものは、彼女には見えなかった。彼が見せないようにしたのだ」
ドロレス「そうしたのには何かわけがあるのですか？」
ブレンダ「ある。人類の科学技術はまだまだ未熟な段階にある。極度に発達した技術を性急に、あまりに多く見せつけても、良い結果は期待できない」
ドロレス「人類はいつも新しいことを知ろうとしています。良い結果が期待できないというのは、わたしたちには理解できないとか手に負えないとかいう意味なのでしょうか？」
ブレンダ「まず手に負えないだろう。地球の歴史上の話に例えてみれば、船で航海していた者が南太平洋の真ん中に新しい島を見つけ、そこの酋長に銃をプレゼントしたとしよう。喜んだ酋長が、『おお、すごいぞ、皆の衆、これを見ろ』と大勢の前で振り回しているうちに、それが暴発したらどうなる？誰かが怪我をするに違いない。それは彼が銃の扱い方や使用目的を知らなかったからだ」
ドロレス「それは〝訓練〟が足らなかったということでしょうか？」
ブレンダ「いや、そういった種類の問題ではない。彼は銃がどういうことに使用されるものかを理解していなかった。その使用目的が理解できれば訓練もできるだろう」
ドロレス「それで彼らは、地球人に一度にあまり沢山のものを見せたら駄目だと判断したのですね？」
ブレンダ「その通り。わたしたち人類は知能が高く、好奇心も旺盛な種族とみなされている。もし何かを見たらそれを憶えていて、見た通りのものを作ろうとするということがわかっているのだ」

ドロレス「彼の目から光が発していたのは本当ですか?」

ブレンダ「本当だ。彼らの機器は機械的に動くだけでなく、体の機能をも使って作動させられるように作られている。身体も利用することができるのだ。彼の目から出ていた光は、彼らの機械が地球の風景をスキャンして、それらが何から作られているかを分析調査するためのものだったかもしれないし、ある特定の要素か何かを探知するための光であったかもしれない。その他、さまざまな可能性がある」

これはわたしの著書『*Legacy from the Stars*』(『星からの遺産』)に収録した、機械と体が一緒になっているという事例に似ている。あるケースでは体に配線を施し、筋肉の動きだけで宇宙船を運転することができるようになっていた。あの本で紹介した多くの宇宙人は、文字通り、彼らが乗っている宇宙船の一部となっていた。わたしにはこれは、人と機械が合体して活動するという新型バーチャル・リアリティ・ゲームの不気味な発展型ではないかと思えた。

してみると、これは〝上塗り〟が一度だけにとどまらず、二度にわたって行なわれた例だと思われる。普通の意識状態の時には一羽のフクロウを見たという記憶だったものが、催眠術を掛けてみたら、それとはまったく違う二つの異なった記憶のバージョンが存在していたのだ。どうやら彼ら宇宙人は、わたしたち人間に物事をいろいろな具合に知覚させる力を持っているようだ。そして催眠術によってのみ、意識の底に横たわる真実が明るみに出されているのである。いったいわたしたちは、現実と幻想とを区別することができるのだろうか。

ドロレス「彼が、ブレンダがトラックでやって来ることを知らなかったのは、ちょっと不思議な感じがするのですが」

ブレンダ「いや、彼は知っていた」

ドロレス「えっ、そうですか？　彼はびっくりしていたように感じたのですが」

ブレンダ「びっくりしたのは彼女のほうだ。彼は彼女が来るのを知っていた。彼はブレンダと接触したかったのだ」

ドロレス「何か彼女と接触したい理由があったのですか？」

ブレンダ「長老評議会は、特定の地球人の追跡調査を続けている。それらの地球人が生きている間に人類との公的な接触を開始する決定が下されれば、まずそうした人間と接触することだろう。このようなことはすでに数世紀もの間行なわれている。接触にもっともふさわしい人物として期待されていた一人に、レオナルド・ダ・ヴィンチがいた。時代が移り変わっていく中で、彼らは特定の人物に目を付けている。それぞれの時代において、もしもそのような決定が下された場合、最初に接触すべき人物が特定されているのだ」

ドロレス「ブレンダが特に観察対象として選ばれた理由は何ですか？」

ブレンダ「地球においてまず接触すべき人類にふさわしい、いくつかの好ましい特徴を併せ持っているからだ。好ましい特徴とは、知能が高いこと。（ブレンダのＩＱは天才の部類に入るので合格だ）さらに、偏見がなく新しいものを受け入れられること。（たしかに彼女には偏見がない。だからこんな実験にも協力してくれるのだろう）また、霊的にも優れていて、高い次元の者と接触があること。自身を高める努力を怠らず、新しいことを受け入れる用意があること。人生で困難にぶつかった時、それを上手に乗り越え、まわりの人々に悪影響を与えないこと。人によっては、問題解決の際に周囲をめちゃめちゃにしてしまう者もいる。そのような人間は彼らの接触対象としてはふさわしくない。彼らは困難をうまく乗り切れる人物と接触したいのだ」

ドロレス「彼らは、そうした選ばれた人たちと接触を重ねているのですか、それとも一生の間、彼らを観察するだけなのですか？」

ブレンダ「彼らは選んだ者たちを一生にわたって常に観察し、時々接触もしている。接触したことをその者の記憶に残す場合もあるが、多くの場合、記憶をぼかしてしまう。毎日の生活に支障をきたすことがないように、との配慮だ」

ドロレス「ブレンダは以前にも彼らと接触したことがありますか？」

ブレンダ「ある。特に子どもの時によくあった。しかし、彼女はそのことを憶えていない。彼女の生きている間に宇宙人と人類との接触が公式に開始される可能性があるので、彼女にそのための準備をさせておくためだ」

ドロレス「今回の宇宙人と同じ種族が接触したのですか？」

ブレンダ「ある時は同じ種族の宇宙人だし、時には他の種族の、それとは外観の異なった宇宙人だ。いずれにせよ、彼女に接触してきた宇宙人は、常に長老評議会に近い者たちだった。彼らは協力し合っているのだ」

ドロレス「どのようにして対象者を追跡しているのですか？　皆、頻繁にあちこち移動しているのに、その居場所をどうやって見つけるのですか？」

ブレンダ「彼らは人間の精神から発している放射を感知することができるのだ。また、それぞれが持っているオーラも彼らにはよく見える。また、彼らのうちのある者は高度な発達を遂げていて、人間には感知できないもっと高い次元の状態も感知できる。だから、彼らが対象者固有のオーラと高い次元で見たその魂の状態、そして精神の放射の様子を一度見極めれば、その後はその個人を探すのは容易なのだ。人はそれぞれに異なり、一人として同じ者はいない。さらに、探すための機械もある。その機械に対象の個人の情報を入力し、全地球をスキャンするよう命じる。こんなオーラを持った、これこれの精神放射の人物はどこだ、と。すると、機械が即座に位置を特定するというわけだ」

ドロレス「では、別に彼女の体には何もする必要はないのですね？」

ブレンダ「毎回何かをする必要はない。しかし、彼女が九歳の時にあった最初の接触の際、彼女にワクチン接種のようなことを行なった。それが何かは説明が難しい」

ドロレス「注射みたいなものですか？」

ブレンダ「まあ、それにかなり近い。時にはそれにより、皮膚に傷跡とか斑点などが残ってしまうこともある。この物質が体内に注入されると知覚が拡大し、アスパー能力が高まる。こうした能力は銀河系社会においてはとても重要なものだ」

ドロレス「〝アスパー（Asper）〟能力とは聞きなれない言葉ですが」

ブレンダ「ごく一般的な言葉だ。わたしたちの五感以外で感じる超能力のことだ」

ドロレス「わたしはアスピレーション（aspiration 切望、吸気・訳注）を連想しました」

ブレンダ「違う、アスパーではなく、エスパーだ、E－S－P－E－R　エスパー能力」

ドロレス「それは初めて聞きました。エスパー能力ですか」

ブレンダ「ブレンダは知っていた。わたしも彼女から聞いたのだ」

ドロレス「ああ、彼女の言った言葉ですか。そのワクチンのようなものは体のどの部分に施されたのですか？」

ブレンダ「彼女の場合は左の前腕だ。このちょっと膨らんだ部分だ」

ブレンダは左手を持ち上げた。するとそこに小さな膨らみが見えた。

ドロレス「どうやってそこに注入したのですか？」

ブレンダ「夜、彼女が寝ている間に行なわれた。彼女が催眠から覚めたら、それがいつ起こったか聞いてみるといい。とても思いがけない出来事だったのだから」

ドロレス「何か器具が使われたのですか？」

ブレンダ「そうだ。銀のようなチューブが使用された。腕に押し当てるチューブの先端は平たいか、あるいは少し管の内側に湾曲している。それを腕に当てて押すと、チューブの中にある何かが皮膚を突き刺して、血流の中にそれが注入される。痛みはない」

ドロレス「でも、そこはちょっと膨らんでしまうのですね？」

ブレンダ「傷が治った時にその部分が盛り上がってしまう。彼女が覚醒したら、その時どんな傷が出来て、どのようにして治ったか教えてくれるだろう。注入時には、ほかに小さな銀製の球も入れたようだ。じつは、その球は彼らが機械を用いて彼女の居場所を見つけやすくするための機器で、彼らの精神の放射に同調する機能を持っている。もし彼らが、彼女の生きている間に接触を始めた場合、この体内に入れられた〝機器〟が起動させられ、それは翻訳機の役割も果たすことになる。彼女はみずからの思考を発信する一方、彼らの考えも聴くことが可能になり、互いに交信できるようになる。そして、音声によるやりとりが行なわれた際には、たとえそれが聞いたこともない言語だったとしても、彼女はその内容を理解できる。音声が彼女の脳に到達すると、それは彼女に理解可能なさまざまな象徴的映像へと変換されるのだ。彼女の体内に入れられたあの球がそうさせるのだ。わたしはそれを銀製と言っているが、それはそのように見えるからで、実際には銀ではない。その直径は三ミリ弱で、彼女の前腕の筋肉中に埋め込まれており、その部分の皮膚は小さく盛り上がっている。場所は橈骨と尺骨の間で、ワクチンのようなものの注入と同時に挿入された。彼らは、彼女の家に行くのを一度で済ませるためにこの二つを同時に入れたのだ。こうして、彼らは機械を使って彼女を追跡することができるようになったというわけだ」

ドロレス「そのほかにも何か彼女の体内に異物が入れられていますか？」

ブレンダ「現在はない」

ドロレス「以前はありましたか？」

ブレンダ「わたしの知る限りではなかった。しかし将来、なんらかの理由で彼女の体内に埋め込まれる可能性がないわけではない」

ドロレス「今彼女の腕にある物質は、彼女の体に何か問題を起こしていますか？」

ブレンダ「いや、そういうことはないし、ありえない」

ドロレス「レントゲン写真を撮れば、それが見つかりますか？」

ブレンダ「可能性はあるが、たぶん見つからないだろう。それは二つの骨の間にあるので、いつもどちらかの骨の陰になり、見つけるのは難しい。取り出されないように見つかりにくくしてあるのだ。

埋め込まれた場所からすると、脳と交信したい時、そばにある神経にすぐ送信できるようになっているようだ」

ドロレス「頭に何かを埋め込まれた人の話を聞いたことがありますが」

ブレンダ「彼女にも、必要なら将来、頭に埋め込むこともあるかもしれない。今のところ、長老評議会は、彼らが観察している人間たちを自由にさせておきたいのだ」

ドロレス「頭に入れる目的は何ですか？」

ブレンダ「それはよくわからない。この銀河系にはさまざまな人種がいて、それぞれ違った目的や目標を持っている。彼らの使用する機器にもまたいろいろ異なったものがある。だから、人類に接触する時のやり方もそれぞれ違うのだ。もちろん、長老評議会が全体を仕切ることになってはいるのだが、中には評議会が認可した以外の、自分たち特有の機器を使う連中もいる」

ドロレス「そんなことをしても評議会は黙認するのですか？　彼らの規則とかに反するということはないのですか？」

ブレンダ「規則に反する場合もあるし、そうでない場合もある。それはそのやり方や、それが対象に害を与えるかどうかによって決まる。また、それが与える影響の種類にもよる」

ドロレス「ブレンダが九歳の時に彼女の腕に何かを埋め込んだ宇宙人は、どんな容姿だったかわかりますか？」

ブレンダ「彼らはとても穏やかな性質の者たちだった。やって来たのは真夜中だったので、どんな姿かたちをしていたのかはよくわからない。しかし、彼女がハイウェイで見た宇宙人とは違う種族だ。頭には髪の毛がなく、とても滑らかだった。色も銀色のような感じだった。指は親指が一本で合計四本だし、体もハイウェイで見た宇宙人よりは小柄。骨格も細長く、とても華奢な感じだ。目は黒いようだったが、暗かったのでそれ以上のことはわからない。手足が細長く、とてもやせて見えたので、一般的な人間の標準からすると、かなりやつれた感じだった」

ドロレス「それは穏やかな性質の種族だと言うのですね？」

ブレンダ「そうだ。彼らの知的好奇心は旺盛だ。彼らは長老評議会の指令により地球にやって来た。前にも言ったが、評議会にはさまざまな種族から来た者たちがいる。宇宙全体のことを考えると、知的生命体の種類はじつに多様で、無数にあるといってもよい。この銀河系だけを取ってみても多くの生命体が存在し、それぞれ皆、容姿も違えば文化も違い、能力や物事の見方、物の作り方までが異なっている。実際に彼らを目にすれば、わたしたちの伝え聞く小人や妖精などについてのさまざまな伝説がどのようにして生まれたかの想像がつくだろう。昔、地球にやって来た宇宙人たちは、時にはうっかり人間の記憶をぼかし忘れることもあったので、そんな見慣れない姿の人々のうわさが広がったのだ。だから、醜い顔をした巨人とか、か弱そうな小人の伝説などは、過去に地球を訪れたいろいろな宇宙人がその起源になっている場合が多い」

ドロレス「彼ら宇宙人がどこかの惑星に行き、そこで何かをするというのは、すべて評議会の決定によるものですね？」

ブレンダ「少なくとも、そうあるべきものだ」

ドロレス「では、そうでない場合もあるのですか？」

ブレンダ「そうでない時もある。不都合を最小限にするために、評議会も最善を尽くしている」

ドロレス「今行なっているわたしの調査によれば、わたしたちが最初に思っていた以上に多くの人々が、いろいろな宇宙人たちと接触しているようです」

ブレンダ「その通り。というのも、宇宙人が地球人と公的に接触を開始する時期が、いよいよ近づいて来たからだ。現在観察されている人物たちの生存中に接触が始まる可能性も十分ある。多くの宇宙人は地球人が銀河系社会の一員になることを待ち望んでいるので、評議会もその方向にある」

ドロレス「自分は誘拐されたと主張する人たちがいるようです。それについては何か知っていますか？」

ブレンダ「時には、より詳しい検査が行なわれることがあるのは事実で、それは医学がどれほど進歩しているか、また、人類がどれだけ進化を続けているかを追跡調査しているためだ。彼らは人類が銀河系社会に加わる日のために準備しておくことを望んでいる。それというのも彼らは、公式に接触が始まったその時には、地球上の病気を根絶しようと考えているからだ。そのためには、まず人間を検査して、各種の病気の治療法を開発しておかなければならない。その上で、公的な接触が開始された暁に、その治療法を提供するのだ」

ドロレス「なるほど。では、どのようにして検査するのでしょうか？」

ブレンダ「通常は光や、ある種のエネルギーなどを使う。わたしたちが骨を調べる時にレントゲンを使うようなものだ。彼らはいろいろな波長のエネルギーを使用することで身体各部を検査し、それがどんな形をしていて、どんな発達状態にあるのかといった事柄を調べるのだ」

ドロレス「そうした検査は家のベッドに寝たまま受けられるのですか？」

ブレンダ「いや、検査機器のある宇宙船に連れて行く必要がある。それぞれの機器は特定のエネルギーを放射して、それに応じた身体各部の検査を行なう。しかし、対象者の数が多いので、全員を宇宙船に連れて行くのは難しい。だから、一部の検査は個人の家で行なわれるだろうが、それは宇宙船内で行なわれる検査ほど十分なものではない」

ドロレス「これが世に言う、宇宙人による誘拐事件なんですね」

ブレンダ「別に誘拐が目的ではない。誘拐しようというのなら、人間を宇宙船に連れて行ったまま飛び去り、再び地球に戻すことはないだろう。ただ、必要な情報を集めるため、検査に連れて行くだけだ。そのお返しとして、人類は銀河系社会に対し、わたしたち一人ひとりが達成した成果、すなわち、わたしたちの好奇心、知力、それに美術や音楽を愛する心などによって創り出したもので貢献することができるだろう。また、わたしたちの好む物作りの方法や思考の仕方などを伝えることができる。そうすることで、銀河系社会に貢献ができるのだ」

ドロレス「宇宙人の中には、まるで感情がないかのように冷たく見える者もいると聞きますが」

ブレンダ「時にはそんな風に見える場合もある。それは集中の必要な知的な作業をしていて、感情を表す余裕がないような時だ。また、宇宙人の中には生まれつき感情を出さない種族もある。そうした者たちは、身振りで感情を表現するよりもテレパシーで伝えるのだ」

ドロレス「宇宙人に遭遇した後で、彼らを非常に怖がるようになった人に会ったこともあります」

ブレンダ「たしかにそれは残念なことだ。結果的にそうなってしまった相手の宇宙人も、人間に害を与える気は毛頭なかったはずだ。恐怖を感じるのは、たいてい、必要以上に心を閉ざしていて、そうした経験をする準備がまったくなされていなかった人たちなのだ。だから宇宙人に出会った時、それを新しい素敵で貴重な経験と考えず、深夜のテレビ番組に出て来るような怪物やら大目玉の怪獣などに追い掛けられると思い込み（わたしは思わず笑ってしまう）怖がるのだ」

ドロレス「でも、普通の人間であれば当然の反応だと思いますが」
ブレンダ「人にもよるだろう。子どもの時からそんな反応をするように教育されていたなら怖がるのは当然だろうが、常に不思議なものに対する好奇心を持つようにしつけられていれば、怖がる前にまず興味を示すに違いない。小さい頃からそのような経験を積んでいるかどうかで、それは左右されるのだ。また、家庭の教育姿勢にもよる」
ドロレス「美しいブロンドの宇宙人のことも耳にしました。そのような宇宙人は実在するのですか、それともただの幻覚でしょうか？」
ブレンダ「白い髪の毛を持った種族はいるし、ある者たちはとても美しい。彼女が見たのはその種族に属する者だ。だから、人々が実際に彼らを見た可能性はあるが、同時に、それはただの幻想であって、怖がらないように人間の目に美しく映るようにしただけかもしれない。人間にとって美しいと思われるように装って、より良い反応を得ようとしたのかもしれない」
ドロレス「それも一理ありますね。人間は基本的に恐怖感を持った動物ですから」
ブレンダ「そんな必要はないのに」
ドロレス「もう少し質問があります。ブレンダのトラックが道路で止められて、宇宙人と話をしていましたが、その時、もし誰かが通り掛かったとしたら、その人には宇宙人が目に入ったでしょうか？」
ブレンダ「第三者には、宇宙人も彼女のトラックも見えなかっただろう。そこは真っ直ぐな道路だったから、他の人間がそばを通ることはありえたが、通ったとしても彼女には気がつかなかっただろう。彼らは宇宙人やブレンダを目にすることができないので、真っ直ぐに、何事もなかったように運転を続けて行っただろう」

ドロレス「道路の真ん中に停まっていたのに、彼女のトラックは他の車に衝突されることはないのでしょうか？」
ブレンダ「それはない。他の車は彼女のそばを、何も知らずにただ通り過ぎただろう」
ドロレス「どうしてそのようなことが可能なのですか？」
ブレンダ「彼女が宇宙人を見た時、実際とは別の姿に見えていたのと同じ理屈だ。あの時には彼女の知覚を変えたのだが、彼らにはどの人間の知覚も変えることが可能だ。それで近くを通った車の人々の知覚も変えられたのだ。もし誰かが来ても、道路の真ん中にトラックが停まっていて、その運転手に誰かが話しかけているのを見るのではなく、がらがらに空いた道路がそこにあり、ただひたすら運転を続けるということになるわけだ」
ドロレス「わかりました。これは事故を未然に防ぐためですね」
ブレンダ「その通り。彼らは相手が誰であれ、害することは欲しない」
ドロレス「では、この三月にブレンダが経験したのは、実際に宇宙人に会ったけれども、その宇宙人はその時彼女の知覚を変えたばかりでなく、その経験を記憶から消し、代わりにフクロウのイメージを植えつけた、ということでしょうか？」
ブレンダ「その通り。彼女とその宇宙人自身の身の安全のためだ。彼は彼女と接触したかったが、同時にまた彼女の生活を乱すようなことはしたくなかったのだ。そこで彼は、彼女があたかもきれいなフクロウを見たかのように知覚を操作した。そうすれば彼女の生活を混乱させることはない。同時にまた、彼の容姿が彼女には本物より優しい姿に見えるようにして、この接触のショックを和らげるようにした。この経験に、よりオープンな態度で向かい合えるように配慮したのだ。彼の実の姿を見たら、彼女は恐怖に陥ったかもしれなかった。できるだけ快適な経験にしてやりたいというのが彼の願いだったのだ」

ドロレス「なるほど。でも、このように思い出すこともまた、彼女にとって悩みの種になりはしませんか？」

ブレンダ「全然ならない。彼女はあの経験を決して忘れたくないと思っている。わたしもそれは良いことだと思う。わたしもわたし自身がそれを記憶にとどめておくことを許可する。彼女が催眠から覚めた時、あの時起きたすべてのことを思い出すだろうが、それはやがて来るその時に備え、彼女が準備を続けるために役立つだろう。彼女にはこの情報を受け入れる準備が出来ている。彼女がフクロウを覚えていたのも、このようにして必要な情報を引き出すためだったのだ。だから彼女はすべてを思い出すだろう」

ドロレス「ブレンダは、その後の数日間、聴覚に変調をきたしたり、彼女の周囲の電化製品や何かがおかしくなったりしたと言っています。いったい何が起きたのでしょうか？」

ブレンダ「宇宙人との相互作用によって、彼女のオーラが過剰なエネルギーを吸収してしまったのだ。このエネルギーの大半は彼女の体内で消費されたが、それでもなお余剰があった。それを彼女のオーラが、言ってみれば目に見えない稲妻のように、あちこちに放出したのだ。その結果、彼女は耳鳴りがしたり聴覚が過敏になったりして、高周波音が聞こえるようにもなった。そして、彼女の体から周囲に放射されている過剰なエネルギーが、電化製品や電子機器を故障させたのだ」

ドロレス「あの宇宙人の近くにいたというだけで、そうなってしまったのですか？」

ブレンダ「これは次元の高いものに対する彼女の感受性が強いためだ。そのため、彼女とそのオーラは、高次元のエネルギーが入りやすい状態になっている。だから、彼女が宇宙人の近くにいた時に、彼から霊的、精神的な知識を吸収すると同時に、霊的なエネルギーもいくらか吸収した。吸収したエネルギーがすぐには使い切れなかったので、副作用のような弊害が生じたのだ。電線に電圧を掛け過ぎるとスパークするのと同じだ」

ドロレス「これがブレンダの健康に影響することはないでしょうね？」

ブレンダ「害にはならない。余剰エネルギーは彼女の体内で治癒プロセスのために使われた。体内では常になんらかの治癒が行なわれている。余剰エネルギーは正常な身体機能を妨げるようなことはしていない。ちょっと聴覚がおかしくなったとか、彼女の近くの電化製品の調子が狂ったとかいう程度だ。子どもの頃から彼女のまわりでは時計がよく狂ったので、今回もそんなに驚いてはいなかった。高校生の時には自動販売機までおかしくなった。聴覚もこれまでずっと敏感だった。今回起こった現象も、そんな過去の経験と似ているのでさほど驚いてはいない。とは言うものの、今回はいつもと少々異なり、程度もひどかった。聴覚の異常は過去にも断続的に起こっていたけれど、それはせいぜい二、三分間、あるいは数時間かそこら続くだけだったのが、今回は数日間も続いた。異常がいつも短時間で消え去ることに慣れていた彼女も、今度ばかりは閉口していた。しかも今回、時計とか時間に関連するものが壊れて修理不能となったことは、彼女の場合に特徴的な現象だった」

ドロレス「それは彼女のエネルギー場のせいでしょうか？」

ブレンダ「理由はいくつかある。彼女のエネルギー場や霊的能力、また時間の感じ方なども関係している」

ドロレス「それはどういうことでしょうか？」

ブレンダ「子どもの頃からのしつけで、彼女と同じ文化で育った者たちはほとんど皆、とても時間を気にする傾向がある。分単位、一時間単位で気にして、『大変、今から五分以内にどこそこに行かなきゃ』とか言う。ブレンダは育った環境と彼女自身の考えもあり、もっとホリスティック（全体論的）な考え方で時間を捉えている。時間を分刻みや一時間単位ではなく、季節、さらには数年単位、世紀単位で捉えている。このように時間の考え方が普通とは異なっているので、彼女のまわりで時間に関係した物の調子がおかしくなったのだ。言ってみれば、彼女の生きている時間の速さは普通の人間と違うのだ」

ブレンダの催眠が覚めてから、彼女の記憶にあることを話してもらい、録音した。

ドロレス「あなたの潜在意識が、催眠から覚めたら、あなたはわたしに前腕のことを話してくれる、と言っていましたが」

ブレンダ「腕の小さな膨らみのことですか？（彼女はボタンを外すと袖をまくり上げた）これはわたしが九歳の時に出来たもので、もう二十年近くになります」

膨らみは左腕の肘の関節から四センチほど下の内側にあった。それは形も大きさもイボのように見えたが、滑らかでピンク色がかっていた。イボは普通、もっと表面が粗いものだ。指で触ってみると軟らかくて、中に硬いものは感じられず、水疱のような感じだった。

ブレンダ「そこの神経に、巻きひげのようなものがつながっているような気がします。そのあたりを擦《こす》ると、時には手首のあたりがちくちくすることがあります」
ドロレス「その膨らみが出来た時のことを憶えていますか？」
ブレンダ「よく憶えています。一九六九年の感謝祭（十一月の第四木曜日・訳注）の週末です。感謝祭を祝うため、家族皆で祖母の家に行きました。当時わたしたちはヒューストンに住んでいて、祖母の家はルイジアナ州にありました。ヒューストンに帰る日曜日の朝、目を覚ますと、腕に水ぶくれが出来ていることに気がついたんです」
ドロレス「それは虫に刺されたような感じでしたか？」
ブレンダ「いや、全然違います。皮膚の下に空気が入ったように白かったです。丸く膨れ上がってぶよぶよしていました」
ドロレス「もしかしたら血豆かなと思ったのですが、それなら色は赤ですよね？」
ブレンダ「むしろ水ぶくれに近いです。でも、中に水はありませんでした。透明ではなく、かなり白かったです。表面もざらざらしていました。目が覚めて気がついた時には、その膨らみの直径は五〜六ミリ程度でした。でも、その日のうちにだんだん大きくなって行き、お昼頃には十セント硬貨（直径一七・九一㎜・訳注）くらいになっていました。膨らみの高さも普通の水泡より高く、今の状態の三倍はありました。母と祖母に見せましたが、二人ともそれが何なのかわかりませんでした。痛みはなかったのですが、ちくちくした感じがちょっとありました。赤くならなかったし痛みもなかったので、蜘蛛に咬まれたのでないことは確かでした。二人の結論は、あまりいじらないほうがよいと思われるし、いずれそのうちに治るだろうというものでした。自動車で家に帰った時、その膨らみはさらに大きくなっていました。翌朝学校に行く頃には、それは二十五セント硬貨（直径二四・二六㎜・訳注）くらいの大きさになっていました。三日目にようやく水ぶくれ状態はなくなりました。でも、五十セント硬貨（直径三〇・六一㎜・訳注）くらいの大きさの傷になり、痛みが出て来ました。その傷の真ん中の位置に、今のイボ状のものがあります。ちょうど膝を擦りむいて、そこに出来たかさぶたを誤って取ってしまった時と同じように、血とか、ねばねばしたものとか液体とかでじくじくしていました。かさぶたが出来るとすぐ破れ、液状のものが出て来て、そのうちまたかさぶたが出来、それがまたすぐ破れるということの繰り返しでした。傷のまわりも盛り上がって隆起状になってしまいました。そんな状態が三週間ほど続いたのですが、その間痛みが続き、円状の隆起部分に触るとさらに痛みました。その後、傷はようやく少しずつ小さくなってじくじくがなくなり、乾燥して固まり始めました。今のように小さくなるまで六週間から八週間ほど掛かりました。円状の隆起も徐々に小さくなって行きましたが、なかなかなくなりませんでした。そこをぶつけて傷めないように、上にバンドエイドを貼っておきました」

ドロレス「五十セント硬貨ほどの大きさの傷なら、跡が残るのではありませんか？」

ブレンダ「たしかにそうですよね。でも、傷は徐々に小さくなって行きました。そして、ある朝気がつくと、そこにはきれいに新しい皮膚が出来ていました。治った時には今とほぼ同じ状態でした。当時は今みたいに丸くなく、一方が出っ張っていました。でも、二年くらい経ったら、出っ張りも取れて丸くなりました。でも、膨らみの基本的な形に変化はありません。時々かゆくなるし、上の皮膚が剥げ落ちたりします。特に、日に焼けた時に剥がれるようです」

ドロレス「医者には診てもらわなかったのですか？」

ブレンダ「診察してもらったのですが、医者にもそれが何であるかはわかりませんでした。もしかしたら猫に引っ掻かれて、その傷口が一種のカビにでも感染したのではないかと言われました。でも、わたしは猫の近くに行ったことはありません。十九年間、その状態に変化はありません。たまに痒くなったりちくちくしたりする以外は、特に問題はないのです」

ということで、ブレンダの腕のイボ状の膨らみは謎のままだ。そこに十九年前、実際に何かの仕掛けが埋め込まれたのかどうか、あるいは、その物体が今でもそこにあるのかどうかを知る手立てはなさそうだ。特に害を与えていないのなら、そのままにしておくのが無難であろう。そしてその原因も不可解のままでいいのだろう。埋め込まれたものを見つけた人の中には、それを取り出してもらった人もいる。しかし、宇宙人たちがそこに何かを入れておきたいのなら、彼らはまた代わりのものを埋め込むのではないかとわたしは思う。

このような不思議な出来事は、わたしが調査を始めたばかりの頃の一九八〇年代だけに限って起きたわけではない。宇宙人たちには、動物などよりももっとスケールの大きなものの幻覚を作り出すことが可能であるということを示すために、最近の例も紹介してみたい。

クララは一九九七年に、催眠術で調べてもらいたいと、何回かわたしに手紙や電話をくれた女性であった。そのような希望者がとても増えて来たので、わたしは自分の家で新規の人に施術するのをやめ、講演に出掛けて行った場所で日程に余裕がある場合に現地在住の希望者にだけ行なうようにしていた。ただし、講演の当日にはそうしたことを控えるようにした。いろいろなことをすると、エネルギーが分散してしまうからだ。逆に、施術する日は、他に何も予定のない日に限ることにした。

クララは、一九九六年十二月にニューメキシコ州のサンタフェで行なわれたシャンティ・クリスト財団の集会でわたしに会ったことがあると言った。その時、わたしは予約でいっぱいだった。そういう場合、予約なしに会いに来た人には、次にわたしがその町を訪れた時の予約リストに名前を入れておくので改めてお会いしましょう、と言うことにしている。そんなわけで、わたしは彼女に以前会った時の記憶はなかったが、彼女はわたしが一九九七年の五月に会議でハリウッドに行くことを知り、予約したいと電話してきた。彼女はサンフランシスコの近くに住んでいるのだが、そこからハリウッドまで運転してもかまわないと言う。そこまで熱心に言われると、さすがにわたしも断れなかった。

会議は悲惨な結果に終わった。広報と準備の不足が主な原因だ。講演者は全員揃っていたのだが、聴衆がほとんどいなかった。会場に一人も入らなくてキャンセルした講演もいくつか出た。今まで参加した会議の中では最低のものになったが、おかげで予期せぬ時間的余裕が生まれたわたしに、友人のフィルが観光案内役を申し出てくれた。

ハリウッドはわたしが十代の頃、暗い映画館の中で数々の夢を見せてもらって以来、ぜひ一度訪れて見てみたいと願っていた場所だった。以前、何回か来たことはあったのだが、いつもホテルと会議場を往復するだけで、講演が終わってもすぐ空港に直行していた。そこで今回、会議の大失敗を幸いに転じようとしたわけだが、おかげでこの街の素晴らしさを思い切り満喫できた。クララが予約の時間にホテルにやって来た時には、わたしはすっかりリラックスしていて、彼女のために費やす時間もたっぷりあった。

クララはブロンドの、とても魅力的な四十代の女性だった。見るからに活発な感じで頭も良さそうで、きわめて健康そうだった。セッションを始める前に、彼女が何を知りたいのか、どんな問題があってわたしに会いに来たのかを知るためにいろいろと話をした。

彼女の一番気になっていたのは、数年前に時間を失う経験をしたことだった。仕事関係の会議のため、時々ハワイに行くことがある彼女は、その時、マウイ島で車を運転していた。日は暮れようとしていたが、まだ明るかった。彼女は以前、このあたりを訪れた時に見つけたホテルを探していた。そのホテルは海岸にあり、素晴らしい海の景色を眺めながら夕食を取ろうと考えたのだ。

ホテルに通じる道の入り口を通り過ぎてしまったことに気づいた彼女は、車を方向転換できる場所を探しながら運転を続けた。島のこのあたりでは、一面に生い茂った熱帯植物とヤシの木に光がさえぎられ、二車線の路面は暗かった。道路から入ったところには家もまばらにあるのだが、植物の陰になって見えなかった。ようやく脇にそれる道を見つけた彼女は、向きを変えようとして車を乗り入れた。以前ここを通った時には、その脇道には気がつかなかった。その道に入ると、何軒かのプレハブ建築の家が固まって建てられた住宅地があった。それらはヤシの木に囲まれた中にあり、とても快適そうに見えた。そこで車の向きを変えたのだが、その直後からの記憶がない。

気がつくと、彼女は島の反対側の、交通量の多い四車線のハイウェイ上で運転していた。あたりはもう真っ暗になっていて、どうやってそこまで来たのか、彼女にはまったくわからなかった。

それから一年後、彼女は再びその島を会議で訪れた。以前そこで起きた奇怪な出来事のことが頭から離れなかったので、例のプレハブ建築の家々があった場所に行ってみようと、同じ道筋をドライブした。ところが、ホテルはあったが、そのあたりをいくら探しても、あのプレハブの住宅地はどうしても見つからなかった。以来、この不思議な事件の記憶が彼女を悩ませ続け、ついに催眠術を受けてみようと決心するにいたったというわけである。彼女は、あの夜、いったい何が起きたのか、どうやって島の反対側まで行き、なぜその間のことを憶えていないのかが知りたかったのだ。

幸い、彼女は催眠術に掛かりやすいタイプだった。すぐに深いトランス状態に入ると、目の前の情景について、とても雄弁に語ってくれた。事件の起きた日時をはっきり覚えていたことも作業を楽にしてくれた。わたしは彼女を、一九九四年三月のその日のマウイ島に戻した。

彼女は宿泊先のマウイ・サンというホテルの前に立ち、ガラス扉の入り口を通り抜けて館内に入ろうとしていた。毎年開催される研修会に出席するため到着したばかりで、ついでに保養もしていくつもりだった。彼女は、ホテルのまわりに咲いている花の色がとてもきれいだと言った。

ドロレス「さて、あなたはホテルのチェックインを済ませました。では、食事をする予定にしていたレストランに行ってください。それはこのホテルにあるのですか、それとも別のホテルですか？」

クララ「別のホテルにあります」

ドロレス「そこはかなり遠いのですか？」

クララ「ええと、三キロか、遠くても五キロまではいかないと思います。まだそこで食事したことはありません。近くを通ったことがあるだけです。その建物は海の上に突き出して建てられていて、そこからすこし登ったところに、今わたしのいるホテルがあります。あのホテルの部屋に座って窓を開け放ち、ビーチに寄せては砕ける波の音を聞いていたいものだと、ずっと以前から願っていました。長いことそう思っていながら、いまだに実現していないのです」

ドロレス「そこに向かって運転しているのですね？（はい）今、何時ごろですか？」
クララ「ちょうど日が暮れ始めたばかり。はっきりした時間はわかりません。たそがれどきです」
ドロレス「では、すぐ暗くなるのですね？」
クララ「ええ、たぶん。そんなことはあまり気にしていませんので」
ドロレス「ホテルに向かっているんですよね。今、何をしているのですか？」
クララ「今、サウス・キーヘイ（Keyhey 聞こえたままを表記〔Kihei のことと思われる・訳注〕）道路を運転しています。だんだん暗くなってきました。街灯がないので見にくいです。今、アストランド（Astland とあるが、イーストランド Eastland のことだと思われる・訳注）を通り過ぎています。とても広大な場所で、あの道路が見つかりません。あれは環状の道路だったはずです。木が沢山茂っています。あの道はそのあたりに……いや、カムフラージュされているはずもないのですが、（イライラしながら）どうしても見つかりません！　もう一度探してみたいので、もうすこし先に行って車の向きを変えて戻って来ます。絶対にあのホテルで食事したいんです。（このあたり、彼女は運転しながら時々独り言を言っているようだったが、また、わたしの質問にも答えていた）まだ運転しています。あっ、あそこ。そう、ここがいい。ここは行き止まりです。車の向きを変えるのにはもってこいの場所。ふーん、でも、こんなところ今まで見たことなかった。（混乱したように）うーん。ヤシの木も花もきれい。まわりに垣根があるけれど、その隙間から向こう側が見える。そして、そこにはあらゆる種類の……（説明しにくいようだ）プレハブ式の家々、それか、もしかしたら……すごく豪華なトレーラーハウスかも。そう、とにかく、とってもきれいなところ」
ドロレス「車の向きを変える場所が見つかったんですね？」

クララ　「はい、袋小路みたいなところで車の向きを変えています。（小さな声で）明るい光が見えます。（ちょっと間を置いてから混乱したように）なんというか……まばゆいばかりの光です」

ドロレス「その光はどこにあるのですか？」

クララ　「（呼吸が速くなる）空から降りて来ます。それは……光のじょうごみたいです。そのじょうごの広がった側の端が、わたしのほうにやって来ます。それはまるで……（混乱した様子）」

ドロレス「とがった側が上ですか？」

クララ　「はい。それはまるで……太陽が光り輝いているようです。ものすごく明るいので木立を通して見えます。この光には強力なエネルギーがあるのが感じられます（深く息をする）」

ドロレス「それは光の塊なんですか？」

クララ　「光の束のような、途切れることのない光線です」

ドロレス「その物体の底から出ているのですか？」

クララ　「（呼吸や声から察して、彼女は明らかに何か尋常ならざる不安を感じているようだ）そう、底からです」

ドロレス「まだ車を運転していますか？」

クララ　「いいえ！　ここにいるだけです。いるだけです」

ドロレス「それはどういう意味ですか？」

クララ　「（信じられない、というように）わたしはこの光の一部のような気がします」

ドロレス「まだ車の中ですか？」

クララ　「いいえ、宙に浮いているような感じです。あの光の一部のような気がします。（深く息をする）わたしは光そのものです。時間も光も超越したような感じです。わたしは移動しています。どこかに移動しています。どこに行くのかは知りません。でも、なんの心配も要りません」

ドロレス「動いている感じがするのですか？」

クララ「はい、空中に浮かんで、動いています。（起こっていることにすっかり心を奪われている感じだ）さまざまな色や、時間や、空間を潜り抜けています。（深く息をして）とっても快適です、時間や宇宙を通り抜けながら」

ドロレス「で、見えるのは色だけですか？」

クララ「（けだるそうに）さまざまな色彩と金色の光です。とても平和で安らかです。（とてもくつろいだ様子で大きく息を吐く。その後も、気持ち良さそうに深い呼吸を繰り返している）まるでわたしがすべてのもので、すべてのものがわたしのような気がします。すべての存在がそこにあり、すべての存在がここにある。すべての存在がそのまま存在している」

彼女は続けて複雑な概念に関わることをしゃべり始めたのだが、それらをここに記載するのはやめておく。彼女とのセッションのすべては、わたしの別の著書『*The Convoluted Universe*』（『入り組んだ宇宙』）に収録するつもりだ。そちらでは理論や概念などについて深く掘り下げて論じる予定だが、本書ではざっと述べるだけにとどめる。その本は本書の続編のようなものだが、さらに驚くべき内容が展開されるだろう。ここでは、クララは宇宙船に連れて行かれたのではなく、異次元空間の、ある惑星に行った、とだけ言っておく。本書では彼女のケースを、人を取り巻く環境までもが幻覚のようになり得ることを示す例としてのみ扱っておくことにしよう。

セッションの最後に、わたしは彼女の潜在意識と話をした。

ドロレス「あなたは、ハワイでクララが車を運転し、あの道路を通って住宅地に行った時、何が起きたのか説明できますか？」

クララ「彼女は、あの時間にあの場所に行くように仕向けられたのだ。あの場所は、彼女のために物質化されて出現したものだ。けれども、帰される時にはあの場所ではまずかった。それで、彼女が以前から知っているハイウェイに連れて行かれたのだ。そこなら帰り道に迷うことがないからだ」

ドロレス「では、あの時、帰される場所はハワイのどこかでなければいけなかったのですか？」

クララ「そうと限ったわけではない。ただ、あそこなら、肉体を持った存在としての彼女が安心できる場所だったということだ。あの場所（住宅地）は、彼女を引き寄せるために仮に作られたのだ。彼女にとってあの場所は本当に美しい場所だった。だからこそ、彼女はそこで完全にリラックスでき、その間に移動が完了したのだ」

ドロレス「そして彼女の体は車に戻され、車ごとあのハイウェイに持って行かれたのですね？」

クララ「その通り。一度非物質化され、別の場所でまた元通り物質化されたのだ」

ドロレス「この方法は、人や車を移動させる時に普通に使われるのですか？」

クララ「そう、ごく普通に使われる」

ドロレス「ではよくあることなんですね？」

クララ「非常によくあることだ」

ドロレス「その際には彼女の体も非物質化し、のちに物質化されるのですか？（そうだ）体に害はないのですか？」

クララ「まったくない。ただ純粋なエネルギーになるだけだから」

ドロレス「そして彼女も車も、ある場所から他の場所へと移動するということですか？」

クララ「その通り」

ドロレス「彼女が帰って来た時、というか、再び意識が戻った時には、彼女は島の別の場所にいたのですね？」

クララ「そうだ」

ドロレス「そして、その時には運転もしていた。（そうだ）そして、それ以来今日まで、彼女は自分に何が起こったのか、まったく記憶がない」

クララ「その通り」

ドロレス「このようなことがクララとしての彼女の人生で起きたのは、その時が初めてですか？」

クララ「いや、何度も起きている。しかし、今回彼女は、彼女の人生において、何がどのようにして起きたのかを調査されてもよい場所と時間にいたのだ。それまでは、そういうことを理解する準備が彼女には出来ていなかった。言い換えると、彼女の地球上の物質世界における人生の中での成長が、そのことを理解できるほどには達していなかったのだ」

ドロレス「そして今回、このような不思議なことが起きた時には、彼女自身が憶えておくようにしたんですね？」

クララ「その通り」

ドロレス「いまや彼女がそういう情報を入手してもかまわないのですね？」

クララ　「かまわない。彼女もその情報を知ったほうがよい。彼女はずっと以前から知りたがっていた。今なら彼女はそれが理解できるだろう」

ドロレス「彼女のためにもなるんですよね？　わたしたちも、害になるようなことはしたくありませんから」

クララ　「彼女にとって喜ばしく、おおいにためになることだ」

その後、わたしは潜在意識に退いてもらい、クララの人格が彼女の体に完全に戻るようにした。いつものことだが、戻った瞬間、被術者は大きく息を吸うのですぐにわかる。彼女に現在の時間に戻るように告げ、意識を完全に元に戻した。

このように、物事はいつも見掛けどおりとは限らない。わたしたちが目にし、経験していることは、本当にそのまま実際起きているのだろうか？　いずれにせよ、それは目立たぬよう、ひそかに行なわれているようだ。それゆえ、わたしたちは、少々奇妙に感じても、たいして気にもせず（普通は）やり過ごしてしまう。そんな無害なことを恐れても仕方がないし、まして、それが予測不能で、わたしたちにはまったくどうにもできないのであれば、なおさらのことだ。

不思議なことは続き、謎はさらに深まってゆく。

第4章

夢の中に隠された情報

夢が夢ではなかったというのは、どんな時なのか？　潜在意識により記憶がぼかされ、現実の事件が夢であるかのように偽装されるとはどんな場合なのか？　そもそも夢とは何なのか？　どうすれば夢と実際に起こっていることとを判別することができるのか？　そして、その違いを知ることは、わたしたちにとって有益なのだろうか？　おそらく、そんなことは知らぬままにしておくほうがいいのだろう。

わたしが行なった調査の中で、実際に宇宙人と接触したとか宇宙船を見たとか言う人は少ない。その一方で多くの人たちが、奇妙な、異常なまでに生々しい夢に悩まされている。そうした夢は通常、本人のいつもとは別な側面についてのものが多く、忘れられずにずっと記憶に残っているものだ。

人は時々、まるで現実のことのように、とても明晰な内容の夢を見ることがある。そして、それが夢だとわかると、皆一様にほっとする。また、ずいぶん昔に見た夢なのに、ずっと忘れられず記憶に残っていることもある。これらは〝眠り〟と呼ばれる影の世界に特有の正常な現象であり、それらは往々にして、目覚めている間の出来事をわたしたちの潜在意識が解釈した結果なのだ。あるいはまた、そのような夢の中に現れるさまざまな象徴を通して、潜在意識がわたしたちになんらかの情報を伝えようとしている場合もある。では、ＵＦＯや宇宙人、それに宇宙旅行などの夢は、普通の夢と何か違うのだろうか？　そのような夢に、特に注目する必要はあるのだろうか？

「壊れてもいないものを修理してはいけない」とは、わたしの口癖だ。普通に生活ができていて、特に悩みの種になっているような記憶もないのであれば、そのままそっとしておいたほうがよい。そしてただ、あれは不思議な変わった出来事だった、とだけ思っているほうがよい。好奇心だけで行動を起こし、人生をより複雑なものにする必要はない。一度箱のふたを開けたら、もう閉じることはできないのだ。ひとたび掘り起こした記憶は忘れ去ることができない。そして以後、それは一生その人についてまわることになる。

催眠術で掘り起こされた記憶がどんなものであれ、わたしは常にそれらがその被術者に良い影響を与えることを望んでいる。同様に、夢の研究を通して掘り返された記憶も、その人にとって有益なものとして受容され、無事いつもの生活に戻ることができるよう計らわれるべきだ。この原則は、催眠術の助けなしに宇宙人との遭遇を記憶している人々にも適用できる。誰にとっても今のこの生活が一番大事なのであり、何があっても、できるだけ普通の生活を続けなければならないのだ。催眠術の治療専門家には、掘り起こされた記憶に直面した被術者がうまくバランスを保って対処できるように援助をする義務がある。

わたしの別著『*Between Death and Life*』（『死と生の間』）では、わたしたちの魂《ソウル》（霊《スピリット》でもよい）は決して眠ることがないという事実について述べているが、肉体が疲れて眠ってしまっても魂は眠ることなく、肉体が起きるのを退屈しながらじっと待っている。だからその間にわたしたちの本性である魂、あるいは霊は多くの冒険をするのだ。霊界に行って、そこの導師やガイドから助言をもらったり課題を学習したりするのである。時には世界のどこか違う場所を訪れたり、地球以外の別な星の世界、あるいは別次元の世界へ旅行したりすることさえある。そのような旅は、時には断片的な、空を飛んだ夢などとして記憶されていることもある。その中で重要な点は、魂が肉体と〝銀の紐〟で結ばれていて、目が覚めたら必ずまた肉体に戻ることができるということだ。この銀のへその緒は、肉体が死んで魂がそこから離れる時が来るまで切断されることはない。

自分でUFOの調査を始めるまで、わたしは人の肉体が、寝ている間に実際にどこかに行くなどとは考えたこともなかった。だって、眠っている人の体を動かしたら目を覚ますのではないのか？　この不思議な現象のさまざまな可能性を探る中で、わたしにはいろいろ学ぶところがあった。睡眠中に体が移動したというケースでは、それが本当に肉体の移動であって、いわゆる魂の体外離脱という霊的体験ではないことを注意深く質問して確認した。この二つの現象は、似ているようだが体験者の述べる内容には違いがある。体外離脱の場合、当事者は肉体を抜け出した時の独特な感覚を憶えている。その際、ベッドで寝ている自分の肉体を見おろすことができたという報告が多い。また、抜け殻となった肉体に再び入り込む時の様子なども述べている。魂と肉体を結んでいるへその緒である〝銀の紐〟を見たという話もよく聞く。時には、あまり長く体外にいると、この紐がぐいと引っ張られることもあるという。わたしの調査によれば、肉体は魂なしでもしばらくは大丈夫らしい。肉体はそれ自体の生命力によってある程度は生き続けるが、魂なしにずっと生存することは不可能なのだ。

もう一方の、睡眠中に肉体が実際にどこかに移動する体験をした人の場合には、また話が異なってくる。わたしが最初にこのケースに出会った時の当事者は、黒人の心理学者、ジョン・ジョンソンという素晴らしい人物であった。彼とわたしは仕事仲間で、宇宙人による誘拐と疑われるケースの聴き取り調査のため、よく一緒に旅行した。この分野の調査を始めた頃にはすべてが新鮮に感じられ、わたしたち研究者はまさに新天地を開拓している気分であった。その頃は、今では常識になっているいくつかの定型パターンについてもまだ知らなかった。そうした知識は、多くのケースを調査して初めて得られるものなのだ。

自分が宇宙人と遭遇したと思っている人たちに初めて面接を行なった時、心理学者でないわたしにとってはジョンの専門知識が頼りになった。彼は、わたしが考えもしなかったような質問をした。それは例えば、本人やその家族の精神状態に関するものであった。時には、面接が終わって帰る車の中で彼は、今の人は混乱していて、どうも子どもの時に虐待を受けたようだ、などと語ったこともあった。またある時には、今日の人は、作り話で他人の注目を浴びたいだけのようだ、とも言った。

彼を通してわたしは、面接時に注意すべき相手のいくつかの徴候について貴重な教訓を得ることができた。彼の意見では、面接した本人の家族に異常がなく健全であれば、その人が自分に起きたと信じていることは、ほとんどの場合、事実と思って間違いないということだった。彼がさらに継続して調査する価値があると判断した時にはその場で次回の予約を取り、彼かわたしが催眠術で調査を行なった。ジョンとは三年間一緒にこうしたケースを調査したが、彼の力と助言はおおいに役立った。心臓の持病に苦しんでいたにもかかわらず、彼はわたしとともに各地を回る長旅をこなし、常識では考えられない異様な事例の調査を多数行なった。彼は心臓の薬を、まるでキャンディのようにひっきりなしに口に入れていた。そして、こうして一緒に仕事をしているからこそ、なんとか持ちこたえているのだと言い、一九九〇年に彼が五十三歳でこの世を去るまで、わたしたちの共同作業は続いたのだった。

わたしが一九八七年にジョンに会ってまもなく、彼は、自分にも不思議な体験があるので、催眠術で調べてくれないかとわたしに依頼してきた。

それは、一九八一年に彼がエジプトを旅行した時に起こった。カイロのあるホテルで、彼はツアーで一緒になった見知らぬ人と同室に宿泊した。彼は、その晩のことは一切憶えておらず、気がついた時には同室の人のベッドの脇に立って見下ろしており、寝ていた男性は驚いて目を覚ましたという。彼は自分のベッドから出たことも、そこまで行ったことも憶えていなかった。ただ、何か青い光を見たようだ、ということだけが記憶にあった。わたしは、夢中歩行ではないかと自分の意見を言った。旅で疲れたりした時などに、不慣れな場所で寝ようとするとよく起こることである。彼もそう考えたこともあったというが、過去に夢中歩行の経験が一度もないことから、その可能性は排除したらしい。彼はその夜、自分がどこかへ行って来たに違いないと確信していて、それがどこだったのかを調べてほしいと言うのだった。

退行催眠のセッションを始める直前、ジョンは、催眠でトランス状態にある時に心臓に異変が起きはしないかと心配している、ともらした。そして、心臓に異常をきたした時の症状を列挙し、そんな場合には催眠状態を解いてほしいと頼んだ。わたしは、そのようなことは絶対起きないと確信している、と彼に伝えた。案の定、セッション中、彼の心臓にはなんの異常もなく、すべてはうまくいった。わたしは、彼自身催眠術を使うので、そんな彼に術を掛けるのに問題はないと思っていたが、実際、彼も、何がどう行なわれるかをよく知っているので、とても協力的にわたしの指示に従ってくれたのだった。

催眠状態に入ったので、わたしはすぐに彼をカイロ到着の当日に戻らせた。彼は飛行機から降りたばかりで、税関の審査を待っているところだった。

今の人生に関わる事柄について調査する場合には、とかく被術者が記憶を呼び戻すことに不安を感じがちであることは多くの治療家に知られているが、わたしは、それが起きたまさにその時に戻るのではなく、その少し前に戻るようにすると抵抗がなくなることを発見した。つまり、いわば裏口から忍び込んで、背後から目的の場所にたどり着くのである。

さて、彼が空港に降り立ったところから再体験を開始し、同じツアーの人たちと通関を済ませた後、ホテルに直行してもらった。彼はホテルの様子やそこでの食事のこと、そして自分の部屋に入ったことなどをこまごまと話してくれた。長旅でとても疲れていたので、ベッドに入るとすぐに彼は眠り込んでしまった。

前にも述べたが、潜在意識は眠ることがない。その人に起きていることはすべて承知している。その晩、何かが起きたのだとしたら、潜在意識が教えてくれるはずである。そして、それが単なる夢だったのか、あるいは夢中歩行であったのかも教えてくれるはずである。

ドロレス「その夜、何か異常なことが起きましたか?」

ジョンの返答には驚いた。それは、「わたしは呼び出されました」というものだった。

ドロレス「それはどういうことなのか説明してください」

ジョン「わたしは呼び出されて、部屋の天井や屋根を通り抜けて出て行きました」

その時、わたしは彼が体外離脱のことを言っているのだと思い、「そんなことはよくあるのですか？」と尋ねた。

ジョン「時々したことはあります」
ドロレス「誰かに呼び出されたと言いましたが、それが誰だかわかっていましたか？」
ジョン「いや、わかりません。初めて聞く声でした」

それから何が起こったのかと聞いた。

ジョン「そのまま浮き上がりました。いろいろなものを通り抜けて行きました。固体もです。これは初めてのことではありません」

ジョンが行き着いたところは薄暗い円形の部屋であった。彼は、光り輝く大きな白色の石碑の前に立っていた。石碑の高さは四・五メートルほど、幅は二・五メートルくらいあった。部屋には何者かがいる気配が感じられたが、彼の目はその大きな石に釘付けになっていた。
「今、この石を調べています。表面には教訓が書いてあります」

ドロレス「その石は以前にも見たことがありますか？」
ジョン「これは見たことがありません。ですが、このような水晶でない別なもので、表面に文字が書かれているものは見たことがあります」
ドロレス「読みながら、そこになんと書いてあるか教えてくれますか？」
ジョン「それはできません。読むそばから忘れてゆき、記憶に残らないのです」
ドロレス「それでも、あなたがそれを読むことが大事で、記憶はあなたの別な部分が担当しているということですか？（はい）では、あなたはそれを読むためにそこに呼び出されたのですか？」
ジョン「まあ、それもあると思いますが、学習するためでもあります」

そこに何が書かれていたのか、なんとか彼から聞き出そうとしたが駄目だった。

ジョン「思い出せません。いったん頭には入るのですが、次の瞬間にはもう忘れています。読んだものが、わたしの体の一部となるのです」

立って石碑を読んでいたと思ったら、次の瞬間、彼はホテルの部屋に戻っていた。

「ホテルの部屋に戻って来ました。ベッドに入ってはいません。わたしのベッドは向こう側にあります。わたしは今、もうひとつのベッドのそばにいます」

わたしはまだ、彼は体外離脱をしているのだと思っていた。

「では、そこに立って、いつでも肉体の中に戻れるようにしていたんですね？」

ジョン「肉体の中に戻るのではありません。わたしは肉体の中にいました」

この、まったく予想外の答えには驚いた。こんな話は初めてだった。

「ということは、あなたの肉体が天井を通り抜けて行ったというわけですか？　普通、ありえないですよね」

ジョン「（当然のように）いいえ。わたしは時には壁を通り抜けることもあります」

ドロレス「では、その夜、もし誰かがあなたのベッドを見たとしたら、あなたの肉体はそこにありましたか？（いいえ）どうしてそのようなことが可能なのですか？」

ジョン「テレポーテーション（teleportation　瞬間移動・訳注）です」

ドロレス「あなた自身でしたのですか？」

ジョン「自分の意志の力だけでは不可能です。わたしが呼ばれた時に、それが可能になるのです」

これにはかなり驚き、次にすべき適切な質問が思い浮かばなかった。

ドロレス「あなたが行った円形の部屋は、物理的に硬い部屋でしたか？」

わたしは、彼が行ったところは霊界で、あの『*Between Life and Death*』（『生と死の間』）に出て来る学校か〝学びの館〟（Hall of Learning）かもしれないと思ったのだ。

ジョン　「硬い部屋です」
ドロレス「あなたの肉体も固体で、床も壁も部屋のすべてが固体だったのですね？」
ジョン　「はい、皆、固体でした」
ドロレス「その部屋はどこにあったのか知っていますか？」
ジョン　「いや知りません。でも、部屋に何があったか教えることはできます。（彼はまた目についたものを述べ始めた）石碑に向かって右側にパネルと手すりが見えます。パネルは床から六十センチほど上にあり、そこには通路があります。計器盤と計器類もありますが、何のためのものかはさっぱりわかりません。それらについては説明を受けたこともなく、部屋を見わたしたら目に入って来ただけですから」
ドロレス「何か知っているものと比較できますか？」
ジョン　「ちょっと無理です。丸い目盛盤やら計器類を遠くから見ているだけなので」
ドロレス「手すりは部屋の周囲の壁際にあるのですか？」
ジョン　「はい。部屋のまわりにぐるりとあります。わたしが立っている場所は床が低くなっていて、周囲からは沈み込んだようになっています。何かがいる気配はするのですが、その方向を見ることはできません。部屋にはほとんど明かりはありません。この水晶の石碑が主な光源のようです。あそこに紫色に光るものが（指さして）ありますが、何なのかわかりません」
ドロレス「この部屋には前にも来たことがありますか？」
ジョン　「今までいろいろな場所に行っているので、ここに来たことがあるかどうかは憶えていません。でも初めてのような気がします。この部屋のどこに何があるのかわかりません。この部屋を見た覚えはありません。今まで多くの部屋に行きましたが、きっと、一度行けば十分なのでしょう。一度だけ行った部屋は、今までにかなり多くあります」

ドロレス「今の部屋がある場所に、以前来たことがありますか？」

ジョン「わかりません。この部屋に来ただけで、外には出ていませんので。ここへ来た時はこの部屋に直行でした。帰る時もこの部屋から帰り、他のどの場所へも行っていません」

ドロレス「いつ頃からいろいろな場所に行き始めたのですか？」

ジョン「今までずっとそうしてきました」

ドロレス「部屋はそれぞれ皆違っていたと言っていましたが、どう違うのですか？」

ジョン「時には講堂へ行ったし、また、もっと小さな部屋にも行きました。図書館にも行きました。ただ移動している感じがするだけのこともありました。それは宙に浮いている感じだったり、どんどんスピードを上げて上昇している感じの時もありました。そんなことをしていた頃には、そのほかに何もすることがありませんでした。何も習っていなかったし、特になすべき課題もなかったから好き勝手にしていたのです。自由の気分は最高です。こうしてあちこち飛び回っていた頃、あるものを見たことがあります。それらは人間に良く似ていました。それらは死んでいたけれど人間でした。死んだと言っても、それは、もうこちらの世界にはいないというだけのことです」

彼の言うこの世界は、どうやら霊界のように思われる。魂は夜間霊界に出掛けて、（ある過去世と次の過去世との間にそうしたように）そこで学んだり訓練したりするのである。

ドロレス「そういう場所に行っているあなたは肉体でしたか？」

ジョン　「時には肉体で、また時には霊体でした。肉体で経験したのがいつであったか特定するのは困難です。なぜなら、それを確認する方法がないからです。でも、このエジプトでの経験は、肉体によるものであったことに間違いはありません」

ドロレス「肉体の時にも霊体の時にも、あなたの知性の主要部分が使われているので区別するのは難しいと思います。（はい）あなたが肉体のまま壁や天井を通り抜ける時には、どんな感じがするのですか？」

ジョン　「移動している感じ、ただそれだけです。そのほかの感じは憶えていません。ただそこにいただけで、自分が何をしたかは憶えていません」

ドロレス「帰って来た時には同室の人が寝ているベッドのそばに立っていたということですが、その部屋の中で何か特に変わったことには気がつきませんでしたか？」

ジョン　「天井から青い光線が出ていました」

ドロレス「明るい青色ですか？」

ジョン　「いや、そうではなくて薄い青色でした。コマドリの卵の青よりちょっと濃いくらいの」

ドロレス「その光線はいったいなんだと思いましたか？」

ジョン　「なんだと思ったかって？　滑り台ですね。本物の滑り台ではありませんが、わたしがホテルの部屋の中に戻ることができるように作られた滑り台だと思います。今もそれが見えます。天井から床に延びていて、幅は九十センチくらいです。それがわたしを部屋の中に戻してくれたのです。その光はたぶん、肉体の分子を分解するとか何かするのでしょう。そうでもしない限り、こんなことは不可能ですよ」

ドロレス「その光はどこから来ていると思いますか？」

ジョン「それはわかりません。わたしが部屋を出る時と帰って来た時にはそこにありました。その光は、何か滋養に富んでいるような感じがします。とても良い光です」

ドロレス「光はどのくらいの時間、そこにありましたか？」

ジョン「ただ、わたしが見るのに十分な時間、ですね。そして消えてしまいました。そしてわたしは、あたかもそこに置かれたかのように、他人のベッドのそばに立っていました。どうやってそこに行ったかは、まったく記憶にありません」

もうこれ以上その経験に関する情報は得られそうにないので、見つめている場面から離れるよう指示し、彼を現在（一九八八年）に連れ戻した。

セッションを始める前に、ジョンから彼の健康問題について調べるように頼まれていた。以前にも別の人のセッションで、その肉体の問題点と、それに対する処方箋を教えてくれるよう潜在意識に頼んだことがあった。潜在意識はそんな時にはいつも、一切感情を表さずに淡々と、まるで他人のことのように話す。このことからも、潜在意識が真に客観的な立場でいられることがわかる。

ドロレス「(ジョンの潜在意識に話す) ジョンは自分の肉体が持っている問題について心配しています。彼の体をスキャンして、どこが悪いか教えてくれませんか？」

ジョン「わたしはそれができるほど十分に深いところにいない。それをするには、彼のすべての器官をくまなくめぐって走査することが可能な深さが必要だ。わたしはまだその深さには達していない。わたしはまだそれには不十分な状態にある」

ドロレス「でも、潜在意識には、体を客観的に見て、わたしたちになんらかの情報を与えることはできるでしょう。完璧でなくてもいいです。どんな情報でもいただければうれしいのですが」

ジョン「それでは。（しばらく間を置いて）まもなく、その心臓は死ぬだろう。ある日、それは停止するだろう……近いうちに」

この、まったく感情のない客観的な態度にはびっくりさせられた。

「それは、体にとってもっとも重大なことじゃないんですか？」

ジョン「それはそうだ。心臓が動いているから体が機能する」

ドロレス「何かその状態を改善するために、ジョンにできることはありませんか？　何か良い方法はないのですか？」

ジョン「（断固とした口調で）それはない。その時が来れば、彼は逝くのだ」

ドロレス「もうどうすることもできないのですか？」

ジョン「できない。彼にはもうやり残したことはない。彼は満足している。納得して受け入れている」

彼に、幸せで健康であるようにという暗示を与えた。しかし、そんなわたしの願いが空しいことも承知していた。潜在意識がああ言うからには回復の見込みはない。わたしたち人間には、もはや手を下すべき余地はないのだ。

催眠から覚めたジョンは、潜在意識が言ったことは何も憶えていなかった。これはよくあることだ。セッション中のやり取りを部分的に憶えていることはあるが、わたしと潜在意識の会話を記憶している人はいない。わたしは、ジョンが後で彼自身の口で語るテープを聴いて、真実を知ったほうが良いと思った。

一方ジョンは、記憶にある彼が訪れた部屋の様子について話したいと言った。それは彼がセッション中に話した内容とほぼ同じであった。

「六メートルばかり先にあるので、目盛盤とか計器などの細かい部分ははっきり見えません。部屋は大きく、天井も高いようです。変に聞こえるかもしれませんが、わたしは、もしや自分が地球の内部にいるのではないかと思いました、本当に。なぜかと言うと、壁が岩のようにごつごつしていたからです。実際、洞窟の中にいるみたいでした。床までが岩のように見えました」

一週間後、ジョンから、テープを聴いたので、そのことに関して話したいという連絡をもらった。最初に彼が口にしたのは、彼の体がその部屋から出て行ったという説明がどうしても信じられない、ということであった。体の分子の分解とか、その他どんな方法によるにせよ、そんなことが可能だとは信じられない、と言う。そう言いながら彼が笑ったので、わたしもつられて笑いながら、「でも、自分でそう言ったんですよ、わたしが言ったわけじゃないんですよ」と言った。

彼は、それを他人から聞いたのなら信じるかもしれないが、自分の口から出たことだからかえって信じられない、と言った。このように冗談めかしはしたが、自身、催眠術はうそをつかないことを知っているからこそ、そんな言い方をしたのであろう。彼はただ、自分を納得させようとしていたのだ。催眠術で真実を知った人は、皆そうするものだ。自分の顕在意識にとって受け入れ可能な代案を見つけようとするのである。だから、たとえ本人がそうした現象の調査研究に携わっていて、その方法や催眠術自体を熟知している人であっても関係なく、同じ反応を示すのだ。

彼は病院に勤務していて、死が近づいている患者たちに、彼らがこれから行こうとしている世界に対して心の準備をさせる仕事をしていた。彼は、自分自身が死への旅立ちに備える前に多くの人を助けてきたのだ。そして、潜在意識が予言したように、まもなく彼の心臓は停止した。わたしは彼から、調査研究の方法についていろいろ教えてもらった。今でも彼の助言を思い出し、短い期間ではあったが、彼と知り合えたことに深く感謝している。

ジョンの経験は、宇宙人と実際に遭遇したことと、霊として体外で経験してきたこととの区別が困難であることを教えてくれる。『この星の守り手たち』に出て来るフィルと仕事をしている時、わたしは調査対象である彼が見る夢に注目するようになった。フィルには宇宙人と遭遇した記憶はなかったが、トラウマ（心的外傷）と思われるような夢はよく見ていた。その夢について調査をしたところ、彼は子どもの頃から実際に宇宙人と接触していたことが判明した。そして、彼の体験のある部分は、その後わたしが何度も繰り返してさまざまな事例の中に見ることになったある種のパターンと一致するものだったのである。

わたしがキャリーを知るようになったのは、偶然としか言いようがない不思議な経緯からだった。

彼女は、わたしの友人であるコニーの古くからの友人で、ヒューストンに住む画家だった。ある時キャリーは、宇宙人との遭遇を思わせるような奇妙な夢を見た。その話を聞いたコニーは、その話にわたしが興味を持つだろうと思ったが、キャリーがあまりにも遠くに住んでいるので難しいとも考えた。キャリーの夫は常に彼女を近くに置いておきたがり、彼女が遠くに旅行することを許さなかったのだ。だから、コニーとキャリーは昔からの親友だったが、コニーがアーカンソー州に引っ越してからは一度も会ったことがなかった。そんなキャリーに、わたしはある不思議な偶然のおかげで会うことになった。

ある日、コニーはキャリーと再会するためにヒューストンに行ったが、そこで重い病気にかかってしまった。彼女をアーカンソーに帰すには、キャリーが車で家まで送って行くしか方法がなかった。この状況にあっては彼女の夫も仕方なく許し、キャリーと彼女がアーカンソーにやって来たのだ。

家に着いた火曜日の晩、コニーはわたしに電話してきて、彼女の家でキャリーの話を聞き、必要であれば退行催眠術で調査してくれないかと言った。コニーは、キャリーがこの地にやって来ることはおそらく二度とないので、この機会を逃したらもう彼女をわたしに会わせることはできないと考えていた。一方、わたしは木曜日に会議でリトル・ロックに行く予定になっていて、翌日の水曜日しか彼女に会う機会はなかった。

その日、コニーの家で夕食をともにし、食後、キャリーに彼女の話を録音させてくれるよう頼んだ。彼女には宇宙人関係の夢の記憶もあったが、彼女が一番知りたかったのは、彼女が経験した体外離脱と、その時見せられた光景についてであった。それらの出来事は彼女に非常な衝撃を与えたが、誰に話してもまともに聞いてくれなかったという。わたしは彼女に、あなたが知りたいことに関してはなんでもお手伝いしますよ、と伝えた。わたしとしては、もうひとつUFO関係の興味深い発見をするなどということよりも、彼女を助けるほうがよほど大切なことだと考えていた。

キャリーの体外離脱は、一九七八年のある夜、彼女がこれからベッドに入って寝ようかという時に起こった。しかし、まだあまり眠くなかったので、彼女はガウンを着てベッドの端に座っていた。すると、寝室の隅の上のほうから、低く太い声で「キャリー、わたしと一緒に来なさい」と言う声が聞こえた。

「それは大きな声ではなかったけれど、ここを直撃しました」と、彼女は額のあたりを指さした。「その途端、わたしは濡れたタオルのようになってしまいました。タオルを水に漬けて引き上げると棒みたいになって重くなりますよね？　あんな状態です。それから、自分が浮き上がって、そのまま体から抜け出したような感じがしました。そして気がつくと、わたしは灰色がかった霧のような、特定の形が何もないものと一緒に浮かんでいました。わたしが体から抜け出した時に、そのあるものが見えました。それはこの霧のような形のないものですが、黒い目がありました。深みのある、愛情に溢れた目でした。そして突然、わたしはそのものと一緒に部屋から出ていました。わたしたちは空中に浮かんでおり、すべてのものが下のほうにありました」

そのままの状態で、彼女は五つの場面を続けて見せられた。それらは彼女の身に将来起こって来ることのようで、時系列になっていた。わたしには、それらは潜在意識が夢の中で用いるような象徴に満ちた表現と似ているように思えた。この時見た場面のいくつかは、その後数年の間に実際、彼女の身に起きた。だが、もっとも衝撃的で彼女を恐れおののかせた場面は、いまだに現実化していない。それは彼女にとって、絶対に忘れることのできない光景だった。

彼女が見たのは一面に広がる水だった。それは湖のようにも海のようにも見え、岸は丘陵地帯で、生い茂った木々が水際まで迫っていた。彼女はそれらの上方に浮いていて、すべてを見下ろしていた。水は緑色がかっていて、まるで嵐の最中のように激しく荒れ狂い、逆巻いていた。空全体が緑がかった色に染まり、巨大な波が押し寄せていた。次に彼女の目に入って来たのはおびただしい数の魚の死骸で、皆、腹を上にして波間に浮かんでいた。二羽の白い鳥が水の上を飛んでいたが、突然、空から落ちてしまった。

その後、部分的に破壊された都会を見せられた。何百何千という人たちがさまざまな病気にかかっていた。彼女は、そうした病人に食べ物を与え、あれこれ世話しようとしている彼女自身を見た。すると彼女の頭に、「そしてある者はそれを食し、ある者にとってそれは口の中で酢に変わるであろう」という言葉が浮かんできた。わたしには、これは聖書にある言葉のように聞こえた。この場面にいる間、彼女自身は病気にかかっていないし、病気にはなりえないことがわかっていた。

「どうしてわたしがこんな目に遭うのですか?」と彼女が叫ぶと、声は「お前を怖がらせるために見せたのではない。恐れることはない。この役目のためにお前を地球に送ったのだ。まもなくこのような事態になるので、お前はその準備をしなければならないのだ」と答え、そして、「恐れることはない」という言葉が三、四回繰り返された。

キャリーはさらに続けた。

「そして、また突然自分の部屋に戻り、ベッドの上に座っていました。夫が目を覚ましているかどうか見ると、いびきをかいてよく眠っていました。震えながら部屋を見わたしましたが、部屋には何も変わった点はありませんでした。わたしはベッドから降りて別の小部屋に行き、そこでタバコを半分だけ吸ってから火を消しました。気がつくと汗をかいていて、怖くてたまりませんでした。今、目にしたことが怖かったのではなく、それを見た時にわたしは眠っていなかったということが恐ろしかったのです。いったい何が起こったのかわかりませんでしたが、とにかくベッドにたどり着き、なんとかもぐり込んでやっと眠ることができました。

翌朝、わたしは四、五人の牧師に電話しました。そして、わたしが経験したことを話し、何者かが未来に起きることを知らせに来たのだと思う、と告げました。でも、すぐに電話の相手を間違えたことがわかりました。彼らがまず口にしたのは、わたしが精神異常だということでした。そこでわたしは、これは絶対に人に話してはいけないことなのだと悟りました。あれは絶対に夢ではありません。あんなことが起こるのだと思うと、ここ数年来、恐ろしくてたまりませんでした。わたしが起こると信じる何事かが起こるというのではありません。わたしはそれが起こることを知ったのです。その最初のいくつかの出来事が起ころうとしていたのです」

キャリーは、まずこの体験について催眠術で調べてほしいと言った。他の体験（宇宙人関連と思われる）は、妙に生々しく憶えてはいるものの〝ただの夢〟に過ぎないと彼女は考えていた。わたしは、それらについてもとりあえず調べて、記録だけでも取っておくことを勧めた。

彼女はその夢、あるいは〝悪夢〟は、あまりに生々しかったので、決して忘れることはないと語った。それは、キャリーが十九歳でテキサスの大学に在学中の一九六三年九月上旬のことだった。夢の中で彼女は、壁面が湾曲した部屋の中にずらりと並べて置かれた保育器の列の間に立っていた。中に乳児が入っていたので彼女はそれを保育器と呼んだのだが、今まで見たことのある乳児とはまるで違っていた。彼女は、その絵を描いてあるので、後でわたしに送ってくれると言った。乳児の体はしなびた小さなものだが、それとはまったく対照的に頭は巨大で、目もまた巨大だった。彼らは体全体が液体に浸かっていて、その中で成育しているのだった。乳児たちはお互いにテレパシーで話をしており、しかも、かなり高度な単語を雄弁に駆使していた。その保育器の中の乳児たちは、皆同じ生育過程にあるようだった。皮膚は蛍光を発していて真珠のような白さで、ほとんど透き通って見えた。

　すると、一人の女性が部屋に入って来てカプセルを床に落とした。それは時間を掛けてゆっくり溶解する種類のカプセルのように見えたが、透明で、乳児を成長させるための溶液の中に入れられるはずのものだった。わたしが、そのカプセルには乳児の成長を助ける物質が入っているのかと聞くと、彼女は、そうではなく、このカプセルが乳児なのだ、と強調した。

「いわばこれは乳児の種《たね》みたいなものです。カプセルを溶液の中に入れると、それが乳児になって大きくなります。でも、このカプセルは彼女が床に落としたので、わたしはかがんで拾い、ポケットに入れました。それを誰かに見せて、そのことを教えてあげたかったのです、ここでは皆がそのようにしていることを知っていましたから。すると、部屋にいたほかの皆が、カプセルを持っていてはいけない、と言いました。皆が怒っているようなので、わたしは怖くなりました。ここで目が覚めました」

　キャリーはさらに続けた。

「わたしの夢はこれだけです。この夢はけっして忘れられません。大学在学中ずっと、これに似た断片的な夢を何度も繰り返し見ました。わたしは毎日、夜になると、眠らずにこの保育室で働いているような気がしました。だから、朝目が覚めた時には疲れ切っていたのでしょう。これがＵＦＯと関係があるかどうかは知りません。わたしは画家で、創造的な人間です。それでこんな経験をしたのかもしれないし、あるいは本当にただの夢だったのかもしれません。催眠術を掛けられても、今話した以上のことは記憶していないかもしれません」

キャリーのセッションにはコニーも立ち会った。キャリーは、調査してほしい過去の大体の時期を告げ、できるだけすべての出来事にわたって調べてみようということでわたしたちは合意した。今までの経験から、もしその出来事が夢に過ぎないのであれば、潜在意識がそのように伝えてくれることがわかっているが、それは彼女にその日時まで戻ってもらうまでわからない。

キャリーは被術者としては理想的なタイプで、すぐに深いトランス状態に入った。そこで、彼女が体外離脱をしたという一九七八年七月最後の週の当日の夜に戻ってもらった。平常の意識状態では彼女は正確な日付を憶えていなかったが、催眠下の彼女はただちに、それが七月二十六日であったことをはっきりと告げた。

彼女は夜、寝る準備をしているところだと言うとすぐに取り乱し、何かに怯えたかのように叫んだかと思うと、激しく泣きじゃくり始めた。わたしは彼女を落ち着かせるような言葉を掛け、何が起きているのか話してくれるよう頼んだ。彼女は泣きじゃくるのをやめたが、それでもまだ時々すすり泣きながら説明するには、突然、耐えがたい恐怖の感情に襲われたというのだった。周囲はすべて暗黒で、何も見えなかった。すると、何者かが彼女に怖がらなくともよいと言い、そして彼女は大きな愛の感情に包まれた。そして暗闇が薄れ、徐々に周囲の様子が見えて来た。彼女はその上方で宙に浮いており、それは不思議な感覚だった。何者かが彼女のそばにいるようだったが、それは灰色の霧のようで形も実体もなかった。その中には大きな二つの目だけが見えたが、それさえも霧の中から浮かび上がったかと思うとまた消え去った。そこで見せられた彼女の未来図は、以前の記憶とまったく一致するもので、新しく付け加えられたことは何一つなかった。

もっとも彼女の心を揺さぶったのは、最後に残った人々が大きな都市の中で死んで行く場面だった。彼女は泣いていて、その光景を伝える彼女の声は震えていた。

「なんて悲しいことでしょう。あんなに沢山の人たちが死んで行く。わたしが何をしてあげても回復しない人がいます。そういう人たちに、わたしは何がしかの物を与え、腕に抱きかかえ、手当てしています。でも、そのまま死んで行く人もいます。見るのがつらいです。全員を助けることはできません。わたしは、この霧のようなものが与えたら良いと言うものを人々に与えています。何かの食べ物です。どうして皆、病気になったんでしょう。バルコニーから身体をだらりと垂らしている人たちが見えます。その人たちの皮膚は奇妙に変色しています。灰色や黄色や青い色をしています。どう見ても病人に見えます。顔は醜く、髪の毛も抜けていて、やせ細っています」

彼女は泣きながら話していた。

「わたしはやせてもいないし、病気にもなりません。彼の言うには、わたしは病気になれないのだそうです。こうした人たちの面倒を見なければいけないのです。助けてやれた人もいますが、やれなかった人もいます。とにかく、病人の数が多過ぎます。この病気は戦争のせいではないと思います。原因は何かの放射能のようです。水が汚染されたのか、あるいは何か別なことがあったのか、わかりません。雲のようなものがありますが、戦争はありませんでした。嵐のようなものです。あの魚の死骸は嵐のせいでしょう。雨か何か、水に関係したことが原因のような気がします」

彼女の感情が非常に高ぶってきたので、彼女の力ではどうすることもできない、この絶望的な場面から彼女を引き離すことにした。

「わたしは全員を助けることはできません。皆は泣いています。ただ泣くだけです。本当に沢山の病人です。皆わたしの知らない人たちばかりです。どの顔にも見覚えはありません。でも本当に可哀そうに思うし、そんな人たちに対して愛情が湧いて来ます。どうしてわたしがこんな役割をしているのかわかりません。どうしてわたしがこんなことをするのでしょう?」と彼女は嘆いた。

「霧のようなものが、わたしに怖がってはいけないと言いました。この役割のためにわたしは地球に送られて来たのだそうです。どうしてわたしがしなければいけないのか理由がわかりません。でも、彼の目は美しくて、大いなる愛が感じられます。彼には指がないのに、指でわたしの額を触ったような気がしました。その途端、わたしは自分の体に戻り、起き上がってその部屋から出て行きました」

キャリーは窓の外の暗い夜空を見つめ、落ち着かない様子でタバコを吸いながら、彼女が見たことについてのなんらかの説明を探しているようだった。

「夢を見ていたのではないことはわかっています。わたしは起きたまま夢を見たことなど一度もありません。自分が見たことはすべて憶えています。彼も、忘れてはいけないと言いました。それは本当に起こることなのですが、どこで起こるのかはわかりません」

彼女の感情がとても高ぶってきたので、その場面を離れて次の体験の場面に行くべきだと思った。どちらにしても、もうこれ以上の情報を得ることができないのは明らかだった。彼女をなだめ、落ち着かせるような暗示を掛けてから、彼女が大学生だった一九六三年九月に戻った。彼女はすぐにその時に帰り、学生寮の部屋の様子や、親友でもあったルームメイトのことなどを詳細に話してくれた。そこでわたしは、乳児たちの出て来るあの不思議な夢を見た夜に行くよう指示した。彼女はすぐに、そこで目にしたことを話し始めた。

キャリー「わたしは今、部屋にいます。わたしはキャンディー・ストライパー(candy striper ボランティアで働く十代の看護助手。赤白のしま柄の制服を着ている・訳注)のようです」

ドロレス「キャンディー・ストライパーですか?」

キャリー「そう、ほら、病院でボランティアしてる女の子たちのことですよ」

ドロレス「どうしてそう思うのですか?」

キャリー「だって今、保育室にいるからです。乳児たちがいます。わたしはポケットの付いたエプロンを着用しているので、キャンディー・ストライパーだと思うのです。でも、乳児たちが怖いです」

ドロレス「どうして乳児を怖がるのですか?」

キャリー「変な顔をしているんです。目が大きいし、とても頭が良いのです」

ドロレス「頭が良いなんて、どうしてわかるのですか?」

キャリー「お互いに話をしているからです」

ドロレス「口を使ってですか?」

キャリー「いいえ、そうではありません、頭は水の中ですから。彼らは皆、水の中にいるんです。まるで皆がお互いのことを考えているようです。皆が思っていることがわたしにはわかります。そのうちの一人はわたしがカプセルを持っていることを知っていて、皆に言いつけようとしています」

ドロレス「カプセルって、何のカプセルですか?」

キャリー「床に落ちたカプセルです。よくある普通のカプセルです。薬のように見えますが、透き通っていて中が見えます」
ドロレス「中は空ですか?」
キャリー「ええと、何か入っていますが、それも透明です。それが何かはよく見えません」
ドロレス「誰かが言いつけようとしていると言いましたね」
キャリー「(子どものように)そう、彼がわたしのことを言いつけるって。彼はわたしのことを怒ってるの。わたしの頭の中に彼の声が聞こえてくるわ」

キャリーは乳児たちの入れられた容器を、角が丸いバットのようだと述べた。それは透明なプラスチックに似た材料で出来ていた。彼女にはそれがプラスチックでないことはわかっていたが、ガラスほど硬くはないようだった。部屋に沢山あるのをざっと数えたら、十五から十七個くらいはあるようだった。彼女は腰を曲げずにそれらを覗き込むことが可能だったので、保育器は何かの上に置かれているのだろうと思われた。
「保育器は皆、透明な管で連結されていました。その管で給水されているのです。管はどの容器にも付いており、容器と容器は管でつながっています。まるで給水ホースのようですが、それは壁から出ています。壁には回すつまみや押しボタンが沢山あります。でも、わたしはそれを使う必要がありませんから、何なのかわかりません。係の女性が部屋に入って来て、つまみをいくつか回し、乳児たちが正常であることを確認します。彼女は乳児たちが好きで、いつも話しかけます。わたしの仕事は乳児たちを監視し、世話することです。水の状態の監視もしていて、容器の脇に付いている温度計か何かをチェックしなくてはなりません。乳児たちは皆頭が大きく、体は小さいです。わたしはそんな彼らを好きになれません。醜いと思います」

ドロレス「その子たちはいつも水の中にいるのですか？」

キャリー「ええ。水の外に出ているのを見たことはありません」

ドロレス「この部屋を以前見たことがありますか？」

キャリー「もちろんです。何回もあります。だからそこで仕事もできるのです」

係の女性をキャリーは、ごく普通の女性に見えるけれど、顔はいかめしく厳格な人のように見える、と言った。

「彼女はわたしの上司ですが好きになれません。意地悪です。でも、彼女にも上司がいます」

ドロレス「彼女の上司とは誰ですか？」

キャリー「別の部屋にいる男の人です」

ドロレス「どんな顔をした人ですか？」

キャリー「わかりません。その人の部屋には行きませんから」

ドロレス「あなたのいる部屋には、そのほかに家具とか何かありますか？」

キャリー「家具は見えません。容器に入った乳児たちがいるだけです。容器の列の間を行ったり来たりして、温度と水をチェックしなければなりません。水は常に十分にないといけません。乳児には目を開けている者もいれば閉じているのもいます。皆、同じような醜い顔です。空いている容器もあり、そこには錠剤を入れます」
ドロレス「どのようにして入れるのですか？」
キャリー「深さ三センチほど水の入った容器に、係の女性が錠剤を入れます。その後でパイプを通して錠剤の下に水を入れます。そしてさらに何か他の物も入れますが、それが何かはわかりません。小さなビンに入れて持ってきて、ひとつまみだけ入れます。料理の時に、あれをひとつまみ、これをひとつまみと入れますが、あんな調子です。その後、今度はカプセルを入れます。それが水に溶け、乳児へと成長を始めるのです」
ドロレス「それにはだいぶ時間が掛かるのですか？」
キャリー「いいえ。わたしはそこにいつもいるわけではないので、正確にはわかりませんが、そう長く掛からないのは確かです」
ドロレス「その乳児たちは人間だと思いますか？」
キャリー「違うと思います、醜いですから。もし人間だとしたら、何かの病気にかかっているとしか思えませんね」
ドロレス「では、何だと思いますか？」
キャリー「わかりません」
ドロレス「その部屋から出たことはありますか？」
キャリー「はい。ここはどこかわかりませんが、とても広大な場所です」
ドロレス「病院のような感じですか？」
キャリー「（間を置いてから注意深く）さあわかりません。そのような気もしますが、軍関係の施設のようでもあります」

ドロレス「どうして軍関係だと思うのですか？」

キャリー「いつも命令に従わなければなりませんから。行きたいところに勝手に行けるというわけではないのです」

ドロレス「どのようにしてそこに行ったのですか？」

キャリー「目を覚ましたらここにいました」

ドロレス「どのくらいそこにいるのですか？」

キャリー「少なくとも一晩はいます」

ドロレス「そこを出たら、次にどうするのですか？」

キャリー「ベッドに入って眠り、それから目を覚ます。そしてすべてが夢となります」

ドロレス「こんなことを何回もしたと言いましたね」

キャリー「はい、もう何回も。十四、五歳の頃からです。彼らは他の人には乳児の世話をさせないようで、わたしもどのようにしてあそこに行っているのかわからないのですが、あの仕事をしなくてはならないのです」

ドロレス「拒否はできないのですか？」

キャリー「できません。あの部屋を出ることはできないのです」

ドロレス「その乳児たちはどうなるか知っていますか？」

キャリー「大きくなって人になります。おかしな顔をした人です」

ドロレス「大人たちはどんな姿をしているか見たことがありますか？」

キャリー「背が高く、とてもやせています。腕が長いです。でも、近くで見たことはありません」
ドロレス「大人の人たちの顔はどんな具合ですか？」
キャリー「赤ちゃんの時と同じで、醜い顔をしています。目は大きいし、顎はないと言っていいくらい極細です。目がまたすごくて、油の表面のような感じで色が変わります。黒くて濡れています」
ドロレス「どんな色に変わるのですか？」
キャリー「紫とか青とか、油の色と同じです」

油膜の色がさまざまに変化するのと似た感じのようである。

ドロレス「大人の皮膚はどんな色ですか？」
キャリー「大きくなった子どもの肌の色はちょっとおかしくて、紫のような、灰色のような、病的な色です。乳児の時はほぼ透明です。とても透き通っているので血管が見えます。それは大きくなってもほぼ同じです」
ドロレス「大きくなったら何か衣類を身に着けるのですか？」
キャリー「着ているかどうか、見ただけではわかりません。でも、とてもやせています。腕もすごく長くて、脚のところまで垂れています。一人の大人を遠くから見たことがありますが、その時、彼は階段の上にいて下を見下ろしていました」
ドロレス「この部屋には階段があるのですか？」
キャリー「いいえ、階段は部屋の外です。この部屋からは出られません。階段があるドアの向こう側には行ってはいけないことになっています。あの女性がドアを開けて部屋から出て行った時に見えたんです」

ドロレス「何かそこはかなり広大な場所みたいですね」

キャリー「大きいですよ。とっても大きいです」

ドロレス「では、大人の彼はあまりに遠くにいたので手は見えなかったでしょうね。乳児の手を見て、指が何本あるかわかりますか？」

キャリー「赤ちゃんの指はとても長いです。親指もありますが、その位置がおかしいです。かなり手首に近いところにあります」

ドロレス「指は何本ですか？」

キャリー「ちょっとわかりません……手には触りたくないし」

ドロレス「触らなければいけない時がありましたか？」

キャリー「はい。水の中で乳児の体を伸ばしてやる時です。乳児の体が変な風に回ってしまった時も、手で直して顔を上に向かせます。体がよじれないようにするのです。自分の腕の上に乗っかってしまうとか、とにかく、体を自分で動かせないので不都合な姿勢になる時があるのです。だから、わたしが水の中に手を入れて、姿勢を正してやるのです。水の感触は変で、まるで中に潤滑油でも入っているような感じです。これがわたしの仕事ですが、彼らはわたしのことがあまり好きではないようです。時には、皆がわたしをただじーっと見ていることもあります」

ドロレス「その赤ちゃんたちはどこから来たのですか？　両親がいるのですか？（この質問は、セッション前にキャリーが書いておいたものである）」

キャリー「カプセルから産まれます」
ドロレス「そのカプセルはどこから来るのですか？」
キャリー「誰かが作るんです」
ドロレス「どこか別の部屋でですか？」
キャリー「そうでしょうね。この部屋ではありませんから」
ドロレス「カプセルの中に赤ちゃんがいることがどうしてわかるのですか？」
キャリー「カプセルから出て来るからです、小さな頭と小さな体の赤ちゃんが」
ドロレス「なぜ赤ちゃんを育てているのか、知っていますか？」
キャリー「わかりません。わたしはただ赤ちゃんの世話をするだけですから。赤ちゃんたちは何も悪いことはしません。ただ成長して大人になるだけです。大きくて、おかしな顔をした人にね」
ドロレス「彼らが水から出されているところを見たことがありますか？」
キャリー「ありません。水から出たら、わたしが抱くことはありません」
ドロレス「では、あなたは自分がどのようにしてここに来るのか知らないんですね？　ただ、目を覚ますとこの部屋にいるんですね？　それからあなたは眠って、朝、目を覚ますと自分のベッドの中にいるんですね？（はい）そして、いつまたこの部屋に来るのか、まったくわからないのですか？」
キャリー「はい、わかりません」

キャリーはこの部屋から出ないのだから、もうこれ以上情報が得られないことが明らかになってきた。そこでセッションを終了し、彼女の意識を戻した。顔付きや体の動きからすると、彼女がとても深い催眠状態にいたことは明らかだった。催眠中、彼女の体はぴくりともしなかった。ただ、顔の表情だけが感情を表していた。泣いている時でさえ、体は動かなかった。催眠を覚ますために数を数えている時に、初めて彼女は自分の身体を再び意識したようで、ぴくりと動いて腰を浮かせた。覚醒後、彼女はセッション中のことはまったく覚えていなかった。

催眠からすっかり覚めた後で、彼女に乳児の絵を描いてもらった。キャリーはプロの画家で、以前にも彼女が見た夢の絵を描いていた。この時、彼女はすぐに粗描してくれたので、わたしは後でそれを彼女が前に送ってくれていた絵と比べてみた。そこには二、三の違いがあったが、それについてはキャリーが粗描しながら説明してくれた。

彼女が描いた大人の手の絵では指は三本で、手首から先の掌の長さは前腕の長さとほぼ同じだと言う。彼女が夢で見た時には指は四本であった。今回、彼女は三本のほうが正しいと思われるのでそうしたと言った。保育器の絵を描いた時には、「今回、保育器の脇のここに何かを付け足したい気がします。ここが何かにつながっている感じがするんです。以前の絵には描きませんでしたが」と言った。バットとそれに連結するホースを描いている時、彼女は突然、身をすくめて叫んだ。「うわああ、思い出したわ！　この水の中に手を入れたのよね」

これには二人とも笑ってしまった。これは明らかに彼女が見た〝夢〟では憶えていなかったことで、彼女は水の感触を思い出してぞっとしたのだった。キャリーが最後に描いた絵は、あの女性がドアを開けた時に一瞬垣間見た人物らしきものの絵であった。それは階段の一番上に立っていたが、逆光だったので詳細はよく見えなかった。しかし彼女には、これは乳児が成長した大人であることがわかっていた。

彼女が大学生だった頃、彼女はこういう大人が、らせん階段の一番上に立って、下にいる人たちを見下ろしている姿を絵に描いたことがあった。どうしてそんな場面が頭に浮かんできたのかわからなかったが、それを「ダンテの地獄篇」と名付けて展覧会に出品し、彼女は賞をもらった。その絵は数年間所持していたのだが、今は行方がわからなくなっている。今、わたしの求めに応じて略図を描きながら、どうもそれは階段ではなく、ある種の光線だったような気がするという（そしてそれは彼女が宇宙船の中を描いた絵にあるように、らせん状になっていたのかもしれない）。彼女は、夢の記憶に基づいて描いた絵がほかにもあるので、わたしに送ると約束した。しかし、夢を見て描いた当時の絵よりも、今度のスケッチのほうがより詳細に描かれているようだ。

わたしとキャリーは夜半にコニーの家を出たが、彼女はまだわたしにいろいろと質問してきた。わたしは彼女に、それらに関してはコニーから話を聞くようにと告げた。わたしは翌朝、会議のためリトル・ロックに車で行かねばならないので家に帰りたかった。しかし、今晩家に帰り着くのが夜中の一時になってしまうことがわかっていても、この女性と話す価値はあると思った。

この後の数年間に、この乳児の絵を入手した他のUFO研究者も幾人かいた。その中には、これは人間と宇宙人の混血実験の一例であると言っている人もいるが、その説は催眠下で語ったキャリーの話とはまったく反するものだ。彼女は、乳児は人間ではなく宇宙人だと主張していた。彼女が送ってくれた宇宙船の中の絵は、彼女が時には部屋の外に出たこともあったことを示唆している。

ここ数年、わたしは講演の際にキャリーが描いたこれらの絵を聴衆に提示しながら、それは中が何階もある巨大な宇宙船の内部だと説明してきた。しかし、今これを書いていて、あるいは別の可能性もあるかもしれないという気もしてきた。彼女がいたのは、地下に設けられた実験施設ではないか？

その理由は彼女が、ここは軍関係の施設のような気がすると言っていたことと、そこにもう一人、人間の作業員らしき姿が描かれていたことだ。彼女はそこがどこであるかは言ったことはない。ただ、目を覚ますとそこにいると言っただけだ。どのようにしてそこに連れて行かれたのかも説明できたことはない。それほど大きなスペースを持つものは、わたしの経験上、巨大な宇宙母船以外考えられなかったのだが、いまや疑問に思っている。

キャリーが見たあの大惨事の場面は、別な人々に催眠術を掛けた時にも報告されている。それらはまったく同様ではないものの、地球に起こったなんらかの非常事態という点で共通している。同じような地球上の大惨事を見た人々がアメリカ以外の国にもいた。それはわたしがその地で退行催眠術を使ってＵＦＯ関連の調査をした時だった。その人たちはアメリカで類似の報告があるということは知らなかった。また、わたしは多くの人から、これと似たような場面をひどく生々しい夢ではっきり見たとか、体外離脱をした時に見たり、ただ瞬間的にそういう場面の幻想が見えた、というメールをもらっている。いったい、こうした情景やヴィジョンはどこからやって来るのだろうか？　それらの人たちは皆、未来を垣間見ているのだろうか？　それとも、わたしの三部作『*Conversations with Nostradamus*』（『ノストラダムスとの対話』）に書いてあるような、時間軸上の確率とか可能性とかの話なのだろうか？　もし、将来起こり得ることだというのなら、それらの出来事は人間の心によって影響され、変えられることも可能なはずだ。それが今、こうしてわたしたちに未来が見せられている理由なのだろうか？

キャリーの話を本書に収録する許可を得るため彼女に電話した時、彼女は五年前にこの話とはまったく別の件で、精神分析医のところに行ったことがあると言った。その医師と話す中で、彼女はこの奇妙な夢のことを口にした。するとその精神分析医は、キャリーは子どもの時に性的虐待を受けたに違いないと言った。そんな虐待の記憶が彼女にあろうがなかろうが、それ以外に説明は不可能だと言うのだった。彼女にはそのような記憶はまったくないので、医師の説明は的外れだと言う。わたしも同意見で、彼女の〝夢〟あるいは彼女の見たヴィジョンの内容には性的なことがまったくない。精神分析医や精神科医の中には、何か異常な事例に遭遇した時に、教科書的説明以外には見向きもしない人がいる。それ以外の説明はないと考えるように教育されているのだ。

夢に似た状態の中に情報が隠されているもう一つの例として、わたしの友人であるリーアンのケースがある。彼女は四十代前半の女性で、フロリダで学習障害児の教育に携わっていた。彼女の両親とわたしは古くからの友人で、リーアンは両親に会うために毎年わたしの住むアーカンソー州にやって来た。彼女は心霊現象に興味を持っており、最近では形而上学的なことにもはまりだした。彼女の両親はそういったことはまったく理解できないので、彼女は両親のところにやって来るたびに、わたしとよく長時間にわたってそんな話をしていた。

一九八八年の夏に彼女がアーカンソー州の両親のところにやって来た時も、いつもと同じようにわたしと話を弾ませた。近くのレストランに行き、片隅のテーブルに陣取って、何時間も、時には閉店まで議論するのである。彼女の両親には、どうしてわたしたちにそんな長話ができるほどの話題があるのか、まったく理解できなかった。

そんな会話中、リーアンは半年ほど前に彼女の身に起きた不思議なことについて語り始めた。彼女は体外離脱だと思っていたようだが、さらに話を聞いていくと、わたしにはそれがＵＦＯによる誘拐

キャリーの描いた宇宙船の内部

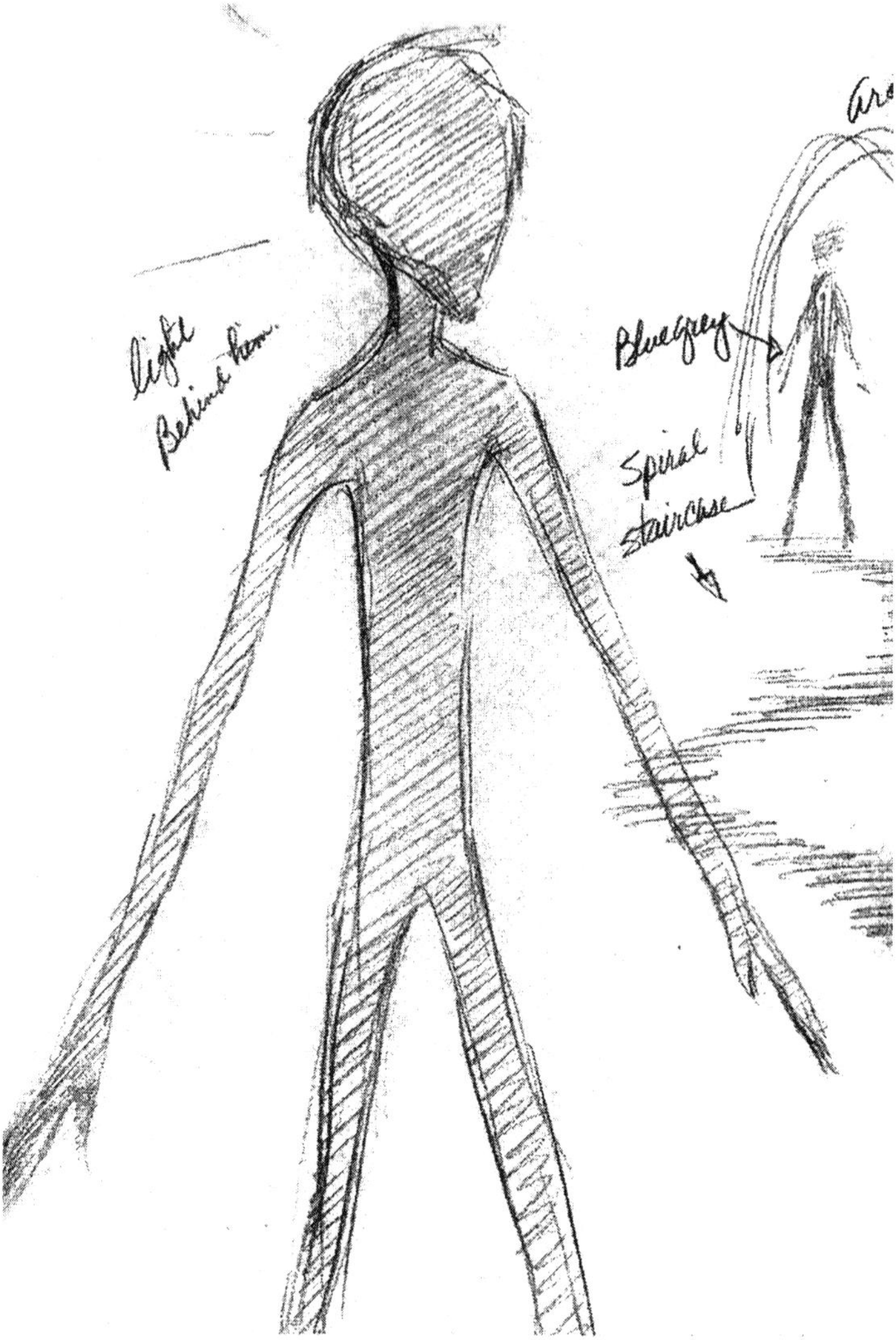

キャリーの描いた宇宙人のシルエット

キャリーの描いた宇宙船内の保育所

キャリーが描いた宇宙人の一人

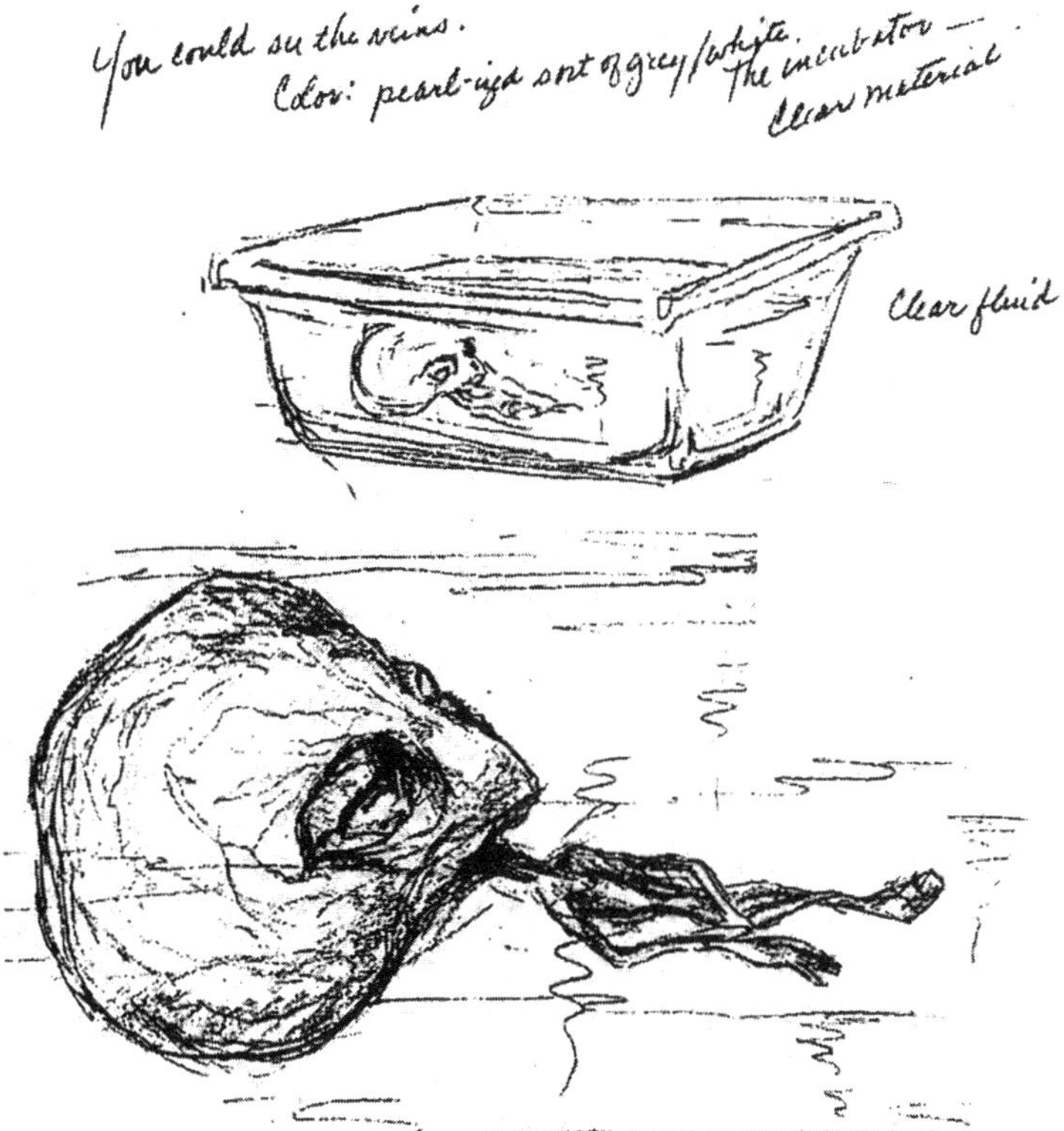

キャリーの描いた宇宙人の乳児

の典型的なパターンであることがわかった。その事件の前には、彼女はＵＦＯ関連の本を読んだことなどまったくなかった。しかし、その後、アシュタール・コマンド（一九七一年に英国のラジオ番組の放送中に割り込んだ地球外生命体アシュタールとその指揮下の部隊。その後一九七七年には南イングランドのテレビ放送にも割り込み、一時番組を乗っ取ったとされる・訳注）関連の本を読み、自分の経験したことには、もしかしたら宇宙人が関係しているかもしれないと考えた。あのブロンドに青い目、慈悲深げな顔からすれば、たしかにそうではないかと思えたのだ。しかし、わたしには、これは結局、調べると錯覚であったことが判明する典型例のような気がしたので、彼女に本当にこのことについて詳しく知りたいかどうかと念を押した。それでも彼女は意欲的で、さらに追求すれば何か素晴らしい経験が待っているに違いないと期待しているようだった。そこでセッションのため、ある日の午後をまるまる当てることにした。

　リーアンの叔父と叔母もまたわたしの友人だったが、二人とも姪が興味を持っているこうした不思議な現象についてはまったく知識がなかった。ちょうど二人が旅行で留守だというので、その家を借りて、誰にも邪魔されずにリーアンの調査をすることにした。わたしたちは居間の椅子に座り、彼女に経験したことの記憶を話してもらい、それをテープに録《と》ることにした。わたしはいつもセッションを始める前に、まず普通に記憶していることを話してもらい、それを録音テープに記録しておく。そうしておけば、後で、何も新しいことは発見できなかったとか、もともと自分はセッション前にすべてを憶えていた、などとは言えなくなる。催眠術によれば、実際に経験している時には気づかなかったさらなる詳細が必ず明らかになるものだ。

　彼女は自分が見たのは夢だと言っていた。他に考えようがなかったからだ。しかし、それには夢では説明できない要素が含まれていた。

リーアンは、そのことが起きた夜がいつであったか、そして、そのことにいたるまでの状況についてもはっきりと憶えていた。彼女は翌日、夫のマイク、それに息子のアダムと一緒に夫の親の家に行くことになっていたので、夜のうちに済ませておこうと遅くまで洗濯をしていた。その時、彼女は目の端に小さな影を捉えた。そのような影は以前にも何回か見たことがあるのだが、いつもまわりにはそんな影の原因となるようなものが何もないのだった。影は床か、壁際の下のほうに現れた。そして、よく見て確認しようとすると消えてしまうのだった。それらは視野の端にしか見えない。このような影は他の人たちからも報告されていて、たいてい宇宙人に遭遇する前に見えるのである。もちろん、幽霊とか霊魂とかに関連付けられる場合もあるが、近年、宇宙人が関係しているとされるケースが増えてきているようだ。

これについては次のようなわたしなりの仮説があるのだが、現段階ではその証明はできない。

最近、宇宙人や宇宙船が別の次元から地球にやって来ているのではないかという推測が多くなされるようになってきている。もしそれが事実なら、彼らが地球の次元に入ろうとする際、その初期の段階で体がまだ完全に物質化していない時に影が出来るのではないのか。このわたしの推測は、彼女の言った次の言葉でも裏付けられていると思う。

「また例の小さな影たちが見えたので、わたしは、『今夜はよしてよ、ほっておいてもらいたいわ』と思いました」

彼女の頭の中で、影と宇宙人らしき存在とが関連付けられていなければ、このような言葉は出て来ないのではないか。

衣類を畳んでからリーアンはシャワーを浴び、その後しばらく本を読むことにした。時刻はもう夜中の一時ごろになっていて、結局、本は読まず、彼女はすぐに眠ってしまった。そして次に、彼女は夢を見ていると思っていたが、じつは体外離脱が起きていたものと思われる。というのは、その時突然、彼女は自分の体がベッドに横たわっているのを上から見下ろしていたのだ。

「自分の体を見下ろしながら、一番興味深く、また面白く思ったのは、わたしがそれを自分の抜け殻として見ているということでした。そして、魂の抜けた身体というものがどんな感じなのかを実際に知ることができました。完全な無、完全な空虚というものを目の当たりにして、空っぽであることとは実際どんな感じのものなのかを初めて知ったのです。本当に感動しました。わたしは同時に二カ所で存在していたのではないのです。ベッドに横たわっている体が見えましたが、わたしがその中にいなかったことは確かです」

その後で状況は変わった。起きてトイレに行く必要を感じ、急いで体に戻らなくてはいけないという気がしたのだ。彼女は体に戻ったが、起き上がろうとすると、大きな高い音が耳の中で響いた。その音を彼女は、電動ノコギリのように高く鋭い音、と表現した。まだ半覚醒状態だった彼女の頭は、ぼんやりした中でなんとか解釈を試みて、「この真夜中に、いったいどこの馬鹿が電動ノコギリなんか使っているんだろう」と思ったという。彼女は、物事は知っているものと関連付けて定義すべきだ、と言っていたが、その音を聞いたのはこれが初めてではないことを知っていた。同じことが以前にも起きたかのように、なぜか慣れ親しんだような感覚があったのである。

その後の数年間に、わたしは、ほかにも宇宙人に遭遇する前にモーターのような音（高音であることが多い）を聞いた人のケースがいくつかあることを発見した。この音も、宇宙人関連では典型的な現象のひとつとみなされるようになっている。しかし、次に彼女が言ったことは、彼女にとっては思い出したくない、異常で不快な経験だった。

彼女はもうベッドに寝ているのではなく、逆さまに吊り下げられている自分を感じた。そして、恥部をつつかれたり探られたりしているようだった。それは性的な刺激を与えるようなものではなく、何かの器具が使われている感じだった。そしてまた尿意を催した。彼女の頭の別の部分では、「ベッドを濡らしてしまいそう。逆さに吊り下げられてはいるのだけれど、一方、ベッドに横になって寝ているつもりでもあるのはちょっとおかしい。わたしは元に戻りたい。このままだとベッドを濡らしてしまってひどいことになる」と考えていた。

すると今度は、のどに何か器具のようなものが差し込まれ、彼女は吐き気を催した。「殺される。わたしは息が詰まって死んで行くのだ」と彼女は考えた。すると、夕食に食べたものがひとかたまりになって胃から出て来るような感覚に襲われた。あの胆汁の嫌な臭いが生々しく鼻をつく。彼女は、「このままではベッドを汚してしまう。おしっこで濡らすだけじゃなく吐いてしまいそうだ。これは絶対に夢なんかじゃない。あまりにもリアルだもの！」と思った。臭いはとてもきつく、現実のものとしか思えなかった。

しかし、そんな感じも、始まったと思ったらすぐになくなってしまい、気がつくと彼女はまたベッドで横になっていた。彼女は起き上がろうとして、ガラスの引き戸があるはずの寝室の内部に目を向けた。

「部屋は明るくて、わたしは心の中で、『おやおや、どうしてこんなに明るいの？　部屋は暗くしてあったはずなのに。外のドアは開けっ放しにするわけがないのに、どうしてガラス戸からあんなに光が入って来るの?』と思いました。それからわたしは外を見ました。いや、もしかしたら外に出たのかもしれませんが、そのあたりははっきり憶えていません。外にはテラスと、スクリーンで仕切られたプールがあるはずなのですが、ありませんでした。プールがあるはずの場所には台があり、とても明るい白い光が溢れていました。これには驚きました。だって、わたしはてっきり自分の家のベッドで寝ていたものと思っていたんですから。テラスとプールの代わりに、あったのはこの明るい部屋でした。そして、人が見えたのも憶えています。その人たちの肌の色は褐色で、シャツは着ていませんでした。わたしは、『テラスはどうなってしまったのかしら? その人たちはシャツも着ずに台のまわりに集まっているの?』と思いました。まるで頭の中の二つの違う部分からそれらを見ているような感じで、まったくわけがわかりませんでした」

そして、その後のことは一切何も憶えていなかった。

「わたしは穏やかな気持ちになっていました。すっかり気持ちが楽になりました。目が覚めたのはわかっていましたが、すぐには目を開けたくありませんでした。何も見たくなかったのです。そんな状態で、どのくらいの間ベッドに横たわっていたかわかりません。やっと目を開けた時、そこにはいつもどおりの暗い夜の部屋がありました。わたしは、『やれやれ、やっと自分の部屋に戻れた』と思いました。しかし、わたしはうつ伏せになっていました。今まで、うつ伏せで寝たことなどありませんでした。でも、体はすっかりリラックスしていました。こんなにさわやかな目覚めは初めてです。そして、ベッドはまったく汚れていませんでした。吐いた汚物も排尿の跡もなく、上掛けも、わたしの体が全然動かなかったかのようにきちんとしていました。時計は三時を指していましたので、二時間経ったことになります。トイレに行きたいとも思いませんでした。すぐに引き戸を見たらちゃんとあって、眠る前と同じ状態のままでした。息子と夫もいるかどうか見ましたが、夫はソファーでいびきをかいて寝ていました。すべて異常なしでした。そこで、灯りを皆つけてから台所に行き、タバコに火をつけました。台所の椅子に座り、タバコを吸いながら天井を眺め、『なかなか良いじゃない、現実味があって』と思いました。そしてテーブルを触ってみて、『まあ、なんて素敵な感触でしょう。硬くて、いかにも物そのものって感じ。ここにいるってことは素晴らしいことだわ』と思いました。たぶん、わたしは奇妙な体外離脱を経験していたと思っていたのかもしれません。元の体に戻り、この世界に帰って来ることは素晴らしいことだと思いました。物質的な身体を持つことは素敵なことで、今与えられているこの身体はありがたいものであることがわかりました。そんなことを思っているると、マイクが起きてきて、何をしているのかと尋ねました。わたしは、『ねえ、あなた、今とても変な夢を見たのよ』と言いました」

もしリーアンが、胃か腸の不調でこんな悪夢を見たのだとしたら、どうして目を覚ました時にさわやかな気分だったのだろうか。彼女は気持ち悪くなかったし、嘔吐もしなかった。

さらに奇妙なことは、もしも彼女が本当に体のどこかをつつかれたり探られたりしていたのなら、翌日そのあたりになんらかの違和感があってもいいはずだ。しかし、翌朝は気分よく目覚め、どうしてなんともないのだろうと不思議に思った。それで彼女は、あれは夢だったのだという結論に達したのだった。

しばらく話した後、わたしたちはセッションを行なうために彼女の叔母の寝室に入った。十分深い催眠状態に入ってから、一九八八年一月の事件があった夜に行ってもらった。彼女は衣類を畳んでいた場面に戻り、そんな自分のいる場面を見るのは興味深いと思った。

リーアン「寝室が見えます。わたしの着ているものもわかります。壁に飾ってある絵も、思い出すというのではなく実際に見えます。これは思い出に似た感じですが、思い出を実際目に見えるようにするなんて可能ですか？　どうすればできるのでしょうね？　目で見るということと、思い出すということは違うと思いますが」

わたしは彼女が自分の状況を分析するのをやめ、見えるものを報告するだけにするようにさせなければならなかった。もし分析を続けると、脳の価値判断をする部分を使うようになるので、催眠状態に変化が起きてしまう。わたしは、そうしたほうが思い出しやすくなるから、と彼女に説明した。

リーアン「でも、それではわたしがそこに参加できなくなるのではありませんか？」

ドロレス「その場面の出来事に巻き込まれたくなかったらそれでもいいのです。その選択はあなた次第です。あなたがそう望めば、単なる観察者として見ることも可能なのです。どちらでもあなた次第です。あなたが主導権を握っているのです」

リーアンはまた部屋の状況を述べ始めた。そして、あの影に気がついた。

リーアン「影はいつも低い、床に近いところに現れます。でも、わたしにはそれをしっかり見ることはできません。普通に壁に出来る影とは違うのです。普通の影はある物体の付属物としてあるのですが、この影はただ影だけがそこにあり、すぐに消えてしまうのです」

衣類を畳み終わった後、疲れていたリーアンはベッドに入り、すぐに眠ってしまった。そのまま一晩中眠ったのかと聞くと、彼女は小声で「いいえ」と言い、そのわけは言わず、何かに怯えたような様子になった。顔の表情と体の動きから察して、何かが起きていることがわかったが、彼女は言葉を発しなかった。やがて大きくため息をつくと彼女は、「こんなこと、思い出したくない」と言った。わたしは彼女を安心させるための暗示を掛け、今はまったく安全なのだから、レポーターとして、見たことを客観的に報告すればよいのだと伝えた。彼女を納得させるのには何分か掛かった。彼女の呼吸は大きく、不規則になって、何かが起きていることは明らかだった。その間、彼女は無言のまま、手を伸ばしてそっとわたしの腕をつかんでいた。まるで自分が一人きりでないことを確認しているかのようだった。この動作を彼女は何度も定期的に繰り返した。こうすることで彼女は、わたしがここにいて、彼女を一人で置き去りにしていないことを確かめていたようだ。彼女は今起きていることにまったく没頭しているので、質問するのはやめておいたほうがよさそうだった。話しかけたら、彼女の集中力がわたしのほうにそれてしまうだろう。彼女が何かを体験しつつ、それを観察しているのは明らかで、話す暇がないのだ。やがて、彼女は吐き出すように言った。

「これはひどい、ふざけてるわ」

わたしは、今まで沢山奇妙なことを聞いてきているから、彼女が何を言っても驚かないと彼女に告げ、彼女がしゃべりやすいようにした。

リーアン「あなたはそこにいるわよね」

ドロレス「ここにいますよ。いつもあなたのそばにいますよ。けっしてあなたを一人にしはしません。どんなに変なことでもかまいませんよ。いったい何を見ているのですか？」

リーアン「（やっと報告が始まった）わたしは室内にいます。わたしの家ではありません。皆は話をしていますが、なんの話かわかりません。ここはあまり好きではありません」

ドロレス「それはどのような部屋ですか？」

リーアン「閉め切られた部屋です。変な臭いもしていて嫌です」

彼女はひどい悪臭を嗅《か》いでいるようなしかめ面をして、鼻にしわを寄せた。どんな臭いなのか聞いてみると、とても説明しにくそうだったが、なんとか正確にその臭いを伝えようと努力しているようだった。しかし、通常ではあまり経験できない臭いのようで、他の類似物の臭いとは結び付けられないようだった。

「何か不潔な、物が腐ったような臭いです。死臭とは違うし、堆肥でもない。腐った魚とも違う。言ってみれば、鼻につんと来る刺激臭です。周波数の高い腐敗、という表現もおかしいですよね。ヘドロの臭いのような？　とにかく今まで嗅いだことのない臭いです。嘔吐した時の胆汁の臭いとも違うし、それよりもっとひどい臭いです」

リーアンは嫌悪感を露わにし、とても不快そうだった。そこでわたしは、そんな臭いを気にしなくなるような暗示を掛けた。そうすることで彼女は臭いを感じなくなり、不快感から解放されたのである。

リーアン「部屋にいますが、これはわたしが考えるいわゆる部屋とは違います。人がいます。あら！（ニコニコしながら）アシュタールじゃないわ」

彼女が何を見ているのか教えてほしかったが、彼女は沈黙し、ただ何かを見つめているようだった。彼女が今見ているものが彼女を不快にさせているのは明らかだ。それは彼女の体の動きよりも、顔や目の動きからよくわかった。呼吸の音も大きく、辛そうになった。体の動きはあまりなくなり、わたしがそばにいることを確かめるために、腕を伸ばしてわたしの腕を触った。そこで起きている何かを再体験することに、彼女は没頭していた。

突然、彼女は口走った。

「やめてよ、あの人たちったら。つついてる。本当に自分がつつかれているみたい」

彼女に何が起きているのか伝えさせようと質問をし続けていると、そのうち、わたしに注意を払うようになり、大きくため息をついて言った。

「彼らの目はとても大きいわ。これは、わたしが期待していたものとは違う。遭遇とは、もっとスピリチュアルなものと思っていました。知的な遭遇だと思っていました」

その後しばらく間を置いてから、彼女はさらに続けた。

「もうそのことは起きていません。わたしはたぶん、台の上にいるのだと思います」

そして彼女は、室内にいる人々を描写し始めた。

「彼らの頭の色は薄茶色、でもベージュではありません。黄褐色と言っていいでしょう。何か衣服を着ているようですが、頭は常にむき出しです。腕の長さはわたしたちのより長いです。背は高くありません。毛もありません。『コミュニオン』に出て来る宇宙人に似ていますが、もっとシワがあります。目はアーモンド状で、顔の面積に対してはかなり大きいです。わたしたちの眼よりも大きくて白目がありません。瞳孔は非常に大きく、虹彩は真っ黒に近い褐色です。鼻らしいものはなく、孔が開いているだけで隆起などはまったくありません。耳も同様で孔だけです。口もわたしたちの口とは違い、唇や歯がありません」

ドロレス「シワは特にどこに多いとかありますか？」

リーアン「腕に多いです。あと、首にも多くあり、皮膚はなめし革のようです。よく犬の首なんかにシワがありますよね？　あんな具合です」

ドロレス「皮膚のたるみのようなシワですか？」

リーアン「そのたるみという表現がちょうどいいかもしれません。肩の付近には全然シワがありませんが、動く関節があるあたりはシワだらけです。肘とか前腕の内側とか」

ドロレス「顔にはシワがあるのですか？」

リーアン「いいえ。顔の皮膚は滑らかで張りがあり、高級なハンドバッグの革のようです。普通の皮膚が柔らかそうに見えるのとは違い、なめし革のような感じですが、首にはシワが多く、とても細いです」

彼女によれば、彼らの手には指が三本あるが、そのうちの一本は他の指から離れたところにある親指だという。次に、彼女は彼らの足を見ようとした。
「関節はわたしたちと同じように肩、肘、膝にあります。でも、足はわたしたちと違ってもっと平べったいです。厚みは人間の足ほどなく、かかとが幅広いです。足指はないようです」
これと同様の宇宙人の足についての記述はほかにもあり、特に注目すべきは『*Legacy from the Stars*』(『星からの遺産』)に収録されている例である。そこには、宇宙人の足はアヒルの足かミトン(二股タイプの手袋・訳注)のようだと述べられている。平らな造りだが、水かきはないと言う。

ドロレス「指には爪がありましたか?」
リーアン「それは覚えていませんが、なかったような気がします」

これも他の人の報告と同じだ。通常、宇宙人には毛髪がないので、たぶん爪もないのであろう。爪も毛髪も同じような細胞構造なので、おそらく彼らは、毛を生やす遺伝子は持っていないのだろう。

リーアン「彼らはわたしをつついていました。嫌です。本当に嫌でした。今はもう大丈夫ですが。つつかれたり探られたり、入れられたり、まったく嫌な感じでした。子どもを産む時にもつついたり探ったりはされますが、あれよりもっと嫌でした」

どこをつつかれたり探られたりしているのか教えてもらおうとしたが、彼女は話しにくそうだった。そこでわたしが、何かものを使用していたかどうか尋ねると、彼女はそこで見た器具の説明を始めた。

「器具は冷たく滑らかです。金属のようですが、ステンレスではありません。婦人科のお医者さんのところには冷たく感じる器具がありますよね。あんな感じですが、彼らが使用したのは婦人科医が使用する器具ではありません。ひとつは長いストローのようなもので、先端に何か剥ぎ取るようなものが付いていました。それで下腹部を診察していました」

次にリーアンは、器具が保管されている場所について述べ始めた。

「白っぽい材料で作られたカウンターがあります。部屋にあるすべてのものは壁の中に収納されています。カウンターも引き出しも、すべて壁面から出したり引っ込めたりできます。何かの上に物を置く必要がある時にも、それを壁から引き出します。そうすれば、どこかに旅行に行ったり移動したりしなくてはいけない時でも、部屋の中に何もないので便利だからでしょう。すべてを壁の中にしまい込むことが可能なのです」

他にどんな器具があるか聞こうと思ったのだが、ここで彼女は部屋に注目し始めた。

「この部屋は嫌いです。丸い部屋で、明るく照明されています。わたしがもう横になっていないことは言いましたっけ？　台の上に横たわっていた時には、上に照明がありました。そして、わたしは逆さにされたんです」

明らかに、ここが彼女を不快にした部分らしく、彼女が何かをされている最中には説明できなかったが、今はそれが済んでしまった後なので大丈夫らしかった。

「足をあぶみに掛けているような感じです。解体された牛みたいに足から逆さに吊るされています」

ドロレス「あまり快適な格好じゃないですね」

リーアン「ええ。(間を置いて)今、衣類は何も身に着けていません。彼らに何かされていた時にも何も着ていませんでした。でも、もう大丈夫です。臭いもなくなったし。あれはひどかったけれど別の場所でした。この部屋ではなく、どこか別の部屋でした。この部屋は清潔です」
ドロレス「あの臭いはどこか別の場所から来たのですか?」
リーアン「あの部屋がどこだったか知りませんが、清潔ではありませんでした。この部屋は清潔そのものです。もう臭いはしません。それにしても、あんなことを人にしてはいけません。つっつくなんてとんでもない。人の尊厳をまったく無視しています。本当に、なんてことでしょうね、リーアン!思いもしなかった出来事です」
ドロレス「そこに何人くらいいるのですか?」
リーアン「つついていたのは一人です。他にもう二人、人がいます。人だって? とんでもない。そこに立って、わたしを見ながら話をしていますが、何を言っているか、さっぱりわかりません」
ドロレス「声を出してしゃべっているのですか?」
リーアン「声を出していますが、どんな声なのかは説明できません。言葉というより、抑揚のある音といった感じです。音楽のようでもありますが、もっとうつろな響きです。まるで(表現するのが難しそうに)声帯の代わりに機械を使ってしゃべっているようです。うつろな音です。声の代わりにパイプオルガンでしゃべっているような、でも、パイプオルガンとも違います。とにかくうつろな音です。コンピューターとも違う、機械的で、うつろな響きです」

わたしは、癌で声帯を失い、機械を声帯代わりに使っている男性を知っていたので、彼女の説明がよく理解できた。彼の言うことは、慣れると聞き取れるが、一本調子で震え声であった。

同じような声については『*Legacy from the Stars*』（『星からの遺産』）でペニーも述べている。そこで彼女は、言葉の代わりに奇妙な音楽のような音を聞いたと言っている。

ドロレス「そこの人たちは皆似たような格好ですか？」

リーアン「基本的には同じですが、目が違います」

ドロレス「どんな風にですか？」

リーアン「彼らの目、顔でもいいかもしれませんが――には、それぞれ微妙な違いがあります。例えば、白人は白人の顔を持っていて、見ればわかりますよね。黒人にも同様に黒人なりの特徴があります。そこには人種としての共通点があるわけです。でもまた、人それぞれに、目とかその他にその人なりの特徴がありますよね。で、とても優しい目をした人がそこにいるのです。それで、わたしは今、とてもほっとしています。もう、あそこに吊り下げられるようなことはないでしょう。今、わたしが見ている人は、とても優しい目をしています。眼の形とかは他の人と一緒ですが、なんと言うか、もっと気遣ってくれるような感じの目なんです。彼は前からいましたが、ただ見ているだけで、わたしをつついて検査したりはしませんでした」

ドロレス「ほかに彼らが何かしたのを見ましたか？」

リーアン「見ましたが、それについては話したくありません」

ドロレス「それならそれで結構ですが、今、全部明らかにしておいたほうが良いのではないかと思ったまでです。そうすれば、あなたはもう同じ体験をしないで済みますからね」

リーアン「もうこんなことは二度としないんですね？」

ドロレス「はい、しません」

リーアン「もう嫌ですからね。では、今回限りということで話します。それでいいですか？」

ドロレス「いいですよ。何が起きたか話してください」

リーアン「それでは。その時の感じが戻って来ています。いや、感じではなく、それを目で見ています。彼らは大便を採取しました。そしてそれにレーザー光線のようなものを当てています。そこの隅でやっています。と言っても、部屋は丸いので、隅というものはないのですが。その機械からは音が聞こえてきます。聞いたことがあるような音なのですが、はっきりとは憶えていません。光線のようなと言ったらいいかもしれませんが、高い周波数の音です（これは彼女がベッドにいたと思っていた時に聞いた電動ノコギリの音かもしれない）。彼らは排泄物のサンプルを取りました。それをどうするのかは知りません、見たくもないし。でも、わたしは思いました……わたしの中の何かが思いました、『あの連中が何をしたって関係ないじゃない。考えてどうなるというの？』。あの人は良かった。男の人……思いやりのありそうな素敵な目をした宇宙人。彼らは、それでもある程度の気遣いはしてくれました。わたしがあんな格好で逆さに吊るされ、それは本当に嫌だったのですが、そして下ろされた後で、そばに来てなだめてくれました。わたしは特にとり乱したりはしていなかったのですが、ただ、『どうしてこの連中はこんないやらしいことをするのだろう』と思っただけです。いやらしいといっても、変質者がするようなのと違って検査のようでした。もっと科学的なもので、つまり……（説明しにくそうに）犯されたのとは違います。いずれにせよ、検査の後でわたしをなだめてくれるだけの気遣いは持ち合わせていたようで、いくらかは慰めになりました」

同じような、人間に同情的と思われる宇宙人が、わたしの他の著書にも出て来る。そういった宇宙人は、慰めてくれる「看護師」のようなタイプとして紹介されている。中には目の表情だけで優しさを表す宇宙人もいる。ある体験者は、そういう宇宙人の性別はわからないが、女性のような感じがしたと述べている。

ドロレス「皆、衣服を着ていたと言いましたね」

リーアン「はい、あの嫌な臭いの連中は着ていました。青い服です。実験室にいたほかの人たちは皆一様に白のジャンプスーツを着ていました。部屋は無菌室のような感じでした。着ている人の首が長いので、ジャンプスーツの襟もハイネックです。でも、首が全部隠れていたわけではありません。襟の上に首の皮膚のたるみが見えました（わたしは中国服の襟を思い浮かべていた）」

ドロレス「その服には記章とか、何かそのようなものが付いていましたか？」

リーアン「ええと。（間を置いて）あまり確かでないのですが、こんなものが見えます。いいですか？円形のものです。その中心より上のほうに三本の波線が描かれています。落ち着かせるような意味を持ったシンボルだと思います」

ドロレス「そのシンボルはどこに付いているのですか？」

リーアン「はい、胸の上です。（そう言いながら、彼女は左肩を指し示した）白い制服に付けていたと思います」

わたしは、その記章を記憶しておいて、目が覚めた時に描いてくれるよう彼女に指示を出した。そして、まだほかにその部屋について憶えていることがあるかどうか聞いた。

リーアン「明るかったです。明かりはどこから来るか知りませんが、おもな照明は台の上にありました。それは大きくて丸い形のものですが、蛍光灯ではありません。歯科医院にあるライトが出すような熱はありません。あれは熱くなりますよね？　また、病院の手術室のライトも熱を発生しそうですね。ここの明かりはあんな風に明るいのに、熱は全然感じられません。部屋は明るいのですが、光源がどこにあるかはわかりません。壁から出て来るような気がするのですが、光を出しているような設備が見当たらないのです。ですから、明かりの出て来る場所、発生源はわからないのです」

明かりに関するこの記述は、ＵＦＯ関係の事例にはよく出て来る。光は天井とか壁から来るようで、まるで室内のすべての表面が光を発しているかのようだ。

リーアン「この部屋の壁には手すりが取り付けられています。身体障害者が使うようなステンレス製に似た手すりです。それは角材でなく丸い棒状で、部屋をぐるりとめぐっています。表面はステンレスのように滑らかですが、冷たくありません。壁は曲面で、大きな丸い部屋のようになっています。〝大きい〟と言っても、すごく巨大というわけではありません。仰向けになって上を見上げると監視室のようなものがあり、そこから人だか宇宙人だかが下を眺め、この検査室内で行なわれていることを監視するのです。監視室の窓は、透き通っているのでガラスと言いたいところですが、たぶんガラスではありません。それはおそらく、細菌が拡散するのを防いだり、何か起こった際に発生したさまざまなものから守るためのものだと思います。ちょうど病院にある観察室のようなものです。でも病院だったら、観察室はもっと後ろに下がったところにあると思います。ここのはそうではありません。ガラスのような窓があって、その向こうに人々が立って監視しているのが見えます。でも、よくテレビに出て来るような、病院で研修医たちが集まって観察している光景ではありません。ああいうのとは違います」

ドロレス「ガラスのような窓から監視している宇宙人は、部屋にいる宇宙人と同じタイプの人たちですか？（はい）部屋にはほかに何か目につくものはありますか？」

リーアン「ええとですね、わたしたちが想像するようなコンピューターではなく、タイプライターとスクリーンからなるそのようなものがあります。わたしたちのコンピューターとは全然違います。モニターはあるのですが、わたしたちの使うモニターとは違います。壁に埋め込まれていて備え付けといった感じです。材質は先ほど述べたステンレスのようなものと同じに見えます。モニターのそばには計器盤とボタンがあります。

部屋の壁のあちこちにいろいろな作業のための区画があります。ある区画にはとても複雑そうな顕微鏡があって、それで見える映像はすべてその上のモニターに映し出されています。別の区画には、指では扱えない小さなものを扱うための精密なカリパス（カリパー）とカンチレバー（片持ち梁）があります。ミニチュア工具のようなものです。計器盤にはさまざまな色のランプが付いていて、そこからは音が聞こえてきます」

ドロレス「機械の音ですか？」

リーアン「いいえ、わたしたちの考えるような機械音ではありません。もっと高い周波数の音です。聞こえてくる音とさまざまな発光のパターンの間には、なんらかの関連があるように思えるのですが、それがどんなものかはわかりません」
ドロレス「ほかに何か音が聞こえますか?」
リーアン「音ですか? はい、聞こえます。あれはなんでしょうか? あれも音には違いありません。この検査室内の音は周波数が高くて、歯医者の使うドリルの音みたいなんですが、その他の音もしています。ちょっと説明しにくいのですが、言ってみればブーンという電動ノコギリのような音です。本当にそんな音です。たぶん、エンジンか何かの音だと思います。これは皆、地球上のものに置き換えて説明しているんですよ」
ドロレス「でも、ほかのコンピューターのような機械は、また別な音を出しているんでしょう?」
リーアン「ええ、そうです。この音にはもっとメロディー的な感じがあります。いろいろ変化するわけではありませんが、より音楽的で、電動ノコギリのような音ではありません」
ドロレス「そうですか。ではもう一つ質問しますよ。どのようにしてそこに行ったんですか? その過程を観察するだけでいいんです。再体験しなくていいんですよ。あの部屋に、どのようにして行ったんですか?」
リーアン「では、わたしに話せることを話しましょう。わたしにもはっきりしたことはわかりません。わたしが理解した範囲で話します。まず思ったことは、テレポーテーション(瞬間移動)が行なわれたか、さもなければなんらかの方法でわたしが持ち上げられたということです。宇宙船がわたしの部屋に入って来てどうこうしたとは思えません。また光線のパワーの話に戻りますが、それもわたしには確かではありません。今現在、頭が二つ同時に働いているような感じですから」

ドロレス「頭に浮かんでくることをなんでも話してください。いちいち分析しなくていいですから」

リーアン「（大きくため息をついて）どうやったのかわかりませんが、まるで光線に乗って行ったようです。でも、スター・トレックでやっていたみたいに体が分解されたわけではありません。思うに、一種の光線のパワーかもしれません。というのも、帰って来る時のことを考えれば、家の屋根や天井とかの物理的な現実があるわけです。だから、体を物理的な光で包んで分子構造を分解し、固体でなくなった分子全体を光線で運ぶとか」

ドロレス「別に論理的に説明しないでもいいですよ。いつものように、頭に浮かんでくることを話してください」

リーアン「ええ、頭に浮かんだことを話しています」

ドロレス「あなたがそこにいる間じゅう、あなたが見た宇宙人は皆、同じ姿をしていたんですね」

リーアン「二種類の人というか宇宙人がいました。二番目のグループは実験をする人たちです。最初のグループは青色の制服を着た人たちです。彼らはまるで昆虫みたいに見えました。体の大きさも違いますし、胸の厚みがありませんでした。彼らは細長くやせていて、平たくて薄っぺらな体をしています。足も長いです」

ドロレス「昆虫みたいって、どういう風にですか？」

リーアン「彼らは人間とは違っています。目は大きく膨らんで飛び出していて、頭の側面に付いています。頭のほとんどが目で、昆虫のようです。鼻とか口とかは見た記憶がありませんが、口がないはずはないですよね。胸は薄くてほとんどありません。別のグループの宇宙人には、わたしたちと同じように骨格のある胸があります。でも、この人たちはなんと言うか、まるで巨大な〝カマキリ〟か〝ナナフシ〟のような体つきです。体の大きさはわたしたちと同じくらいです。でも、貧弱です。と言っても、カマキリ同様に貧弱というわけではないと思いますけどね。とにかく、あまり風采の上がらない、昆虫みたいな、か細くひょろ長い腕を持った人たちです。その姿かたちは、人間のようではありません」

ドロレス「(さらに詳しく説明してもらおうとして)頭に毛はありませんでしたか?」

リーアン「ありましたが、変わっています。どちらかというとハエみたいです。髪の毛は黒っぽい茶色で、まっすぐで脆弱そうな毛で、生え方はまばらです。ハエの足に生えている毛と同じような感じです。いかにも脆い感じで、硬そうです。柔らかそうな毛ではありません。よく映画に出て来るような、変な目をして頭が禿げ、両腕がだらりと下がっているといった感じです」

この描写は、わたしの別著『この星の守り手たち』でフィルが宇宙船内で見た宇宙人とそっくりだ。また、この種の宇宙人は、宇宙人に誘拐されたというほかの人たちにも目撃されている。本書の第五章でもベバリーのケースで、同様な宇宙人を見たことを紹介している。

リーアン「これらの人々は、と言っても人間じゃないけれど、どうも進化した生物のようには見えません。なんと言ったらいいのか、どうも知能が発達しているようには見えないのです。とにかく昆虫みたいですから、働き蜂のような。あ、これはうまい表現かもしれません。彼らはただ黙々と働く働き蜂です」

ドロレス「いつ彼らを見ましたか？」

リーアン「最初からではないでしょうか。あの嫌な臭いも彼らのかもしれません。きっとそうですよ。なんらかの下等な生命体で、特定の目的のためだけに使われているのでしょう。今思い出しましたが、彼らはわたしがこの体験をし始めた頃からいました。話をしている途中で、ふと、初めの頃に起きたことを思い出すことってよくあるでしょう？　あの宇宙人たちも最初からいました。彼らは何か新兵さんみたいでした（笑う）」

ドロレス「それは面白い表現ですね」

リーアン「彼らは廊下を通って、わたしをあの臭《くさ》い部屋に連れて行きました。（彼女はまた鼻にシワを寄せた）今、わたしは彼らの詰所と思われる部屋をチラッと見ました。どうしてそこにいたかはわかりません」

ドロレス「そこはどんな風に見えますか？」

リーアン「とにかく臭いが気になって、話すのも……（彼女は再び臭いに閉口していた）」

ここで、その宇宙人のことを話している時には臭いを気にしなくなるように暗示を掛けた。

リーアン「どうもそのことを気にしてしまいます。臭うばかりでなく、そこは暗いのです。この部屋は他の部屋とは違います。暗くて……湿っぽいです。でも、どうして湿気が生じるの？　理解できないのですが、湿気を感じます。何か……見えます。たぶん衣服です。作業着かなにかでしょう。床に置かれています。消防士が着るような作業着です。子どもの時に消防署に遊びに行くと、靴とか消防士が身に着けるもの一式を皆一カ所に置いてあったものです。この部屋でも衣類は積み重ねて置いてあるのですが靴はありません。衣類は布のようなもので出来ていますが、石油から作られたような材質です」

ドロレス「ほかに何か、その部屋で目につくものはありますか？」

リーアン「いいえ。そこに座っていたのはほんのちょっとの間でしたから」

ドロレス「そこにいる時に、あなたは何か着ていましたか？」

リーアン「ええ着ていましたよ、寝間着を着ていました。ああ、寝間着用のシャツです。それには『虹を沈めることはできない』と書いてあります。おかしいですね（笑う）」

ドロレス「それはあなたがベッドに入る時に着ていたのと同じものですね。では、別の体験をした場面に戻りましょう。少なくとも一人の宇宙人は、あのことがあった後で優しかったですよね。彼はあなたに何かをしたり話したりしましたか？」

リーアン「はい。腕をさすってくれたり、顔に手を当ててくれたり、わたしの目を見つめてくれたりしました。それはたぶん、わたしを慰めようとしていたのだと思います。何か聴こえます……音が感じられます。いや、彼はしゃべっていません。彼がわたしを慰めている時には、前に聴こえていた奇妙な音声は一切ありませんでした」

ドロレス「そこで起きたことはそれだけですか？（リーアンは深いため息をついた）それだけ起きれば十分ですね（笑い）」

リーアン「そうですよ。これ以上は思い出したくありません」

ドロレス「これで本当にもう結構です。で、その後、あなたの家に連れ戻されたのですか？」

リーアン「はい。どのようにして戻ったかですか？（しばらく間を置いて）ええ、わたしたちの間で意思の交流があり、彼らの白い部屋の中にわたしが立っていて、わたしはまた寝間着を着ています」

ドロレス「どんなやり取りがあったのですか？」

リーアン「わかりません。今、見ると、わたしは喜んでいるようです。そして、わたしは今は安心しています。何を話したかは思い出せません」

ドロレス「大事なことだったのですか？」

リーアン「さあ、わかりません。そうでなかったらいいのですが」

ドロレス「大事なことだったら、あなたの潜在意識が憶えているでしょうから大丈夫ですよ」

リーアン「えーとですね、たしか……言っちゃいますね、当たっているかどうかわかりませんが、別れの挨拶です。またお会いしましょう、とかいった類の約束です」

ドロレス「わかりました。その後で、どのようにしてあなたは自分の寝室に連れて行かれたのですか？」

リーアン「今、あの親切な男性と廊下を歩いています。悪臭の中を歩いています。今、あの臭《くさ》い部屋を出ました。（間を置いてから）思い出せません。見ることもできません。でも、あの光線の源に違いありません。それが何なのかはわかりませんが」

ドロレス「それを使って寝室に戻ったのですか？」

リーアン「そうとしか考えられません。（笑って）宇宙船がわたしの家に着陸しなかったことだけは確かです」

ドロレス「（笑って）宇宙船の外側を眺めたことがありますか？」

リーアン「今、見ることができました。丸くはなく、楕円に近い形です。（手で描いて見せて）こっちのほうは楕円形で、下の部分はもっと丸いようです」

ドロレス「そして気がつくとあなたは自分の寝室にいて、すべてがいつもどおりだった、というわけですね？（彼女は肯定の叫び声を発した）では、そんなに悪い経験ではなかったですね？　もうすべて終わりましたが、今どんな気持ちですか？」

リーアン「今ですか？　わたしが体験しているのを見ている時には嫌な気持ちでした。思い出すのも嫌です。今のわたしは怒っているように見えるでしょう？」

ドロレス「少しね」

リーアン「でもね、こうして落ち着いて見ていると、すべてが終わった後では別に怒りはありませんでした。わたしが今どう思っているかですって？　本当に知りたいんですか？　皆、わたしの作り話だと思いますよ」

ドロレス「（笑って）けれど、それが本当に起きていたとしたら嫌ですか？」

リーアン「嫌かですって？（考え深そうに）別に」

ドロレス「わたしは、彼らがあなたにその体験を記憶させないようにしたのは、あなたが嫌がると思ったからではないかと考えていました。その体験中も体験した後も、あなたを悩ませたくないと思ったのではないでしょうか」

リーアン「その通りだと思います」

この後、リーアンを覚醒させ、現実の世界に呼び戻した。催眠状態を解く前に、この体験が彼女に

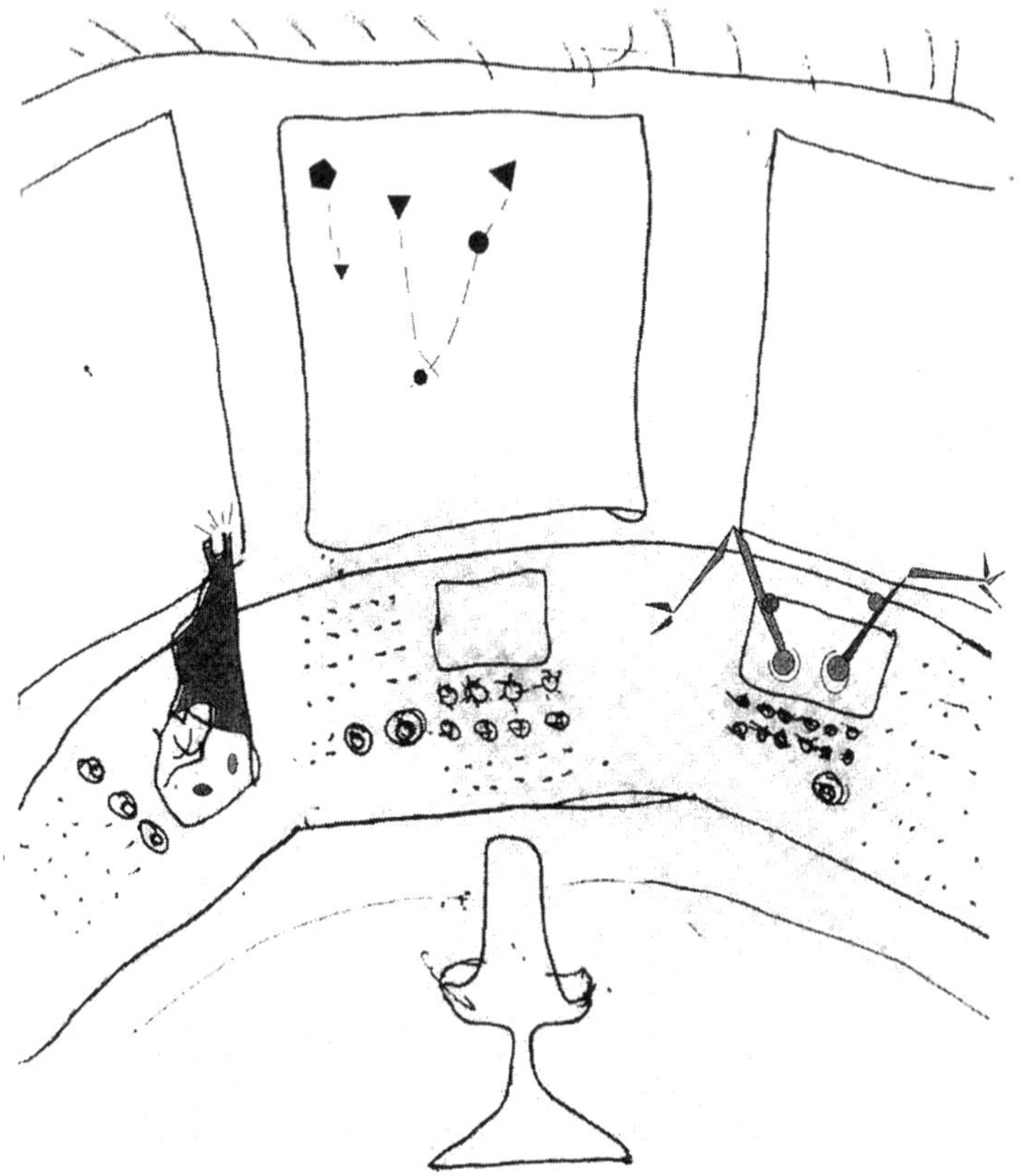

リーアンの描いた計器盤と顕微鏡とカリパス（カリパー）の図。これと同じような場面を見た人たちがほかにも多くいる。コントロール・パネル（制御盤）は曲面の壁にあり、小さな物体を操作する取っ手の付いた機械、細胞等の映像を大きなスクリーンに投射する顕微鏡等もある。スクリーンにはよく天体図が映し出されている。

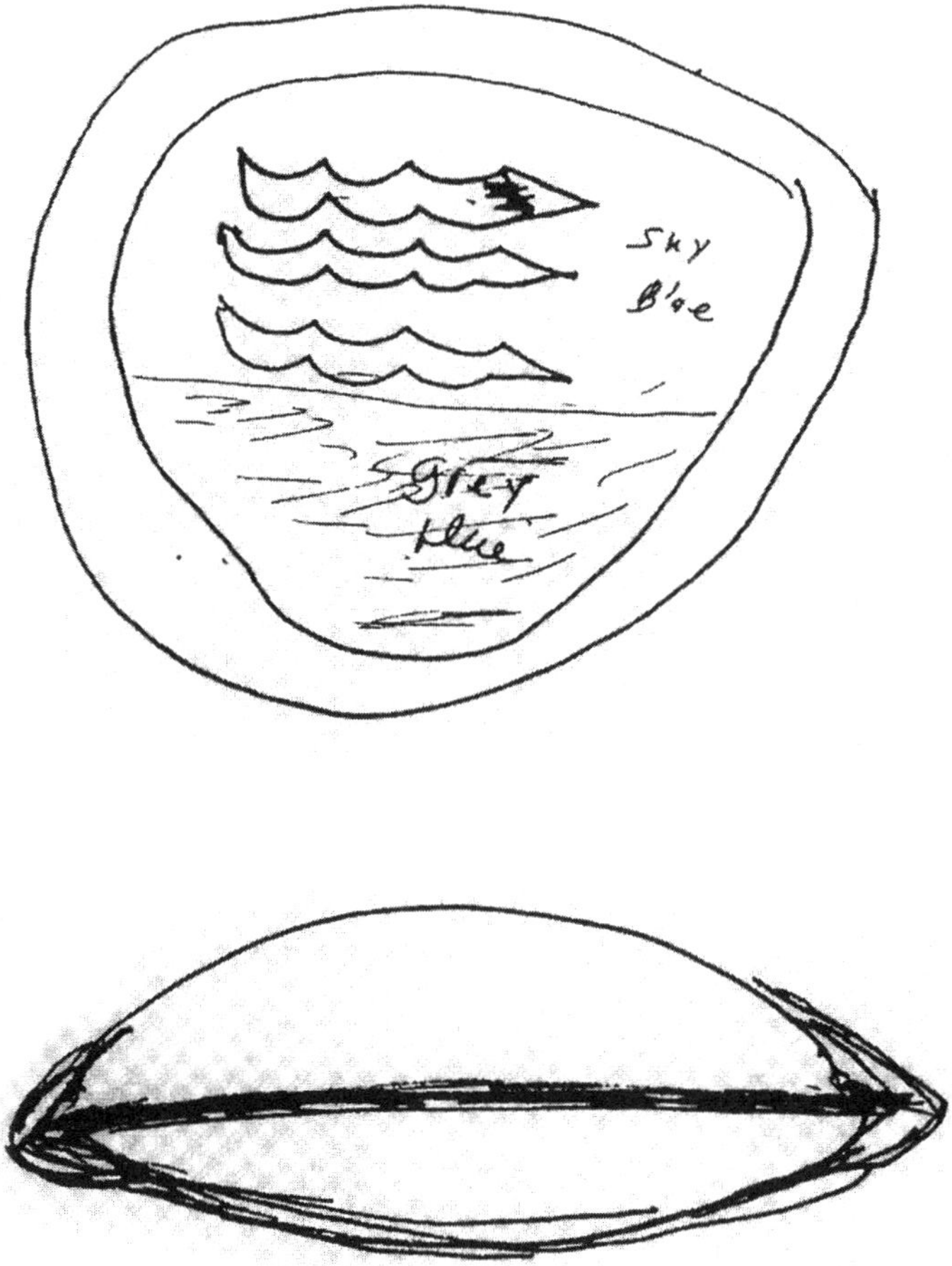

リーアンの描いた記章（上）と宇宙船（下）

不快感を残さないように指示しておいた。

終わった後、わたしたちは飲み物を飲んで少しくつろいだ。そして、彼女にマーカーと画板を渡し、憶えていることを絵に描いてくれるように頼んだ。彼女は絵は下手だと言った。

リーアンは皮肉たっぷりに、「アシュタールはどうなったの？　アシュタールと一緒に旅しているほうがましだわ」と言った。

わたしたちは笑った。わたしは、彼女は予期せぬ体験をしてしまったけれど、今はもう大丈夫だと思った。その後でリーアンは、いまだに記憶から消えないあの悪臭について、かなりの時間を費やして説明した。よほどあの臭いが気になるらしく、同じような臭いのものと比較対照してなんとか特定しようとしていた。

「あの臭いはねえ……本当に今まで嗅いだことのない臭いなんです。腐った卵は硫黄系の臭いなのでそれとも違うし、有機物の臭いでもないのです。有機物が腐るとひどい悪臭を放ちますが、あれとは違います。この臭いは……金属を高温で焼いているような感じです。わたしは以前、シカゴで製鉄所のすぐ近くに住んでいたんです。それで、金属を焼いた時の臭いを連想しました。亜鉛のような臭いです。亜鉛を高温で熱したら、どんな臭いがするんでしょうか？」

わたしにはそんな金属のことなどまったくわからなかった。

「知りませんが、焼け焦げたような臭いですか？」

「焼け焦げた臭いでありません。腐ったような酸味を感じさせる、しかも金属が関係した臭いです。亜鉛ですね、亜鉛がどうしても頭に浮かんできます。でも、亜鉛を高温にしたらどんな臭いを出すかは知らないんですよ。スレートかもしれません。スレートを焼いたらどんな臭いがしますか？　死体が腐る臭いとは違うのです。生ごみとかの有機的な臭いとは違います。硫黄系の臭いでもないし、どうしても、有機的な臭いではなく金属的だと言わざるを得ません」

「こんなことを言っても慰めにはならないかもしれませんが、奇妙な臭いを嗅いだ後、その臭いの説明ができない人はほかにもいますよ」

わたしがUFO関連の調査を始めた最初のケースにも悪臭の報告がある。クリスティンというその女性は、最初に宇宙船内に入った時に本当に病気になりかけた。言いようのない悪臭にやられたのだ。彼女がやっと見つけた表現は、何か電気系統の設備が焦げる臭い、あるいは焼け付いたエンジンのような臭いだった。彼女は、それは宇宙人の臭いではなく、動力源のある部屋から来たものだと思っていた。彼女が宇宙人に動力源について質問した時、電磁気学や結晶構造についての知識がない人には聞いても理解できないだろうと言われた。その部屋に入るドアを開ける仕掛けはどこにも見えなかったのに、彼女は宇宙人がある部分に手を伸ばすとドアが開き、そこを物が移動するのを見た。もちろん、この二人の女性が見た宇宙船が同じタイプであるかどうかはわからないが、両人ともに同じような悪臭に言及しているのは奇妙なことである。

リーアンはセッションの初めの頃、彼女が身体検査を受けている時の様子を語ることに難色を示し、気が進まないと言っていた。

「それはまるでわたしが、このことには関わりたくないと思っていたかのようでした。何をされているかは見た瞬間にわかるので、もう半分のわたしが、『そんなこと嫌。もうこれ以上思い出したくない』と言っているようでした。それはある意味、『ここから出してちょうだい』と言っているようなものでした」と言って、彼女はクスクス笑った。

そこでわたしは、「あなたの潜在意識が見ないほうが良いと判断したものを見ることはありませんから、大丈夫ですよ」と彼女に説明した。

リーアンが経験したことが、セッション前の彼女にとって、まったく思いもよらなかった事柄だったということは重要である。その分、話の信憑性が増すことになるからだ。もし彼女が夢想して話を作り上げたとしたら、おそらく、ブロンドで青い目をしたアシュタールと宇宙船に乗っていたことだろう。少なくとも、あんな不快な経験を創作することはなかったに違いない。

このことがあってから数日後、リーアンがフロリダの家に帰る前にもう一度会った。わたしは、その時の会話の大部分を、忘れぬうちにすぐ書き留めておいた。

彼女は、わたしと行なったセッションについて、いろいろ悩みながら考えたと言った。それはまるで脳が二つに分かれて議論しているようだったらしい。まず最初に彼女は、わたしに謝りたいと言った。これには驚いた。いったい何について謝るというのか？　すると彼女は、今回の一連のことはすべてでたらめで、あの奇妙な話は皆創作だと言うのだった。（わたしには彼女がうそをついているのがわかっていたが、とにかく話を聞くことにした）そして、どうしてあんな作り話をしたのか、彼女のもう半分の脳が知りたがっていると言う。彼女は素晴らしい体験を期待していたのだ。宗教的な体験でなければ、せめて知的な体験であってほしいと期待していた。彼女は、あんないやらしい話を作ってうそをつくなんて、自分は卑猥な心を持った病的な人間に違いないと思った。このような心の葛藤は二日間続いた。しかし、今は大丈夫だと言う。彼女は、自分は卑猥な人間でも病的な人間でもない、という結論に達した。自分は正常な人間であることがわかった。それにしても、「いったい、どうして自分にそんな考えが浮かんだのか」という疑問は残る、「それには何か意味があるのか、本当に自分に起きた出来事なのか」と。

あなたは夢のようなことを想像し、きっと素晴らしい経験ができると思っていたのではないか、とわたしはリーアンに言った。だから、実際に起きたことは彼女にとってショックだった。明らかに卑猥で病的な体験を自分で夢想したとしたら、少なくともその時になんらかの快感か興奮を得たはずだが、彼女にはそんなことはまったくなく、ただひたすら、それをいやらしく思い、拒絶していた。これは彼女が本当のことを話していたことを裏付けるもので、作り話という疑惑を晴らすものである。

じつは、のちに彼女の息子にも同じようなことが起きていた可能性があることが判明し、その時にはリーアンはわたしと同じ考えに到達した。この時には、リーアンは本当に胃が痛くなってしまった。たぶん、「自分の息子を守ってやれないなんて、なんと情けない母親だろう」とか、「子どもを傷つけるなんて、まったくひどい連中だ」などと思ったのだろう。また、そのことで息子の精神状態がおかしくなったり、潜在意識にトラウマが残ったりするかもしれないと思い悩んだ。

わたしたちは、この件について長いこと話し合った。わたしは彼女の息子が、以前わたしが調査したことのある別のケースの時に関わりを持つようになったのではないかと思った。が、それを言うとまた彼女を苦しめると考え、黙っていた。そして彼女は、みずから結論に達した。それは、今、重要なことは、彼女の息子にはこの件に関する顕在意識的な記憶は一切ないらしいということで、このままそっとしておいたほうがいいだろう、というものであった。

それから約一カ月後、リーアンがフロリダから電話してきて、一時間近くこの件に関して話した。彼女はまだどう対処すべきか悩んでいて、問題はそのまま残っていた。唯一、彼女が相談した相手は精神分析医の友人だったが、彼女は正常で、ただ夢想をしていただけだ、と言われた。リーアンが、それならどうしてあんな不快なものになったのだろうかと質問すると医師は、それは彼女が厳格なカトリックの教義のもとで育ったので、セックスは汚いものだという考えを叩き込まれていたからだ、と言った。彼女の経験は、必ずしも身体の性的な部分に集中していたわけではないので、わたしは、この説明はちょっとどうかと思った。もちろん、リーアンもこの説明には満足していなかった。

リーアンはさらに、別の異常な後遺症についても語った。ある日、彼女は繁華街で、黒っぽいスモーク仕様のガラス窓がある大きな白いビルを眺めていた。フロリダは暑さがひどいので、白いビルに黒っぽい窓ガラスはごく普通の取り合わせだ。それを見上げていると、彼女の心に監視窓のある白い部屋の映像がよみがえってきた。そしてまた、そこから彼女を観察している宇宙人たちのことを思い浮かべた。そして彼女は、なんて馬鹿なことを考えているの、と自分自身に言った。再び彼女がそのビルを見ると、窓ガラスの向こう側には、ジムでトレーニングに励む人たちの姿があるのみだった。

わたしは彼女が、あの経験のことは自分の心の中にしまい込んで、また元の生活に戻れると思っていた。それはただ奇妙で、今までになかったというだけのことである。リーアンはインテリだし、とても落ち着いた性格の人物なので、このような問題は苦もなく処理できるはずだった。しかし、いまだに自分が催眠下でしゃべったことを記録したテープを聴くことができないでいる（わたしが調査した人のほとんどがそうである）。これもよくあることで、そのうちに聴けるようになる、と彼女に説明しておいた。

それから一週間ばかり経って、リーアンが夜遅く電話してきた。電話に出ると彼女はいきなり、「本当のことを教えて。あんなことが本当にわたしに起きたの?」と聞いてきた。これはなかなか難しい質問だ。慎重に答えて、彼女の日常生活に影響を与えないようにしないといけない。わたしは、真実を話すというのは難しい、と彼女に告げた。わたしは、このことについて彼女と長い時間を掛けて話し合い、それが本当にあったかどうかということはあまり重要ではなく、大事なのは、その記憶が今、彼女にどのような影響を与えているかということだと伝えた。彼女は結局、今後ＵＦＯ関係の本はもう一切読まず、しばらくは形而上学の本だけを読むことにした。今回、あまりにこの問題について考え過ぎ、そのことにとらわれ過ぎたと思うからだというのだった。わたしも賛成で、そのことについては何も考えないようにするのが一番だと思った。彼女はカナダで休暇を取ると言い、わたしもそれは良い判断だと思った。リーアンはさらに、最近また悪夢を見て、それが非常にリアルだったと言った。その悪夢（絶対に夢だったと彼女は信じている）があまりに真に迫っていたので、だから彼女が催眠状態で経験したこともただの夢だったのだ、と自身を納得させていた。わたしは、そう思うことで安心できるのなら、そうしたらよいと彼女に告げた。フィルも同じように、ただ、わけのわからない変な夢を見たと自分に言い聞かせることで、なんとか危機をくぐり抜けたのだった。

リーアンの身体検査の説明から察すると、検査はいつも性器について行なわれるとは限らず、精子や卵子の採取もある。宇宙人は排泄物（大便と小便）と、完全に消化される前の食物も調査する。人を逆さにするのも、食べたものを胃から取り出しやすくするためだろう。わたしたちから見ればあるまじきことだが、彼らにしてみれば、それなりの科学的意味のある調査なのかもしれない。わたしたちは、十分理解できないことについて安易に価値判断すべきではない。

その頃の数年間に、わたしはこうした異常なケースに何度も遭遇した。一九九〇年代の終わり頃までにわたしは何回か外国にも行き、そこで他の研究者や心理学者らによって調査され選別されたケースについて新たに調査した。最初は、それらのケースの一つひとつの問題点が何か、まるでわからなかったが、一九九七年頃になると慣れてきて、ただの夢想や注目を浴びたいだけの事例をきちんと見分けることができるようになった。

一九九七年十一月に、わたしはイギリスの南部で何人かの調査をしたが、その中にイーディスがいた。最初の面接で、彼女は最近過食症になったことがあったことがわかった。本人はもう治ったと言い張っているが、医者からは、血液検査の結果はまだ正常値にはほど遠いと言われている。精神的な問題を抱えているのではないかと思われたが、過食症はみずから意識的に引き起こしたものだと彼女自身が告白したことでそれが裏付けられた。彼女は年よりは若く見えるが四十歳で、すでに成人した子どもたちがいるにもかかわらず、最近二十代の若い男と結婚した。彼女の抱える問題の多くは親戚関係にまつわるものだったが、この結婚もそのひとつであった。皆、彼女を非難して、「あなたのように年取った女があんな若い男と結婚するなんて、変だと思わないの」と責めた。それでなくとも彼女は自分に自信が持てないため、これまで定職にも就けないままでいた。親戚からそんなことを言われ、ますます追いつめられた彼女は、自分をもっと魅力的にしようとした結果、過食に走ったのである。わたしとしては、若い夫はありのままの彼女に惚れ込んで結婚したと思うので、彼女が過食する意味は理解できなかった。彼女はなぜ、自分を変える必要があると感じたのだろう？　わたしがこの地で彼女と過ごせる時間は限られているし、わたしに相談するよりも心理カウンセリングを受けるべきではないかと思った。

わたしの主な関心は、彼女がＵＦＯや宇宙人に遭遇したと信じている点にあった。もちろん、この種の調査では、常にその人の全体像をつかんで考慮に入れることが重要である。

イーディスは、宇宙人か霊に関係すると思われる奇妙な夢を何度も見たことがあるという。家族に告げても、超自然的な事柄に理解のある者が誰もいないのでまったく相手にされず、それどころか、そんなことを言う彼女はいつも皆の非難の的になった。

彼女の言う奇妙な夢にまつわる体験とは、その年（一九九七年）に起きたことで、ある晩、彼女がふと目を覚ますと、ベッドに近づいて来るある姿を目にした。その後の記憶はまったくなく、ただ夢の世界に入って行った。彼女は台の上に横たわっていて、数人の者たちに囲まれていた。意識が朦朧とする中で、彼女は皆が自分のことを話しているのを聞いた。彼女が耳にしたのは、間違いとか、出血がひどすぎるとかいう言葉のやりとりだった。それで彼女は、この時何かされて血液を採取され、それが原因で彼女が現在の身体的問題を抱えているのだと思い、催眠術を掛けて、彼らがどうして血液を採取したのか、その血液を使ってどうしようとしていたのかを調べてほしいと言うのだった。彼女は、もしそれが本当に起きたことなのであれば、きっと自分に悪い影響を与えているに違いないと信じていた。

わたしは、彼女に催眠術を掛けても、何か出て来るかどうかは疑問だと思っていた。彼女の問題は深層心理的な原因によるものと思われたので、宇宙人のことも、何か自分以外のもののせいにするための言い訳に過ぎないのではないかと考えていたからだ。もしそうだとしたら、彼女の潜在意識がそう教えてくれるだろう。

イーディスが深いトランス状態に入ったので、彼女のアパートでその出来事が起きた夜に行くように指示した（彼女は日記をつけていて、その出来事も記録されていたので日付は特定できた）。彼女は寒くて目が覚めた。そして心配そうな声で、「あそこに何かがいます。わたしを見ています。ジーッと見ています。ベッドのすぐそばです」と言った。

それは幅が二十センチちょっとの光り輝くオレンジと黄色のライトのようなもので、中心には大きな水晶かダイヤモンドらしきものがあった。怖くなった彼女は掛け布団を引き上げ、そこから覗くようにして見ていると、またほかのものが部屋に入って来た。そのうちの一つは背が高くて青白い色をした人間のように見えた。それは白く光る団子のような形をした小さな生き物を三体連れていた。それを見た彼女には恐怖感はなく、むしろ面白いと思った。彼らはそばに来て彼女の腕や顔を氷のように冷たい指で触ったが、彼女はそれらを可愛いと感じた。背の高い者は、奇妙な光る器具を持っていた。その器具からは冷たい一条の光線が発して、彼女の額の真ん中を照らした。彼は、この光は彼女には無害で、ただ彼女を家から移動させるのを簡単にするだけだと言った。横になったまま動かずじっとしているように言われ、そうしていると、上からの光線を浴びて彼女の全身はその中に包み込まれ、ベッドから浮かび上がり始めた。

気がつくと彼女は彼らとともに家の外に出ていて、そのままさらに上空へと浮き上がって行った。この時点で彼女が呼吸困難を訴えたので、わたしは彼女が体の感覚をなくすような暗示を与えた。次の瞬間、彼女は巨大な宇宙船の中にいたが、入った時の記憶はなかった。彼女は壁や天井から光が出ている明るい部屋に連れて行かれた。部屋の中にはさらに多くの生き物がいたが、彼らは彼女に付き添って来た白色の軟らかい生命体とは違っていた。

「彼らは醜く見えますが、本当は醜いというより異なっていると言うべきなのかもしれません。もう少しずんぐりしていて、皮膚の色は紫がかった茶褐色で、頭は大きく膨れています。小さくて明るい色のほうは、もっと軟らかそうに見えます。皮膚はもっと粗い感じです」

彼女は台の上に寝かされていたので、実際に彼らの皮膚に触って感触を確かめるわけにはいかなかった。

彼らは何かの機械を台のそばに持ってきた。機械からは光が発していて、それが左側の肋骨の間から体内に入って来たので、彼女は心配になってきた。彼女は声を上げ、「痛い！　でも痛みはないわ！」と叫んだ。

背の高い宇宙人はテレパシーで彼女に、傷つけもしないし痛むこともないと伝えた。彼らは彼女の傷んだ胃を治療していたのだ。彼女は、どうして口からではなくわき腹から入れたのか不思議に思った。すると彼は、そのほうが簡単だからだ、と言った。しかし彼女は、彼らが失敗を犯したと言っているのをテレパシーで知り、急にまた心配になった。胃の傷が思っていたよりもひどく、出血も多かったので彼らは懸念したのだ。胃の治療は思いのほか手間取った。大量の出血のため彼女の衰弱が進んだ。彼女は彼らが、「体を傷つけちゃいけない。あなたの大事な体ですよ」と言っているのを聞いた。そして、彼らは光を使って出血を止めた。

わたしは、なぜイーディスは今まで胃の中の出血に気がつかなかったのかと思った。彼らは、いずれ彼女は出血に気づいただろうが、その時にはすでに手遅れで、治療は困難だっただろうと言った。その後で彼らは、〝針のようで針ではない〟ものを使って、白い液体を彼女の腕に入れた。彼らは、傷を治すために質の良い血液細胞を入れたのだ、と説明した。それにより血液細胞の働きが良くなり、酸素を多く含むようになるのだ、と言う。

彼らが宇宙船から引き揚げる準備をしている時、背の高い宇宙人が、彼女の経過を見るためにまた来る、と伝えた。彼女は彼がいると気が楽になり、彼を旧知のように感じた。彼が言うには、前世で彼と彼女は一緒に過ごしたことがあるのだそうだ。彼は非常に高齢であった。

次の瞬間、彼女は自分の家のベッドに戻っていた。彼女の頭の中は疑問でいっぱいだったが、眠気に襲われ始めるとそれらはすべて消え失せてしまった。朝、目が覚めると昨夜の出来事はすべて記憶から抜け落ちていて、ただ血液を採られる被害に遭ったことを示唆する夢だけを憶えていた。今となってみれば、過食症で、常に食べたものを吐き戻すことでみずから傷つけていた彼女の体を、彼らが癒そうとしてくれたのは明らかだった。

彼女の今の赤血球数は、本来なら意識を失うくらい低いので、医師たちは彼女が普通に動き回っているのが不思議だと首をかしげていた。彼女の潜在意識はわたしに、赤血球数が異常に低くても別に心配は要らないと伝えてきた。これが今の彼女にとっては正常なのであって、生きて行くのにまったく問題はないと言う。「赤血球数は関係ない。たしかに今は低い数値で、普通は酸素の欠乏を意味するのだが、彼女の場合には、赤血球数は少なくても酸素の量は十分過ぎるほどある」と言うのだった。

胃の傷は治療されたので、医師が検査をしてもなんの異常も見つからないだろう。彼女は完治し、それは原因不明の症例として記録に残るかもしれない。イーディスが今、身体的になんの問題もなく健康だというのであれば、このままそっとしておくのが最善だろう。

イーディスのケースは、顕在意識が異様な夢を解釈して間違った結論に到達してしまい、催眠下の深いトランス状態で初めて真実の状況が明らかになり、理解にいたった例である。彼女が催眠状態から覚めた後、わたしたちは話し合い、彼女は夢の記憶の解釈が誤っていたことを認めた。宇宙船にいた宇宙人たちは、彼女に害を与えたのではなく、実際には、彼女が虚栄心と自信喪失の結果みずから痛めつけた体の傷を癒してくれたのであった。

第5章
埋もれた記憶

潜在意識の奥深くにある体験事実の記憶が、夢という形で覆い隠されてしまうことがあるのと同様に、時間の経過とともに記憶が歪められてしまうこともある。子ども時代には物事を単純素朴に受け止めるため、些細なことでも心が傷つけられるが、大人になってみると、同じことがさほど重大とは思えなくなるものだ。思い出すにはあまりに辛く苦痛であるような出来事の記憶は、往々にして隠蔽され埋もれてしまいがちだが、催眠状態で昔の記憶をよみがえらせて再体験してみると、それほどたいしたことではなかったとわかることも多い。大人になってあらためて見直せば、理解できることもあるのだ。

催眠術による調査を求めてわたしのところにやって来た中には、忘れてしまった出来事の記憶を取り戻したいという人たちもいた。彼ら自身は、きっと、あまりにも辛かったため忘れたか、無意識のうちに抑圧して隠蔽しているのではないかと思っていた。ところが術を掛けてみると、それらが思っていたより単純な出来事だったとわかることが多かった。例えば、子どもの時にちょっと羽目をはずしたとか、いたずらが過ぎて親を怒らせたなどである。それは必ずしも体罰を受けたからというのでもなく、ただ両親が怒ったというだけで記憶を押し込める理由になるのだ。

また、最近の傾向として、記憶がなくなるのはＵＦＯや宇宙人が関係しているからだ、などという説明がよくなされるようである。わたしの経験では、十人中九人のケースが宇宙人とは無関係だった。だから、わたしはUFO関連の研究者たちに、調査にあたっては最初から複雑なことを想定せず、まず簡単なことから始めるようにと言っている。つまり、ある出来事を最初から複雑怪奇な事件と決め付けないで、まずはもっとも単純明快な理屈で解釈せよということである。

十分に深い催眠状態に入れれば、真実は必ず浮上して来るものである。その人の日常生活が常に嘘偽りで固められたものでもない限り、真実を隠すことは不可能である。天性の嘘つきのような人間なら可能かもしれないが、そんなケースはごくまれであり、またその嘘もやがてばれてしまうものだ。でっちあげの話には一貫性がなく、繰り返し話しているうちにぼろが出て来る。そうした話には新事実が付け加えられ脚色されているのが常で、さらに言えば、それらはわたしが長年の経験から得た話のパターンに適合しないのである。

もちろん、わたしが知らない新たなパターンが出現する可能性は常にある。わたしがまだ遭遇したことのないような種類の体験をした人もいるかもしれない。そういう場合のために、わたしはあらゆる可能性に対して扉を開き、新しいことを自動的に無視することのないようにしている。が、たとえそれが今までの考え方では解釈できないような新しいケースだとしても、その中には既知のパターンに当てはまる要素もあるものだ。調査研究という仕事が容易でないのは当然だが、それが対象者の治療と結び付いている場合にはさらに難しくなる。次のケースは、わたしがあらゆる可能性に対して心を開いていたために発見できた例である。

フランは四十代の離婚歴のある女性で、きわだって目立つ特徴と言えば、その鮮やかな赤毛であった。某一流企業の重役を務め、なんの不足もない生活を送っていたが、彼女にはある異様な、妙に生々しい記憶が付きまとっており、それについて催眠術で調べてほしいと言ってわたしのところに来たのが一九八八年だった。

彼女が育ったのはミシシッピー州の農家で、そんな田舎だったこともあって、UFOについては一切聞いたことがなかった。また、オカルトとか超自然現象についての本を読んだこともなければ、そのような話題に接したことすらなかった。そんな環境にもかかわらずこの事件は起こり、その記憶はぼんやりと霧に包まれているようだった。

フランは子どもの頃、自宅の上で光る不思議な光体を何度か見たことがあり、さらに成長してからは、光体が彼女の運転する車の後をつけて来たこともあった。それらが何なのか、納得できるような説明は得られず、彼女は漠然と、それはUFOなのかもしれないと思った。おかしなことに、そんな経験をした時、彼女には恐怖感がまったくなかったが、一緒にいた人たちはとても怖がっていた。これら以外に、彼女にはその種の出来事の記憶は一切ないという。そこでわたしたちは、これらの目撃体験の調査をすることにした。この種の調査は今まで何度も行なってきたが、対象者に催眠術を掛けると当時の詳細がさらによくわかることが常で、今回もわたしはそれを期待し、それ以外の異常なことは何も予期していなかった。

彼女はある個人的問題を抱えていたので、今回のセッション中にそれについても何かわかればと期待していた。それは、わたしが〝カルマ的人間関係〟の問題と呼んでいるものであった。彼女は幼い時から祖母とうまくいっていなかったようだ。彼女は祖母が好きだったので、なぜそうなったのか理解できなかったが、たぶん何か祖母の気に障ることをしたのではないかと思っていた。このような問題で、もし現世にその原因が見当たらない場合には、過去世にさかのぼって記憶を退行させてみると手がかりが得られるものだ。だから今回もそのことについてはさほど重要視せず、一応メモしておいて、時間があったらそれも探ってみようというくらいに考えていた。

フランは被術者としては理想的なタイプで、すぐに催眠状態に入り、驚くほど速やかに幼児期に戻って問題の出来事が発生した当時に退行した。潜在意識がその事件を浮かび上がらせたのは何か理由があるからなので、わたしはその時点にとどまることにして彼女に質問を始めた。

彼女は七歳の幼女になっていて、そのしぐさや表情は、まさにその年頃のそれであった。彼女は、よく子どもがするようにベッドの上にあぐらをかいて座り、小さな磁器の食器類で遊んでいた。その食器セットは祖母のもので、おもちゃにすることは許されていなかった。しかし彼女は、この大きなベッドの真ん中なら、それで遊んでも割れることはないだろうと思っていた。小さな水差しやカップや皿で遊ぶのは楽しく、彼女は嬉しそうに笑っていた。そして、「これはわたしのものじゃないけれど、使って遊んでいます。お父さんがそばにいて、これで面白く遊ぶやり方を教えてくれています」と説明した。

彼女がここでお父さんと呼んだ男性は実の父親ではなかったのだが、彼はフランに自分のことを〝お父さん〟と呼びなさいと教えていた。もちろん、それは見知らぬ人ではなく、定期的に彼女に会いに来る人物であった。わたしがそれはどんな風な人なのかと聞くと、背がとても高くやせていて、ベッドのすぐそばに立っていたという。「着ているものは、ただ体に引っ掛かって垂れ下がっている感じ。わたしはあんな服、着たことないわ」。彼の身体的特徴については、ちょっと躊躇しながら、「顔はあまりよく見えませんが、粘土をこねてすべすべにしたような感じです。毛は生えてなくて、眉毛もないし、目は大きくて黒い……でも、そんなことは全然気になりません」と説明した。

彼はフランに、空中浮揚の方法を教えていた。彼が手を彼女の頭の上に当てると、彼女は体がちくちくして食器とともに空中に浮かび上がった。とても面白かったので彼女は笑い、彼と話をしていた。その時、祖母が突然ドアを開けて部屋に入って来た。話し声が聞こえたので、また孫が何かいたずらをしているのではないかと思い、それを確かめに来たのだった。あまりにも突然だったので、びっくりしてフランの集中が途切れ、食器のセットは皆、彼女と一緒に落ちて割れてしまった。祖母には食器がどうして割れたのか理解できなかったが、フランが割るようなことは何もしていなかったと言っても聞く耳を持たず、彼女をひどく叱った。不思議なことに、祖母には男が見えなかった。彼女が部屋に入った途端に消えてしまったのだろうか。いったいどうしたのか？

フランはすぐに、祖母の怒りを招いた事件の場面に退行した。子どもである彼女は、わざとしたことではないのに不当に叱られたと思い、怒りを感じていた。もちろん、フランが〝お父さん〟のことを祖母に説明したとしても到底信じてもらえず、嘘だとか妄想だとか言われるのが落ちだったろう。大人になってからも、子ども時代に何かが起きたことはうすうす憶えていたが、それがこの事件であったということは、催眠状態になって初めて思い出すことができたのだった。

わたしはこの男についてもっと知りたくなった。子どもに退行したフランは、物心がついた頃からずっと彼を知っていると言った。彼はよく森の中で彼女と会い、一緒に歩きながらいろいろ話をしたという。

「彼は、普通の大人には聞こえないものを感じて聴き、また耳で聞くにはどうすればよいかを教えてくれました。大人の人たちには見えない色とか物を見る方法も教えてくれました。それらは本当に美しいものです」

ドロレス「彼があなたのところにやって来る時には、どんな風にして来るの？」

フラン「（わからない、というしぐさをして）知りません。ただそこに立っているんです。時には、ちょっと離れたところにいるのを見つけて、わたしが彼のところに歩いて行くこともあります。彼がそこにやって来ることが前もってわかる時もあります。どうしてわかるのか知りませんが、わかるんです。そういう時は頭の中で、今、彼がやって来るな、と思います」

ドロレス「家の中と森以外で彼と会ったことがありますか？（彼女は答えを躊躇した。たぶん、彼のことは今まで誰にも話したことがないのだろう）わたしはただ知りたいだけなんです。大人が信じないようなことでもいいから、わたしに話してください。誰かがあなたの話を信じるというのは良いことでしょう？」

フラン「はい。彼はわたしを信じてくれます」

ドロレス「きっとそうでしょうね。で、家と森以外で彼に会ったことはありますか？」

フラン「あったと思います。森の中に大きな光があって、その光の中に入る階段があります。彼と一緒に、その階段の上まで行ったことがあります」

ドロレス「階段を上がると、どこに行き着くのですか？」

フラン「大きな光の底に入って行きます」

彼女は光で出来た階段を上って行った。階段の一番上には金属製の扉があった。それは灰色の金属のように見えたが、彼女が触ると柔らかだった。彼は、彼女にこの場所を見せたいが、あまり長くはいられないと言った。中には玄関ホールがあり、そこには各部屋への出入口があった。それらの出入口はいくつもの異なった層《レイヤー》から出来ていたので、彼女には奇妙に見えた。「大きな部屋に入ってはいけないことになっています。でも、この部屋は大丈夫です」

　彼女が入るのを許された部屋には、金属製のように見える筒が専用の台の上に据え付けられていた。「ピカピカに光っています。でも、ドアの表面の金属は光っていません」。その筒の大きさを聞くと、「わたしが入れるほど大きくはありませんが、もし、中に入って寝そべったら、ここまで（彼女の鼻まで）来ると思います。でも、細過ぎて入れません。何か動物でも入れておくもののようです」。

　男は森にあった鳥の巣から採取してきた卵を持っていた。彼はフランに、それをこの部屋に置かなくてはならないと言った。「このために、わたしは外へ行って来たのだ」

ドロレス「彼はその卵をどうしたの？」

フラン「（幼児のような声で）ええと……あれに入れて（左のほうを指さし）向こうに片付けました。でも、あれが何かはわかりません。それに光が当たっています。何か布のように見えますが……普通の布じゃありません。彼は卵をそれに置きます。なぜそうするかはわかりません」

ドロレス「何かカーテンみたいなもの？」

フラン「まあ、似てはいますが、違います。中に光があって、彼が言うには、光が卵のかえるのを助けるんだそうです。そうか、温めるのね！　わたし、ああいうの見るの好きだわ」

ドロレス「では、彼は卵が孵化するのを見るために卵を持って来たんですね。それであなたも、それを見るために部屋に入ったんですね？」

他の部屋にもそのような貯蔵タンクがあり、雛たちは保護のためそれらのタンクの中に入れられるということを、彼女は子どもっぽい口調で説明しようとした。

フラン「タンクの中にはいろいろなもの、いろいろな動物が入っています。動物はここのものじゃないわ。この動物はここのではありません」

ドロレス「動物たちはどこから来たと思いますか？」

フラン「星からです。お父さんがやって来た星です」

ドロレス「じゃあ、ずいぶん遠くから来たのね。お父さんはどの星か教えてくれましたか？」

フラン「わたしに話してもわからないと言いました。ただ、星だと言いました」

ドロレス「それなら動物たちはタンクの中にいたほうが安全なのね」

フラン「たぶんね」

ドロレス「彼はもっとほかのものを見せてくれましたか？」

フラン「いいえ、もう帰る時間になりました。もう戻らなくちゃ駄目です。時間ですから」

ドロレス「どう、そこは面白かった？」

フラン「本当に面白かったです。また行きたいです。（くすくす笑って）彼はわたしの赤毛がお気に入りです」

ドロレス「へえー、そうなの？　彼には全然髪の毛がないから、あなたの髪が気に入ったんでしょう

（彼女は笑った）」

ドロレス「それから外に出たの？」

フラン「はい。階段は白い光のようで、普通のとは違うけれど歩けます。森に戻ると、お父さんがわたしのおでこの真ん中を指で軽くたたいて、その時に『忘れなさい』と言っているのが聞こえました」

わたしは彼女に、その後も彼に会ったり、何かを一緒にしたりしたことがあったかどうかをたずねた。すると残念なことに、例の食器を割った件で彼女と祖母の間に問題を生じさせてしまったので、二度と彼が彼女の前に姿を現すことはない、と言われたという。そして、彼のことはすべて忘れるようにと言われた。わたしには、彼が心からこの子に親しみを感じていて、本当は別れたくなかったのだが、あえて別れを決断したのだと思われた。彼は彼女との交流を楽しみ、喜びをもって彼女にさまざまなことを教えていたのだろう。もし二人の間にもっといろいろな出来事があったのだとしても、わたしには彼女の記憶からそれらを見つけ出すことはできなかった。それが、彼が忘れるように指示したことによるのか、それとも、彼が実際、もう二度と戻ることがなかったからなのか、どちらにせよ、不可能だったのだ。

その後、彼女のＵＦＯ目撃体験の調査に入ったが、そこからはありきたりの情報しか得られなかった。

ベバリーは四十代の画家である。彼女の表向きの職業は画家だが、この種の職業にはよくあることで、なかなかそれだけでやっていけるわけではない。彼女も例外ではなく、副業として看板描きを始めたところ、意外にもこれが繁盛した。しかし、時間がある時にはいつも絵を描いていた。

彼女は、わたしが住むオザーク高原の丘の中腹に建てられた一風変わった家で暮らしていた。それは洞窟のような住まいで、前面のドアや窓から漏れる電灯の光によって、かろうじてそこに人が住んでいることがわかるというものだった。一九八八年に、わたしはこの家で彼女とのセッションを行なった。

彼女は、自分の健康問題や経済的な困難（貧困）がどうして起きるのか、その原因を過去世にさかのぼって見つけたいと考えていた。一応はそれが調査の目的ではあったが、潜在意識は往々にして、こちらの意図とは違ったものを示してくれるものだ。そんな時、わたしはそれに従うことにしている。なぜなら、潜在意識はそれなりの理由があってそれを見せようとしているからだ。そして、たいていの場合、それはこちらが意図していた目的よりも重要なことであることが多いのである。

セッションを始める前に話していてわかったことだが、ベバリーは子ども時代、忘れることのできない不思議な経験をしていた。そして、それらは彼女を悩ませるようなことではなく、むしろ興味深い思い出となっていた。

「小学一年生の時に、友だちのパトリシアと放課後、ある事件を起こしました。それは後で家出をしたということにされたんですが、二人で学校の前の通りの向こうにあった広い森林地帯に入り込んだんです。そこで何をしたか、どのくらいの間森の中にいたかも、さっぱり憶えていません。でも両親は、学校から帰って来ないわたしたちを探していました。当時のわたしにはまだ時間の観念がなく、どのくらい時間が経ったかわかりませんでした。わたしの家は学校から六ブロックくらいのところにありましたが、母がわたしたちを見つけた時には、学校と家のちょうど中間地点あたりにいました。その間に起きたことの記憶はまったくなく、ただ、あまりに長いこと見つからなかったので大騒ぎになっていて、ひどく叱られたことだけは憶えています。学校が終わったのは午後三時なのに、家に着いた時にはもう暗くなり始めていて、親は警察に捜索願いを出す寸前でした。わたしが気になるのは、もし、それがわたしの最初の家出だとしたら、何をしたか、すこしぐらいは憶えていそうなものなのに、記憶がまったくないことなんです。ただ、記憶にあるのは、道路を横切って二人で森に入ったことだけなんです。あとは、発見されて叱られたこと以外、何も憶えていません。森で何か面白いことがあったとかの記憶は一切ないんです」

ベバリーは子ども時代を回想しながら、もう一つ奇妙な思い出を語った。

「わたしの部屋は家の奥のほうにありました。わたしはそこで一人で過ごすのが好きでした。よく両親から離れて自分の部屋に行ってドアを閉め、ベッドの上に座って空想にふけったものでした。少なくともわたしは空想だと思っていました。でも、ベッドの上で座っていたつもりが、体がびくっとして気がつくと床の上にいたりしました。母は、きっとベッドで寝込んでしまい、床に転がり落ちたんだろうと言いました。でも、わたしは寝てはいませんでした。こんなことが小学生時代、ずっと続きました」

催眠状態に入る前の話し合いで、彼女の今までの人生における出来事をいろいろ聞かせてもらった。こういう会話を通してわたしはその人をよく知り、いったい何を調べてもらいたいのかを見つけ出すのである。そうした会話で得られた内容は、調査に関連するものであることもあれば、まったく関係ないこともある。彼女の場合、特にわたしが書き留めておいた不思議な記憶がいくつかあった。ベバリーが子ども時代の話をしているうちに出て来たのは、ある悪夢にまつわる嫌な思い出であった。

「わたしが憶えている一番小さい頃、たぶん三歳だったと思いますが、その頃、巨大な虫の夢をよく見ました。当時、家に犬がいましたから、三歳というのは確かです。巨大な虫たちがわたしと一緒にベッドにいたんです。彼らは別にわたしに危害を加えませんでしたが、ナナフシに良く似ていました。とにかく体が長くて、細長い小さな触覚のようなものがあり、大きな目を持っていました」

わたしはこの〝ナナフシ〟という言葉に注目した。同じようなタイプの宇宙人の話を以前聞いたことがあったからだ。彼女は宇宙人のことを話しているのか、それとも単に子ども時代の奔放な空想を思い返しているだけなのだろうか？　わたしは自分が以前、昆虫のような宇宙人の話を聞いたことがあることは一言も彼女に言わないようにした。あくまで彼女自身の言葉で語ってもらいたかったのだ。

「彼らはクモのような丸っこい昆虫ではなく、細長い体型でした。そんな虫がいますよね、ナナフシとかカマキリみたいなのが。彼らの体の前面と背部には何か肢みたいなものが付いてました。体の大きさはわたしくらいありました。もちろん、わたしは小さな女の子でしたけど。何も危害は加えませんでしたが、わたしの体の上のほうにいた時は本当に怖かったです。わたしはツインベッドで寝ていましした。彼らはその上にいてわたしを見ていました。わたしより大きかったです。でも、彼らはわたしの体には触れませんでした。ひょろ長い触角のような脚か何かでわたしの上にまたがっていたので、彼らの体とわたしの体の間には隙間があったんです。そんな昆虫のようなものが、いつも二、三四、また一匹しかいない時もありましたが、部屋の中でただわたしのことを見ているんです。とにかくそんな悪夢を、思い出せる限りの物心がついた頃からの幼年時代、わたしはずっと見続けていました。その頃、わたしはまだ映画など見たこともなく、また、怖い見世物なども見たことがありませんでした」

彼らの体は黒っぽくて、アリの目に似た大きな目を持っていたが、それがそのような昆虫などでないことは明らかだった。

「夜中に叫び声を上げながら目を覚ましたことが何度もありました。時には起きて裏庭に行き、飼犬を連れて来てベッドで一緒に寝たこともあります。母は犬を家の中に入れるのを禁じていましたし、わたしは暗闇が怖いんですが、それでも夜中に起きだして真っ暗な裏庭に行き、犬を連れて来て布団の中に入れて一緒に寝ました。そうしないと安心して眠れなかったんです。その頃住んでいたあたりは暑くて湿気があったので、家にはほとんどいつもゴキブリがいました。でも、ゴキブリの夢は見たことはありません。夏になると、祖母のいる田舎で過ごしましたが、そこではそんな悪夢を見たことはありません」

ベバリーが思い出話を続けていると、さらにまた彼女にとって忘れられない奇妙な出来事があったことが明らかになった。それは一九七〇年代の初め頃で、彼女は大人になり、結婚して男の子が一人いて、ヒューストン市の郊外に住んでいた。そのあたりの家で、裏庭に木が植わっていなかったのは彼女の家くらいだった。しかし、裏庭にはプールを作る予定だったので、一家にとってそんなことはどうでもよかった。寝室は家の奥のほうにあったが、夫の横で寝ていた彼女は、異様な音で目を覚ました。

「わたしはそれが空飛ぶ円盤だということを直感し、『ああ、また彼らが来たのね』と思いました」と彼女は笑いながら言った。

「どうしてそう思ったのか、わたしにもわかりません。だって、空飛ぶ円盤がどんな音を出すのか知りませんから。でも、目を覚ましてその音を聞いた時に、空飛ぶ円盤だとすぐわかったんです。夫のロバートはよく眠っていました。わたしは、なぜ彼があの音で起きないのか不思議に思いましたが、そのままにしておきました。そして、わたしもベッドから出て行きませんでした。どれくらい目覚めていたのかは憶えていませんが、そのまま起き上がらず、また眠ってしまったんです。今考えれば、ベッドから出て見に行くのが普通ですよね。裏庭で何か物音がしたら、誰だって起きて調べに行くはずです。でも、記憶している限り、わたしはそうしなかったんです」

それはどんな音だったのかと聞くと、彼女の答えは、わたしにとってはすでにお馴染みのものだった。「何かヒューンといった感じの音です。高速の飛行機のような」。その音に良く似ていると思われる音を二人で探した。

「プロペラ機のような音ではありません。子どもがテーブルの上でコマを回す時に出る音を知っていますか？　ブーンとかシューとかいう音です。高速で回転している高い音。ものすごい強風でうなりを生じているような音をさらに大きくしたような。でも、とても大きな音というわけじゃありません。現に、付近の家の住人が皆目を覚ますようなことはなかったんですから」

わたしが、それはヘリコプターのような音ではなかったのかと水を向けてみると、それほど大きな音ではなく、また音の高さも違っていたようだった。さらに別な表現としては、「洗濯機の脱水時の音にも似ているけれど、それよりはかなり高速に回転している音です。わたしが眠っていなかったことは確かです。わたしは横になってその音を聞きながら、『ああ、あれはただ宇宙船が裏庭にいるだけなのよ』と思っていました。怖くはありませんでした。憶えている限りでは、そのまままた寝入ってしまったんです」とのことだった。

この反応はたしかに不思議に思える。夜中に裏庭の不審な物音を聞いたら、何者かが家に押し入ろうとしているに違いないと考えるのが普通だ。そして、まず恐怖感に襲われ、次に起きて窓から外の様子を窺うだろう。たしかに、彼女のこうした記憶は奇妙なものと言わざるを得ない。これらについて、わたしはノートにメモを取りはしたが、目下の関心事は彼女が現在抱えている問題の解決法を探すことであり、彼女自身、興味がないと言っているUFOについての調査ではなかった。

その後、ベバリーは話題を変えて、彼女の健康上の問題について話し始めた。彼女にはこれまでずっと医師にも診断が難しい、いくつかの奇妙な症状があった。

「ついにはもう冗談だろうと言われる始末でした。医師にも何が悪いのかわからないんです。いろいろテストしてみても、その結果の判断は医師によって異なりました。誰にもなんら確かなことは言えませんでした。いくつかの大きな病院にも検査に行きましたが、結果は同じでした。医師はちゃんと原因を見つけるからと言うのですが、検査の結果を見ても結局は原因を特定できないんです。車で十三時間も掛けて病院に行き、検査に二千ドル払っても何もわからないというのは、まったく腹立たしいことでした」

彼女には現在もまだ身体的症状のいくつかが残っていたので、それらに関することも今回の調査で探ってほしいと思っていた。彼女は、自分の体のいろいろな問題の原因はたぶん過去世にあるのではないかと考えていて、それを探し当ててほしいと希望していたのだ。また、いつも経済的に困っていることについても、その原因を知りたがっていた。そんなわけで、健康とお金の問題が今回の主たる調査目的であった。子ども時代の記憶のほうは、興味深くはあっても、あくまでついでに過ぎなかったのだ。

ベバリーが深いトランス状態に入ってから、わたし独自の技法を用い、すぐに彼女を過去世に退行させた。すると、彼女がまず見たのは渦を巻くさまざまな色であった。これはよくあることで、すぐにその先へ行くことができる。さらにトランス状態を深めるよう指示すると、ベバリーは今回の人生における子ども時代の一場面について語り始めた。彼女は六歳の少女になり、初めて学校に行った日を再体験していた。かん高い声でくすくす笑いながら彼女は、トイレの中に取り残されたこと、大きな学校の廊下で迷子になったことなどについて話した。それは別に怖いことではなく、わくわくする冒険であった。子どものような身振りとしゃべり方で、彼女は一年生の時の先生や友だちについていろいろと話した。学校の建物の配置などについても細かく説明した。潜在意識は、理由もなしに何かについての記憶を浮かび上がらせることはしない。わたしは、これはきっと、彼女が学校の向かい側にある森に入り込んだ時のことを探るための好い機会に違いないと確信した。

ドロレス「それで、学校のまわりには森があるの？」

ベバリー「うん。学校の前の通りを渡った向こう側にあるわ。この通りは、車や人が沢山通るような道じゃなくてわき道なの。森の中はちょっと薄気味悪いからいつもは行かないけど、行こうと思えば行けるわ！」

ドロレス「何がそんなに薄気味悪いの？」

ベバリー「木が沢山生えていて暗いからよ。でも、何かがいるわけじゃなくて、ただ木が生えているだけ。けれど、夕方にはすぐ暗くなっちゃうの」

ドロレス「わかったわ。では、その森にお友だちと二人で入ったあの日に進んでください。お友だちは誰でしたっけ？」

ベバリー「パトリシアよ」

ドロレス「そう。今はもう夕方です。学校はもう終わりました。子どもたちは皆家に帰りましたか？」

ベバリー「いいえ。皆校庭で遊んでいます。わたしたちは、ただブラブラ歩いているだけ」

ドロレス「その森には前にも行ったことがあるの？（いいえ）じゃあ、どうしてこの日の夕方に行く気になったのかしら？」

ベバリー「（まじめな顔で）家出をすることにしたの」

ドロレス「家出を？　どうして？」

ベバリー「家が嫌いになったから」

ドロレス「でも、だからって家出までするとないのに」

ベバリー「親の責任よ」

ドロレス「どうして家出をしたいと思ったの？　何かあったの？」

ベバリー「べつに、何もないわ。ただ家にいたくなかったから家を出ただけ。それに、今ならもう、たまにはどこかに行ってもいいでしょ」

ドロレス「どうして今ならいいの？」

ベバリー「もう大きくなって、学校にも行ってるし」

ドロレス「迷子になったら怖いと思わない？」

ベバリー「そうなっても、たぶんまた家に戻れるから。ずっと家出を続けるかどうかはわからない。お友だちの中には、あの舗装道路を横切って行った子もいるはずよ。あれは本当の大通りじゃなくて、ただの道なのよ。ほかにも、あの道の向こうへ行って来た子はいるわ」

ドロレス「そう。それで今、何が起きているの？」

ベバリー「今、森の中に入り込んだところよ。本当に大きな木ばかり、草は生えていません。だから木の間を歩けます。地面には松葉や、そのほかの葉っぱみたいなものが落ちて積もっています。庭に生えている芝のような草は一本もありません」

ドロレス「森の中で何をしたの？（しばらく間がある。彼女の表情と目の動きから察すると何かが起きているようだった）どうしたの？」

ベバリー「（困惑したように）わかりません。（長い沈黙）わたしはしゃべっちゃ駄目みたい。何もしてはいけないみたい。彼女はどこにいるかわかりません。でも、わたしたちは何もしてはいけないみたい」

ドロレス「誰がどこにいるって？」

ベバリー「パットです」（パットはパトリシアのニックネーム・訳注）

ドロレス「あなたと一緒じゃなかったの？」

ベバリー「（間を置いて）見えないの。わたし、体が動かせないみたい」

ドロレス「でも、あなたの頭はちゃんと働いているわよ。だから、わたしとは話ができるのよ。そして話をしても全然大丈夫よ。あなたの頭はいろいろなことを知っていて、わたしに話をしてくれますよ」

ベバリー「ええと……きれいに拭き取られています。車のワイパーがするみたいに」

ドロレス「どういうこと？」

ベバリー「わかりません。（手を動かして）それは曲面になっています。（また手真似で）それは今、目の前にあります。でも、わたしは何もしてはいけないようです」

ドロレス「そのものの向こうには何か透けて見えますか？」

ベバリー「見てはいけないような気がします」

ドロレス「あなたが困るようなことをしてもらおうとは思っていません。ただ知りたいだけです。そのものはどこから来たかわかりますか？」

ベバリー「（間を置いて）わかりません。ただ、森の中を歩いていたら……色はピンクだと思います。（恐怖に捕らえられたように）それは何かの覆いのようです。（声は震え、目からは涙が出て来た）わたしのすぐ目の前にあります。（子どものように大声で泣きじゃくり始める）それのせいで、わたしは身動きできなくなっています（明らかに混乱した様子）」

わたしはなだめるように話しかけ、彼女がリラックスして感情的にならないようにした。数分後、彼女は激しく泣きじゃくるのをやめた。そしてもう一度、そこで何が起きているかをわたしに話しても大丈夫であることを伝えると、彼女は落ち着きを取り戻し始めた。

ドロレス「さっきピンク色だと言いましたね？」

ベバリー「はい。それはピンク色をしたもので、なんでも麻痺させてしまいます。わたしの心もです。それがわたしの前を左右に横切って動くんです」

ドロレス「あなたの顔の上とかを横切ったんですか？」

ベバリー「わかりません。それ以外、わたしには何もわかりません」

ドロレス「すると、今あなたにはそれだけしか見えないということですか？（そうです）で、森の中を歩いていたら何が起きたんですか？」

ベバリー「どこかに日の光が見えたようでした。とても明るくて、きれいだと思いました。日光は木の間を通って下まで降りて来ていました。その光は地面全体を照らすのではなく、右のほうに偏っているようでした」

ドロレス「でも、日光がそんな風になることはよくあるわよね。それからどうしたの？」

ベバリー「二人でそれを見ていただけだと思います」

ドロレス「それは本当に日光でしたか？」

ベバリー「(戸惑ったように）わかりません。わたしはただ……あのピンクのものが……もう何もできませんでした。それがすべてのものを停止させているようでした。（手真似で説明）でも、何かがここからここまで動きました。（視野の範囲を示す）動いたものはそれだけです。それはわたしに触れませんでした。つるつるしているようでしたが、何も透けては見えませんでした。それがすべてのものを停止させたんです。わたしの考えも止まってしまいました。でも、痛くはなかったです。何も感じることはできず、このピンクのもの以外何も見えません。わたしの目の前にあるのはそれだけで、まるで覆いのようです」

ドロレス「足の下には何か感じるものがありますか？」

ベバリー「足の感覚はありません。麻痺しているようです」

ドロレス「何か聞こえますか？」

ベバリー「いいえ。すべてのものが止まっています。まるで写真を見ているようです。この……（ため息）薄黄色とピンクがかったもの以外……何も見えません。すべてがまったく動きません」
ドロレス「わかりました。けれど、これはほんの一時的なことですから大丈夫、まったく心配ありませんよ」

ベバリーは、まるですべての身体的感覚が文字通り凍りついてしまったかのように、その時の感じを伝えることができなかった。まもなく、わたしはこれ以上追及しても無駄だと悟った。彼女の潜在意識も、その点に関する情報を公開するのは時期尚早と思ったのだろう。そこでわたしは彼女の聴覚であれ嗅覚であれ触覚であれ、何かの感覚が戻った場面へと進めた。すると意外にも、彼女は急にクスクス笑い出した。

ベバリー「今、二人は走って森から抜け出しています。クスクス笑っています。森から出ました（笑う）」
ドロレス「どうしたの？」
ベバリー「ただ、そこから出て来ただけです。（大きくため息をついて笑う）出ることができました！（しばらく間を置いて）わたしの髪は巻き毛です」
ドロレス「それはどういう意味？」
ベバリー「二人とも髪が巻き毛なんです。わたしたちが笑いながら森から走って出て来た時、髪の毛が揺れて弾んでいたんです。（大きくため息をついて）とうとうやりました。森に入り、そして出て来ることができました」

ドロレス「森の中にいた時に何か起こったの？」

ベバリー「わかりません。（当惑したように）たぶん、何かは起きたと思いますが」

ドロレス「それはどういうこと？」

ベバリー「どこか知らないところに入り込んだら、そこから帰れるかどうか心配しますよね？　でも、わたしたちは帰れたんです」

ドロレス「森の中で何をしたの？」

ベバリー「ただ、遊んでいただけだと思います。憶えていません。ただ、森に入って歩き回っただけだったと思いますけど。（ため息）道路を横切って戻らなくちゃ。森に入った時には校庭はまだ明るかったけど、森の中は暗かった。でも、今はもう本当に暗くなっちゃったから、家に帰らないとね」

ドロレス「そうね、叱られる前に帰らなきゃね」

ベバリー「たぶん、もう叱られると思うわ」

ドロレス「じゃあ、もう家出するのはやめたの？」

ベバリー「たぶんね。もう家に帰らなきゃ。もしかして……ああ、親たちが捜しに来ました。母親たちです。二人の親がこっちに来ます。もう校庭の近くまでやって来ました」

ドロレス「学校が終わってから、そんなに時間は経っていないんでしょう？」

ベバリー「よくわからないけど……たぶん、今、六時頃でしょう。夕食の時間ぐらいじゃないかな。だいぶ暗くなってるから」

ドロレス「家出してみてよかったですか？」

ベバリー「そうね。あんまり叱られなかったし。パットのお母さんがいたからかも。わたしの母だけだったら、もっと怒ったと思います、きっと。帰る時は、パットの家は道路の右側にあって、わたしの家は左側にあります」

ドロレス「あなたのお母さんは何か言いましたか？」

ベバリー「はい。(子どもっぽい声で、ヒステリックに叱りつける真似をしながら)『今までどこにいたの？ そこらじゅう探し回ったのよ！』。でも、ぶたれなかった (クスクス笑う)」

ドロレス「ちょっと冒険し過ぎましたね？ (はい) では、その場面を離れてください。あのピンク色の覆いみたいなものだけど、見たのはあの時が初めて？ それとも以前、どこかで見たことがありますか？」

ベバリー「あのピンクの覆いは見たことがありません。あんな覆いのことは憶えていません。時々急に何がなんだかわからなくなることがあるんです。そんな時には、まるで、すべてのものが止まったようになります」

ドロレス「今から三つ数えますから、そんな状態になった時に戻ってください。いつでもいいです。ピンクの覆いはなくてもかまいません。そうすれば、どうして、そしてどこでそんな状態になったのかがわかるでしょう。三つ数えますから、以前にもそんな状態があったのなら、その時に戻れますよ。一、二、三。今、何をしていますか？ 何か見えますか？」

ベバリー「わたしの寝室の窓から出たんだと思いますが、(不思議そうに) 窓から出て空中にいます」

ドロレス「窓からよじ登って出たんですか？」

ベバリー「いいえ。ただ……吸い出されました」

ドロレス「今、何歳なの？」
ベバリー「八つか九つ。もしかしたら十歳かも」
ドロレス「窓は開いていたんですか？」
ベバリー「はい、開いていました、夏だったので。ベッドに座っていたら、突然、窓の外へ吸い出されたんです」
ドロレス「それって異常な出来事ですか？」
ベバリー「(笑って) その言い方は、あまり異常じゃなかったみたいに聞こえますね。(ため息をついて) 以前にも何度かこんなことがあったようです。それは夜起こりました。わたしの家の横は空き地になっていました。わたしはよく自分の部屋の床に座って窓枠によりかかり、夜道を歩く人や走って行く車を眺めていることがありました」
ドロレス「それで、それからどうなったの？」
ベバリー「わかりません。ただ窓から出て、また戻って来ただけです」
ドロレス「窓から外に出た時は、どんな感じがしましたか？」
ベバリー「何か、ヒューッといった感じで……ヒューッと外に出たんです。(不思議そうに) どうやってそうしたのかはわかりませんが、窓の網戸を通り抜けて行きました」
ドロレス「網戸を通り抜ける？　その時にはどんな感じがするの？」
ベバリー「(不思議そうに) 何も感じなかったと思います」
ドロレス「それでは、もう一度それを感じてみましょう。網戸をもう一度通り抜けてください。窓から出て行くところをやってみましょう。どんな感じがするか教えてください」

ベバリー「今、誰かと話をしているみたい。その人は、わたしと同じくらいの大きさです。でも、姿は見えません」
ドロレス「どうしてそこにいるのがわかるの？」
ベバリー「本当はわからないんだけれど……わたしの右のここに一人だけいて、空中を歩きながら話をしています。姿は見えません。でも、感じでそういう印象を受けるんです。頭は丸い感じ。なんの心配もなく、ただ二人で話をしていただけで、特にその人を見るとかしたような記憶はありません」
ドロレス「空中を歩いているようだと言いましたね？」
ベバリー「はい、隣の空き地の上を横切っています。浮いているんだと思います。わたしの下半身がどうなっているか、よくわかりません」
ドロレス「その人とは何を話したの？」
ベバリー「ただ、お互いに挨拶をしただけだと思います。親しそうで、前にもこんなことをしたことがあるみたいです。知った人と会っている感じがします」
ドロレス「その人に見覚えがあるんですか？」
ベバリー「はい。同じ人です。初めて会った人とは思えません」
ドロレス「空中に浮かんでどこに行くんですか？」
ベバリー「（ため息）わかりません。そこまでは知りません。どこかに行こうとしているのはわかるんですが、それ以外のことはわかりません」
ドロレス「何か建物が見えますか？」
ベバリー「建物は何もありません、空き地ですから。通りを一ブロックかそこら行ったところには家が二、三軒あります。遠くには灯りが見えます。でも、ほとんどはただの……空間です」

ドロレス「とても高いところに浮いている感じですか？」

ベバリー「ええ、窓から出た後、すこし上昇したようです。たぶん、窓から一メートルちょっとぐらい上に」

ドロレス「それで、その人と一緒に浮いているのね？」

ベバリー「はい。でも、この人は本当の人じゃありません。人間ではないんです。丸っこくて、人間のようですが色が違います。灰色がかった茶色の肌にはシワがあり、象の皮膚のように丈夫そうです。そう、まるで象の鼻の皮のようです。姿は異様ですが、わたしにはとても愛情が感じられます。彼には見覚えがあります。知らない人ではありません」

この描写は、『この星の守り手たち』の中の、フィルが宇宙船で見た〝看護師〟を連想させる。あの〝看護師〟にもシワがあって、優しく親切だった。

わたしは彼女に、この奇妙な出来事の一部始終を思い出すように指示を与えた。そして、記憶はすべて残っており、いまやそれを明らかにする時期が来たのだと伝えた。すると突然、彼女は頭が痛いと言い出し、右のこめかみのあたりを指さした。「頭痛みたいです。頭が締め付けられているような感じです」。わたしはその痛みがなくなるような暗示を与えた。それから彼女に、当時の記憶を取り出して詳しく調べ、もし必要ならばそれを客観的に観察し、検討してみようと伝えた。

ベバリー「そこには何かがいるだろうとは思いますが、だからって、それが本当にいるとは信じられませんね。口から出まかせはどうにでも言えますからね」
ドロレス「どんなことをでっち上げていると思うんですか？」
ベバリー「たぶん、自分なりに作り上げたゲームみたいなものじゃないかな。この小さな生き物らしきものと一緒に空中を歩いて、あの宇宙船に乗り込むんだとか」
ドロレス「とにかく見えているものを話してください。それがゲームかどうかは気にしなくてもいいです。もしゲームなら、そのゲームをやってみましょう。結構面白いかもしれませんよ。何が見えますか？」
ベバリー「そうですね。わたしたちが宇宙船に向かっているのは確かです。彼はわたしを迎えに来たんです」
ドロレス「彼がそう言ったんですか？」
ベバリー「言われなくても知っていたんです。どうしてわたしが知っていたのかはわかりません。ただ、窓から出ると、そこに彼がいました。そして、再びあそこを訪れるために、二人で戻って行きました。右手のほうに宇宙船のようなものがいます。それは空き地の暗闇を背景に、明るく光っています。空き地は広いのですが、そこには宇宙船しか見えません」
ドロレス「宇宙船はどんな形をしていますか？」
ベバリー「丸くて平べったくて光っています」
ドロレス「ボールのように丸いんですか？」
ベバリー「いいえ、円盤のような形です。薄くて、上が丸みを帯びています。底の部分は平らな感じで、厚みはそんなにありません。明るく光っています。まるで蛍光を発しているかのようで、すべてが銀白色でした」
ドロレス「もし、あなたのほかに誰かがその場にいたら、その人もその宇宙船を見ることができたと思いますか？」
ベバリー「わかりません。ほかに誰もいませんでしたから」
ドロレス「あなたが外にいる間にあなたのお母さんが部屋に入って来たら、お母さんはあなたを部屋で見ることができますか？」

この質問でわたしは、彼女の身体も部屋を出たのか、それとも彼女の霊だけが外に出たのかを確かめたかったのだ。

ベバリー「見えませんよ。わたしはそこにいないんですから。でも、母が部屋に入って来ることはまずないでしょう。たとえ入って来たとしても、わたしが別の部屋にでも行ったと思って、特にわたしを探したり不審に思ったりはしないでしょう。わたしは寝室のドアをいつも閉めているし、それに、外に出てからそんなに時間が経っていませんから」

明らかに彼女は、自分の身体がそんな経験をしたと思っているようだ。

ドロレス「その円盤の大きさはどのくらいだと思いますか？」
ベバリー「家と同じくらいです。いや、家ほどではないかもしれません。でも、自動車よりは全然大きいです。車三台を円形に並べたら、あの大きさになるかもしれませんね」

ドロレス「何が起きているのか話してください」

ベバリー「ただ停止してしまったんだと思います。この続きは……わかりません。続きは知りません。わたしの目に入って来たものを見ただけです。空き地を半分ほど横切ったところで向こうに宇宙船が見えて、そしたらすべてが止まってしまいました。ほかには何も見えません」

ドロレス「宇宙船にもっと近づいたとか、ほかに何か憶えていませんか？」

ベバリー「わかりませんが近づいたのかもしれません。宇宙船に向かっていましたから」

ドロレス「その次に記憶にあるのは何ですか？」

ベバリー「わたしはいつもベッドから落ちているんです。わたしが戻って来る時はいつもそうなんです。最初ベッドの上にいたのが、次に気がつくと床の上に落ちているんです。いつも同じです」

ドロレス「ベッドにはどのようにして戻るんですか？」

ベバリー「彼らはわたしをベッドの上に放り投げるんだと思います。だからベッドから落ちて目を覚ますんです」

ドロレス「こんなことはいつ頃から起こっていたんですか？」

ベバリー「わたしの知る限り、少なくとも一、二年の間です。長いこと続きました。わたしが自分の部屋を持つようになってからです。自分専用の部屋がなかった頃にそのようなことが起こったという記憶はありません。でも、自分の部屋を持つ前にどこで寝ていたのかは憶えていません。たしか、ある年の夏に特別多く起こったような気がします」

ドロレス「起こることはいつも同じですね。窓から浮かび出て、あるところまで行って、そこから帰って来るんですね？」

ベバリー「はい。でも、帰って来た時は行きと違います。帰りはただベッドの上に落っこちるんです。それから床に落ちる。とにかくいつも、『床の上で自分はいったい何をしてるんだ？』と思いますから」

ドロレス「あなたが床に落ちる音を、お母さんは聞いたことがありますか？」

ベバリー「もちろん、あるわ！　どすんという音を聞いてやって来て、いったい何をしているの、と言われたもの。ただベッドから落ちただけと言うと、怪我をしてないことを確かめていたようでした。それにしても、別の部屋にいても聞こえるくらい大きな音だったのね」

ここで彼女に、今見ている場面を離れ、さらに昔にさかのぼるように指示を出した。

ドロレス「あなたが小さかった時にとても不思議な夢を見ましたが、その当時に戻ってください。その夢について話してくれますか？」

ベバリー「あれはね、とっても怖かったわ。だって、あの変なものたちが夜、わたしの部屋に入って来たんだもの。わたしのベッドはツインの大きさで、壁にくっつけて置いてありました。部屋は真っ暗。家族の皆が寝静まってからやって来たの。彼らはまわりを這いずり回りながらわたしを見ていました。目はとても大きくて巨大な昆虫のようでした。本当に昆虫だと思ったわ。部屋の片側には窓があったので、時々その窓から光が差し込んで来て、床にいる彼らが見えました。ベッドの足のほうにもいました。わたしの顔の上とか胸の上にも乗って来ます。口を開けて叫び声を上げようとしたけれど、声は出ませんでした。でも、目がはっきり覚めてきたら声も出せるようになりました」

ドロレス「そのものたちの大きさはどのくらいでしたか？」
ベバリー「わたしより大きかったわ。ベッドいっぱいに広がるくらいの大きさ。わたしの体の上に乗ると、頭の大きさはわたしの頭と同じくらいでした」

わたしは彼女がその場面をもう一度はっきりと見るように指示し、その時、彼女が不快感を持つことがないような指示もしておいた。望むなら、彼女は第三者としてその場面を観察してもよいのである。

ドロレス「彼らは今どこにいますか？」
ベバリー「一人います。色は明るい色か、もしかしたら光が当たって明るく見えているのかもしれません。そして、別にもう二人が床の上にいます（手を動かして説明）」
ドロレス「あなたの右側ですか？」
ベバリー「わたしのベッドは壁に寄せてあるので、部屋の真ん中にはありません。だから、部屋の空いた部分は全部ベッドの右側になります。床には一人か二人いて、月の光か何かが入って来ています。わたしの部屋の窓にはベネチアン・ブラインド（横型のブラインド・訳注）が付いているんですが、きっちり閉まらないんです。もう一人か二人、ベッドの足のほうにいます。わたしのところまで這って来るのもいるし、体が長いので、体を伸ばしてわたしの顔のすぐ上まで顔を寄せて、わたしの目や鼻や耳なんかを見たりしています。彼らが脚を広げて覆いかぶさると、その体がわたしの体の真上に来ますが、脚が長いのでわたしに体が触れることはありません。でも、たまにわたしの顔に触れることはあります」

ドロレス「彼らの姿かたちを教えてください」

ベバリー「とても大きな頭をしていて、そこにまたすごく大きな黒い目があります。ひょろ長い体です。彼らの腕みたいなものは、彼らの脚のようなものと同じ長さです。まるで昆虫のようです。体の前と後ろに脚があるバッタか何かみたいです。体はすべすべしていて、流線型で光沢があります。まるで長いチューブのようで、そこから脚だか腕だか知りませんが生えて来ています。床の上にいるほうのは少し違っています。色も薄いし、体も短くて太いようです」

ドロレス「顔も昆虫のようでしたか？」

ベバリー「目しか覚えていません。大きな丸い頭はアリのようです。丸いけれどあごが尖っていて、とても大きな目なんです。ベッドに乗っているのは色が黒く、床にいるのは薄い色です。色が違うのがわかります」

ドロレス「手は見えますか？」

ベバリー「いいえ。あったとしても手はベッドの上にあるので、仰向けで彼らの顔を見上げているわたしには見ることができません」

ドロレス「彼らがあなたの顔を触ったことがあると言ったので聞いてみたんですが」

ベバリー「そうでした！　そういえば指がありました。わたしの目を指で開いて見ていました。顔中をつっつきまわしていました。見えたのは指だけです。細い、とても細い指です。わたしの顔をこんな風にしていました（手で頬を触るような、撫ぜるようなしぐさをし、それを思い出した彼女は泣き出した）」

ドロレス「そんなことされたらわたしでも嫌ですね。ほかに何かしましたか？」
ベバリー「（泣きながら）それしか憶えていません。（泣きながら感情的になって）その後はただ叫び声を上げ続けるだけでした」

わたしは怖がっている子どもをなだめるような話し方をして、彼女を落ち着かせた。

ドロレス「彼らがどのようにして部屋に入って来るか見たことがありますか？」
ベバリー「（驚いたように）きっと窓を通り抜けて来るのよ。わたしの部屋のドアはいつも閉まっていたはずです。というのは、叫び声を聞いて母がわたしの部屋に来る時、いつも決まって、まずドアを開けてから入って来たからです。だから、彼らがドアを開けて出て行ったとは思えません」
ドロレス「あなたが叫び声を上げてから、どうなったんですか？」
ベバリー「皆、部屋を出て行ったんだと思います。わたしは彼らを驚かせて追い出そうなんて思ってもいなくて、ただ怖かったから叫んだんです。叫ぶことができたら、絶対もっと前に叫んでいましたよ。けれど声が出なかったんだと思います。叫び声が出せるようになると、彼らは部屋を出て行くんです。たぶん、叫び声で母が目を覚まして、わたしのところに来るんでしょうけど、母が彼らを見たことはありません」
ドロレス「彼らのことをお母さんに話したことはありますか？」
ベバリー「巨大な虫がわたしを捕まえに来ると言ったことがあると思いますが、母はただ、悪い夢を見ただけよ、さあまた寝なさい、と言うだけでした」

ドロレス「そうよね、たしかに悪夢のようにしか思えないものね」
ベバリー「時には彼らが来ることが前もってわかり、そういう時には犬を連れて来てそばにいさせます。すると彼らはやって来ません」
ドロレス「彼らがやって来ることがどうしてわかるの？」
ベバリー「ベッドに入る時、ただわかるんです。彼らが来るぞって」
ドロレス「犬がいると来られないのかな？」
ベバリー「それか、もしかしたら、犬を抱いて寝ていると目を覚まさないかのどちらかでしょうね。あるいは、悪夢を見ていても目が覚めなかったのかもしれません」
ドロレス「窓から入って来たあの光ですが、それはかなり明るかったのですか？」
ベバリー「とても明るく感じました。月の明かりだと思っていましたが、もしかしたら、あの空に浮いているものが光って、それがブラインドの隙間から入って来たのかもしれません」

これで今回の情報は十分得られたと思った。

これと同じタイプの記憶遮断が、その翌日、ＵＦＯ関連で調査した別の被術者にも起きていたのは不思議だった。その女性は、物事の動きを止めるエネルギーの黒い渦巻きを経験し、過去のある時点に関する記憶を失っていた。このように、二人の別々の人間に、ほぼ同じ頃によく似た記憶遮断が起こっているのは興味深い。

わたしがＵＦＯの調査研究を始めてから数年経った頃（一九九〇年代）、こうした現象を起こす被術者が時々見られた。その中には、この種の情報の調査を行なうのはまだ早いと判断した潜在意識によって記憶が遮断されたと思われる例もあった。また別のケースでは、ある時の出来事を思い出せないように、宇宙人が後催眠暗示を与えたのではないかと思われたこともあった。

その後、再びベバリーとのセッションを行なった時には、わたしたちは首尾よくこの邪魔者を排除し、その背後に隠されていた記憶を発見することができた。

数週間後、わたしたちは再会し、別のセッションを行なった。彼女の健康と金銭上の問題の原因調査だった。前に現れた記憶遮断の障害は、今回は出て来なかった。セッションの最初に、彼女の潜在意識は二つの過去の人生を見せてくれた。一つは砂漠での人生で、もう一つはアメリカの南北戦争時代らしかった。この二つのうちどちらを先に見るかをベバリーに選ばせると、彼女はすぐに十九世紀の末に終わったほうの人生を選んだ。それはわたしには特に興味の持てるものではなく、ごくありきたりで平凡な人生だった。それでも、彼女にとっては何か重要な情報が含まれていたに違いない。

次に、先ほど垣間見た砂漠での人生に移った。彼女は中年の男性で、砂漠に暮らす遊牧民の集団に属していた。彼らはヤギの群れを遊牧しながら移動していた。ヤギは食用にされるだけでなく、町で売ったり必要なものとの交換に使われたりする大切なものだった。わたしが彼女を何か重要な出来事があった時へ行くようにうながすと、彼女は、市場でヤギを売ったり彼らにとって必要な品物と交換したりしている場面に移った。彼女は、このどこでも自由に行き来できる生活が好きだった。町での生活に付き物の法律や規則などに縛られないことも嬉しかった。彼女の属する部族の名前を聞くと〝テレグ〟という語が浮かんだが、それが果たして部族の名前なのか町の名前なのか、あるいは彼女自身の名前なのかもさだかではなかった。彼女はエジプトにいるらしいと言い、ほかにも多くの事柄が想い浮かんできたが、それらはごく単調で退屈な生活に関するものばかりだった。

しかし、彼女を別の重要な日に移した時、驚くべきことが起きた。わたしは普通、その被術者の人生における最後の日にいたるまでの重要な日々を順に見ていくが、その途中で思いがけず、別の人生に飛び移ることがある。これはよくあることで、潜在意識が初めてこうしたセッションに臨んだ時には往々にして不安定で、一つの人生だけにとどまり続けるのが難しいのである。こうなった時、わたしはいつもそのまま、その移った先の世界にい続けることにしている。というのも、潜在意識が何かより重要な情報を与えようとしていると思われるからだ。通常、セッションを数回続けるうちに、被術者は一つの人生に落ち着き、詳細に探査することができるようになる。ベバリーの潜在意識はどうやら、彼女の砂漠での人生をこれ以上探索しても意味がないと思ったようだ。そして、もっと意義深い過去に飛び込む決断をしたのだろう。わたしとしては、砂漠での人生をもっと見てもいいかと思ったのだが、今回は潜在意識の意向に従うことにした。というのも、前回は記憶遮断に阻まれたが、今回はきっと扉を開け放つ準備が整ったのではないかと思われたからだった。

わたしは彼女に、市場を離れて、人生における次の重要な場面に行くように指示した。

「今、何をしていますか？　何が見えますか？」

ベバリー「父のガソリンスタンドにいます」

ドロレス「(彼女はすでに砂漠での人生にはいないようだ) えっ、そこはどこですか？」

ベバリー「わたしの家のすぐ近くよ」

ドロレス「町の名前は？」

ベバリー「シュリーブポートです」
ドロレス「そこで何をしているの？」
ベバリー「ここで働いている男の人と遊んでいます。わたしにハリー・トルーマンのことやＡＢＣを教えてくれています。数の数え方も」
ドロレス「そう。今いくつですか？」
ベバリー「五歳か六歳です」
ドロレス「あなたの名前はベバリーですか？」
ベバリー「うん。名前の書き方も教えてくれたわ」
ドロレス「まだ学校には行っていないの？」
ベバリー「まだよ。でも学校へ行ったら、ほかの子たちよりずっと知っていると思う。だってエディが教えてくれるから。エディは黒人よ。どうして黒人というのかわからないけど。だって、こげ茶色でしょ」
ドロレス「そう、そうよね。誰かに教えてもらえていいわねえ。ほかのどの子より知っているようになるものね」
ベバリー「そう、だからうれしいの。わたしはエディが好きよ。でもね、彼は腕が片方ないの」
ドロレス「ない？　どうしたの？」
ベバリー「（まじめな顔で）切られちゃったからよ」

この種の子どもらしい正直さには、時に驚かされる。

ドロレス「そうなの。そのガソリンスタンドはお父さんのだって？」
ベバリー「うん。エディはお父さんに雇われているけど、お父さんと同じくらいいろいろ知ってるの」
ドロレス「そう、そんな人に教えてもらえていいわねえ」

どうやら記憶遮断の障壁はないようなので、もう一度、森での出来事について探ってみようと思った。彼女は明らかに前回より深い催眠状態に入っていて、表情やしぐさも、より子どもらしいものとなっていた。そこでわたしの質問の仕方も、もっと実際に子どもに話しかけているように工夫した。

ドロレス「もうすこし先に進んで、一年生の時に行ってみましょうね。あなたは学校でいろいろなことをお勉強していきます。もっと先に進んで、お友だちと二人で学校のそばにある森に入った時まで行ってみましょう。どうしてそんなことをしたの？　お家に帰りたくなかったの？」
ベバリー「そうよ！　もうちょっとお外で遊びたかったの」
ドロレス「学校は好き？」
ベバリー「まあね。新しいお友だちに沢山会えたし、勉強は易しいし。いつも塗り絵をしているだけなんだもの」
ドロレス「字やなんかも習っているんじゃないの？」
ベバリー「そうだけど、もう全部知ってるもん。学校では一番年下だけど、皆と同じくらい知っているよ」

ドロレス「そう。今誰と一緒にいるの？」

ベバリー「もうじき結婚する先生よ。でも名前は知らない。顔は見えるけど。先生の髪の毛は茶色で、結婚すると名前が変わるの。あそこにクリントンがいる。向こうにはもう一人の先生がいるわね。それからお友だちのパトリシアがいて、あとボビーという名の男の子も」

ドロレス「皆あなたの教室にいるの？」

ベバリー「校庭よ」

ドロレス「じゃ、その後で森に行ったの？」

ベバリー「そう。学校が終わって、皆いなくなってから、パトリシアと二人で行ったのよ」

ドロレス「その話をしてちょうだい。森はどんなだった」

ベバリー「(声をひそめ、子どもっぽくもったいぶって) とっても怖かった」

ドロレス「(ちょっと笑って) 怖かったけど面白かったんでしょ？」

ベバリー「そう、木は皆本当に高いし。やってはいけないことをしていたので、二人でクスクス笑っていたわ」

ドロレス「前にも森に入ったことがあるの？」

ベバリー「こんなに深い森は初めて。ちっぽけな森なら入ったことあるけど。この森はとっても奥が深いわ」

ドロレス「迷子になるとは思わなかったの？」

ベバリー「入って来た道をそのまま戻るつもりだったから」

ドロレス「歩いている時に何を見たの？」

ベバリー「そうねえ、沢山の木よ」

長い沈黙があり、彼女の目の動きは何かが起こっていることを示していた。

ドロレス「パトリシアはあなたと同じくらいの年？」

「はい」と答えた彼女の声は、さっきより小さくなっていた。何かが起こっているのは明らかだったが、わたしは誘導したり暗示したりしないように細心の注意を払った。

ベバリー「（警戒するように）森のあそこに何かいるみたい。ネズミかしら。いや違うわ、大きな昆虫かもね」

ドロレス「何を見たの？」

ベバリー「見えたんじゃないけど、あそこに何かがいるのがわかるの。音がする」

ドロレス「どんな音？」

ベバリー「（間を置いて）音はしないけど動いてる。あそこで何か動いてるわ」

ドロレス「それが何か、行って見てみる？」

ベバリー「いや、どうかしら。これ以上行かないほうがいいと思う。ここにいたほうがいい。……光が見えます」

ドロレス「その光はどこから来るの？」

ベバリー「森の奥からわたしのほうに向かって光っています」
ドロレス「光の大きさは?」
ベバリー「そんなに大きくないわ。青い、青白い光です。こっちに向かって来ます」
ドロレス「懐中電灯くらいの大きさですか?」
ベバリー「いいえ、懐中電灯より大きいです」
ドロレス「車のヘッドライトぐらいですか?」
ベバリー「そのくらいかな。そうね、そのくらいの大きさです」
ドロレス「でも、ヘッドライトはそんな色じゃないわよね? (はい) 近づいてくるスピードは速いですか、遅いですか?」
ベバリー「ゆっくりです。でも、わたしはどうしていいかわかりません。(ため息をついて) 勇気を出さなくちゃ」
ドロレス「どうするの?」
ベバリー「何もできないわ。逃げることもできないと思う。もう捕まってしまっているんだと思います」
ドロレス「どうして逃げられないと思うの?」
ベバリー「ただ、そう思うの。もう遅いと思う。何かワナにでも掛かったようで、もう逃げられないと思う。体の向きを変えることさえできないと思います」
ドロレス「光はまだその辺にあるの?」
ベバリー「ええ。光と一緒に歩いているんだと思うわ。そうだ、光がわたしたちを引き寄せているのよ」

ドロレス「光の大きさは今どのくらい？」

ベバリー「わたしと同じくらいよ」

ドロレス「でも最初に、光の大きさはヘッドライトくらいだと言いましたよね？」

ベバリー「光が出て来たばかりのところではそのくらいの大きさに見えたの。でも、出て来た光は大きかったのよ。ここではわたしくらい大きくなってまわりを取り巻いてて、身動きができないの」

ドロレス「パトリシアはどうしてるの？」

ベバリー「さあね。きっと彼女のまわりにも光はあるんじゃないかしら」

ドロレス「光と一緒に行きたいような気がすると言いましたね？」

ベバリー「たぶん行かなくちゃならないと思うんです。もうここから逃げ出せないでしょう。それに走って逃げたとしても、きっとすぐ捕まっちゃうわ。落ち葉の上を歩いて前に進んでいるけど、光にそうさせられているみたい。まぶしくて、ほかのものは何も見えません。でも平気、痛くないから」

ドロレス「いったい何が起きているのか教えて」

ベバリー「わたしたちはそこに着いたので、この小さな建物の中に入ります。中は光でいっぱいで、あまりよく見えません。車みたいにも見えるけど、それよりは大きいと思います」

ドロレス「どんな形をしているの？」

ベバリー「丸くて、ボールを半分にしたような形です」

ドロレス「どうやって中に入ったの？」

ベバリー「窓のようなところから。窓のような狭い隙間がいくつもあって、そこを通って中に入るの」

ドロレス「それは地面の上に据えてあるの？」

ベバリー「そうじゃなくて地面の上に浮いている感じ。低いところにあるけれど、地面からは浮いています。窓のようなところまで浮かび上がって、そこから中に入ったの。そしたら、その人たちがわたしを眠らせました」

ドロレス「眠らされる前に何か見ましたか？」

ベバリー「小さな人たちがいました。あんまり人間みたいに見えなくて、何か小さな生き物のようでした。わたしよりそんなに大きくありません。でも、良い人たちです。まるで空想の中のお友だちみたいに」

ドロレス「もしかしたらそうかもね。その人たちの顔は見たの？」

ベバリー「小さな昆虫のような顔でした。でも、色は薄くて、つまり、昆虫のように黒っぽくはないということです。小さな子どものようなピンクがかった灰色だけど、顔は昆虫みたいなんです。昆虫の顔って醜いわよね」

ドロレス「髪の毛は生えていましたか？」

ベバリー「髪の毛の生えているのはいませんでした。そして、彼らはすぐにわたしを眠らせました」

ドロレス「どんな目をしているか見えますか？」

ベバリー「丸くてとても大きな目よ。黒いボタンみたいな感じで、とても大きいわ」

ドロレス「鼻と口はどう？」

ベバリー「鼻とか口は、あるかどうかもあまりよくわからない。顔はとにかく……昆虫みたい。人間のようじゃありません」

ドロレス「体には何か特徴がありますか？」
ベバリー「何か幽霊のような体です。脚はあると思えません。ただ空中に浮いて動きまわっているんだと思います。脚があるとしても、わたしのような脚じゃない。彼らの体も腕と脚も本当に細いわ。あんな脚じゃ立っていられないに決まってる。だからさっき、彼らは浮かんでいるって言ったのよ。あと、この中では何もかもがピンク色なの。物の色も光も皆ピンク。小さな女の子だからピンク色にしたんだと思う。わからないけど」
ドロレス「なるほど、そうかもね。指は何本あるかわかりますか？」
ベバリー「ええと……三本か四本です」

彼女は片手を上げ、その小指を折り曲げてもう一方の手で押さえて四本にした。とても子どもっぽいしぐさだ。

ベバリー「彼らには小指がありません。親指が一本あって、ここに……二本、いや三本、指があると思います。わたしの学校には指が六本ある男の子がいるわ。でも、彼らには四本しかないのよね。その子の名前はレスターって言うんだけど、足にも手にも指が六本あるの」
ドロレス「この人たちは親指一本と、ほかに指が三本だけですね。そんなことがあるんですねえ。（うん）この小さな人たちは何か服を着ていましたか？」
ベバリー「いいえ。動物は服を着ないでしょ。彼らも服を着ないの。でも、あれとかは何も見えなかったわ」

ここで彼女は何か隠し事めいた口調になった。性器のことを言っていたのか？

ドロレス「その部屋には、ほかに何かありますか？　さっき、ピンク色の光と言いましたよね？」

ベバリー「はい、照明はいっぱいあります。台も沢山あります。いや、沢山じゃなくて、台はちょっとだけです。お医者さんのとこにあるような、診察台のような台です。そして別の小さな部屋もあります。その部屋の台には拡大鏡のようなものがいくつか置いてあります」

ドロレス「拡大鏡って、どんな？」

ベバリー「上のほうに突き出ていて、それがまた下に降りて来るようなものよ。（手を使って説明）こんな風に曲がる照明灯があるでしょ。これはそうじゃなくて、折れ曲がって変形するの。上がったり下がったりして、どこでも好きなところを照らせるのよ」

ドロレス「ああ、あれね。好きなように動かせる照明灯でしょう？　お医者さんが使うような大きな照明灯ね？（そうそうそれです）それが拡大するの？」

ベバリー「そうだと思います。それが別の部屋にあるんです。あっちよ。（彼女は素早く左のほうを指さした）そこにもう一つ小さな台があって、壁から出ているその長い棒のようなものに照明灯が付いています」

ドロレス「さっきあなたは照明が沢山あると言いましたね。どこにあるの？」

ベバリー「壁の中です。すごく光っています。部屋の中の照明は隠されていて見えないけれど、とても明るいというのはわかりますか？　本当に明るいんです。でも、光のもとがどこにあるのかは見えません」

ドロレス「何かの後ろにあるような感じですか？」

ベバリー「そうです。でなければ、壁そのものから光が出ていることになります。でも、あの小さな部屋では、大きな折れ曲がった照明灯から光が出ます。わたしの検査はそこでしました。その部屋にはいくつか台もあるけれど、それらを何に使うのかはわかりません。わたしを検査した時には使いませんでしたから。もしかしたら、大人の人たちを検査する時に使うのかな」

ドロレス「その台は大きいの？」

ベバリー「はい。台は丸く輪を作るように並べられて部屋の真ん中に置いてあります」

もう少し詳しく説明してくれるように頼んだ。

ベバリー「ええと、それぞれの台は細長くて、もう一つ、またもう一つ、さらにまたもう一つというように置いてあります。もしかしたら、検査する人を載せる台ではないのかもしれません。何かを入れる箱なのかも。台の下は脚でなく、床まで続く箱のようになっているので、物を入れることができそうです。引き出しとかが付いているあのタイプですね」

ドロレス「その台は何で作られていると思う？」

ベバリー「ステンレスじゃないかな。よく光っています」

ドロレス「ぐるりと輪を作って置かれているのなら、その真ん中には何かあるの？」

ベバリー「いいえ、真ん中には何もありません。歩いて中に入れますよ、台と台の間を通って」

ドロレス「台のほかには何かあるの？」

ベバリー「はね橋があります」

ドロレス「それは何？」

ベバリー「入り口を開けたり閉めたりするものです」

ドロレス「あなたもそれを通って中に入ったの？」

ベバリー「そうだと思います。わたしが入って来た時にはもう開いていました。でも、はね橋がそこにあったので、後で彼らがそれを上げて入り口を閉めたのはわかりました」

ドロレス「その部屋に、ほかに何か見えますか？」

ベバリー「まわりの壁にはダイヤルやら取っ手やらがずらりと並んでいて、宇宙船の舵を取ったり動かしたりするのに使います。それらが皆、円い部屋の壁一面にずらりと並んで取り囲んでいます。飛行機の中のように見えます。あんまりいろいろあって、わたしにはわかりません。そこにはあの……本物のテレビのような箱じゃなくて、パネルとかスクリーンみたいな感じのものがあって、そこにいろいろと映すんでしょうけど、今は何も映っていません。たぶん、飛んでいる時に使うんだと思います。あの真ん中の台みたいなもの、わたし、何なのかわかったわ。あの小さな連中が寝るベッドに違いないわ。絶対そうよ。あの上に寝て、下には持ち物を入れるのよ」

ドロレス「なるほどね。ほかに何か見えますか？」

ベバリー「いいえ。もう行かなきゃ」

ドロレス「どういうことですか？」

ベバリー「用意が出来たから、ここを出て家に帰るんです」

ドロレス「彼らに眠らされたと言いませんでしたっけ?」

ベバリー「あの部屋に連れて行かれて、そこでとても眠くなりました。もう目を開けていられなくなって、そこに入るまでにわたしは……思い出せません。眠ってしまいました」

ドロレス「あなたが眠くなるように、彼らは何をしたんですか?」

ベバリー「あの光を当てたんだと思います。それですごく眠くなるんです」

ドロレス「その台には自分で乗ったの?」

ベバリー「いいえ、彼らが載せたんでしょ。よく眠っていたからわかりません。ただ、たぶん……浮かんでそこまで行ったみたい。でも、彼らが持ち上げていたような感じです。で、わたしはたちまち眠り込んでしまったんです。あの光のせいよ。本当に不思議な光なの。あの光にはなんでもできるのよ。あの光の中に入ると出られなくなっちゃって、一緒にあちこち引きまわされるの。どうしようもないわ。それで、光の中は全体にピンク色ではあるんだけれど、そこには少し白っぽかったり黄色っぽい感じのところもあるの。それは、ものすごく明るいからだと思います。太陽の光も少し黄色がかってますよね。ただし、絵の具を混ぜて作った黄色っぽいピンク色とは違います。とにかく、あれに照らされると眠くなったり目が覚めたりするの。本当に、あの光にはなんでもできるんじゃないかと思うわ」

ドロレス「たとえ眠ってしまっていても、あなたはその間のことを憶えていて、台の上で何が起こったかわたしに話せますよ」

ベバリー「(小さな声で)彼らは体をかがめてわたしの上に覆いかぶさっています。そしてあの照明灯を下ろして、わたしの体全体を照らしています」

ドロレス「彼らは何を調べているの？」
ベバリー「（子どもっぽい調子で）わたしが何で出来ているかよ。で、わたしの寝室でベッドの上を這いずり回っていた時と同じようなことをしているわ」
ドロレス「あなたの寝室に来たのと同じ人たちですか？」
ベバリー「違うと思います。もっと薄い色をしているから。（感情的になって）彼らはただわたしを見ているだけのようだけど、わたしは動けません。しゃべることもできません」
ドロレス「大丈夫よ。わたしには話せますから」
ベバリー「何もされているわけじゃないけれど動けません。本当に怖いです。（泣き出しそうになって）わたしを触っています。でも、それで動けないんじゃなくて、とにかく、全然動けないんです、凍ってしまったみたいに」
ドロレス「それも何か、光が関係していると思う？」
ベバリー「光か台のせいよ」
ドロレス「台の感触はどうなの？」
ベバリー「何も感じません。というのは、その上に載っているわけじゃないので。台の上に浮かんでいるんです。台は冷たいように見えるけど、わたしはその上の空中に寝ているみたいです」
ドロレス「彼らはあなたを見ながら何をしているの？」
ベバリー「小さな音を立てています。（ちゅんちゅんとさえずるような、あるいは甲高い声でぺちゃくちゃしゃべるような音を出してみせて）ずっとしゃべりまくっているようです」

ほとんどのケースでは、宇宙人は以心伝心、あるいはテレパシーによって会話し、音声を出すことはないと報告されている。しかしまれに、本書や『*Legacy from the Stars*』（『星からの遺産』）に収録した例のように、高音の、時にはメロディーのような抑揚を伴った音声の会話が報告されることもある。

ドロレス「どんな話をしているかわかりますか？」

ベバリー「いいえ。（彼女は何か鳥のさえずりのような声を出した）まるで小さなアリのようです。忙しく働いているアリのようです」

ドロレス「それは面白い話し方ですね。彼らはほかに何をしていますか？」

ベバリー「もう何も。終わったみたいで、照明灯を壁に戻しました。不思議なほどぴったり壁の中に収まります」

彼女の声はもう落ち着いていた。あたかも、彼らの作業が終わった途端に落ち着いたかのようだった。

ベバリー「彼らがぎっしりとわたしを取り囲んでいました。まるで息が詰まりそうな感じでした」

ドロレス「どうして皆そんなに近くにいたの？」

ベバリー「見ていたんです。わたしの体全体を隅々まで観察していました」

ドロレス「体の隅々まで？　そんなことができると思いますか？」

ベバリー「あの照明灯を使えばできます。ええ、本当に隅々まで観察できるんです。だからわたしは台の上に浮かんでいるんです。そうすれば背中のほうも見えますから。あの照明灯を使うんです。終わると、彼らは台から離れて行きました。わたしは、このピンク色の眠気の中にいたようでした。それから、わたしも台から離れて、下に降りて来たんです（手を使って説明）」

ドロレス「そういう風に浮いたままで？」

ベバリー「はい、でもこの時は立った姿勢です。それからまた光がわたしを別の部屋に連れて行き、そしてわたしはそこを出ました」

ドロレス「出入り口から歩いて出たの？」

ベバリー「はい、スロープを降りて、森に戻りました」

ドロレス「彼らはどうしてあんなことをしたんでしょう？」

ベバリー「わたしにはよくわかりません。彼らはほとんどしゃべらなかったし。しゃべったのはわたしの体を調べている時だけだったから、たぶん、そのために来たんじゃないかしら。わたしは体が麻痺させられたみたいで、あれこれ考えたりすることはあまりできませんでした。わたしのような小さい子にはよけい無理でしょう。彼らはわたしより大きいんだから。もしわたしが大人だったら、彼らより大きかったのに」

ドロレス「彼らはあまり力がありそうに見えなかったのに、あなたを持ち上げたのね？」

ベバリー「あの光がしたんです」

ドロレス「あなたがあそこに行ったのはこれが初めて？」

ベバリー「いいえ。でも、森から行ったのは初めてです。それまでは彼らがわたしの家にやって来て、ベッドから連れて行かれてました」

ドロレス「じゃ、この場所は見たことがあったんですね？（はい）パトリシアは、まだあなたと一緒でしたか？」

ベバリー「森から走って逃げ出す時には一緒だったけど、その前のことは憶えていません。でも、あの部屋はそんなに大きくなかったのに、どうして彼女に気がつかなかったのかしら。わたしは彼女を見ませんでした。でも、あの光はなんでもするから、（当惑したように）もしかしたら、そこにいてもわたしに見えなかっただけかもしれません」

ドロレス「外に出た時には目が覚めていたの？」

ベバリー「スロープを歩いて降りて、森に戻ったことは憶えています。でも、すぐその後の二、三分間のことは憶えていません。それから、わたしとパトリシアは、くすくす笑いながら森から走って出ました」

ドロレス「円を半分に切ったような大きな光はどうなったの？」

ベバリー「わかりません。森から出てしまいましたから」

ドロレス「彼らがあなたの部屋に入って来て、あなたを連れて行くんだと言いましたね？」

ベバリー「ええ。とても怖かった。本当に嫌でした。時にはわたしの部屋でそれをするので、そんな時は死ぬほど怖いです。そうでない時には部屋から連れ出されました」

ドロレス「どうやって連れ出すの？」

ベバリー「窓からです」

ドロレス「窓からあなたを運び出すんですか？」

ベバリー「（いらだったように）彼らはわたしを抱き上げなくてもいいの。光が運ぶから。まるでエスカレーターに乗っているみたいに。でも、エスカレーターじゃなくて、ただ光だけなのよ」
ドロレス「光があなたを運び出す時、窓は開いているんですか？」
ベバリー「開いていても閉まっていても関係ないんです。開いてなくても、そのまま通り抜けちゃいます」
ドロレス「まるで魔法みたいね？」
ベバリー「そう、魔法です」
ドロレス「あなたが部屋からいなくなった時に誰かが部屋に入って来たとしたら、寝ているあなたを見ることができると思いますか？」
ベバリー「彼らは部屋に誰も入れさせませんよ。彼らは絶対に見つからないわ。時間を止めるんだと思う。きっとそうでしょう」
ドロレス「彼らはいつも同じように見えますか？」
ベバリー「いいえ。時には少し違う格好をしたのもいます。そういうのはイモムシのような体に手足が付いています」
ドロレス「長くて細い体ということですか？」
ベバリー「でこぼこした体です。イモムシの背中はでこぼこしていますよね？」
ドロレス「ああ、山の背みたいに？」
ベバリー「そうです。彼らはただのお使いなんです。そうに決まっています」
ドロレス「でこぼこした体の人たちがですか？　どうしてお使いだと思うの？」
ベバリー「わたしが彼らを見るのは、わたしをベッドから連れ出して光に乗せてこの部屋に運ぶ時だけで、後はいなくなります。見たことがあるのはその時だけです。それと、彼らはわたしに話しかけます。口では話しませんけど。まるで看護師のようです。病院の廊下を歩く時に看護師が付き添ってくれますよね。彼らのすることも同じです。彼らの役目はそれだけだと思います」

ドロレス「彼らはあなたに何を話すの？」

ベバリー「『こんにちは』です。でも声は出しません。彼らはそれを頭の中で思い、その思ったことがわたしにわかるんです。彼らは優しくしてくれるわ。わたしをあそこに連れて行かなければならないから」

このタイプの宇宙人は他のケースの中でも、例えば、わたしの著書『この星の守り手たち』の中でも報告されている。ほかの宇宙人は冷たいとか、おかしな態度をとるとか、無関心とか表現されているのに、これらの宇宙人は親切そうなことから看護師と呼ばれているのは興味深い。調査を受けた被術者たちは、この看護師タイプの宇宙人について、性別を示すものは何もないのに、女性のような感じがすると言うのである。

ドロレス「この人たちの顔はどんな風なの？」

ベバリー「ほかの人たちと似ていますが、色はもっと黒っぽくて皮膚もきめが粗いです。ほかの人たちほど滑らかな感じじゃなくて、上品でもありません」

ドロレス「顔もでこぼこなの？（いいえ）目はどんな風なのかしら？」

ベバリー「目はとっても大きくて黒です」

ドロレス「じゃあ、皮膚だけがほかの人たちと違うのね？」
ベバリー「それと、ちょっと太っています」
ドロレス「髪の毛とかはありますか？」
ベバリー「いいえ、髪の毛はありません。でも、ひげが生え始めたような感じの毛はあります。それは体中にあります。短くて硬い毛です。まばらに、茶色がかった体全体に散らばって生えています」
ドロレス「きめが粗くてでこぼこな体ですか？」
ベバリー「とてもきめが粗い皮膚です。牛の皮のようでもないし、豚の皮に近いかもしれません。たぶん何かの作業のための人たちじゃないかしら」
ドロレス「この人たちは衣類を着ないんですね？」
ベバリー「全然着ません。着る必要がないんです」
ドロレス「彼らはどうやってあなたを家の部屋に連れ戻すんですか？」
ベバリー「わかりません。いつも目が覚めると自分の部屋にいるんです。たぶん、連れて行った時と同じようにして連れ帰って来るんでしょう。でもね、その時わたしは眠っているの」
ドロレス「その人たちはあなたを連れて行くと台に載せて、あの光でいつも同じことをするんですか？」
ベバリー「いつも同じとは言えません。時には髪の毛をかき分けて、少し切り取ったりします。血も採ります」
ドロレス「どうやって？」
ベバリー「ただ、さっと採るんです。ストローだったらさっと吸い取れるでしょ。でも、これはストローよりもっと小さいものです。吸い取ったり針や何かを使ったりはしません。血が少し流れ出て来るようにして採ります。皮膚を通して出て来るんです。器具は何も見えませんでした。器具なんかなかったと思います」

ドロレス「皮膚から出た血をどうするの？」

ベバリー「小さい何かの……ものの中に入れます。小さなビンです（手で説明）。わたしのおしっこも少し採りました。あそこにビンを持っていって採りました」

ドロレス「その人たちは、いろんなことをする方法を知っているのね？（そうよ）どうしてそんなことをずっと続けているのかしら？」

ベバリー「もっといろいろなことを知りたいんだと思うわ。彼らは、わたしをあんまり長く連れて行ったままにはしません。きっとわたしの親やほかの人たちに知られたくないんでしょう。誰も彼らのことを知らないようね。誰もそんな話はしないし、わたしもしない。だから……まるでどこか遠くのほうで起きていることみたいよね」

ドロレス「あなたには関係ないところで起きているって言うの？」

ベバリー「そう。だからわたしを長い時間は連れ出さないんです。長過ぎると見つかっちゃうと思うから。わたしの思うに、一度で全部は済まさないのかもしれないわね。だってすぐ終わるから。もしかしたら、毎回違うことをするので何度も来るのかもしれません」

ドロレス「それは理屈に合っていますね。でも、大事なのは、彼らがあなたに痛みを与えていないということよ。そうでしょ？」

ベバリー「痛くはないけど、台のようなものに載せられて、あの人たちがわたしの上に来るのは嫌だわ」

ドロレス「そうね。動けないしね。ちょっと怖いと思いますよ。でも、何か理由があってそんなことをしているんでしょうね」

ベバリー「そんなの、わたしには関係ないわよ。ここぞとそんなことをするなんて、おかしいわ。でも、やっているのが全然別な世界のことなので、この世界ではあの人たち何も話さないんでしょう。よくわからないけど、そういうことじゃないの？」

ドロレス「もしまたわたしが会いに来たら、もっといろいろなことを話してくれる？」

ベバリー「たぶんね」

ドロレス「興味があるし、わたしはあなたとお話をしたいの。誰にもこのことは言わないわ。だから、決してあなたに迷惑は掛けません」

ベバリー「あなたがわたしに迷惑を掛けるようなことなんか、もうないと思うわ。彼らはもう来ないんじゃないかと思うの」

ベバリーは大人の声になっていた。明らかに、彼女はあの少女に別れを告げ、過去に置いて来ていたのだ。

覚醒した時、このセッションについて彼女が思い出すことができたのは砂漠とピンク色の光だけだった。後はまったく記憶に残っていなかった。

わたしが帰ろうとすると急にひどい嵐になったので、そのまま彼女の家に留まり、夕食をご馳走になった。彼女の要望で、録音テープを少し聴いてみた。彼女は、まるでそれを初めて耳にしているかのようで、とても驚いていた。そんな記憶はまったくなかったのだ。そして、これは彼女自身のでっち上げに違いないと言い張った。

数日後、また彼女とセッションを行なった。前回、突破口が得られたので、今回はUFO体験に焦点を当ててみるつもりだった。彼女がヒューストン市にいた頃、裏庭でその音を聞いたという宇宙船の件だ。あの時、音を聞いた後で、彼女はベッドから出て裏庭を調べに行くのではなく、そのままま眠り込んでしまった。彼女の夫が目を覚まさなかったので頭に来たのだ。

彼女がトランス状態に入ると、わたしは彼女が一九七三年から七五年の間、テキサス州ヒューストンにいた頃に戻り、裏庭で不審な物音を聞いた夜に行くよう指示した。わたしが数を数えると、彼女は自動的にその夜に行った。それは一九七四年のことで、彼女はこれからベッドに入ろうとしていた。

ベバリー「わたしたちの家にはとても大きなバスルームがあり、そこから直接寝室に入れるようになっています」

ドロレス「あなたは今ベッドに入りました。すぐ寝付けましたか？（はい）朝まで一度も起きませんでしたか？」

ベバリー「いいえ。誰かが寝室に入って来ました」

ドロレス「誰か知っている人ですか？」

ベバリー「いいえ。輪郭しか見えません。まるで幽霊のようです。大きくて背が高いです。たぶん男性だと思います。柳のような人です」

ドロレス「柳のようって、どういう意味ですか？」

ベバリー「風が吹いたら揺れるような感じ。まるで向こうが透けて見えるみたいです」
ドロレス「何かあまり肉が付いていない感じですか？」
ベバリー「そうです。背は高く、白っぽく見えます。まるで幽霊のようですが幽霊ではありません。灰色がかった白です。それが浮かんだまま、入り口から中に入って来るようです」
ドロレス「で、何が起きましたか？」
ベバリー「わたしは横になったまま、それを見ていました。部屋に入って来て、入り口とクロゼットの間くらいのところにいます。ベッドに近づいて来るようです。（間を置いて）とても怖かったです」
ドロレス「それはそうでしょうね。思いもよらないことですものね。それからどうしました？」
ベバリー「わかりません。ただ……（ため息をついて）庭に何かがいるのがわかります」
ドロレス「どうしてわかるんですか？」
ベバリー「何かが光っています。光り輝いています。何かが庭に着陸したんです。（諦めたように）きっと宇宙船でしょう。それが光を出しているんです」
ドロレス「どうして宇宙船だと思うんですか？」
ベバリー「ただ、そうわかるんです」
ドロレス「車か何かじゃないんですか？」
ベバリー「裏庭ですから違うでしょう。車は入れません。外から見えないように高い木製の塀で囲まれていますから」
ドロレス「誰か灯りを持った人がいるとかの可能性は？」
ベバリー「それはないと思います。光は地面に近い低いところにありますから。部屋に三つある大きな窓に竹製のブラインドが付いているんですが、それを通して光が見えます」
ドロレス「その光はとても大きなものですか？」
ベバリー「いいえ。かなり小さいです。この裏庭にはまったく樹木がありません。このあたりで裏庭に樹木がないのは我が家ぐらいですが、そこにプールを作るつもりなんです」
ドロレス「何か聞こえましたか？」
ベバリー「外で何か音がしたかどうかはわかりません。何か音がしているのはわかるけれど、それが耳に聞こえて来ない、といった感じなのです。その音でわたしは目が覚めたようです。そして今、何かがわたしの部屋にいるのを感じました。それは、わたしが寝ているベッドの反対側にいます」
ドロレス「あなたの夫の側ですか？」
ベバリー「そうです。でも、彼は目を覚ましていません」
ドロレス「どんな音で目が覚めたのですか？」
ベバリー「強力な電気ドリルのような音です。それか強力な電動ノコギリとかのような。でも、それほど重々しい感じの音ではありません。もっと軽い感じで、何かが高速で回転しているような音です」

この種のケースにはよく出て来る音である。

ドロレス「その音で目が覚めたというんですね？」
ベバリー「そうだと思います。あまり大きな音ではありません。何かが存在するのを感じ、そして、誰かがそこにいるのを知ったというわけです。そして、それは驚くようなものだったと」

ドロレス「ということは、音だけではなく、音と同時にそこに何かが存在するような感じで目を覚ましたのですか？」

ベバリー「はい。あれがもしほかの音だったら、あの程度の大きさでは目を覚まさなかったと思います。でも、音と一緒に何かを感じたんです」

ドロレス「あなたの夫が目を覚まさなかったのは、そのせいだと思いますか？」

ベバリー「はい、たぶん。彼は、自分の眠りはわたしより浅いと言っています。その彼が目を覚まさなかったんですから」

ドロレス「あなたがこの何かの姿を見る時には、いつもほぼ同じ頃に裏庭に光を見るんでしたね？」

ベバリー「わたしは入り口のほうを向いているので、最初にその姿が見えたんだと思います。でも、その姿勢でも、わたしの後ろにある窓から竹のブラインドを通して光が入って来るのがわかります」

ドロレス「それが月の光だった可能性もありますか？」

ベバリー「それは月の光と同じように照らしていますが、月のように高いところからではないんです。それに、細くしぼられたような光でした。月の光なら全体的に照らしますよね？」

ドロレス「そうですね。でも、あなたがそれを宇宙船だと思ったのは興味深いことです」

ベバリー「宇宙船だったんです」

ドロレス「それで次にどうなったんですか？」

ベバリー「その何者かは夫のベッドの近くにいたのですが、夫には何もしませんでした。わたしに用事があったんです。こういうことはずいぶん昔からあったので、わたしにはわかるんです」

ドロレス「では、こんなことはこれが最初ではないんですね。それからどうしました？」

ベバリー「わかりません。そこでおしまいです。わたしはベッドに左側を下にして横向きに寝ていて、入り口のほうを向いてあの姿を見ています。そして、この光り輝くものは裏庭にあるんだと知っていました。そこでわたしは固まって停止しています。とても怖いです。本当に。（ため息をついて）体の芯から恐ろしいです」

ドロレス「だからこそ今それを直視して、いったい何が起こったかを知ることが重要なんです。そうすれば、これからはもうそれを怖がらなくてもよくなるでしょう。いったい何が起きたのかがわかれば、もうそれにこだわらず過去のこととして清算できるんです。その出来事を振り返ってみることは可能です、潜在意識はすべてを記録していますから。あなたの顕在意識の記憶にないことも記録されているんです。ですから、あなたの顕在意識による記憶をそこで阻止する何かが起きたんです。いったい何が起きたんですか？　その何者かは何をしたんですか？」

ベバリー「その何者かの姿はベッドの足のほうにやって来て、窓から出て行きました。そして、わたしはその後をついて行きました。（ごく当たり前のように）窓を歩いて通り抜けました」

ドロレス「これは、あなたが子どもの頃にしていたことと同じなんですね？」

ベバリー「はい。だから、わたしは恐ろしく感じるのだと思います」

ドロレス「今回は何が怖いの？」

ベバリー「いつも怖いですよ。すべてが怖いです。窓を通り抜けるなんて、できないはずですよね」

ドロレス「たしかにそうですね。そんなことができる夢を見ているような気はしませんか？」

ベバリー「そうかもしれません。もしかしたら、わたしの霊魂だけが出掛けて行って、肉体は行っていないのかもしれない。どうなんでしょう。（ため息をついて）もしかして、彼らはわたしを非物質化するのかな？（彼女は〝非物質化〟という言葉があるかどうか自信なげだった）そして再物質化する。そうやってわたしの体が出て行くのかもしれません」

ドロレス「もし、あなたの夫が目を覚ましたら、あなたがベッドにいないことがわかると思いますか？」

ベバリー「彼は目を覚ましません。（よく考えてから）わたしの体は出て行っているはずです。もし行かないのなら、彼らは、ほかの人が目を覚ますとか部屋に入って来るとか心配する必要もないわけでしょう？　わたしが子どもの時も、彼らはわたしの寝室に来て同じことをしました。そして、彼らは今またここに来るんです。子どもの時、わたしの寝室は家のかなり奥まった部分にありました。とても素敵な部屋でしたけど、そこでいつも怖い目に遭いました。家のほかの部屋からはずいぶん離れていたんです」

ドロレス「窓から出て、どこに行きましたか？」

ベバリー「裏庭にいた宇宙船です。それは小さな丸いもので……いや、そんなに小さくはないです、わたしが中に入れるんですから。彼らが送り出したものに違いありません。ほかにもっと大きな宇宙船もありますが、これは小さなものです。銀色で、上の部分はドーム状です。ドームのてっぺんから半分くらい……いや、四分の三くらい下がったところにつばがあります。その下には浅い腹部があります。太ったお腹ではなく、あまり出ていないお腹です。それが底部になります。底部は上部ほどふくれたドーム状にはなっていません。その部分全体の高さは一メートル前後です」

ドロレス「光はどこから出ているんですか？」

ベバリー「突き出したつばからです。そこが、まるで何かがぐるりと取り付けられているかのように光り輝いています」

ドロレス「それからどうなりましたか？」

ベバリー「空中に浮かび上がって飛んで行きました」

ドロレス「宇宙船の中はどんなでしたか？」

ベバリー「狭くて窮屈でした。わたしが中に入って座ると、すぐに飛び始めました。ラウンジに置いてあるような椅子でした。といっても、庭椅子のようなのじゃなくて、歯医者の椅子のように後ろに倒れるのです」

ドロレス「その何者かも同乗していますか？」

ベバリー「(驚いて) 彼は背が高過ぎてここには入れませんよ。彼は……わたしの部屋に来たのは彼の霊的部分だけだと思います」

ドロレス「だから彼は影のように見えたんだと思いますか？」

ベバリー「はい。あれは彼自身の一部を投影したような感じでした。彼の物質的な身体は宇宙船内に残っていたんだと思います。ここには別の存在が二人か三人います。皆、小さい体です」

ドロレス「その人たちも皆、座っているんですか？」

ベバリー「いいえ、歩き回っています。あまりスペースはありません。天井もわたしの家の垣根よりは低いです。垣根の高さは一・八メートルくらいです。たぶん、これでも彼らにとっては歩き回れるだけの余裕はあるんだと思います。彼らはあの投影された存在ほど背が高くありません。小さいです。わたしは座っていないと頭がつかえますが、立とうと思えば、中央部でなら立てると思います。(ベバリーは背が低く百五十センチくらいしかない) 彼らは内部のどこであれ座る必要はないようです。

そして、あれこれと仕事をしています。あたりを歩き回ってボタンを押したり、スクリーンを見たりしています」

ドロレス「ボタンとかスクリーンはどこにあるんですか？」

ベバリー「壁の中です。まるで小型飛行機の操縦席のようです」

ドロレス「スクリーンには何か映っていますか？」

ベバリー「地図とグラフです。実際には見えませんが、そこに表示されているのはわかっています。チラッと見えましたから」

ドロレス「地上の地図ですか？」

ベバリー「空の地図です。航空用の地図のようです。飛ぶ時には必要ですよね。飛行機が何回も繰り返して使う航路があるはずです。だから、スクリーンに映っているのはどこかに行くための一種の航路ですよ。まるでグラフのように見えます。もしかしたらレーダーのようなものかもしれません。画面には縦と横の線が引いてあって、グラフ用紙のようです。線を引いてないスクリーンもあります。いろいろ線が引いてあって、それらが交差してそこからまたいろいろな方向に線が分かれているのもあります。でも、それが何なのかわたしにはわかりません。スクリーンは白く、線は皆同じ黒っぽい色です。コンピューターかな。そうですね、コンピューターのスクリーンのように見えます。すべてのものが壁の中に組み込まれています。壁は丸く湾曲しています」

ドロレス「そうですか。小さな宇宙人たちはどんな格好をしていますか？」

ベバリー「色は灰色です。背は低くて一メートル前後、皮膚はでこぼこしています」

ドロレス「でこぼこって、どんな風にですか？」

ベバリー「いぼいぼがあるような感じです。滑らかではなく、柔らかそうにも見えません。もしかしたら柔らかいのかもしれませんが、でこぼこしています。映画のETのようですが、あれほど極端ではありません。きめの粗い皮膚に見えますが、もしかしたらそうでないのかもしれません。いや、実際のところ、触ったらきっと粗くはないんだろうと思います。でも、見た感じは厚くてきめの粗い皮膚です」

ドロレス「彼らの顔は見えますか？」

ベバリー「見えますよ。小さい顔です。毛はありません。耳もないと思います。もしあるとしたら、内に引っ込んでいるんでしょう。わたしたちの耳のように突き出てはいません。目はわたしのような目です。そんなに大きくもなく真っ黒でもありません。目には白目の部分もあります。鼻と口もあります」

ドロレス「あなたのようなですか？」

ベバリー「いいえ。顔はでこぼこしていて、まるで、とても年を取って顔じゅうしわだらけになった人のように、もう本当に顔全体がしわくちゃといった感じです。ただ、頭は小さく、上が大きくて下が小さくなっていて、あごの先はかなり尖っています。そして、何かつぶれたような顔をしています。犬のペキニーズみたいな感じです」

ドロレス「よくわかりました。ボタンを押している手が見えますか？（はい）指は何本ありますか？」

ベバリー「五本です」

ドロレス「五本ですか？　親指一本とほかの指四本ですね？」

ベバリー「そうです。わたしの指より長いです」

ドロレス「あなたが今いるところから彼らの足が見えますか？（はい）どんな足をしていますか？」
ベバリー「まるで水かきが付いているみたいです。足の指は五本です。彼らの体からすると大きな足です。指のあるあたりが広がっていて、指の間には水かきがあります。でも、アヒルの水かきほどではありません。人間の足とアヒルの足のちょうど中間くらいの水かきです」

このタイプの足は、『*Legacy from the Stars*』（『星からの遺産』）にも出て来る。ここで言っているのと同じように、二又手袋（ミトン）のような形の足で、足の皮膚の下にある骨が節くれだって浮き出ているのだ。

ドロレス「彼らの性別を示すようなものが見えますか？」
ベバリー「いいえ。彼らは使い走り役か作業員じゃないでしょうか。ロボットじゃないと思います。もしロボットだとしたら、ものすごく精巧に作られていると言えるでしょう。わたしとしては、彼らは生物だと思います」
ドロレス「彼らはなんらかの方法であなたと意思疎通していますか？（いいえ）あの椅子に座った後、どうなったのですか？」
ベバリー「飛び立ちました。裏庭の上空に上がって、左方向に向かいました」
ドロレス「飛んでいる感じはありましたか？」
ベバリー「ほとんどありません。地面を離れたことには気づきましたが、それ以後はほとんど……と言うか、まったくなんの動きも感知できませんでした。曲がる時には少し何か感じるようですが、上昇とか前進や後進とかについてはまったくわかりません」

ドロレス「何か音は聞こえましたか？」

ベバリー「いいえ。到着までにあまり時間は掛かりませんでしたし。上空にいる別の宇宙船に向かったんです」

ドロレス「外が見えるような窓はありますか？」

ベバリー「あります。でも、中に入るまでは気がつきませんでした。小さなのぞき穴のような丸窓がいくつかあります。ドームにつばが付いているあたりに並んでいます。どうやら光はそこから出ていたようです。その上に小さな乗降口のようなものがありましたが、たぶん、その下にもあるんじゃないかと思います」

ドロレス「でも、飛んでいる時に、あなたは外を見ることはできなかったんでしょう？」

ベバリー「部屋の中央に向かって座っていましたから何も見えませんでした。それに、半分眠ったような状態でした」

ドロレス「もっと大きな宇宙船に行ったと言いましたね？」

ベバリー「わたしたちの乗った宇宙船は、大きな宇宙船の側面から中に入って行きました。入り口のようなところがあって、そこから中に入って行きました。するとドームが上に開きました。（正確に伝えようと努力しているようだ）上の部分が持ち上がりました。上の一部だけか……たぶん全体が開きました。ちょっとわかりません。ドーム全体が開いたのか、あるいはその一部か半分が開いたんでしょう。開いたところから出て、そこから降りて廊下を歩いて行きました」

ドロレス「彼らも一緒でしたか？」

ベバリー「ええ。廊下はきれいでした。とても整然としていて、壁は明るい色でした。真っ白ではなく、オフ・ホワイトくらいの色だったと思います。金属なのか布なのかわかりませんが、壁の材料の色は明るい感じです。床についてはよくわかりませんが、ちょっと飛行場の滑走路のようでした。トンネルみたいですが大きいんです。彼らはわたしをある部屋に連れて行きました。小さな部屋です。そこにわたしを入れました。台はありませんが、彼らが来てわたしの検査をするためのスペースを空けてあるのです」

ドロレス「検査は誰がするんですか？　あの小さな人たちですか？」

ベバリー「いいえ、違う人たちです。彼らは……たぶん上司のところに行き、その上司らしき人たちが検査にやって来るのです。わたしは、これは心理学的な検査ではないかと思いました。言葉のやりとりはありません。皆でわたしのまわりに集まり、わたしの脳を調べます。彼らはまるで昆虫みたいです。たぶん、わたしが子どもの時によく見たのと同じ連中でしょう。でも彼らは本当の昆虫ではありません。手足はとても柔軟で、かなり自由に曲げることができますが、やせて骨ばっています。彼らは、あのでこぼこした小さな連中より三十センチくらいは背が高く見えます。わたしと同じくらいだと思います。色は白っぽい灰色で、あの小さなでこぼこの連中より明るい色をしています。彼らは……さっき、あなたはなんて言いましたっけ？　彼らはあまり物質的な密度があるように見えません。影のように透けて見えます。小さなでこぼこの連中は透けてはいませんが、彼らは透けて見えるような感じです」

ドロレス「あなたの寝室にやって来た何者かは、影のように透けて見えたと言いましたよね？」

ベバリー「はい。ここの人たちと同じようでした。もしかしたら、この小さなでこぼこした連中を通して、彼ら自身を投影するのかもしれません」

ドロレス「彼らの手足は骨ばっていると言いましたが、その先に手とか指とかはありますか?」

ベバリー「はい。親指が一本と、ほかの指が三本あります」

ドロレス「何か着ていましたか?」

ベバリー「いいえ。何を着たとしても、衣服のほうが彼ら自身より重いんじゃないでしょうか。衣服のほうが彼らの体より密度があって重いと思われます。あるいは、もし何かを身に着けているとしたら、それは体の一部になっているのではないかと思います」

ドロレス「脱げるようなものではないということですか?」

ベバリー「まあ、脱げるかもしれませんが、身に着けた時には体の一部のように見えるという意味です。彼らはそんな風に造られていて、何も着ないで過ごすのかもしれません。あるいは、彼らの外皮と見えるものは衣服の一部であって、脱ぐことが可能なのかもしれません。いずれにせよ、見ただけではわかりません。皮膚と衣服の境目らしいものがないので、どこが衣服でどこからが皮膚なのか、まったく見分けられないんです」

このことは他のケースでも報告されている。宇宙人の中には、非常にデリケートな皮膚をしていて簡単に傷が付いてしまう人種もいる。そうした者たちは、生まれるとすぐに膜状のもので全身が覆われ、一生の間それが皮膚を防護するのだ。

ドロレス「あなたは、寝室が暗かったので、彼らの手足が何本あるのかはっきりわからなかったと言いましたね？　今、何本あるか見えますか？」
ベバリー「腕のようなものが二本と、脚のようなものが二本です。（手を使って説明）脚はかなりの鋭角で上に曲がります。そして、脚の下部は下方に下がります。そうすると、まるで下に別の脚があるかのように見えます。腕も同じように曲がります。四肢は細く、とても大きく曲げられるので、それぞれをいっぱいに曲げれば、体をほぼ平たくすることも可能です（動作で示す）」

見ているものをうまく表現できないで、いらいらしているようだった。

ドロレス「わかりました。部屋にはほかに何かありますか？」
ベバリー「何もありません。部屋全体が四角い箱のような感じです」
ドロレス「部屋は明るいですか？」
ベバリー「はい。光はどうやら壁から出ているようです。照明器具のようなものは見当たりません。わたしたちが電灯をつけたり暗くしたりするように、彼らは壁から出る明かりをつけたり減光したりします。どこにもスイッチらしきものはありませんが、見えなくても操作できるようになっているんでしょう」
ドロレス「壁全体が電灯のようなのですか？」
ベバリー「そうです」
ドロレス「あなたは、彼らがあなたのまわりを取り囲み、心理学の検査をしているようだと言いましたよね。どうしてそれがわかったんですか？」

ベバリー「(ため息をついて) なぜかはわかりません。まあ一つには、彼らがわたしの頭ばかりずっと見ていたということがあります。わたしに触れてはいませんでした。でも、彼らが何かを投影していたのはわかっていました。彼ら自身をわたしの頭の中に投影していたのか、それとも、わたしの頭から何かを引き出して彼らの頭に投影していたのかはわかりません。もしかしたら、その両方かもしれません」

ドロレス「これが行なわれていた時に、あなたの頭の中で何か映像が見えたんですか?」

ベバリー「いいえ。でも、わたしにはわかったんです。それは、わたしの頭と彼らとの間に働く引力のようなものでした。わたしはその引力を感じたんです。そして、引いたり引かれたりがずっと続きました」

ドロレス「中に何人いますか?」

ベバリー「たしか五人のはずです。(間を置いてから) いいえ四人です」

ドロレス「四人ですか? その四人全員との引っ張り合いを感じたんですか?」

ベバリー「ええ。でも、一度に全員とそうしたわけではありません。ある方向に強く引かれ、次にまた別な方向に、というように感じました。それはたぶん、わたしが体の向きを変えて、その方向を意識したせいかもしれません。それがずっと続いたんです。わたしたちは全員立ったままだったんですが、まるで皆がわたしの頭の中を歩き回っているようでした」

ドロレス「でも、あなたは平気だったんでしょう?」

ベバリー「いいえ、すべてが不快でした。痛みはないんですが、ふだんならされないことをされて、それが嫌だったんです。あんなことはまっぴらです」

ドロレス「迷惑だということですか？」

ベバリー「いや、それ以上です。恐怖と言っていいでしょう、されるがままですから。病院で出産する時には、すべて医者の言うとおりにしなければなりませんね。産婦はまったく何もできません。母がよく言っていたように、出産の時には全世界の言いなりになるしかないんです」

ドロレス「ええ、まったくどうしようもありませんね」

ベバリー「どうしようもない、そんな感じでした。彼らの目的は何なのか、まったくわかりません。どうしてこんなことをわたしにし続けるのかも理解できません。これにより彼らが何を得ているのかもわかりません。わたしの頭の中には何も入って来ないし」

ドロレス「こんなことが以前にもあったと思いますか？」

ベバリー「はい、子どもの頃にありました。その時は体を調べられただけだったと思います。身体検査です。あの時に体についてはすべてわかったはずですが、今度はまた何か違うことをしたのか、よくわかりません。彼らはわたしの頭の中に入って情報を引き出したり、そこに何があるか探し回ったりできるけれど、それに対してわたしは何も抵抗できないんです」

ドロレス「でも、それで体がおかしくなるとか、精神が異常になるとかというわけではないんでしょう？」

ベバリー「体のほうは大丈夫です。精神的には、そう、まったくプライバシーがありません。まるで衣類を剥ぎ取られ、素っ裸にされているみたいです。それが精神のことですから、なおさら嫌です。すべてが暴露されてしまうんです。それも現在の自分についてだけではなく、脳の中に入り込まれてすべてを見られてしまいます。過去のこともすべてです。秘密も何もあったものじゃありません」

ドロレス「あなたのすべての記憶を知られるんですか？」

ベバリー「ええ、そして知識もです」

ドロレス「どうしてあなたの記憶に興味があるのでしょうね？」

ベバリー「わかりませんが、わたしの頭の中にあるわたしの一生の出来事を見たいんでしょうか。そういうことは本人だけが知っているんです。彼らが調べているのは灰色の脳細胞ではなく、わたしの存在の本質《エッセンス》なんです。ですから、彼らが検査しているのは今日のわたしだけではないんです。彼らはわたしの中に入り込むと、十年前とか十五年前、あるいは二週間前など、彼らの知りたい時を選びます。そして、彼らが初めから探していた記憶を見つけたり、いろいろ探し回ってめぼしいものをあさったりします。また、わたしの蓄積している情報、知識、さらには感情なども調べ上げるのです」

ドロレス「感情もですか？」

ベバリー「はい。おそらく彼らは、人間の感情に一番興味があるんじゃないでしょうか。わたしが十歳の誕生日にしたことを彼らが知ってもしょうがないですよね？　また、当時の体に関することなどもすべて調べるようです。たぶん、それらは主に脳や心の働き方とか、感情がどのように機能するかなどだと思います」

ドロレス「そのような情報を集めてどうしようというんでしょう？」

ベバリー「彼らの頭の中にしまっておくんじゃないですか。わたしにはわかりません」

ドロレス「その時に機械とか器具とかは使わなかったのですか？」

ベバリー「使いません。すべてはテレパシーで行なわれました。その時、わたしと彼らの頭の間を光の波が行ったり来たりするのが見えるような感じがしたのです」

ドロレス「それは電流のようなものですか？（はい）彼らと交信して、どうしてそんなことをするのか聞こうとしたことはありますか？」

ベバリー「今回はありません。今は思い出せませんが……もし、一度も質問したことがないとすれば、かなり間抜けな話ですけどね。でも、たとえ尋ねたとしても、まったく無視されて、結局は諦めただろうと思いますが」

ドロレス「あなたは何が起こっているか知りたかったんじゃありませんか？」

ベバリー「ええ知りたかったですよ。でも、彼らにはそれもわかっているので、あえてこちらから伝えようとしなくてもいいのです」

ドロレス「でも、あなたは知らないままですよね」

ベバリー「わたしが知りたがっている、ということを彼らは知っています。わたしが疑問を持っていることを知っているのです。わたしが彼らにああいうことをされるのを嫌がっているのも知っています。でも、彼らはあえてそれをします。質問しても無駄なんです。彼らがわたしに知らせたいことは教えてくれます。質問を言語化することはまったく無駄なことなんです。わたしが言いたいことはすべてわたしの頭の中にあり、わたしの頭の中にあるものはすべて彼らが知っていて、わたしが知ってもよいことは教えてくれるし、そうでないことは教えてくれません。わたしが質問しても、彼らにはまったくなんの影響も与えられません。だから、質問をするなんてことはまったく無駄な行為なんです」

ドロレス「でも、質問すれば、あなたはそれなりに満足できるんじゃないですか？」

ベバリー「満足などできません。答えてくれないからです。彼らは、わたしたち人間の頭の中がどうなっているのかに興味を持っています。その理由はわかりませんが……たぶん、わたしたちが彼らと違う種だからでしょう。もし、人間が他の惑星に行ったら、おそらく、そこで見つけたものに対して同じことをすると思いますよ」

ドロレス「そうかもしれませんね」

ベバリー「わたしたちは今、地球上でもそうしています。動物実験がそうです」

ドロレス「そうですか。あなたの検査は長く続いたのですか？」

ベバリー「二十分くらいだと思います」

ドロレス「彼らはほかに何かしましたか？　この相互のやり取りだけですか？　いや、相互のやり取りとは言えない一方通行的なコミュニケーションでしたね。（はい）その後、何をしたのですか」

ベバリー「彼らは部屋を出て行き、わたしをここへ連れて来た三人がやって来ました。そして、わたしたちは小さな宇宙船に乗り移り、飛んで帰って来ました」

ドロレス「その大きな宇宙船の中のほかの場所は見られなかったのですか？」

ベバリー「ええ、見ませんでしたが、小さな宇宙船が大きな宇宙船の内部にすっぽり入り切った時でも、周囲から比べるとそこがほんの小さな部分であるように見えたので、全体は相当大きなものだと思います。宇宙基地に人類が居住可能なコロニーを作る、といった話をしますよね？　あの宇宙船はそこまで大規模ではないにしても、ほぼそれに近いような感じでした。でも、宇宙船のほかの部分を見たわけではないので、どうしてそう思ったのかは正直言ってわかりません。ただ、そんな印象を持ちました」

ドロレス「宇宙船から帰って来る時はどうでしたか？」

ベバリー「またあの小さな宇宙船に乗りましたが、それはわたしたちのいう連絡船とかヘリコプターのようなものです。それに乗って飛び立ちましたが、着陸したとか、わたしの寝室のベッドに戻って来たとかいう記憶はありません」

ドロレス「あなたの裏庭に着陸したかどうかは知らないのですね？」

ベバリー「たぶん裏庭に帰って来たのでしょうが、見ていませんし記憶もありません。実際、まったく何も憶えていないんです。気がついたら朝でした。彼らはたぶん、脳の働きを止めることができるんでしょう。また、胃を切り開くように、脳を開けて中身をさらけ出すこともできます。物理的に切り開くわけではありませんが」

ドロレス「でも、どこも痛くはないんでしょう？」

ベバリー「身体的な苦痛はありません。別に頭蓋骨をかち割られたとかじゃありませんから」

ドロレス「翌日、痛みが出たということはなかったのですか？」

ベバリー「翌日になって、寝室にいたあの姿を思い出しました。外にＵＦＯがいて、わたしを待っていると考えたことも憶えていました。でも、それ以外のことは一切憶えていませんでした。そして、あれは夢ではなかったのかと思いました。体に何か後に残る変調が起きた記憶はありません。ただ、彼らの検査を受けている最中には頭痛があったと思います」

ドロレス「でも、その経験を振り返り、そのことについて話すのはいいことですよ。そうすれば、それらをすべて過去のものとすることができます」

ベバリー「そうかもしれませんね。いずれにせよ、もう過ぎ去ったことですから、今さらどうこうできるわけではありません」

ドロレス「たしかにそうです。でも大事なのは、あなたがそのことでもう悩まされないということです。そうですよね？」

ベバリー「ずいぶん悩まされてきたと思います。いまだに悩まされています。頭もおかしくなりますよ。偽りの生活をしなければなりませんから。でもね、人間、四六時中嘘ばかり言っているわけにはいきません。だから、わたしは忘れることにしたわけです。その記憶を遮断したんです。でも、その結果、心理的な障害が生じました」

ドロレス「偽りの生活とはどういう意味ですか？」

ベバリー「一日二十四時間、こんなことがなかったような振りをして生活しなければなりません。誰もそんなことがあるなんて信じていませんからね。そんな話をする人はいやしません。でも、それがあることを知っているわたしは、世間とうまくやっていくには偽りの生活をしていくしかないんです」

ドロレス「皆があなたの言うことを信じないから？」

ベバリー「当たり前でしょう。誰がそんな話を信じるものですか」

ドロレス「でも、あなたは起こったことのほとんどを憶えていなかったんじゃないんですか？」

ベバリー「たしかにそうですが、問題はそこなんです。特に子どもにとっては、一日二十四時間ずっと嘘をつき続けるのはあまりにも大変なことです。そこで心がそれを隠蔽するんです。あの宇宙人たちがそうさせたのか、それともわたし自身の心がしたのか、それはわかりません。彼らはいろんなことをしますからね。でも心理学的に考えると、そんな場合、わたしたちの心は苦しまぎれに事実を隠蔽するんだと思います。それは集団的無視のようなものです。〝集団的無知〟とも言えるでしょうが、それは普通考えるような通常の意味の〝無知〟ではなく、むしろ集団により意図的に行なわれる〝無視〟なのです」

ドロレス「彼らはいったいどうやってあなたの居場所を見つけるのでしょう？」

ベバリー「彼らには常にわかっていますよ。彼らがわたしに何かを仕掛けてあるのか、それとも彼らの心の力で見つけるのかはわかりません。もし心を使うのだとしたら、わたしがどこにいるかスキャンしてすぐ見つけるんでしょう。たぶん、そうだと思いますが、本当のところはわかりません。ただ、彼らにはすべてがわかっていることは確かです。そうは言っても、何もかもすべてを知っているわけではないんです。今でもいろいろ調査を続けているのがその証拠でしょう。でも、わたしよりはるかに多くのことを知っているので、わたしにはまるで彼らがすべてを知っているかのように思えるんです」

ここで、わたしは別の場面に移ろうと思ったのだが、彼女が突然しゃべり始めた。

「もしかしたら、わたしに何か特別なことがあるのかもしれません。それに、彼らにこういうことをされるほかの人にも。そして、こういうことをされている人たちが、ほかにもいるのかもしれません」

ドロレス「そうなんですか？」

ベバリー「そうです。宇宙船内で、わたしのように捕まえられたらしい人間が彼らと一緒にいるのを見たことがあります。何をしているかはわかりませんでしたが、ほかにも人間がいたんです」

ドロレス「それはいつのことですか？」

ベバリー「一度だけではありません。ほかにもわたしと同じ目に遭っている人たちがいるんです。宇宙人たちがどうやってわたしを探すのか、話したことがありましたよね。彼らが壁に掛けている大きな世界地図を見たことがありますか？　その地図には赤や紫の点があちこちに付いています。それらの点は対象者たちについてのなんらかの情報を伝えるようになっていて、それでピーピー音を出したり光ったりしているんだと思うんです。あるいは、これまで検査されてきた対象者がわかるようになっているのかもしれません。何かの機器に接続していて、これまでに彼らの検査を受けた人間が表示されているのかもしれませんが、今のところ、わたしにはわかりません。そこにいる対象者が光や音の信号を送っているのかもしれないし、コンピューターでスキャンして、ミサイルがターゲットを捕捉するように目的の人物を見つけているのかもしれません。つまり、レーダーのようなものがあるんじゃないでしょうか。わたしたち人類でさえそうやって探し当ててるんですから、そんな風にして彼らの調査対象の人間の居場所がわかるようにする何かがあるはずです。伝書鳩に脚環を付けるみたいに、わたしたちにも何か目印が付けられているんじゃないでしょうか」

ドロレス「わかりました。一緒に答えを見つけましょう。あなたの潜在意識と話をしてみます。ベバリーの体に何か取り付けられていますか？　何か彼女の体に細工して、居場所がわかるようにしてありますか？」

ベバリー「してある。彼女の鼻の中だと思う。真ん中のここにあるだろう。（自分の鼻柱を指さす）顔の鼻のところだ」

ドロレス「鼻柱のあたりですか？（そうだ）そこに何があるのですか？」

ベバリー「空気銃の玉のように丸いものか、紙切れのように小さな四角いものだと思うが、よくわからない。しかし、それは紙ではない。もっと密度のあるものだ。とにかく、そこに入れてある」
ドロレス「その目的は何ですか？」
ベバリー「ある種の信号を発信するのだ」
ドロレス「それによって彼女に何かの不都合が生じていますか？」
ベバリー「頭痛とか鼻づまりとかといった頭部の症状がある。頭の中であれ、その他、体のどこであれ、異物が入れば多少は問題が起きて当然だろう。もともとなかったものが入れば、それは異物になる。別に異常を起こす目的で入れるわけではないが、結果としてそうなる。コンタクトレンズや何かを目に入れるのと同じことだ」
ドロレス「別に問題を起こす目的で入れたのではないけれど、それが本来そこにあるべきものでないので、副作用としていくらかの問題が生じるということですか？」
ベバリー「そうだ。その問題の程度は、その者の健康状態によって左右されるだろう」
ドロレス「それはいつ入れたのですか？」
ベバリー「ずいぶん昔のことで、まだ彼女が幼い子どもの頃だったと思う。本当にまだ小さくて、たぶん、まだベビーベッドを使っていた頃だろう」
ドロレス「では、そんなに早くからずっと入っていたわけですね。でも、それが体に対して何か問題を起こした場合、潜在意識がそれを軽減してやることは可能なのですか？（可能だ）わたしたちには何もできないし、入れられたらもう取り出せませんものね」
ベバリー「それによって生じた問題に対処して調整する方法はあると思う」
ドロレス「彼女の体内にある異物はそれだけですか？」

ベバリー「それは確かではない。脳にも何かありそうだ。彼女を監視する仕掛けだろう。それは右側にあると思う。(頭頂の右側のあたりに手を置いて)後ろのほうかもしれない」

ドロレス「それはいったいどんな装置ですか?」

ベバリー「脳波の状態を検知するものだろう」

ドロレス「どんな形をしていますか?」

ベバリー「コンピューターのマイクロチップがどんな形をしているか知らないが、それと似た形をしているような気がする。ごく小さいものだ。紙ほど薄くはなく、もう少し厚みはあるだろうが、とても小さなものだ」

ドロレス「それも彼女に何か問題を起こしているのですか?」

ベバリー「それほどたいしたことではない。それ自体が起こす問題よりも、そこに何かがあると意識して気に病むことから生じる問題のほうがよほど大きいと思う」

ドロレス「では、このことは彼女が知らないほうが良いと思いますか?」

ベバリー「いや、〝意識する〟と言っても、それは必ずしも今現在自覚しているということを意味するわけではない。それ以外に、そういうことがあるということを知っている昔からの意識があり、それが感情的な問題の原因となって彼女は悩んできたのだ」

ドロレス「わかりました。わたしたちは彼女に不快感を与えるようなことはしたくありません。大事なことは彼女が健康で幸せでいられるということです」

ベバリー「それにしても、彼女が問題を抱えていることは無視できない」

ドロレス「それはそうです。でも、彼女の抱えるさまざまな問題や副作用を軽減するなんらかの対策は講じられるのではないでしょうか。それについて、あなたが何か助けてくれれば有難いのですが」

ベバリー「ありのままを受け入れるしかないだろう。それ以外はちょっと思いつかない……わたしには自分が知っていると思っている以上の知識があるのかもしれないが。しかし、彼らはわたしたちのレベルをはるかに超えているので、わたしの手に負える問題ではない」

ドロレス「その通りだと思います。こうした場合、無視するのが一番良いのでしょう。でも、これらの異物が身体に及ぼす副作用は、できるだけ軽減できたらと思います」

ここで、わたしはベバリーの意識を潜在意識から元に戻し、現在へと帰って来させた。そしてセッションを終える前に、彼女に依頼されていたので、彼女のタバコを吸う習慣を止めるように暗示を掛けた。彼女が覚醒した時、催眠状態中に起きたことについての記憶は、この禁煙についての指示に関わることと、彼女の潜在意識から得られた禁煙の難しさについての見解だけだった。彼女の頭の中に入っている物体についての話は何一つ憶えていなかった。現時点では、わたしは彼女にこのことを知らせないほうが良いと思った。もちろん、彼女が催眠中に録音した自分のテープを聴けばわかることで、その頃には彼女もすべてを受け入れる心の準備が出来ているだろう。彼女を落胆させたり怖がらせたりはしたくなかったのだ。

これ以後、彼女とのセッションは行なっていない。彼女がこれ以上UFO体験についての調査をしないことに決めたからだ。彼女の潜在意識も、彼女が知るべきことはすべて明らかにされたと判断し、これ以上彼女の人生を混乱させたくないと考えたに違いない。おそらくは同じ理由から、彼女は自分の声を録音したテープをどこかにしまい込み、まだ一度も聴いたことがないという。驚いたことに、彼女ばかりでなく、わたしの調査対象になった人々の多くが自分のテープを聴こうとしない。彼らはセッションを終えた時点でそれを過去のものとして葬り去るのだ。まあ、それで良いのかもしれない。

わたしたちは、彼女の奇妙な症状の原因を突き止めることはできなかった。もしかしたらこの不具合も、宇宙人たちが彼女を監視調査している理由のうちのひとつなのかもしれない。彼らもまた、この症状の原因についてもっと知りたいと思っているのかもしれない。彼女はその後も看板業を続けながら画家として絵を描いているので、わたしと行なったこの奇妙なセッションは、特に悪影響は及ぼさなかったようだ。

もう何年もの間、特にわたしがＵＦＯ研究に関わるようになってからは、わたし自身に起こった奇妙な出来事を書き留めておくことにしている。それらが超常現象なのかどうかはわたしにはわからないが、気になったことはすべて記録している。その記録が将来何かの役に立つかどうかはまったくわからないが、わたしは、さまざまなケースについて調査する際にも同様の作業を行なっている。後になってそれを自分の著作に収録しようという時、そのケースに接した当時のことがありありと目に浮かぶように、いつも詳細なメモを取っておくのだ。本書で、さまざまな細部にわたって書くことができるのも、そのおかげなのである。

本書で扱うケースを選んで編集するため、このメモを記したノートに目を通していたわたしは、ベバリーが目を覚まして裏庭に不思議な光を見た場面を思わせるような出来事が、じつはわたしにも起きていたことを示すメモを見つけた。あの時わたしは、彼女がベッドから出て不思議なものを調べに行かなかったことが理解できないと思った。ところが、じつはわたしも同様に、そのような無頓着な反応をしていたのだ。わたしもまた、あの種の異常な事件の渦中にありながら、それを正常なこととして受け入れていたのである。

このようなケースのほとんどは、一九八〇年代の後半に起きていた。ベバリーの件も、まさにその時期に起きていた。記録によれば、わたしに不思議なことが起きたのは、それらについての調査の真最中だった一九八八年十二月であった。当時わたしは、ベバリーの件と自分の体験との関連性には気づかなかった。

わたしのメモ

一九八八年十二月十八日。夜中の三時頃、トイレに起きた。寝室からすぐ近くにあるバスルームに通じる廊下に出ると、明るい光が家の表側に面した部屋の大きな見晴らし窓から入って来ているのに気づいた。光はその部屋にあるほとんどすべてのものを照らし、廊下の壁も明るく光っていた。わたしは、これはたぶん、満月の明かりに違いないと自分に言い聞かせた。満月ならそのくらい明るいだろうと思ったからだ。寝室にその光はなかったが、厚手のカーテンが閉じてあるので、それが光を遮断したのだろう。バスルームにいる時、顔は廊下の壁に面しており、そこがバスルームの入り口から見えた。窓から入って来た光は壁の一部を明るく照らしていた。それをただぼんやりと眺めていたら、突然その明かりが消え、すべてが暗闇に包まれた。電灯のスイッチを切った時のようにパッと暗くなるのではなく、スーッと暗くなった。暗闇は右から始まって、光をかき消しながら素早く左に移動したようだった。そして、最後に一瞬閃き、後は家中まったくの暗闇となった。わたしはすぐに、雲が出て月を隠したのだと思った。もしそうだとしたら、かなり動きの速い雲である。風が強ければ、それもあるかもしれなかったが、バスルームから出て寝室に戻り、カーテンを開けて外を見ると、月はなく、雲も風もなかった。静かな、よく晴れた星明かりの夜だった。もしかしたら、バスルームと間違えて最初に大きな窓のある表の部屋に行き、そこから外を眺めたのかもしれないとも思った。わたしはよくその窓のところに行き、月とか星を眺めることがあったからだ。しかし、この夜はトイレに行きたかったので、そんなことをしている余裕はなかったはずだ。光が消えた時の様子からすると何かが動いたらしく、左から右に向かって窓を横切ったようだ。そうだとすれば、あっちの方向から廊下を移動した暗闇の説明がつく。

わたしの家は、ちょっと変わった間取りで建てられている。二階建てだが、居間と寝室と台所が二階にあるのだ。居間には一枚ガラスの大きな見晴らし窓があって、そこからは人家がまばらに点在するなだらかな起伏の丘陵が見える。

あの光は家の前の道路を通った車のものではないかと思ってみたが、これはすぐに無理な話であることがわかった。道路からは百メートル以上も離れているし、家のまわりは生い茂った樹木に囲まれているからだ。家の前から道路を行き交う車を眺めたことは何回もあるが、ヘッドライトの反射光は常に壁にまだら模様を作って点滅していた。それに、木の影がいつもはっきりと映っていた。また、車が我が家の敷地内の車道に入って来て駐車したとしたら、その光はまったく別な見え方になる。これも何度も見ているので確かだ。あの夜見た光は、道路や家の車道からの車のヘッドライトではない。あの部屋全体と廊下をあれだけ明るく照らすには、かなり強い光が上のほうから差していたに違いないのだ。

それから一週間ばかり経った満月の夜、月明かりがあの時と同じ効果を出すかどうか観察してみた。

すると、この時期（冬）、月は我が家の真上を通り、夏のように家の前方を通るのではないことがわかった。つまり、月の光が窓から差し込む角度は季節によってまったく違い、たとえあの夜、月が出ていたとしても、わたしが見た光と同じような効果を創り出すことはあり得なかったのである。もしもあの時、すぐに窓のところに行って外を見たとしたら、いったい何が見えたのだろうと今でも思う。

あの時、わたしが見たのはＵＦＯの光だったと言うつもりはない。けれども、わたしたちが真夜中に奇妙な光や音で起こされたような場合、必ずしも常に理性的な行動を取れるわけではない、ということだけは言えるのではないか。

第*6*章

図書館

被術者を夢遊性トランス（somnambulist state of trance）と言われる深いトランス状態にすると、さまざまな方法で情報を得ることができる。よく行なわれるのは過去世の人生を再体験させるやり方だが、これだと、その過去世を生きた時の肉体を通じて体験し、知ることができた個人的な出来事しか語ってもらえない。しかし、わたしは被術者を、ある過去世と次の過去世の人生の中間、つまり、〝死んでいる〟時に行かせた時に、最高の情報が得られることを発見した。その状態では肉体による制限はない。目隠しは取り払われ、どんな情報でも望みのものを得ることができるのだ。そんな霊界の彼方に、わたしは無尽蔵の知識の宝庫を発見した。それは、わたしの研究に欠かせないお気に入りの場所、図書館である。わたしが関わった被術者たちからも、これと似た場所についてのさまざまな話を聞かされたが、彼らはおそらく、同じ場所について語っているに違いない。ここは、見る人によって少しずつ異なって見えるのである。多くの人たちは、この図書館は実際に建物の形で存在し、そこで情報を探す人のレベルに応じて、さまざまな形で情報を入手できるのだと言う。棚に並べられた本を手に取って読むこともできるし、あるいは周囲の壁にさまざまな情報がホログラフィーの映像で立体的に映し出されている部屋に行ってもいい。多くの場合、そこには管理人や世話係がいて出迎え、型どおり、入館者が施設の利用許可を得ていることを確認する。そして、入館者の探している情報が保管されている場所に案内してくれるのだ。なかには、ちょっと違った感じの図書館の話をする被術者も少数いたが、それらも含めて、皆、霊界の同じ場所のことだとわたしは考えている。

ある被術者は、「あの図書館は、わたしにとって世界中で一番お気に入りの図書館です」と言った。

ドロレス「わたしもそのような図書館に行ったことがあります。あなたの図書館がどんなところか説明してくれませんか？　もしかしたら、わたしの図書館と同じかもしれませんので」

被術者「建物の色は白で、天井がありません。屋根はありませんが柱があります。書物は棚の上に並べられ、ガラスのケースに入っています。人類に知られているすべての事柄に関する、あらゆる種類の書物があります。今まで存在したことのあるすべての世界の歴史を記した書物があります。これから生まれてくる世界についての書物もあります。この図書館には、過去に関するものと未来に関するものが保管されています。もちろん、現在に関するものも保管してあります。過去も未来も現在も、じつは一つなのですから」

ドロレス「そこを管理している人は誰かいますか？」

被術者「（勢いよく）もちろんです！」

ドロレス「わたしはその人を〝管理人《ガーディアン》〟（guardian）と呼んでいるのですが、同じ人でしょうか？」

被術者「はい。わたしは書物の〝世話係《ケアテイカー》〟（caretaker）と呼んでいますが、役目は管理人と同じことです。でも、そこにはいくつもの異なった図書館があって、それぞれに管理人がいます。各図書館は、それぞれ独自の情報を持っています。この地球にいろいろな集団があるように、あの世界でもいろいろなグループに分かれていて、それぞれが独自の仕組みを持っているのです。地球では民族ごとに独自の習慣がありますが、あの世界にもグループごとの情報システムがあります。例えば、医学専門の図書館は、医学を学びたい人たちのためにあります。天文学や占星学に興味を持つ人たちには星専門の図書館もあります。たった一つの項目に焦点を合わせ、それについての情報が完全にすべて揃った図書館もあります。これらの図書館に行くと、じつに沢山の知識を得ることができます。また、何を知るべきかを学べるところもあります。わたしたちが知りうる知識の量には限りがありますからね。知らなくてもよいことも沢山あるのです」

ドロレス「以前、そんなことを聞いたことがあります。ある種の知識は、薬になるのではなく毒になるそうです。わたしたちの理解を超えたものは、かえって妨げになるということも聞きました」

一九八七年、ある被術者がその図書館に行った時には、さらにいろいろな情報が入手できた。彼の報告は広範にわたるもので、同様の記録を閲覧したという他の被術者の報告に加えて紹介することにした。それらはあまりに似通っているので、ここに収録する際、あたかも同一人物の話であるかのようにまとめたが、実際には何人かの人たちが情報源なのである。これらの情報はすべて、わたしが本格的に調査研究を開始する以前に得られたものである。

被術者「わたしは今、図書館の中の円形の大広間にやって来ました」

ドロレス「図書館の管理人はいますか?」

被術者「今、わたしのほうに向かって歩いて来ます。彼は白色のローブを身に付けた光の存在です。

フードをかぶっていて、その表情は至福そのものです。美しい。彼は光り輝いていて、その光は彼を囲むさまざまな彩りの光とともに脈動しています」

ドロレス　「もし可能なら、わたしたちの世界でＵＦＯとか空飛ぶ円盤、あるいは地球外飛行物体とか言われているものについて、何か情報を探していただければありがたいのですが。わたしたちがそうした情報に接してもかまわないのでしょうか？」

被術者　「今、閲覧室に案内されています。今、部屋の中央に来ました。まわりでは沢山のことが起きています。これはホログラフィーらしく、周囲全体にさまざまな光景が見えます。管理人は映し出された映像のいろいろな部分を指し示し、わたしたちの言うところの宇宙船についてはいろいろ興味深い事柄があるが、それらは皆、計画の一環なのだ、と言っています。彼が言うには、この宇宙には、実験的な学校である地球に住む人類の理解をはるかに超えた、高度に発達した文明を持った惑星が無数にあるそうです。彼は今わたしに……ああ（畏敬の念に駆られたように）……到底数え切れないほどの星を見せてくれています。それはまったく荘厳で美しい光景です。彼はまず地球を見せ、ついで他の星々を指し示しています。そして、『高度に進化した生命体はこのあたりと……それにこのあたり、それからこのあたりに住んでいる』と言っています。とても美しい、いくつかのほかの世界の映像を見せてくれています。そこには素晴らしく華やかな紫色の惑星があり、彼が言うには、ここから多くのＵＦＯが地球にやって来たということですが、その際、宇宙人たちは乗り物を作らねばならないのだそうです。彼らは自分たちの惑星からは霊の形で来ることができるのですが、地球の大気圏内に入るには、乗り物を物質化しなくてはならないのだそうです。その乗り物の主なものが、わたしたちの言う〝宇宙船〟だということです」

ドロレス「それでは宇宙船は、地球の大気圏内に入ってから作られたのですか？」

被術者「そうです。地球の密度や波動の性質が、彼らの惑星のそれらとあまりにも違うので、そうせざるを得ないのです」

ドロレス「彼らの惑星がどこにあるのか、どのくらい遠くにあるのかわかりますか？」

被術者「彼は、ベテルジューズ（ベテルギウスの仏語名。オリオン座α星・訳注）がどうとか言っています。星座か星の名前だと思いますが」

ドロレス「彼らはどうして地球にやって来るのですか？」

被術者「そのことに関して、図書館の司書（ここで相手が司書《ライブレアリアン》〔librarian〕になるが、管理人と同一人物と思われる・訳注）と今話をしています。彼によれば、それは地球がやがて霊的な宇宙の一員になることになっているからだということです。だから、このように大勢の宇宙人が、この重要な出来事を目撃するために宇宙のあちこちから集まって来ているのだというのです」

ドロレス「ただ、それを観察するだけのために来るのですか？」

被術者「分析したり観察したりです」

ドロレス「霊体でここまでやって来た彼らが宇宙船を作ったということは、彼ら自身も肉体を持ったのですか？」

被術者「密度や振動数が違う地球の大気圏に入るために宇宙船が必要だったのです。地球に着陸し、そこがどんなところなのかを調べるための手段です。人間が月に行く時には酸素や何かを持って行かねばなりませんが、それと同じことだと思います」

ドロレス「ちょっと混乱してきました。霊体なのに……それにもかかわらず、彼ら自身の体を運んでいるというわけですね。そして、これを作ったのですか？」

被術者　「そうです。彼らにとっては、とても大変なことなのです。地球の波動の性質が今変化しつつあるので、彼らはそれを現地で観察するためにやって来たのです。でも、彼らはこの地球の波動の中では機能することができません。そこで、自分たちを防御するために宇宙船のような乗り物を使用するのです」

ドロレス「彼らは物質的な肉体を持っているのですか？」

被術者　「彼らの惑星では肉体は持っていません」

ドロレス「地球上では？」

被術者　「ここでは彼らは自身をケースのようなものに入れます。そうすれば地球の波動でも大丈夫なのです」

ドロレス「その体のケースとは、どんな格好をしているのですか？」

被術者　「地球の人間らしく見えるようにしています。わたしの目に映っているのは、美しい目や顔をしていて、髪の毛はブロンドといった姿です。でも、皮膚はほぼ金色です」

ドロレス「自分たちの惑星では、どんな格好をしているのですか？」

被術者　「本来、彼らはエネルギー体ですので、どんな形でも望みのものになれます」

ドロレス「彼らは、地球ではただ観察をしているだけなのですか？」

被術者　「見守っていると言ったほうがいいでしょう。また、時には、人々と適宜接触もしています」

ドロレス「それは何のためですか？」

被術者　「彼らが見守られていることを伝えるためです。彼らは、地球がもっと精神的に目覚め、霊的宇宙の一員になるその瞬間のために来ているのです」
ドロレス「ある特定の人たちに、彼らが見守っていることを知らせたいのですね？」
被術者「その質問に答えることはできません」
ドロレス「それはあなたが知らないのですか、それとも、わたしたちに教えることが許されていないということですか？」
被術者「司書は、『すべてのことに目的がある。それを疑うな』と言っています。彼は、いずれ、すべてが明らかになる日が来るだろうと言っています。宇宙人は存在します。やがて、彼らが姿を現している目的がわかるでしょう。でも、今はそれを明らかにすることはできません。彼らは確固たる理由があって来ているのです。ただ、今それを話すことはできないのです」
ドロレス「司書にいくつか質問をしてもいいですか？　彼は答えをあなたに伝えてくれるでしょうか？」
被術者「それは質問の内容次第です。このような方法で話をしても、あなたの精神レベルではとてもすべてを理解することはできないということだけは知っておかなくてはならない、と司書が言っています。今のあなたの進化の度合いでは、理解できるように答えられない質問もあるのだ、と言っています」
ドロレス「では、もしも答えられない場合には彼に指摘してもらうことにしましょう。この太陽系について質問してもよろしいですか？」
被術者「彼はわたしたちの太陽のまわりにある惑星たちを指さしています」
ドロレス「惑星の数はいくつですか？」

被術者　「この太陽系の惑星として、今後、地球が消滅するまでに発見されるものを合わせた惑星の数は十六個です。彼が言うには、二〇四〇年頃に大きな惑星が一つ発見されるそうです。また三〇〇〇年頃にも、もう一つ見つかるでしょう。その後、もう一つ見つかってそれで終わりです。それは西暦六〇〇〇年頃になるでしょう」

ドロレス「これらの惑星には現在、何か生命体が存在しますか？」

被術者　「すべての惑星に生命体が存在しますが、それらは地球で見られる生命体とはまるで違った形態のものです」

ドロレス「人類とかそれに似た生命体の住む惑星はありますか？」

被術者　「この太陽系にはありません。地球だけです」

ドロレス「過去にはありましたか？」

被術者　「はい。彼によると、かつて火星に人類のような生命体が住んでいたということです。彼は今、火星を指さしています。赤いから、すぐわかります。さらに彼が言うには、金星にも人間の霊体のような生命体がいたこともあったそうです。すべての惑星には霊体が住んでいると言っています。それらの霊体は、管理人とか監視者のような役割を持っています」

ドロレス「そういう霊体は、彼らの惑星、あるいはほかの場所で肉体を持つことがあるのですか？」

被術者　「それら他の惑星に住む霊体たちは、地球に住んでいる人たちより高い周波数の波動で生きているので、地球にやって来ると振動数を下げなければならず、それには苦痛が伴います。そのため地球で肉体を持つようなことはあまりありませんが、まったくないわけではありません。過去に例があり、現在でも、また将来にもあります。でも、そうすることは彼らにとってはとても大変なことで、振動数を下げるというのは相当な苦痛をともなうことなのです。それはまるで、竜巻をガラスのコップに押し込めるようなものです」

ドロレス「それはわかりやすいたとえですね。火星にも、かつては人類のようなものが住んでいたと言いましたね？」

被術者「はい、でもそれはかなり昔のことです。地球の暦で、ざっと七万五千年ばかり前です。火星には地球の人類と非常によく似た生命体が住んでいましたが、エネルギーの使い方を誤り……太陽系のこのあたりで進行していた霊的進化の流れと調和しなくなったのです。その結果、宇宙のほかの場所へと消えて行きました」

ドロレス「その文明の名残はありますか？」

被術者「それは人類が火星を探検した時に見つかるでしょう。しかし、この情報は公にしてはいけません」

ドロレス「どうして駄目なのですか？」

被術者「彼が言うには、人類はいまだに利己的欲望と、権力欲と支配欲によって機能しています。ですから、この種の情報は、権力と支配力を持った少数の者たちだけを利するものになるでしょう」

ドロレス「宇宙旅行ができるほどの知力を持った生命体が住んでいる恒星系で、地球にもっとも近いものはどれでしょうか？」

被術者「アルデバランです」

ドロレス「現在地球を訪れていると思われる宇宙船と宇宙人についてはどうなのでしょう？」

被術者「地球を観察している地球外生命体はいますが、彼らは地球で起こることに干渉することはあまりありません。彼らは兄弟である地球人の進化を速める手助けをしたいと思っているので、平和と善意の念を持って地球にやって来ます。その多くはアルデバランやベテルジューズ、それに〝犬の星〟の別名を持つシリウスからやって来ます。それら宇宙人がやって来るあたりは、かつて地球人がやって来たのと同じ銀河系の一部です。彼らは今、地球という惑星が、やがて銀河連邦の一員になるべく高いレベルをめざして成長し、進化しているその様子を観察しています。銀河連邦とは、光と愛に基づいて高度に進化した宇宙人たちの霊的同盟で、やがて地球の人類もその一員になることになっています。彼によれば、地球にやって来るすべての宇宙人が友好的とは言えないそうです。でも、そうした宇宙人の数は少なくて、彼らは別な連邦に属しているということです」

ドロレス「非友好的《ネガティブ》な宇宙人はどんな姿をしているか教えてくれますか？」

被術者「よくあるのが爬虫類のような形をした者です。彼らの目は爬虫類みたいです。今、その一例としての宇宙人の映像を見せてくれています。彼らは爬虫類から進化したのだそうで、地球人が見れば、まさに〝爬虫類のような〟生物です。皮膚は人間の皮膚のように滑らかではなく、きめが粗いのですが鱗ではありません。目は大きく、瞳は狭い裂け目のようです。突き出した鼻のようなものはありませんが、鼻孔はあります。口はかなり小さくて、地球人が食べるような食物は摂らず、生命力を与える精気《エッセンス》のようなものを吸入しているようです。彼は今、この種に属するいろいろなタイプとさまざまな大きさのものからなるすべてを見せてくれています。体の大きさは一・二メートルから二・四メートルくらいまでです」

ドロレス「彼らは人間のような四肢を持っていますか？」

被術者「はい、持っています。その先にはトカゲの指のようなものが付いています。鳥のかぎ爪のようでもありますが、よく見ると違います。先がだんだん細くなっていますから」

ドロレス「指は何本ですか？」

被術者「それは種類によって違います。四本のもいれば三本のもいるし、六本あるのもいます」

ドロレス「わたしたちの親指のようなものはありますか？」

被術者「四本指の者にはありますが、それ以外の者にはありません」

ドロレス「体毛はありますか？」

被術者「わたしたちのような毛は生えていません。毛皮のようでもありません。体のあちこちが保護のため厚い皮膚になっていて、そこは毛よりも硬くなっています。例えば、生殖器のまわりの皮膚はとても硬くなっています。というのも、彼らが生殖行為を行なう時にはお互いにかなり荒っぽくなりますので、皮膚が硬く進化したのでしょう」

ドロレス「性別はあるのですか？」

被術者「あります。雌雄に分かれています。三本指の者たちの中には雌雄同体的な種類がいて、雄と雌の両方が卵を温めます。彼らは爬虫類のように産卵するのです。今、司書がその画像を見せてくれていますが、こうして子孫が生まれるのだそうです。産んだ卵は、体の中にある特別な収納部分に入れられます」

ドロレス「耳は持っていますか？」

被術者「彼が言うには、彼らの聴覚はかなり鋭いそうです。わたしたちの耳とは違いますが、頭蓋骨の中に貝殻のようなものがあり、それで人間の可聴音域よりかなり広範囲の波長の音を聞くことが可能です」

ドロレス「彼らの宇宙船はどういうものですか？　どんなタイプがよく使われるのですか？」

被術者「彼らの宇宙船の多くは筒状です。なかには葉巻のような形をしたのもあります。また、卵形とか球形のもあります。彼らは自分たちの惑星にある有機物を用いて宇宙船を作ります。それはゴムとプラスチックとガラス繊維、それに金属を混ぜ合わせたような物質です。とても硬いのですが有機物で、高温から極度の低温にいたるまで、さまざまな温度変化にも耐えられます。彼らの惑星はこの宇宙の反対側にあるので、その物質の耐用年数もかなりの長期間になっています。とても弾力性に富んでいて、いろいろなところを通る間に収縮したり膨張したりしても大丈夫です。彼らには太陽エネルギー利用の知識があるので、収集器《コレクター》で太陽光を捕え、そのエネルギーで宇宙船を動かします。わたしたちは太陽エネルギーと言いますが、彼らにとっては星のエネルギーなのです。宇宙旅行中、彼らはいろいろな星からの光線に狙いを定め、航行に利用します。彼らはそれを星収集器《スター・コレクター》と呼び、目的地に到達するまで、いろいろな星をガイドとして用いながら宇宙を移動するのです。彼らは地球から非常に遠い場所から来ており、今はわたしたちの銀河系のこのあたりを、ただきまよっているといったところです」

ドロレス「ここに来てどのくらいになるのですか？」

被術者「この近辺をさまよっているのは過去一千年くらいです」

ドロレス「友好的な宇宙人とそうでない宇宙人を見分けるにはどうしたらよいのですか？」

被術者「それは面白い質問ですね。地球人に友好的な高度に進化した宇宙人からは、調和が感じられるでしょう。愛の雰囲気が感じられ、幸福感と友情を感じます。別の連邦からの宇宙人は基本的に冷たくて素っ気なく、恐怖を感じさせるでしょう。そこに感じられる支配的な感情は恐怖です」

ドロレス「背の高いブロンドの宇宙人の報告もありますが、彼らについて何かわかりますか?」
被術者「彼らは、この銀河系の中ではかなり人類に近い者たちです」
ドロレス「地球の近くに、彼らの基地がありますか?」
被術者「彼らは天王星の二つの月に基地を置いています。彼は今、銀河系のこのあたりの探検基地である天王星を見せてくれています」
ドロレス「地球に基地を置いている宇宙人もいますか?」
被術者「人間の姿に近い者たちが基地を置いています。海中にある基地を一つ見せてくれています。彼らの宇宙船は水中に入ることができると言っています。この基地はカリブ海の近くにあります。また、どこかの山の上のほうにも基地があります。その山を見せてくれていますが南米にあり、アマゾン川の近くだと思います。また、オーストラリアかニューギニアにも基地があります。どこか海の近くです。それらの基地にいる者たちは愛と光に満ちていて、人類を助けようとしている、と彼は言っています。彼らは地球に、もう何千年も何万年も前からずっと来ているのです。彼らは〝監視者《ウォッチャーズ》〟(Watchers)とでも言うべき存在です」
ドロレス「この人たちは地球人と接触することはありますか?」
被術者「必要があれば接触します。人類の精神的な成長に役立つとか、新しい発明などに必要な情報を提供するとかいった場合です。彼らは地球が変化するための手助けをするのです」
ドロレス「人間に近い宇宙人たちの宇宙船はどんなものですか?」
被術者「多くは普通の皿のような形で、基本的にはある種の金属で作られています。かなりぴかぴかした光沢のある金属です。なんと言う金属なのか、わたしにはわかりません。彼が言うには、やがては、それらの宇宙船やこの金属についてわたしたちも知ることになるそうですが、その金属は地球にはなく、似たようなものもないそうです。彼らは想念の力で宇宙船を動かします。〝想念の力《ソート・エナジー》〟(thought energy)という言葉は、彼がわたしに対して使ったものです。集団の想念から推進力が生まれるそうです。そのエネルギーは集められてバッテリーに蓄えられ、その力で宇宙船が動くのです」

ドロレス「そのバッテリーは、いったいどんな材料、物質で出来ているのですか？　どういう仕組みになっているのですか？」

被術者「(ニコニコしながら)彼は今、大きな設計図を広げて見せてくれています。でも、わたしには理解できません。想念はエネルギーだ、その力がどれほど強力なのか、地球人には理解できないであろう、と彼は言っています。あなたには理解するのが困難だ、と言っています。そのエネルギー自体がバッテリーに蓄えられているわけではない、とも。彼が何を言おうとしているのか理解できません。あなたの頭で理解するのは無理だ、と言っています。その時が来れば、地球の人たち、すなわち人類も意識を拡大し、この現象を理解できるようになるだろう、と言っています。今の進化の程度では、この情報に接するのはまだ早過ぎるそうです」

ドロレス「いわゆる監視者たちは、宇宙空間ばかりでなく、時間を旅することも可能なのですか？」

被術者「高度に進化した生命体には、あらゆる意味での空間を旅することが可能です。時間は空間なのです」

ドロレス「宇宙船が人類に拿捕《だほ》されたり、地上に墜落したりしたことはありますか？」

被術者「爬虫類に似た宇宙人の宇宙船が二機墜落したことがあります。一機はアリゾナの砂漠の付近に、もう一機はインド洋に墜落しました」

ドロレス「それらは回収されましたか？」

被術者「アリゾナに落ちたものは回収されました」

ドロレス「それに乗務員はいたのですか？」

被術者「機内には二つの焼死体がありました」

ドロレス「それらはどうなったのでしょうか？」

被術者「それらの死体はすでに火葬されましたが、その前に科学者が検査しました。彼が言うには、アメリカとソ連の政府はこれまでに何回も宇宙人と接触しています。爬虫類のような宇宙人と、銀河系のこのあたりから来た宇宙人です。でも、そういった情報は国民には伝えません、人々の間にパニック状態を起こさせないためです。ある時ソ連で、電波望遠鏡の操作担当者が宇宙人と交信したことがありましたが、彼は上層部によって職務上の資格を剥奪された上、転属させられてしまいました。新しい配属先は精神病院で、そこで電気ショック療法を受け、その結果彼は……（質問するような調子で）廃人になってしまった？　ええー！　彼はこの情報を国内の地下組織の反体制運動家たちに流していたので、政府としては、この情報は国民にパニックを起こし、権力が及ばなくなって国の統制ができなくなりかねないと判断したのです」

ドロレス「彼はいったいどのような信号を受信したのですか？」

被術者「通信パルスの中に、ある種の暗号コードを組み入れたものです」

ドロレス「モールス信号みたいなものですか？」

被術者「いいえ、モールス信号のようなものとは違います。今、彼は光のエネルギーをパルスに変換したものを、レーダーのようなスクリーンに映し出して見せてくれています」

ドロレス「あなたの言う監視者たちは、地球の中にも住んでいますか？」

被術者「いいえ。彼らは地球の中ではなく、宇宙船の中に住んでいます」

ドロレス「わたしが聞きたかったのは、地球の内部に誰か住んでいるかどうかということです。地球内部空洞説というのがありますよね」

被術者「彼が今、地球の映像を見せてくれています。彼が言うには、昔、かなり大昔に、宇宙人が地球の内部を一部くり抜き、そこに基地を作ったこともあったそうです。それらは監視者たちによって発見されました。それは登山のようなもので、時々訪れることはあっても、そこに住み着くことはありません。実際のところ、彼らは地球に住みたいとは思っていないのです。そういうことは、彼らにとって特に重要なことではありません。彼らはここで探査はしますが、その活動は主として、ほかの恒星系と交信し、コミュニケーションをとることなのです」

ドロレス「宇宙船が地球のあちこちでエネルギーや水などを採取しているのではないかという情報もありますが、それについてはどうなのでしょう？」

被術者「彼らは水を採取しません。エネルギーの採取もありません。彼らは電場に充電し、情報やエネルギーを得ています。海に棲む各種の生物も調査しています。クジラやイルカ、サメとかです。彼らはいろいろな実験をしています。それを今、見せてくれています。彼らは、わたしたちが行なう通信とか、電子技術の発達程度、それに原子力関連についても監視していて、あちこちに通信施設とか発電所が建設されるたびに、いつもやって来て調査しています」

ドロレス「どうも何かの資源を地球に頼っているように見えるというのですが。彼らは地球の発電所のような施設から動力を取っているのだ、と思っている人たちがいるのです」

被術者　「（笑いながら）それはありえない、と彼が言っています。これらの宇宙人は地球人よりははるかに進化していて、彼らを高校生とすれば人類はまだ幼稚園の園児だそうです」

ドロレス「彼らの移動距離は途方もなく長いようですが、惑星間、あるいは銀河系内での交信には、いったいどんな方法が用いられるのですか？」

被術者　「それも想念の力によって行なわれます」

ドロレス「今のと関連した質問です。わたしたちは電波を使用して宇宙に向かって発信していますが、どうしてそれに応答してくれないのですか？」

被術者　「彼は、昔、応えた、と言っています。先ほど話をしたソ連での件です。でも、人類にはまだ宇宙人と交信する準備が整っていませんでした。彼は〝準備が出来ていなかった〟と言っていますが、あるいは高度に進化した宇宙人に支配されることを恐れた、と言ってもいいでしょう」

ドロレス「これまでのお話で、宇宙人には大きく分けると二種類あることがわかりました。爬虫類タイプと監視者タイプです。そのほかに地球を訪れている宇宙人はどのくらいいますか？」

被術者　「現在のところ、この銀河系のこのあたりを訪れている宇宙人はこの二つのグループだけです。たまに、これらの監視者たちよりもさらに進化した宇宙人たちが地球に来ることもあります。しかし、それは、そうですね、一万年に一度くらいのことです」

ドロレス「こうした外部の人たちの訪問と、地球上で人類が誕生したこととと、なんらかの関連はありますか？」

被術者　「あります。彼ら監視者たちが、人間を形成する手助けをしたのです。彼らは人類にとって天使のような存在と言っていいでしょう。現に、過去においては天使の姿で人々の前に現れたこともあります。彼らは地球に生命を誕生させ、それを高度に進化させるための手助けをしました。彼らは今でも手助けを続け、人類の進化を促進してくれています。病気に対して免疫力を持ち、抵抗力も強い、より完全な体を持った人類を造ろうとしているのです。ですから、いずれはこの惑星にもそのような、ほとんどの病気に対して強い抵抗力を持った体の人間が生まれることでしょう。この遺伝子操作の意図するところは、ひとたび目覚めた精神《スピリット》が、それ自身をより完全な形として体現できるような、もっと完全な人間の肉体を造ることです。より完全な精神は、より完全な肉体を必要とするのです」

ドロレス「それでは彼らは今、わたしたちに害を与えているのではなく、助けてくれているのですね？」

被術者「まさにその通りです。害を与える意図など毛頭ありません」

ドロレス「宇宙人の中には警報器を鳴らすことなく人家に侵入できるものもいますが、どうしてそんなことが可能なのですか？」

被術者「そのような時、彼らは反物質エネルギーを使用します。それを使うと、彼らは粉々に分解消失し、それからまた再出現するように見えます。これは、彼らがトランスポート（瞬間移動）の際にも用いる方法です」

ドロレス「体を実際に分解してしまうのですか？」

被術者「そうです。体の分子を分解し、そしてそれをまた組み立てるのです」

ドロレス「何か、ひどいトラウマになるような気がしますが」

被術者「たしかにそうです。宇宙人と遭遇した後、何も記憶に残っていない理由の一つはここにあります。宇宙人たちが記憶を取り去るのは、そうした体験の記憶がその人たちにとってあまりにも苦痛で、トラウマになりかねないような場合です」

ドロレス「それでは、記憶を消し去るのは親切心からなのですね」

被術者「監視者たちは、地球人類がその原始的な状態から霊的に優れた生命体へと進化するのを手助けしようとやって来たのです。それはやがて人類も、高度に進化した宇宙人たちが〝連邦〟と呼ぶこの銀河連邦の一員となれるようにするためです。他の宇宙人の中には、彼ら独自の目的を持った者もいます。彼らはこの宇宙全体に連絡網を持ち、それを通じて探検を行ない、そこに何があるのか調査して、自分たちの惑星で役に立つものを探すのです。彼らは、彼らの惑星にとって有用なものが地球にあるかどうかを調査するという目的で許されて、過去一千年間地球を訪れています。彼らが地球から持ち出したのは水晶その他のいろいろな岩石、特にマグネシウムです。それらの物質が欲しいので、彼らはアフリカとかアジア、特にインドのあたりに現れるのです。彼らの生命維持のために大変役立つある種の鉱物類も、彼らの惑星には存在しないので採って行きました。また植物も採取し、地球とはまったく違う彼らの惑星の環境に合うように遺伝子組み換えを行ないました。彼らの惑星の大気や重力、物質の密度は、地球とかなり異なっていますが、それでも植物が必要なのです」

ドロレス「監視者たちは、非友好的な宇宙人が地球にやって来ることを阻止できないのですか？」

被術者「それは、彼らがまだ探検の段階で、どこも征服したわけではないからです。ほかにも地球と同程度の進化状態の惑星が沢山あります。彼は今、地球に似た惑星をひとつ見せてくれていますが、それはここからはかなり遠くにある恒星の近くにあって、まだ名前も付けられていません。地球にとても良く似ていて、その惑星も彼らに監視されています。これらの宇宙人たちがさらに好戦的になり、この宇宙の中で彼らの縄張りを拡張しようと度を越した行動でも起こさない限り、監視者たちは彼らに対して何もしないでしょう」

ドロレス「地球の古代文明の人たちも、彼ら宇宙人と接触したのですか？」

被術者「アトランティスの時代には水晶やエネルギー、光、太陽光線、太陽エネルギーとかいったものについての情報交換や物資の交易が、宇宙人との間で自由に行なわれました。アトランティスの文明発展には、監視者たちが積極的に貢献しました。レムリア文明においても同様です。さらに彼らはエジプト文明やバビロニア文明の頃の国々、さらにはインダス川流域の住民とも交流がありました。これらの文明では、多かれ少なかれ、どこかで監視者たちとのつながりがあったのです」

ドロレス「当時、地球を訪れていた宇宙人はこの監視者たちだけだったのですか？」

被術者「そうです。彼ら以外に地球にやって来るのを許されていた宇宙人はありませんでした」

ドロレス「監視者はすべて一つの人種ですか？」

被術者「彼によれば、わたしたちは〝テリアン〟(Terrians)で、同じ遺伝子の系統です。彼らは人間に良く似ています。地球人との違いは、眼の色や骨格、それにまったく違う器官が二、三あるということです。しかし、全体として遺伝子的には地球人とほとんど変わりはありません、同じ銀河系の仲間ですから。監視者たちは、地球が銀河連邦の一員となるために、今の野蛮なレベルから高い波動レベルに移行するのを見守っているのです。現在、銀河連邦には三十六の惑星が加盟しています。地球は三十七番目のメンバーになるでしょう。さらに二つの惑星も加盟することになっています」

ドロレス「監視者たちは、宇宙のほかの部分で何が起きているか知っているのですか？」

被術者「管理人が言うには、彼らはすべてを知っているそうです。彼らの本拠地と他のすべての基地との間で絶えず交信が行なわれています。彼らは……わたしが思いつく言葉は〝浸透《オズモーシス》〟(osmosis)

です。彼らは時間と空間を、そして何が起きているかを常に完全に把握しています。彼らは、仲間や他の宇宙人たちと交流する時は音声ではなくテレパシーを用います。この点において、彼らは高度な発達を遂げています。非常に遠いところにもエネルギーを送ることができるし、また、時間・空間を超えて送ることもできます。人類がもしこのレベルに達したならば、戦争も対立もありえないでしょう、すべての人々が調和していますから。彼らは皆、調和のうちにあります。彼はこの調和《アチューンド》という言葉を特に強調しています」

ドロレス「その点では爬虫類タイプの宇宙人は違っていますね？　つまり、彼らには同様の交信技術はないし、知識もありませんよね？」

被術者　「彼が言うには、彼らはカチカチという音（clicks）の信号を用いる技術を発達させていて、それを交信に使うのだそうです。カチカチという音は遠くに伝わり、彼らの体内や宇宙船内にある装置で増幅されます。この音は、到達に非常に長い時間が掛かるような遠方にも伝わります。彼らは星の力を利用して、カチカチという音から成るさまざまな信号を星から星へと反射させるのです。これにより、銀河系の一方の端から反対の端まで信号を送ることが可能です」

ドロレス「人類に似た宇宙人で、今、地球上に人間たちと一緒に住んでいる宇宙人はいますか？」

被術者　「います。彼が言うには、地球の人間として生まれ変わり、地球がより高い波動を持つよう急速な変化を遂げるために貢献している宇宙人たちもいるとのことです」

ドロレス「生まれ変わりではなく、彼ら本来の姿で地球に住んでいる宇宙人はいるかということなんですが？」

被術者　「多くの魂がこのあたりから地球にやって来て人間に生まれ変わりました。そして、ええ、人間に似た監視者たちの中には、本来の姿のままで地球に住んでいる者もいます。その数はわずか三十六名ですが、世界中に散らばっています。彼らは特に、わたしたちの成長ぶりや原子力利用に関する能力、レーザー光線や破壊能力のある技術を監視しています」

ドロレス「そういった宇宙人の数はあまり多くないのですね？」

被術者「アメリカでは南西部に六名、北東部に三名、北西部に一名、そして中央部に二名、さらにフロリダ州と思われる場所に一名います。また、プエルトリコにある電波望遠鏡の付近に二名います。残りは世界中に散らばっています」

ドロレス「彼らはお互いに連絡し合っているのですか？」

被術者「はい、彼らはあらゆる種類のエネルギー開発の状況を監視しています」

ドロレス「これらの宇宙人は、人類との間に混血の子孫を作ったことはありますか？」

被術者「そういうことは禁止されています。かつてはそういう子孫が作られ、それにより人類は進化しました。人類がまだ動物のようだった時に彼らと交接し、そのため今の人類の姿に進化できたのです。でも、彼らは交接行為そのものをしたわけではなく、わたしたちが遺伝子組み換えと呼ぶ技術を使ったのです。彼は今、実験室のような状態のものを見せてくれています。ここから人類が生まれたのです。彼は聖書の一節を示しています。『神の息子たちが人間の娘たちと仲良くなった』」

彼が引用したのは、『創世記』六章二節の「神の息子たちは人間の娘たちを見て、良いと思った。そして、それぞれ選んだ娘を妻にした」と、同六章四節の「地上にまだ巨人たちがいた当時、神の息子たちは人間の娘たちと出会い、子どもを産ませた」という箇所だった。

被術者　「これはこの出来事のことを言っているのです。しかし、彼らが今同様なことをすることは、人間の自由意志に反するので許されていません。監視者たちは人間の自由意志を尊重しているのです。しかし、爬虫類タイプの宇宙人は、人間を下等な生命体と見なしています。彼らは爬虫類として進化しました。そのため、わたしたちの言う〝精神的発達〟の度合いのほうでは、まだあまり高度な進化を遂げていないのです。管理人が言うには、監視者たちは高度な霊的エネルギーを持っているので、非友好的な宇宙人を寄せ付けないように、人類を高度な霊的モードで機能するようにしてくれます。爬虫類タイプの宇宙人は、高度に霊的な力には撥ね返されてしまうし、もともと、このような種類のエネルギーには引き寄せられないのです」

宇宙人の中で、好ましくない傾向を持ったものが爬虫類タイプであるということは興味深い。聖書には、蛇とかエジプトコブラ、竜などが象徴としてあちこちに出て来るが、それらはすべて悪い影響を与えるものを表している。

ここで、図書館の管理人がわたしたちに直接語りかけた。

被術者　「やがて地球は混乱と変化の時期を迎えるが、その後は順調に進むということを知っておくことは、あなたがたにとって大事なことである。多くのことを学ぶであろう。惑星間旅行についても手助けがあるであろう。あなたがたはこの宇宙や他のいろいろなことについて、もっと多くのことを知り始めるであろう。宇宙のほかの領域から助けが来て、あなたがたもその仲間になるであろう。親交が始まり、知識を共有して理解を深め合い、お互いに協力し合うようになるであろう。そういうことは、あなたがたにとっては初めての経験だ。宇宙の他の生命体たちはあなたがたについて知っているが、あなたがたは彼らのことを知らない。しかし、それは起こり、順調に進むであろう。あの混乱の後で、それは非常な慰めになることであろう」

ドロレス「彼らはどうしてわたしたちを援助してくれるのですか？」

被術者「人類に限ったことではなく、彼らは誰にも援助を惜しむことはない。もし、あなたがたが同じ立場にあったら、同じように援助をするであろう。わたしたちは皆、全一なるものの一部であり、皆つながっているのであるから、それは当然のことだ。あなたがたの進化程度はまだ幼児程度なのでわからないだけだ。やがて、あなたがたも成長してこの状態から抜け出し、わたしたち皆が一体であることを悟るであろう。かの〝理性の時代〟のような時が、人類にやって来たのだ」

ドロレス「あなたは今、わたしたちは皆つながっている、とおっしゃいましたが、物理的にもつながっているのですか？」

被術者「それは身体の外見について言っているのか？」

ドロレス「遺伝子とかいった類のものです」

被術者「それならつながっている。わたしたちは皆どこからか生まれて来ているのであり、そして物理的につながっている。もっと大事なのは、形而上学的にもつながっているということだ。あなたがたが誕生したのはここであり、あなたがたが知っている歴史のすべてはここについての話だ。しかし、本当の始まりはそれ以前にあった。あなたがたがここで誕生する以前に、すでに存在するものがあったのだ。そのことについては、あなたがたの歴史の本には書かれていない」
ドロレス「ある理論によれば、わたしたちはこの惑星で生まれ、進化したことになっています。種の進化によってわたしたちが作られたというのです」
被術者「そうだったな。いろいろなガスやら霧やら固まりとかがゴチャゴチャ混ざり合い、そうした状態がしばらく続くうちに生命らしきものが偶然に出来たというが、それは事実ではない。宇宙にはあなたがたが惑星と称するものが無数にあるが、その中には、今のところ生命体がまったく何も存在しない惑星も数多くある。もしそこに生命体が生まれたとしたら、それは偶然の出来事ではない。それはなんらかの意図によるものなのだ。その惑星が生命体を維持できるように変化する見込みがある場合、あるいは、すでに生命体を維持できる状態にあるものには、そこで生命体が進化できるように、いわゆる播種が行なわれるのだ」
ドロレス「ということは、どこであれ、その惑星固有の生命体が偶然に生まれることなどありえないのですね？」
被術者「その通りだ。生命は偶然には生まれない。固有と言っても、どこまでさかのぼるかが問題だ。もし歴史が始まる以前からその惑星に存在しているものがあれば、それはその惑星固有のものとあなたがたは言うであろう。しかし、それはあなたがたの歴史に限りがあるからであって、本当にそれが固有のものであるかどうかはわからない。それは、どこまでさかのぼるかによるのだ」
ドロレス「それでは、すべての生命体は、そして植物も鉱物も、その他なんでも、どこか別な場所からもたらされたと考えておいたほうがいいということになりますね？（そうだ）決して自然に発生することはないのですね？」

被術者　「今までなかったし、これからも決してない。そんなことがあれば、それは大きな間違いだ。それはまったく、言いようがないほどの大変な無秩序であり、まったくコントロールを欠いたままとりのない状態である。とんでもない大混乱と言うしかない」

ドロレス「わたしは、地球がだんだん冷えてきて、いろいろなガスとか、ほかのさまざまなものが混じり合って、そこから生命が自然発生したのではないかと考えていました」

被術者　「違う。生命はそんな風にしては生まれない。あなたの言うように、いろいろなガスとかほかのものが混じり合って温度が下がると、その環境は生命体を維持することが可能になる。だからといって、生命体が自然発生するのではない。生命とはとても貴重で大切なものである。実際、それがいかに注意深く扱われているか、あなたには想像もできないであろう。生命とは、誰も知らないうちに、何ものとも無関係に勝手に出来上がるような仕組みではない。ただ自然に生まれるなど、ありえないことだ。どの惑星においても、生命体は手厚く保護され、注意深く管理されている。生命体は綿密な計画に基づいて生まれて来るのだ。すべてが組織的に準備され、誕生のずっと以前から仕組まれているのである。生命とはそれほど重要なものなのだ」

ドロレス「とても多くの人がそのプロジェクトに携わっているのでしょうから、そのスケールの大きさは大変なものなのでしょうね」

被術者　「それについてはわたしもすべてを知っているわけではない。ただ言えるのは、その規模は、あなたの想像をはるかに超えたものであるということだ」

ドロレス「無数にある惑星で、そのようなプロジェクトに携わる人たちは大変な数なのだろうと思います」

被術者　「たしかに。だが、それは個々人が行なうというわけではない。もっと大きな力が存在するのだ。わたしにも計り知れない力だ。だから、それについては語ることができない」

ドロレス「わたしが思ったのは、生命体を創るために、いろいろな役目を与えられて送られて来た人たちのことです。でも、それ以外にも何かがあるというのですね？」

被術者　「そうだ、それらを超えたものがある。あなたが、このことの物理的現実の側面について話をしているとは思わなかった。そうだったのか？」

ドロレス「まあそうです。それを行なう責任者たちのことです。本当に大きなプロジェクトですね」

被術者　「それは意識の問題であって、必ずしも多数の要員が実際にその場所に送られるということではない。たしかに、その場所に行ってこの種の作業をする者がいるのも事実だ。しかしまた、個々の作業員を送るのではなく、対象である集団に意識を植え付け、一気に全体を変化させることもある。この両方の方法がとられている」

ドロレス「わたしが考えていたのは、出掛けて行っていろいろな作業を行なう個人のことです。もちろん、彼らは上の、より全体的な計画を知っている人からの指令を受けて行動するのでしょうが」

被術者　「前にも言ったが、わたしも初めのうちはあなたがそのことを言っているのかと思っていた。上のほうのことについては、わたしの知りうる範囲を越えているので答えることはできない」

ドロレス「では、集団的意識というのは霊《スピリット》のようなものですか？（そうだ）それは何か物質的なものを創り出すことはないのですね？」

被術者　「いいや、ある。意識は物質を創ることができる」

ドロレス「生命も創れますか？（可能だ）どの段階で行なうのですか？　最初の頃ですか？」

被術者「どの段階でも可能だが、それは普通、気まぐれに生命を創ることはしない。わたしはその存在を〝それ〟と呼ぶが、それは単なるただの〝それ〟ではない。意識は、みずからをいつでも、どんなものにでも、なんの苦もなく瞬時に物質化させることができるのだ。あなたがたは、自分たちなりにそれを使っていながら自覚していないのだが、意識には力がある。意識についてのあなたがたの理解レベルは、言ってみれば、ハイハイしながらやっとその世界の片隅に入り込んだ赤ん坊のようなものだ。だが、もし意識がそう望むならば、それ自身を惑星として物質化させることさえも可能なのだ。そこに住む多くの人々も一緒にだ。ただ、そういうやり方はしないだけの話だ」

ドロレス「あなたがおっしゃっているのは、わたしたちの信仰体系における神のことだと思います」

被術者「そうかもしれない。しかし、それは信仰以上のもので、顕現である。信じることでもある程度のことはできるが、意識は、あなたが信じようが信じまいがそこに存在するのだ。それを信じることができないのなら、あなたの知る能力が減退しているということだ」

ドロレス「すると生命は、この意識と、いろいろな人の作業によって発生するのですね？」

被術者「そうだ。そうあるべきものなのだ。いいか、意識はただ物を創り出すだけのためにあるのではない。それは決して休むことはない。いったん行なったことを元に戻すこともない。あるものが創られ、出現したら、それは永久に存続するのだ。だから意識は、むやみに惑星を作って、そこに沢山の人々を投入するなどといったことはしない。なぜなら、いったん出来たものは〝消えない〟からだ。造り手が造ったものに興味を失い、見向きもしなくなることもあるかもしれない。しかし、造られたものはそれ自身の意識を持ち、そしてずっと存在し続けるのである。だから、高次レベルの意識は、考えもなく無責任に、気の向くまま創造するようなことはしない。それは、喜びとかやすらぎや愛といった、すべてわたしたちにとって肯定的な価値を持つものを造るのである。ある惑星全体を、これからどうするべきかと途方に暮れるような状況に陥れるようなことはしないのだ」

別の被術者が、図書館について違った風に述べた。

被術者　「わたしが今いる場所は……わたしが知る範囲でもっとも似ているものといえば図書館です。これは、わたしがさっきまでいたところとは違う階層の霊界にあります。お望みなら、この図書館について述べてみましょうか。ここの蔵書目録は完璧で、これ以上改善の余地はありません。この図書館には書物そのものは置いてないのですが、ここには知識の真髄があります。知識がそれぞれの場所に、閃光のように輝きながら浮かんでいます。それらはすべて利用者のまわりにあり、利用者はそれら知識の塊に囲まれているのです。そして、学びたい知識が決まると、その知識の塊が、それの持つエネルギーによって利用者のほうに近寄って来ます。近寄って来る光が見え、その光は利用者の頭上に載るような位置で止まります。ここに来る利用者たちは肉体を持っていないので、このような状態になるわけです。そうして利用者はそこから知識を吸収するのです」

ドロレス「それは本を読むよりはるかに速く知識を得られそうですね。わたしのイメージするような、棚があってそこに本が並んでいる図書館とはまったく違いますね」

被術者　「たしかにそうですね。それでもわたしは、ここは図書館ではないかと思ったのです。ここにはすべての知識がありますから。それを何と結び付けられるかは、まったくわたしの能力の問題でしかありません。この場所に限界があるわけではなく、もしあるとすれば、それはわたし自身の限界なのです。わたしたちが探している知識をここで見つけることができたとしても、それをあなたが理解できるように説明できるでしょうか？　それがわたしの言う限界です。知識はすべてここにあって、きらめき輝き、いつでも吸収できる状態にあります。もし、求める知識がどこか別の場所にあるのであれば、すぐにわたし自身をそこに投影しなおせばいいのです。まったく問題ありません」

催眠状態から覚めた後、彼女はこの図書館のことをはっきり覚えており、その様子についてもう少し情報を追加したいと言った。

被術者「その図書館のある場所は、大きな球体の形をしたエネルギー場のようでした。その球の中に図書館がありました。その球は、入館を制限するためのものではなく、その中に情報をきちんと格納しておくためのものです。それは電磁検索システムとでもいう感じで、特定の情報を引き寄せて、すばやく規定の場所に収納します。この図書館を利用する際、利用者の意識か何かがその知識が納められている場所まで浮かんで行くと、そこにはいろいろな形の光体があり、すべての情報の塊がその光の中に浮かんでいます。光体の形には涙のしずくのようなのもあれば、丸いものやクリスマスツリーの飾りのようなものもあって、それぞれがさまざまな色で光り輝いています。その光体の形や色や輝き方の違いによって、利用者の意識には、それがどのような情報なのかがわかるのだそうです」

ドロレス「違いって、どんな違いがあるのでしょうね？」

被術者「おそらく、動物に関する本と政府刊行物とかいった類の違いではないでしょうか。テーマが違うということでしょう。もし、特に何を学びたいか自分ではわからない時には、いろいろな形をした光体の中のひとつが輝いて、何か知らせてくれるようです。ある特定の情報を探したいと思っていると、その情報に関連する光体がやって来て、利用者と、いわば溶け合って一体化します。そして、その光体が離れる時には、利用者はその求めていた情報を学び取っているのです。わたしの場合、その時、新しい知識の小包を受け取ったような感じがしました」

ドロレス「きっとあなたの潜在意識は、随時望みの情報を引き出すのでしょうね？」

被術者「たぶんね。背景は濃い藍色なので、輝く光体はよく目立ちます」

ドロレス「その球体の中にはどのようにして入るのですか？」

被術者「頭の中で、その中に入るぞ、と思えば入れます」

ドロレス「壁か何かを通り抜けて行くのですか？」

被術者「はい。頭の中で『今、図書館に行きたい』と思いますよね。そして次に目を開けると、もう図書館の中にいるのです。本当にうまく出来たものでした。この図書館は、誰であれ使いたい人のために存在しています。物質世界に住んでいる人でも、この図書館と接触することさえできれば、そこにある知識を利用できるのです」

そういうわけで、この図書館は知識を求める際のわたしのお気に入りの場所であった。もちろん、わたしが執筆のため資料探しに訪れるアーカンソー大学の図書館も楽しめるところである。この知識の殿堂で丸一日過ごす時のわたしは、まさに水を得た魚と言える。

わたしが被術者を霊界に連れ出すことができた時には、多くの項目についていろいろな質問をすることにしている。UFOの研究を始めてからは、UFOや宇宙人による誘拐事件に関するいろいろな情報知識をこの図書館を利用して得ることができた。その後、こうして得た知識を、催眠のセッション中に得られた知識と比較参照してみると、それらが矛盾することなく同じであることがわかり、UFO現象を理解する上での新たな視野が開かれた。それらの情報のいくつかは、わたしがまだ本格的にUFO研究を始める前であった一九八五年と八六年、そして八七年、つまり、UFO現象についてまだ好奇心程度の認識しかなかった時代に得られたものである。

ある女性被術者がこの図書館で宇宙空間を観察していた時、わたしはその機会を捉え、宇宙人とかUFOについて質問してみた。

被術者「わたしは今、銀河を眺めています。図書館のこの部分にはホログラフィーが出来るようになっていて、わたしは本当に星たちと一緒にいるかのように感じられます。わたしは瞑想していましたが、そうしながら星を眺めていました。いろいろな惑星を眺め、そこにある生命体を見ていました」

ドロレス「その銀河の中で、あなたが見ているものについて話してくれませんか？」

被術者「はい、地球が見えます。地球は緑色の宝石のように見えます。太陽系のように惑星を持った恒星も見えます。中には生命体を持っているのもあるし、生命体がいないのもあります。生命体の発展段階もさまざまです」

ドロレス「太陽系の、ほかの惑星も見えますか？」

被術者「はい。十個あります。あなたが知っているのは九つです。水星、金星、地球、火星、木星、土星、天王星、海王星、それに冥王星（二〇〇六年八月に準惑星となった・訳注）です。冥王星よりさらに遠くにも惑星があるはずだと科学者たちが推測しましたが、実際あります。科学者たちはそれに名前も付けましたが、今用いているこの方法ではその名前の発音をするのは困難です。わたしもうまく口で言えるかどうかわかりません。この惑星はとても遠くにありますが、その軌道の中心は太陽です。あまりに遠くにあるので、その惑星からは太陽はただの明るい星のように見えます。実際、太陽から熱らしい熱は伝わって来ません。それでも太陽のまわりを回っているので、太陽系の惑星とされているのです」

ドロレス「いわゆるＵＦＯとか空飛ぶ円盤について質問してもいいですか？」

被術者「地球外飛行輸送機関（Extraterrestrial Traveling Vehicles）ですね。はい、いいですよ」

ドロレス「それが、より正確な呼び名ですか？」

被術者「あなたが話している現象の概念については承知しています。ＵＦＯにもいろいろなタイプがありますが、基本的な形は同じです。というのも、共通の宇宙文明に属し、時間の歪みを利用して光より速く移動していますから、そのような旅行に耐えられる乗り物は必然的に同じような形になるのです。でも、宇宙人たちはこの文明を構成するそれぞれ違う国から来ているので、細かいところではいろいろ違いがあります。いろいろなＵＦＯが、さまざまな理由で地球にやって来ます。ある国のプロジェクトでは、これはもう非常に古い時代に始まったものですが、地球の発展を見守っています。これはその国の人たちの、いわばお気に入りのプロジェクトです。この国は、わたしに言わせれば哲学者と実験好きな科学者たちの国です。彼らは、この惑星の歴史の中の、きわめて柔軟で、かつ順応性に満ちた時期に彼らが行なったあることが、予想通りの結果を生むかどうかについて興味があるのです」

ドロレス「いったい何をしたのですか？」

被術者「まだ地球に生命が生まれる前から、軽度の介入が少しずつコンスタントに行なわれてきました。地球は栄養たっぷりな子宮のようなものでした。地球では生命が発生しつつありましたが、彼らは原始生命体を導入して進化の速度を速めました。そのようにして、地球で自然に独自の生命体が進化するのを待つのではなく、彼らが生命体の進化をコントロールし、それがどんな方向をたどるかを観察できるようにしたのです。これらの人々を古代創世期の人々と呼んでもよいでしょう。諸々の事物の発展が間違いなく進むように、彼らはこれまでずっと地球を見守ってきました。そして、自分たちの望む方向に発展させるために、時にはあちこちにちょっとした修正を施してきました。

この文明に属するその他の国々からも宇宙船が地球にやって来ましたが、その理由はさまざまです。ある国からは五機の宇宙船が飛来しましたが、その理由はごく普通のもので、彼らの属する文明集団に加入できるだけのテクノロジーが地球に存在するかどうか、あるいは、彼らの偉大な文明に属する諸国のうちのどこかと、貿易だけでも始められないものかどうかを確認しに来たのです。ある国の場合はもっと警戒心に満ちていて、その目的は、地球が宇宙の他の国々に危害を加えるおそれがないか確かめることで、軍事施設を監視し、兵器の開発や軍事的、科学的研究の状況等を調査することに集中しています。さらにまた、別なタイプの宇宙船も地球に来ます。〝タイプ〟と言っても、宇宙船は基本的には皆同じなので、わたしが言いたいのは、それぞれ違った国から来るいろいろな宇宙船ということです。単に好奇心から地球に来る宇宙船もいます。そして彼らは、地球上の住民に何が起きているのかをすべて調べ上げようとしているのです。彼らは遠くにいながら、地球が太陽からちょうど良い距離にあって生命体が住める状態であることを知っていました。そして地球に来て観察し、実際、そこに生命体が存在することを発見します。しかし、彼らは地球で起きている政治的宗教的な体制間の対立抗争を見て、地球人と直接接触するのはいまだ時期尚早で好ましくないことを知りました。その主な理由は、地球の社会状況が不安定で、いつでも暴力に発展する可能性があったからです。それでも彼らは地球人といずれは接触したいと思い、ずっと観察を続けています。彼らは、自分たちの文明と地球の文明が協力し合えば素晴らしいものを造り上げることができ、銀河系の一大勢力にまで成長できると考えています。彼らは、わたしたちが発展しようと非常な努力をしていることは認めていますが、わたしたちはまだ十分なレベルに達していません。その時が来るまで、彼らは待っているのです。そのうちに、人類がどのくらい進歩したかを測る試みの接触があるでしょう。彼らは時を隔てて別々にやって来て、変装して地球人の中に紛れ込むでしょう。彼らが持っている精神能力を使えば、人類の社会的精神的な発達の動向を感知できるのです。時には人間を拉致して身体検査を行ない、生命科学の発展状況を継続的に調査していますが、それというのも、彼らの星ではこの方面に特に重きを置いているからです。彼らにはある理論があって、それによれば、生命科学の発達程度、また人々の食料状態や医療のレベルと全体的な健康、そして栄養状態がどのようになっているかを調べれば、その地域の技術の発展程度がわかるというのです」

ドロレス「地球にやって来るのは彼らだけではないのでしょう?」

被術者「はい。ほかにも地球を観察している宇宙人は沢山いますが、わたしたちともっとも密接な関係を持っているのは彼らです。人類との接触を最初に成功させるのは彼らだと思います。ほとんどの場合、彼らはただじっと観察をしているだけであって、人類への直接介入はごくまれです。以前、接触は一世紀に一度でしたが、最近は人類の生命科学が天文学的な速度で発展しているので、接触はより頻繁になりました。彼らは、人類と首尾よく接触して彼らの持つ技術の共有を開始する時が間近に迫っていると感じています。地球に来ているのはそういうグループの宇宙人です。あなたが地球の次元によく似た次元の宇宙船に関する情報を求めているようなので言いますが、彼らは宇宙人の中でも、肉体を持つようなタイプです。こうした宇宙人の次元はあなたがたに近く、密接に重なり合っているので、彼らを知覚するのは容易です。ところが、あなたがたの次元とうまく重なり合わないため、あなたがたには決して知覚できない宇宙船もほかに沢山あります。これらの宇宙船の長さや高さや幅などの次元は、あなたがたが知覚できるものにとても近く、ほぼ対応しているのですが、時間の性質が地球のそれと違います。その結果、あなたがたの視点からすると、時間が歪んで見えるのです。この時間の歪みのため、彼らの宇宙船は超高速で瞬間移動するように見えますし、同時に、彼らと間近に遭遇した人たちには、時間が無限に延びたように感じられます。これも時間が歪んだためです」

ドロレス「このタイプの宇宙船は、どのあたりからやって来るのですか？」

被術者「銀河系にはとても多くの活発に活動している星間社会がありますから、どのあたりと一口に言うのは難しいですね。彼らがやって来る地域はいくつかあり、この惑星に来る目的によって、その都度どこのグループが来るかを決めるのです。彼らはお互いの存在を知っていますし、グループによっては頻繁にお互い同士親密に交流しています。でも、ある一つのグループは銀河系のある一角の、地球からはとても離れたところに住んでいるので、地球まで来るのにかなりの距離を移動します。彼らは数千年も昔、地球にコロニーを作ったことがあるので、地球には格別の興味を持っています。ですから、ある意味では人類は彼らの子孫とも言えるのです。地球に興味を持っているグループはいくつかありますが、しかし、彼らが関心を寄せているのが地球だけではないことも知っておいたほうがいいでしょう。さまざまな惑星に関心を持っている宇宙人のグループはほかにもいくつかあり、対象となる惑星の発達段階によってその理由はいろいろです。そんなわけで、きわめて当然の話ですが、地球の発達に興味を持っている宇宙人のグループが、あなたがたともっとも頻繁に接触することになるわけです。そのようないくつかのグループが共同で、宇宙のこの地域を一時的に隔離しました。今、人類は重要な時期にあるので、地球に独自の発展をする時間を与えるためです。宇宙の時間からすれば、まだほんの一瞬しか経過していない過去に、人類は核時代に入りました。核時代に入るというのは、どの文化であっても例外なく、非常に重要な時です。この間、外部の宇宙人たちのグループは決して干渉しようとしません。干渉すれば、すべてがメチャメチャになることを知っているからです。そして彼らは、新たに原子力を獲得した種族がそれをどのように扱うか、遠くから観察して待つのです。もし、その種族がうまく核エネルギーを扱えるようになれば、その時には隔離状態を解除し、そして技術指導者を送り込んで、その惑星と居住者たちが銀河系社会の一員になるための準備を始めさせるでしょう。その指導者たちは新しいアイデアを提示し、疑問に答え、科学者たちには、それまでの科学の法則では不可能とされていた分野が、じつはまったく不可能でなかったことを示すことでしょう。人類が銀河系社会の期待に応えるために心がけて実践すべき課題は、彼ら自身が主体的に新しい宇宙に近づき、その中に存在する銀河系社会の共同体との出会いを経験することです。人類にはそのような新しい宇宙について学んで理解するのに必要な探究心があり、その上、新しく発見したものから安易に影響を受けない強さも持っているはずですから」

ドロレス「では、こうした諸々のことすべてを監視している、いわゆる上級の権力者がいるのですね？」

被術者　「より古い権力者です。古い権力者は、この銀河系に属する種族間の階級においては高い地位にあります」

ドロレス「わたしたちは、人間が宇宙人に誘拐されて宇宙船に連れて行かれたという報告に興味を持っています。この図書館に、そういうことをする宇宙人についての情報は何かありますか？」

被術者　「あります。何百年も、何千年も何万年もの間、彼らは宇宙船に乗って地球にやって来ました。こうした存在を、わたしは古代の人たちとか古い人たちと呼んでいます。彼らは、地球に知的生命体が誕生して育つように〝播種〟しました。そして、彼らは地球に戻って来ては彼らの、いわば作物のサンプリングを行ない、彼らの〝プロジェクト〟の進捗状況を調査しています。そして地球で何が起こっているか、物事がどのように進展しているかを監視しています。彼らは、〝時と場合により手助けしていく〟ことによって、この宇宙により多くの知的生命体を作ろうとしているからです。そのための最善の方法は、その惑星で他の生物より高度な知的生命体のひとつ、すなわち人類から情報を得ることだと彼らは感じているのです」

ドロレス「古代の人たちについてもう少し教えてくれませんか。彼らは地球に生命が生まれる前に地球に来たと言いましたね？」

被術者　「地球が出来てまだ間もない頃、彼らの科学技術はすでに銀河系のレベルに達していました。その頃、地球の気候条件は非常に厳しく、生命体の住める状態ではなかったので、まず、地球そのものを変えなければいけませんでした。そして、生命体が住める状態にまで地球のバランスを調整し、気候を変えたのです。その後も時々そのバランスが崩れることがありましたが、そのたびに調整して生命体が住める状態に戻しました。過去にあった氷河時代がそれです」

ドロレス「彼らは気候条件の変更にも積極的に関わっていたのですか？（はい）人類の種の形成についてもですか？」

被術者「はい。遺伝子操作を行ないました。進化途上にある種は、そのプロセスを促進する必要がありますから」

わたしはこの情報を『この星の守り手たち』の執筆時にすでに得ていた。だが、こういう問題は、機会あるごとに別な被術者により再確認したいと思っている。

被術者「これが、現人類がこれほど急速に進化した理由のひとつです。彼らは類人動物（類人猿）を発見し、その遺伝子と脳の大きさに進化の可能性を見たのです。手の指も器用なので、道具を発明して容易に使いこなし、そこからさらに高度な技術へと発展させるだろうと思われました。このような指は、技術の発達初期においてはとても重要なのです。彼らが遺伝子操作を始めてから最初に取り組んだのは、道具を自由に作ることができるように骨格を変え、手を自由に使えるようにすることでした。手が自由になり、道具を作るようになると、次に脳の容量を増加させる作業に取り掛かりました。いまや身体的には道具を扱えるようになった彼らが、さらに技術を発達させられるようにするためです。その後、彼らはさらに徹底した遺伝子操作を行ない、人体を危険にさらすことなしに可能なだけ人類の進化を速めるようにしました。そのために彼らは実験室のような場所を設けましたが、同時に、人類が自然な環境にいられるようにも配慮しました。彼らは精子と卵子を取り出し、実験室で遺伝子操作を行なった後、それを人工的に受精させてから女性の子宮に植え付けました。この操作は近代まで続けて行なわれ、それは天使の訪問などという風に古い歴史書には記されています」

ドロレス「生命がそういう段階に発展するまではどうでしたか？　まだ生命が細胞として始まった最初の頃には？　彼らはその頃にも何か手を加えたのですか？」

被術者「ええ、もちろんです。最初の頃からずっと、すべての段階において、生命体が成長可能なさまざまな方向に進化する手助けをしました」

この情報はすでにわたしに与えられていたのだが、まったく何も知らないかのようにしてそれらの事実を再確認させてもらった。何人かの被術者から同じ情報が得られ、それらの間に矛盾がなければ、それだけその情報の信憑性が増すことになるからだ。

ドロレス「草創期の頃について何か教えてくれませんか？」

被術者「単細胞生物として始まった時には、それが増殖していろいろな違った種類の細胞になり、生態学的にバランスが取れるようになるための助けを受けました。それらの単細胞が集合して塊となり、多細胞化する傾向が見られ始めると、その過程もまた促進するように助けられました。それで徐々に多細胞生物が増えてきました。このように、彼らは決して極端にならぬように、良い方向に進化するように気を付けながらゆっくりと進めさせました。というのも、彼らは他の惑星で単細胞から進化する多くの例を観察してきた中で、単細胞が集まって塊を作ってもなぜかうまくいかず、また離れ離れになって元の単細胞になってしまうのを何回も見ていたからです。そうなると単細胞生物はやがて死に始め、その惑星はまた生命のない星に戻ってしまうのです」

ドロレス「そこでは遺伝子組み換えをしなかったのですか?」

被術者「どちらかと言えば品種改良のようなことをしていました。もっとも有望そうな細胞同士を交配するように奨励したのです。馬などの動物で、もっとも良いものを選び、ある特定の特徴を持った種を育てるのと同じことです」

ドロレス「それでは、彼らは正しく進化していないものは、そのままにして死に絶えさせるのですか?」

被術者「そうです。進化しても先の見込みのないものはそのまま放って置きます。すると、それらは自然のままの道筋をたどって最終的に行き詰まり、死に絶えるのです。地球を見た彼らを喜ばせたのは、分子と化学物質の種類が豊富で、それらの無限の組み合わせが可能なことでした。彼らは気候条件を変え、いろいろな化合物が結び付いて、さらに複雑なものになるのを促進するような環境にしました。この時点から、彼らは積極的に干渉――干渉はちょっと言葉が悪いので言い換えますと、積極的に参画し始めました。そして、複雑な物質を互いに結び付け、さらに複雑なものを生み出したのです。この時、彼らはかなりデリケートな性質の化学的操作を行ないました。そして、それらは徐々に進化を遂げ、やがてまずはウイルスが発生し、そこから単細胞の生物へと進化したのです」

ドロレス「アメーバみたいなものですか?」

被術者「最初に出来たのはウイルスでした。ご存知のように、ウイルスは培養液とか水の中では生物のような行動を取ります。水から取り出すと、乾燥して結晶になり、そのままじっとしています。これは生物と無生物との中間的な形態です。そして、そこからさらに進化して、より大きな単細胞生物となるのです」

ドロレス「その後、自然の進化を続けながらいろいろ変化していくのですか？」

被術者「そうです。彼らは自然の進化の過程を利用しましたが、細胞同士がばらばらになることなく、うまく進化を続けてさらに複雑な生物になるよう、正しい道筋へと導いたのです。それはまるで、水耕栽培を行なう農園のようでした」

ドロレス「その間、彼らはずっと地球に滞在していたのですか？」

被術者「その時、彼らは月面上の基地にいましたから、事実上、地球にいたようなものです。当時はまだ地球の気候を操作している最中だったので、なるべくなら地球から離れていたほうが安全でした。しかし彼らは、地球上の生命体の進化状況を調査するために、当時はまだ海だけにいた生物のサンプルを採取せねばなりませんでした。その結果に応じて、海水中の化学物質のバランスを調整する必要があったのです。そのように、彼らは近くに待機しつつ、すべてを注意深く観察していました」

ドロレス「それには大変な時間を費やしたのでしょうね？」

被術者「はい、それは長期にわたるプロジェクトでした」

ドロレス「だから彼らは基地を月に置き、そこから地球との間を何回も往復していたのですね。古代の人たちはいつもそういうことばかりしていたのですか、さまざまな惑星を訪れては、そこに適した生命体を探すというような？」

被術者「いいえ、それは彼らの活動のほんの一部に過ぎません。彼らは大きなプロジェクトをいくつか持っていましたが、わたしたちにもっとも直接関係のあるプロジェクトがこれだというわけです。彼らが最初にこのプロジェクトを始めた時には、彼らを手伝ってくれる人類がいたのです。でも、その後、古代の人たちがこの銀河系における一勢力になった頃には、その手伝いをした人種は絶えてしまいました。この古代の人たちは、文明としては非常に高度な発達を遂げていて、とても古くから存在している人々です。彼らは他の人種の進化を助けようとしています。他の人種がみずから進化し続けるのを助ける理由の一つは、この銀河系を調和の取れた社会にして他の銀河系と交流できるようにし、いずれは他の宇宙とも交流できるようにしたいというものです」

ドロレス「彼らが手を加えていろいろな種を造り出している時に、何か失敗や問題の発生とかはなかったのですか？」

被術者「ありました。時として、枝分かれしていった種が思いがけない方向に進化してしまい、問題を起こすものがあります。あるいは向かうべき方向に進化しないものもあります。そういう時には、遺伝子操作で修正するか、あるいは、間違いがひどすぎてどうにもならない時には、そのままにしてその進化を続行させます。そういう時には介入せず、また、それが死にいたるように積極的に手を貸すこともしません」

ドロレス「古代の人たちは、今でも人類に積極的に関わり、人類の変化を操作しているのですか？」

被術者「はい。現在彼らが主に行なっているのは人類の寿命を延ばすことと、全体的な健康状態を改善し、もっと強い体にすることです。さらに、医学上の発見がしやすくなるよう助けています。研究者にアイデアを与えることで、直接的に助けているのです」

ドロレス「いまや、人類がどのようにして生まれ、地球の歴史がどのように始まったかを知るべき時である、と言われましたが？」

被術者「はい。あなたがたの科学者たちは進化についての理論を樹立しました。それは間違いではありません。ただし、彼らはすべての事実を知っているわけではなく、進化に関連しているすべての力のことは知らないのです」

ドロレス「宇宙人の介入なしに、生命体が自然発生することはなかったのでしょうか？」

被術者「それはちょっと答えにくい質問です。自然に発生したかもしれませんが、ここまでなるのにかなりの時間が掛かったことでしょう。また、途中で駄目になることも相当多かったはずです。ある生命体が進化したとしても、死に絶えることもありますから。そうなるとまた最初からスタートのし直しです。適当な組み合わせが出来るまで、そうした失敗が何回も繰り返されたことでしょう」

ドロレス「宇宙人の介入なしに今の人類が出来たと思いますか？」

被術者「たぶん、いつかはね。でも、今のようになるまでには、何十万倍という時間が掛かったことでしょう」

ドロレス「それでは、他の惑星の中には、まったく介入なしに独自の生命体を持ったものもあるのですね？」

被術者「もちろんです。惑星上のすべての生命体はその惑星独自のものですから。それはつまり温室栽培のようなものです。畑に植物を植えたとして、例えば、それがトマトであれば、それは生長してトマトの実をつけます。けれども、それを温室の中に入れれば、もっと速く育つというわけです」

ドロレス「もし、人類に遺伝子組み換えが行なわれなかったとしても、今のような知的レベルに達することはあったと思いますか？」

被術者「非常に難しかったのではないでしょうか。潜在的な能力としてはあったとしても、それが自然に開花するかどうかはまったく別問題ですから。しかし、彼らはその可能性があると見て、それを速やかに開花させるべく操作したのです」

ドロレス「宇宙全体で、このような遺伝子操作は頻繁に行なわれていると思いますか？」

被術者「そう思います。もちろん、生命体が現在こうして存在しているという事実は、かつてある時点で生命が自然発生したことを証明しています。その生命体が進化して、他の生命体の遺伝子操作をすることができるまでになったということです。ですから、生命はたしかに自然発生するのです。多くの場所で生命体は順調に発展していて、そこでは彼らは介入する必要はまったくないと判断します。またそこには、彼らが地球のように、より緊急の介入を要する場所を抱えているとかの事情もあります。彼らは、そのような場所をしっかり監視して、それをだいなしにするようなことが起きないように注意を払うのです」

ドロレス「それなら、生命の自然発生は過去にあったはずですね？」

被術者「もちろんありました。何度かありました。そうでもなかったら、最初の生命はいったいどこから来たと言うのですか？　いつか始まりがなければいけないでしょう」

ドロレス「人類を監視している集団の中に、太陽系出身の人はいますか？」

被術者「太陽系から直接来ている人はいません。でも、太陽系内に基地を置いて、そこから地球に来る人たちはいます。彼らは交代で基地に滞在します。でも、だからと言って彼らがこの太陽系から来ているとは言えません。彼らはそこで働いているだけで、もともとは銀河系の別な場所からやって来ているのですから。彼らが好んで基地として使う場所は、大きな惑星の大きな月です。特に木星と土星の月は太陽に近いため、彼らが技術的に必要とし、機械の運転にも使う太陽エネルギーを十分に得ることができることから、基地設置の場所として好んで使用されます。そこはまた彼らにとっては地球を容易に観察できる距離にあり、しかもそれは地球人の未熟な技術では発見しにくい距離でもあるのです」

一九八〇年代初期の頃に行なった、ある短いセッションの中で、被術者の男性がどこか不毛の惑星に行っていたことがあった。彼とその仲間たちは、ある機械とともに洞穴におり、そこで地球人について話していて、彼らは地球人を観察しているのだと言った。当時、それはわたしには奇妙なことに感じられた。しかし今考えると、彼はその時、地球観察基地を見ていたのかもしれない。

ドロレス「地球の月はどうですか？」

被術者「彼らは二十世紀まで、地球の月に基地を置いていました。そこは理想的な場所でした。彼らはすぐわたしたちの頭上にいたので、いわばベッドから出ることなしに地球の観測ができたのです。そして、そこに自動の機器類を置きました。信号灯と自動観測機を設置し、必要に応じて観測機の焦点を調整して、目標を拡大して見ることができるようにしたのです。彼らは、それらの機器の点検や整備のために時々訪れます。しかし、人類が月の探検を始めたので、駐在員は引き上げました。人類との直接的な接触はまだ早いと考えたのです」

ドロレス「地球の人間がこれらの機器を発見する可能性はありますか？」

被術者「まずないと思います。月は結構大きいし、まだほとんど探検されていません。それに、彼らは器具の周囲を防御エネルギーシールドで覆い、地球の人間の観測機器から出されるエネルギーをはね返すようにしたので、たとえ人間がそれらを機器の視野に入れても、見つけることはできません」

ドロレス「では、望遠鏡で見ても駄目なのですね？」

被術者「普通は駄目です。ある時、一台の探査機が宇宙人の機器を感知しかけましたが、宇宙人たちはすぐにそれに気づいて、その探査機に対してある操作をしました。その結果、科学者たちはそれを探査機の一時的不具合だったと解釈したのです」

ドロレス「一時的な故障か何かというわけですね。それで、彼らの基地は、そのほとんどが他の惑星上にあるということですか？」

被術者「そうです。他の惑星の月にあります。たまに、望遠鏡によりこの太陽系の惑星上に遺跡らしきものが見つかることがありますが、それらは過去に地球を観察していた宇宙人たちが残した観測基地です」

ドロレス「地球には基地がありますか？」

被術者「大きな施設はありません。でも、いわゆる中間基地のようなものは人里離れたところにあります。それは人間社会の中に誰か観察者を送り込む時に使います。観察者は人間と接触するのではなく、人間を観察し、彼らの精神的な雰囲気を感じ取るのが目的です。彼らはまずこの中間基地にやって来てしばらく滞在し、気候とか重力、大気といった地球の環境に体を慣らします。そうすることで、地球人と一緒にいる時に、より地球人らしく振舞うことができるようになるのです。長期の観察が必要な時は、医者などのような、人を積極的に助ける立場の人物に変装して観察を続けます」

ドロレス「こうした基地はさびしい場所にあるのですね？」

被術者「ほとんどの場合、そうです。通常は人里離れた山岳地帯で、あまり気候の厳しくないところにあります。気候が厳しいところに中間基地を置くのでは異常な気候に慣れることになり、本来の目的から外れてしまいます。中間基地としては穏やかな、できるだけ普通の気候の場所が望ましいのです。ですから、山岳地帯の山々に囲まれた谷間で、緑が沢山あり、温和な気候の場所ということになるでしょう」

ドロレス「宇宙人や宇宙船は、惑星以外からも来ることはありますか？」

被術者「それはどういう意味ですか？　惑星以外に彼らの出て来る場所はありません。彼らは皆、惑星に住んでいるのですから」

ドロレス「彼らは皆、物理的な三次元の惑星に住んでいるのですか？」

被術者「そうですよ。地球と同じ三次元とは限りませんが、皆、三次元の惑星です。惑星に住んでいる人たちは皆、物理的な姿かたちを持って社会生活を行なっています。皆、その状態に慣れていますから」

ドロレス「わたしはたぶん、四次元の世界を想像していたのだと思います」

被術者「惑星の中には四次元、五次元、六次元のものもあるし、さらには十二次元、十三次元、十四次元のものもあります。しかしながら、次元は無数にあるのであって、いろいろに異なった次元の組み合わせがあるということなのです。これらの惑星は、さまざまな銀河系に散らばっているばかりでなく、異なった次元間に散らばってもいます。それによってバランスが取れ、すべてが混み合わずに存在できるのです」

ドロレス「わたしはまた、彼らが異なった存在のレベルから来るという風に聞いたこともありますが、同じことを言っているのですか？（そうです）わたしたちは、これらの宇宙船とか宇宙人は、近くの銀河系とか地球と同じような惑星などから来るものとばかり思っていました」

被術者「それは違います。そういう考え方をするから、宇宙というものをただ途方もなく広い空間であるかのように思うのです。この次元においては何もなくても、他の種類の別次元には、いろいろなものがあるということなのです」

ドロレス「では宇宙とは、ただの空っぽの空間ではないのですか?」

被術者「そのとおり。地球のこの次元からは感知できないだけです」

ドロレス「もし誰かがそれらの空間を通ったとしたら、地球からは見えないとしても、その空間にいる人々は何か物理的に感知するでしょうか?」

被術者「こちらの次元にいないのですから、彼らは何も感知できないでしょう」

ドロレス「わたしにはどうも理解できそうもないので、ただ言われたとおり書いておきます。これを読んで理解できる人は理解すればよいのでしょうね」

被術者「教育程度が高い人には、よけい理解できないと思います。彼らは固定観念にとらわれていますから」

わたしは、自分にも理解できるような、もっと易しい話題に話を戻したかった。このような難しい理屈には頭が痛くなり、わたしの貧弱な脳は、まるでねじりん棒のようによじれてしまった。

この種の概念や理論については、わたしの著書『*The Convoluted Universe*』(『入り組んだ宇宙』)の中でさらに詳しく検討されている。ここではただ、わたしたちの周囲には無数の世界が存在するが、それらは皆異なった波長で振動しているので見ることができない、とだけ言っておく。そうした世界に住む人々は物理的に知覚できる環境に住んでいるが、わたしたちが彼らの存在に気がつかないのと同様、彼らがわたしたちの存在に気がつくことはない。それでも、宇宙旅行に熟達した宇宙人の中には、みずからの振動数を上げ下げすることによって、次元を超えて自由に行き来する方法を習得したグループもあるのである。

ドロレス「小惑星帯について、太陽系との関係を話してくれませんか？」

被術者「いいですよ。惑星たちがまだ発達途上にある時代に、あるひとつの惑星がありました。それは木星が恒星になりかかった頃です。木星は太陽系の二つ目の恒星になって太陽のまわりを回るようになりました。木星は小さな太陽になっていたかもしれなかったのです。木星と近くにあるもう一つの大きな惑星である土星から大きな力が加わり、木星と火星の間にあったその惑星には耐えがたいほどのストレスが加わりました。一方では太陽のまわりを回転させるような引力が働き、同時に木星からも、自分のまわりを回転させようとする力が働いていました。そうしたストレスが加わった結果、その惑星は砕けて粉々になってしまいました」

ドロレス「木星は巨大な惑星で、すごく大きな重力があります。どうして太陽系の二つ目の恒星にならなかったのですか？」

被術者「恒星になるために必要な、核融合を開始できるだけの大きさがなかったのです。もし核融合が始まっていたら、それを維持することはできたでしょう。しかし、核融合を始めて恒星になるのに十分なほどの大きさはなかったのです。古代の人たちには核融合を開始させることもできたと思われます。が、彼らは、この太陽系に二つの太陽は必要ないと考えたのです。二つ目の太陽は、地球上で進化しつつあった生命体に対して悪影響を及ぼすと感じたのです」

ドロレス「そうですか。わたしたちの両側に太陽があることになったかもしれなかったのですね。その場合には、どんな影響があったのでしょうか。もっと暑かったでしょうか？」
被術者「いや、しかし、もっと多くの放射線を浴びていたでしょうね」
ドロレス「木星には月がいくつもあります。それだけのものを引き寄せる重力があるということですか？」
被術者「そうです。月が沢山あるので、まるで小さな太陽系のようになっています。古代の人たちは、地球の人類にその選択肢を残すことにしました。人類が銀河レベルまで進化すれば、彼らが木星の核融合を開始させ、小さい太陽をもう一つ造ることができることを知っていたからです。木星は惑星とみなされていますが、まだ核融合を始めることが可能な状態を保っています。しかし古代の人たちは、その決断を将来の進化した有力な生命体の裁量に任せたのです」
ドロレス「そうした理由は何ですか？」
被術者「居住地の拡大です。わたしたちは木星の月面上に宇宙コロニーを造成することができるでしょう」

これまで紹介してきたことは、この図書館から得られるであろう知識の、ほんの一例にしか過ぎない。

第7章
宇宙人は語る

わたしがスーザンと関わり始めたのは一九八六年の十月だった。当時、いくつかのアレルギー症状に悩まされていた彼女は、その原因を過去世に求めてみることにしたのであった。彼女はただちに深いトランス状態に入ることができ、被術者としては理想的なタイプであることがわかった。このセッションは大成功で、いくつもの彼女の過去世を訪れ、役に立つ情報が入手できた。彼女の喘息は、ある過去世で子どもの時に肺炎で死亡したことに起因していた。そのため、今回の人生では、呼吸が少しでも妨げられるとそれが彼女の潜在意識に死の恐怖をもたらし、喘息発作を起こさせたのだった。

だが、次のセッションで宇宙人が登場してきた時には、そのようなものをまったく予期していなかったわたしたちは驚いた。彼女はそれまで宇宙人との遭遇体験はもちろん、UFOの夢も見たことがなく、興味を持ったこともなかったので、このセッション中にそんなものが出て来るなどとは思ってもいなかった。しかし、これが、わたしにとっては宇宙人たちと直接接触し、会話を交わす最初のきっかけとなったのだった。偶然起こったこの出来事が引き続いて同様の現象へとつながり、後々驚くべき結果をもたらすことになったのである。

ある時、彼女が一九三〇年代のイギリスでの人生を再体験した後、セッションを終える前にその人生における死後の世界に行ってもらった。これは深いトランス状態に入ることのできる優秀な被術者に遭遇した時、わたしが行なっているいつもの作業手順であって、死後の世界の情報を得るためにそうすることにしているのだ。さまざまなテーマについての情報を集め、それらを後でまとめて比較参照し、その信憑性を確かめるのである。そんなわけでわたしは、死後の世界に入った彼女が見るであろうことについてはほぼ予想していたのだった。最初、彼女はしどろもどろの話し方で、ゆっくりとしゃべった。

ドロレス「何かそこに見えますか？　何かありますか？」

スーザン「（間を置いて）そうですね……コンピューターの表示画面が見えます」

これは驚きだった。それまでに得られていたわたしの被術者たちの報告からは、まったく予想もできないことであった。ちなみに、そうした死後の世界についてのさまざまな報告については、わたしの著書『*Between Death and Life*』（『死と生の間』）にまとめて説明してある。

ドロレス「コンピューターの画面ですか？」

スーザン「人のようなものも見えます。何かを監視しているようです。制御盤《コントロール・パネル》やスイッチ類があって、彼らは椅子に座り、何か見ています。何を監視しているのか、わたしにはわかりません。いろいろなものがあります。地図とかそれに……今、わたしはそれらの上方にいます。地球です。大陸が見えます。海や陸上で起きていることを監視しています。彼らは観察しています。彼らは、わたしたちよりも知識が豊富です。わたしは今、いろいろ学んでいます。彼らはわたしに、それらを見せてくれています。別なある力《フォース》（force）が存在し、彼らはその力に導かれて監視をしているのです。彼らはその力によって遣わされた使者で、人類を助けるために仕事をしているのです」

わたしは、彼女が霊界にあるコンピューター室のようなところを見ているのではないかと思った。以前、わたしはそこに入ろうとして拒否されたことがあった。その部屋にはすべての人の人生についてのあらゆる情報が集積されていて、ある個人が次に生まれ変わる人生についての具体的なことを調べることも可能なので立入りが制限されているのだ。わたしは彼女に霊界（いわゆる〝死者〟の世界）に行くように指示していたので、すでにわたしが知っていることと彼女の答えとを比較してみることにした。

スーザン「彼らはもっと容易に理解できます。知識と科学技術は、彼らのほうがずっと高度に発達しています。彼らの理解力は、わたしたちよりはるか上のレベルにあります」

ドロレス「彼らがどんな姿をしているか見えますか？」

スーザン「白い衣服を着ています。体全体が白く見えます。頭は丸くて背が低いので、宇宙服を着ているように見えます。目はとても大きいです。椅子に座って、何かを動かしています。ダイヤルとかスイッチです。外を見るための大きな窓があります。丸い窓です。真ん中に球状の物体があります」

半球状で底面が平ら。本体は床に接触しておらず、脚で支えられているようだ。透明な半球の中に輝く水晶体があり、それが動いているように見える。きらきら光る小片が常に動いている。天井から

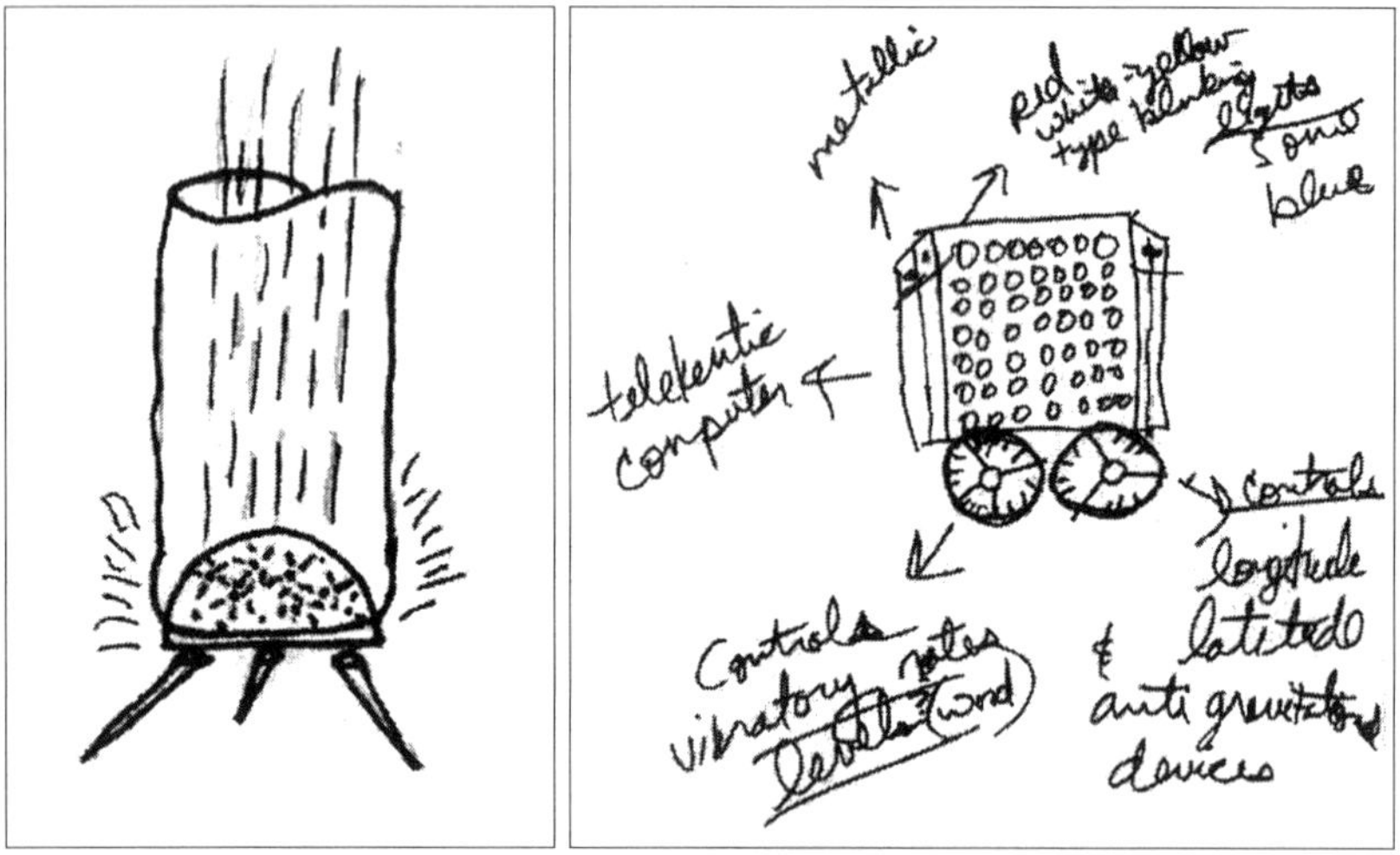

球状の物体と制御盤

は長い管が降りて来ていて、半球の上の部分は管の中に入り込んでいる。管は硬そうだが透明だ。管の中を光（？）が降りて来ている。これは宇宙船の推進力に関係があるらしい。また、これで宇宙船を見えなくする装置を操作する。

こう言ってから彼女は驚いた。どうして自分にそのような説明ができたのかがわからなかったからだ。この装置は宇宙船の中央部にあった。

ドロレス「では、これは物質で出来た宇宙船なのですね？」

スーザン「目で見ることもできますが、隠すことも可能です。それは宇宙船を使う主な目的によって使い分けられます。監視する目標物とかですね。結晶化した球体は、宇宙船を推進させるのに必要なエネルギーを産み出しています。さらにまた、この宇宙船の反重力装置もコントロールしています」

ドロレス「彼らはあなたにそれらを見せてくれて

いるのですね？　彼らが行なっていることを見せるというのは異例ではないのですか？」

スーザン「（機械的な調子で）わたしたちは以前にも接触しました。彼らは前もってわたしを監視していたのです。彼らはわたしを調査済みです。わたしが味方であり、敵ではないことを知っているので大丈夫です。彼らは、わたしのような存在からの手助けを欲しているのです」

ドロレス「それで、わたしがこのことを知っても問題ないのですか？」

スーザン「今は大丈夫です。彼らは情報を翻訳してもらいたいと思っています」

ドロレス「彼らはわたしに情報を提供しようとしているのですね？」

スーザン「そうです。もう始まりましたよ。交信はわたしを通して行なわれます」

ドロレス「わたしは情報を得たいと思っています。そして、その情報は良いことにしか使われないことをご理解いただきたいと思います。彼らはわかってくれているでしょうか？」

スーザン「はい。情報は、それを役立てることができる人のためだけにあります。建設的なことに使える人のためにあるのです。それ以外の人には無意味なものです」

ドロレス「彼らは、わたしがそれをどのように使おうとしているか知っているのですか？」

スーザン「彼らのテレパシーは強力です。（声をひそめて）今、彼らはわたしに接触しています。（こう言った後、彼女の声は変わり、また、さっきの機械的なロボットのような音声になった）我々は今、スキャンしている」

しばらくすると、わたしはスキャンされているかのように感じた。体中にちくちくするような感じがあり、特に頭のあたりで強かった。それは暗示によるものではなかったはずだ。スキャンすると言われても、どんな感じになるのかまったく見当がつかなかったからだ。それはたしかに身体的に感じられ、予期しなかったものだった。その間、わたしはとても落ち着かない気分だったが、彼らにきちんとスキャンしてもらおうと思い、なんとか気を静めようとした。だが一方で、そんなわたしの努力は、彼らのすることになんの影響も与えないのではないかとも感じていた。彼らはわたしという存在の核心部を知ることができるので、こちらは何も隠すことはできず、どんな偽りも不可能と感じられた。おそらく彼らは、わたしとわたしの心の動きを、わたし自身よりもはっきりと見ることができるに違いなかった。

スーザン「ある現象について、もっとわかりやすく説明されなくてはならないのですが、あなたはそうした情報の仲介者になっています。あなたには文章を書く能力があります。これが必要なのです」

ドロレス「今行なっているようなやり方で、ほかの人たちに伝えることは可能です」

スーザン「何か生命体が見えます。今、彼の全身が見えます。真っ白な体です。背は低く、細長い腕があり、頭は大きく、黒い大きな目です。今、彼の全身が見えます。脚が見えます。衣類は何も身に着けていません。彼はわたしを見ているようです。わたしを見ています」

彼女に見える側の宇宙船内には、湾曲した壁があった。スクリーンやスイッチ類や制御盤の前に宇宙人たちが座っているが、彼らは彼女に気づかなかった。が、その中の一人だけが彼女の存在に気づいていた。彼女には宇宙船内における彼の地位がわからなかったが、彼はテレパシーで話しかけてきた。後で聞いた彼女の説明によれば、その宇宙人の頭に毛髪はなかったが、目が吊り上がっていなかったので、『コミュニオン』の表紙の宇宙人とは違っているように思われたという。体型は『未知との遭遇』に出て来る宇宙人に似ていたが、あれほど子どもっぽくはなかった。彼らの手足はもっと短くて太く、そして動きが不器用だった。

ドロレス「彼は、わたしたちに情報を提供してくれるのでしょうか？」
スーザン「わたしを通して情報をくれるそうです」
ドロレス「それについてあなたはどう思いますか？」
スーザン「うれしいです（笑う）」

普通なら、こんな風に語られたら催眠の施術者は当惑し、どうしていいかわからなくなるところだが、当時わたしはノストラダムス関連の調査研究に取り組んでいたので、肉体から離脱した霊的存在と話すことには慣れていた。わたしにとって一番重要なのは常に被術者の心身の安全だ。それがきちんと確かめられてから、いつものように沢山の質問に取り掛かることにしている。経験から、まずは質問して情報を求めるのが、この種の接続を保つ一番手っ取り早い方法であることがわたしにはわかっていた。

ドロレス「彼について知りたいと思います。ここはどういう場所ですか？」
スーザン「宇宙船です」
ドロレス「今いるのはどんな部屋ですか？」

スーザン「ここには部屋が一つしかありません。彼は今、わたしのエネルギーと混じり合おうとしています。わたしと合体しようとしています。（深い呼吸を何回か繰り返した後、低く太い声になった）ちょっと待ってくれないか」

ドロレス「え？（スーザンの声ではなかったので、わたしはびっくりした）」

スーザン「ちょっと待ってくれないか」

ドロレス「いいですよ。でも、彼女の安全を確保することを忘れないでくださいね」

スーザン「わかっている。危ないことはない。危ないことはない。（さらに数回、深く長い呼吸をした後、機械的な音声になった）この交信をより完璧なものにするには、彼女に一時立ち退いてもらわねばならないのだ。彼女は今、それをブロックしようとしている。わたしは彼女の意識に働きかけて障害を取り払おうとしている。彼女はこの種の経験にまだ慣れていない。それが障害の一部になっている。この乗り物（彼女のこと・訳注）から彼女自身を意識的に取り除くことに慣れていないのだ」

ドロレス「でも、それは当たり前の反応です。だから最初は無理をしないようにしないと」

スーザン「わたしが彼女を手伝っている。少々時間は掛かるだろうが、それは最初だけのことだ。今、わたしは部分的には彼女の中に入っている。だが、より正確な情報を伝えるためには、もっと完全に入り込まねばならない。そうしないと、彼女の思考が結び付いて情報を改変してしまうからだ。理解できるかな？」

ドロレス「はい。だから、わたしたちも注意しながらゆっくりと事を進めようと考えていたのですが、あなたがそのようにしてくださるのであれば、さらに効果的でしょう」

ちょっと神経質になり過ぎていたかもしれなかったが、わたしは彼女がこの奇妙な経験をする間、彼女を護らなければならないと思っていたのだった。

スーザン「彼女は、高度なタイプの振動との統合に慣れなければならない。彼女の心はこの種の暗示と交信に対して開かれている。彼女の場合は心理的なブロックというより、物理的、身体的なブロックだ。彼女のエネルギーは地球環境で用いられるためのものなので、変性意識状態に慣れて交信可能になるまでには、しばらくこのまま待たねばならない。わかるかな？」

ドロレス「はい、わかります」

スーザン「そういうわけで、今伝えられるのは部分的な情報になる。わたしもまだ、彼女の声による交信がうまくできるよう努力している最中だ。それと心的イメージだが……彼女はまだこの種の交信に慣れていない。わたしは今、彼女の意識とさらに結び付こうとしている。もうすこしで彼女自身の意識をもっと完全に取り除き、一時的には交信できるようになるだろう」

ドロレス「わかりました。それまで根気よく待ちます。その部屋にあるいろいろな物品が、何に使われるのか教えてもらえますか？」

スーザン「正確に伝えられるような言葉を今使うのは難しい。適切な言い方で説明できるように、その質問の一部はまた後でやり直してほしい。だが今、彼女の使える言葉の範囲で、なんとか説明してみよう。それらしい説明はできると思うが、正確とは言えないだろう」

ドロレス「たしかに、言語にしても言葉選びにしても、いつも悩まされます」

スーザン「沢山の表示灯が付いたコンピューターを今、彼女に見せている。それは正方形のボードで、小さな丸い表示灯で全面が覆われている。ゲーム盤のようでもあり、彼女は今、ランプが縦横の列に並んでいるなと思っている。列は上下左右に並んでいて、銀色のボード全体を埋めている。これらのランプには全部電源が入って点灯している。赤や青……それらが点いた時には、色によりそれぞれ違った意味がある。それらのランプは回転ダイヤルによって点滅し、ダイヤルの円周には、それぞれの機能を示す印が該当部分に付いている。これは我々の宇宙船のメイン・コンピューターである。このコンピューターには名前が付いているが、その名前が彼女にうまく伝えられない。彼女は〝テレキネティック・ボード〟と言っているように聞こえる。これは似ているが、正しい名称ではない。我々は彼女に〝テレキネティック〟に似た響きのある言葉を伝えようとしている。また、そこにはあなたたちの言うところの線が何本も引かれている。長い線もあれば、ごく短い線もある。ダイヤルの円周にあるこれらの線と線との間の間隔は、緯度や経度、それに高度の値を表したものだ。彼らはこれらの要素を操作して宇宙船を操縦する。彼女は今、その表面だけを見ている。わたしは彼女にできるだけよく見えるように視覚化しているところだ。コンピューターの外側は銀の板である。それは実際には四角ではない。それは宇宙船に造り付けられている。だから彼女が内側を見ることはできない……が、彼女には今、内側にあるものが視覚化されて見えてきている。一面の小さなランプの裏側には、多くの配線が張りめぐらされている。マイクロコンピューターの中を開けてみたようなものだ。いろいろな配線やコネクターがあるが、それらの材料は地球のものとは違う。構造も非常に複雑だ。我々の知る限り、地球にはこの種のコンピューターはまだない」

ドロレス「どこが違うのですか?」

スーザン「使用している材料も違うし性能も違う。宇宙船を動かす、彼女には思いつかない名称だが、反重力装置もコントロールできる。地球でも反重力を利用した乗り物を研究している人たちがいるが、いまだ我々の達成したレベルには及んでいない。彼らは地球に墜落した宇宙船から見つかった部品からヒントを得たのだ。それはあなたたちの空軍によって秘密裏に保管されているはずだ。それを知っている人はあまりいない。彼らは拾い集めたものを研究し、本来使われるべき材料のないま、できる限り正確にコピーして作ってみた。しかし、そうやってなんとか出来上がったものは、あまりスピードが出なかった。こうした技術に関連したものを正確に作るには、まだ多くのものの開発が必要だ。この技術に必要なある効果を産み出すためには、特殊な材料も必要になる。そうした進歩が速まるよう人類を助けたいということも、我々が今回交信することにした理由のひとつだ。人類が別の次元を探検できるように、また別な次元や惑星にもっと楽に旅行できるように助けてやりたいのだ。込み入った事柄については、また後でもっと詳しく話したい。この込み入った事柄という言葉だが、これもまた、わたしがここで伝えたいことを正しく表現できていない。いずれにせよ、技術的な側面についての詳細はまた後で話すことにしよう。彼女が持っている電気関係の用語はあまり豊富ではない。だから、わたしのエネルギーがもっと彼女の中に入り込まねばならないのだ。そうすればもっと詳細な説明ができるようになる。今回の人生では、彼女の意識は機械に関連したことがあまり得意ではない。わたしの知るところでは、地球の人間の女性には大体においてそういう傾向があり、その方面は男性のものとされているようだ。能力はあるのだが、十分な訓練を受けていないのだ。だから、彼女を通じてもっと完全にあなたと交信できるようになってから、もっときちんと説明し、詳細をあなたに伝えたい。あなたもきっと、そのほうがよいと思うことだろう」

ドロレス「材料がとても重要なのですね？」

スーザン「そうだ。地球でコンピューターの電気回路にはある特定の金属を使うのと同じだ。例えば、もしも電気回路に木材を使用したら、金属を使った時と同じようには機能しないであろう。だから、あなたたちの言うところのコンピューターとか発電機を作り上げる上で、材料は重要な役割を担っているわけだ。こうした材料の中のあるものは、人類がほかの惑星に行くことができるようになれば、そこから調達することも可能だろう。人類が例えばスペースシャトルのような、大規模でより進んだ移動手段を得る上での第一歩だとわたしが見ているものによってそれが可能になり、他の惑星からこれらの物質が集められるようになれば、それがいろいろな用途で役に立つことがわかって、人類の科学技術を発展させることだろう」

ドロレス「それと同じように使える物質が地球にないものでしょうか？」

スーザン「錬金術のような方法がある。種々の金属を混合するのだが、これまで考えられたこともなかったような仕方で混ぜなくてはならない。発見されていない多くの事柄がまだまだあるのだ」

ドロレス「まったく新しい金属を開発するのですか？」

スーザン「そうだ。それはある特定の方法で、ある温度を保ち、ある混合比率で行なわれる必要がある。そうすれば、必要としている金属に良く似たものが出来るが、同じものではない。地球にある資源は活用しなければならないからな」

ドロレス「その種のものはいずれ作られるかもしれませんね」

スーザン「そうだ。わたしが今こうして話をしているのはそのためでもある。そうした諸々の発見ができるように人類を助けたいと思ってのことだ」

ドロレス「この宇宙船には一部屋しかないそうですが、宇宙船の大きさはどのくらいですか？」

スーザン「(間を置いて、不確かな様子で躊躇しながら)どうやら大きさを推測する彼女の能力は限られているようだ(笑い)。直径は、あなたたちが言うところの〝ヤード〟で三〇〇ヤードかな。大体そのくらいだ。いや、三〇〇ヤードか、三〇〇〇?　まあ、後でまた質問してくれ(笑い)。彼女に三〇〇ヤードがどのくらいの長さなのか見せてやれば、それが三〇〇ヤードか三〇〇〇ヤードかがわかるだろう」(一ヤードは九一・四四センチ・訳注)

ドロレス「それでは、彼女にこの宇宙船を外から見た形を教えてやってください」

スーザン「円形だが、上部だけ楕円形になっている。上部と比べると下部はちょっと平たくて、台所で使うボウルを伏せたような形だ。色はメタリックのシルバー。周縁部にある鍔《つば》の上に窓がある。宇宙船には照明が付いていて、必要時には点灯される」

ドロレス「宇宙船の動力源についてはすでに何か話してくれたと思います。それは宇宙船の中心部にあるのでしたよね?」

スーザン「そうだ。円筒状の部分だ。水晶の球のようなものだ。それが宇宙船に推進力を与える。透明な円筒の中にある。球体の上部は半分に切られた球のようになっている」

ドロレス「水晶の持つ力については、わたしも少しは知っています。いろいろな用途があるようですね。それは大きな一つの水晶なのですか?」

スーザン「それは別の惑星で採取された結晶化した物質である。それを削って球体を作ったのだ。あなたたちが石英の結晶を磨いて水晶の球を作るのと同じだ。透明ではなく、中は見えないが、球体の中にいろいろなものが入っている。エネルギーの変換機《トランスミューター》(transmuter)だ」

この部分を録音したテープを聴きながら書き留めていた時、わたしには最初〝トランスミッター（transmitter）〟と聞こえたのだが、辞書を引いたら、トランスミューター（transmuter）という似た単語もあることがわかった。トランスミッターは何かを送信するものだが、トランスミューターは、あるものを別なものに変形・変質させるものという意味になる。

スーザン「水晶の中ではさまざまな色の光が輝いているように見える。だが、完全にはっきりとは見えない。要するに、いろいろな形態のものが中にあるのだ。いろいろな光が見える」

ドロレス「これが宇宙船内のすべてのものを動かす主な動力源なのですね？」

スーザン「主要な動力源ではある」

ドロレス「ほかにも動力源があるのですか？」

スーザン「ある。コンピューターは他の動力源もコントロールしている。たまたまどれかひとつの動力源が故障したとしても、その代わりになるものがある。故障したものと同じ力を出すことが可能な代わりの動力源があるのだ。だから、我々は通常、何があっても出発した場所に戻ることが可能なのだ。宇宙船が墜落するというのはごくまれのことだ。そして、ほとんどの場合、そのあたりの大気状態が一因となっている。墜落の原因は宇宙船そのものにあるのではなく、気象の変化と操縦ミスが重なった結果であることが多い。乗員の中のある者がなんらかのプログラム・ミスを犯し、墜落する原因を作り出してしまったのだ」

ドロレス「それでは、あなたがたも間違いを犯すことがあるのですね？」

スーザン「きわめてまれにだがある。我々としては、それをあなたたちの言う〝間違い〟とは考えていないが、何事にも常に研究の余地があるということだ。いろいろな事態が生じるが、我々はその都度、その状況に適応して来ている」

ドロレス「言い換えると、あなたがたも絶対正しいというわけではないのですね？」

スーザン「そういうことだ。そして、それは生物が生きていく上では避けられないことなのだ。我々はそれを間違いと見なさず罰が必要とも考えない。あなたたちは間違いを犯すと罪の意識に苦しみ、その上、罰を受けたりすればさらに罪の意識が強まり、二度と間違いを起こさないようにしようと思うようだ。我々はそんな必要はないと考えている。あなたたちが言う〝間違い〟が起きた時には自動的に補正され、埋め合わせがなされる。当事者はそれが起こったことに気づく。それで十分だ。皆もそれを知り、そこからもっとも必要と思われることを何か学ぶのである。罪の意識と罰は、わたしが地球の生命体と呼ぶ存在がより速やかに進歩するのを妨げている大きな原因のひとつではないかと思う。彼らはこうした現象にとらわれ過ぎてしまい、進歩をみずから止めている。それは障害物である。こうした障害物が取り除かれてこそ、個々の人間、あるいは地球の生命体が、それぞれの夢に向かってさらに進むことができるのではないのか。みずからを押しとどめるような制限を取り払って、初めて物事をよりスムーズに現実化させることができるようになるのだ。病気も、その多くが罪と罰の意識に起因している。この惑星では、この種の条件付けが蔓延している。子どもの時に教え込まれた条件付けがもっとも深刻なものだ。それは諸々の限界を形成する。人々がもっと進化の速度を上げたいのであれば、この限界を乗り越える術を学ばなければならない。そういうことは幼い時に始めたほうが良い。いったん身に付いた行動パターンは、取り去るのが大変難しいからだ」

ドロレス「あなたの乗っている宇宙船は、それだけで宇宙を旅行できるのですか？」

スーザン「それだけで、とはどういう意味か？」

ドロレス「はい、その宇宙船はあまり大きくないと思ったものですから。それは別の宇宙船の中から飛んで来るのですか？　それとも、その宇宙船一機で、あなたの故郷の惑星との間を行き来するのですか？」

スーザン「わたしは今、彼女とは本当に初等レベルでしか統合できていない。このエネルギーを今、彼女の中に入れようとしているところなのだ。わたしはもっと……華麗に、いろいろと説明したいのだが。あなたなら、もっと大胆に、と言うのかもしれない。しかし、それはそれとして、あなたの先ほどの質問に戻ると、我々は、宇宙船に何が起こったとしても元の惑星に戻ることができねばならない。もし戻れなければ、この大気中から出られなくなってしまう。我々の体細胞はこの大気で生活するようには出来ていないのだ。短期間なら宇宙船から出ていることはできる。しかし、その場合でも、バクテリアに対処するために、ある種の防御策を講じなくてはならない。バクテリアは我々にとってはエイリアンのような生命体である。我々の宇宙船は目的地の振動数に合わせてダイヤルをセットし、そしてその場所に移動する。それは光速を超えた大きなジャンプのようなものだが、さらにほかにもいくつかの小さなジャンプをする。我々とは別の生命体には、これとは違った行動を取るものもある。しかし、我々と同様のタイプに属する生命体では、大気の条件の変化や何かで宇宙船が破壊されない限り、常に自分たちの惑星に帰還できている。これは賢いやり方だったと我々は考えている」

ドロレス「そうですね。でも、わたしの印象では、あなたがたはいつもそのようにしているわけではないのではないかという感じがするのですが。あなたは、別の宇宙船に行くと言ったことがありませんでしたか？」

スーザン「あなたがたぶん〝母船〟と呼んでいるであろう宇宙船もある。大きな宇宙船だ。異なるタイプの宇宙船はそれぞれ違った目的に使われる。小さなものは通常、なんらかの監視用に使われる。大きなほうは、観察やテレパシーによる交信が主な任務だ。つまり、目的によって大きさが違うというわけだ」

ドロレス「あなたの故郷の惑星がどのあたりにあるのか教えてくれませんか？　説明は難しいかと思いますが」

スーザン「あなたたちが言う北極星のさらに向こうにある。その方向の直線上にある星を五つ越えたところだ。（間を置いて）〝セントラ（Centra）〟と言えばいいかな。その惑星の名前はそんな風にも聞こえる。彼女はその名前を正しく言えていない。センテリア（Centeria）？　それに近いかもしれない。まあ、後でもっと正しく言えるようになるだろう」

ドロレス「その惑星はわたしたちの銀河系内にあるのですか？」

スーザン「いや違う。そうだな、何光年も離れたところだ。もっとあなたたちに近いところにも、あなたたちの知らないさまざまな星系がある」

ドロレス「では、あなたはわたしたちとは別の銀河系から来たということですね？」

スーザン「はい、と、いいえ、の両方の答えがわたしに入って来ているようだ。我々は多くの銀河系を旅するので、肯定とも否定ともつかぬ答えになる。我々の故郷である惑星はある。だが、そこにいることはあまりない。我々はいつも旅行をし、探検をしているので、ほとんどの時間を宇宙船の中で過ごしている。探検で得た情報は我々の惑星に送っているが、すぐに帰還するということはない。帰らなくても情報を送ることは可能だ」

ドロレス「それはテレパシーで送るのですか？　それとも……」

スーザン「一部はテレパシーだが、各宇宙船には送信機が装備されている。そして、受信のための機器はあなたたちのアンテナのようなもので、細い金属の柱が基地に設置してある。それは宇宙船専用のもので、我々の送信した情報はこれで受信される。受信した情報は解読され、あなたたちが言う歴史書のようなものに記録される。そしてそれは、宇宙に存在するさまざまな生命体に関する科学的なデータとして残るのだ」

ドロレス「そのアンテナのような柱はあなたがたの惑星に設置されているのですね？（そうだ）メッセージのほかに、物質的なものを同様にして送ることも可能ですか？」

スーザン「それはしない。物質などについては宇宙船内で分析し、その情報を送信する。宇宙船による探検で発見されたものについての情報は、多くの場合言葉として、あるいは、ある種の送信フォームに直して惑星に送られる」

ドロレス「すると、特に物そのものを送る必要はないのですね？」

スーザン「通常、そのようなことはまずない。我々自身や宇宙船をそのようにして送ることもあるにはあるが、それは非常にまれなことである。我々は、あなたたちが言う〝地球の領域〟の中で長期間にわたって宇宙船を維持し航行させることが可能だ。我々にとっての時間とは、あなたたちが考えているものとは違うのだ。だから、何光年も離れた距離を移動することがごく簡単にできる。我々は、宇宙船を維持し航行させるのに十分な資源とエネルギー源を銀河系内に見つけて確保してある。地球では、多くのものは使い続けると磨り減って使用不能になるが、我々の宇宙船ではそういうことはない。我々の宇宙船で使われている材料は、はるかに長持ちする。あなたたちの言葉を借りれば、より耐久性がある、ということになる」

ドロレス「お聞きしたいことは山ほどあるのですが、あなたの体について質問したいと思います。あなたは体を維持するのに何か必要としますか？　わたしたちの食料のようなものを食べますか？」

スーザン「液体だ。我々は、ある液体を摂取している。環境が我々の体の維持に必要なものを与えてくれる。宇宙船内の大気（atmosphere）は常に一定の温度に保たれているので、我々の使用している肉体は衰えない。我々は人類のように年老いることはない。ずっとある一定の形のままでいるのだ。我々が地球人の言葉で言う〝誕生〟をした時には小さな体だが、いったん成人すると、その後はずっとそのままの体を保ち続ける。老年期というものはない。想念の力によって、我々は常に若いままでいられる。あなたたちがイメージ療法で若さを保つようなものだ。それと似た感じである。いわば、我々はこのような状態でいられるようにプログラムされていると言えよう。もし、我々の誰かがどうかして怪我をするとか、大気の条件で害されるようなことが起これば、我々の惑星から持って来た特別な液体を身体システム内に入れると、それが治してくれる。だが、それは本当に緊急な時だけ使用される」

ドロレス「つまり、それは生き続けるために常に必要というわけではないのですね？」

スーザン「そうだ。宇宙船の中の大気は常に一定温度に保たれているし、速度（velocities）も……適切な言葉が出て来ない。ある種の大気が作られていて、それが我々の肉体を維持してくれている。そんなわけで、体に悪影響があるので、長時間船外にいることはできないのだ」

ドロレス「空気（air）とか、地球の大気がですか？（そうだ）では、食べ物とかは必要ないのですね。その液体があればよいのですね。その液体は、ただ飲むだけですか？」

スーザン「飲むと言ってもよいかもしれないが、注入することも可能だ。あなたたちが言うように飲んで体に入れる必要はない。あなたたちの言う食物などというものは、まったく必要ない」

ドロレス「では、その液体は口から飲むのではないのですか？」

スーザン「口から飲むこともできるが、飲むというより注入されるほうが多い。彼女は点滴のようなものを頭に浮かべているようだが、口に管が入れられ、それを通って何かが入る。わかるかな。だから、これは緊急措置なのだ。我々の惑星に生えているある植物を摂取する方法もあるのだが、それがなくてはならないというわけではない。我々の身体システム、あなたたちの言葉で言う肉体には、その維持に必要なものはすべて備わっている。ただし、正常な大気があってのことだ。いいかな、人類は食物を摂取すると体が成長するが、のちには人体に老化現象を起こすことになる。我々が体を一定の大きさに保っていられるのは、体を大きくするような食物を摂取しないこともその一因なのだ。成長は、やがて老化現象を生み出すのだ」

ドロレス「それは興味深い考え方ですね。ところで、その液体には何が含まれているのですか？　大体で結構ですが」

スーザン「地球にあるものは何も入っていないが、たぶん、それに近いものは地球にもあるだろう。彼女が頭に描いているのは赤い液体だが、血液ではない。どちらかと言えばビタミンに似た物質だ。おそらく彼女は赤いビタミンの溶液を考えているのだろう。注入するとすれば、ビタミンB_{12}かビタミンB_6に近い物質の入った液体だと思う。まあ、そのような成分のビタミン溶液に似てはいるが、それとは違うものだ」

ドロレス「何か緊急事態が起きて、その液体が手元にない時には、地球で代わりに使えるものはありますか？」

スーザン「そういう時は我々の惑星に取りに帰る。さもなければ余分に持っている宇宙船に行き、そこからもらうことになるだろう。大体いつも近くに宇宙船はいるので、惑星に帰るよりはまず近くの宇宙船に行くだろう」

ドロレス「それでは、あなたがたが生きていく上でもっとも大切なものは、宇宙船内の大気なのですね？」

スーザン「そうだ。我々のような体にはそれが重要だ」

ドロレス「常になくてはならないのですね？」

スーザン「前にも言ったが、短時間なら宇宙船の外にいることができる。我々にとっては肉体なしにエネルギー体のままでいるほうが楽なのだ。わかるかな？　我々のエネルギーを投射した影像を動かしていれば、大気の状態に影響されることもないので、それも我々自身を防御するもう一つの手段ではある」

本書の前のほうに、固体ではなく、霞のような存在の事例が出て来たが、これがその説明になるのかもしれない。

ドロレス「エネルギーのままでいれば、肉体を危険にさらさないで済むわけですね？」

スーザン「そうだ。肉体を持って宇宙船の外に出る時には、精神状態を一定に保たなくてはならない。大気の変化に影響されず一定の状態を保つように、自分自身をプログラムしなければならないのだ。

しかし、そのような状態はそう長くは持続できない。すぐにまた元に戻さなくてはならなくなる。そのため、我々は長時間の船外活動は避けるのだ。この説明でいいかな？」

ドロレス「はい、わかります。もし地球の人間が宇宙船の中に入ったとしたら、中の大気を呼吸し、生きることは可能ですか？」

スーザン「我々は、人間を一〇〇パーセントの肉体の形で宇宙船の中に入れることは避けている。もし肉体のままで船内に入れる時には、彼らのまわりに防護膜を作って彼らを保護し、また我々自身も彼らから防護されるようにしている。彼らは宇宙船内の大気に慣れていないからだ。そして、宇宙船内に入れる前に、精神をある種のトランス状態にする。彼らの身体が異質の大気の中でも障害なしに機能できるよう、意識を防護するためだ。しかし、我々は通常、宇宙船内に連れて来た人間はすぐに外に出すようにしている。あまり長く船内にいると、やはり耐えられなくなる。おそらく健康に問題が生じるであろう。我々の大気に慣れようとはするものの、船内にいる間中、ずっと精神は軽いショック状態に陥ったままになる。そうした状態は、その者の健康を損なう。だから、そうしたことは非常に短時間のうちに行なわれるのだ。宇宙人の中には、地球人を地上に戻さない者たちもいる。しかし、そのようにして連れて行かれた人間は、そう長くは生きていられないだろう。我々はそういうことをしたくない。我々は人類を助けに来たのだからだ。宇宙人の中には、人間を畜類のようにみなし、まるで人間が牛に対して行なっているように人類を扱う者たちもいる。人類は牛を、それが知的な動物ではないからと言って、例えば、科学的な目的で解剖などを行なうであろう。通常は食用などの目的ではなく、また、そういう実験は、その動物が死んでから行なうのではあろうが。我々は、地球上の生命に敬意を払う。我々は人類よりはるかに進んではいるが、評議会において地球の生命体を助けると宣言し、約束したのだ。我々は人類に希望を持っている。彼らもまた我々に手をさし出している。彼らは我々に敬意を払ってくれており、我々も彼らに敬意を払っている。だが、評議会に属していない他の星系から来た宇宙人の中には、人間の生命を我々のように価値あるものと思わない者もいる」

ドロレス「人間の生命についてそのように考えてくださってうれしく思います。あなたがたとわたしたちの考え方が似ているということになりますから。生命に対する思いが同じであれば、お互いにより良い交流ができることでしょう」

スーザン「我々の惑星や他の惑星に一人か二人の人間を連れて行ったことがある。他の宇宙人たちも同じようなことをしたことがあるが、それはかなりまれな出来事だ。そのように人間を生かしたまま移動させることを可能にする方法はただ一つ、それは人間を速やかに宇宙船に乗せ、速やかに惑星に運ぶことである。そういう環境で地球の人間が生き残るには、それに要する時間が重要な条件になる。それは楽な旅とは言えないが、それでもそれを願う者がいるのである。そして、そうした願いがそのような機会を創り出すのだ。しかし、目的地に到着してみると、思っていたほどの喜びが得られない場合もある。自分と同じ惑星の仲間がいないので寂しくなるのだ。着いてしばらくの間は、特別に選ばれて来たことを光栄に思い、喜んでいるのだが、やがて仲間が欲しくなる。ほとんどの者がそうだ」

ドロレス「別の惑星に行ったら、特別の大気の中に入っていなければ駄目ですよね？」

スーザン「そうだ。前にも言ったが、地球人はみずからの感情にとらわれている。余計なことを感じ過ぎて、その結果、いわゆる〝孤独〟を味わうことになるのだ。そうした感情が人間に与える影響は大きく、ついには生きる気力さえ失ってしまう。わたしには理解できない」

ドロレス「そういう状態になったら、もう地球に帰ることはできないのですか？」

スーザン「（ため息をついて）ほとんどの人間は、その過酷な旅を再び繰り返すことができずに途中で死んでしまうだろう。体にとってはきわめて大きな負担なのだ。彼らは高速の移動に慣れていない。惑星に到着したら、すぐに医学的な処置が必要だ。中には肉体の損傷が大き過ぎて、旅の途中で死んでしまう者もいる。だから、ほとんどの者が、元の惑星に帰るよりは、誰か仲間をここへ連れて来てほしいと願うのだ」

ドロレス「みずから望んでそうした人でも、実際に行ってみると考えが変わるのですね」

スーザン「もしその者が、我々から教育を受けて十分に進歩すれば、その惑星から発進する宇宙船に乗る機会を与えられることもある。そして短距離の移動なら宇宙船の操縦を学ぶこともできる。しかし、長距離の旅に耐えられるように造られた体がない限り、遠距離の航行を学ぶのは難しいだろう。我々の体はそのように造られていて、損傷を受けることなく、高速で何光年もの距離を旅することができる。だが、人間の体には限界がある。もっと進化しないと、長距離の宇宙旅行は簡単にはできない。宇宙には、人間と同じような姿をしていながら高度に進化していて宇宙旅行ができる生命体もいる。だが、彼らは地球人と同じ人間ではない。同じように見えるが細胞の構造が違う。彼らはより進化しているのだ。だから、人間にとっては困難な宇宙旅行でも、深刻な肉体的損傷をこうむることなしに可能なのだ」

ドロレス「人間そっくりでも人間ではないのですね。このような宇宙人たちが地球にやって来ることはあるのですか？」

スーザン「ああ、彼らもまた地球に来ることがある」

ドロレス「それではだまされてしまいますね。わたしたちは彼らを人間だと思うでしょう？」
スーザン「まあ、そうだ。宇宙人の中にはいろいろな姿になれる者もいる。彼らはそうした能力を道具として使い、人間を詳しく観察研究する時に利用するのだ。彼らの中には、我々ほど大気に影響を受けない者たちもいる。そういうことが可能な宇宙人は、かなり高度な進化を遂げているのだ」
ドロレス「彼らは肉体を形成するということですか？」
スーザン「あなたたちの言う〝カメレオン〟のようなものだ。彼らは姿を変えて周囲に溶け込むことができる。基本的には彼らはエネルギー体なので、特に何かの姿になっていなかったら液状のエネルギーのように見えるだろう。そして浮かんでいる」
ドロレス「浮かんでいる？　でも、固体なのでしょう？」
スーザン「ある形を取れば、それに応じた固体の状態になる。だが、彼らが自然の状態にある時は液状のエネルギー体なのだ。あなたたちの体の中にある霊も、肉体と離れている時はそれと似た状態だ。彼らもそれに似ているが、彼らはそうしたいわゆる本来の形、あるいは通常の状態においても、あなたたちより進化している。地球人の〝霊としての状態〟が、彼らにとっては肉体を持って存在している状態に思えるくらいに、彼らは進化しているのだ」
ドロレス「彼らは肉体を持つことができるのですね？」
スーザン「そう。彼らはどんなものでも、きわめて容易に物質化させることができる。それほど進化しているということだ」
ドロレス「何か、わたしたちが知らないことが沢山あるようですね」
スーザン「多種多様の生命の形態があるのだ。あなたがたが住む惑星上にも多くの生命体があるではないか。昆虫にしても動物にしても、植物にも非常に多くの種類がある。個人ではとても憶えきれないほどのさまざまな生物種があるのだ。それと同じように、地球の外の宇宙に目を向けてみれば、それこそ無数と言っていいほど多くの生命体が存在する。他の惑星上にも、地球には見られない種類の多くの生命体があって、昆虫にしても植物にしても、あなたたちの惑星のものとはまったく違った種が生息しているのだ」

ドロレス「先ほど、人間を宇宙船に乗せる時にはトランス状態にすると言われましたね。それは宇宙船内の環境に適合させるためと彼らの精神《サイキ》（psyche）を護るためだとおっしゃいました。それでよろしいですか？」

スーザン「意識（consciousness）の保護だ」

ドロレス「彼らの意識ですか？」

スーザン「精神もだ」

ドロレス「わたしはこれまで、そういう経験を憶えていない人がいるのは、その後の日常生活に支障をきたさないようにするための配慮からかと思っていました」

スーザン「人がその経験のすべてを思い出して彼女の言う〝ショック状態〟に陥ることから守るためのものだ。我々の目的は個人に危害を加えることではない。だから、そのような状態に陥らせたくないのだ」

ドロレス「しかしまた、それにより人間が船内の大気に適応できるようにもなると」

スーザン「そう、二役あるわけだ」

ドロレス「でも、そんなトランス状態にはあまり長くはしておけないので、彼らを宇宙船から出すのですね？」

スーザン「そうだ。だからほとんどの者はごく短時間で家に戻される。あなたも知っての通り、時間はほとんど止まっている。これらのことすべてが一瞬のうちに起きるのだ。時間は変えることができ、今の人間の進化状態では理解できないことも起きる。だから、いろいろな人がそういう経験をしているのだ。この通信媒体（スーザンのこと・訳注）でさえそうした経験を持っている。多くのことが一瞬のうちに起きたように感じるのは、人間の心の中で時間が変えられたからだ。しかし、我々の心の中では実際、何も変えられていない。ごく自然なことなのだ（くすっと笑う）」

ドロレス「まあ、あなたがたにとってはそれが自然なのでしょうね。わたしは、あなたがたが一種の催眠術のようなものを人間に掛けるのかと思っていました」

スーザン「個々の人間の意識にテレパシーで送られるのだ。人間にはそれを受信する能力がある。脳にはテレパシーで刺激できる部分が数箇所ある。そしてそこが、彼女なら、アヘンのような、とでも言うであろう効果を産み出すのだ。もし、エネルギーが脳のある特定の部分を押すと、人はトランス状態に陥ったようになる。この時の意識状態は、今の彼女のそれとよく似ている。だからあなたにも、今行なっているようなことが、こうしたいわゆる催眠状態の中で可能なのだ。ある形のエネルギーによる、ある形式の交信によって、意識のある特定の場所が刺激されているのだ。それは催眠術と似てはいるが、このエネルギーはもっと高速でもっと強力だ。そのため、脳のその部分が、今のこうしたトランス状態の時よりも、ずっと強く刺激されるのだ」

ドロレス「人によってはこうした経験を部分的に記憶している人もいますし、夢の中でフラッシュバックとして想起する人もいます。そうかと思えば、まったく記憶のない人もいるようですが」

スーザン「その理由は、人の脳にはそれぞれ若干の違いがあるからだ。そのため、脳の反応にも人によっていくらか違いが出て来る。脳の基本的なところは同じだが、脳にあるこれらの圧点の分布には人により少しずれがある。ほんのちょっとの違いだ。各個人の脳細胞の構造や組成は、その人の行動によって違ってくる。摂取した薬物とか食物によっても影響を受ける。もし頭を何かにぶつけたりすると、それに対処するため、脳内に液体が出て来る。もし脳震盪でも起こしていれば……というように、脳に影響を与えることは沢山ある。健康状態も脳に影響を与える。アルコール類も液体の流れに影響を与える。こうしたことすべてが、この種の体験に対する反応の仕方に影響を及ぼす。そのため、ある人は別な人よりも良く思い出せるのだ。エネルギーがその人の頭に注入された時の対応の仕方には個人差がある。だから、人によって記憶して思い出せる量がそれぞれ違うのだ。またそれは、個々人の意識の進化程度にもよる。何を進んで受け入れ、対処しようとするかに掛かっているのだ。中には、そのような経験に再び直面することを恐れるあまり思い出せない人もいる。事実を直視することが怖くて、そのような経験全体を自分自身から隠蔽し、なかったことにしようとするのだ」

ドロレス「反応は個人によってまったく違うということですね」

スーザン「その通り」

ドロレス「でも、催眠術を使ってその記憶を呼び戻すことができるというのは興味深いことだと思います」

スーザン「催眠術では、脳内の、ある特定部位と細胞を刺激するのだ」

ドロレス「それは記憶の貯蔵庫か何かですか？　記憶がどのようにして蓄えられるのか、いつも知りたいと思っていました」

スーザン「電気の流れによる伝達だ。脳のいろいろな場所に張りめぐらされた神経を電気が伝わるようなものだ。人間の脳にはデータや情報を貯蔵する場所があり、ほかの場所は創造とか、いろいろと想い描いたりするために使われる。その動きは、電流が導線の端から端まで走るようなものだ。物理的に視覚化して言えば、そのように見えるだろうということが、わたしにはわかっている」
ドロレス「人間がトランス状態にされて宇宙船内に入れられた時、その動きは頭の中で遮断されてしまうのですか？」
スーザン「その人間を守るための意識の遮断だ。そのような経験は、そうしたことに慣れていない者に混乱をもたらす。それは、言ってみれば交通事故で怪我をするようなものだ。脳は、人がある種の辛い経験に遭遇すると自動的にみずからを守ろうとし、意識状態を違うものに変えてしまう。この時、人によっては体外離脱の現象を引き起こすことにもなる。彼らの意識は、その経験がもたらす〝恐ろしさ〟、あるいは〝恐怖〟といったものからみずからを守ろうとする。体外離脱現象の場合と同じように、意識状態を変えて自分自身を守るのだ」
ドロレス「それでよくわかりました。すると催眠術は、その防御ブロックの背後に入り込むことができるというわけですね？」
スーザン「それらの閉じられた扉を開けるのだ」
ドロレス「しかし、それは本人の合意がないとできないとわたしは理解しています」
スーザン「そう。合意の意思があってこそ、わずかながら扉が開けられる」
ドロレス「では、思い出したくないとか、再体験したくないと思えばどうなりますか？」
スーザン「扉は閉ざされる。この種の宇宙人との遭遇体験をする者たちには、それに関する合意がある。それなしに、通常、宇宙人が人間と接触することはない。体験に先んじて、宇宙人と接触したいというその人間の願望があるのだ。彼らは自分の意識を拡張したいと願っている。彼ら自身は否定するかもしれないが、そういう者たちは経験する前からその準備が出来ているのだ」

ドロレス「わたしもそう思います。いろいろお話していただき、本当にありがとうございました。またいつか、お会いしてお話をうかがえるでしょうか。よろしいですか？」

スーザン「いいだろう。彼女がこの種の交信にもう少し慣れてくれれば、わたしも、もっとうまく説明できるようになるかもしれない」

ドロレス「あなたは今日、大変良く説明してくださったと思います」

スーザン「今日は彼女のエネルギーの場にすこししか入り込めなかった。ほんのちょっとだけだった。この媒体を通じて交信をするという合意はすでになされている。我々はあなたたちの手助けをしたいと思っている」

ドロレス「お話をする機会を与えてくれたことに感謝します」

スーザン「こちらこそ」

わたしはスーザンの催眠状態を解き、意識を完全に回復させた。わたしは、宇宙人が彼女の体を通して話をしていた間、彼女がどんなことを体験していたのかが知りたかったので、再びテープレコーダーのスイッチを入れた。

スーザン「目覚めるとすぐに、白い頭の宇宙人を見たことを思い出しました。髪の毛は生えていなくて、大きな黒い目でわたしをじっと見ていました。それはじっくり観察するといった感じで、わたしがしゃべるのとは違うレベルでわたしと交信しているかのようでした。そして、わたしが言葉で伝えることのできる以上の意味を持った何事かを発信していました。意識をだんだん取り戻しながらも、彼の頭が目の前にあって、その視線がわたしを捉えていた時の生々しい感覚がよみがえって来ました。この宇宙人との接触はまさに現実のもので、彼の強力なエネルギーを感じました。今でもそのエネルギーの感覚がわたしの頭の中に残っています」

ドロレス「でも、それは快い感じなのでしょう?」

スーザン「はい、とても安心感のある、良い気持ちです。でも、かなり強力で、まるでトランス状態に入った時のようです」

ドロレス「で、今思い出せるのは、彼があなたをじっと見つめていたことだけなのですね?」

スーザン「はい、今のところは」

スーザンは、この宇宙人が一塊の情報を彼女の頭の中に入れて、彼女の頭を〝スキャン〟しているようだったと言った。彼女がわたしに話したことより、もっと多くの情報が彼女に与えられ、次に接触するにはどうしたらよいかと聞くと、彼は〝三角形〟のシンボルをスーザンに見せた。彼女はそれをピラミッドだと言ったが、わたしにとってそれが何を意味するのかは知らないようだった。このシンボルは宇宙人に誘拐された人の話によく出て来るもので、宇宙船内で見られたり、記章の図柄の中に入っていたりする。スーザンにはこの経験の後も特に恐怖感はなく、むしろ気分が高揚し興奮していた。彼女は、これらの情報がそれを〝悪用する〟ような人たちに渡ったとしても別にかまわないが、与えられてもその意味が理解できない人に教える必要はないと感じていた。彼がわたしをスキャンしていると言った時、彼女は身体に何かを感じたと言う。わたし自身は頭皮がちくちくするのを感じ、そして、まるで頭皮の感覚が徐々に失われていくような気がしたのだった。

わたしが次にスーザンに会ったのは、一九八七年三月にユリーカ・スプリングス市で行なわれた第一回MUFON・UFO会議の会場であった。MUFON主催で会議が開かれたのはその時だけだ。翌年からはルー・ファリシュとエド・マズルが主催することになり、以来、会議の名前もオザークUFO会議に変わった。この会議の主な講演者は軍で調査官をしていた退役軍人で、UFOの公式調査報告として有名なブルーブック・プロジェクトやグラッジ・プロジェクトに直接関わった人たちだった。そのため、会議そのものが懐疑的な雰囲気で、UFO現象そのものを公に否定する流れとなっていた。そして、会議の会場とは別なところで、もっと面白い実験が行なわれていたのだった。

UFOの調査を始めた頃、わたしにとってはルーだけが、自分の取り組んだ事例についての情報を提供する相手だった。わたしはまだよちよち歩きしながらこの種の調査研究を進めていた段階で、集めた情報を一緒にいろいろ議論して理論化するための頼れる人物がどうしても必要だったのだ。そのような役割の人物としてルーは頼もしい相手であり、もう何年も一緒に仕事をしているが、信頼を裏切られたことは一度もない。彼はわたしが実施したスーザンとの退行催眠セッションが、予想もしなかった方向に向かったことを知っていた。彼はフェイエットヴィル市とミーナ市で行なわれる他の会議にも参加することになっていたので、スーザンのセッションにも同席し、質問してみたいと言うのだった。わたしたちは、三人が同じ地に集まる今回の会議は絶好の機会だと判断した。ほかにも、このセッションに関心を持つ人は多かった。この会議ではUFO現象を型どおり否定する講演が延々と続き、皆うんざりしていたので、このセッションはきっと気分転換になるだろうと思われたのだった。

スーザンはあまり乗り気ではなかった。彼女は人前でセッションをした経験がなかったので、無理もないとも言える。その日の会議が終わり、わたしたちがセッションの会場であるモーテルの一室に着くと、その狭苦しさと居心地の悪さが彼女の不安をさらに募らせた。人が集まり始めると、大勢の人を見たスーザンはますます緊張して落ち着きを失い、そのうちの何人かに出て行ってもらうように要求した。わたしたちは事を荒立てないよう、慎重なやり方で出席者を減らしていったが、それでもモーテルの部屋には十人ほどの人々が残った。そのほとんどは、わたしが別のいろいろな会議で知り合ったUFO研究者たちだったが、その中に、わたしがのちに共同でUFO研究をするようになった黒人の心理学者、ジョン・ジョンソンがいた。一九八〇年代にはUFOについての権威者はほとんどおらず、わたしも手探りで研究をしていた頃だったので、彼はわたしにとってかけがえのない協力者であった。わたしたちは互いに相手から教えられ、また、自分たちの犯した間違いから教訓を学び取っていたのだった。

ジョンは穏やかで控えめな紳士という印象で、口数が少なく、静かに観察しているといったタイプであった。彼のことをよく知る前には、トランス状態の女性を通じて宇宙人と会話をするなんて、彼にはまったく理解できないのではないかとわたしは心配していた。他の参加者たちは皆、わたしのしているような研究についてよく知っていることがわかっていたので、ジョンの反応が一番気になっていたのだ。しかし、驚いたことに彼は、自分は生まれ変わりを信じているから、今日これから起こるであろうことも理解できる、と言ったのだった。彼は退役軍人病院で末期患者たちの世話をしていたので、まさに形而上学的な考え方の人物だったのだ。これは思いがけない朗報で、わたしたちは安心してセッションの準備を進めた。

わたしはスーザンに注意を転じた。彼女にとって大勢の人の前で退行催眠をするのは初めての経験なので、うまくいくかどうか、わたしはちょっと心配していた。何が起こるかわからなかった。

スーザンは落ち着こうとするかのように深呼吸を始めたので、彼女が不安を感じていることは明らかだった。しかし、別に本人が努力しなくても、いつものキーワードを使えばすぐに催眠状態に入れるのだから、彼女の心配は無用だった。部屋の照明が気になっているようだったのですべて消し、バスルームの電灯をつけてドアを開けておき、そこから漏れて来る明かりだけにした。そして、半暗闇の中に座ったまま物音もさせず、これから起きることを皆じっと待っていた。わたしはキーワードを使い、数を数えて、前回、わたしたちがあの宇宙人と話をした場面に行ってもらった。わたしは、また彼に会えることを期待していた。そして、もし会えたら、今回参加した研究者たちのために、前回した質問のいくつかを、もう一度繰り返すつもりであった。

ドロレス「わたしが三つ数えます。三と言ったらまた前回の場面に行きます。一、二、三、はい、あの場所に戻りました。そこであなたは何をしていますか？　何が見えますか？」

次の瞬間、わたしは命令するような調子の声に驚かされた。

「もっと具体的に言え！」

それはまるで、わたしたちが、誰かがしゃべっているのを邪魔してしまったかのような感じで、わたしはこのまったく予想外の反応に面食らった。

ドロレス「具体的にですって？　わかりました。前回お話しした時には、あなたとあなたの宇宙船についていろいろ質問しました」

　すると雰囲気がガラッと変わり、声の調子はとても穏やかなものになった。「いったい何を知りたいのかな？」と言い、さらに声を強め、じれったがっているような口調で、「どんな情報が欲しいのだ？」と言った。

ドロレス「あなたが今乗っている宇宙船には一部屋しかないとおっしゃっていましたが、それは本当ですか？」

スーザン「以前話していた宇宙船のことか？」

ドロレス「そうです。でなければ、ここは今、どこなのですか？」

スーザン「宇宙船の中だが、いつも以前と同じ宇宙船に乗っているわけではない。時には乗り換えることもある。目的によって使う宇宙船が違うからな」

ドロレス「今あなたが乗っている宇宙船は、どういう目的に使われるのですか？」

スーザン「あなたたちの言葉では〝偵察機〞に当たるだろう。これは観察するのに使われる。今、彼女の意識と話をしようとしている。彼女はちょっとばかり調整が必要だ。エネルギーが違っているので調整している」

ドロレス「わかりました。でも、彼女の体に害がないようお願いします」
スーザン「害はない」
ドロレス「調整には時間が掛かるのですね？」

彼は、無駄な話は飛ばして、すぐに本題に入りたいようだった。

「知りたいことはなんだ？」

ドロレス「はい。では、この宇宙船は偵察用だとおっしゃいましたが、どういう任務ですか？」
スーザン「（機械的に）生命体を観察、監視する。あらゆる種の生命体だ」
ドロレス「そうする理由は何ですか？」
スーザン「このデータは、地球から何光年も離れた我々の惑星に送られる。データはそこで我々の同胞によって再度分析される。わたしの役目はただデータを送るだけだ。わたしは送信可能な量の情報を集めている。我々は情報を遠距離に簡単に送ることのできる送信機を持っている」
ドロレス「それはどんな送信機ですか？　その動力源は何ですか？」
スーザン「それを完全に理解するのはあなたたちには難しいだろう。我々には高度のテレパシー能力があるので、想念の力で非常に遠くまで情報を送ることができる。その上、音による通信機も持っている。ある具合に振動する音を作り、それを送る。音は、あなたたちが知っているよりもっと遠くに伝えることが可能なのだ。さらに遠くに届くようにするいろいろな方法がある。あなたたちならたぶん金属と呼ぶであろう物質で出来た筒がある。ある振動形式に調律された音は、その筒の中に押し込まれ、それがまた押し出される。その音は、ある方向のある場所に存在して振動する一点に向けて、調節ダイヤルにより照準が定められている。そこにはすぐに伝わるが、距離が遠いので、あなたたちの言う時間差も少しは生じる。それが時には、地球の時間で〝数日〟になることもある」

部屋にいた一人が咳をし始めて立ち上がり、隣室に出て行った。そのため、わたしの注意力も乱される格好になった。

ドロレス「これは、そこに向かって送られた音によって作動するのですか？」

スーザン「その音にはコード化したメッセージが入れてある。モールス信号のようなものだ。これでわかるか？」

ドロレス「はい、わかります。その音についてはよく理解できませんが、考え方としてはわかります」

『この星の守り手たち』に出て来るフィルの報告の中にも、同様に、音による長距離間の交信を行なう宇宙人のことが述べられている。

ドロレス「以前わたしに、他の惑星にアンテナのような柱があるとおっしゃいましたよね？」

スーザン「それが、ここから送信するメッセージの受信機だ。送信用と受信用の二種類の柱がある。それはあなたたちの言う〝旗棒〟のような、とても丈の高い金属性の筒だ。信号はその柱が立っている場所に狙いを定めて、その同じように振動する位置に送られる。だからこそ、ほかにそれることとなく、まさにその場所に送信できるのだ。アンテナが電波を受け取るのと同様に、受信機がそれに周波数を合わせて受信するのだ」

ドロレス「その信号は受け取った側で解読し、あなたがたのファイルに収納するということでしたね？　さまざまな生命体に関する情報を保存しているのですね？」

スーザン「あなたたちの行なっているようなファイルの保存法とはちょっと違う。それは我々の、言うなれば記憶の貯蔵庫に入れるのだ。いったんそこに入った情報は、決して忘れ去られてしまうことはない。いつでも簡単にそこから引き出すことができる。それを書物の形にする必要もない。また、さまざまな物のサンプルを保管しておく場所もある。それはあなたたちなら地下倉庫とでも言うであろう場所で、我々の惑星のさまざまな要素が及ぼす影響から守られている」

ドロレス「地球に関するすべての記録がそこに保管されているのですか？」

スーザン「別に我々には地球のすべての記録を集める意図はない。我々は地球やその他の多くの惑星から必要な記録を集めている。我々にとって興味のあるものだけを集めているのだ。すべては必要としていない。我々には、いながらにして、すでに多くの生命体のことがわかっている。我々にとってはごく簡単なことだ」

ドロレス「ほかの人たちからの質問も受け付けてくれますか？」

スーザン「このエネルギーの混じり合った状態で可能な限り、全力を挙げて回答したい」

わたしは他のセッションの時と同様、今回も同席者たちが大きな声で質問をするものと思っていたのだが、質問者たちは紙にメモ書きしてわたしに渡してよこした。半暗闇の中でそれを読むのは困難だった。
最初の質問を読んだ。「大変な遠距離を、物理的に、どのようにしてやって来ることができたのですか？」

スーザン「エネルギーを移動させる方法はいろいろある。電磁波とか想念の力など、ほかにもいろいろあるが、することは皆同じだ。多くの場合、それはひとつの次元の現実から別の次元のそれに移転させるだけのことだ。また、この宇宙船を操縦している者たちが心に思い描くだけでエネルギーがコントロールされ、彼らの思い通りに宇宙船が移動するというようなこともある。それは想念の力による移動ということになる。その場合には、行きたいと思う場所を、ただ頭の中に描けばよいのである。リアリティーに関するあなたたちの意識が拡大し、理解が深まっていけば、精神の力を身のまわりにある物質的なものに直接作用させられるようになるだろう。物体の振動数とあなたの精神の振動数が完全に一致した時、あなたはその物体を思いどおりにコントロールできるようになるのだ。今のところ、あなたたちの世界ではすべてのものの振動数がばらばらで、ひとつとして同じ振動数を持つものがない。しかしながら、もしそれらの物質の振動数が精神の振動数と一致すれば、それらもまた精神の力で移動させることが可能になる。想念の命ずるままに、それらの物体が消えたり現れたりするのだ。まもなく、あなたたちにもそのようなテクノロジー（想念の力で宇宙船を操縦する）が与えられるだろう。しかしながら、あなたたちがもっとちゃんと責任を持ちうるレベルまで進歩しないと、そのようなテクノロジーの使用を評議会が許可することはないだろう。あなたたちはすでに核エネルギーによって、地球の存続を脅かすようなことをしているのだからな。自分たちが何をしているかもわからないまま、そんなことをしでかしているのだ。どうか、宇宙のほかの部分まで巻き添えにすることのないようにお願いしたい」

わたしは次の質問を読み上げた。「あなたがたは、地球の人類について、どのような情報を集めているのですか？」

スーザン「多くの点において人類は特別でユニークな存在だ。だからこそ我々は今、援助しようとしているのだ。我々はまた、地球そのものと、そこで起きている環境の変化にも関心を持っている。人類はまだあまり進化しておらず、時には動物のような状態になることもある。しかし、人類に対しては多くの希望を持つこともできる。我々の援助を受けて、人類は今急速に進歩発展している。我々はもうかなり長いこと地球人と関わってきた。テレパシーを使い、夢の中で人類の科学技術の発展を助けてきたのだ。人間の言うところの〝情緒的成熟〟のための手助けもした。感情を支配してコントロールできるようにならないと大きな問題が発生してしまう。人は肯定的な良いエネルギーによって前進する術を学び、否定的なエネルギーを良いエネルギーに変える方法を習得しなくてはならない。否定的なエネルギーとは、怒りとか妬みといった、あなたたちにはおなじみの感情だ。これらは人の破滅につながる。こうした感情が人間の進歩を阻害しているのだ。肯定的なエネルギーは人を躍進へと駆り立てる。しかし、地球の人類全体がこのことを理解するまでには、まだ少々時間が掛かるかもしれない」

ドロレス「(次の質問を読む)あなたがたのような生命体にも感情はあるのですか？」

スーザン「あなたたちのような感情はない。あなたたちの言う〝生殖〟を希望する時には二人の間に親近感は生まれる。この目的のために二つの個体は結合する。だが、あなたたちのようにこの感情を後まで持ち越すことはない。執着はしないのだ。そうした感情は人が進歩する妨げになるだけだから、それらを超越しているのである。感情的なものに進歩の邪魔をさせるというのは、我々の性質にそぐわないことだ。宇宙人の中には、人類の感情というものが自分たちにないので、かえってそれらに魅力を感じている者たちもいる。彼らにとり、それは好奇心をそそりはするが、やはり邪魔になるものだとも思っている。しかしまた、何かの役に立つこともありうるとも思っている。それは感情をどのように使うかによるであろう。肯定的なやり方で使えば、それは人の進歩に役立つ。それは人によってそれぞれ違ってくることだ」

ドロレス「わたしたちの感情をあなたたちが本当に理解しているのか、よくわかりません」

スーザン「我々は他の生命体のそれも観察している。知るべきことは皆知って理解しているのだ。だが、我々は人間をエネルギーの通り道として、エネルギーとして見ている。人間の体の中には多数の回転する渦巻があり、それらが人の周囲に存在するさまざまな種類のエネルギーの通り道になっているのだ。多くの人はそんなことを知らずに過ごしているが」

彼は体の中にあるチャクラのことを言っているのだろうか？　チャクラはくるくる回っていると言われ、体の健康を維持するためには、それらが回り続け、調和を保って機能していなければならないとされている。

スーザン「しかし、我々は人間には希望があると思っている。人類は特別な存在である。彼らが持っている可能性や特質をもっと十分に発揮しさえすれば、さらに進歩することができ、自分たちのために、ひいては宇宙全体の利益にもなることだろう」

ドロレス「それは素晴らしいことだと思います。ところで、あなたたちにも性別はあるのでしょうか？」

スーザン「我々は両性具有である。つまり、我々の誰もが子どもを産むことができるということだ」

ドロレス「それについてもう少し知りたいと思います。あなたがたはそれぞれ、ある時には男性になり、また次には女性になったりするのですか？　それとも、ひとつの体の中に常に男性と女性の両方が同時に存在しているのですか？」

スーザン「我々の場合、すべてをテレパシーにより行なう。心の中で育つべきものをイメージするのだ。育つと言っても、〝年を取って成長する〟という意味ではない。いわゆる〝腹〟のあたりにふくらみが出来て、人間の妊娠と比べるとかなり短期間で子どもが形成される。そして、あなたたちが言うところの腹のあたりから子どもが出て来ると、その出口はすぐに元通りにふさがる。別に手術で切開する必要はない。すべてが精神の力で行なわれるのだ。生まれて来た当初は少し小さいが、一定の大きさに成長するとそれ以上大きくなることはなく、大気さえ一定に保たれていれば、常にその大きさでいる」

ドロレス「それでは、生殖を行なう時期はそれぞれ当事者が決めるのですね、自動的に決まるのではなくて？」

スーザン「いつ子どもを作るかは、二人の個人の合意で決められることである。いわば取引をするようなもので、あまりたいしたことではない。我々はごく若い頃から高度に進歩しているので、歩き始めるとすぐに銀河の地図を見せられ、ただちに宇宙旅行ができるようになる。そのように生まれついているのだ。そうした方面に関しては、我々はきわめて高度な発展を遂げている」

ドロレス「わたしはどうも感情についていろいろ知りたくて仕方がないのですが、あなたがたは子どもたちに何か特別な感情を持っていますか？」

スーザン「あなたたちと同じような感情はない」

ドロレス「子育て、というものはあるのですか？」

スーザン「子育てはある。教育をしたいからだ。だが、それは感情ではない。我々にとって、それは単なる本能的なものだ。教育本能だ。子どもが成熟するまで教育をする。子どもたちは必要なことを自動的に学ぶ。そのように子どもたちは生まれついており、わたしもそうだった。知る必要のあることだけ学び、そして進化する。しごく簡単なことだ。教育し、進歩するという本能がある。子育てするというような本能はない。そこには違いがある。とは言うものの、もし我々の誰かがどうかして怪我したり危害をこうむったりしたら、ある種の感情が発せられる。それはあなたたちの言う悲しみではないが、ある波動が送られるのだ。その当事者がまた元気になってほしいという切望はあるが、それはあなたたちの言う悲しみとは違う。そして、可能であれば、回復の手助けになることはしてやる」

ドロレス「わたしは、あなたがたとわたしたちのどこが似ていて、またどこが異なっているのかを理解しようとしています。あなたがたには、怒りなどの否定的な感情はないのですか？（ない）」

質問を書いた紙がもう一枚渡された。「現在地球を訪れている宇宙人の中で、もっとも多いタイプはどのようなものですか？　物質的な身体を持った地球外生命体のことです」

スーザン「人類に似た種に属するいくつかの小集団の一つで名前は……翻訳できる言葉が見つからない……いずれにせよ、人間に似た種のグループがある。あなたたちの姿に良く似た生命体の種は沢山ある。地球に播種されたのもそうした種である。また、人類とはかなり遠縁に当たる種もあり、彼らはあなたたちとはだいぶ違う姿をしている。この遠縁の仲間たちがよく地球にやって来る。彼らの遠征の役に立とうと志願した、あなたたちの言葉で言うアンドロイドも一緒だ。アンドロイドは彼らの作業員である。そのアンドロイドたちは、この〝事業〟に奉仕するため、そこで働くようにプログラムされた彼ら本来の持ち場を離れてやって来たのだ。わたしが今、事業と言って、〝実験〟という単語をあえて使わなかったのは、その結果がすでにわかっているからだ。しかしながら、この仕事の大部分を〝任務〟と呼ばないのは……いや、この話はもうやめにしなくてはならない。話の方向の意図が誤解されているという注意がわたしに来た。わたしが今まで話した情報は一方的過ぎて、あなたたちの役に立つようなものではなかった。我々が征服者として地球にやって来たなどという考えを広めたくない、我々は人間を助けるために来ているのだから」

ドロレス「今、結果はすでにわかっているとおっしゃいましたが、それはどういう意味ですか？」

スーザン「究極の成果のことだ。一人一人の個人的な成果について言ったわけではない。個人にとっての成果は、各人がそれぞれの仕方で創り出さねばならない」

ドロレス「究極の成果とはなんですか？」

スーザン「人類の意識を宇宙レベルにまで上げることだ。スターピープルに支配されたり従属したりするのではなく、彼らと兄弟になることだ」
ドロレス「そのアンドロイドたちはどんな姿をしているのですか？」
スーザン「あなたたちが言っているように、色は灰色で背が低い。目の大きいのが一番の特徴だが、それは交信の時に受容体として使われるためだ」
ドロレス「彼らの目は人間と同様の機能を持っているのですか？」
スーザン「ある意味ではそう言えるが、彼らは可視光線以外に赤外線や紫外線も見ることができる」
ドロレス「人間のものと同様の機能を持った瞳はありますか？」
スーザン「焦点を合わせて光を捉えるような瞳はない。そういった意味では彼らの目は人間のものとは違う。光を採り入れる方式も、人間のそれとは違った原理に基づいている」
ドロレス「まぶたはあるのですか？」
スーザン「目を覆うという意味のものはない。あなたの目にあるようなまぶたはない」
ドロレス「わたしたちのような呼吸器官はあるのですか？」
スーザン「分析するのに使用されるという事実だけが同じで、消化（呼吸器官に消化はおかしいが原文のまま。digest とある・訳注）とか空気の入れ替えとかはしない」
ドロレス「これらの人たちが身体を維持するための食料などはあるのですか？」
スーザン「精神的なエネルギーだけで十分だ。物質的な食料は必要ない。彼らはエネルギー体なので、純粋なエネルギーだけで十分維持できるのだ」
ドロレス「ということは、わたしたちの言う永遠の命となりますね」
スーザン「いや、そうではない。体は役目が終わればなくなる」

ドロレス「それでは、人間のように何かを消費することはないのですね？」
スーザン「物質的なものを消費することはない」
ドロレス「浸透はありますか？　彼らはエネルギー体だとおっしゃいましたよね。浸透でエネルギーを吸収するのですか？」
スーザン「吸収同化はある。体を構成する物質を分析し、異常なところは修復することもある。しかし、生命体の維持は消化や呼吸によるよりも、エネルギー源から取り入れるエネルギーによるほうが主体である」
ドロレス「大気中に含まれる元素とかのことですか？　それとも、ほかに何か彼らが使うエネルギーがあるのですか？」
スーザン「精神的エネルギーで維持しているのだ」
ドロレス「感情によって生きていくことはできますか？」
スーザン「感情的内容の入る余地はない。彼らはアンドロイドという存在なので感情はない。だが、精神のエネルギーには反応する」
ドロレス「他の人たちが放出した感情を利用してエネルギー源にすることはないのですか？」
スーザン「感情から影響を受けることはあるかもしれないが、生命を維持することに使いはしない」
ドロレス「彼らは、みずからの生命を脅かすほどの心痛などを感じることはありますか？」
スーザン「我々の知る限り、そのようなことは一切ない。だが、前後の状況によっては衰弱につながることはある」

質問を書いた紙は束ねて渡されるようになり、薄明かりの中でそれらを整理するのは大変だった。

ドロレス「このアンドロイドたちはどのようにして造られるのですか？　クローンを造るのですか、それとも工場などで造られたりするのですか？」

スーザン「ある組織の中枢部……例えて言えば、あなたたちの郡とか州とかのような行政組織の中に当該惑星担当のそうしたエネルギーを管轄する部署があり、それを行なう工程があって、そこの地方長官か知事などに相当する者の指示で造られる。その工程とはエネルギーを混合するもので、物理的なエネルギーと精神的なエネルギーを混ぜることにより物質的製造物が精神的なものに感応するようになる。精神的に独立した個性を持ったものになるのではなく、物理的に造られたものが精神的な刺激に反応できる感受性を持つということである。このようなアンドロイドは人の精神のエネルギーに反応するが、その場合にも、彼らを必要とする作業に関する責任者の命令に従ってのみ動く。彼らはその責任者に従属する存在であり、召使なのだ」

ドロレス「彼らはクローンですか？　それとも、なんらかの方法で人によって製造されるのですか？」

スーザン「両方だ。精神のエネルギーは生命の力によって与えられるので、そういった意味ではクローンとも言えるが、しかしまた、成長するというよりも組み立てられる要素が大なので、製造されたとも言えるだろう。しかしながら、彼らは生きており、体には生命力がある。にもかかわらず、彼らはまた物であり機械でもある」

ドロレス「アンドロイドは地球に住む人類と交信しますか？」

スーザン「はっきりさせておきたいのだが、彼らは人類とではなく、彼らの上司と交信するのだ。人間が彼らに直接命令を与えることはないからだ。しかしながら、彼らが人間の感情に反応することは確かだ。だが、人間と知的な交信を行なうことはない」

ドロレス「彼らの上司とは誰ですか？」

スーザン「その任務の責任者で、そこでは互いにやりとりがある。しかしながら、その責任者よりもさらに上の、はるかに上部に存在する意識体がある。それはあたかも、宇宙の支配者たちが、下位の者たちを何かの任務のために送り出し、現地からの報告を受けているようなものだ。あなたたちの軍の組織と似ている」

ドロレス「アンドロイドたちは人間の感情を理解できますか？」

スーザン「できる。彼らは人間と共感できる」

また別の質問。「これらのアンドロイドは、新たなアンドロイドを作ることができますか？」

スーザン「それはない。アンドロイドは生殖ができない。それ自体では持続可能ではないのだ。彼らは単なる創造物に過ぎない。結合の工程を経て造られ、彼らが出会った生命体に共感できるような生命力を与えられてはいるが、生殖はできない」

ドロレス「宇宙船には、このようなアンドロイドを伴った宇宙人がほかにもいるのですか？」

スーザン「当然いる。さまざまな形をした者たちが沢山いる。しかし、そういう姿を持つ者だけでもない」

ドロレス「彼らは人間に似ていますか？　食物が必要だとか……」

スーザン「そうだ」

ドロレス「その宇宙人たちはどんな姿をしていますか？　アンドロイドを連れてくる人たちの一番よくあるタイプはどんなものですか？」

スーザン「見掛けは人間のようだが、多くの場合、彼らは目に見えない。たぶん、彼らのほうは見ているのだろうが、外からは見えないだろう。宇宙船内に入った人間に彼らが見えることは、まずないのではないか」

ドロレス「人間の前に姿を現すことはほとんどないという意味ですか？」

スーザン「そうだ」

ドロレス「何かを食べるとしたら、それはいったいどんなものですか？」

スーザン「体が機能するのに必要な物質とかミネラルで、液体の形で摂取する」

ドロレス「人間のように固体を食べるのではないのですね？」

スーザン「人間の食物とは違った種類のものだ」

ドロレス「地球には彼らが必要とする元素とか物質はあるのですか？　地球からぜひ採取しなければいけないものがありますか？」

スーザン「エネルギーの要素ならあるが、彼らは物質的なものは必要としていない。必要なのは、あなたたちの惑星に沢山あるエネルギーだ。例えば、電気とか水にある霊的な要素である」

ドロレス「水などが必要なのかと思っていました」

スーザン「水そのものではなく、水として現れているそのエネルギーが必要なのだ」

ドロレス「宇宙人が発電所で目撃されていますが、その理由はそこにあるのでしょうか？」

スーザン「そうかもしれないが、それだけとも限らない。発電所に行った理由はほかにもいろいろ考えられる。例えば、観察とか操作、実験など」

ドロレス「この惑星の住民で、こうした宇宙人たちとなんらかの接触を持ったり、あるいは交信を行なったりしている人間は大勢いますか？」

スーザン「そうだな、多いと言えるだろう。みずから望んでそうしている人間が大勢いる」

ドロレス「宇宙人はなぜ人間を宇宙船内に連れて行くのですか？　その理由は何ですか？」

スーザン「人類がこの惑星にいるのは偶然の結果だと思っている人々がいるが、そうではないということをまず理解せねばならない。また、いわゆる聖書に書かれていることが正しいと思っている者もいるが、これも違う。例えば、神が自分に似せて人を創ったと原理主義者は信じているが、これは違う。人類がこの惑星に存在するのは宇宙人のおかげで、その宇宙人たちが自分たちの活動の成果を確かめるために今地球に来ているのだということをぜひ理解してほしい」

　質問したい人がわたしにささやいたので、瞬間、わたしは気が散ってしまった。宇宙人はそれに気づいて言った。

スーザン「今の質問は？」

ドロレス「宇宙船を偵察に使うとおっしゃいましたが、他の惑星を偵察することもあるのですか？」

スーザン「他の惑星の偵察も行なう。この太陽系の惑星はもちろん、それ以外の星系でも」

ドロレス「この太陽系で、地球以外の場所で知的生物を見つけたことはありますか？」

スーザン「もちろんあるが、それは別次元の生命体だ。ある生命体は非常な高速で振動している。あなたたちの〝肉眼〟では見ることはできないが、そこに存在している。彼らの中にはとても高度に発達しているものもある。中にはあなたたちの惑星にも住んでいるものもいるが、あなたたちには感知できない。ほかにも、あなたたちの肉眼には見えない生命体が存在している惑星がある。あなたたちの次元がもう少しその次元に近づけば、彼らの存在に気づくだろう。今、わたしの通信媒体（スーザン・訳注）が言うには、今夜、あなたたちの言う〝火星〟に生命体がいる可能性についての討論があったそうだな」

ドロレス「火星に生命体はいるのですか？」

スーザン「いる。一種類以上いる。知的生命体がいる。そこにいる高度に進化した生命体は、光の生命体として存在している。彼らの放つ光にはいくつかの等級がある。それらは一瞬の閃光なので、あなたたちのようなタイプの生命体が常時見ることはできない。彼らがもっと見えやすい光の形で姿を現したいと欲すれば、それも可能だ。また、見られたくないと思えば、そうもできる」

ドロレス「では彼らは、わたしたちのような肉体は持っていないのですね？」

スーザン「持っていない。しかし、中には彼らほど発展していなくて動物のような形をしているものもいる。そうした動物としての生命体にも、それなりの役割がある。それは……言葉が見つからないが……惑星を構成している物質の助けになっている。彼らの体は、その環境条件に合わせて死なないように調整できるようになっている。と言っても、高度に進化しているわけではない」

ドロレス「彼らは炭素からなる生命体ですか？」

スーザン「そうだ。あなたたちが〝大気〟と呼んでいるものの中に炭素系の物質がある。大気中にある化学物質のようなもの……化学物質の混合物だ。また言葉が問題になっている」

ドロレス「そうですね、言葉はいつも問題になります。わたしはこれまで何度も、わたしたちの言葉は不十分であると言われてきました。もう一つ質問があります。地球外生命体が地球の権力者たちと接触を試みたことはありますか？」

スーザン「もちろん。何度もある。話し合いも何年にもわたって続いている」

ドロレス「どんな相手と話し合いをしているのですか？」

スーザン「政府首脳たちだ。話し相手は常に政府だ」

ドロレス「地球外生命体は交換条件として何を提示していますか？」

スーザン「政府側が欲しているものには情報がある。エネルギーとか、医薬品とか、地球外生命体の活動とか、行方不明になった宇宙飛行士たちとかについての情報だ」

ドロレス「(驚いて) 行方不明の宇宙飛行士ですって？」

スーザン「多数の宇宙飛行士が行方不明だ」

ドロレス「わたしたちの時代、この二十世紀になってからですか？」

スーザン「一九六〇年以降、何人もの宇宙飛行士が行方不明になっている」

ドロレス「どのようにして行方不明になったのですか？」

スーザン「宇宙に送り出されたが、その幼稚な宇宙船に故障が発生したため、地球に戻ることができなくなった。宇宙船の中で死亡した者もいる。また、ある者は宇宙をさまよっているうちに他の宇宙船に救助され、研究のためどこかに連れて行かれた。中には、交渉の末、地球に戻された者もいる」

ドロレス「その宇宙飛行士たちは生きて帰って来たのですか？（そうだ）でも一般大衆は、すべての宇宙飛行に関して事実が公表されていると思っています」

スーザン「それは違う。アメリカでもロシアでも極秘のうちに行なわれた宇宙飛行がいくつかある。また他の国も実験を行なったことがある。日本、中国、イギリス、カナダなどだ。すべてのいわゆる〝先進国〟が、宇宙船を打ち上げている」

ドロレス「わたしたちは、アメリカやロシアのような大国だけかと思っていました。すると、他のそうした国々にも宇宙計画があって、宇宙船が発射できる場所を持っているのですね？」

スーザン「それらの国々では一度や二度は実験したのだが、ほとんどの国が今は止めている。失敗したのと、事実が公になった時の反響を恐れたのだ」

ドロレス「ということは、こういった国には宇宙船の発射基地があるのですね？」

スーザン「軍の施設の中にある」

ドロレス「でも誰かが行方不明になったら、わたしたちに知らされると思いますが」

スーザン「いや、計画が中止に追い込まれることを恐れて、一般には知らされていない。また、どこで行方不明になったかわかっていないことも多い。生きているかどうかもわからないのだ」

ドロレス「地球に帰された人たちは真相を話さないのですか？」

スーザン「記憶を消されているので話すことはない」

ドロレス「宇宙旅行のことも、宇宙人に連れ帰ってもらったこともですか？」

スーザン「そう、これは同意の上だ。帰ることになった場合、彼らの記憶の貯蔵庫にいたる経路を遮断し、すべての知識をそこに入れたままにしておく、という同意だ」

ドロレス「この遮断は宇宙人によって行なわれたのですか？」

スーザン「そうだ。地球の住人はまだ十分高度に進歩していないので、彼らのいた惑星の位置とか、そこのテクノロジーについて知らせるのは時期尚早と判断したのだ。我々は今、こちらが頼みもしない相手に訪ねて来てもらいたくない」

ドロレス「でも、政府当局者はこのことを知っていると言いましたよね。交渉の過程で、行方不明の宇宙飛行士たちがどうなったかを話すことはなかったのですか？」

スーザン「我々は彼らに、宇宙飛行士たちを預かっていて、彼らを帰してもよいし、帰さなくともよい、と伝えてある。彼らはそれ以上のことは知らない」

ドロレス「では、宇宙人たちはわたしたちの宇宙飛行を見張っているのですね？」

スーザン「間違いなく見張っている」

ドロレス「そして、このような交渉や取引は今も続いているのですか？」

スーザン「その通りだ」

ドロレス「地球との交渉で、宇宙人にとって何か見返りとして得るものはありますか？」

スーザン「地球ではありふれたものだが、他の惑星にはあまりない自然資源を得ることができる。そして……時には、研究用として人間を連れて行くこともある」

ドロレス「連れて行く人間をどのようにして探すのですか？」

スーザン「政府との話し合いで決める。数人連れて行くことを許可してもらう」

ドロレス「どの人間を連れて行くようにという指示はあるのですか？（ある）どうして政府がそういう決定を下せるのですか？　あなたがたは誰でも欲しい人間を連れて行けるのではありませんか？」

スーザン「まあ、そうだが、彼らの選んだ人間たちを連れて行くことに同意した」

ドロレス「彼らはどのようにして連れて行かれる人間を決めるのでしょうね？」

スーザン「最初の頃に選ばれて来たのが我々にとって望ましくない人物だったので、そういう人間はもう沢山だと考えた」

ドロレス「望ましくないとはどういう人間ですか？」

スーザン「期待通りの働きをしない軍人や、態度に問題のある人間たちだ。そうした人物は我々にとって困った存在になったので、以来、そのような人間を連れて行かないようにしている。今は決められた期間だけボランティアで協力してくれる人間を連れて行っている。滞在期間については、行く前に同意を取ってある」

ドロレス「〝望ましくない〟人たちは、向こうで問題を起こしたのですか？」

スーザン「そうだ。彼らは非協力的だった」

ドロレス「今、ボランティアで行く人たちも、やはり軍人なのですか？」

スーザン「いや、中には医学関係の人間も科学者もいて、向こうで学び、実験をすることを望んでいた。しかしながら、彼らがそこで学んだすべての知識は一切持ち出せないということは十分承知の上だ」

ドロレス「それでは、帰って来ても何も憶えていないのですね？（そうだ）彼らが地球から出ていた期間のつじつまを合わせることは可能なのですか？」

スーザン「通常、彼らは研究休暇に出掛けたことになっている」

ドロレス「地球に帰って来てから、その間の出来事が自分でも説明できないということで悩むことはないのでしょうか？」
スーザン「時にはそういうこともある。しかしながら、彼らは、これから二十年以内に記憶が戻って来るという約束で精神的に支えられている」
ドロレス「限時解錠器（time release）のようなものですね？（そうだ）ところで〝望ましくない〟人たちですが、彼らもまた地球に帰されたのでしょうか？」
スーザン「帰って来た者もいるし、帰って来なかった者もいる」
ドロレス「彼らの家族のことが気になります。突然いなくなったことを、家族にはどのように説明するのですか？」
スーザン「彼らのほとんどに家族がないし、あっても縁を切っている」
ドロレス「彼らが選ばれた理由はそこにあったのですね？（そうだ）けれど、今行く人たちはボランティアであって、みずからの意思に反して連れて行かれるわけではないと」
スーザン「その通り」
ドロレス「それはとても大事なことだと思います。それに政府の協力もあるのですね？（ある）地下基地があると聞きました、特にアメリカに。それについて何か知っていますか？」
スーザン「地下にも地上にも、あなたたちが知らない基地は沢山ある」
ドロレス「ある基地では、宇宙人たちが政府と一緒に仕事をしていると聞きましたが」
スーザン「その通り。我々は、それが正しいことに使われるのなら、我々の地球での取り組みをネットワーク化して、知識を公開しようとしている。これまで、そのことについては極秘とされてきた。政府の人間たちは、一般大衆には、まだそのようなネットワークを現実のものとして受け入れる準備ができていないと感じている。この先、二十年、三十年のうちには、こうしたことすべてがありふれた常識になるだろう」

ドロレス「それらの基地で、彼らは主にどんな仕事を一緒にしているのですか？」

スーザン「宇宙旅行、エネルギー・システム、医療技術などだ。食物の貯蔵や加工、栄養補助食品の製造などもある」

ドロレス「皆良いことばかりですね。そういうことなら一般に知れてもかまわないのではないでしょうか。そこで働いている科学者とか医療関係の人たちは、情報を自発的に受け取っているのですか？それとも、人間が情報を宇宙人に与えているのですか？」

スーザン「両方だ」

ドロレス「両方ですか。また、ある地下基地では遺伝子関連の実験も行なわれていると聞きましたが」

スーザン「医学界の人間たちや、ほかの分野の人間たちも加わっている。これは他の生命体である宇宙人たちにとっては常に関心のあるテーマだ」

ドロレス「そうした実験は、主に政府筋の人たちがやっているのですか？　いったい誰がその実験を提案したのですか？」

スーザン「最初は宇宙人たちによって提案された。彼らは長いことこの分野に関わってきているので、ずっと一貫して興味を持っている。人類はただ、超人を造ることだけに関心があるようだ。これは必ずしも宇宙人たちの目的と一致するものではない」

ドロレス「政府がこれらの実験に同意したのは、超人類を作るためなのですか？」

スーザン「それだけとは言えない。だが、目的の一つではある」

ドロレス「では、遺伝子関連の実験を政府が行なう目的は、ほかに何があるのですか？」

スーザン「遺伝子によって起きる問題の解決がある。どのようにして遺伝子による問題が発生するのか。それを防ぐ方法はあるのか。もし問題が起きてしまった場合、それを修正する方法はあるのか、などだ」

ドロレス「それは良いことですね。超人類の創造のほうはどうですか？　もう始まっているのですか？」

スーザン「進めたがっている者は大勢いる。しかしながら、これまでのところ、あまりうまくいっていない。地球に来ている宇宙人の多くが、歯止めが利かなくなるのを恐れている。今、彼らがもっぱら関心を寄せているのは、弱点となるような遺伝子をどうやって取り除くかということだ」

ドロレス「宇宙人の主な関心事はそれなのですか？」

スーザン「いや、そうではなく、彼らは多様な成果を上げることのできるような高度な進化を遂げた生命体の世界を作ろうとしているのだ」

ドロレス「超人類となった人間には感情がないような気がするのは、わたしの誤解でしょうか？」

スーザン「感情はほとんど地球の人間だけの特徴で、他の惑星の宇宙人には無縁のものだ。これは我々の研究テーマのひとつでもある」

ドロレス「では、宇宙人たちの主たる関心事は新しいタイプの人類を造ることなのですね。あなたは高度な進化を遂げた種とかおっしゃいましたが、それは必ずしも超人類ということではないのですね？」

スーザン「その通り」

ドロレス「噂によれば、地下基地では怪物を造っていて、それは恐るべき雑種、あるいは変種だとか聞いています。それについて何かご存知ですか？」

スーザン「何か思いがけないことが起きることはある。あなたの言う恐るべきものとは、人類にとっては、ということであり、他の種の生命体から見れば、とても美しいものかもしれない。遺伝子組み換えの実験において、いろいろ変わったものが出来るのは当然のことだ」

ドロレス「そういう考え方は、わたしたちには受け入れにくいように思えます。こういうさまざまな異種には、わたしたちの考えるような魂とか霊はあるのですか？」

スーザン「ある者もいるし、ない者もいる。それはそれぞれの出自による。突然変異とかロボット的な操作によって出来たものには霊はない。それらは完全に遺伝子操作のみにより造られたものだ。一方、霊を持っているものから出来たものには霊的能力があるだろう」

ドロレス「知性についてはどうですか？　労働者としての種を造ろうとしているのですか？　それとも、人間のような知能を持ったものを造るのですか？」

スーザン「これについてもまた、非常に多くの種についての実験が行なわれている。ある種はロボットのようなもので、それには知性がない。また、なかには高度な知的能力を備えた種もある」

ドロレス「このようにして造り出された生き物、あるいはさまざまな種は、最終的にどうなるのですか？」

スーザン「ある者たちはすでに他の惑星に連れて行かれた。そこではこの種の生き物に対し、もっと理解がある」

ドロレス「地球で生活している者はいますか？（いない）政府はこうした実験の目的を承知している

のですね？（承知だ）ということは、政府側の科学者とか医師たちも協力しているのですね？」
スーザン「協力している者もいる。すべてのメンバーが関わっているわけではない。選ばれた少数の者たちだけだ」
ドロレス「これも宇宙人たちとの交渉の中で合意したことの一つなのですね？　政府はこれらの実験によって得られた知識を受け取り、その代わりに宇宙人たちが必要としている天然資源を与える、というわけですね？」
スーザン「その通り」
ドロレス「こんな秘密を政府が国民から隠し通せるとは驚きです」
スーザン「非常にうまく隠されている。これまで、こうした交渉について知っている者はごく少数の人間だけであった」
ドロレス「アメリカの大統領はどうですか？　これらのことを知っていますか？」
スーザン「知っている大統領もいるし知らない大統領もいる。それはその人物の性格による」
ドロレス「どうやったら大統領に、このような基地とそこに働く軍人たちの所在も働きも知らせずに隠していられるのですか？」
スーザン「ほかの皆が知っていることを大統領だけが知らないというのは、ままあることだ」
ドロレス「その基地は警備され、兵員にしても経費についても、すべて予算が組まれているのですよね？」
スーザン「その通り」
ドロレス「その場所は厳重に警備されているのでしょうね？」

スーザン「一応はそうだが、あなたたちが考えるように銃とかミサイルで守られているわけではない。別な方法で防護されているのだ」

ドロレス「ネバダにある基地には大勢の武装兵がいて、誰もそばまで近づくことができないと聞いています。そこはそうした基地のひとつですか？（わたしの頭にあったのは、あの悪名高いエリア51だった）」

スーザン「いや、そこは関係ない。そこでは軍関連のことだけが行なわれている」

ドロレス「では、そこには宇宙人はいないのですね？（いない）兵隊や警備員がいると、かえって人目に付くような気がします。そういうことですか？」

スーザン「それもそうだが、我々は軍事関連の仕事には関わっていない」

ドロレス「ステルス爆撃機などの兵器も、宇宙人のテクノロジーを利用して開発されたと聞いています。そうした技術提供があったのは事実ですか？」

スーザン「部分的には事実だ。その技術は主として旅客機用に与えたのだ。軍用機として使用させる意図はなかった」

ドロレス「そうですか。ネバダの軍事基地ですが、あのように厳重にガードしながら、いったいそこで何が行なわれているか教えていただけますか？」

スーザン「軍事輸送のスピードを速める実験をしている。また兵器開発とか敵兵の攻撃を防ぐ能力の実験などだ」

ドロレス「敵の何とおっしゃいましたか？」

スーザン「敵の兵士だ」

ドロレス「でも、この時代、襲ってくる敵などいないと思うのですが、軍事用の実験を続ける理由があるのでしょうか？」
スーザン「いつの世にも、他の生命体であれ人間であれ、それらを自分の支配下に置きたいと望む者はいる。そして、そういう目的を達するために必要な機構の開発に全力を挙げるのだ」
ドロレス「現在の大統領はネバダにある基地について知っていますか？（一九八七年当時のアメリカ大統領はジョージ・ブッシュである）」
スーザン「ああ知っている」
ドロレス「もしそれが防衛に関することであれば、彼には知らされているのですね？」
スーザン「その通り」

本書執筆中の一九九八年までに、エリア51は静かに、そして秘密裏に閉鎖された。これは、マスコミや世間から望まざる注目を浴び過ぎたためだったのだろうか。

ドロレス「多くのことが一般の人たちに知られないまま起きているようですね。今日あなたがわたしに話してくださったことを、皆に教えてもかまいませんか？」
スーザン「かまわないだろう。これから三十年以内に、こういうことは誰でも知っている常識になるのだから。この惑星の人々と友好関係が結ばれて、我々が友人として自由に往来できるようになることが望まれる。わたしの通信媒体は、この交信をそろそろ締めくくりたいようだ。まだ数人が質問をしたいようであることが感じられる。だが、もう終わりにしなければいけない。彼女は疲れている」

ドロレス「わかりました。彼女を不快にするようなことは何もするつもりはありません。次のような質問があります。あなたは地球以外で人間のような生命体を見たことがありますか？」

スーザン「前回のセッションの時に伝えたが、液状の生命体がある。液体が浮いているのだ。それはカメレオンのように、さまざまな形になれる。かなり進化した生命体だ。いろいろな惑星の生命体と同様な姿になれるので、どこに行っても自然にそこの文明に溶け込むことができる。地球で遭遇する中で人類にもっとも似ているのは、この生命体であろう」

ドロレス「他の惑星ではどうですか？　人類のような宇宙人に会ったことがありますか？」

スーザン「ある惑星には人間とよく似た生命体がいるが、環境の影響もあって、それほど進化してはいない。進化するのに地球よりもかなり時間が掛かっている。見掛けは良く似ているが、性質はここの人間とは違う」

ドロレス「質問はあと二つ三つだけだと思います。宇宙人と彼らが使用する宇宙船が、地球の中から飛来したり、中に入って行ったりすることはありますか？」

スーザン「それはある。メキシコ湾の海岸の下の地中に、アトランティスの子孫が住んでいる。南極圏の地下にもそんな地域があり、異次元の者たちが住んでいる」

ドロレス「地球の内部に、科学者が惑星と認めるようなものがありますか？」

スーザン「地球内部では、固い核のまわりを浮遊状態のマントルが囲んでいる。しかしながら、マントルはずっと固体のままでいるというわけではない」

ドロレス「地球の内部は空洞ですか？」

スーザン「そうではない」

ドロレス「地球の内側に、大きな文明が存続できるような広い空間がありますか？」

スーザン「ある。地球全体の体積を考えれば、さほど大きいとは言えないが、あなたたちの距離感からすると大きな空間と言える。一つの文明を維持するには十分な大きさだ」

ドロレス「先ほどあなたがおっしゃったあたりにあるのですか？」

スーザン「そうだ。ほかにもあるが、しかしながら、今の地球大変動において、もっとも顕著な役割を演じているのはあのあたりだ」

ドロレス「通信媒体が疲れてきているとおっしゃいましたね？」

スーザン「そうだ。また呼ばれた時には役に立ちたいと思う。わたしは人類の進歩向上のための情報をやりとりするために来ている。人間が抱える未解決の問題を解くためだ。だからと言って無理やり押し付けるつもりはない。もし、もっと情報が欲しければ、またわたしを呼んでくれればよい。わたしはあなたたちを助け、情報を提供するであろう。あなたたちの進歩向上のために、必要ならテレパシーで助けよう」

ドロレス「わかりました。深く感謝します。あなたからいただいた情報は他の人たちにも伝えたいと思います。その際、それらが善意に基づいた建設的な目的にのみ使用されるように注意します」

スーザンがトランス状態から戻って来た時、胃のあたりがおかしいと訴えた。吐き気を催すほどではないが、体の中で大量のエネルギーが渦巻いているように感じると言う。同席者の中に心霊治療家がいて、彼女の治療に当たった。これまでのセッションでは、スーザンは催眠から覚めた時はいつも気分が良く、時には笑いながら意識を回復したこともあったくらいだった。このようなことは初めてだったので、たぶんこれは、セッションが始まる前の緊張が原因ではないかとわたしは考えた。部屋には大勢の人がいたので、感受性が高まっていた彼女は、その人たちのエネルギーの影響を受けたのではないか。また、彼女はこの宇宙人のエネルギーに一週間の内に二度も接したので、体に無理な負担が掛かったとも考えられる。おそらく、彼女がこの種のエネルギーを媒介することに慣れるのにはもっと時間が必要なのだろう。彼女の体調不良は、いろいろな要素が重なった結果に違いない。

深いトランス状態に陥っていた間、スーザンはこの部屋で起きていたほかのことには気づかなかった。それは同席していた中の、この種の研究の意義をまともに受け入れていない数人の研究者によって引き起こされた。卑劣な言い方で（ここにそれを再録する気はない）この場を馬鹿げたものであるかのように決め付けたのだ。わたしは以後、このような質問形式を用いるのは止めることにした。こうした方法は、調査研究に役立つものと思っていたのだが、一九八七年の研究者たちにはまだ早過ぎた。この種の問題に対して、形而上学的な側面からのアプローチなど考えてもいない研究者もいたのである。わたしは、形而上学的な理解力なしに、ＵＦＯや宇宙人関連の複雑怪奇な現象の研究を始めるのは不可能であるという結論に達した。すべては互いに関連し合っていて、〝雄ねじと雌ねじ〟の関係のように密接で分離することができない。この分野には、さまざまな種類の研究者の参入する余地があると思われる。わたしたちはそれぞれに皆、パズルのピースを持ってはいるが、その一つだけをもって全体像を推測することはできない。現象にはあまりにも多様な形態や変化があるので、わたしたちは協力し合って研究せざるを得ないということを認めなくてはならないのだ。

ほとんどの人たちが帰った後、残った数人で夜中の一時まで話した。その頃、スーザンはシャワーを使った後わたしを呼び、足を見てくれと言った。浴室を出てから気がついたらしいが、彼女の足には赤い大きな斑点がいくつも出ていた。その変色は足だけで、くるぶしから上にはなかった。斑点はすでに消え始め、元の皮膚の色に戻りつつあった。誰にもこの現象の説明ができず、宇宙人のエネルギーが影響しているのではないかと考えるしかなかった。あるいはまた、セッションが始まる前に彼女が緊張していたことと関係があるのかもしれないとも考えられた。

後年わたしは、身体が宇宙人のある種のエネルギーに影響を受けたと思われる例をいくつも体験することになるのだが、この時はそんなことを知るよしもなかった。わたしはまもなく、非常に深いトランス状態に入っている時、人間の身体は通常では考えられないようなことをすることができるということを理解するようになった。この種の仕事をしていく上でもっとも大事な戒めは、〝危害を加えないように！〟ということだ。しかし、何が起こるかはわからないので、わたしたちは常に予期せぬ出来事に備えていなくてはならない。

これ以後、スーザンとセッションを持つことはなかった。彼女はこの経験に興味を示しはしたが、奇妙な出来事という程度の扱いで済ませ、あえて宇宙人との交信の媒介を続けようとはしなかった。彼女はビジネス・スクールに通っており、就職先を探すことのほうが優先事項だったのだ。わたしはいつも被術者の意思を尊重することにしているので、それ以上彼女に固執することはなかった。別の世界に住む宇宙人と直接接触する道が開かれたのだから、わたしは心配していなかった。熱心な聴衆を前に、他の媒体を通じて交信は続けられるだろう。また次の新たなる冒険への扉が、わたしの前に開かれたのだった。

わたしが驚くのは、この第一部で紹介したケースが（それと紹介しなかったケースも）皆、ある特定のパターンに従って起きているということだ。同じような出来事が世界中で繰り返し起きているのだ。そこには多数の人々による空想だとしたらありえないような内容の重複が見られ、また、多くの場合それらは、ＵＦＯ関係の本などまったく読んだことがないような人たちが報告しているのである。これらの調査のほとんどが行なわれた一九八〇年代には、まだＵＦＯ関連の本はあまり出版されていなかった。出版されていた本も、わたしが発見したようなことには焦点を当てていなかった。それは例えば、よく目撃される宇宙人は皆同じような姿をしているということ、宇宙船が皆良く似ていること、宇宙人による検査方法の類似、同じような動機、繰り返し語られる地球への播種の話、などである。このような被術者たちの証言の類似は、彼らが事前に互いに話し合う機会がありえなかったことから話の信憑性を高めてくれる。また、他の研究者たちや出版物は、悪意を持った邪悪な宇宙人の計画について報告しているが、わたしの扱った事例では、一貫して優しく友好的な宇宙人が報告されている。科学の世界では、繰り返し実験してその結果が同じであれば、それは事実としての証明に必要な証拠になりうる。さらに重要なことには、本書に登場する人たちは、自分たちのことが公になることを望まず、妙な評判が立つことを恐れていた。彼らは名前が伏せられることを希望しているので、わたしはその意思を尊重してすべて仮名とし、職業も実際とは違うものにしておいた。よって、この本のために彼らの私生活が乱されることはない。

第二部

第8章

小さい灰色の宇宙人との遭遇

わたしが以下の部分を第二部として独立させたのは、そのほとんどがジャニス・Sという一人の被術者との長期にわたる継続的な作業によって得られた成果から成っているという理由による。当初は簡単なUFO関連の調査のつもりが、だんだん複雑な内容になってゆき、結果的にそこから貴重な情報が得られたというようなケースは結構ある。しかし、ジャニスの場合には、それとはいささか異なった展開を見せた。三年間にわたる宇宙人との直接交信から得られた情報は、徐々にわたしを複雑な理論やその解釈の世界へと引き入れていったが、それらは当初、このような研究を始めたばかりのわたしには、まったく理解できないものであった。

これまでわたしは常に、その折々の自分の手に余るようなものは与えられることはない、という確信を持ってやって来た。わたしたちは一般に、情報があまりにも斬新であったり、通常のことからあまりにもかけ離れていたりすると、それを無視したり、ただ、わけのわからぬものとして放っておいたりする傾向がある。しかし、そうした情報も、少しずつ小分けにして与えられれば、この種の現象についての新しい考え方をより容易に身に着けることができる。そうしているうちに、当初は理解不能と思われていた事柄が徐々に不思議な意味を現し、ついにはわたしたちの精神を屈服させて、まったく新しい方向性を持った思考が可能になるのだ。

これが、ジャニスとの作業でわたしの経験したことであった。彼女と行なったセッションの最初の頃は、新しい情報もいくつかあったにせよ、それらはおおむね、いつものケースと同じような方向に展開していた。ところがそのうちに、非常に込み入った内容を持つ領域に入り込んでしまい、わたしはそこで得られた情報のすべてを本書に収録することは断念せざるを得なくなった。それでなくとも本書のページ数は、わたしが今までに書いたどの本よりも多くなってしまっていたのだ。しかし、削減のための取捨選択を始めてみると、それがかなり難しいことなのがわかってきた。研究者としてのわたしにとっては、どれもが新たな洞察をもたらしてくれる貴重な資料だったのだ。

しかし、ジャニスとのセッションが進むにつれて、その内容はUFOの分野を離れ、異次元とか時間や並行宇宙に関する複雑な理論の世界へと移って行った。当時、わたしはすでに、こうした分野を題材にした別の著作、『*The Convoluted Universe*』（『入り組んだ宇宙』）の執筆に取り掛かっていたので、ジャニスとのセッションのいくつかをそちらにまわすことにした。そうすれば、本書の読者をそれほど困惑させずに済むのではないかと思ったのだ。そして、その読者がわたしの次の本に向かう頃には、そこで紹介されている理論に対しても心の準備が整えられていることになるだろう。

最初にジャニスに会ったのは一九八九年だったが、わたしはすでに、それより前の一九八七年からUFOや宇宙人によると思われる誘拐事件に関連したケースの研究を始めていた。そうした研究初期の頃には、どこであれ要望さえあれば遠方でもかまわず車を運転して会いに行き、誰とでもセッションを行なったものだった。だが、今ではそんなことは不可能になってしまった。講演や会議、セミナーその他でぎっしりと日程が埋まり、もはや一人の相手だけのために旅行することなどできなくなってしまった。そんな贅沢は許されなくなったのだ。依然、情報は収集しているが、あの頃のように時間を掛けてゆっくりというわけにはいかなくなった。

一九八九年の夏に、わたしの最初の著書である『*Conversations with Nostradamus Volume I*』(『ノストラダムスとの対話　第一巻』)が出版され、わたしはノストラダムスの予言についての初めての講演を行なうためリトル・ロック市を訪れた。現地では多くの人々が、好奇心から催眠術によるセッションを希望していた。また、わたしが宇宙人による誘拐事件関連でも施術していることを知った人たちからは、そのほうの依頼もいくつかあった。共同研究者のルーがこの分野に興味を持っていたこともあり、わたしはリトル・ロック滞在中のスケジュールに、できるだけ多くのUFO関連のセッションを組み入れるようにした。

そうした依頼者の一人がジャニスであった。初めての講演を終えたばかりのわたしのところに来た彼女は、自分の身の上に起きている困った出来事について相談したいと言うのだった。その後、八月にわたしがまたリトル・ロックに戻った時、ジャニスはわたしの滞在していた家にやって来て、わたしたちは彼女の幼い頃からずっと続いているという奇妙な出来事について二時間ほど話し合った。

ジャニスは四十代のとても魅力的な女性だったが、結婚の経験はなかった。思春期以来の婦人科の疾患で、子どもを持つことができないのだという。彼女は、ある大企業のコンピューター・アナリストという非常に責任の重い地位にあったので、自分の個人情報が漏れることについてはひどく神経を尖らせていた。些細なことで不適格と判断され、解雇されるのを恐れていたのだ。これまでずっと、自分に起こっていることを誰かに話したいと思っていたのだが、どうしてもできなかったということで、彼女が経験して来た奇妙な出来事について、洗いざらい話してもよいと思えた人間は、わたしが最初だと言うのだった。

四時間ほど車を運転してリトル・ロックに着いたわたしは、友人のパッツィの家に滞在することにした。彼女の家は大きくて、わたしがプライバシーを保ちながらクライアントと話し、催眠術のセッションを行なうことができる部屋を提供してくれたのだ。

当日、家にはわたしとジャニスの二人しかいなかったので、わたしは食堂のテーブルの上にテープレコーダーを置いて彼女の話を録音することにした。話しているうちにジャニスの緊張は目に見えて解けてゆき、テープレコーダーの存在も、わたしがテープを入れ替える時にだけ、そこにあることに気づくくらいになっていた。わたしたちは行き当たりばったりの話を続け、セッションの目的とは関係のない彼女の生活の側面にまで話題が飛んだりしたので、テープ起こしに際しては要点だけ書き留めることにした。

彼女が溜まりに溜まった自分の経験談を一気にまくし立て始めると、わたしは圧倒され、わけがわからなくなってしまった。そこで、わかりやすく整理するために、まずは記憶にある最初に起こったことから話してもらうことにした。

思い出せる最初の記憶は彼女が四歳の頃、「〝彼ら〟がやって来てわたしを捕まえた！」と叫びながら真夜中に目を覚ましたことだった。母親は彼女がただ悪夢を見ただけだと思ったが、電灯をつけたまま寝ることを許してくれた。また、彼女が自分の部屋で一人遊んでいる時、ふと、まわりを見わたすと窓のところに顔が見えた、というようなことも何度もあった。彼女には〝彼ら〟が彼女を捕まえに来たのだということがわかっていたので、すぐに廊下に出て走って逃げた。しかし、すぐに止められてしまい、金縛りになって動けなくなる。そして、どのくらい時間が経ったかわからないが、気がつくと廊下に立っていて、とても寒く、息も絶え絶えの状態の彼女を母親がゆさぶっているのだった。

同様のことが、弟と庭で遊んでいる時にも起きた。弟は、「お母さん、お姉ちゃんがまた変になっているよ。気絶しちゃったよ！」と叫びながら家の中に駆け込んだ。その当時、彼女はいつも〝彼ら〟、あるいは〝あの人たち〟（途中からはこう呼ぶようになった）がまたやって来るという不吉な予感に怯えていた。でも、その〝彼ら〟とはいったい何者なのか、彼女には知るよしもなかった。

窓で見たのはどんな顔だったのかと聞くと、それは小さな男で、大きくて真っ黒な眼をしていたのだが、そのうちにそれが犬に変わり、窓から覗き込んでいたと言う。当然のことながら、母親に話しても信じてもらえなかった。彼女の部屋の窓は地面からかなり高いところにあったので、普通の犬だったらそこから顔を出すなんてできるはずがなかったのである。

金縛りにあった後、彼女はどこか外に行っていたのだと母親に説明してわかってもらおうとした。「何か尋常でない状態になって、わたしが体を抜け出していたことはわかっていました。〝体外離脱〟と言うのかもしれません。あえて表現しようとするなら、自分の本質を肉体から取り出したといった感じです。肉体としてはここに存在しているのですが、わたしの本質はどこか別の次元のようなところにいるのです」。朝、目が覚めた時にも、一晩中ベッドで寝ていたのではなかったと感じることがよくあった。

子ども時代、ジャニスは命に関わるような病気をしたことが何度かあり、医者から、もう二度と歩けるようにはならないだろうと言われたことさえあった。しかし、いつも彼女は奇跡的に回復し、医者たちには何が起こったかわからず、ただ首をひねるだけだったという。

成長するにつれ、彼女はたびたび〝失われた時間〟（missing time）を経験するようになった。しかし、彼女には何か異常なことが起きたという認識はなく、〝失われた時間〟があったことは誰かに言われて初めて気がつくので、彼女の混乱はますます深まった。母親には、「食料品店に買い物に出掛けて三日も経ってから帰って来るなんて人は、あなただけよね」と言われた。そういう時には、友だちに会ったのでそのまま彼女の家に行った、などと言い訳してごまかすのだが、じつのところ、その間にいったい何が起きたのか、まったく記憶がなかった。けれど、木々のてっぺんを眺めながら上から降りて来て、それから食料品店に行ってパンを買い、その後、家に帰って来たことを、おぼろげながら思い出すこともあった。その頃には彼女はもう高校生になっていたので、母親は娘が友人の家のパーティーにでも行ったのだろうと思っていた。しかし、ジャニス本人によれば、彼女はアルコール類をほとんど飲まず、麻薬など試したこともないとのことだった。

この困った問題は、その後の彼女の人生を通してずっと続いた。どこかに出掛けても、かなり遅れて目的地に到着することがあった。しかし、その間に何が起きたか自分でもわからず、そんなことを誰かに話したら、精神病院にでも入れられてしまうのではないかと恐れていた。

「わたしには何かが起きたという感じがおぼろげにあったので、そういう時は急いで帰って来ました。今では、わたしの地球時間と〝あの〟時間とを調整して、二つの時間をうまく同期させるコツを覚えました。早く行かなくちゃ、という気持ちになり、気がつくと車に戻って運転している、というわけです。それは大変な調整です」と彼女は言った。

彼女はいつも、彼らに見つからないところに隠れなくては、という思いを持ちながら育った。そして、同じようなことが家族のほかの者にも起こるのではないかという恐れから、十八歳の時に家を出た。しかしまだ、いったい何が起きているのかはわからなかった。

「何かわけのわからないものがわたしに付きまとっているのは確かだったのですが、そのことを話せる相手は誰もいませんでした。信じてもらえるとは思えず、話すのが怖かったのです」

しかし、一九八七年頃になって、未知の者たちと実際に接触したという記憶が、ようやく少しずつ表面化してきた。それはいつも突然、しかも一番都合の悪い時に起こった。例えば、彼女が職場の女性にコンピューターでスーパー・コピーという操作の仕方を教えていた時にも起きた。

「スーパー・コピーはコンピューター内の二つの文書を同時に見ながら行なうのですが、それをその女性に教えていました。そして、わたしが『これは二つの場所に同時にいるようなものです』と言ったとたん、わたしをテレパシーのような閃きが襲い、『そうだ、同時に起きているのだ』と伝えられました。それは今現在、同時に別の世界に住んでいるわたしの人生の映画を頭の中で観ているようでした。それがあまりにも強烈だったので我慢できず、席を外してトイレに行きました。そこで座り込んでいると、テレポーテーション（瞬間移動）に関する知識が次々とわたしの頭の中に入って来ました。それはテレポーテーションを起こす仕組みや、どうすれば同時に別々の二カ所にいられるかなどということについてのものでした。そして、わたしの体が溶けて、その後、カリフォルニアかどこか、まだわたしが行ったことのない場所に現れるのが頭の中で見えたのです。このことが起きている間、わたしの頭には奇妙な感覚がありました。めまいとかふらふらするといった感じではありませんでした。どのように表現すればよいかわかりません。でも、トイレにいる間に、わたしはかなり複雑なことを教え込まれました。こうしたある種の教育は一九八七年以来、ずっと続いています」

また、その一九八七年にはジャニスは不思議なことを経験していて、昔の記憶がよみがえるとともに、いろいろなことが少しずつわかり始めてきた。

ジャニス「わたしは持ち寄りパーティーに出掛ける準備をしていました。バスルームの鏡の前に立っていた時、この奇妙な感覚がかすかに頭の中で始まりました。ちょっと頭がふらついたので、座って休んだほうがいいと思いました。バスルームとベッドはそんなに離れていないのですが、それでもベッドまで行けませんでした。体が持ち上がり始めるのを感じたのです」

ドロレス「どういうことですか？」

ジャニス「わたしの霊、わたしの本体です。たぶん、これが体外離脱というものなのだろうと思いましたが、わたしの内にあるものが吸い出されたのです。〝シューッ〟と出て来た感じでした。そして、わたしはそこに立っている自分を見ることができました。三時間経っても、わたしはまだそこに立っていました。子どもの時と一緒です」

ドロレス「第三者として自分を眺めていたのですね」

ジャニス「そうです。だから子どもの時に帰っていろいろ考え、『まてよ、これは小さい頃にあったことだな』などと思い出し始めたのでした」

ドロレス「あなたは吸い出されて、自分自身を見ることができたのですね」

ジャニス「体から出て、なおかつ体を見ることができました。その時、誰かがそばにいました。たぶん、守護天使だったと思います。それは見なくともわかりました。昔から知っている人だと感じたのです。そして彼はわたしに、『あなたの始まりに行きたいか？』と聞きました」

ドロレス「あなたの始まりに行きたいか、ですって？　それは面白いですね」

ジャニス「わたしは今まで、訴えたり、話しかけたり、祈ったり、思いを送ったりしてきました。人が何かをしたいと思うと、だんだん欲望が強まり、それがあるレベルに達すると実行に移すものです。

当時わたしは、もう何日も何週間も言い続けていました。それは、『もう決めた。自分の根源を知る時が来た。自分の始まりに行ってみる時が来た。もう四十年以上も自分の身に起きていたことの真実を解き明かす時が来たのだ。今すぐ知るのだ』ということでした。ですから彼が、『行きたいか』と言った時、わたしはすぐに『はい、行きましょう』と応じたのです。わたしは、そこに自分が立っているのを見ていながら、まだ自分自身の肉体らしきものを持っていました。自分の手がわたしの腕を通り抜けていくのに、肉体の自分も見えていたのです」

ドロレス「あなたのように見えたのだけれど、それは固体ではなかったのですか？（はい）家を透かして何か見えましたか？　あなたはどこにいたのですか？」

ジャニス「はい、家を透かして何かが見えました。わたしは天井の上方にいたのですが、天井の下に立っている自分が見えました。その時、『わあ、これ、おもしろーい』と思いました。恐怖感はありませんでした。後でその理由がわかりました。もし、わたしが怖がっていたら、このことは起きなかったのです」

ドロレス「そうですね。その場合には、すぐ肉体に戻るかどうかしていたのでしょうね」

ジャニス「ええ。それから、二人で上に上昇して行く時に、いくつかのレベルを通り過ぎました。それはまるで何層もあるケーキを突き抜けているみたいでした。赤ちゃんの魂のレベルからどんどん上がって行き、よくわかりませんが、何か霊的なもののレベルまで行きました。その時、うーん、ここはあまり良い感じのところじゃないな、と思いました。左のほうを眺めると、悪魔とか怪物とかいったものたちが見えました。彼らはわたしに向かってやって来ました。そこでわたしは、『やめなさい！　イエス・キリストの御名において、わたしはあなたたちを怖いとは思いませんよ』と言いました。すると、まるでサランラップのようなものが一枚降りて来て、それに皆、シューッと吸い取られたように消えてしまいました。そこでわたしは、『だから怖くないと言ったでしょ』と言ってやりました。そしてまた二人で上昇を続けましたが、見ると、そこは一八〇〇年代でした。別な方向を見ると、一九四五年でした。見る方向を変えると、そこには違った時代が見えるのです。まるでテレビのチャンネルを変えているようでした。『うわあ、すごい。各時代が全部ある』と思いました」

ドロレス「ぐるりと見わたすだけで、すべてが見えたのですか？」

ジャニス「円を描くように見わたすのではなく、まっすぐ直線的に見ました」

ドロレス「まっすぐ直線的に、ですか？　でも、どの方向にも見えたのでしょう？」

ジャニス「どこで起きていることにも焦点を合わせることができたのです。あらゆることが起きていて進行中でした」

ドロレス「今でもまだ、それは起きているのですか？」

ジャニス「もちろんです。まだそこにあって、今も進行中です。（笑う）で、わたしはその男の人に言いました。『とても素敵。あそこに行ってみたい』。すると彼は、『あなたはあそこにいたこともあるし、ああいうこともしたことがある。これが時間というものなのだ。いつでも好きな時代に行くことができる。しかしながら、今はあなたの始まった時に行きたいのだから、ほかの時代はまた別の機会にしよう』と言って、その場を後にしました。やがて、わたしはひとつの地点に到達しました。そこでわたしは、『わあ、わたしは光だ、わたしは光なんだ。すごーい』と叫びました。それは電球の光の中にいるようでした」

ドロレス「あなたが光で出来ていたという意味ですか？」

ジャニス「はい。突然、わたしは光そのものになっていたのです」

ドロレス「肉体としてのあなたの面影は、まったくなくなってしまったのですか？　あなたは光だったのですか？」

ジャニス「本当に光でした。星になったのです。わたしは、『すごい、わたしは星だ』と言いました。もうわたしはジャニスではなくなっていたのです。わたしはまさに、星そのものでした。そして、わたしは星としてまわりを見わたしました。すると、そこには宇宙が広がっていました。わたしは、『わかったわ！　これが宇宙におけるわたしの位置なのね』と言いました。そのようなことがわたしに起きた理由は後でわかりました。星、あるいは天界におけるある特定の場所は、魂の本質のエネルギーが肉体に入り込む入り口なのです。そしてそれは、ある特別な区域を通ってやって来るのです」

この話は、わたしの著書『*Between Death and Life*』（『生と死の間』）に出て来るメグの臨死体験を思い起こさせた。そこには、やはり彼女がある星に行き、宇宙の全体性を感じたという報告がある。

ドロレス「でも、あなたは本質的には光から成る存在だったのでしょう？」

ジャニス「あの時はそうでした。そのことに気がつくまでそこにいました。それがわかった途端に、またシューッでした。何かを理解すると、すぐにその場から次に移りました。そこから移った先は天使のレベルみたいでした。そこからさまざまな色を通り抜けて行きましたが、わたしはそれぞれの色を感じ、その色そのものになりました。そして、さまざまな色を通り抜けながら、わたしはそれらを見て、『すごい、わたしは分子。わたしは空気』と言いました。わたしはこの部分が自分であることがわかりました。存在していることを感じました。わたしはある形を取っていました」

ドロレス「あなたはそれでも個性を持っていましたか？」

ジャニス「わたしはなんでも持っていました。わたしが過去そうであったすべてを持っていました。ただし、肉体は持っていませんでした。でも、もし自分の肉体が欲しければ、頭の中でそのように思うだけで、肉体を持った自分を見ることができました。わたしは自分自身を、ジャニスを見ることができました」

ドロレス「それでは、以前の自分とまだつながっていることはわかっていたのですね？」

ジャニス「元の自分になりたいと思えばそうなれました。もし、考えたいと思えば、考えることもできました。『ああ、あのエネルギー、見てみたい』と、そう思えば、すぐに見ることができました。彼らはわたしに、『さあ、これがあなたの始まりだ』と告げました。わたしは『ああ、すごい、これは素晴らしい』と感嘆し、彼らもまた『あなたはこのレベルまで達したのだ』と言いました。わたしも『ええ』と応じました。それは、そこにいながら、そのレベルのエネルギーを交換し合ったかのような感じでした。けれど、わたしが、『でも、これはわたしの発生した源ではない』と思ったとたん、次に進みました。時間の存在しない地点を過ぎて天地創造の行なわれている地点に行き、さらに創造の地点を通り抜けると、すべての知識が存在し、〝古代の賢者たち〟が住んでいるレベルに到達しました。わたしはさらに、神々と女神たちのレベルを通り過ぎ、そのまま大きなバラ色の水晶のエッセンスへと到達したのです。そこには、わたしが知っている限り最高の無条件の愛がありました。わたしは、自分の始まりに行き着くことができて、とても幸せでした。新たな生命力が得られたような気分でしたが、わたしは『もしかして、わたし、死んだのかな？』と思いました。（くすっと笑う）わたしはそこにしばらくいて、暖かくて美しい神の霊を全身に浴びていました。ああ、本当に素晴らしい体験でした。それを思い出しただけで全身がしびれます。やがて、『我が子よ、さあ、もう帰る時間だ』と言う声が聞こえました。わたしは、そこを離れたくありませんでした。帰りたくなくて泣き出してしまいました。そして、『またひとりぼっちになるのは嫌です。下界ではわたしはいつもひとりでした。そうして、またあの人たちがやって来るんです。あんな経験はもうしたくありません』と言いました。すると、その瞬間、またシューッとなったかと思うと、わたしは宇宙船の中にいました。たった今、すごい経験をした後、今度はいきなり宇宙船の中なので、わたしはパニック状態でした。この金属製の部屋の中で、最初は、自分が肉体を持った物理的存在なのかそうでないのか、よくわかりませんでした。でもやがて、それが丸い宇宙船の中であって、宇宙人たちがそこにいるということを認識できました。わたしは文句を言いました。『ああ、もう沢山。うんざりだわ』。すると彼らは、わたしが子どもの時からずっと一緒にいた、と言い出したのです。『我々はあなたを守るためにここにいる。あなたを助けるためにいるのだ。あなたも我々を手伝っている。あなたはあなたの肉体に入る前に、このことについて同意した』。それを聞いたわたしは大声で、『同意なんかしてないわ!』と叫びました。本当に大声で怒鳴りました。だって、あんな宇宙人たちなんて、わたしまったく知らなかったんですから。(笑う) すると、彼らは一枚の書類を取り出しました。わたしはそれを見て、『わたしの名前で、署名もわたしのだわ。ということは、同意したってわけ?』と言いました」

ドロレス「彼らは、あなたがどんなことに同意したか言いましたか?」

ジャニス「彼らは、わたしがヘルパーとしての役目を十分果たしたと言いました。彼らのエネルギーはわたしを通じて何回も、さまざまな状況下で送られて来て、あれこれの、さまざまな状況に応じたいろいろな変革を行なって人々を助けたと言うのです。ほとんどの場合、人々は自分たちが助けられたことを知らず、わたしも気づいていなかったそうです。でも、そのことは、いずれわたしに対して明らかにされるであろう、と。わたしはいろいろ知らねばならない、そして、わたしは決して一人ぼっちではない、とも言われました」

ドロレス「宇宙船はどんなものでしたか？」

ジャニス「金属的な表面で、銀色で、冷たくさっぱりした感じでした。とても清潔でした。本当に信じられないくらい清潔でした。病院のような清潔さです。さまざまな器具もありました。円形の部屋で、あちこちにダイヤルがありました。四角い形をした……何かわからないものもありました。スクリーンのようなものです。わたしのいた部屋には台がありました。後ろを振り返ってみたわけではないのですが、隣の部屋に通じる出入口もありました。この部屋には、窓側の壁面に沿って湾曲した作り付けの椅子が、ぐるりと一周して並んでいました。人がその上で横になったり座ったりできるのです。わたしたちは、そこに座って話し合いました。だんだん多くの人がやって来るにつれ、活気も増して来ました。皆、わたしのまわりにいましたが、わたしはまだ、自分がいったいどこにいるのかわかっていたわけではありませんでした。それでもとにかく、なんでも見ておこうという気持ちだったのを覚えています。彼らはわたしと話しながら、わたしが同意したことを告げた後、もし嫌なら、無理にそうすることはない、とも言ってくれました」

ドロレス「約束の破棄もできるということですか？」

ジャニス「そうです。わたしが本当にやめたかったら、そうしてもよいと言いました」

ドロレス「それはいいことを知りましたね。自由意志こそが何よりも大切、というわけですね？」

ジャニス「はい。わたしたちは自由意志を持っています。ここで彼らは、わたしの一生の映画を見せてくれました」

ドロレス「それは先ほど言ったスクリーンに映し出されたのですか？」

ジャニス「スクリーンは使いませんでした。わたしの頭の中に彼らの思考を映し出すのです。たぶんテレパシーでしょう。言葉はまったく使いませんでした。地球が見えていて、地上にいる大勢の人たちも見えました。皆は二つの列に分かれて流れ込んでいました。どちらの列を選ぶかはそれぞれの個人に任されていますが、それはより高いレベルの意識を持ったほうに行くか行かないかの選択なのです。すべての人がこちらの列に加わるわけではありません。あっちの列に並んでいる人たちも見えます。こちらの列に加わった人たちは、だんだん白い光の体になっていきます。それはその人の振動数が上がるからです。それは意識のレベルを上げることと直接つながっています。そしてある時点で、それがどういう時なのかは知りませんが、聖書の黙示録にあるように、地球は炎に包まれて燃え上がります。実際に、そういうことが起こる可能性があります。そんなことが起きてしまった時には、この列にいる人たちは助け上げられます」

ドロレス「UFOの人たちが来てくれるのですか？」

ジャニス「UFOの人たちです。彼らが助け上げてくれます。わたしは地球が爆発する場面を見ました。そして、太陽となって空から消え去っていくのを見ました。その後には大きな穴がぽっかり開きました。空が急に真っ黒になったようでした。青緑色の地球を見ていたら、突然、それがオレンジがかった赤に変わったのです。それが地球の最期でした。地球が消え去ると、その跡に出来た穴に新しい地球が転がり込むのが見えました。そこには本当に新しい地球がありました。彼らが見せてくれたのが何かを象徴した映像であったのかどうかはわかりませんが、わたしにわかっていることは、彼らの意図は、わたしの身には起こらないことについて教えてくれることであったということです。ああなる時まで、わたしは地球にいないでしょう。彼らはできるだけ人間を助けようとしています。そこでわたしは質問しました。『この人はどうなるの？　あの人は？』。すると彼らは、『誰もが皆こちらの列を選択するわけではない。選ぶ、選ばないは個人の自由だ』と言いました。その後、突然、わたしは自分のアパートに戻っていました。三時間の空白でした。わたしは彼らに、『宇宙人たち！　わたしは宇宙人じゃないのよ。あんなことは一切知らないんだから』と抗議しました。わたしは自分の寝室に戻り、自分の体に帰って来ました。頭のこの部分を通って帰って来ました」

ドロレス「額ですね？」

ジャニス「正直な話、帰って来た時にはそのまますぐ寝たかったんです。でも、頭で、さあ、ベッドに入って寝よう、と思っても、体はベッドに行きませんでした。体が動かなかったのです。そこに突っ立ったまま、『ああ、もう本当に嫌。ベッドに行けない。どうしたらベッドまで行けるの』と言っていました。その時、わたしが必要としていた言葉は〝歩く〟でした。歩く？　歩く？　わたしには〝歩く〟という言葉の意味がわからなくなっていました。霊界では、どこか行きたいところがあれば、その場所を思うだけでさっと行けたのです。わたしは体の操作の仕方を忘れていました。同時にまた、ほかの物事も、例えば車とか運転の意味がわからなくなっていました。まるで赤ん坊になったようで、再び学びなおし、知識を再統合する必要があったのです。実際、わたしは巨大なエネルギーの中にいたので、その時は再統合している最中だったことが後でわかりました。それはまるで百二十ボルトの電気を六十ワットの電球の中に戻すようなもので、わたしの体は十分環境に同化適応しておらず、うまく機能できていなかったらしいのです。正常に戻るまで一週間掛かりました」

ドロレス「一週間ですか？　多くの人が何が起きたかあまり覚えていないのは、そのせいかもしれませんね。潜在意識では憶えているのですが、顕在意識は忘れているのです」

ジャニス「ええ。それ以来、そこで見たことを憶えているのを許された時もあれば、また、そうでない場合もありました。でも、最初は思い出すことに、とても抵抗を感じました。今ではもう観念していますから、もう『何か恐ろしいことが起きている』と怖がるようなことはありません。その翌日の日の出は、あのハーモニック・コンバージェンス（一九八七年八月十六〜十七日に、マヤ暦研究者ホゼ・アグエイアス博士の提唱で開催された地球規模の瞑想と惑星平和の催し・訳注）でした。わたしは皆と一緒に日の出を見に行くつもりでしたが、結局それには参加せず、愛犬を連れて湖に行きました。太陽が昇って来て、その光のきらめきが草露を輝かせました。そのきらめきは、同時にわたしでもありました。光とわたしのつながりを教えてくれたのは彼らでした、わたしは光と常につながっていると。わたしはまた行きたくなり、泣きだしました。まるで、わたしをひとり置いて、親族全員が遠くへ行ってしまうかのような、とても寂しい気持ちでした。彼らが立ち去らねばならないのは、とても悲しいことだと思いました。ここに残って、わたしを助けてもらいたかったのです。そこで、わたしは湖の上の空に向かって、『もし、わたしが本当に宇宙船とつながりを持っているのなら、その証拠を見せてください。ちゃんと目に見えるような証拠をです。証拠がなければ、こんなことが本当に起きているなんて信じられません』と言い、その場所を去りました。証拠がなければ、もうこんなことはごめんだわ。こんなのまったく馬鹿げた、ありえないことよ。もうわたしには関係ない。そうだ、もう関係ないのよ。そうひとりごとを言って車に向かって歩きながら、もう彼らはわたしに何も見せられないだろうと思って笑いだしました。ところが、そうするうち、地面にピカッと光るものがあるのに気がつきました。たぶん、ガラスのかけらだろうと思い、無視して通り過ぎました。ところが、体が引き戻されたのです。車のほうに歩いていたのを、『止まれ！　後ろに戻れ！』と言われたような感じでした。そこでわたしは、その光るものを拾い上げてみました。あんなに広い場所で、地面の上にあったこんな小さなものを見つけるなんて、本当に信じられないことです」

こう言うと、ジャニスはハンドバッグの中を探って小銭入れを取り出した。その中から小さいロケットを引っ張り出し、それを開けると中に何か物体が入っていた。彼女はそれを手のひらに載せた。それは小さな銀色の星だった。

彼女は、「なくさないようにと思ってロケットの中にしまっておいたんです。拾った時にはピンク色をしていました。でも、今は銀色に変わっています」と説明した。

わたしはそれを注意深く観察し、何から出来ているのかを知ろうとした。「金属ではなさそう。とても硬いプラスチックのような感じ。小さいわね……一センチくらいかしら」

ジャニス「それを手にした時、どこがてっぺんなのか、すぐわかりました。特別なある一点があって、そこがそうなんです。そこを上にしないと、ロケットの中に入れることができませんでした」

二人はその星を手に取りながら談笑したが、彼女がロケットの中にそれを戻そうとした時、わたしはなぜか急に、それをもっときちんと調べてみようという気になった。そして、それがわたしの指輪と似ていることに気がついた。それは銀とトルコ石で造られた風変わりな指輪で、思わぬ成り行きから所持することになったものだった。それは、まだわたしがＵＦＯ関係の研究に関わっていなかった一九八〇年代の初めの頃、ある女性が、わたしに渡してくれと言って、わたしの娘の一人に託していったのだ。その女性は、わたしがお金を受け取らないので、催眠治療の謝礼としてそれを置いていったのであった。そして、直接わたしに渡そうとしても拒否されることもわかっていたので娘に手渡したのだ。それはかなり高価と思われる立派なもので、彼女の予測通り、わたしにはとても受け取れるものではなかった。しかし、今さら返しようもなく、とりあえずいただいておくことにして、以来、それがちょうど入る中指にはめている。わたしは普通、宝石類は身に着けないのに、その指輪だけは外すことなく常に指にはめている。それだけでも不思議なことだ。その指輪は多くの人に褒められ、売ってくれないかとか、どこで買えるかなどと聞かれたことが何回もある。しかし、同様のものは見たことがないし、どこかにあるという話も聞いたことがないので、同じものはどこにもないと思われる。ふちには銀の玉が七つ並んでいる。下側のまわりに五個と、横線で隔てられた上側に二個の、合わせて七個だ。真ん中にはトルコ石で出来た五光星がある。このデザインは何かを象徴しているのではないかとよく人から言われた。指輪を造った銀細工師の手掛かりは、内側に刻印されているＵの字、あるいは馬蹄形のみである。

ジャニスが彼女の小さな星をわたしの指輪の星の上に置いてみると、それらはまるで複製であるかのようにぴったり同じ大きさだった。これは驚きだった。単なる偶然なのだろうか？　わたしは、その時隣の部屋にいたパッツィを呼び、二つの星を見比べてもらった。三人は笑っていたものの、その場には何か異常なことが起こっているという奇妙な感覚があった。パッツィも、二つの星がこんなにぴったり一致するというのは不思議だと言った。違っているのは、ジャニスの星は銀色で、わたしのはトルコ石だということだけだった。

ジャニスは、「ちょっとこれ見て。星をロケットにしまう時は、星の頂点を上にして入れるでしょ。指輪の星も、指にはめるとそこが外側を向くのよ。これも同じじゃない？」と言った。

その時のわたしたちは、星の形の正確な一致が何かの前兆かなどとは思いもしなかった。しかしそれは、やがてジャニスとわたしが一緒に重要な仕事をするようになることを暗示していたのかもしれなかった。二人の出会いはまったくの偶然だったのか、それとも、その背後には、何か上のほうの存在の意図か力があったのだろうか？

わたしたちはパッツィの家の食堂のテーブルに陣取って、わたしの頼みの綱であるテープレコーダーをセットし、ジャニスの体験談や思い出話を聞きながら二時間ほど話し合った。その後、退行催眠を行なうことになったが、いろいろある中のどの出来事から調査を始めるかが問題だった。一緒に来客用の寝室に行き、テープレコーダーの準備をしていると、ジャニスはまた新たな、ごく最近の出来事を思い出した。それは一カ月前の一九八九年七月に起こったことだったので、彼女はとても良く憶えていた。

その朝、ジャニスは自分の咳で目を覚ました。半身を起こすと、大きな血の塊が口から出て来た。恐ろしくなってベッドから出ると、ベッドに血は一滴も付いていなかった。その代わり、下半身が水のようなもので濡れていて、ベッドの、その下になっていたあたりも濡れていた。寝小便をしたわけではなく、それらしい臭いもなかった。まるで、誰かが寝ている彼女の下半身に水を浴びせ掛けでもしたかのようだった。それと、膣のあたりに焼け付くような不快感があった。浴室に行って口をゆすぐと、出血は始まった時と同じようにすぐ止まった。彼女の小さな飼犬はかなり興奮していて、その様子はジャニスが仕事から帰って来た時と同じだった。出血のことが気になり、その日のうちに病院に行ったが、医者にはどうして血の塊が出たのか何も説明できなかった。

これはごく最近の出来事なので、わたしはまずこの事件から調べることにした。たとえそこから何も得られなくても、他に候補はいくらでもあった。催眠術が掛かると、ジャニスはすぐに深いトランス状態になった。そこで数を数えて、血の塊を吐いた朝の前の夜に行かせ、その原因を探ろうとした。同時に、彼女が身体的な不快感を避けるため、彼女の身に起きていることを第三者として観察したければそれでもよいと告げた。

ドロレス「これから三つ数えます。三つ目を数えたところで、わたしたちは、あなたがその夜、ベッドに入る準備をしている場面に行きます。そうしたら、そこで何が起こっているかわたしに報告してください。一、二、三。はい、その夜に戻りました。あなたは今、何をしていますか？　何が見えますか？」

ジャニス「今、わたしの飼犬を見ています。彼はあたりを不審げにきょろきょろ見まわしています。かなり怪しいものを見ているようです。彼が、何かわたしにはまだ見えていないものを見ているのがわかります。でも、わたしにも何かがいるのはわかります。感じます」

ドロレス「どんな感じがするのですか？」

ジャニス「彼らです。彼らです……（大きく息をして）また彼らがやって来るのがわかります。犬も一緒について来てほしいです」
ドロレス「前にもそうしたことがあったのですか？」
ジャニス「はい、ありました」
ドロレス「そうでしたか。その時、彼はどんな様子でした？」
ジャニス「(だんだん心配そうになってきて) わかりません」
ドロレス「はい、では結構です。今、何が起きているのか話してください」
ジャニス「わたしのエネルギーがだいぶ低下してきています。仕事でかなりのストレスがあるのです。彼らはわたしに、ちょっと作業を行なう必要があると言っています。(心配そうに) でも、どこに行くのかわかりません。頭が痛いです」

わたしはすぐに、身体的な苦痛を取り除く暗示を与えた。数秒後、彼女の表情は穏やかになり、ストレスがなくなったことがわかった。頭痛も和らいだ。

ドロレス「彼らは今どこにいますか？」
ジャニス「窓を通り抜けて入って来ました」
ドロレス「え？　よじ登って窓から入ったのですか」
ジャニス「壁を通り抜けて来たんです。(まったく困ったものだという様子で) ただ、すんなりと、壁を通り抜けて来ました」
ドロレス「彼らはどんな姿をしていますか？」

ジャニス「わたしほど背は高くありません。でも、ほとんど同じくらいです。わたしは彼らを知ってはいるんですが、何回会っても、そのたびに少し怖いと思います（大きく息を吸う）」

ドロレス「それはそうでしょうね。当然ですよ。でも、わたしに話をしていれば怖くないですよ。いいですね？（息遣いや体の動きからすると彼女はまだ怖そうだった）わたしと話をしていれば怖がることなんかありませんよ。あなたのすぐそばにいますからね。いつでも一緒にいますよ。ところで彼らは何人いますか？」

ジャニス「（声を震わせ、今にも涙を流しそうになりながら）二人です」

ドロレス「彼らの姿がどんな風なのか、教えてくれますか？」

ジャニス「（震え声で）毛はまったくありません。大きな茶褐色の目です。皮膚もありますが、わたしたちの皮膚とは違います。衣類を着ているのだと思うのですが、よくわかりません」

ドロレス「わたしたちの皮膚とどこが違うのですか？」

ジャニス「感じが違います。乾いた感じです。紙のような感じで、造花に使うしわしわのクレープ・ペーパーに似た感じです（まだ、今にも泣き出しそうな声）」

ドロレス「よくわかりますよ。（彼女はとうとう泣き出した。おびえたような泣き声）大丈夫ですよ。わたしがついていますから。どうしたのですか？」

ジャニス「（むせび泣いていて、最初は何を言っているのかわからなかった）彼らは、一緒に行こう、と言いました。でもわたしは……わたしは、もう少しここにいたい、と言いました。わたしの赤ちゃんをここに置いておきたかったのです（むせび泣く）」

これは意外だった。彼女は以前わたしに、妊娠できない体だと言っていたからだ。

ドロレス「それはどういうことですか？」

ジャニス「もう彼らがわたしを連れて行く時だったのですが、わたしはもう少し赤ちゃんとここにいたかったのです」

ドロレス「妊娠しているのですか？」

ジャニス「していると思います。でも、彼らはそれを妊娠とは言わないでしょう。彼らがどう呼ぶのか知りませんが、とにかく彼らは、もう行く時が来た、と言いました」

ドロレス「あなたの部屋からどのようにして出て行くのですか？」

ジャニス「彼らが入ってきた時と同様に、壁を通り抜けます」

ドロレス「壁を通り抜ける時に、それを体で感じますか？」

ジャニス「はい、感じますが、彼らはわたしがうまく通り抜けられるように調整してくれます。そして本当に壁を通り抜けます。そして部屋から出ます」

ドロレス「では、あなたの肉体が実際に壁を通り抜けるのですね？」

わたしはこれが体外離脱ではないことを確かめたかったのだ。この種のことはジョンとのセッションですでに知っていて、現実の肉体が壁や屋根などの固体を通り抜けることができるという事実に驚かされていた。以来、同様の報告があるたびに、わたしはそれが肉体によるものなのか、それとも霊的な経験だったのかを常に確認することにしている。これまでのところ、その点については、どの被術者もはっきりと肉体によるものだったと断言し、そこには曖昧さや不確かさは一切認められなかった。

ジャニス「(先ほどよりしっかりした声で)それには分子の置換が関係しています。彼らがその仕組みを教えてくれました。それが始まると、体は妙な感じになります」

ドロレス「どんな気分になるのですか?」

ジャニス「体が少し麻痺したような感じがします。そして、体が溶けるような感じになります。溶けて空気のようになるのです。空気のようではありますが、本当の空気ではありません。空気と言っても、わたしという形のある空気なのです。体の密度が空気と同じくらいになります。体の振動数を、通り抜けて行こうとしている固体の振動数と違うレベルまで高めるのです。それでその固体を通り抜けられるのです」

ドロレス「それはまさに驚きの技ですね」

ジャニス「不思議なことです」

ドロレス「そうやって彼らと一緒に壁を通り抜けてからどうなるのですか?」

ジャニス「暗くなって、そして移動し続けます。どうやって動いているのかはわかりません」

ドロレス「その時も、彼らはあなたと一緒にいるのですか?」

ジャニス「はい。わたしの両側にいます。犬も連れています」

これは別のケースでも報告されている。体が壁や天井を通り抜けると、そこに宇宙人が待っていて、その人の両側に付き添って宇宙船に連れて行くのだ。たぶん、これが人を宇宙船に連れて行く仕組みの一部なのだろう。人間が宇宙船まで空中を通って行くのには、宇宙人がその人の周囲にいることが必要なのであろう。

ドロレス「では、犬も壁を通り抜けたのですね？　その時、犬はどう感じたのでしょうね」
ジャニス「怖がってはいませんでした」
ドロレス「移動中に周囲が見えましたか？」
ジャニス「(また大きく呼吸をし始めた) 今、宇宙船の中にいます。台の上に載せられています」
ドロレス「どのようにして宇宙船に入ったのですか？」
ジャニス「わかりません。頭の中は真っ白です。今ここにいる、ということしかわかりません」

これもよくあることだ。空中に浮いている宇宙船に入る場合、すべてがわからなくなり、頭の中は真っ白になる。これはたぶん、家から出て来た時と同じように、宇宙船の外殻を通り抜けて中に入るためではないだろうか。もしそうなら、その間の記憶が失われても不思議ではない。これに対し、宇宙船が地上にある時には、船内に歩いて入ったり、階段やスロープを登って連れて行かれたりしたことを憶えていることがよくある。

ドロレス「その後、何が起きていますか？」
ジャニス「彼らはわたしを……わたしは横になっています。彼らはまた、わたしにあれを行なおうとしています」

ドロレス「あれ、とは何ですか？」

ジャニス「まるで婦人科医院にいるようです。わたしはいつも眠らされてしまうので、彼らが実際どうするのかはわかりません。（怒ったように）わたしは知りたかったので、彼らに、お願いだから、わたしに何をするのか教えてくれ、と頼みました」

わたしがＵＦＯの研究を始めた頃、体が眠らされたまま経験したことでも、答えを得ることが可能であることを発見した。潜在意識は絶対眠ることはないので（手術の際の麻酔でも眠らない）、それに直接質問すれば、客観的かつ完全な答えを得ることができるのだ。

ドロレス「今、わたしたちが行なっている方法で、彼らがどのようにするのか調べることが可能だと思います。やってみますか？」

ジャニス「（すすり泣きながら）では、お願いします」

ドロレス「あなたは、これから眠っているあなたの身に起きることを、第三者として心の眼で観察したいですか？　それが可能だと思いますか？」

ジャニス「わかりません。わたしはもう、すでにそこにいるような感じがしています。今、そこにいます。ほら、そこに（すすり泣いている）」

ドロレス「彼らの一人に、あなたが第三者として見ていてもいいかどうか尋ねてください。そして答えを聞いてみましょう。（駄目だそうです）彼らが駄目だと言ったのですか？　それでは、質問だけならしていいですか？（よろしい）」

この時、突然、彼女の声が変わった。彼女が「よろしい」と言った時、その声の響きには威厳が加わり、それまでのようなびくびくした感じはなくなっていた。

ドロレス「わかりました。でも、体は眠っているのですね？　それをする時はいつも眠らせるのですか？」

ジャニス「眠っている状態ではない」

そう答えた声は、明らかにジャニスのものではなかった。それは一本調子で機械的な、ロボット音声のようだった。一言一言を別々に区切って発音し、わたしたちのように各音節をまとめて一続きに発音するのとはまったく違っていた。時には声は空ろになり、エコーが生じているかのようになった。しかし、これは明らかにテープレコーダーとかマイクのせいではなかった。彼女がそのようにしゃべっていたのだ。どうして彼女がそんな声を自然に出せるのかわからなかった。その声にはジャニスの声の面影はまったくなかった。このロボット音声のような響きとしゃべり方は、セッションの終わりに、この声の主にその場を去るように伝えるまでずっと続いた。しかし、わたしは、この声の変化には特に驚かなかった。以前にもそういうことがあったからだ。そして、この機会を活用し、いろいろと質問してみることにした。

ドロレス「眠っていないなら、それはどんな状態なのですか？」
ジャニス「あなたたちが知らないレベルの意識状態にあるのだ」
ドロレス「どうしてそういう意識状態でいなければならないのですか？」
ジャニス「痛みを避けるためだ」
ドロレス「それは良いことだと思います。彼女を痛い目に遭わせたくはありませんから。それで、痛みを伴うようなどんなことをしているのですか？」
ジャニス「人間の出産には痛みが伴うものだ」
ドロレス「そうですね。今、出産をしているのですか？」
ジャニス「これは出産だ」
ドロレス「今、何が起きているのか教えてくれますか？」
ジャニス「地球で人間が出産する時に起きることと同じことが起きている」
ドロレス「地球では出産は自然に起こることですが」
ジャニス「今も自然に出産している」
ドロレス「地球ではお産の時には陣痛が起きます」
ジャニス「だから変性意識状態にしているのだ。そうすれば母親が痛みを感じることはない」
ドロレス「けれど、彼女の胎児はあまり大きくないと思うのですが？」
ジャニス「その通り」
ドロレス「それなら産むのはとても楽だと思います」
ジャニス「だが痛みは伴う。この人間は地球では一度も出産の経験がない。だから産道が違うのだ」

ドロレス「出産を促すのに何か刺激を与えるのですか？　何か陣痛のようなものでも？」
ジャニス「質問の意味がわからない」
ドロレス「何か道具か器械のようなものを使って出産させるのですか？」
ジャニス「我々の世界ではもう出産の時期なのだ。あなたたちが……終点……頂点と考える九カ月の期間が変えられただけだ。胎児の成長の種類が違うので、妊娠期間が短くて済むのだ。そのため、器官やその他の胎児のさまざまな発達状態は、地球の胎児が九カ月で成長する以上のレベルに達している」
ドロレス「それでは、体は通常期間である九カ月並みの大きさではないのですね？」
ジャニス「その通り」
ドロレス「でも、あなたがたの標準によると胎児は十分に発達しているのですね？」
ジャニス「その通り。あなたたちは我々の標準をまだ知らない。胎児はまだ九カ月の大きさに達してはいないが、我々の標準ではすでに九カ月経っているということだ」
ドロレス「臨月になった胎児の特徴はすべてあるのですね？」
ジャニス「そうだ。機能もすでに完全だ」
ドロレス「わたしたちなら、小さな胎児は体の発達がまだ初期の段階にあり、たとえ産まれても生き残れないと考えます」
ジャニス「我々の胎児の妊娠期間は、あなたたちの世界でなら四カ月必要ということになる。我々は胎児が母体内にいる頃から出産プロセスの管理を始める。そうした作業により、我々の胎児はあなたたち人間の胎児より速く発達するのだ」

ドロレス「生まれた時の乳児の大きさはどのくらいですか？」
ジャニス「あなたたちの標準では四カ月くらいの大きさだ」
ドロレス「それだと、わたしたちの片手に収まるくらいの大きさしかありませんね」
ジャニス「それよりは少し大きい」
ドロレス「彼女はこの胎児を四カ月間胎内で育てていたのですか？（そうだ）それを彼女は知っていたのですか？」
ジャニス「以前ほどは認識していない。わかっている時期もあった。常に意識しているわけではない。彼女は妊娠したことは感じた。腹が膨らむとか、地球の妊婦が経験するような兆候は見られるので、それらから自分に何が起こっているかを察することができる」
ドロレス「生理は止まりますか？」
ジャニス「彼女にはもともと生理はない」
ドロレス「妊娠のために必要ないのですか？（ない）子宮だけあればよいのですか？」
ジャニス「子宮も必要ない。人間の体のホルモン分泌などには関係がなく、必要なのは人間の体のエネルギーなのだ」
ドロレス「ちょっと理解に苦しみます。胎盤を形成し、胎児が発達するのに必要な栄養分を供給するために、人間には子宮の内壁とホルモンが必要なのです」
ジャニス「この胎児は、人間の胎児が母体内で経験するのとはかなり違った具合に育っている。すなわち、この胎児は、妊婦が日常生活を行なっている時に、母親とまったく同じ地球上の生活を体験しているのだ」

ドロレス「ということは、女性なら年齢に関係なく誰でも母親になれるのですね？」
ジャニス「その通り。だが、誰もがこのプロジェクトに参加できるわけではない。ある条件を満たす者でなければいけない」
ドロレス「その必要条件とは何ですか？」
ジャニス「(何かを読み上げているように整然と) 必要条件とは、一つ、食生活に関すること。一つ、ある程度立派な人格を持つ者。一つ、純潔であること。まだほかにもあるが、それらについてはまたいつか話す」
ドロレス「それでしたら、ほとんどの女性に当てはまると思いますが」
ジャニス「いや、ほとんどの女性がそうだとは言えない」
ドロレス「どうしてですか？」
ジャニス「その理由は、ほとんどの女性が取っているある行動。ほとんどの女性の集中力のレベル。その時に起こる女性の脳との間の相互作用。その女性、またその母親の進化程度なども加味して対象女性を選ぶ。かなり複雑な選考過程だ」
ドロレス「わたしがいろいろ疑問を持っていることはおわかりと思います。わたしはとても好奇心の強い人間ですので。性生活のことをおっしゃっているのですか？」
ジャニス「それもある」
ドロレス「性生活はホルモンや感情とか、すべてに影響を与えますからね」
ジャニス「母親の肉体のホルモン状態がどうとかいうよりは、母親としての精神的資質といったものだ。地球人の言葉では霊性の程度とでも言うべきものだ」

ドロレス「では、すべての女性が条件を満たしているとは言えませんね」
ジャニス「その通り」
ドロレス「このことを彼女にしたのは初めてではありませんね？」
ジャニス「その通り」
ドロレス「わたしの調査によれば、クローニングで子どもを作ることもあるそうですが？」
ジャニス「クローニングのプロジェクトもある。それは、我々が今行なっているプロジェクトとは違うものだ。この異なった二つのプロジェクトの両方に関わっている女性もいるし、一方だけの女性もいる」
ドロレス「今のこのやり方で子どもが出来るのなら、どうしてクローニングが必要なのですか？」
ジャニス「クローニングでは、遺伝的に異なったことが起きている。それは、このプロジェクトのようなやり方ではできないことだ」
ドロレス「そこを説明していただけませんか？　わたしもクローニングなら少しは知っています。クローンとは、まったく同じコピーなのですよね」
ジャニス「クローンとは同じもの、まったく同じものの複製だ。他の方法では、母親の属性だけではなく、プロセスの進行中に外部の刺激の影響も受けることになる。作られるのは、二つのまったく異なった個人だ」
ドロレス「では、クローンではまったく同じ複製で、他の方法からは異なった遺伝子の組み合わせを持った個人が生まれる。これでよろしいですね？」
ジャニス「その通り。他の方法ではまた、母親が妊娠中に受けた超感覚的な刺激のすべてをも、その個性の一部に含んでいる」
ドロレス「それはクローンですか、自然出産の子ですか？」
ジャニス「自然出産の子だ」
ドロレス「すると、クローニングで出来た子のほうが、どちらかと言えば冷たく、感情に乏しい性格になるということですか？」
ジャニス「いや、母親がそういう性格でなければ、そうはならない。あなたに欠けているのは、クローンとは、まったく母親と同じものを持った、母親という人間そのものである、ということの理解だ。あなたの言う自然出産では、母親とまったく同じものを持ち、母親という人間そのものであることに加え、母親が妊娠中に経験したすべての刺激の影響をも含んでいるのだ」
ドロレス「では、違いがあるわけですね？」
ジャニス「明らかな違いだ。我々があなたに伝えようとしているのは、胎児が子宮内にいる間、その子は母親と生活をともにしているということだ」
ドロレス「母親が感じていることを胎児も感じているわけですね？」
ジャニス「その通り！」
ドロレス「でも、クローンにはそれがない。ジャニスの子はどのように受胎したのですか？　父親は人間ですか、それとも……」
ジャニス「これは今話すわけにはいかない。この情報はやがて明らかにされる。我々はまず、あなたとの信頼関係を築きたい」
ドロレス「それについては、まったくわたしに異存はありません。わたしはただ、許されるのであれば、いろいろ質問したいと思っているだけです」

ジャニス「あなたがこの情報をどうするのか、情報がどのように使われるのかが知りたい」

ドロレス「あなたのおっしゃる通りに取り扱います」

ジャニス「この情報は、あなたが全体像を把握するまでは公表されるべきではない」

ドロレス「それはわたしも望むところです。不完全な情報を中途半端に伝えたくはありませんので」

ジャニス「そして、この人物の保護を忘れてはならない」

ドロレス「彼女がこのような状態でわたしと仕事をしている時には、彼女の周囲に保護策を講じています。そういう意味の保護ですか?」

ジャニス「違う。我々の言うのは、情報が公表された場合、この女性の私生活に直接影響が及ぶということだ」

ドロレス「まさにおっしゃる通りです。わたしの被術者のほとんどは、他人に知られたくないと思っています。匿名は、生活を乱されたくない彼らにとって非常に重要な条件です。わたしは自分にできる限り、彼らの希望を尊重すべく努めています」

ジャニス「それゆえ、我々もあなたと話をしているのだ。あなたがとても信頼できる人間だからだ」

ドロレス「わたしはできる限り、彼女の個人情報が知られないよう努力します。あるいは、わたしの力ではどうしようもないことが起こってくるかもしれません。でも、わたしの力の及ぶ限り、彼女の名をもらすことはありません。これでよろしいでしょうか?」

ジャニス「現時点では、ぜひそのようにしてほしい。我々には、ほかにもせねばならないことがある。彼女は、かなりの水準までの進歩を遂げた被術者であり、他のどの協力者たちよりも良く理解することができる。それゆえ我々は、彼女にはもっと大きな、あるプロジェクトに参加してほしいと思っている。そのプロジェクトを好奇心で邪魔されたくない」

ドロレス「はい、世の中には好奇心の強い人々が沢山いますからね。そうした問題で悩まされるのは、むしろ、わたしかもしれません」

ジャニス「我々にあなたも守らせてくれれば、そうはならない」

ドロレス「ぜひ、お願いいたします。あちこちと、わたしのしていることに対して否定的な考えを持っている人たちのところに行くことになるだろうと思いますから」

ジャニス「そうだな」

ドロレス「懐疑的な人たちが多いのです」

ジャニス「そうだな」

ドロレス「ですから、どんな方法であれ、あなたがたがわたしを守ってくだされば助かります」

ジャニス「あなたがその指輪をしている限り、あなたはいつも我々とともにいるであろう」

その指輪とは前述のトルコ石で出来たもので、思いがけない経緯で手に入れた後、わたしは片時も離さず身に着けている。

ドロレス「あの指輪は前から気になっていました。そのことについて説明していただけますか？」

ジャニス「あなたたち地球人は、ＵＦＯが常に星から来ると思っている。だから、ＵＦＯとあなたたちの結び付きを表すシンボルには星が適当だ。そして、それによりあなたが我々といつも精神的につながっていることは、あなたが関わることになった仕事のためになり、我々宇宙人が邪悪な存在であるという誤った考え方を打ち消すのに役立っている」

ドロレス「はい。わたしがこれまでに得た情報によれば、宇宙人は善意を持った存在のように思われます」

ジャニス「たしかに彼らは善意の存在である。しかしながら、地球人たちの言う通り、物事には必ず表裏がある。その裏側から来る否定的な力があることを注意しておきたい」

ドロレス「でもわたしは、人は自分が欲するものや期待することを引き寄せるということを信じています」

ジャニス「それは正しい」

ドロレス「わたしは否定的なものを発見したいと思ったことはありません」

ジャニス「しかし、それが確かに存在することは知っておくべきであり、常に注意を怠らぬようにしなくてはならない。あなたの仕事中には、そういう宇宙人たちとも接触する可能性があるということをいつも忘れず注意すべきだ。しかしながら、表裏のどちら側を選ぶかは各個人がみずから決めるべきことだ。それはまさに選択の問題である」

ドロレス「わたしも否定的な側の宇宙人の話を聞いたことがあります。そちら側とは関わりたくありません」

ジャニス「そう決心したのなら、あなたはもう恐れることはない。もう否定的な側と関わりを持つことはないだろう。否定的な側の宇宙人たちは、あなたの周囲に出没するかもしれないが、それらと一緒に仕事をすることがないように、あなたは守られている」

ドロレス「それはうれしいことです。感謝します。わたしが欲しいのは情報だけですから」
ジャニス「我々も情報を分かち合いたいと願っている」
ドロレス「わかりました。わたしは今、誰と、あるいは何とお話をしているのか教えていただけますか？」
ジャニス「質問の意味がわからない」
ドロレス「ではお尋ねしますが、わたしはジャニスの潜在意識と話しているのではないと思うのですが、どうでしょう？」
ジャニス「そうだ、彼女の潜在意識ではない」
ドロレス「わたしの話している相手は誰なのですか？　名前がわからなくてもいいのです。ただ、それがどんなものであるのかが知りたいのです」
ジャニス「『コミュニオン』という本の表紙を見れば、そこにわたしの肖像がある。このジャニスという人間が、この本の表紙を見て心を動かされた理由はそこにある。彼女にとって我々は、もっとも馴染み深い存在なのだ。彼女は、地球的な観点からすると、時に我々が彼女に苦痛を与えているかのように思われたり、あるいは、地球から来た人間の眼には、我々が不親切で冷酷な宇宙人のように見えたりすることを知っている。彼女には、そうした話の背後に潜む真実を知ることが許されているのだ。それは単に、その生命体に特有の物の見方によるものなのである。そして、彼女はその視点を、我々の行動の裏に潜む意味、また、我々が彼女に与える可能性のあるどんな種類の苦痛であれ、その背後に潜む意味を理解しうる位置にまで移動できるようになった。彼女はこれが、彼女が同意して受け入れるであろうあらゆる種類の問題にも適用できることを知っている。彼女自身承知していて、また我々からも常に思い起こさせるようにしているのは、彼女はいつでも拒否することができるし、我々もまたそれを許しているということだ。また、あまりに不快で堪えられないと感じ、彼女がそれを続けることを拒否したとしても、我々の側になんら問題はないということも彼女にはわかっている。必要な時にはいつでも、あらゆる方法を講じて我々が彼女を助けるということを、彼女は言い聞かされてよく知っているのだ」

ドロレス「おっしゃることはすべて、とても良いことだと思います。ただ、地球人たちの間には、あなたがたがとても冷酷、無感情で、人間に苦痛を与えても意に介しないという説もあるのです」

ジャニス「あなたたちの基準によれば、その通りなのだろう。問題は、人間たちが我々の側に立ち、我々の眼で物を見ることができないということにある。あなたが今話しかけているジャニスのような人々は、上手に我々になりきり、我々の目的とするところ、また我々の心や存在の在り方を知ることができている。それゆえ、彼らは我々が、単に苦痛を与えようとしてそうしているのではないことを理解している。我々は、あなたたちのように苦痛を感じることがないので、往々にして、自分たちがその原因を作っていることを理解できない場合があるのだ」

ドロレス「そうですか。それはあなたがたの神経の仕組みがわたしたちと違うからですか?」

ジャニス「その通り」

ドロレス「ということは、あなたがたは地球人の体とは発達状態が違うのですね?(そうだ)あなたがたには感情がありますか?」

ジャニス「感情表現の真似ごとはできる。人間には常に感情がつきまとっているが、我々にとって感情とは生まれつき備わっているものではない」

ドロレス「あなたはどちらかというと――〝機械〟という言葉は使いたくないのですが――造られたものですか？　通常の生殖過程を経て生まれたのではなく？」

ジャニス「悪いが、質問の意味がはっきりわからない」

ドロレス「どのように表現したらいいのか……。わたしは、人には皆感情があり、機械のようなものには感情がないという考え方に慣れているものですから、自然な方法で生まれたのでない、人工的に造られたものには感情がないと思っているのです」

ジャニス「我々も感じることはできる。だが、それはあなたたちと同じようにではない」

ドロレス「もう少しわかりやすく説明していただけますか？」

ジャニス「あなたがわたしを触れれば、わたしはそれを感じる。だが、それで同じ感覚が生じるというわけではない。つまり、あなたがわたしを触ったということは頭で理解できるし触られたことは感じるが、人間と同じような感じ方はしない。それは肉体で触れたというよりテレパシーによる接触なのである。つまり、我々はテレパシーのレベルで触れるのだ。我々はそのような知覚の仕方をするよう進化して来ているので、あなたたち地球人のような肉体的接触による感覚とはまったく違う」

ドロレス「わたしが考えているのは人間たちがお互いをやさしく愛撫し合う行為のことで、特に、親が子どもを愛撫する時などのそれなのですが」

ジャニス「我々は今学習中だ。この二つの異なったタイプの感情を一つに統合して理解しようとしているのだ。その過程で、テレパシー的な知覚によって知ることと、感覚器官を通したものの統合という進化が達成されるだろう」

ドロレス「そうですか。それではあなたがたは、愛とか憎しみとかいった感情を感じることもないのですね？」

ジャニス「そういった感情は感じることはできるが、我々には理解できない。我々にとっては異質なものだ」

ドロレス「では、怒りの感情はどうですか？」

ジャニス「我々はあなたたちが感じる感情をすべて感じることはできる。だが、それは精神的に感じているのであって、肉体に影響を与えることはない」

ドロレス「それでは、あなたがたもまったく無感動というわけではないのですね？」

ジャニス「その通り。感じることはあっても、地球人のように体に影響が出ることはない。ストレスは人間生活にはつきものだ。それは体に害を与える。また、心にも影響を与える。それは、あなたたちの体の分子構造に影響を与えるのだ」

ドロレス「で、おっしゃりたいことは……」

ジャニス「わたしが言いたいのは、もし我々にストレスがあったとしても、我々の体にはなんの影響もないということだ。しかしながら、我々も精神的にはストレスを感じている。我々は地球に害を与えるために来たのではない。あなたたちの惑星を征服しに来たのではない。それが理解されないのはとても残念である」

ドロレス「わたしは、あなたのおっしゃることを信じています」

ジャニス「それはわかっている。地球人全体としては、という話だ」

ドロレス「この感情の欠如は、あなたがたの種の、わたしたちとは違った進化の仕方から来ているのですか？」

ジャニス「要するに、我々の故郷は地球とは違った場所であり、そこで地球人とは違った進化を遂げたということだ。もともと我々にそれが欠如していたのでも知らなかったのでもなく、単にそれは我々の存続上、必要でない部分だったのだ」

ドロレス「初めはどの人種も同じで、進化の仕方が違うのだと思っていました」

ジャニス「我々は我々として独自に発生した。だから、地球人の感情や、あなたたち特有の行動様式を理解するのが難しいのだ」

わたしはここで、テープを裏返すためにちょっと中断した。

ドロレス「わたしが機械を使っていることは良くご存知ですよね？」

ジャニス「機械のことはわかっている」

ドロレス「この機械は声を収録しておいて、あとでまた聴くためのものです。言葉を聴くのです」

ジャニス「我々は、声を頭の中に入れて記憶しておく」

ドロレス「我々にはそういう能力がありませんので、わたしは言葉が入るこの小さな機械に頼っています。そして、必要な時にそれを再生し、聴いてそれらを理解するのです」

ジャニス「頭に入れておくことも可能なはずだ」

ドロレス「でも、情報があまりに多い場合には、それはとても難しいことです」

ジャニス「それは自己の……（彼女は適当な言葉を見つけるのに苦労しているようだった）それは情報を整理して分類し、ファイルしておけばよいことだ」

ドロレス「ええ、努力次第でかなりの程度までは可能かとは思います」

ジャニス「それをイメージして、そのイメージをたどっていけばよいのだ。我々はそのようにして飛行している。この惑星、あるいはどこであれ、目的地を頭の中にイメージする。すると、特に物理的に飛行する必要もなく、そこに行き着くのだ」

ドロレス「今、あなたは地球の大気圏内にいるのですか？」

ジャニス「我々はあなたたちの大気圏内にいる」

ドロレス「でも、あなたは、元いた場所からどこか行きたいところがあれば、ただ、頭の中でそこをイメージするだけでよいのですね？」

ジャニス「その通り」

ドロレス「宇宙船とか他のものにも、特に動力源はいらないのですね？」

ジャニス「想念の力があれば、他の動力源はいらない」

ドロレス「それだけで、宇宙船全体のことをまかなえるのですね？」

ジャニス「それで同時に多くの宇宙船を動かすことができる」

ドロレス「その想念の力とは、大勢のものを集めたものですか、それともあなたのような個人の想念の力を使うのですか？」

ジャニス「集団のものでも個人のものでも可能だ」

ドロレス「地球の科学者たちは、あなたがたも動力源として機械的なものや電気的なもののような力が必要なはずだと考えていますが？」

ジャニス「宇宙船の種類によっていろいろな動力源がある。それであなたたちはわからなくなるのだ。

あなたたち人間は、すべての宇宙船が同じ動力源を使用していると思っているのだろう。そうではないのか？」

ドロレス「たとえそうでなくとも、少なくともわたしたちに理解できる可燃性の燃料とかを使用していると考えています」

ジャニス「光のエネルギーは理解できるか？」

ドロレス「それから電気を作ることができるということはわかりますが」

ジャニス「まあ、そうだが。光を超えたところに我々が移動に利用するポイントがある。それは、ある光の周波数だ。肉眼では見えない」

ドロレス「レーザー光線のようなものですか？」

ジャニス「だいぶ近い」

ドロレス「近いだけですか？（くすりと笑う）わたしの知る限りでは、レーザー光線は周波数が高いと思うのですが、違うのですか？」

ジャニス「たしかにあなたたちの光よりは周波数は高い」

ドロレス「マイクロ波はどうですか？」

ジャニス「それはまったく別のものだ」

ドロレス「そうですか。それではあなたがたは想念の力を使って、物質的な宇宙船をこの周波数で航行させることが可能なのですね？（そうだ）想念の力を利用して物を非物質化し、それをまた別な場所で物質化することができるのですね？」

ジャニス「その通り」

ドロレス「わかりました。わたしたちも光と同じ速度で移動することを考えていますから」
ジャニス「この方法による移動は光の速度より速い」
ドロレス「彼女が壁を通り抜けた時にも、これと同じ方法を使ったのですか？」
ジャニス「似たようなものだが、宇宙を旅行する時にはまた違った方法が用いられる。物質を通り抜ける時には、我々の宇宙から地球の大気圏内まで航行する時とは異なった手順で行なわれる」
ドロレス「固体を通り抜ける必要がないから、別な方法が用いられるのですか？」
ジャニス「そうだ」
ドロレス「でも、ある場所で非物質化して、別な場所でまた物質化するのでしょう？　そうでしたよね？　なんとか理解しようと一生懸命なのですが」
ジャニス「今の段階ではわたしにはこれ以上の説明はできない。移動の方法には二つの異なった方法があるとだけ言っておく。まず一つ目の方法で彼女が壁を通り抜けた後、そこから宇宙船に向かって移動する際には次のまた違った方法がとられたのだ。人間が地球のタイムフレームや振動数に再適応する際に問題が生じることがあるのはこのためで、こうした移動の際の振動数の変更が原因だ。戻り方にもよるが、振動数を低めるのには少々時間が掛かるのだ」
ドロレス「高速で移動して、また速度を緩めるからですか？」
ジャニス「その通り。調整中に問題が発生するのだ。見当識を失ってしまうこともあるが、そうした問題に気づけば、我々はただちにそれを軽減すべく対応する」
ドロレス「失礼ですが、あなたがたにも性はあるのですか？（ある）男性と女性がいるのですね？（いる）人間と同じようにして子どもを作るのですね？」

ジャニス「別な方法もある」

ドロレス「それはどういうことなのでしょうか？」

ジャニス「人間と同じようにして子どもを作ることもできるが、ほかにもいくつか子どもを作る方法はある」

ドロレス「どんな方法ですか？」

ジャニス「そのうちの二つはすでに説明した」

ドロレス「クローニングとジャニスに行なった方法ですね？（そうだ）ジャニスに出来た子どもをどうするのかを知りたいのですが。なぜ、人間との交配を行なおうとするのですか？」

ジャニス「人間との交配により、完全な人間の体を持ちながら、同時に我々の精神的能力をも有する統合体を造りたいのだ」

ドロレス「でも、あなたがたはすでに素晴らしい身体能力を持っているではありませんか？」

ジャニス「我々はあなたたちを美しいと思う。我々も身体能力は持っているが、それらはあなたたちの身体能力とは違うものだ」

ドロレス「わたしは、あなたがたが自分たちの創られたままの身体で十分満足していると思っていて、まさか……」

ジャニス「別に満足していないというわけではない。これは人間が肝に銘じて注意しなければならないことだ。より良い、のではなく、違っているということだ」

ドロレス「どういうことですか？」

ジャニス「我々の身体に不満足というのではなく、また、より良い、より悪いとかの話でもない。ただ、違っているということだ」

ドロレス「そこのところを理解しようとしているのです。どうしてあなたがたの種の姿かたちを変えようとしているのですか？」

ジャニス「我々の種の姿かたちを変えようとしているのではない。それは我々の種とは違ったものになるのだ。そしてそれは、あなたたちの種とも違う」

ドロレス「どういう意味でしょうか？」

ジャニス「それはどちらの人種でもない、ある一つの人種となるのだ」

それは新しい別の種の創造になると言っているのか、わたしにはよくわからなかった。

ドロレス「人々が皆、一つの人種に属するということですか？」

ジャニス「最終的にはそうなるであろう」

ドロレス「種が始まったところに還るということですか？」

ジャニス「質問の意味がわからない」

ドロレス「わたしたちは皆、最初は一つの種から始まったのですか？」

ジャニス「我々の感情に関する反応の仕方が人間のそれとは違ったものであることは説明した。このように異なった反応の仕方をする二つの種を統合して一つにすると別の種が出来上がるが、その新種は二つの種のそれぞれの特徴のすべてを持っている。そして、その新種の個体が二つの種から成っているという事実に変わりはない」

ドロレス「それでは、それぞれ違う種として出発したわたしたちの最終目的は、それぞれの種の最良の部分を持った一つの種への統合である、ということですか？」

ジャニス「それもプロジェクトの一つであることは確かだ」

ドロレス「ほかにもプロジェクトがあるのですか？（ある）それについて説明していただけませんか？」

ジャニス「今は明らかにできない」

ドロレス「それでは辛抱強くその時が来るまで待ちましょう。まだ質問が沢山あります。このことの目的を知りたいのですが」

ジャニス「地球が新しい地球へと進化する時に、この地球上に残っていた人類の本質のある部分は新しい人類に受け継がれるであろう」

ドロレス「新しい地球ですって？　それはどういう意味ですか？（しばらく間がある）わたしは、未来についての予言に関しては、いろいろと調べて知っています。あなたのおっしゃることの内容が、わたしの知っている情報と一致するかどうか確かめたいのですが」

ジャニス「わたしが言うのは、新しい地球には新しい人類が繁栄するということだ」

ドロレス「わたしたちの未来において、ですか？」

ジャニス「そう、あなたたちの未来だ、我々すべての未来だ。それは〝移転〟という言葉を使ったら、もっと理解しやすいかもしれない」

ドロレス「何を移転するのですか？」

ジャニス「もしもあなたたちが選択するならば、その自分たちの惑星であなたたちが行なう選択の結果によって、あなたたちの惑星に住むべき人類が必要になる。今地球に住んでいる人類の本質的な部分は新しい人類にも受け継がれるであろう。もし、あなたたちが滅亡の道を選択した場合には、おそらくこの新人類が次に入植することになるであろう。そして新たな楽園、あなたたちの新しい地球で繁栄する新しい人種になるであろう。それはきわめて好ましい性質ばかりを持った新しい人類である」

ドロレス「では、本当にもっと進化した人類になるのですね？（そうだ）」

わたしの著書『この星の守り手たち』にも同様な概念が紹介されており、わたしたちが地球を破壊するようなことをしてしまった場合のために、（より完全な）人類を受け入れるべき惑星が準備されているらしい。この新人類は宇宙船の中の実験を通して造りだされたもので、人類の遺伝子は死に絶えることなく、このようにして保存されるのだという。

ドロレス「この胎児、まあ、赤ちゃんと呼んでもよいのでしょうが、それは臨月を迎えていて、四カ月の児の大きさで、しかも完全な状態になっていると言いましたね？」

ジャニス「四カ月だ」

ドロレス「その赤ちゃんはどこに行くのですか？」

ジャニス「あなたたちの病院と同様な設備を持った施設を我々も持っている。そこで人間が育てるのと同じように育てる。養育専門の係員もいて、あなたたちの言葉で言う〝代理母〟の役割をする。本来の母親も、本人が望めばその子に会いに来ることは可能だが、会いに来た母親がその時の記憶を保持することはあまりない。母親はまた、係の者たちに子どもたちとの接触の仕方を教えてくれる。これは我々が学ばねばならないことだ」

ドロレス「その子どもたちの成長速度は、地球の人類のものとは違うのですか？」

ジャニス「そうだ。彼らの成長速度は違う。地球の時間の二分間で四歳になっているだろう」

ドロレス「それはずいぶん速いですね。あなたがたの時間からしても速いのですか？」

ジャニス「速い時もあるし、それほどでない時もある」

ドロレス「早ければ二、三日で大人になりますね？（そうだ）わかりました。この新しい人間たち、新しい人類は、どこか他の場所に連れて行かれるのですか？」

ジャニス「地球とはまったく違った別の場所に移されて、そこで生活し、教育を受ける。そこは彼らが最終的に住みつく場所と同様の環境になっている」

ドロレス「そこは地球から遠く離れた場所ですか？（そうだ）そこで彼らはその環境に慣れ、いわゆる順化をすることになるのですね？（そうだ）クローンについてはどうですか？　彼らは最終的には地球に戻って来るのですか？」

ジャニス「戻って来る。なかにはもう戻って来ている者もいる」

ドロレス「どういう形で戻って来ているのですか？」

ジャニス「人間としてだ」

ドロレス「その理由は何ですか？」

ジャニス「我々は人間のクローンを造ることができるし、ある意味においては、その身体を再構築することができる。もし、そのクローンが、そのコピー元に戻ってそれを助けるべき必要が生じた時には、コピー元と即座に交感しあうことでそれが可能になるのだ」

ドロレス「クローンには過去の記憶があるのですか？」

ジャニス「必ずしもあるとは言えない」

ドロレス「地球とは別の環境で育てられたのなら、そういう記憶を保持できるのかなと思いました」

ジャニス「すでに説明した通り、我々の時間に関する能力はクローンにも適用される。すなわち、我々は非常に短い時間でクローン人間を造ることができる。このクローンは、地球の人間の誰かを助けるためのミッションで派遣することもできるし、選抜して何かのミッションに参加させることもできる」

ドロレス「クローンには、自分が他の人間たちと違うことがわかるのではないかと思いますが」

ジャニス「なかにはわかっている者もいる。しかし、クローンは必ずしも地球に長期間滞在するわけではない」

ドロレス「ある目的のために地球にやって来て、その任務が終わると別の場所に行く、ということですか？」

ジャニス「その通り」

ドロレス「こういったことが人々になかなか受け入れられないでいる理由の一つは、あなたがたが人間と宇宙人の混血児を造っていると考えられていることだと思います。こうした誤解を解くようわたしも努力をしていますが、人々の言い分は、それが人間の側の理解も協力もなしに、本人の意思に反して行なわれているというものです。わたしも、このあたりが誤解を招くもととなっていると思います。人々は真実を知らないため、ただ悪いことだと思い込んでいるのです」

ジャニス「前にも言ったが、同様な思い込みにより、我々は人間に苦痛を与えているという非難を浴びてきた。それは同じような誤解である」

ドロレス「彼らは、そういうことが当該個人の意に反して行なわれていると思っています。強制的に人間を連れて行き、検査や何かを行なっているというわけです」

ジャニス「それは人間たちが、みずから加わったミッションに関して完全に自覚できていないことが、そうした誤解の原因になっているのだ。連れて行かれた人間は皆、前もってそのことに同意している。こうした問題の起こる原因は、身体の分子構造に問題があって、記憶できるように細胞を活性化する時に、他の者ほどうまくいかない人間たちがいることにもある。腸が丈夫で精神力も強い人間は、宇宙全体に関するプロジェクトの目的を全体的に把握し理解できるものだ」

ドロレス「それで記憶している人といない人がいるのですね。どうしてそうなるのか、不思議に思っていました」

ジャニス「耐えられる出来事は記憶できるのだ。また、成長するにつれて、だんだん記憶できるようになるし、与えられる情報の量も増える」

ドロレス「記憶している出来事の中には、その人にとってはとても恐ろしいこともあって、ほんの断片しか憶えていないことがあります」

ジャニス「恐ろしく感じるのは、それがまったく思いもよらぬことで、彼らにとっては異常な出来事だからだ。それに、実験の中には人間にとって恐ろしく感じられるものもある。しかし、そのような恐怖を与える実験を人間も行なっているのだ。それは、人間が動物に対して行なっている実験により、動物たちが感じる恐怖と同じものだ」

ドロレス「そうですね。その通りだと思います。あなたの宇宙船に乗っている宇宙人は、全員あなたと同じ種族なのですか？」

ジャニス「今現在のことか？」

ドロレス「そうですね、通常は、という意味です。あなたと同じタイプの宇宙人しかそれには乗らないのですか？」

ジャニス「この種の宇宙船に乗るのは我々だが、目的によっては他の種族が乗り込むこともある」

ドロレス「あなたの宇宙船はどんな種類のものですか？　外から見るとどんな形をしていますか？」

ジャニス「円盤型だ」

ドロレス「大きいものですか？（いや）では、ほかの種類の宇宙船もあるのですか？（ある）いろいろな種類の宇宙船に出入りしていると思われる他のタイプの宇宙人たちに関心があるのです。さまざまな宇宙船についての話を聞きましたので」

ジャニス「何を知りたいのか？」

ドロレス「他の種類の宇宙船について教えていただけますか？」

ジャニス「対象となる人間やプロジェクトに応じて、我々は他の宇宙人たちとも協力する。だから、どんなタイプの宇宙人が関わるかは、プロジェクトのレベルや種類によって決まる」

ドロレス「それら他の宇宙人たちは、皆あなたが来たのと同じ場所からやって来たのですか？（いや）皆、違った姿に見えますよね？」

ジャニス「違った姿に見える」

ドロレス「わたしはそれぞれが違った役割を受け持っているのではないかと考えています。わたしの誤解かもしれませんが、彼らだけに割り当てられた任務があるように思われるのです」
ジャニス「我々が行なっているプロジェクトは多岐にわたっている。多くのプロジェクトに人間たちも参加している」
ドロレス「それは調査対象としてですか、それともスタッフとしてですか？」
ジャニス「その両方だ。一人の人間が、あるプロジェクトでは調査対象になり、別のプロジェクトではスタッフとして働き、また別のプロジェクトではアドバイザーになったり教師になったりする。つまり、役割はその人間の持つ重層的なレベルに従って与えられるのだ。我々は重層的な能力を持った人間を求めている。ジャニスはそのような人物と言える。彼女はレベルや次元などを理解しており、異なったレベルや次元で同時に機能できる人間だ。それゆえ、彼女は我々とともに働く人間としては理想的な存在で、貴重なスタッフであり教師であり、そして調査対象者でもあるのだ」
ドロレス「そうやって、いろいろなレベルであなたたちのプロジェクトに参加している人たちは、何が行なわれているか知っているのでしょうか？」
ジャニス「なかにはある程度わかっている者たちもいる。ジャニス以上にわかっている者たちもいる。あまりわかっていない者もいる。それはそれぞれの進化の程度にもよるし、固有の振動数の高さにもよる。また、分子構造の発達程度や脳の密度の度合いにもよる。考慮されるべき多くの要素があるのだ。そうした点については、我々はこの上なく、あなたたちの言葉では〝慈愛に満ちて〟いる。つまり、我々のプロジェクトに参加することに同意した人間たちに危害を加えようとは思っていない。同意した地球の人間たちは、最初からこのプロジェクトについて理解できているわけではないし、その意味も知らない。参加し続けているうちにはわかってくることも、最初からそのすべてを知ることは不可能だ。そのため、精神的に不安定になることも多く、ついには精神病院（insane asylums）に入れられてしまう場合もある（彼女が実際に言った言葉は『asane asylums』であった）」

ドロレス「そのすべてのことが彼らの手に負えなくなるからですか？」

ジャニス「彼らには、どうやってそれと自分の日常生活との折り合いをつけたらよいのかがわからないのだ。そのために精神が不安定になり、平衡を保てなくなる。これは我々にとっても残念なことであり、そのような事態にならないよう努めている。我々は、あなたたちの社会に属するある人間たちと、こちらも了承の上で連絡を取っているのだが、時折間違った情報を渡されることがある。彼らはプロジェクトに参加させるべき人間たちを、自分たちなりに人選してリストを作っているつもりらしい。ところが、それに頼るよりも、我々が独自に探した人間たちのほうが、結果的にずっと成功率が高いのだ。あなたたちの中には何か策略を持ってこのことに関わろうとする人間が……我々が参加に同意を与えたあなたたちの仲間の中の誰かが、我々にいくつかの間違った情報をよこしたのだ。それゆえ、その与えられたリストを無視して、我々自身で探す必要があることがわかったのだ」

ドロレス「誤った情報の入ったリストを提供したのは誰ですか？」

ジャニス「宇宙人と仕事をしたいという人間たちのリストを提供してくれたのはあるグループである。我々は同意し、リストを受け取った。だが、我々と接触したいという意図の裏に、偽りや不純な目的があることが見えた。それゆえ、我々としてはそういうレベルで関わることはできなくなった」

ドロレス「そのグループはどういう人間たちで構成されているのでしょうか？　個人の名前は要りませんが、どんな組織に属するのかが知りたいのです」

ジャニス「今は教えられない。知っているが教えられない。今の段階では、あなたたちに教えてはいけないことなのだ」

ドロレス「そうですか。別な言い方をすれば、あなたたちはだまされたのですね？」

ジャニス「ある程度まではそう言える」

ドロレス「あなたがたの優れた洞察力をもってすれば、彼らが真実を語っていないことはわかったと思うのですが」

ジャニス「わかっていた。ただ、それが我々の誤解であってほしいと思っていたのだ」

ドロレス「彼らは、あなたがたのプロジェクトの邪魔をしようという目的で、誤った情報を与えたのだと思いますか？」

ジャニス「我々のプロジェクトをコントロールしたいがための行為だと思う。情報を等しく分かち合うのでなく、コントロールしようとするやり口だ」

ドロレス「実験をコントロールする目的で、そういう人物のリストをあなたたちに提供したのですね？（そうだ）実験結果をなんとかコントロールできたとして、それでいったい彼らにどんな利益があるのかわかりかねますが」

ジャニス「結果をコントロールし、知識も得て、そしてその知識をたぶん悪用するのだろう」

ドロレス「このグループの人たちと知識を分かち合っていたのですか？」

ジャニス「それは最初から我々の意図したことであり、これまでそうしてきた」

ドロレス「それはまだ続いているのですか？」

ジャニス「かなり情報量を減らしてはいる」

ドロレス「それはだまされたからですか？」

ジャニス「そうだ。彼らは、我々がだまされたことに気づいたことをまだ知らない」

ドロレス「それなら、彼らがどういう人物なのか、わたしに話したくない理由がわかります。彼らは、あなたたちがまだ彼らと一緒に仕事をしていると思っているのですね？」

ジャニス「実際、まだ共同作業は続いている。ただ、レベルがちょっと違うところにある。彼らがそのレベルを選択したのだ」

ドロレス「あなたたちは、いまや用心深くなったということですね。（そうだ）この件に関して、いつかわたしにもう少し情報をいただけるようになりますか？（よろしい）もちろん、まず、わたしを審査した上でのことになるでしょうけれど」

ジャニス「あなたについてはすでに調べてある。今はまだ機が熟していないだけのことだ。この対象者はさらに進歩して、彼女にとって役に立つ知識を消化する必要がある。我々は彼女との作業をゆっくり進めてきた。それは彼女には消化すべきことが多かったからだ」

ドロレス「あなたはまた、彼女には、将来しなくてはならない何か別のことがあるともおっしゃっていましたね」

ジャニス「そうだ。この者は宇宙空間のエネルギー以外のエネルギー体と一緒に活動している。我々よりももっと進化したエネルギー体とともに働いているのだ」

ドロレス「それでは、あなたはまた別のプロジェクトを計画しているのですか？」

ジャニス「計画を持っているのは我々ではない。我々は、我々よりもはるかに高度に進化したレベルからの指示で動いているのだ」

ドロレス「でも、ジャニスは常に保護されていて、意図的な攻撃を受けないようにされていますよね？」

ジャニス「彼女は決して破られることのない防御網で守られている」

ドロレス「それは大変うれしいことです。わたしは常に、誰であれ、わたしとともに仕事をする人の身の安全が守られていることを願っています。その人たちには決して危害が加えられてはならないし、可能な限り不快感もないようにと願っているのです」

ジャニス「時には不快感はあるであろう」

ドロレス「でも、あなたがたにはそれを最小限にとどめることは可能でしょう？」

ジャニス「それが我々の仕事だ」

ドロレス「またいつかここに戻って来て、さらにいろいろお聞きしたいと思いますが、よろしいでしょうか？」

ジャニス「あなたにはまた戻って来てほしいと願っている。それと、今日明らかにした情報の取り扱いには十分注意してもらいたい。情報を公開することを考える前に、しばらく時間を取り、その内容を消化して自分のものにすることだ。また今のようにこの場に来て、我々の指示を受けてほしい。今はこの情報を活字にして公開しないことに同意してもらいたい。もっとやらねばならないことが沢山ある。もし、あなたがそれに参加を望むのであれば、我々でも、別な誰かでもよいから連絡してほしい」

ドロレス「それでは、今日いただいた情報は秘密にしておきます」

ジャニス「それでよい。今のところは秘密にしておいてもらいたい」

ドロレス「次回はいつになるかわかりません。わたしがこの場に来るのには、かなりの距離がありますから」

ジャニス「別の方法もあるので、次はその方法を使うことになるだろう」

ドロレス「次回、今お話ししているあなたとお会いするには、どのようにしたらよろしいのでしょうか？」

ジャニス「こちらから接触することにしよう。だから、その点についてあなたが心配する必要はない。この媒体、ジャニスが再びこの状態に入った時、彼女が必要と感じた者と接触することになるだろう」

ドロレス「お名前か、あるいは何かご指示でもいただければと思ったのですが」

ジャニス「声を聞けば、わたしであることがわかるだろう。ほかにもあなたが聞き慣れた声が出て来ると思う。いずれ、確認する方法を教えよう」

ドロレス「それでは、次回にもまた、ジャニスを今のような変性意識状態にして、あなたの宇宙船に行くように言えばよいのですか？　それとも何かほかに、わたしがあなたに再びお会いできる方法がありますか？」

ジャニス「我々と接触する方法はきわめて簡単だ。その人間が異なった現実世界に入ればよいのだ」

ドロレス「今の状態のように、ですか？」

ジャニス「今の状態のように、だ。彼女の声が変わることに気づくだろう。彼女の中のエネルギー状態に変化が起きたことがそれでわかる。特別な暗号などはない」

ドロレス「誰それと話をしたいと言う必要はないのですね？」

ジャニス「誰でも必要な者がやって来る」

ドロレス「わかりました。わたしはただ、あなたとまたお話しできることを確認したかっただけです」

ジャニス「あなたが話す必要のある者がわたしなら、またわたしと接触することになろう。しかし、おそらく、あなたが次に話す相手は、ジャニスと共同作業をしている別な者になるだろう。すでに話した通り、彼女は宇宙空間のエネルギー以外のエネルギー体とも一緒になって仕事をしているので、そういう存在との接触もありうる」

ドロレス「わかりました。でも、わたしは肯定的なエネルギー体とだけ接触したいと思います」

ジャニス「彼らは肯定的なエネルギー体である。というのも、純粋な光のエネルギーなのだから、肯定的なエネルギー以外その世界に入り込むことはできない。それは不可能なのだ」

ドロレス「先ほど、あなたはわたしを守ってくださるとおっしゃいましたが、それらも同様にわたしを保護してくれるのでしょうか？」

ジャニス「あなたは純粋な霊体である。心においても純粋、精神も純粋、身体も純粋、そして魂においても純粋だ。これらはすべて、あなたが一緒に仕事をしているエネルギー体のレベルにまで振動数を上げるための必須条件である。さもなければ、今あなたがしている仕事などできはしないのだ。今あなたが話をしている相手であるジャニスも、あなたと同様の条件を備えている」

ドロレス「ありがとうございます。わたしが世間に向けてこれらのいろいろな情報を公開する時にも、わたしを守ってくださることをお願いいたします」

ジャニス「あなたの行なっている仕事には、あなたたちの言葉で言う〝愛〟を感じることができる。だから我々はあなたとジャニスを引き合わせたのだ。二人の間には一体感があり、互いに支えが必要な時には助け合うことができるだろう」

ドロレス「今日はわたしと話をしていただき、ありがたく思います。本当に感謝しています」

ジャニス「あなたの行なっている活動に感謝する」
ドロレス「それでは、あなたに多大なる感謝をささげながらこの場から去っていただき、この媒体にジャニスの意識が戻って来ることを願います」
ジャニス「わかった」
ドロレス「ジャニスの意識が完全に戻りつつあります。わたしたちの良き友は帰って行きます。ジャニスには、今眺めている場所から離れるようお願いします」

ジャニスは大きく息を吐いた。彼女が戻って来たのがわかった。

このセッションの間中、ジャニスはまったく動かなかった。彼女の声には、奇妙な機械的なエコーが伴っていたが、彼女自身は何も無理にそうしているわけではないようだった。あるキーワードを使って彼女の調子を整えてから完全に元の状態に連れ戻したが、ベッドの上で体を起こせるようになるまでにはかなり時間が掛かり、一人で起きて歩けるようになったのはさらにだいぶ経ってからだった。彼女はかなり深いトランス状態に入っていたので、セッション中の記憶は一切なかった。彼女がベッドに半身を起こした時は、ふらついて混乱しているようだった。そこで、わたしと話す時には、彼女を静かにベッドの上に座らせたままにした。彼女を怖がらせないように、この時点ではセッションについての話はあまりしないほうがよさそうだった。彼女には、あとでテープを送るから独りで聴いてみるようにと伝えた。彼女がなんとか立ち上がれるようになるまでには十五分以上も掛かった。立ち上がってからも、まだ体がふらついていた。

わたしは、ぜひまたジャニスとセッションをしたいと思った。しかし、そうするにはまたこのリトル・ロック市に来るために日程を調整する必要があったが、ジャニスとの作業は一回では終わりそうもなく、それは長期的なプロジェクトに発展するのではないかと思われた。そして当時のわたしには、この小さな宇宙人とはもう二度と出会うことがないということを知るよしもなかったのだ。

あの宇宙人から聞かされた新しい銀河系人種の創造についての話は、わたしに地球上のさまざまな問題を改めて思い起こさせた。皮膚の色、文化、宗教など、さまざまな違いが問題となって人種間の相互理解と受容を阻んでいる現実。こうした違いにより多くの暴力沙汰が発生し、人種の優劣を争う戦争さえも起こってきた。もし、地球人同士でさえこうした違いを乗り越えて理解しあい、差別をなくし、和解することができないのであれば、どうして宇宙人など理解できるだろうか。宇宙人たちが地球人との直接接触を避けているのを責められるのか？　彼らは地球の人間が、ただ自分たちと違うからというだけで相手に暴力を振るう多くの光景を目の当たりにしてきたに違いない。人類は自分に理解できないものを恐れる。そして、自分と違うものは、なんであれ信用しないのだ。

わたしたちは四つの人種から成るのではない。
わたしたちは人類という、ただ一つの種なのである。
そして、わたしたちは銀河系人類に属しているのだ。

第9章
ハイウェイからの誘拐

一九八九年十二月、自分の講演会のため再びリトル・ロック市を訪れたわたしは、ジャニスとのセッションの手はずを整えた。風邪が治りきっておらず、体調があまり良くなかったので、リトル・ロックに到着した時には車の運転で疲れ果て、仕事の予定は必要最小限にすることにした。

しかし、どんなに疲れていても、ジャニスとだけは仕事をしたかった。彼女との最初のセッションで話したあの宇宙人と、また接触《コンタクト》したかったのだ。あれは予期せぬことだったので、どうしたら再び会えるかはわからなかった。わたしたちはとりあえず、ジャニスがその年に遭遇した不思議な経験について調査してみることにした。そこから、あの宇宙人に会う手がかりが何か得られるかもしれなかった。

問題の日、ジャニスは、同僚たち数人分の昼食を買うため外に出掛けた。会社のビルを出た後の運転中、彼女はハイウェイの上空に浮かぶ宇宙船を見た。歩道にいる人たちに知らせようとしたが、皆、まるで彼女がそこにいないかのようにそっぽを向いていた。その間、物音は何一つせず、あたかも彼女の耳が突然聞こえなくなったかのようだった。人々は彼女をまったく無視していた。昼食を買い、会社に帰ると聴力が戻り、突如大きな騒音が耳に飛び込んで来たので彼女は驚かされた。会社のビルの階段付近にいた人たちにはもう彼女の声が聞こえ、その姿も見えていた。仕事場に戻ると、彼女が外に出たまま何時間も帰って来なかったので皆腹を立てていて、昼食を渡そうとしても誰も受け取らなかったという。

わたしたちは、その日、彼女の身にいったい何が起きたのかを探ってみることにした。

ジャニスはまだ前回のセッションのテープを聴く気分になっていなかった。普通の人には信じられないかもしれないがこれはよくあることで、わたしとセッションを行なう人々の多くが、自分の声が吹き込まれたテープを疫病神のように避けたがるのである。自分の声で聴くとあまりにもその真実味が増すので、無意識のうちにそうするのかもしれない。まさに、知らぬが仏ということなのであろう。だが、それはたいした問題ではない。というのも、治療と治癒は潜在意識のレベルで起こることだからである。

セッションの準備を進めているとジャニスは、前回から何カ月も経っているのでもうトランス状態に入れないかもしれない、と言ったが、わたしはまったく心配していなかった。深いトランス状態で与えられたキーワードは、間違いなく有効であることを知っていたからだ。そのキーワードを使って、わたしはジャニスをあの事件が起きた日に行かせた。正確な日付はわかっていなくとも、ある程度正確にその日のことを告げれば、潜在意識がその時を突き止めてくれるのである。
一、二、三とカウントすると、最後の数でジャニスは出来事のあった日の会社に戻っていた。彼女は、頭の中で奇妙な雑音が聞こえる、と言って不安げな顔をした。
「あのおかしな音が聞こえます。あれは彼らが近くにいることを知らせる音なんです。職場で席にいる時にその音が聞こえ始め、頭の中に何か微かな刺激を感じました。彼らだな、と思ったのですが、いや違う、ただ、そんな気がしただけなのだ、と自分に言い聞かせました。仕事が忙しかったので、それ以上手を休めてそんなことを考えてはいられなかったのです。それはむしろ快い音で、別に害があるようなものではありません。時にはとても周波数の高い音になることもあれば、ブーンという唸りのような響きになることもあります。それは皆、頭の中での出来事なのですが、耳の中の気圧が変化することもあります。それが始まると、耳がポンとはじけたように感じることもあります」

ドロレス「それが何であるか、その時のあなたにはわからないのですか？」

ジャニス「今はわかります。けれど、その時はそんなことを考えてもいなかったので、ちょっとびっくりしました。その音は彼らが来たことを知らせるだけのものですから、別にいいんです。彼らがわたしの職場までやって来たのも、それが初めてではありませんでしたし。時には、やって来た彼らのエネルギーが、わたしを通して仕事をすることもあります。それはこの地球のためのエネルギーの作業ですから、わたしは何もしなくていいのです。わたしがどこにも行かないで済む時もあります」

ドロレス「でも、今回はどこかに行かねばならないと感じたのですね？」

ジャニス「わたしはどこにも行く予定はありませんでした。昼食を買いに行くつもりなどまったくなかったのですが、驚いたことに、わたしは皆の昼食を買いに行くと言ったのです。わたしはすぐ、『えっ、今、わたし何か言ったっけ？』と思いました。（笑う）そして、わたしに出掛ける予定がなかったので、きっと彼らが外出させようとしているのだろうと思いました。そして考えたのは、『彼らはまた何か仕事がしたいので、わたしを連れ出したいんだな』ということでした。通常、そういうことは家にいる時に起こっていたのですが、今回はわたしの仕事中の真昼だったので、ちょっと不愉快でした。エレベーターで下に降りる時に胃がむかついたので、また始まるなと思いました。時間に変化が起きる時には、よくそうなるのです」
ドロレス「時間が変化するのですか？」
ジャニス「(彼女の口調はゆっくりとしてきて、声がだんだん小さくなってきた) そうです、違う時間の中に入るのです」
ドロレス「それはどういうことですか？」
ジャニス「周囲の物事が変化します。この時間にいることを停止して、別の……エレベーターに乗り込んだ時、時間に変化が起きていることに気がつきました。でも、平気でした。もう、それがどういうことなのかわかっていましたから。怖くはありませんでした。そして、エレベーターが動き始めると……」

彼女の息が荒くなって、努力してやっと呼吸しているようでもあり、吐き気でも催したかのようにも見えた。暗示で落ち着かせようとしたが、それでも荒い呼吸が続いたので、わたしはエレベーターから彼女を出してやろうと思った。

ドロレス「で、その後、車のところに行ったのですか？」
ジャニス「はい。わたしはまるで夢を見ているような状態でした。フーッ (さらに苦しそうな息遣いで) そして、彼らが本当にそこに来ていることがわかったのです。そしてその時、わたしはもう完全な状態ではこの次元にいなかったのです。つまり、この次元の中にいながら、同時にその外にもいたのです。物理的にはそこを通り抜けていたのですが、それは…… (さらに刺激があったようだ)。自分の車までたどり着き、この次元内に留まるよう懸命に努力していました。わたしは、『さあ、運転するわよ。あの人たちのお昼を買って来るって言ったんだから、行かなくちゃ』と自分に言い聞かせました」

ドロレス「車を運転しなくてはなりませんね？」

ジャニス「ええ。（混乱しているようだった）車を発進させてから気がついたのは……ええっ、何か変な感じ。速くなって、遅くなる、また速くなってまた遅くなる、またまた速くなり、そして遅くなる、この繰り返し」

ドロレス「おやまあ、それでは頭も混乱しますね？」

ジャニス「これは混乱とは違います。そんなものではありません。分子が……体がそうなっているのを感じるんです。それが起きていることがわかり、自分でそうしているのがわかります。それが……わかるのです。（大きく息をして）動き始めました。移動し始めました。（混乱したように）なかなか良い感じです。悪くはありません」

ドロレス「今、あなたはそのことを思い出しているだけですから、絶対になんの心配もありませんよ」

ジャニス「心配していません。興奮しています。（大きく息を吸って）今、わたしは地球上にいることがわかっています。それでも興奮しています。ひゃーっ、まるで排水溝の上でも通過しているみたい。きゃーっ」

ドロレス「そうですか。では、その感じがなくなるところまで行きましょう」

ジャニス「でも、なくなりそうにありませんよ」

ドロレス「しかし、わたしと話をしている時にはその感じを無視できるでしょう。だから、それが報告する時の邪魔になることはないのです」

ジャニス「（ささやき声で）ごめんなさい」

ドロレス「大丈夫ですよ。あなたに不快感を与えるようなことはなんでも避けるようにしていますから」

ジャニス「全然不快ではありません。素晴らしく気持ちが良いです。素敵です」

ドロレス「でも、わたしと話す時はそれに集中してください。そうしたほうがより明確に報告ができます。車の運転中に何が起きたのですか？」

ジャニス「（頭に受けていた刺激はどうやら消え去ったらしい。声は安定して明瞭になっていた）わたしは運転席に座り、駐車場の端のほうに向かって車を進めました。そこで左折してハイウェイに入り、アンディという店でお昼を買うつもりでした。（驚いたように）でも、駐車場の出口で左折しないで右折したのです。右折した瞬間、わたしは、『あれ、どうしたんだろう。左折するはずだったのに』と思いました。右折するなんてどうかしてる。それで、『仕方ない。じゃあ、この先に郵便局があるから、ついでに自分宛の郵便物でも受け取っていこうかしら』と考えたんです。そこで七番街通りに入って車を進め、州議事堂の前でウッドローンの通りに入りました。でも、州議事堂に向かって運転している時に、またあの頭の中の刺激が始まりました。それから右折して四番街通りに入ったのですが、角を曲がるとすぐ……（小さな声になって）自分がどこにいるかわからなくなりました（混乱して途中で口ごもる）」

ドロレス「それはどういうことですか？　何が起こったのか、わからなかったのですか？」

ジャニス「よくわかりません。どこかに行ったような感じがしたのですが、すぐに〝ヒュッ〟と自分の車に戻って来ていたんです。だから、『ここはどこ?』という感じでした。だって、どこからか帰って来たんですから。戻って来たんです。わたしは高速度で移動していたのですが、車はそんなに速く走っていませんでした。わたしは、『おやおや、わたしはどこに向かっているの? 今どこにいるの?』と思いました。しばらくの間、わたしは自分がどこにいるのかわかりませんでした。そこで、『車を止めたほうが良いのかしら?』と考えました。でも結局、問題はありませんでした。わたしは大丈夫でしたし、怖くもありませんでした。恐怖はなく、ただ驚いていたのです。そして、ここはどこだろうと思って周囲を見回しました。見たこともない場所です。ところが次の瞬間、わたしは郵便局に着いていました。でも、駐車する場所を見つけられず、郵便局のまわりをぐるぐる回りました。そうしているうち、なぜか急に、どうしても上を見上げたくなったのです。そして見上げると、そこに彼らがいました。三機でしたが、とてもきれいでした」

ドロレス「どんな格好をしていたのですか?」

ジャニス「銀色で丸い形の機体で、ブーンというような音を発していました。三機でダンスをしているかのように動いていました。わたしのためにそうしてくれたので、わたしに対するお礼のようなものでした。わたしにはそれらが何であるかわかっていましたが、ほかの人にも知らせたいと思いました。自分が見ているものを皆に見てもらいたかったのです。それらはとてもきれいでした。素敵でした。わたしには、自分が今そこから戻って来たばかりであることがわかっていました。見上げて、その三機を見た瞬間、それがわかったのです」

ドロレス「他の人たちにも見えたのですか?」

ジャニス「見てもらおうとしました。皆に見せたかったので、車の窓を全開して大声で叫びました。

でも、なんの音も聞こえませんでした。通りには車も走っていましたが、その音は聞こえませんでした。人の話す声も聞こえませんでした。わたしの目の前に立って話をしているのに、その声が聞こえないんです。皆に上空を見てもらいたかったのに無視されて、わたしはだんだん腹が立ってきました。わたしは指さして大声で、『ほら、あれが見えないの？　見てよ、見てごらん！』と叫びました。それでも誰も見ようとしません。どうしてなのかわかりませんでした。そのうちに、ああそうか、わたしに物音が聞こえないということは、彼らにもわたしが見えないということなのだ。きっと皆には、わたしやそのまわりのものが見えないのだ。そして、『わたしは今、どこにいるのだろう？』と思いました。ここにいるのに皆に見えないということは、わたしはどこにいるのだろうと、そんなことを考えていたのです。理解できないことが起きていたのですが、わたしは面白いと思いました。そこで空にいる宇宙船に向かって、『いったい、これはどうなっているの？』と問いかけてみました。すると彼らはテレパシーで、わたしが彼らに会いたいと思っていたのだ、と伝えてきました。彼らは、わたしへの、いわば贈り物として会ってくれたのです。わたしには自分が宇宙船の中にいたことはわかっていましたが、その間のことは記憶にありませんでした」

ドロレス「その後、周囲の物事は正常に戻ったのですか？」

ジャニス「正常に戻るまでにはしばらく時間が掛かりました。駐車して、車を降りて歩きながら、一人の男性に話しかけてみましたが、彼にわたしの声は聞こえませんでした。（笑って）それはちょっと不気味な状況でした。そこでわたしは自分に、『よし、ひたすら普通に振舞っていよう』と言い聞かせました。そして階段を上り始めると、自分の体の感覚が戻って来たのです。ビルから誰かが出て来るのが見えたので、叫ぶようにして話しかけると、あんまり近くで大声を出されたので、その男性はびっくり仰天しました。（笑う）そして彼が『やあ！』と言い返した時、やっとわたしの聴覚が戻ったのです」

ドロレス「音が戻って来たのですね？」

ジャニス「そうです。人の話す声が聞こえるようになりました。あの男性が『やあ！』と言うまでは、まったく人の話し声が耳に入って来ませんでした。彼は会社でよく見掛ける人でしたが、わたしの大声で飛び上がらんばかりに驚いたのです」

ドロレス「でも、そのおかげであなたも正常に戻ったのですね。あなたがどこかに行っていたと考えている部分について、もう少し詳しく知りたいと思います。あなたが戻って来る前に時間の経過が速くなりましたよね。その間に何が起きたかを調べてみましょう。前回のセッションの際、わたしがあなたをこの状態にすれば、宇宙船の人たちとまた交信できると言われました。その時の彼は、それ以外、なんの指示もいらないと言っていました。もしできれば、宇宙船に乗っている方がたのうち、どなたでも結構ですから、ここに来て、この間に起きたことを教えてくれませんか？」

わたしが、以前交信した宇宙人と再び接触しようとしてこういう質問をしている最中に、わたしの体内で何か異常なことが起きていた。わたしの頭頂のチャクラのあたりに高熱を感じたのだ。頭頂部全体に熱とチクチクする感じがあった。それは奇妙な感じではあったが、わたしの集中をそらして質問を続けるのを妨げるほどではなかった。それにしても、そんな感じは初めてで、ともすれば気を散らしかねなかったので、わたしは部屋を見渡して、どこからそんなものが来ているのかを探った。部屋の中の物が原因でそうなっているのではないことはわかっていたが、わたしはさらに頭の上に手をかざして、ハエでも追い払うように左右に振った。
　ジャニスは、始めるのが大変だとでも言うかのように、唸りに似た声を発した。その後聞こえて来た声は、前回の機械的でロボットのような音声とは違い、より人間的なものだった。しかし、そこには威厳があり、ジャニスの、明るいが、ちょっとびくびくした感じのある女性らしいアーカンソー訛の声はどこかに消えていた。

ジャニス「今の質問には、ある程度答えてやることはできるが、すべてを明かすことは許可されていない。まだ完成していないからだ」
ドロレス「まだ完成していないとは、どういうことでしょうか？」
ジャニス「この出来事にはまだ続きがある。それを今明かすことはできない。まず始める前に、さっき、あなたに不快感を与えたかもしれないが、それについては謝っておきたい。スキャンして、あなたが前回ジャニスと仕事をした人物と同じであることを確かめたかったのだ。そして、あなたの思考回路がきちんとつながっていて、その意図が以前と同じであることを確認したかったのだ」
ドロレス「それがあの熱感の原因だったのですか？」
ジャニス「そうだ。ただ器具でスキャンしただけだ。あなたの体に害はない」
ドロレス「以前スキャンされた時には（第七章参照）熱というより、全身にチクチクするような感じがありました」
ジャニス「宇宙船によって使う器具に違いはあるが、もたらされる結果は同じだ。あなたたちには我々をあざむくことはできない。あなたの動機については、あなた自身よりも我々のほうがよく理解している。あなたの動機が純粋で明瞭なものでなければ、この交信は許されなかった。では、質問をどうぞ」

この宇宙人は男性のようで、その説明の口調は自信に満ちたものだった。わたしは本能的に、この宇宙人がわたしやジャニスに危害を加えることがないことを知った。彼の声からは、わたしたちが彼に守られていることが感じ取れた。彼がわたしを傷つけようと思えばスキャン中にできたはずで、わたしがそれを防ぐ方法は何もなかったのだ。しかし、わたしはこれらの宇宙人との接触中に恐怖感を覚えたことは一度もない。あったのは、ただ好奇心だけであった。

ドロレス「この事件の際、ジャニスに何が起きたかを知りたいと思います。彼女は実際に市の通りを運転していたのですか？」

ジャニス「彼女は通りを運転していた。しかし、彼女はあなたたちの次元を超越していた。車も彼女も、すでにあなたたちの次元にはいなかったのだ」

ドロレス「それでは、どこに行っていたのですか？」

ジャニス「彼女も車も、我々の宇宙船の中に入って来た」

ドロレス「車のように大きな物体でも収容可能なのですね？」

ジャニス「どんなものでも収容可能だ」

ドロレス「ということは、彼女は通りから消えていたのですね？」

ジャニス「そうだ」

ドロレス「もし誰かがそれを見ていたとしたら、何かが起きているのが見えましたか？」

ジャニス「自分が見たということさえ意識できなかっただろう。照明のスイッチを切るようなもので、一瞬にして明るいところが暗くなるので、暗くなったらもう明るかったことは忘れているのだ」

ドロレス「では、通りにいた人たちには、車が突然消えたのが見えないのですね？」

ジャニス「たとえ見たとしても、それを憶えてはいないだろう」

これは、本書中に紹介した他の事例の報告ともよく似ている。事件の当事者以外、他の誰もがその件に関しては何も見た記憶がないのである。

ドロレス「それがどのようにして起きるのか理解しようとしています」

ジャニス「人はそれを見て考えはするが、見たことを忘れさせるための記憶とすりかえられてしまうのだ」

ドロレス「見た人の混乱を避けるためなのでしょうね。でも、それなら彼女だけ連れ去ったほうが簡単ではありませんか？　どうして車まで持って行かなければならなかったのですか？」

ジャニス「彼女を連れ去ること自体が我々の目的だったわけではない。これは彼女自身が望んだために行なわれたことだ。さらに言うなら、もし誰かが彼女の乗っていない車を発見したらどうなる？　彼女がいなかった時間帯が問題になるに違いない。警察でもやって来ていれば、彼女が戻された時にはその言い訳で大変なことになるだろう」

この声には反響音が伴っており、録音にもその影響が出ている。

ドロレス「そういう可能性が見えたのですね？」

ジャニス「起こりうる確率が非常に高い可能性だ。可能性というより現実なのだ」

ドロレス「それで、宇宙船に乗った彼女には何が起きたのですか？」

ジャニス「相互交流だ。これは彼女が仕事を続けるにあたって絶対に必要なことである。あなたたちの表現では、燃料補給とも言えるであろう。またそれは、この人間が知りたがっていることを教えてやる機会でもある。それは彼女がその現実の中で生活していくにあたり、そこに溶け込み、うまく機能していく上で助けになる知識である。この人間が我々のプロジェクトの仕事を続けていくのを助ける意味で、時にはその人間が、あなたたちの俗語を借りればハッピーな気分（warm fuzzy）になるようなことをしてやり、我々がちゃんと感謝していて、決して当然のことをしてもらっているなどとは考えていないということを知らせる必要があるのだ。（俗語を使用したものの、使い方はぎこちなく、彼がその言葉に慣れていないのは明らかだった）この人間は、我々にとって大変重要な人物なので、彼女に必要なものがあれば、それが彼女の日常生活に関係あるなしにかかわらずなんでも与えてやりたい。彼女が今行なっていること、またすでに行なったことは、この惑星にとって非常に有益である。それゆえ、彼女の望みはなんでも叶えてやるつもりだ」

この声は年配の男の声のように聴こえた。その言葉は注意深く明瞭に発音されていたが、時々、弱母音が省略されることもあった。

ドロレス「それはとても良いことだと思います。彼女と車が宇宙船に入れられた時、それらはまさに次元を通り抜けたのですね？（そうだ）わたしはどうしても物理的なことを考えてしまうのですが、そんな重くてかさばるものを、どうやったら空間的に移動させられるのですか？」

ジャニス「それに関しては、彼女も理解しているように、体を構成する分子の速度を上げたり下げたりすることによって可能になるということだ」

ドロレス「人や車に害はないのですね？（ない）では、彼女が戻って来た時に経験した、音が聞こえなかったり、自分が人には見えていなかったりという現象はどうして起こったのですか？」

ジャニス「あれは、彼女に与えられた特別な恵みを経験し続けて自覚するための出来事だ。彼女の経験したことは他の人々に見せるためのものではなく、彼女の意識の中に本当の体験として定着することが必要だったのだ。彼女が望んだことに我々が意義を認めているということを知らせるための一手段であった。彼女に対して『同感だ、同感だ』と我々が伝えるための方法だったのだ。こうした説明は、我々の用いる意思疎通の方法について理解してもらう上での参考になったのではないかと思う。これが、ある個人に対してその重要性を認めていることを伝える我々のやり方なのだ。彼女が望んだように、昼間、我々に会いたいと願う者がほかにもいるなら、それは可能である。我々が彼らを信頼していることを知らせ、我々を信頼しても大丈夫だとわかってもらうのは重要なことである。そうした信頼関係があってこそ、物事がスムーズに進むというものだ。音についてだが、彼女が元の次元に戻って同化適応する際、一時的に周囲とコミュニケーションが取れない状態になる必要があったのだ。その過程においては、時に（彼は言葉に詰まったようだった）不適合が生じることもあるし、また、時間の観測基準系のため、即座にその次元に慣れるのは不可能なのである。それまで滞在していた次元との速度の違いから、時間の遅延が生じる。それゆえ、元の次元に戻った時には、すべてが元通りに調整されるまで、その人間を見えなくする場合もあるのだ」

ドロレス「それでは、他の人たちには、本当に彼女が見えなかったのですね?」

ジャニス「その通り」

ドロレス「彼女は次元と次元の中間地帯にいたわけですね。そしてこれは……」

ジャニスが不快げな表情をし始めた。体が熱くなってきたらしく、毛布を引き下ろした。そこで、彼女が快適になるような暗示を与えると、体温が下がって具合が良くなってきたようだった。そこでわたしはさらに質問を続けた。「音が聞こえなくなったのは、まだ元の次元に完全に戻っていなかったからなのですね?」

彼女はまた不快になってきたように見えた。その時、突然の変化が起こり、また宇宙人の支配下に入ったかのようだった。彼女の体が熱くなったのは、彼のエネルギーのせいだったのだろうか?

ジャニス「それはこのように説明できるだろう。この人間は同時に一つ以上の次元にいることができる。彼女をこの状態に置いたのは、そういう能力があることを自覚させる意味もあった。人はもし欲するならば、空間も時間も超えて、ある次元から別の次元へと、さらにまた他の次元にも存在することができるのだということを教えるための初歩の手引きともいえよう。彼女は複数の次元で仕事をすることがあり、それは彼女自身も承知している」

ドロレス「では、戻って来た彼女が駐車して車から出るまでは、誰にも彼女とその車が見えなかったのですね？」

ジャニス「そうだ。彼女が完全に元の次元に復帰して同化する瞬間がある。あなたたちの観測基準系におけるその時点に達するまで、彼女が元に戻ることはできない」

ドロレス「街路にいた人たちにとっては、彼女は存在していなかったと」

ジャニス「その通りだ」

ドロレス「彼女が上空に三機の宇宙船を見た時、それは他の人たちにも見えたのでしょうか？」

ジャニス「見えなかった。彼女には複数の次元のものを見ることができたので宇宙船が見えたのだ。他の者たちには見えなかった」

ドロレス「それでは、彼女が戻って来た時には、まだ宇宙船は別の次元にいたのですね？」

ジャニス「宇宙船は別の次元にいた。しかし、彼女には見えた。彼女には、二つの次元に存在するものを同時に見ることが可能だからだ」

ドロレス「同様な経験の話を別の人たちからも聞いたことがあります。音がまったく聞こえず、他の人々の注意を引こうとしたということです。わたしは、その時、いったい何が起こっていたのだろうかと不思議に思っていました」

ジャニス「たぶん、同じことが起こったのだろう」

ドロレス「時には、あらゆるものの動きが止まっていたという話もあります。街中で、すべてが静止していたということです」

ジャニス「そういうこともあるだろうが、それはまた別のことだ」

ドロレス「今のような例では、何が起きていたのでしょうか？」
ジャニス「時間が停止したのだ」
ドロレス「その人個人の時間ですか、それともまわりの時間ですか？」
ジャニス「どちらも起きる可能性がある」
ドロレス「わたしは大変好奇心の強い人間ですので、いつも、このような多くのいろいろな事柄について、その真相を知りたいと思っています。宇宙船の中で彼女のエネルギーを調整するのには、なんらかの機械を使うのですか？」
ジャニス「いや、想念の力を使う」
ドロレス「その時、彼女は物理的な体を持ってそこにいる必要があるのですか？」
ジャニス「どうしてもというわけではないが、そのほうが速くできる。彼女は、どこからでも交信して機能させることができる人間だ。時には、直接交信して作業を行なう必要がある場合もある。我々にとってというより、その人間のほうがそれを必要とするのだ」
ドロレス「失礼ですが、あなたは前回わたしがお話しした宇宙人と同じ方でしょうか？（そうではない）声が違うような気がしたものですから。この前、次はその時に都合の良い者がわたしと話すことになるだろう、と言われたと思うのですが、それでよろしいでしょうか？」
ジャニス「わたしは、彼女と今仕事をしている者だ」
ドロレス「わかりました。以前の方の声は、もっと機械的な感じでした。それで、あの交信がどのようにして行なわれたのかを知りたいと思うのですが、あれはテレパシーか、あるいはそれに類したものだったのでしょうか？　それとも、何か機械的な方法を用いたのですか？」

ジャニス「質問の意味がわからない」
ドロレス「前回の方の声はもっと機械的で、いわばロボットの声のようだったのです」
ジャニス「それは、この交信とは違うレベルで行なわれていたからだ」
ドロレス「わたしとあなたのこの交信は、どのようにしてなされているのですか？」
ジャニス「まず、あなたの被術者の脳細胞に転送し、それから彼女の声帯を利用してあなたに音声を伝える、という方法が採られている。直接あなたに伝えることも可能だ」
ドロレス「その場合でも、何か媒体が必要なのでは？」
ジャニス「どうしても必要ということはない」
ドロレス「あなたの種族は、故郷の惑星では声を出して話すのですか？」
ジャニス「そうできる場合もあるが、できないこともある」
ドロレス「あなたがたが声を出す器官を持っているとは知りませんでした」
ジャニス「あなたたちを真似て話すことはできる。今、わたしがやっているように」
ドロレス「ですから、何か器具のようなものを使っているのかと思ったのです」
ジャニス「いろいろなレベルの者がこの仕事をしている。あなたはただ、ちょうどその時彼女と仕事をしていた相手と話すだけのことだ。レベルはその都度上げられている。会議も幾度か開催され、以前あなたにも伝えたように、さまざまなレベルでの作業が進行中だ。前に話したから憶えているだろうが、我々は多くのプロジェクトを抱えている。彼女が進歩するにつれ、それらに主体的に関わって仕事を進めようという意欲も増して来た。日を追うに従って、その作業の成果はますます彼女自身の一部として同化し続け、そのうち、元の彼女であった部分との見分けが付かなくなってしまう時が来るだろう」

ドロレス「あなたはわたしに直接話すこともできると言いましたが、わたしとしてはこの方法による接触を望みます。今の段階では、どちらかといえば直接接触されたくありません」

ジャニス「あなたが望むなら、そのようにする」

ドロレス「現時点では、わたしが客観的なレポーターでいたほうが、わたしの仕事の成果の信頼性が高まると思います」

ジャニス「あなたが行なっていることはこの惑星にとって非常に有益なので、我々にはその邪魔をする気は毛頭ない。あなたは開拓者である」

ドロレス「ですから、わたしは今のこの方法を好むのです。もし、直接このような情報が与えられたら、わたしはきっと周章狼狽し、それ以上の実験を続行することを拒むようになるかもしれません」

ジャニス「あなたに説明しておきたいことがある。それはすなわち、今我々が使用している方法、あるいはあなたと行なっている交信に関することだ。前回の彼女とのセッションの後、かなり多くの作業が行なわれた。そして、同化したものを統合する作業が進んだ結果、この人間は今では新たな別の機能を持ったエネルギーレベルで我々と仕事をしている。彼女は前回のセッション時に一緒に作業した宇宙人と行なっていた仕事のレベルを超えて進歩した。いまや新たなレベルに達したのだ」

ドロレス「わたしも、あなたはその個性からして以前の方とは違っていることを感じました。失礼ですが、あなたはどのような姿をしておられるのでしょうか？」

ジャニス「わたしは地球の人間たちと同じような姿をしている」

ドロレス「前の方は、背が低くて目が大きいとおっしゃっていました」

ジャニス「その通りだ。彼らのことは知っている。彼らのしている仕事についてもわかっている。だが、我々にとっては彼らも研究対象なのだ」
ドロレス「あなたの姿は、わたしたち人間のように見えるのですね？」
ジャニス「我々は、その気になればどんな姿にもなることができる」
ドロレス「どのようにして姿を変えるのですか？」
ジャニス「それは我々が生まれた時から習得している方法で、想念の力だ」
ドロレス「そのうち気がつかれると思いますが、わたしはいつも質問を沢山します。どうかその点、ご辛抱願います」
ジャニス「あなたは好奇心旺盛な女性だ」
ドロレス「おっしゃる通りです。それで、あなたにはなんらかの原型のようなものがあるのですか？つまり通常の姿です」
ジャニス「ある」
ドロレス「それはいったいどんな姿ですか？」
ジャニス「純粋なエネルギーだ」
ドロレス「では、別に物理的身体など必要としないわけですね？」
ジャニス「その通り」
ドロレス「でも、何かの理由があって特定の姿になるのですね。その理由を聞かせていただけますか？」
ジャニス「あなたの惑星の上を歩くとか、誰かを助ける必要がある時とかの、そこで仕事をする上で物理的な身体を必要とする時だ」

ドロレス「純粋なエネルギーでいたものが何かの形を取るとなると、不便が生じるのではありませんか？」

ジャニス「とても重たく感じる」

ドロレス「いつもまったく自由な状態でおられたのですから、それは当然だと思います」

ジャニス「たしかに、ちょっと窮屈だ。あなたが今話をしている相手が、あの小さな者の中にいた存在のレベルの者であることがわかるか？　あの中で……（ため息をつく）個々の人間には到達可能なある状態があり、エネルギーの状態で仕事をする能力も潜在的には存在する。そしてその人間は、そのような状態で仕事をすることを学ぶのだ。今、ジャニスはそれを学んでいる。そのことは本人も知っている」

ドロレス「今、あなたは宇宙船の中にいるのですか？」

ジャニス「我々は現在、宇宙船の中にいる」

ドロレス「そこのところが不思議なのです。あなたの通常の状態は純粋なエネルギーであるにもかかわらず、旅をする時には宇宙船が必要なのですね？」

ジャニス「次元によっては宇宙船が必要となる。地球に近づくにつれて、オゾン層は我々にとって害になるし、さまざまな汚染物質があるので宇宙船が必要になってくる。エネルギーを純粋に保つためには、それを密封しておく必要がある。瞬間移動《テレポーテーション》が可能な状態を維持し、どんな障害も起こらぬようにしておかなければならないのだ。この地球の存在レベルで仕事をするには、プロジェクトの種類によっていくつかの方法がある。わたしが言いたいのは、エネルギーの状態でいれば、仕事をするにあたって何も必要としないということだ。だが、仕事の目的やミッションによって用いられる方法が決まる。光、あなたたちの光、あなたたちの純粋な光、純粋な想念、これとなら、我々はどこにいても、なんの形も取らなくとも一緒に仕事ができる。しかし、この次元へ、ここに入って来る必要がある時には、地球にあるさまざまな要素からエネルギーを保護し、適切に使用できるようにしなくてはならない。エネルギーは、何かに接触するとその分子構造に影響を受ける。それゆえ、もし我々が純粋なエネルギーの状態のままで地球にやって来たら、我々が持ってきた、今地球が本当に必要としているこの純粋なエネルギーは、分子レベルで変化してしまうだろう。たった一つの分子が変わっても全体に影響を与え、必要な変化をもたらすことができなくなる。この説明で理解できただろうか?」

ドロレス「理解しようと努力しています。そのためにあなたは身体を作るのですか?」

ジャニス「我々がここで身体の中にいるのはそのためだ。そのために、あなたたちが宇宙船にやって来るのだ。この密閉容器の中にいれば、あなたたちの大気の分子が物理的なものに影響を与えても、中にあるエネルギーの純粋さに影響を与えることはない。エネルギーの状態でいると空気中の分子に反応する。そのため、そこに持ち込まれたエネルギーは周囲に存在する有害な要素の影響を受け、その純粋さが損なわれてしまうだろう。エネルギーが純粋な状態を保つことは絶対に必要であり、ジャニスと彼女の車を宇宙船に連れて来た理由のひとつもそこにある。彼女が地球に持ち帰るべき本質的な知識、エッセンスは、我々のいる場所から直接彼女に転送することも可能だが、それを完全に理解されうる状態で転送するには、彼女が肉体を持った状態でいなくてはならないのだ。なぜなら、地球に戻れば彼女は肉体を持って生活するからだ」

ドロレス「はい、現段階では、彼女には地球で暮らすための肉体が必要です」

ジャニス「そうだ。しかし、彼女の内にあるエネルギーは、あなたたちの住んでいる世界の物理的性質を持ったものではない」

ドロレス「それは、ジャニスが本当はあなたがたの仲間であるということですか？」

ジャニス「彼女は我々の仲間であったが、もう我々を超えた」

ドロレス「わたしたちは、過去世についても現世についても、直線的な時系列でしか考えられないのですが、そういった意味での過去世においては、彼女はあなたがたの仲間だったのですね？」

ジャニス「彼女はまだ我々の一員である。しかし、彼女は我々を超えた。彼女は、あえてレベルを落として我々と一緒に仕事をしているのだ。我々はそれを光栄に感じている」

ドロレス「それは素晴らしいですね。ところで、普通の人たちがあなたがたを見た時には、あなたがたはその人たちが見るべき姿に変わるのですか？」

ジャニス「質問の意味がわからない」

ドロレス「つまり、人々があなたがたに出会った後、宇宙人を見たとか異星人を見たとか言いますが、彼らが見たというその姿の描写には、さまざまな違いがあるのです」

ジャニス「それは、いろいろな宇宙人がいるからだ」

ドロレス「それは宇宙人たちが、その時だけそんな姿を作り出したのではないのですか？」

ジャニス「あれが彼らそのものだ。彼らは別に……（ため息をつく）あれが彼らなのだ。あなたたちがあなたたちとして存在するように、彼らは彼らとして存在する。彼らの間のさまざまな違いは、あなたと中国人の違いのようなものだ」

ドロレス「わたしもそう思っているのですが、あなたがたはまた違いますよね？」

ジャニス「我々は統合されているからだ。進化の結果、我々は他の種族がするようにすることもできるようになったのだ。しかし、それは我々の主な目的ではない。この一連の実験は、彼らにこそ深く関わる性質のものなのだ」
ドロレス「あなたがたは実験には関係ないのですか？」
ジャニス「彼らの行なっている医学的実験には関わっていない。我々はそれを遥かに超えたレベルの仕事をしている」

ジャニスはまた熱くなってきたようで、呼吸が荒くなった。体温を下げるように暗示を与えた。熱はエネルギーの蓄積によるもので、変動するようである。

ドロレス「わたしの質問が、あなたから見ればごく初歩的なものであることはわかっています。でも、わたしが学ぶためには、そういうところから始める必要があるのです。ですから、その点、よろしくお願いいたします」
ジャニス「あなたに説明するにあたっては言葉が障壁になっている」
ドロレス「でも、言葉を使わないとわたしには理解できません」
ジャニス「わかっている。だが、あなたたち地球の人間の言葉を使って完全に説明することは難しい時もある。あなたたちの言葉の限界により、意図が間違って伝えられたり、意味を完全に伝えることができなかったりするのだ」
ドロレス「その点については、他の方がたからも何度となく指摘されました」

ジャニス「あなたたちが文章を終わりまで完全に書くというのが我々にとっては興味深い。〝滑稽〟と言いたいくらいだ。そんな細かい単語までいちいち書かねばならないのが我々にはおかしく思えるのだ。我々が互いに意思の伝達を行なう場合には、たった一つのシンボルで伝えることが可能だ。一つのシンボルで、いくつもの文章や、それらに含まれる情報が伝えられるのだ。我々が何か説明したり情報を与えたりする時には、テレパシーによる場合であれ書面の場合であれ、常にシンボルを用いる。例えば宇宙船の乗員でも、その名前を書く代わりに一つのシンボルを描くことで、彼の職務、今までしてきたこと、この地球上でのプロジェクトにおける彼の目的は何なのか、彼がどこから来たのか、そこはどんな環境なのか、等々を知ることができる。彼の履歴や役割などが、一つのシンボルで表されているのだ。また、ほかにも、その個人がやって来た惑星や星系などを表すシンボルもある」

ドロレス「たった一つのシンボルに、それだけの情報が入っているとはすごいですね」

ジャニス「そういったシンボルは、宇宙船の外側や我々の書物の中にも表示してある」

ドロレス「えっ、書物があるのですか?」

ジャニス「ある。ジャニスにはこの種のシンボルで記述された書物を見せたことがある。彼女はその本は理解できないと言い張ったが、彼女には理解できていると告げた。彼女がある種の精神状態になった時にだけ、そこに書かれていることが理解できるようになっているのだ。このことからも、あなたたちの古めかしく、うんざりするほど時間の掛かるしゃべり言葉を使って交信することが、我々にとっていかに大変なことであるかがわかると思う。我々が説明しようとしている概念に相当する言葉がない時など、特に難しい」

そう言うと、その宇宙人はシンボルを使ってテレパシーで交信する例を示してくれた。彼が言うには、わたしたちも無意識に同様なことをしているが、その方法は彼らが到達したところまではまだ発達していないと言った。例えば、〝Xマス〟というシンボルには何千ものイメージが含まれていて、それが頭に浮かんでくる。クリスマスツリー、飾り付け、プレゼント、幼いキリスト、降誕、サンタクロース、赤と緑の色、鈴、等々。一つのシンボルがわたしたちにもたらすイメージでも感情でも、書き出すとそれは何ページにもなるだろう。わたしの頭には、すぐに他のそのようなシンボルも浮かんできたが、Xマスは例としてふさわしかった。それは、シンボルを使って交信する理由や、すべての概念を一つの簡単なもので表現できるという事実をよく説明していた。彼らがわたしたちの、書いたり話したりすることによる回りくどい方法に困難を感じ、時には我慢できなくなってしまうのも無理からぬことである。わたしは、さっき彼が説明を始める前に出した質問に戻った。

ドロレス「それでは、宇宙人を見た人たちは、必ずしも相手がその時に創り出した姿を見ているとは限らないのですね？　それぞれに身体的特徴を持ったいろいろな系統、言うなれば人種があるのですね？（そうだ）わたしは今まで、人々に教えてもらったいろいろな宇宙人たちを、彼らがする仕事の種類によって分類しようとしてきましたが、こうなると、それが可能かどうかわからなくなってきました。でも、それに関連して、いくつか質問させてください。例えば、わたしたちが〝小さな灰色の人たち〟と呼んでいるタイプの宇宙人ですが、彼らは主として医学的な実験をしているのですか？」

ジャニス「彼らのレベルで行なっているが、彼らは助手だ。多くの人々が、彼らのことを誤解している。彼らは、いろいろと良からぬことをやっていると非難されている。たしかに、巷で噂されているような怪しげな実験をしている宇宙人は彼らかもしれない。しかしながら、人間があるレベルのエネルギーにも耐えられるようにするための研究分野で働いている者もいる。例えば今、あなたがジャニスを通して話をしている相手のエネルギーの領域で作業するためには、その個人、つまりジャニスの体内で、ある種の物理的変化が起こる必要があるのだ。さもないと身体は分解してしまい、地球の次元に戻れなくなってしまう。だから、そういった仕事をしている灰色の者たちや我々の同胞たちは、あなたたちの医者と同じようなものと考えてよいだろう。彼らは直したり、復元したり、整備したりという機械的要素を持った仕事をするが、我々が関わっているようなエネルギー関連の作業はしない。彼らもエネルギー関連の仕事をすることがあるが、それは単に、その個人の体の機械的な部分を変える際に必要なことをするだけである。身体にそういう変化が本当に必要な時には……（ジャニスはまた不快になったようだ）」

ドロレス「今度は寒くなったの？」

彼女の様子は熱が蓄積した時とは反対のように見えたので、わたしは毛布を引き上げてやり、適切な暗示を与えた。

ドロレス「では、彼らは検査その他の、あなたがたとは別の作業をするのですね？」

ジャニス「そうだ（大きく息を吸う）」

ドロレス「灰色の人たちに似た、別な人たちのことも聞いたことがありますが、彼らは背が高くて、長い指と手足を持っているということです。そういう人たちをご存知ですか？」

ジャニス「そのような系統の種はいくつかある。あなたの言うそれが、どれであるかはわからない」

ドロレス「わたしが聞いたところでは、彼らはとても背が高く、ローブをまとっているそうです。とても指が長く、それに長い腕と長い脚を持っています」

ジャニス「色は？　顔の特徴は？　純粋種の地球外生物がいるのだが、彼らは背が高く、控えめな性格だ。見た目は地球人の巨人型といったところだが、彼らは地球の生物ではない」

ドロレス「これらの人たちの顔の特徴はそれぞれ異なっています。彼らは主に大きな宇宙船の中で目撃されています。わたしたちの言うところの〝母船〟ですね」

ジャニス「ああ、母船にいる者たちと聞いてわかった。ただ背が高いと言われても、そういう種族はいくつもあるからな。彼らの多くは教師だ。母船で仕事をする者には、相当な教育が実施されるのだ。彼らは灰色の者たちのレベルを超えている。つまり、あなたたちの言葉で言えば昇進したというわけだ」

ドロレス「彼らが母船で実験をしているのを見た人もいます。大規模な実験です」

ジャニス「わたしの知る限り、彼らは他の分野の実験をしている。その分野とは……物理学のような、と言えばいいかな」

ドロレス「わたしは彼らを、より知的な宇宙人と分類しました」

ジャニス「それは正しい。わたしの言っているのはそういうことだ。わたしは今、あなたたちの言葉で言えば彼らは昇進したのだと言ったが、卒業して次のレベルに行った、と考えてもよい」

ドロレス「また別のタイプの人たちについても聞いたことがあります。彼らは昆虫に似ていて、わたしたちがよく知っている、いわゆる昆虫のような顔や肢を持っています。無理もないことですが、そういった宇宙人を見た人たちは皆怖がります」

ジャニス「あなたの地球にも、今あなたが話したようなものがいる。地球上で外に出てアリを見よ。そしてバッタを見るがいい。うじ虫を、鳥を、クマを、そのほかなんでも見てみたらいい。そのように地球には無数の生物がいる。それはどこでも同じだ。地球で生命を司っている力と同じ力が、ここでも働いているのだ。違った姿で生まれて来ていても、生命体の根源は皆同じだ。それは同じ……(言いにくそうに)単語が……言葉が……(ため息をつく)」

ドロレス「なんでしょう？　分子構造か何かですか？」

ジャニス「そうではない。相対的に言えば、あなたが今見ているものと地球上の人々が見ているものの違いは、見ている主体である人間のレベルの違いだ。と言うか、見られている対象のほうは存在するだけ、ただ、そういうものが存在しているということだ」

ドロレス「でも、そういう昆虫のような宇宙人を見た人間は驚きます」

ジャニス「では、もしアリが人間を見たら、驚かないとでも言うのか？」

ドロレス「(笑って)そんなこと、考えたこともありませんでしたが、それはびっくりするでしょうね。わたしたちはかなり大きいですから」

ジャニス「ハッハッハ、たしかに、あなたはアリとはだいぶ違う。アリから見れば、あなたは奇妙な姿に見える。あなたの足が頭の上に来たら、彼は血も凍るような恐怖に襲われるだろう。(わたしは笑った)あなたたちがそういう宇宙人を見て怖がるのと同じことだ。要するに、そこに働いている原理は同じだということが言いたいのだ。まったく同じだ」

ドロレス「ただ、わたしは宇宙人をその受け持つ仕事の種類で分類していて、昆虫タイプをどちらかということは召使に属する部類に入れているのですが、それは間違っていますか？」

ジャニス「いや、間違ってはいない」

ドロレス「彼らを見た人の目には、ただ言われたことをしているようで、みずからの意志で行動しているようには見えなかったのです」

ジャニス「彼らは労働者とみなされている」

ドロレス「そして、他のタイプの宇宙人たちは、自身の容姿を一つの方便として使っているようで、実際の姿は別なものではないかと思われます」

ジャニス「彼らはなんでもなりたいものになれる。猫になりたいと思えば猫になる。我々と仕事をしている人間たちは、そのことを知ると、そういう宇宙人たちとの付き合い方が変わった。このようなことが実際に起こっていることを知った結果、彼らの態度が変わったのだ。今では互いに尊敬しあっている。要するに我々は、それが必要であれば、地球に下りて来て、猫にでも何にでもなるということだ」

ドロレス「これがあの、いわゆる〝遮蔽記憶〟の正体なのですか？　何かを見たと思ったのに、実際には何もなかったという人たちの」

ジャニス「まあ、それも目的の一つだが、それだけではない。ジャニスのケースがそうなのだが、彼女は高いレベルで仕事をしているので、彼女が加わっているプロジェクトによっては、彼女が再びあなたたちの物理的世界に入る時の助けになるように、彼女のところに物理的なものを持って行く必要が生じてくる。そのものと相互作用を行なうことにより、彼女はあなたたちの惑星に無事帰還することができるのだ」

ドロレス「それが、彼女が犬や車と一緒だった理由ですか？」
ジャニス「いや、そういうことではない。何か物を持って来ることとは関係ない。いいか……（ため息をつく）肉体があなたたちの物理的世界に戻る時には、身体を再統合する必要があるのだ。その再統合には助けが必要となる場合がある。（またもや、使うべき言葉に窮しているようだった）その人間が身体を再統合する前に働いていた時のエネルギーのレベルが高過ぎて、あなたたちの物理的世界のレベルに下げるのが難しいことがあるのだ。そういう時には、我々がその人間のために特別に用意したものと相互作用を行なう必要がある。それは何か動物の形をしたものであるかもしれないし、その人間の気に入るような石かもしれないが、彼らがそうしたものに触れ始めると、それを通して我々がその人間の身体の再統合を助け、元の物理的世界に戻れるようにするのだ。こういうことは、あなたにも良く理解できるだろう。あなたはいつも人を催眠状態から連れ戻しているのだから。そこに働いている原理はほとんど同じものだ」
ドロレス「わかりました。もう少しご辛抱願います。こうしてお話を続けていると、わたしにもそれなりに理解できてくるようです。今はまだ、あなたにはとっては幼稚と思われるような質問が山ほどあるのですが」
ジャニス「あなたはとても賢い女性だ。わたしの無愛想な物言いを許してほしい。ただ、今わたしは別な場所に行かなければならなくなっていて、しかし、あなたの質問にも答えたい、という状況にある。だからわたしは……」
ドロレス「ちょっともどかしく思って、つい、無愛想になったのですね。わかりました。わたしのほうも、だんだんあなたのお人柄がわかってきたような気がします。（笑う）まだお尋ねしたいことがあります。続けてよろしいですか？」

ジャニス「あなたが今知るべきことならば答えよう。だが、もし答えられないことがあったとしても、それはあなたの仕事や質問を軽く見ているからではないことを、どうか理解してもらいたい。それはただ、まだそれを知る時ではないということなのだ。その時とは、あなたたちの時でもなければ我々の時でもなく、すべてのものにとっての時なのである。我々は、すべての時が過去である世界からやって来た。それゆえ、我々がさまざまな違う時間の世界に入り、そこを通り抜ける際には、すべてが正確無比に起こるのだ。行動もすべて正確であり、時間においても、あなたたちの言葉で言う一瞬一瞬が正確である。我々にとって物事とは、ある特定の瞬間に起きるものなのである。もしその瞬間が一秒でも早過ぎたり遅過ぎたりしたら、すべてが違ってくるのだ」

ドロレス「そのために、まだわたしたちの準備ができていないことについての情報を与えるわけにはいかないというのですね？」

ジャニス「そのことは重要なので、ぜひ理解してほしい。今与えられなかった情報の中には、いつかは与えられるものもあるということも知っておくべきである。それらは、ある特定の時期が来たら、適切な時点において与えられる。適切な時点とは、あなたの時系列においてだけではなく、わたしの活動している場所の時間と、あなたたちのいる世界の時間とをひっくるめてのことだ」

ドロレス「であれば、わたしとしては、とにかく質問をぶつけてみるしかありませんね。UFOについて研究しているわたしの友人から託された質問がいくつかあります。（友人とはルー・ファリシュのことである）お答えいただけるかどうかわかりませんが、彼は遺伝的な実験と牛の虐殺事件との関係を知りたいと言っています」

ジャニス「Holographically（原著のママ。ここでこの語が使われた理由は不明・訳注）。牛の虐殺事件は、我々にとってもおおいに関心のある問題だ」

ドロレス「地球人の間には否定的な反応を呼び起こしています」

ジャニス「あなたたちの惑星では、これが悪いことだと受け取られている。しかしながら、あなたたちが知るべきなのはこういう事実だ。リトル・ロック市にある医学研究所に行ってみるがよい。そこでは同じような実験が行なわれている。そして、あなたたちはあなたたち自身にも同じようなことをしている。研究目的だからと言って猫や犬に同じことをしているのに、どうして牛のことになると騒ぎ立てるのだ？　我々も別に面白半分でやっているわけではない。（言葉を見つけるのに苦労しているようだった）ある種族は彼らの惑星で、牛の臓器を使って何かを再生させる実験をしている。牛の肝臓の細胞と鶏の肝臓の細胞を遺伝的に混ぜ合わせる。すると、その組み合わせからまったく新しい生命体が出来る。牛の虐殺事件はすべて十把ひとからげの扱いにされているが、これは間違いだ。正しくない。全部が全部、我々の宇宙の同胞たちによって行なわれたわけではない。あなたたち地球人の中の高度に進化した者たちにより、あまりかんばしくない目的のために殺された牛たちもある」

ジャニスは再び不快を感じている様子を示した。彼女は毛布を引きずりおろした。体温を安定した状態に保とうとしているようだ。

ドロレス「この牛を使っての実験ですが、これを行なっているのは、ある特定のグループの宇宙人ですか？」

ジャニス「すべては一つの全体なのだ。あなたたちがいつも『わたしたちは一つだ』と言っているように、宇宙人もすべて一つである。だが同時に、皆それぞれに違ってもいる。あなたたち一人ひとりに進歩の程度の違いがあるように、宇宙人たちにも、それぞれ進歩の度合いに違いがあるのだ」

彼女はまた熱くなってきたようだった。わたしは体温を下げる暗示を与えた。

ドロレス「大変でしょうが、まもなく終わりますから」

不快感はジャニスの体だけのことらしく、彼女を通して話をしている宇宙人には何も影響はないようで、彼は何事もなかったように話を続けた。

ジャニス「あなたたちはそれぞれ個々に異なったペースで進歩するが、それは宇宙人でも同じである。それゆえ、彼らがどの発達段階にあっても、それなりの実験をすることは許される。それはあなたたちも同様だ。いろいろなグループを作って相互作用を行なうことにより、我々は皆、全体に適合しているのだ。しかし、そこには明確な階級がある。この階級という言葉は、この場合、必ずしも適当とは言えないが、あなたには理解できるだろう。それは地球誕生以来、あなたたちに起きているのと同じ進化の過程である。そうだ！　我々宇宙人も進化しているのだ」

ドロレス「なぜ、あんなに多くの牛を殺さねばならなかったのかを疑問に思っている人たちもいます」

ジャニス「彼らがすべての牛を殺したわけではない。それをわかってもらおうとしているのだ。同じように牛を殺した人間たちが、扇情的に報道することによって宇宙人に非難の矛先を向けさせ、自分たちの隠れ蓑にしようとしているのだ。宇宙人が関わっていない多くのケースが宇宙人のせいにされてしまっている。我々は害をなすために地球にやって来たのではない」

ドロレス「わたしはそう信じています。でも、まだ他の人たちはこうした疑問を持っているのです。前回のセッションで、他の宇宙人が秘密協定について話してくれました。それはたぶん、政府との密約だと思うのですが、その件に関して何かご存知ですか？　彼が言うには、政府が裏切ったということでした」

ジャニス「その通りだ」

ドロレス「それについて、もう少し詳しく話していただけますか？」

ジャニス「（ため息をつき、しぶしぶと話し始めた）そう、協定はあった。あなたたちの政府は、地球時間のある時点で、彼らが言うところの我々の〝権力者〟（ため息をつく）が地球を乗っ取り、世界を完全に支配するのではないかという恐れを抱いていた。そこで我々はその時を選び、彼らの恐怖感を利用することにした。だが、恐怖を煽り立てようとしたのではない。とは言っても、人間たちに愚かなことをやめさせるために、我々の持っているさまざまな手段をまったく行使しないということではない。やめなさい！　人間たちよ、やめるのだ。宇宙に対して自分らが何をしているのか、わからないのか？　つまり、ここでわたしが言おうとしているのは、あなたたちの政府が我々に対して恐れを抱くようになったということだ。この時、我々は彼らと協定を結ぶ良い機会だと思った。我々には別に地球を乗っ取るつもりはなかったが、我々は当局の注意を引くことになった。ひとたびそうなると、当然のことながら、何かが起こるのは避けられなかった。そして、これから先に起こって来ることすべての口火を切るような一連の事件が起こったのだ。その中には、まさに我々に深く関わるいくつかの重要な出来事があった。ロズウェル事件だが、あなたたちの政府は、一部の国民が正しく推察しているように、それに関する情報は持っている。事件についてはあなたも知っていると思うが」

ドロレス「はい、知っています」

ジャニス「そこで会議が開かれ、戦争などなかったのに、政府と我々の間で休戦協定を結ぼうということになった。それでも我々は同意し、そこに書かれている約束を守った。しかし、あなたたちの政府は約束を守らなかった」

ドロレス「案の定ですね」

ジャニス「我々が情報や科学技術を提供すればするほど、彼らは欲が深くなった。そこで人間たちの心を再度よく調べてみると、我々がどんな相手と取引したのかが明らかになり、我々は本当に悲しくなった。やむをえず我々は、政府に対して力をもって対応せざるを得なくなった。地球に平和をもたらすためにやって来た我々にとって、それは本意ではない。しかし、わからせるためには、それ以外に方法がなかった。あなたたちは、いわゆる〝警告〟に適切に対処することができないらしい」

ドロレス「真面目に受け取らない、ということですか？」

ジャニス「その通り」

ドロレス「それでは、あなたがたは直接政府部内の人たちと接触し、彼らはあなたたちの存在を知っているのですね？」

ジャニス「よく知っている」

ドロレス「あなたがたと連絡を取っているのですか？」
ジャニス「緊密に取り合っている。政府内にジャニスのような人物がいるのだ」
ドロレス「どのような情報が提供されたのですか？」
ジャニス「ステルス爆撃機が一例だ」
ドロレス「そうでしたか。ほかにもありますか？」
ジャニス「ほかにもある」
ドロレス「コンピューターも宇宙人から得た情報による産物だと聞いたこともありますが、本当ですか？」
ジャニス「（大きくため息をついて）コンピューターの研究はすでに進んでいたので、その進行を速めてやっただけだ。だから、我々がその技術を与えたとは言えない。コンピューターのアイデアは、以前、すでに我々から得ていたのだ。我々から得たアイデアをもとに開発が始められ、今度はそのスピードを速めてやったのだ。コンピューターについては政府は関与していない。それは、先ほど言った〝協定〟の中には含まれていない」
ドロレス「わたしは今、情報を与えるための協定のことを考えていたのですが、爆撃機などは良い目的とは言えないと思います」
ジャニス「人間の注意力の範囲は、往々にしてアリ程度しかないものだ。爆撃機も、破壊する目的にだけ使われるわけではない。その技術を応用すれば、そこから、どうしたら我々が行なっているようなことができるかを学び取ることも可能なのだ。あの爆撃機を与えられた人間たちが、それを使ってどうするかを見れば、もし宇宙船を与えられたら、彼らがそれをどのように使うかがわかるというものだ（彼女は憤慨しているように見えた）」

ドロレス「そうですか。では、政府には裏切られたように感じているのですね？」

ジャニス「（落ち着きを取り戻して）そうだ。彼らは協定に反する行動を取った。あなたたちの政府は……（ため息をつく）世界中の国々に武器を提供してきた。だが、この爆撃機はこの国だけのためのものだった。この技術が与えられたのは、この国が世界に平和をもたらす努力をしていたからだ。あなたたちの国の原子爆弾の技術は他の国にも広がった。もちろん、その技術は盗まれて、それにふさわしくない相手に渡ったので、あなたたちの政府だけの責任ではない。このステルスの技術が、悪意を持った者たちの手に渡ることを我々は心配していた。そして、恐れていたことが起きてしまった。だから、我々は裏切られたのだ。しかし、そのすべての責任があなたたちの政府にあるとは言っていない。だが、我々のようなレベルにある存在と協定を結んだからには、いささかの逸脱も許されないのだ」

技術が誤った使われ方をしていても、彼らの側が協定を破棄できないでいるのは、彼らの置かれたこのような立場のためなのであろう。しかし、こちら側の不実を知った以上、彼らが将来また協定を結ぶ時には、その内容について慎重にならざるをえないだろう。

ドロレス「そんな結果になっても、まだ政府に情報を提供し続けているのですか？」

ジャニス「ある程度までは。だが、与えてやることができる情報のすべては与えていない。それはもう不可能だ。（小さな声で）また我々を欺くとしたら……（ため息をついて）その時はもうここには正義などないということになる。そのような状況は、きわめて悲しむべきことだ」

ドロレス「情報のすべては与えていないということは、量についてだけではなく、これまでとは違う種類の情報を与えているということでもあるのですか？」

ジャニス「選択して与えている。テスラのように、そうした知識を与えても信頼できる人物もいるし、ジャニスのような、安心して任せておける情報の保持者もいる。大事なのは信頼関係だ。科学技術を分かち与えることについては我々は今中止する気はない。我々は人類を助けるために来ているのであって、協定を結ぶためではないからだ。協定を望んだのはあなたたちで、我々ではない」

ドロレス「でも、そういうことがあったからには、すべての科学技術を提供するつもりはないのですね？」

ジャニス「その通り。わたしがブッシュ大統領のところに行って、彼自身を光速で移動させる方法を教えるとでも？(苦笑い)ジャニスにだったら教えてやる。彼女はもう知っているし、彼女にはできる」

ドロレス「(笑って)でも、ブッシュは信用できない」

ジャニス「そういうことだ」

ドロレス「それについては同感ですが、わたしと一緒にこの種のことを研究している男性が、このことについてもっと知りたがっています。彼は、おっしゃることはもっともだと言っています」

ジャニス「何だって？　わたし……わたしが？」

ドロレス「彼はわたしと一緒にこの種の情報について調べている男性です。わたしは彼と情報を共有しています。彼は決して……」

ジャニス「知っている。彼なら知っている。我々はその男を知っている」

ドロレス「彼がこれらの質問を書いたのです」
ジャニス「何がもっともだというのか？」
ドロレス「協定に違反したのは政府ではなく宇宙人だという話を聞いたことがあって、彼は『それはおかしい』と言ったのです」
ジャニス「あなたたちの政府はそのように見せかけた……そういったことに関して、彼らがとても巧妙なのはよく知っていると思う。それはまるで、太り過ぎの人がアイスクリームを二トン食べたいと思った時と同じようなものだ。なんとか食べるための言い訳を考えるのだ。それと同じで、科学技術を悪用しようと思い、その責任を我々になすり付けるのである。あなたたちは素直に、『ああ、わたしが悪うございました。それをしたのはわたしです』とは絶対に言わない。これは特にアメリカにおいてそのような傾向がある」
ドロレス「彼も、『人の心が読める者たちをだますことができると思うとは、なんと愚かな連中だ』と言っていました」

彼は笑ったが、それは作り笑いで、自然なものではなかった。

ジャニス「その通りだ。今我々は笑っていたが、事態は笑いごとではなかった。それは我々を悲しませた。以来、我々は情報を与えるべき人物をきわめて注意深く慎重に選ぶようになった。今、あなたが話をしているレベルで相互交流するには、彼女のように純粋な媒体が必要なのだ。今、わたしがエネルギーについて話をしていることは理解できるかな？」

ドロレス「はい、わかります」

ジャニス「例えば彼女を、そのエネルギーの状態に還元して見てみたら、その分子のどの一つをとっても欠陥がないことがわかるだろう。これは、これまでの彼女の行ないの結果であり、彼女が奉仕の精神で生きてきたことを示している。そしてこの者は今、エネルギーのレベルでは、我々を超えたところにいるということを理解せねばならない。この世界を超えているのだ。わたしの言っていることがわかるか？」

ドロレス「わかるような気がします。わたしは以前、過去世で高いエネルギーレベルにいたという人たちと仕事をしたことがあります。そうした人たちも、時にはこの世界に戻って来ることがあるのだそうです」

ジャニス「この人間は、あなたたちの世界の者ではない。しかし彼女は、あなたたちの世界と別の世界の両方で、同時に働いているのだ」

ドロレス「そういうことができるのは、かなり進化した霊に違いありませんね」

ジャニス「彼女は今、自分の全体的状態（totalitness）をより完全に理解できそうになっている。いや、そんな単語ではない」

ドロレス「完全な状態（totalness）ですか？」

ジャニス「いや、それも違う。次元を超越したエネルギー・ラインの完全性(totality)だ。次元ではない。次元の話をしているのではない。このつながりは次元を超えている。彼女がいた場所には次元などない。彼女は魂の中で、彼女の本質にそのままつながっているのだ。神聖なる原初の閃光だ。彼女は常にそれを自分の中に秘めている。ああ！　このように神聖なものを人間の中に見て、我々は畏敬の念を禁じえない。我々は彼女に感謝している。だからこそ、彼女が会いたいと言えば、我々は昼間でもやって来るのだ」

ドロレス「それはよくわかります。最後にもうひとつ短い質問をしてよろしいですか、これで終わりにしますから。彼がもう一つ知りたいのは〝拉致被害者〟、この言葉は好きではないのですが、一般に使われている名称です。宇宙人に拉致された人々は、モニター装置を体内に埋め込まれ、そして一生監視されると聞いているのですが」

ジャニス「（それは違うというように躊躇している）それは……」

ドロレス「あるいはずっと追跡されているとか」

ジャニス「あなたたちも同じことをしているではないか」

ドロレス「でも、これが彼からの質問なので。わたしたちのようなUFO研究者も、監視され、追跡されているのですか？」

ジャニス「もちろんそうだ」

ドロレス「彼はそれをうすうす感じていたのですが、はっきり知りたかったのです」

ジャニス「なぜそうするか、わかるか？　その理由を知るのは、とても重要なことだ」

ドロレス「教えてください。彼も知りたいだろうと思います」

ジャニス「あなたたちを守るためだ。決して危害を加えるためではない。あなたたちはすでに我々の信頼を得ている。もし、あなたが信用されていなければ、あなたは今こうしてジャニスと話をしていなかっただろう。彼女は今まで誰に対しても、このような調査に同意したことはなかった。だが過去三年間、彼女は心中ひそかに、こういう機会を持つことを願っていた。彼女は自分自身の中で、清廉潔白な誠実さをずっと保ってきたのだ。そのようなことを人間のレベルで経験するためには、並外れた内面的強さが必要である。しかも、彼女はそれを人間のレベルで実践すると同時に、別のレベルでも行なっていた。それには大変な意志の強さを要する。人間は普通、生きている間には、あまりそういうことをしないものだ。なぜなら、生身の人間は脆いものだからである。人間が無理にそういうことをすると、気が狂ったり、どうにもならなくなったりして、挙句の果てには木の下に座り込んで、うつろなまなざしで空を見つめていたりするような有様にもなりかねない。しかし、彼女は高いレベルに達しているので、正常に機能できる。またそれは、彼女の脳や生命活動のための仕組みすべてが、分子的に高いレベルにあるからでもある。彼女の根源のエネルギーから発する特殊なエネルギー・パターンが、そういうことを可能にしているのだ。さあ、ここであなたの質問に戻ろう」

ドロレス「はい、UFOの研究者たちのことでした」

ジャニス「研究者たち、つまり、あなたやあなたの友人たちは評価されている。我々にとって、あなたたちは重要な存在だ。あなたたちは、我々の組織の職員のようなものである。そういうのを何と呼ぶのかな？　そう、我々の広報部門だ。（作り笑い）我々はあなたたちに期待し、感謝もしている。しかし、あなたたちの理解のレベルということになると……なかには我々を怖がるようになる人もいるようだが、我々は、恐怖感を与えるために監視しているわけではない。さて、あなたの最初の質問だが、埋め込まれた装置は、ほとんどの場合……どうしてほとんどと言うかといえば、装置にはいろいろあって、それぞれ目的も違うからで……（また不快感を示し始めた。体が熱くなってきたようだ。暗示を与えた）」

ドロレス「あなたはUFOの研究者たちにも装置を埋め込んだと言いましたね？」

ジャニス「いや、わたしは言っていない。それはあなたが言った言葉だ」
ドロレス「そうですか。あなたは埋め込まれた装置について話していました」
ジャニス「わたしが言ったのは……わかった。あなたの最初の質問に戻ったのだったな。最初の質問で、拉致被害者は装置を埋め込まれ、死ぬまで追跡される、とあなたは言った。そこには牛の虐殺事件についての時と同様に誤解があり、誤った考え方が出来上がってしまっている。第一に、目的の誤解だ。第二に、装置を埋め込まれた人たちについての誤解がある。第三の誤解は、死ぬまで装置が埋め込まれ続けるということだ。さて、では装置についてだ。（ため息をつく）まず、〝見習い〟（novice）という言葉を取り上げて考えてみよう。見習い。見習いとはなんだね？」
ドロレス「初心者です」
ジャニス「ああ、初心者か（軽蔑するような声の調子で）」
ドロレス「わたしはそう思います。習い始めた人です」
ジャニス「その通りだ。では、あなたは小さな子どもをプールに連れて行き、縁から三メートル先の水中にその子を放り込むか？　浮き輪も付けずに赤ん坊をプールの中に入れるか？　どうかな？」
ドロレス「そんなことはしません」
ジャニス「我々もしない。〝拉致被害者〟と言われる人々の能力のレベルは、我々の基準によれば、そのような名で呼ばれるにふさわしいものではない」
ドロレス「わたしもそう思っています」
ジャニス「彼らは我々と同様、光の活動家《ワーカー》だ。我々が接触するすべての人々、また我々のところにやって来るすべての人々、彼らをひっくるめて、まさに文字通りの〝光の活動家たち〟と呼ぶことができるだろう。この呼び名はあなたも聞いたことがあると思う。まだ最初の頃、光の活動家が目覚めようとしている時、あるいはあの偉大なる計画によれば、光の活動家が慣れてくると……いや、これは大変だ。説明するのに何時間も掛かってしまう」

ドロレス「わかりました。それなら、わたしたちは……」

ジャニス「いや、いや、この装置のことに関しては、どうしてもちゃんと理解してほしいのだ。これは牛の虐殺と同様、誤解されているのだから。こんな装置を体内に埋め込まれるなんて、人間にとっては考えただけで恐ろしいことに違いない。思い通りに行動できなくなると思い悩むだろう。ロボットのように誰かに操られるのだと」

ドロレス「そういう考え方もあります」

ジャニス「うむ。そしてそれは、人間的な考え方からすると非常に深刻な問題である。しかしながら、実際のところ、その装置の目的はそんなものではない。その装置は植物の種に似ている。あなたたちには時間を掛けて少しずつ体内で溶けて行くビタミンがあるのだ。この装置には二つの主な目的がある。ひとつは、(手を叩いて)その人間と素早く接触できるようにすること。赤ん坊をプールの縁から三メートル先の水中に投げ込んだ時と同じように、できるだけ速やかにその人間と接触しなければならなくなることもありうる。それによりエネルギーの相互作用が働き、身体に危害が及ぶのを防ぐことができるのだ。人は目覚めて行きながら、精神的にさまざまな過程を経験して行く。我々は〝目覚める〟という言葉を使っているが、それは必ずしも適切ではない。しかし、自分が誘拐されていることに気がついた時、往々にしてその人間の心を占領するのはまさに恐怖である。我々としては人間に怖い思いをさせたくはない。そういうわけで、これらの監視装置はまた、そうした心的反応を調整する役割をも担っているのだ。接触の発生源は、高度に……」

彼女は説明しにくそうで、わたしはテープが終わりに近づいているのが心配だった。

ドロレス「もう時間が少なくなりました。この続きはまた別の機会に行ないたいと思います」

ジャニス「よろしい」

ドロレス「ここで終了しなければならないのは非常に残念です。わたしたちの主な質問は、UFOの研究者たちもまた監視されているのかどうかというものでしたが、それについてはいかがですか？」

ジャニス「彼らは監視されている。だが、その理由は不信によるものではなく、目的は彼らを守ることにある」

ドロレス「今日はこれで時間がなくなりました。また、このエネルギーは交信の媒体に影響を与えたようで、彼女の体温が不安定になっています。また、いつかここへ来て、あなたとお話しさせていただいてもよろしいですか？」

ジャニス「この装置の働きについての説明がまだ全部終わっていないのにあなたと別れるのは残念だが、しかし将来、必ず理解してもらえるだろう。これからも、あなたは怖がる人々と出会うだろうから、これについて正しく知っておくことは非常に重要である。あなたはこれから、この装置の埋め込みについての誤った考えを持った多くの人たちに出会うことだろう」

ドロレス「わかりました。でも、今は時間がなくなりました。わたしの方針として、すべての情報はこの小さな機械の中に記録されている必要があるのです。では、次回はその話題から始めることにしましょう。今度は、すべてについて良く説明していただけるように、時間を十分に取っておきます。それでよろしいでしょうか？」

ジャニス「もちろんだ」

テープが終わった。今回は情報量が多かったので、テープの終端まで使う羽目になった。ジャニスの催眠を覚ますための一連の指示を始める前、別れ際にこの宇宙人が発した言葉があったのだが、それは録音できなかった。外国語のように聞こえ、それをそのまま書くとAlokeiとなるが、発音は、アロキアイともアロキアとも聞こえた。その意味を彼に尋ねると、それは〝さらば〟(farewell)に近いと言った。そこで、わたしも別れの挨拶をした。彼は、わたしが彼女を催眠から覚ます作業に取り掛かれるように、この場所を離れると言った。彼はわたしに、彼女の意識を急に呼び戻すことはせず、ゆっくりと時間を掛けて、徐々に催眠状態から覚醒させるように、と注意した。それから、彼女に急に変化が起きた。それによって、宇宙人が去り、ジャニスが戻って来たことがわかった。その時点で彼女は泣き始め、その場を離れたくないと、感情を高ぶらせて言い張った。彼女に落ち着くように暗示を掛け、わたしたちがまたここに戻って来ることができるのだと確信させると、彼女の激情は治まり、素直に指示に従った。

その後、ジャニスは意識を完全に取り戻した。最初はふらふらしていて、ベッドから出ることができるようになるまでにはしばらく時間が掛かった。しかし、体が熱さを感じることはなくなっていた。あの現象は、どうやら宇宙人のエネルギーと関係しているらしく、彼が去って彼女の意識が戻ると同時に解消したようだ。彼女は、セッション中のことはほとんど覚えておらず、その一部を話してみると興味を示し、まるで初めて聞くことのように耳を傾けていた。また、あの奇妙な単語をわたしと一緒に発音してみたが、その意味はまったくわからないと言った。彼女は自分が泣いていたことを知り、あの宇宙人との接触がどうしてこれほど彼女を感情的にするのか理解できないらしかった。彼女にとっては、まったく信じられないことばかり、という様子だった。

第10章
山の中の宇宙人基地

わたしがジャニスと仕事をしている頃、リトル・ロック市で別の興味深いケースに出会った。リンダという名の女性から、また異なったタイプに属する情報を提供されたのだが、それについては、わたしの著書『*The Convoluted Universe*』(『入り組んだ宇宙』)に収録する予定だ。わたしはこの両方の女性と仕事をしたいと願っていた。それで、前回の旅から一カ月後の一九九〇年一月、リンダとジャニスの両人と会って話の続きを聞くために、わたしは再びリトル・ロックを訪れた。その時もまた、友人のパッツィのところに泊めてもらった。講演の予定など一切入れず、誰にも知られぬようにこっそりとリトル・ロックにやって来て、すべての時間をこの二人との仕事に使う予定だった。

しかし、もちろん、そんなにうまくいくわけもなく、一人の男性から電話があった。彼は十二月のわたしの講演を聴講していて、ある問題を抱えているので施術してほしいというのであった。そこで金曜日の夜、四時間もの長旅の後ではあるが彼に会うことにした。土曜日にリンダと三回、日曜日にはジャニスと三回、それぞれセッションを行なうことになっていた。一日に三回続けてそれぞれの女性とセッションを行なうことによって、連続性が保てるのではないかという思惑だった。こういうやり方はこれが初めてだったが、これを定番の方式にすれば、一月分の仕事を一日に詰め込むことができると考えたのだ。彼女たちにしても、いわば、一日に数回うたた寝をしたと考えればよいわけで、なんの問題もないだろうと思った。問題があるとしたら、それはこのわたし自身だろう。それだけ続けて仕事をすれば疲れるに違いないからだ。もしやってみて、それがわたしにも彼女たちにとってもあまりに過酷なものであることがわかれば、次からはこんな過密なスケジュールはやめればよいとも考えていた。とにかく、この数日間で、できるだけの仕事をしてみるつもりであった。

土曜日のリンダとのセッションは、だいぶ夜遅くまで掛かってしまったが、ともかくもうまくいった。日曜日のジャニスとのセッションは、朝の十時頃に始まった。友人のパッツィはどこかに出掛けたので、わたしたちは家を占有できることになった。前日、リンダと夜遅くまでセッションをした後、さらに突然の来客があって話し込んだりしたので、わたしは少々疲れ気味だった。しかし、十二月に来た時にジャニスを通して話をした宇宙人ともう一度接触したかったので、わたしはこのセッションに集中していた。

専用のキーワードを使うと、彼女はいとも簡単にトランス状態に入った。あの宇宙人からは会うために必要な手順を特に聞いていなかったので、接触するためには何か自分なりの方法を考えなければならなかった。わたしはジャニスに、どこでもいいから、あの宇宙人に会えるところへ行くように、あるいは、前回の話の続きをすることのできる相手のところへ行くようにと指示した。わたしは、たぶん、彼女の潜在意識がその宇宙人の居場所を知っているに違いないと考えたので、いつものように数を数えた後その場所に行ってもらい、そこで何が見えるか報告してくれるよう頼んだ。

ジャニス「何も見えません」

ドロレス「何か感じますか？」

ジャニス「挨拶と歓迎の雰囲気です」
ドロレス「そこがどんな場所か、何か感じ取れますか？」
ジャニス「いや、別に。ここは何もない空間です」

この描写からは、灰色で形も実体もない、あのノストラダムスの特別な場所が思い起こされる。

ジャニス「(不意に声が変わった) こんにちは、ようこそ。我々の会話を続けるためにやって来たのか？　今度は何が知りたいのかな？」
ドロレス「前回、わたしとお話をされたのと同じ方ですか？」
ジャニス「そうだ」
ドロレス「もしかしたら、あなたはお忙しいので、別な人が送られて来るかなと思っていました。わかりました。この前わたしたちは、人々の頭や体に埋め込まれた小さな装置について話していましたが、かなり込み入った話になってきたところでお別れしなくてはなりませんでした。あなたは、そうした装置の目的をわたしたちに理解させるためには、もっと説明の時間が必要だとおっしゃっていました。そこから続けていただけますか？」
ジャニス「じつのところ、わたしとしては、埋め込まれた装置についての話はもう済んだと思っている。しかしながら、あの時、あなたは別なことも質問していた。再同化の状態についてだ。その仕組みについて、あなたに多少の知識があることは、我々にもわかっている」
ドロレス「どうぞ、その説明をお願いします。もしかしたら、わたしにも理解できるかもしれません」

ジャニス「我々にとってそれは、分子の運動速度を上げるというだけの、ごく単純な過程にしか過ぎない。それが光速に達すると、二つの場所における同時移動がとても簡単になる。移動は一カ所でも二カ所でも、どちらも可能だ」

ドロレス「ええと、ちょっとお待ち願います。それは、地球の人間が宇宙船内に連れて行かれた時の話でしょうか？」

ジャニス「まあ、そういう状況にもあてはまることだ」

ドロレス「ほかにはどんな場合に使えるのですか？」

ジャニス「地球上のある場所から別の場所にエネルギーを送る時だ」

ドロレス「その目的は？」

ジャニス「惑星のエネルギーのバランスを保つためだ」

ドロレス「それに使われるエネルギーはどこから来るのですか？」

ジャニス「そのエネルギーは、あなたたちの言葉では〝力《パワー》〟の源から来るということになるが、実際には、宇宙全体に満ちている宇宙エネルギーが流入して来るのだ。そのエネルギーを利用して、惑星のバランスを取るために使うだけのことだ。その中には、宇宙船を通して得られたエネルギーもあるし、そうでないものもある」

ドロレス「なぜ、そのようなエネルギー移動をする必要があるのですか？　そして、どうしてバランスの調整が必要なのですか？」

ジャニス「それは、あなたたちが、いまや滅亡の瀬戸際にあるからだ」

ドロレス「人類はそのことに気づいているのでしょうか？　地球にこれから多くの変化が起ころうと

しているということはわたしたちも承知していますが、そのことでしょうか？」

ジャニス「そうだ。そのことを言っているのだ。過去三年の間（一九八六〜八九）、あなたたちは破滅の淵に直面してきた。それで、地球上のさまざまな機構を通じて、この惑星のバランスを維持するための助けを受けてきた。それというのも、あなたたちの惑星は、この銀河系宇宙のみならず、ほかの宇宙にとっても戦略的に重要な位置にあるからだ。このちっぽけな惑星が、どうしてそれほど重要なのか理解し難いだろうが、それは宇宙全体に関わる問題なのだ。地球が畳み込まれる（folding-in）と、その原子構造のため、他の惑星や宇宙の破壊を招くのだ。それゆえ、別のレベルで地球という惑星はきわめて重要な意味を持っているのであって、破壊されてはならないのだ」

ドロレス「今、〝地球が畳み込まれる〟とおっしゃいましたが、それはどういう意味でしょうか？」

ジャニス「（咳払いをして）あなたが今話をしている媒介者の身体内で調整が必要だ。現時点で、まだ我々は彼女の身体に十分適応しきれていない。だから、我々が調整を済ませ、同化するまで、しばらく我慢を願いたい。（しばらく間がある）あなたたちの惑星が畳み込まれるという意味は、例えば、地球の核の中心点を頭に描き、地球がその一点に入り込んで行くさまを想像すると、それが我々の言う畳み込まれるということの意味になる。そして、それによってもたらされるのは、あなたたちの惑星の破壊である。なぜなら、地球の外周が地球の中心に畳み込まれていけば爆発が起こり、地球は壊滅することになるからだ。それゆえ、聖書の黙示録にある、炎により破壊されるという記述は、あなたたち人類が将来起こることを予感したものであろう。しかしながら、それはまだ単なる普通の物理学レベルでの話であり、畳み込まれた領域である地球の核の中心に凝縮した空間は、爆発と同時に膨張し、その波及効果は宇宙空間を介して全宇宙と他の銀河系にも及ぶであろう。同様なことは他の銀河系でも起きたことがある。あなたたちはそんな歴史を、自分たちの銀河系で繰り返しているのだ」
ドロレス「わたしは、畳み込まれるというのは、崩壊の仕方の一種かと思っていました」
ジャニス「崩壊と言ってもよいが、我々は、その二つの言い方の間には違いがあると考えている。地球の表面は今、事実上、崩壊しつつあるのだからな。だからこそ我々は、地球の何カ所かで、ある人間たちと作業をしているのだ。それは現在、地球上で起きている地震の影響を最小限に留めるためだ」
ドロレス「崩壊しているのですか？」
ジャニス「そういう徴候がある」
ドロレス「地球にはプレートがあって、それらがずれたり移動したりしていることは知っています」
ジャニス「ずれたり移動したり、畳み込まれたりしている」
ドロレス「わたしはそれが地震の原因の一部ではないかと思っています。でも、まだ極度の危険状態には達していません」
ジャニス「畳み込まれているからプレートがずれるのだ」
ドロレス「それを止めるのはとても難しいことなのでしょうね。(ジャニスは大きくため息をついた)というか、コントロールするのは難しい。そうですね、コントロールという言葉を使いましょう」
ジャニス「電磁場にある種の変化が起きているので、エネルギー間のバランスを取り戻すために、我々は今、電磁場の調整作業をしている。それらのエネルギーは、いくつかのある特定の地塊(land masses)の分解(disassimilation)に関係している。つまり、わかりやすく言えば、それらの地塊は侵食されているのだ」
ドロレス「では、地震を止めることは不可能なのですね？ ただ、被害を最小限にとどめる努力しかできないというわけですね？　今あなたがたが行なっているのは、そういう作業ですか？」

ジャニス「我々の行なっているのはそういうことだ。人間も進歩しつつある。地震の防止については、我々は干渉してそれを行なう立場にはない。できないことではないのだが」

ドロレス「エネルギーを移動してバランスを回復させることで、地震が起きるのを止めようとしているのかと思いました」

ジャニス「最小限にしている」

ドロレス「地震の影響を最小限にとということですか？」

ジャニス「影響を部分的に最小限にするということだ。我々は、地球の人間の注意を重要なことに向けさせるために行なっている活動の多くにおいて、あなたたちの言葉で言えば〝二重拘束〟(double bind　解決不能のジレンマ・訳注）の状態にある。人間たちが、この地球も破壊される可能性があるのだと身に沁みて気づくのは、彼らの存在を根底から脅かすような大災害が起こった時くらいしかない。だから、地震を止めるという行動は、人間の意識を本当に重要なことに向けさせるという目的に反することになる。というわけで、我々は地震を止めることはしないが、その影響を最小限にとどめようとしているのだ。さて、ここで理解しなければならないのは、あなたたちの惑星の宇宙におけるその位置の重要性である。そして、今起こっている諸々の現象には、たとえその一部であれ……それらには人類の意識の振動数が関連しているという事実である。意識があなたたちの惑星の物理的現象に影響を与えているという概念は、あなたたちにとってはまだなじみのないものだろうが、じつは、そこには密接な関連があるのだ。と言っても、ある特定の地域の人たちの意識のレベルが低いために、あるいは混乱した状態にあるから、そこに災害が起きるというわけではない。大災害の原因は、それが起こった地域とはまったく関係のない、そこからは地球の反対側に当たるような場所で起きていることにあるかもしれないのだ」

ドロレス「わたしたちは、自分たちの意識が何かに影響を与えているという考え方には慣れていません」

ジャニス「それがゆえに、あなたたちの意識が今、すべてのことに影響を与えているのだ」

ドロレス「意識が間違ったほうに向いているのですね。今こうして起きている地震とか火山の噴火は、やがて起こる地球の大変動の前兆だとよく聞きます」

ジャニス「わたしは、それは避けられないと見ている」

ドロレス「起きるとおっしゃるのですか？」

ジャニス「わたしは今、個人的には、大変動は起きると思っている。今我々が行なっているのは、人類にもう少し時間を与えるための作業だ。大災害とか地軸移動《ポールシフト》は、本来、起きなくてもよいことなのだ。しかしながら、この惑星に住む人間たちは、いわば、先が行き止まりになっている道路の上を、ひたすら運転し続けるばかりで向きを変えて戻ろうとはしない。彼らの向かって行くその先の終点にはレンガの壁が待っている。だから、とりあえず我々は、そのスピードを緩めようとしているのだ」

ドロレス「もし、あなたがたの助けがなければ、それはもう起こっていたと思いますか？」

ジャニス「その確率はかなり高い」

ドロレス「それを完全に止める方法はないのですか？」

ジャニス「それが起こらないようにする方法はある。しかしながら、我々には、人類がその道を選ぶとは考えられない」

ドロレス「何が起きるか、あなたはご存知なのですか？　それに関することをお話しいただけますか？」
ジャニス「何が起きるかは、すでに話した」
ドロレス「わたしが知りたいのは、実際、いつその大変動が起きるのかということです」

当時、わたしは、『*Conversations with Nostradamus*』（『ノストラダムスとの対話』）という三部作の執筆中だった。地球の大変動はそれらの本においては重要な部分だったので、これはわたしにとって興味深い話題だった。

ジャニス「あなたたちの惑星の破壊ではなく、地軸移動のことを言っているのか？」
ドロレス「そうです。破壊と地軸移動は二つの別な話というか、二つの可能性ですよね？（そうだ）地軸移動は、そのうちの程度が軽いほうですね？」
ジャニス「地軸移動はひとつの通過点に過ぎない。それはそこに到達する途中であって、コースが変わるわけでは……」
ドロレス「そことは？（返事はなかった）もうひとつのほうが究極の結末ということですか？」
ジャニス「あなたたちの時間の中での現時点においては、それが究極のシナリオである」
ドロレス「これらは二つの可能性だと言われました。そして地球の爆発、あるいは内破（implosion）は、よりひどいほうの結末なのでしょうが、これは起こる必要はなかったとおっしゃるのですね？」
ジャニス「両方とも起こる必要はなかった。だが、起きるだろう（ため息をつく）」

ドロレス「地軸の移動は、他の惑星に影響を及ぼさないのでしょうか?」

ジャニス「重力の流れがいくらか変わる。レイ・ライン(ley line)は、全面的に反転するだろう。そのため、他の惑星への影響は避けられない」

ドロレス「地軸移動は、どのようにして起こるのでしょうか? わたしは、地球に起きる物理的な変動に興味があるのです。その時、人類はどうなるのでしょうか?」

ジャニス「『人類はどうなる?』との質問だが、いったい何が知りたいのだ」

ドロレス「地表に起きる物理的な変化と、それが人類に及ぼす影響です」

わたしはこの機会に、ノストラダムスが予見した、この将来の光景を確認したかった。

ジャニス「地軸移動の前ぶれ的な影響はもう現れている。例えば、冬と夏の区別ができなくなっているし、ほかにも、この惑星で地軸移動がすでに始まっていることを示すのに十分なさまざまな現象があなたたちの周囲に起こっている。それでも、まだわからないと言うのか?」

ドロレス「そうしたことは知っています。気候が異常になっていることもわかっています」

ジャニス「そのために、いわゆる〝異常な自然現象〟が起こっているのだ」

ドロレス「わたしとしては、陸地がどうなるかに関心があるのですが」

ジャニス「それは、実際に地軸移動が起きた時の地球の振動数によるだろう。これからどんな大災害が起きるかによるが、その時のあなたたちの惑星には想像を絶する全面的な変化が起こっていて、国々の様子もすっかり違うものになってしまっているだろう。大洋はなくなり、陸地の地形も変わってしまっている。アジアはもう元の姿ではなくなっているだろう」

ドロレス「極地の氷が溶けて、海水の量が増えると思います」

ジャニス「海面は上昇して、海水はヨーロッパを流れ下り、それにより国々は分断されるだろう。もちろん、地震を始めとする他の災害なども起きている。今、あなたの知っているような世界はなくなり、まったく別の世界になるのだ。アメリカ合衆国は、完全にヨーロッパの一部と化すだろう。もうそこには何も……もう地図は役に立たない。新たなコロンブスが現れ、新世界を発見するための航海を準備し、そしてまた、あなたたちの歴史を初めからやり直すのだ」

ドロレス「今の文明はどうなるのでしょうか？」

ジャニス「すべての技術が失われるので、文明はそのほとんどがまた初めの頃に戻り、あなたたちはある時点から再出発することになる」

ドロレス「それは地球のある部分で起こるのですか、それとも全体で起こるのですか？」

ジャニス「失われた大陸として知られるレムリアとアトランティスの場合と同じだ。これらの地で同様なことが起きた時には文明も失われた。これら失われた大陸に起こったことを知れば、これから起こってくることについてのヒントになるだろう。なぜなら、再び大陸は失われ、そこにあった科学技術もなくなることになるからだ」

ドロレス「すべてを失い、また最初からやり直さなければいけないというのが、わたしにはどうも腑に落ちないのです」

ジャニス「そうした状況になって、やっと人類は悟るのだ」

ドロレス「だからわたしは、部分的に科学技術が残るのではないかと思っています」

ジャニス「アトランティスがなくなった時、いくらかはその後に残った技術もあった。しかし、失われたものに比べれば、残ったのはまったく問題にもならないレベルのものだった。だから結局、実質的には、最初からやり直したのと同じだ」

ドロレス「ということは、何かが残りうるわけですね。すべてが失われるとはどうしても思いたくないのです。これは人間の性分でしょうか」

ジャニス「さきほどから言っているが、人間はすべてを失ってみないと悟らないように思われる。ラスベガスに行って全財産を賭け、すべてを失って初めてわかるというわけだ」

ドロレス「(笑って)まさにおっしゃる通りです。この地軸移動については、最近よく耳にしますので、いろいろと質問させていただきました」

ジャニス「やがて川が川でなくなるような大変化が起きる。そういったことを知りたかったのか?」

ドロレス「はい。実際にどんなことが起きるかが知りたかったのです」

ジャニス「あなたたちの地球を見て、ミシシッピー川のあたりに焦点を当てて拡大してみると、かつて川の流れが描いていた曲線はもうどこにもなく、一つの陸地の塊だけしか見えない。そして、その後、それがさまざまに分割されていって、今とはまったく違った諸々の大陸が出来る。というわけで、どの川も、今ある場所にはもはや存在しなくなる。知りたいのはこういうことか?」

ドロレス「そうです。地形は完全に変わってしまうのですね。(そうだ)沢山の生命が失われることでしょう。(そうだ)それがどのようにして起こるか教えていただけますか?」

ジャニス「現在起きていることと、ほぼ同様にして起きるだろう。場所によっては陸地もなくなる。川沿いにある都市は、洪水のため、すべて失われる可能性がある。そして地震も多発する。現在、あなたたちはその前兆により警告を受けているのだ。多発する地震の結果はただもう……（長い沈黙）」
ドロレス「どうしたのですか？」

長い沈黙があり、その後、深くため息をついた。小さく不明瞭な声だったが、「どうしてあなたは妨害するのだ？」と言ったように聞こえた。

ドロレス「なんですか？（長い沈黙）なんとおっしゃいましたか？（沈黙は続き、答えは返って来なかった）あなたのほうに何かが起きているのですか？」

宇宙人はいなくなった。ジャニスは戻って来て、混乱しているようだった。「何かが起きました」

ドロレス「それはあなたに起きたのですか、それともわたしと話をしていた彼にですか？」
ジャニス「彼にです。どこへ行ったのか……彼はどこへ行ったんでしょう？　何かが起きたようです」
ドロレス「では、彼に戻って来てもらえるかどうか、やってみましょう。どこかに呼ばれて行ったのかもしれないし、交信経路が遮断されたのかもしれません」
ジャニス「何が起きたか知りませんが。何か針金のようなものを見た気がします、そしてそれが……プツンと切れました」
ドロレス「元に戻せるかどうかやってみましょう。もしかしたら、別の周波数を使うか何かして、彼らがまた接触してくるかもしれません」

いずれにせよ、交信が切れたことは明らかなので、わたしは彼を探すように、または別の周波数の宇宙人を探すよう彼女に指示した。

ジャニス「会議をしている人たちが見えます。でも、何を話しているかは聞こえません。彼らは、わたしから離れたところにいます。彼らは向こう側に……向こうのほうにいます。（手で指し示す）さらに、この人に話をしている人たちがいます。彼はうなずいています。彼は話をしているのですが……彼らが何を言っているのかは聞こえません。彼のほかに六人います」

ドロレス「どのような姿をしていますか？」

ジャニス「ローブを着ています。威厳に満ちた感じのローブですが、彼らは王様ではないようです。冠をかぶったりしてはいません。彼らの姿をどのように説明したらよいかわかりません。ゆったりとしていて、大きな幅の広い帯を前と両側に垂らしています。生地はとても美しいものです。わたしは会議を見ています」

ドロレス「彼らの体はどう見えるのですか？」

ジャニス「（驚いたように）人間のように見えます。でも、老人のようです」

ドロレス「シワとかがあるのですか？」

ジャニス「はい、シワも少しありますが、とにかく老人に見えます。かなり高齢のようです」

ドロレス「わたしたちと話をしていた彼は、どこにいるかわかりますか？」

ジャニス「はい。彼はわたしに背を向けて立っています。彼らは円陣を作っているのです」

ドロレス「あなたはどこにいるのですか？」

ジャニス「大きな部屋の中です。室内は真っ白で、病院の中のようです。ブーンという音が聞こえます」

ドロレス「室内にはほかに何かありますか？　家具とか備品その他、何か？」

ジャニス「はい。でも、わたしたちの家具のようなものではありません。座席などは壁に作り付けのようです。要するに、椅子というよりは壁の一部になっていて、曲面で出来ています」

ドロレス「ベンチのような感じですか？」

ジャニス「はい、どちらかというとベンチに似ていますが、彼らはそう呼ばないのではないでしょうか」

ドロレス「ほかに何かありますか？」

ジャニス「あちらにスクリーンがあります。（自分の右側を指さして）大きなテレビの画面です。巨大です」

ドロレス「スイッチは入っていますか？」

ジャニス「いいえ。（間を置いて）誰かが部屋に入って来ます。あそこにドアがあります（右を指さす）」

ドロレス「彼は他の人たちと同じような姿をしていますか？」

ジャニス「はい。でも、彼には長い……髪の毛らしきものがあります。それが実際に髪の毛かどうかは確かではありません。皆、優しそうに見えます。あの大きな目の連中とは違います。彼らは皆、今までしていたことを止めて、彼のほうを見ています。彼の両側に列を作りました。彼は前に進んで行き、彼らのほうに向き直りました。全員、こんな風にしています（身振りをする）」

ドロレス「手を胸に当てたのですか？」

ジャニス「ええ。彼もそうしました。彼らはうなずいています。あ、今、皆テーブルのほうに行きました」

ドロレス「彼らが何の話をしているのかがわかる場所まで行くことができますか？」

ジャニス「音声のスイッチが切られているような感じです。口が動いているのは見えるのですが」

ドロレス「けれど、ブーンという音は聞こえるのですよね？」

ジャニス「その音は、わたしの頭の中でしているようです。今、彼らはテーブルのまわりに座っています。彼はテーブルの奥の席に、他の人たちはその左右両側に、それぞれ一列に座っています。何かの紙を配っています。いや、それは本当の紙ではありません。何か別のものです。（突然）ああ！　ああ！」

ドロレス「どうしたの？」

ジャニス「今、スクリーンに映り始めました。（大きく息をして）さまざまなものが次々に映し出されています。画面はとても速く移り変わっています。水です。大量の水です。画面はとても、とても速く進行しています。（間を置いて）ああ、あれはまるで……山です。あれは知っているわ。あれはどこ？　山の映像です。（何かを見ている様子でしばらく沈黙）彼らが話していることは……（小さな声で）ちょっと待って。この大きな山の上で止まりました。美しい山です。テーブルの一番奥にいた人が立ち上がって、一人の人を指さしています。わたしに話をしていた人ではなく、テーブルの左側でその人から一人、二人離れたところにいる人です。画面を指さして、何か言っています。何を言っているんだろう？　ああ嫌だ。聞こえないのでイライラしてきます。山の内部のことについて話をしているんだと思います。山の内部、内側に、彼らの基地があるのです。間違いありません。（間を置いて）彼はこの男性をその山に派遣しようとしています。その男性は部屋を出て行きます。たぶん、その山に行くのだと思います」

ジャニス「わたしはその山の内側に行ったことがあるのだと思います。そこには、ひとつの世界があるのです」

ドロレス「彼らから情報を受け取っているのですか？」

ジャニス「わたしは内側に何があるか知っています」

ドロレス「映像には山の外形しかないのですか？　山の内側は見せていないのですか？」

ジャニス「山の内側で何か問題が発生したので、彼が行って対応するようです」

ドロレス「彼らから何か情報を得ることができますか？」

ドロレス「あなたはその山に行ったことがあると言いましたね？」

ジャニス「はい、何百万回も見ましたよ。その山のことは知っているのですが、場所は知りません。その山の中には一大都市があります。いくつかの区に分かれていて、わたしたちの都市と似たようなものです。違うのは、そこには小型の宇宙船で行き、山の内側に降りて、いろいろな道や構造物などを通り抜けて行くことです。そして、わたしたちのエレベーターに似たようなものに乗って、山のいろいろな階層に行くのです。緑色の場所や青色の場所、その他さまざまな色の場所があります」

ドロレス「どうして色の違いがあるのですか？」

ジャニス「それぞれ異なったことが進行しているのです。色ごとに、それぞれ違う種類の訓練が行なわれています」

ドロレス「あなたはなぜそこに行ったのですか？」

ジャニス「その中のある場所で行なわれる教育課程に参加しました。その部屋の中に座ると、人が来て講義をし、何かを学びます。同じ色の中にもいろいろなレベルがあり、参加者が選ぶのです」

ドロレス「それはいつのことでしたか？」

ジャニス「いつでも行なわれています」

ドロレス「あなたがまだそこに行っているということですか？」

ジャニス「はい、行っています。素晴らしいところですよ。都市のようなところですから、宇宙船内のように病院にいるみたいな気分にはなりません。宇宙船の中って本当に病院みたいですよね。でも、この山の中は全然違います」

ドロレス「そこに行く時は、肉体の身体を持って行くのですか？」

ジャニス「そういう時もあります。そこに行く目的によって違います」

ドロレス「自分でそういうことをしていながら、どうして記憶に残っていないのですか？」

ジャニス「その山を見れば、そこにいたということはよくわかります」

ドロレス「どうして憶えていないのかなと思ったのです」

このあたりで、いつのまにか、話している相手は新しい宇宙人に換わっていた。そのことに気づくのにちょっと時間が掛かったが、それは、今度の宇宙人が女性で、最初はジャニスの声とあまり大きく違っていなかったからだった。

ジャニス「それは、その時々で違うことが起きているからです。そこで教えられるようなことを学習している時、それを持ち帰って、いつもの仕事をしている時の意識の中に入れたら、それこそ日常生活に支障をきたすでしょう。いつも当然のようにこなしていることが、普通にできなくなってしまいます。同化はさまざまな時点で行なわれます。だから記憶に残るのです。それを知った時、まったく初めてのことではないような感じがします。しかし、日常の意識の中では、あたかも普通に思い出したことのように浮かんでくるので、本人はパニックに陥らないで済むというわけです。こうして、その知識はその人のものとなるのです。『ああ、それは前から知っていたわ』といった調子です。本当は知らなかったのに、そこで教えられたことで知ったのです」

ドロレス「あなたが身体ごとそこに行っている時に、誰かがあなたのいないのに気がつくようなことはないのですか？」

ジャニス「それはありません。わたしはもともと独りでいることが多い生活をしていますから。さらに言うと、わたしがいなくなる時間は人類の時間で一分程度です。一分あれば、向こうの時間で八時間過ごせます。時間の経過が違うのです」

ドロレス「でも、その山は地球にあるのでしょう？　それでも時間にそんな変動があるのですか？」

たぶん、この時点で宇宙人と完全に入れ替わったのだと思う。この時から、情報はジャニスではなく、相当な知識を持つ人物によって与えられるようになった。

ジャニス「そうです。そこでは時間が合流しているのです。時間の合流点にあるため、そこでは多くの現象が起こっているのです。地球上の、地球の時間における時間の合流点では、次元が互いに絡み合ったり曲がったりしているので、そこにいる人たちの知覚もおかしくなって、何が起きているかわからなくなります。けれど、それが起きたということだけは知っているのです」

ドロレス「その山に基地を置いたのは、そこがそういう合流点のひとつだったからなのですか？」

ジャニス「そうです。地球にはエネルギーが流れる物理的なレイ・ラインがあるのです。そしてまた、時間の合流点もあるのですが……人類は時間の合流点についてはまだ何も知りません。いや、知ってはいるが、その原理は理解できていないのです」

ドロレス「人が、間違えて時間の合流点の中に入ってしまうようなことはありますか？」

ジャニス「ええ、それはあります。実際によく起こることです」

ドロレス「その時、その人はどんな風に感じるのでしょうか？」

ジャニス「それは記憶の空白となり、『あれ？　忘れてしまった。ええと、わたしは何をしていたんだったっけ？　ええ、ちょっと待って、考えさせて』と、こんな風に感じるでしょう。もっと進んだ人間になると、ただ『何が起きたのだ？』と思うだけでなく、何かが起こったということを理解しています。彼らの知覚は全般的に高度に発達しているので、そのような感受性も持っているのです。彼らの発達のレベルと受けた教育のレベル、それに進化の程度などによって、起きたことについての理解度が異なり、それ以上のことを知る場合もあるのです。なぜなら、こういう人間たちにはまた違った形で情報が伝達されるからです。彼らの意識や電磁場、それに彼らと同期している振動エネルギーは、彼らにまったく別の知り方、学び方を与えてくれるのです」

ドロレス「あなたがそこに連れて行かれたということは、あなたはみずから望んで時間の合流点を越えて行ったのですね？」

ジャニス「わたしはいろいろなことに同意しましたが、それもその中のひとつです。でも、そこで学んだことを自分の日常生活に同化することについては、わたし自身がどうこう言えることではありません。わたしが人類の役に立ちたいと欲しているという理由から、意識的には理解することのできない同化の方法を教えられたのです」

ドロレス「わたしは、もし、ごく普通の人が時間の合流点である場所にやって来たとしたら、それは本当に偶然の出来事であり、特別の目的は何もないと思っていますが、実際そうなのでしょうか？」

ジャニス「そうしたことには常に目的があるのです。しかしながら、普通の人がそこに来た場合には、先ほどわたしが説明したようなことが起こるというわけです」

ドロレス「別に、誰かに連れて行かれたというわけではないのですね？」

ジャニス「その通り。彼らが、ある時に、ある物理的な場所にいて、そこでは、あるエネルギーと時間が合流していた、ということです」

ドロレス「あなたは、ここは基地だとおっしゃいましたが、誰が管理統制しているのですか？（沈黙）つまりその、それは人間とは違いますよね？」

ジャニス「そう、人間ではありません。この基地のことは、人間たちにはまったく知られていません」

ドロレス「誰が基地を運用しているのですか？　誰が設置したのですか？」

ジャニス「基地は我々が必要な時にそこから出て、人間と交流できるように設置されたものです。我々に会いに来る人間のためにも使われます。それに今、我々が関わっているような仕事もここで行なわれます」

ドロレス「では、この基地のことを知っている人間は、ここに連れて来られた人たちだけなのですね？」

ジャニス「その通りです。そして彼らの多くは、何が起きているか認識していません。彼らにはどこかに行ったということはわかっていますが、それがここだと知っているとは限らないのです」

ドロレス「政府はこのことを知っているのでしょうか？」

ジャニス「この基地のことは知りません」

ドロレス「ほかの基地のことは知っているのですか？」

ジャニス「彼らは知っていると思っています」

ドロレス「もう長いこと基地はあるのですか？」

ジャニス「そうです。この基地は、もうここに、かれこれ……地球の年月で？　地球の年月でのことですね？」

ドロレス「基地がもうどのくらいの間、この山の中にあるのかということです。山自体は昔からそこにあったでしょうから」

ジャニス「基地もずっと昔からあります」

ドロレス「そんなに長いことあるのですか？（そうです）今、わたしと話をしているのは、また宇宙人ですか？」

ジャニス「そうです」

この声は優しくて、とても女性的であった。この声の質からも、わたしがジャニスと話しているのではないことは良くわかった。声の質ばかりでなく、話の内容のレベルからしてもそれは明らかだった。

ドロレス「そうではないかと思っていました。ジャニスにしては情報量が多過ぎます」
ジャニス「(彼女の笑いは軽やかで、澄んだ歌声のようだった) あなたをだますつもりはありませんでした。ただ、時にはこのように交代することがあるのです」
ドロレス「換わったと思われる時に何か変だと感じましたよ。しばらく前に何が起きたのですか?」
ジャニス「アライアザンは、会議のため行かねばならなかったのです。彼にはミッションが与えられたので、今回はもう、あなたと話すためにここに戻ることはできないでしょう」
ドロレス「今のはだれの名前かと思いました。彼の名前はなんて言うんですって?」

彼女はゆっくりと発音しなおしたが、今度はア・リー・ア・シンのように聞こえた。

ドロレス「アリーアシンですか。わたしは彼を呼び出したくても、次に誰かと接触することを試みるまで、その名前を知りませんでした」
ジャニス「でも、我々はいつまでも名前を持っているわけではないのです」
ドロレス「わたしもそう思っていました。あなたは今、わたしと話をしていただく時間はありますか?」

ジャニス「大丈夫だと思います」
ドロレス「ジャニスは、基地で何か事件が起きたような印象を受けていました。そのため、わたしたちの話し合いが中断されたのです」
ジャニス「あの時には、そこで手に入る専門的知識だけでは対処できない事態が生じ、そのため……そのことは今、あなたに話すことはできません。そこに必要な、あるレベルの専門的知識がなかったので、該当する知識が送られた、とだけ告げておきます」
ドロレス「わたしは好奇心の強い人間なので、多くの質問があります。答えられないことがありましたら、そうおっしゃってください。その基地の歴史について知りたいと思います。あなたは、基地はそこにずっと昔からあったとおっしゃいました。そのことが、わたしの興味をそそります」
ジャニス「この惑星に遠い昔から存在していながら、あなたたちの知らないものは、沢山あります」
ドロレス「そのいくつかを話してくださいますか？」
ジャニス「では、人間が活用できないでいる意思伝達の方法について話してみましょう。あなたたちの俗語で言えば〝お近づきになる〟(tap into) でしょうか。一番近い言葉は〝振動による〟(vibrationally) ですが、これでもこの方法を説明するには不十分です。人間の中にも高度に進化して、言語だけでなくこの交信方法を知っている者もいます。でも、わたしの言っているのは必ずしもテレパシーのことではありません。わたしが話しているのは、音とか電流などの組み合わせで、あなたたちが以前からイルカやザトウクジラで研究している交信方法です。この方法はまったく異質なものです。人間には使用できていないもので、良く似たものはあるのに、まったく理解されていない方法です。人間はすぐに言葉を探そうとします。そして、自分の都合でなんでも分類したがる。すべてを分類し、すべてを言葉によって定義したがります。我々も、すべてのものが言葉を持っているということに同意しないわけではありません。実際、言葉があります。しかし、風もメッセージを運ぶことができます。それは、あなたたちのいろいろな昔話にも出て来ます。風に向かって話をする子どもたちのことは聞いたことがあると思います。でも、大人が風と話をしているのを聞いたことはないでしょう。それでもなお、風は交信に使うことが十分に可能な手段なのです」

ドロレス「インディアンの話で聞いたことがあります」

ジャニス「昔のインディアンは自然と大変良く調和していました。彼らはその知識をどこから得たと思いますか？　インディアンは皆、ＵＦＯとか宇宙のエネルギーと非常に良く調和した暮らしを営んでいました。それは、その頃からあったのです。だからわたしは、それはずっと昔からあったと言っているのです」

ドロレス「それは興味深いですね。では、基地について話してください。どうして、そこに建設されることになったのですか？」

ジャニス「そこに建設された理由は……実際のところ、あの山は世界の中心と考えてもよいのです。我々はバランスを大事にする主義なので、ここを選んだのです。論理的に考えれば、北極に設置するのが妥当と思うかもしれませんが、この惑星では、北極は重力的（原著には gravatational とあるが、gravitational の誤植と思われる・訳注）に見た回転軸の中心ではないのです」

ドロレス「でも、基地が建設されてから、地球には多くの変化があったのではありませんか？」

ジャニス「変化はありましたが、中心軸は移動しませんでした」

ドロレス「わたしは、地球が何度も動いたと思っていました」

ジャニス「たしかに地球は動きました。でも、次元的な仕組みとの関連で、この重力の中心は変わらないのです」

ドロレス「その基地のある山が、どの大陸にあるかだけでも教えていただけますか？」

ジャニス「今はそれができません」

ドロレス「話すと、誰かが基地を見つけるかもしれないからですか？」

ジャニス「今はまだその時ではないのです」

ドロレス「悪人が見つけるかもしれませんからね」

ジャニス「今はその話をする時期ではありません」

ドロレス「では、どうしてそのような昔に建設されたのですか？」

ジャニス「この地球が始まった初めの頃に、この基地も始まったのです。あなたたちの聖書にも『初めに』とあるでしょう。地球は進化発展してきましたが、基地は進化の結果出来たものではないのです」

ドロレス「わたしは、すべてのものには目的や理由があると思っているのですが」

ジャニス「理由はあります。それも複数にわたります。その一つは、ジャニスのように、人類の中であるレベルまで達した人が、その能力の範囲内で奉仕することに同意した時に、安全な場所を提供することです。そして、そこはまた個人の才能をさらに伸ばす場所でもあるのです。あなたたちの世界における大学と考えてよいでしょう。あの基地は、すべてを完備した別世界なのです」

ドロレス「そんな昔に建設されたのであれば、基地が出来た時には、地球にまだ人類がいなかったのでは？」
ジャニス「その通り」
ドロレス「人間もいない頃に、山の中に基地を設営した理由を知りたいのですが」
ジャニス「この基地の果たす他の次元や他の銀河系、諸惑星等々と関連した役割は、人間の数などとはまったく関係のないことです」
ドロレス「わかりました。もうしばらくご辛抱願います。沢山質問がありますが、中にはかなり幼稚なものもあるかもしれません」
ジャニス「それはわかっています」
ドロレス「わたしたちはこうやって学んでいくのです。何かがわたしの頭に浮かんで来ているのですが、わたしもその基地に行ったことがありますか？」
ジャニス「行ったことはありますが、それは今回の人生ではありません」
ドロレス「ふーむ、では、過去世の中のいつかということですね？」
ジャニス「そうです。今あなたが取り組んでいる研究ですが、あなたはなぜその仕事をしているのだと思っていますか？」
ドロレス「単純に、わたしの好奇心からだと思っています」
ジャニス「アハハ！　それはまったく違います」
ドロレス「あなたはその理由を知っているのですか？」
ジャニス「あなたは、自分の研究でわかってきているようなことを、すでに自分の人生で沢山経験しているのです。それで、今でもそうしたことに引き付けられるのです。あなたが調査対象にしている人たちが経験したようなことを、あなた自身、すでに実際に経験してきたのですよ。だから、その人たちの話すことが、時には、もう知っていることのように感じられるのです」

ドロレス「わたしの受け取っている情報がですか？」

ジャニス「そうです。だから、情報を耳にしても、別に驚かないのです」

ドロレス「そうですね。ほかの人たちにとっては驚きなのに、ですよね」

ジャニス「こんなことを聞いてびっくりしましたか？」

ドロレス「さらに好奇心が増してきました。わたしは常に、もっと知りたいという気持ちを持っています」

ジャニス「あなたはもっと思い出したいのですよ、もっと知りたい、ではなくね。あなたにとっては、すでに知っていることなのですから（からかうような口調で）」

ドロレス「（笑い）でも、わたしが驚かない、ということには気がつきませんでした」

ジャニス「誰かがあなたに退行催眠をやってみたら面白いでしょうね」

ドロレス「退行催眠をしてもらったことはありますが、そこまでは行きませんでした。でも、もし否定的な要素のある領域に入り込んでしまったら、わたしも怖がると思います」

ジャニス「我々の会話に、どうして〝否定的〟などという言葉を持ち込むのですか？　我々は一度だって否定的なことなど話したことはなかったではありませんか。わたしとの会話に、何か否定的なところがあるとでも思うのですか？」

ドロレス「いいえ、そうは思いません。否定的な部分がないから、わたしは怖がらないと言ったのです。わたしが言ったのは、否定的な要素のあるような領域に入り込まない限り、何も恐れることはないだろう、ということです」

ジャニス「どの次元に住んでいても、人生に波乱はあるものです。あなたたち地球人の言う通り、『良いこともあれば悪いこともある』からです。そういうことを乗り越えてこそ進歩があるのです」

ドロレス「だから、わたしはこうした探究に取り組んでいるのですね？」

ジャニス「そうに違いないと思います」

ドロレス「わたしは失われた情報を取り戻そうとしているのかもしれませんね」

ジャニス「そうです。でなければ、どうして失われたということがわかるのですか？　それが失われた頃にそこにいたのではないでしょうか？　先ほど、あなたが失われた科学技術のことに関心を寄せていたことに注目し、それでわたしはあなたと話すためにやって来たのです」

ドロレス「そうだったのですか？　わたしはただ、そういうものを失うのは悲劇だと思っただけなのですが」

ジャニス「たしかに悲劇です。でも、そういうことに心を向けるのは、あなたのような高潔な魂を持った人だけです。そして、それを復興させようとしているあなたの試みは、偉大な事業です」

ドロレス「よくわかります。ところで、その基地にいた頃、わたしは肉体を持っていたのでしょうか？」

ジャニス「持っていました。それはあなたの、ある過去世の中でのことでしたから」

ドロレス「政府がこの基地のことを知らなくて良かったですね。もし、知れていたら、きっと何か問題が起きていたと思いますが、いかがですか？」

ジャニス「そうですね。だから、彼らがこの基地について知ることは決してないのです」

ドロレス「彼らが見つけ出したというほかの基地について、話していただけますか？」

ジャニス「それはできません」

ドロレス「彼らが問題を起こしたら、いったいどうなるのかと思ったのですが」

ジャニス「問題が生じたことはあります。その時はただ、我々は別なところに移動したのです」

ドロレス「基地をまるごとですか？（そうです）わたしは、UFOを研究している人たちと一緒に仕事をしているのですが、彼らは、政府が宇宙人と一緒に基地内で作業をしていると考えています。そこでの仕事は多岐にわたり、わたしたちが耳にしたくないようなことも多く行なわれているというのです。そんな話のどこまでが本当なのかは知りませんが」

ジャニス「それは我々のグループに属する者たちではありませんね」

ドロレス「政府もまた地下基地を持っていて、そこでは宇宙人も働いている、と彼らは言っていたようです」

ジャニス「宇宙人は政府の地下基地に行きましたが、そこは宇宙人の基地ではありません」

ドロレス「では、政府も地下基地を持っているのですね？（はい）そこに呼ばれたのですか？」

ジャニス「はい。ある実験への参加を依頼されたのです。いくつかの我々の技術の提供を求められたのですが、彼らはそれを正しく使いませんでした。そしてもちろん、その過ちは宇宙人のせいにされたのです。後から考えてみれば、あの人間たちが技術の誤用の責任など取るわけはなかったので、そもそも彼らに与えるべきではなかったのです」

ドロレス「彼らが責任を取りたがらなかったことは容易に想像できます。その技術は、いったいどういうものだったのですか？」

ジャニス「いろいろな医学的手法です。いくつかの遺伝に関する情報も提供しました。それによって、あなたたちの医学にいくつかの進展がもたらされました。世界で最初に人間の心臓移植をしたのは……クリスチャン・バーナードでしたっけ？」

ドロレス「そうだと思います」

ジャニス「そうでした。彼がその方法をどこで学んだと思いますか？」

ドロレス「顕在意識ではないのですか？」

ジャニス「潜在意識に伝えられ、それが彼の顕在意識に入ったのです。でも、彼はそれに気づかず、自分がその方法を発見したのだと、すっかりそう思い込んでしまったのです」

ドロレス「でも、とにかく、それは良い出来事でしたね」

ジャニス「我々の提供した情報により、いろいろ良いことが起きています。でも残念ながら、そこにはまた、あなたたちが俗に言うところの〝影の部分〟もあります。あまり愉快でない出来事も起きたのです」

ドロレス「それはどういうことだったのでしょうか？」

ジャニス「ある実験のやり方が人間たちによって勝手に変えられてしまったのです。その方法は我々が伝えたものですが、彼らはそれに変更を加えてもうまくいくと思ったのです。でも、そうはいきませんでした。その結果、事故が起き、彼らは我々にその復旧を依頼してきました。でもねえ……」

ドロレス「どんな事故だったのですか？」

ジャニス「何名かの地球人の生命が失われました。それ以上の詳しいことは言えません。ですから、世間で行方不明者とされている人たちの中には……まあ、何をするにしても事故はつきものです。まして、指示通りの手順で正確に作業を行なわなければ、そんな事故が起きても不思議ではないでしょう。始める前に我々が同意しなかったような方法で人間たちが実験を強行したら、我々は一歩下がり、黙って成り行きを見ているしかありません。我々には結果が目に見えていますから。そして、我々の忠告を無視した結果、事故が起きます。人間にはこれしか学ぶ術がないようです。まったく、これは悲劇です。悲劇そのものです」

ドロレス「それは基地での話ですか？」

ジャニス「人間の基地で起きたことです」

ドロレス「あなたは以前、遺伝の実験のことを話していましたが、事故はその時起きたのですか、それとも別の実験ですか？」

ジャニス「別の時のことです」

ドロレス「それについて、話していただけますか？」

ジャニス「ある実験の結果についてだけなら話せます。でも、その他の詳細については、全部は話せません」

ドロレス「かまいません。どんなことでも、わたしにとっては貴重な情報です」

ジャニス「試験管内受精も、この基地で最初に行なわれたことです」

ドロレス「それは良い出来事でしたね」

ジャニス「良いことはほかにも沢山あります。ただ、わたしが借りている体の持ち主のことを考えると、他の例について話すのを躊躇してしまいます。その人、つまりジャニスは、感受性が強いので、わたしが話をすると、話されたことを体験したと同様の状態になるでしょう。実際に生身で体験しなくても、その映像が彼女の頭の中に映り、意識にも入ることになるでしょう。それは、こうした交信方法を取る以上、避けられないことなのです。すでに入り込んだものについては、そのいくつかを取り除く作業を始めています。彼女はもう、それらを目撃してしまいましたから」

ドロレス「同様な問題が、わたしと一緒に仕事をする被術者にもよく起こります。彼らの感受性が強過ぎて、ある場面を目撃した時に感情的になるのです」

ジャニス「はい。さきほど話したように、ある種の動的な感覚によるコミュニケーションにおいては、例えば、ジャニスは木の葉や風や太陽、その他、諸々の自然力に話しかけることができます。彼女はそのように感受性が強いため、対象物と調和し、それと同じような状態になれるのですが、同じことが細胞とソウルラー（soulular）のレベルでも起きるのです。……今説明したことがわかりますか？」

ドロレス「太陽（solar）って、あの太陽（sun）ですか？」

ジャニス「いや、そうではなく、ソウルラーです」

ドロレス「魂（soul）ですか。内なる魂ですね？」

ジャニス「分子的に見て、もっとも純粋なエネルギー状態の精髄のことです。分子とそれらの相互作用は、深く刻み込まれていて簡単には分解されることはないのです。分解という言葉をあなたへの説明に使うのは適当ではありませんね。わたしが言おうとしているのは、彼女のようなタイプの人間は、一度経験したことは決して忘れない、ということです。そこで彼女がすることは、意識の別なところにある、彼女に影響を与えることのない場所に戻ることです。とにかく彼女は影響されやすいので」

ドロレス「そういう話はよく聞きます。わたしと仕事をしているある若い男性は、いろいろな出来事を、あたかもテレビの画面を観ているかのように見ることができます。でも、そうやって目にした諸々の出来事に多大な影響を受け、かなり重度の後遺症を経験するのです」

この男性とは、わたしの著書『この星の守り手たち』に出て来るフィルのことである。わたしは、『*Conversations with Nostradamus Vol.III*』（『ノストラダムスとの対話　第三巻』）に収録した情報を得るために、彼を使ってノストラダムスと接触したのだが、彼がそこで見せられた多くの場面の影響であまりに感情的になり過ぎたため、プロジェクトの途中で彼を使うことを諦めざるをえなかったのだ。

ジャニス「見たものから影響されることを経験してみなければ、それに対処できないでしょう。そういう段階を踏むことが必要です。最初は無理でも、知った上で対処すれば大丈夫です」

ドロレス「彼はとても感受性の強い人のようで、なんであれ、良くない物事を見ることをとても嫌いました」

ジャニス「彼も成長を続ければ、そのうち……子どもが学ぶことと同じです。最初はハイハイを学び、それから歩けるようになるのです。彼も、さまざまな出来事を見続けるうちに、それらに影響されない境地に到達するでしょう。でも、今の発達段階では、まだそれは無理なのです。また、今わたしがあなたに説明中の実験ですが、ジャニスの感受性のレベルが高過ぎて、現時点では彼女に参加させることはできません。彼女をある状況下において観察し、我々の考える基準により評価した結果、そのような体験をするのはまだ無理だということになったのです。さて、あなたの次なる質問は、〝どのようにして〟彼女にはまだ無理だと判断できたのか、ということになりますか？」

ドロレス「個人の対応能力の限界をどうやって知るか、ということですね」

ジャニス「そう。どのようにして我々が個人の対応能力を知るのか、ということでしょう？　例えば、ジャニスの友人は怖い映画を観ることができるけれど、ジャニスにはできません」

ドロレス「わたしもだめですよ」

ジャニス「ジャニスは運転中、路上で車に轢かれたかどうかして死んでいる動物に出くわしました。彼女はそれを正視することができませんでした。そのことは我々に、彼女が不幸な出来事を正視することができない人であることを告げているのです。目が覚めている間中ずっと、そして、その生活の一瞬一瞬において我々と調和している人は、我々にとって価値ある存在であり、そのような発達レベルや能力は尊重されるべきものです。こうした観察が、我々にとって、いわゆる〝テスト〟になるのです。あなたたちの学校でも、個人の能力がどの程度に達したかを見るためにテストが行なわれているでしょう。我々のテストは、必ずしも座って答案用紙に書き込む類のものではありません。ジャニスがフォートスミス市まで車を運転して行き、途中であのような光景を見ること、それが我々にとってはジャニスのテストになるのです。その結果、彼女はまだその種の出来事について他人と話し合うところまでいたっていないことがわかります。あなたとなら、我々はそうした実験とか彼女が関わってきたことについて普通に話せるのですが、彼女には後になっていろいろな害が生じると思われます。この害（damage）という言葉ですが、地球の人たちが普通使う意味とは違います。ある経験に付随して生じるさまざまな残存物が、彼女の日常生活における意識にあまりに強い影響を与えることになるので、今、あなたとこれらについての話を続けるわけにはいかないのです」

ドロレス「わたしも、ジャニスにとって害になることや、彼女を不快にさせるようなことは何もしたくありません」

ジャニス「彼女はとても強い人です。でも、ものによっては、彼女にもまだ対処できないことはあります」

ドロレス「わたしも、怖い映画のようなものは見られません。でも、もしここに世界中の人に知らせる必要のあることがあったとすれば、わたしはそれを書きます。たとえ、それがわたしの好みでないことでも」

ジャニス「そうですね。あなたも進化しています。あなたが行なうセッションの一つ一つがあなたの感覚を磨き、さらに別なものにも対処できるように……言いたいことを表す言葉が見つからないのですが……」

ドロレス「わたしはつい〝良くないこと〟ばかりを考えてしまいます。今起きていることが皆良くないことのように思えてしまうのです」

ジャニス「あなたの判断基準においては、それで正しいのです。しかしながら、今我々があなたに言いたいのは、悪い出来事に焦点を合わせる必要はない、ということです。その方面ではあなたたちの政府がもう十分活躍していて、宇宙人を悪者に仕立て上げてきました。一方、あなたが行なっている活動は、わかりやすい、あなたなりのやり方で、宇宙人の真の姿とその意図を伝える努力なのです。我々があなたと仕事をしている理由もそこにあります」

ドロレス「はい。わたしは、巷で語られているような恐ろしげな話は信じていません」

ジャニス「たしかに恐ろしい話もあります。そういうことがないというわけではありません」

ドロレス「わたしは今、女性の方と話しているような気がするのですが、そうでしょうか？」

ジャニス「その通りです」

ドロレス「声の質が違っていて、全体的にも違うような感じがします」

ジャニス「ジャニスがわたしとの接触を望んでいたので来たのです。彼女がこちらに調整に来た時には、作業が終わった後、時々一緒になることもありました」

ドロレス「わたしが最初に話した人は、どちらかと言えば機械的で、ロボットのような人でした」（ここでわたしの言っているのは、小さい灰色の人のことである）

ジャニス「実情は、彼はただ、同時に二つの場所で交信しなくてはならなかったということなのです。それで交信を、その都度、きわめて短くカットせざるをえなかったのです。つまり彼は、あなたとの交信ともう一カ所との交信を、うまく両立できなかったというわけです」

ドロレス「わたしが話をしたのは二人目のほうです。あの時、その人はとても威厳に満ちた感じで……」

ジャニス「いいえ、彼が威厳のある態度で対応していたのは、もう一カ所との交信でしたよ」

ドロレス「でも、わたしがジャニスを通して接触した最初の相手は機械的で、本当にロボットのような人でした」

ジャニス「それで、あなたの知りたいことは？」

ドロレス「彼らはそれぞれ、まったく異なった人のように見えたのですが」

ジャニス「それは、ジャニスがいろいろなタイプのエネルギーと仕事をするからです」

ドロレス「最初の人は、わたしの質問の多くを理解できませんでした。ほとんどロボットのようでした」

ジャニス「最初の人はロボットではありません。でもあなたが〝ロボット〟という単語で思い浮かべるような感じの存在であるのは確かです。ただ、あれは違ったタイプの宇宙人なのです」

ドロレス「でも彼は……人間のようには見えませんでした。わたしには、そうとしか言いようがありません」

ジャニス「あなたの持っている〝人間〟という概念からすれば、たしかにあなたの言う通りです。けれど、わたしの定義による〝人間〟の概念からすれば、彼も立派な人間なのです」

ドロレス「でも、彼は違ったタイプなのですよね？」

ジャニス「はい、かなり違っています。そして、まずはそこのところを理解するレベルに到達することが、あなたにとって必要なことなのです。とにかく、あなたは宇宙のさまざまなエネルギーと接触しているのですから、それをしっかり理解しておかないと、ほとんど〝人間のような〟声をした宇宙人たちと話をしていると、時にそのことを忘れてしまいます。あなたは今、人間のような宇宙人と話をしていると思っていますが、それは錯覚です」

ドロレス「そうではないのですか？（違います）でも、あなたにはとても好感が持てます」

ジャニス「もちろん、わたしはとても良い宇宙人ですよ。あなたがロボットだと思った小さい人も同じです。彼も良い宇宙人です。でも彼は、あなたが人間らしいものとしている概念とは、まったく異なった存在なのです」

ドロレス「あなたはどういう宇宙人なのか教えていただけますか？」

ジャニス「わたしは、前回あなたが話した相手と同じエネルギー・パターンの宇宙人です。わたしは彼の片割れなのです」

ドロレス「それはどういう意味でしょうか？」

ジャニス「わたしは、以前あなたが話をしたエネルギー体の女性の部分だということです」

ドロレス「あなたには物理的な身体があるのですか？」

ジャニス「ありますよ」

ドロレス「それはどういう姿をしていますか？」

ジャニス「どのような観点から見たものでしょうか？　わたしの身体の外観を人間の言葉を使って説明するのですか？　それとも、わたしがどのように生活をしているのかを述べるのですか？」

ドロレス「もう時間があまりありませんので、あまり詳しく説明していただくことはできません。わたしはただ、あなたがどのような姿に見えるのかが知りたかったのです。その他のことについては、また次のセッションでお聞かせいただければと思います」

ジャニス「そうですか。わたしの体にはですね、（面白そうに）顔もあるし、人間の持っているのとすべて同じような各部分があります。もし、わたしが地球に行ったら、人間と見分けがつかないでしょう」

ドロレス「でも、あなたは人間ではないと言いましたよね？」

ジャニス「わたしは人間です。しかしまた、人間を超えた存在でもあるのです」

ドロレス「より進化したものという意味ですか？」

ジャニス「エネルギーの状態においても進化しているし、また、身体も高度に進化しています」

ドロレス「もう少し詳しく教えていただけますか？」

ジャニス「わたしの目は、そうですね、〝アジア人の〟と言ってよいかわかりませんが、そのような目をしています。あなたがその質問をした時にわたしがいた判断基準系からでは比較参照が困難なので、少しの間同化し直してからその姿を伝えましょう。背はそう高くありません。皮膚はクリーム色です。肌は全体に明るく光っているように見えます。手は……わたしの手は、人間のものと同じです。わたしは人間そっくりに見えますが、人間ではありません。目を見れば、それは明らかです」

ドロレス「髪の毛はありますか？」

ジャニス「あります。濃い赤褐色です。あなたたちの基準からすれば、黒とまでは言えないでしょう。こげ茶と黒の中間で、その中にわずかに赤いハイライトがあります」

ドロレス「次の機会がありましたら、またあなたとお話をさせていただいてもよろしいですか？」

ジャニス「もし、わたしの番が来ていれば、またここに来ます。ジャニスとの仕事をする上で、あなたが話をすべき相手はほかにも大勢います。話す相手は、あなたがやって来た時の目的や日時、それに、その時与えられる情報の内容によって決まるのです。ですから、それがわたしの来るべき時であれば、当然、わたしはここに来ています」

ドロレス「もう一つだけ質問があります。わたしは遠距離を旅してここに来るので、ジャニスとは一日に三回セッションしたいと思っています。そんなことをして、彼女の体に害はないでしょうか？」

ジャニス「はい、大丈夫でしょう。じつは、身体関連はわたしの専門分野なので、自信を持ってそう言えるのです。わたしの専門は、あなたたちの言う〝心理学的治療〟ということになるでしょう。あなたたちの基準からすると、わたしは医師ということになりますが、それでは、わたしのする仕事の一部しか説明できていません。わたしは、人間の身体ばかりでなく、この地球という惑星の健康状態についての専門家でもあるのです」

ドロレス「わたしは、彼女を疲れさせたり害するようなことは、一切何もしたくないと思っています」

ジャニス「彼女は疲れるようなことはありません。もしもそんなことが起きるようなら、わたしのほうからあなたに知らせます。ですから、あなたに責任はありません。我々が判断してあなたに伝えます」

ドロレス「それでは、もうちょっとしたら彼女を覚醒させたいと思います。そして一、二時間後にまたここへ戻って来ます。彼女を疲れさせたくはないので、こういうセッションを一日に何回もしたことはないのです」

ジャニス「彼女はエネルギーを容易に補充して蓄えておくことができるし、その回復力にはめざましいものがあります」

ドロレス「それではわたしたちの時間で一、二時間したら、またここに戻って来ます。そしてあなたか、あるいは別の適当な方とお会いしたいと思います。それでよろしいでしょうか？」

ジャニス「結構です。それでは、『あなたに平安がありますように』」

ドロレス「あなたとのひと時は、とても楽しく過ごさせていただきました」

ジャニス「わたしもです。またお会いしましょう」

その後、宇宙人にはこの場を離れてもらい、ジャニスを完全に体に戻した。それを確認した後、彼女の意識も完全に元に戻した。

目を覚ました後でも、ジャニスはあの医師の姿を憶えていて、それを説明したいと言った。彼女はとても美しい人で、黒みがかった長い髪の毛を金属のバンドで後ろに束ねていた。ジャニスはその髪の毛の色を〝赤褐色〟だったと言った。全体的に強烈な印象を与えた彼女の姿だったが、なかでも特に際立っていたのはその目であった。深く濃い緑色のその目の形は、まったくのアジア系というわけでもなかった。それはジャニスに、古代エジプトの壁画に描かれた人々の、濃い色の顔料で隈どりされた目を思い起こさせた。画の中では、化粧にコール墨が使用され、描かれた目の輪郭は目じりから上のほうに向かっている。しかし、あの医師の場合には化粧ではなく、もともとの目がそのような外観だったのだ。それを聞いたわたしは、古代エジプト人は、何を見て目をあのように描くようになったのだろう、と考えずにはいられなかった。もしかすると、彼らは実際にそのような宇宙人たちを見て、その美しさと独特の容貌に魅せられ、それを絵に描いたのではないだろうか？

わたしたちは外出してハンバーガーを買い、話題を平凡な日常のことに転じた。そして、次のセッションを始める前に、しばらくは外の世界に目を向けて過ごしたのだった。

第11章
エネルギーの医師

昼食を済ませてから二時間ほど休憩し、午後三時頃にこの日二回目のセッションを開始した。ジャニス専用のキーワードを使うと、彼女は簡単に深いトランス状態に入った。わたしは彼女に、さっき話をした宇宙人を探すように伝えた。わたしが数を数え終わった時、今回、ジャニスは宇宙船の中にはいなかった。彼女は宇宙空間を浮遊していたが、どこに向かって動いているのか、何を見つけようとしているのか、彼女自身にもわからなかった。

いくつか指示を与えると、彼女は光を見つけた。

「それは焦点の絞られた光です。光っていることを除けば、まるで巨大な眼の中の瞳のような感じに見えます。わたしはまだそれを通り抜けていません。その中にいるのか、それともその光がわたしの顔の上にあるのかもわかりません。わたしに何かが起きています」

それが何であるにせよ、ベッドの上に横たわっている彼女に、ある種の身体的感覚が生まれているのは明らかだった。

「光の色が変わりました。頭の調子がおかしくなりました」

当然のことながら、彼女の身の安全が第一なので、わたしは彼女の身体に起きている異常な感覚を取り去る暗示を与えた。そして、その光の目的をわたしたちに説明してくれる人がそのあたりにいるかどうかを繰り返し尋ねた。

ジャニスの体は硬直してしまったようで、その光に集中する以外、何もできないらしかった。

「これ以外には何も見ることができません。そこに誰かいると思うのですが、光のほうにしか目が向かないのです」。彼女は大きく息をしていた。

「それが何かをしています。とても強い光です。何かを待っているようですが、それが何なのかはわかりません」

こんな調子で五、六秒続き、そこを通り過ぎるように指示を出したが、彼女は動けなかった。

「まるでここに縛り付けられているみたいです。ここから出なければなりません」

ドロレス「そこから離れたいと思いますか？」
ジャニス「はい、光が顔の真上にありますから」
ドロレス「あなたが気持ち良く感じることだけをしてください。もし、その光の中に入ったら、どんな感じがするでしょうか？」
ジャニス「雲です。蒸気みたいです。体が変な感じです。ちくちくして、痛むわけではないのですが、しびれた足に感覚が戻って来る時のような感じです。あの変な感じ、わかりますよね？　今、全身がそんな感じになっています。そして、時々、光に縁が見えます。光は中心に向かって集中していて、外側に行くにしたがって次第に暗くなります。そして、それは動きます。わたしのほうに向かって来ます。きれいです。さっきまではいろいろな光でしたが、今は水蒸気のように見えます。でも、色は水蒸気とは違います。暗い色ですが、悪の色ではありません。悪い感じはしません。良い感じです」

ドロレス「光を通り抜けたのですか？」

ジャニス「よくわかりません。見えていないのか、それともその中にいるのかもわかりません。体の変な感じはなくなりました。あれは本当に奇妙な感じでした。これはどうも以前経験したことがあるようです。それが何なのか、今わかりました。これは第一段階です。それは融けるような感覚です。（笑う）瞬間的に自分がヨーヨーになったように感じました。そう、ボヨーンっていう感じ（笑う）」

ドロレス「でも、とにかく今は元通りの体に戻っていますよ。わかりました。誰か質問を受けてくれる人を探しましょう。（しばらく間を置いて）誰かそこにいますか？」

こうして探していると、突然宇宙人が答えてきたので驚いた。答えてくれたその声は小さく、やさしくて穏やかだったので、それがジャニス自身でないのは明らかだった。

ジャニス「あなたは何を知りたいの？」

ドロレス「ではまず、あの光の目的はなんですか？」

ジャニス「あれは接触を成立させるためのものです」

それはたしかにあの女性の宇宙人だった。その歌うような優しい声ですぐにわかった。

ドロレス「あの光はジャニスに少々不快感を与えたようです。体に違和感があったらしいですから」

ジャニス「たしかに身体には違和感を与えますが、精神を落ち着かせる効果があるのです。そしてまた、これは同時に二カ所に存在して行き来する時に必要な準備段階でもあります」

ドロレス「あなたは、さきほどわたしが話をしていた相手と同じ方ですか？」

ジャニス「はい、そうです」

ドロレス「わたしたちはすぐ戻って来ると言いましたよね」

ジャニス「でも、わたしはあの時とは別の場所にいたのです。それで、わたしを探す方法にも違いがあったのです」

ドロレス「そうでしたか？　それで今回は探し当てるのが大変だったのですね」

ジャニス「それは難しいとか易しいとかという問題ではなく、時間・空間の相対的な関連ポイントが変わったということです」

ドロレス「それでは、わたしたちの今の時間と、あなたが経験している時間とは別なものなのですね」

ジャニス「そうです。そしてこれはジャニスが部分的に体験していたことです。彼女があなたに伝えたように、身体の感じの変化だけでなく、時間と空間の移行も経験します。その時にはどうしても、身体にある種の感覚が生じます。あなたたちの用語を借りると、一時停止、ということになります。この言葉はわかりますよね」

ドロレス「はい。時間が止まったようになることだと思います」

ジャニス「移行する時にはそれと同じようなことが起きているのです。意識が移動する際、それが身体に及ぼす影響があの違和感となるのです」

ドロレス「話はちょっと違うのですが、わたしには短時間でしたが、あなたには長時間でしたか？」

ジャニス「え、なんのことです？」

ドロレス「わたしが前回、あなたと話をしてからということです」

ジャニス「ああ、はい。あなたの時間で一、二時間経ったという事実に関連したことですね？（はい）わたしの時間では、わたしは一年分の仕事をやり遂げました。ですから、これでわかるように、そこには完全な移行が起こっているのです」

ドロレス「わたしが一、二時間で戻って来ると言った時には、あなたがそんなに長時間待たねばならないとは知りませんでした」

ジャニス「あなたがあなたの生活を続けていたように、わたしもただ自分の生活を続けていたのです」

ドロレス「わたしにはいささか難し過ぎて、よく理解できません。前回お話をしていただいた時に、あなたご自身のことをお話ししてくれて、さらに、あなたの生活ぶりを知りたいか、とおっしゃいました。あの時は時間が掛かり過ぎるのではないかと思って遠慮したのですが、今、その件について少し話していただけますか？」

ジャニス「何か特に質問したいことがありますか？　それとも、わたしがどんな仕事をしているのか、その概略を知りたいですか？　あるいは、わたしの子ども時代について話しましょうか？　どうします？　どこでもお望みのところから始めますよ」

ドロレス「最初は全般的なことからお願いします。その後で質問したいと思いますので」

ジャニス「わたしは毎日、あなたの惑星に関するいろいろなミッションに参加しています。ジャニスが参加している実験にも、そのいくつかに関わっています。彼女とは親しい仲です。というのも、今まで何度も協力して仕事をしているからです。わたしは、地球についての科学知識を豊富に持っています。前回話したように、わたしはあなたたちの世界で言えば医師ということになるでしょう。しかしまた、我々の世界の考え方からすると、医師は、単に人の身体を診断治療するだけでなく、それ以上の役割をも担っているのです。我々は、医学をただ全般的とか専門的とかに分けて考えるのではなく、我々の持ついろいろな思想と諸々の専門分野を含めた全体として捉えます。あなたたちに腎臓の専門医がいるのと同じように、我々は身体の仕組み全体の専門家なのです。それらには身体、精神、分子構造、さらには地球構造科学、通信構造科学系、そして、こうした分野が次元間で相互に関連し合って生まれるさまざまな様相を対象とする科学などが含まれます」

ドロレス「何かとても複雑ですね。あなたはかなり頭が良いのでしょう」

ジャニス「(控えめな調子で)まあ、熟練者とは言われています」

ドロレス「あなたは宇宙船で生活をしているのですか、それとも、本国との間を行き来しているのですか？」

ジャニス「本国へは行き来しますが、時には全然帰らないようなこともあります。ミッションによっては、以前アリーアシンが基地に派遣されたように、わたしも基地に長期間滞在することがあります。わたしが今こうしてあなたと話をしているのも、そうした任務の一環なのであって、わたしはジャニスとともに仕事をしている宇宙エネルギーの仲間の一員なのです」

ドロレス「他の人たちとも仕事をしますか？」

ジャニス「もちろん、します。あなたたちの惑星にも、いわば、我々の配下にある人たちがいますよ」

ドロレス「あなたのお国がどこにあるのかについて興味があります」

ジャニス「わたしの国は、あなたたちの銀河系の中にはありません」

ドロレス「でも、あなたは本国との間を行ったり来たりするとおっしゃっていましたね？　どうしてそういうことが可能なのですか？」
ジャニス「それは光速を超えるから可能なのです」
ドロレス「わたしたちは光速が速さの限界と考えていますが」
ジャニス「だから、あなたたちには次元を超えた移動ができないのです」
ドロレス「わたしたちの考える限界のせいなのですか？」
ジャニス「その通りです」
ドロレス「あなたの惑星は物理的に存在していますか？」
ジャニス「そうですね、はい」
ドロレス「食物は摂取しますか？」
ジャニス「我々の食物は、地球のものとは異なっています。地球では、菜園の植物すべてにそれぞれの名前を付けますが、我々は必ずしもそういうことはしません。例えば、あのオレンジ色の野菜を、我々はニンジンとは呼びません」
ドロレス「でも食物は、わたしたちと同じようにして食べるのでしょう？」
ジャニス「食物は摂取しますが、我々の食物は違うのです。その組織構造が違うのです。言い換えるなら、我々は動物を食用にしません。ただ、我々にも発達状態による段階があり、人間の赤ん坊がミルクだけで育つように、幼児期には一種類の食物だけで育つ期間があります。そして、成人すると我々は……地球の言葉で言う〝普通の〟食物を食べなくても生きられるようになります」
ドロレス「でも、わたしたちと同様に食べるし、消化器官もあるのでしょう？」

ジャニス「消化器官はありますが、あなたたちのものとはまったく違います」
ドロレス「呼吸器官はありますか？」
ジャニス「ありますよ」
ドロレス「循環器官は？」
ジャニス「ありますが、限定的な意味において、ということです」
ドロレス「どういうことでしょうか？」
ジャニス「それは地球に来た時には機能しますが、我々の銀河系の環境では機能しません。ですから、それはまったく違うものなのです。我々の身体は二重構造になっており、二つの異なった身体の仕組みを持っているため、どこに行ってもそこで機能できるのです。それに比べると、あなたたちの身体の仕組みでは消化器官には一つの機能しかなく、それ以外の仕方では働きません。我々のとはまったく違います」
ドロレス「あなたたちの体はどこに行っても機能するのですか？（はい）空気とか食物、その他の環境にあるどんな要素にも、あなたたちは順応できるのですね？」
ジャニス「はい。ですから地球にやって来ても、人間たちに気づかれることなく生活できるのです」
ドロレス「基地での生活のことですか？」
ジャニス「基地の外の世界でもです」
ドロレス「あなたには特徴があって、見ればすぐわかるとおっしゃっていませんでしたっけ？」
ジャニス「その種の宇宙人がいることを知っている人にはわかるでしょう」
ドロレス「目を見たらわかってしまうと言っておられましたが」

ジャニス「普通の人にはわかりません」

ドロレス「それでは、あなたにはかなりの適応力があるのですね？」

ジャニス「ええ、あります。今わたしが話をしているのは、瞬間的な認知のことです。それはつまり、こういうことです。例えば、地球人の誰かが町を歩いている、あるいはレストランかどこかにいるとかしていて、我々の一人とすれ違ったとします。その瞬間、ジャニスのような人であれば、その認知機能が働いて、あたかも家族の誰かに会ったかのような気がします。それはまるで、母親が子どもを目で見なくても認知できるようなもので、わたしの言っているのはそのような認知能力のことです。そしてその地球人は、その時の瞬間的認知を、自分の知っている何かと結び付けることができないまま通り過ぎるでしょう。その人は、『あの人はどこかで見たことがある。何かあったような気がするなあ』と思うかもしれません」

ドロレス「わたしもそういう経験をしたことがあります」

ジャニス「特別感受性が強いとか、認知に関しての教育を受けた人たちには、そういう相手の認知が可能ですが、彼ら自身はそのことから別になんの影響も受けません。それは彼らが、それを現実として受け入れているからです。それは同時に、二つの現実の混合でもあります。彼らが地球で仕事をするということは、次元をまたいで活動することでもあるからです。ですから、彼らにとって、そうした事実を受け入れるのは容易なことなのです。普通の人にしてみれば、ひとつの現実の中に存在するのが当然であって、それ以外のことは考えられないのですが」

ドロレス「たしかにその通りですね。他の宇宙人にはこの適応力はないのですか？」

ジャニス「ない種族もいます。いろいろな種の宇宙人がいて、それぞれ違った身体の仕組みを持っていますからね。あなたたちの惑星にさまざまな人種がいるのと似たようなものです。ある人種では異常とされるようなことも、別な人種では普通だったりします。以前あなたが話した機械のような宇宙人は、我々の惑星にいる種族とはまったく違った種に属しています」

ドロレス「体の仕組みとか、すべてが違うのですか？」

ジャニス「はい。彼は我々のようには機能しません。つまり、食物を食べないのです」

ドロレス「それでは、どのようにして生きていくのですか？　栄養源は何ですか？」

ジャニス「彼は、生きるために食物を必要としないのです」

ドロレス「でも、なんらかのエネルギー源は必要なのでは？」

ジャニス「（大きくため息）あなたに説明するのは本当に大変です。機械的な生命体は機械的に機能するのです。だから彼の中では……言葉が見つからない。翻訳の必要な言葉がいくつかあります。（間を置いて）このような説明はどうでしょう。機械的な装置にバッテリーを入れたら機能しますよね？ですから、彼のような生命体があなたの惑星にやって来る時には、たっぷり燃料を入れて来るのです。それを特殊な電子的エネルギーと考えれば説明がつくでしょう」

ドロレス「では、彼はどちらかというと機械のようなものなのですね？（はい）それでは、彼は別の宇宙人によって製造されたということですか、通常の生まれ方でなく？　彼は別な人たちによって機械のように作られたのですね？」

ジャニス「彼は機械ではないので、機械のように作られたのではありません。彼は生命体です。ただ、我々とは違った生命体だということです。彼の生まれたところには、そういう生命体ばかりが暮らしているのです」

ドロレス「彼らはどのようにして生殖するのですか？　お互いの複製を作るのですか？」
ジャニス「彼らの場所の電気が大きく関係してきます。いや、それはあるエネルギーの状態によるものなので〝電気〟という言葉は不適当ですね」
ドロレス「彼らは自分自身で複製を作る必要があるのですか？」
ジャニス「必要ありません。彼らにとってのセックスは、あなたたちにとってのセックスと違うだけで、彼らも、我々やあなたたちと同じように複製を作ります」
ドロレス「知りたかったのはそういうことです。不適切な比較であろうことは承知していますが、もし機械のようなものであれば死ぬことがないので、その上作る必要はないのかと思ったのです」
ジャニス「彼らも死にます」
ドロレス「では、彼らは不死身ではないのですね？」
ジャニス「彼らにもそれなりの寿命があります」
ドロレス「それでは、彼らにも世代交代の必要があるのですね、ただ、その方法が違うだけで。ところで、あなたがたの種族では、どのようにして子どもを作るのですか？」
ジャニス「二つの方法があります。（間を置いて）今は、この話はすべきではないと思います。ただ、そのうちのひとつはあなたたちの生殖方法と同じ、ということだけはお伝えしてもいいでしょう」
ドロレス「どうして二通りあるのですか？」
ジャニス「それぞれ違ったタイプのものが生まれるのです」
ドロレス「宇宙人の中には男女両性を持つ人がいるとも聞きました」
ジャニス「います」

ドロレス「こうした、いろいろな違いに関して、わたしはとても興味を持っているのです。(明らかに、彼女が話したがらない話題について話を進めるのは難しく、気まずいことであった) でも、あなたが話したくなければ、それで結構です」

ジャニス「これは話したい、話したくないの問題ではなく、話すことを許されていないのです」

ドロレス「わかりました。あなたが答えられないことを質問してしまう時がありますが、それはただ、わたしが知りたいから質問するだけであって、他になんの意図もありません。ほかにもいろいろな質問を紙に書いて用意してありますが、それらについてあなたが話してくださるかどうかは別問題と考えています。で、ひとつお聞きしたかったのは、太陽系のほかの惑星についてです。その辺の情報はお持ちでしょうか？　あなたの専門分野ではないかもしれませんが」

ジャニス「ある程度の情報なら提供できると思います。火星にも、あなたたちが今知っているような生命は存在していましたよ」

ドロレス「そうだったのですか？」

ジャニス「ある一時期に限られますが」

ドロレス「それは地球に生命が存在する前の話ですか？」

ジャニス「そうです。地球に現在のような生命が存在する前の話です」

ドロレス「彼らの文明はどの程度発達していたのですか？」

ジャニス「かなりのところまで発達していました。大気に変化が起きる前のある時期までは、火星も地球とよく似た環境でした。しかしながら壊滅的な大変動が起こり、そうした環境は激変しました。その時、現在あなたたちの知っているような生命は全滅しました。だからといって今、生命体がいないかというと、そうではありません。あなたたちの目に見えない生命が存在しています」

ドロレス「その壊滅的なこととはなんだったのですか？」

ジャニス「惑星同士が衝突して、飛び散ったものが火星に落ち、それが大気の状態を変えてしまったのです」

ドロレス「そのために、そこに住んでいた人たちは滅びてしまったのですか？」

ジャニス「彼らは焼け死んでしまいました」

ドロレス「どんな人たちだったのですか？」

ジャニス「あなたたちとよく似た人たちです」

ドロレス「人類のような？」

ジャニス「はい。彼らの身体の仕組みや構造は、今の地球人より進んでいました。社会も、あなたたちのものより進んでいました。人間同士の関係も良好で、今の地球で起きているような戦争とか殺人はありませんでした。意識のレベルが高かったので、今の地球よりずっと平和な社会を営んでいたのです。現在、あなたたちの惑星に起きていることの原因は、あなたたち自身の行なったことにありますが、彼らの惑星に起きたことに関しては、彼らに一切責任はありません」

ドロレス「都市もあったのですか？」

ジャニス「都市はありました。その名残はどこかにあるはずです」

ドロレス「火星の表面に何か見えるらしく、〝火星の人面岩〟と呼ばれています。それについて何かご存知ですか？」

ジャニス「はい。それはあなたたちの顔、すなわち人類の顔がそこにあったということを示すシンボルです。あなたたちとよく似た人たちです」
ドロレス「どのようにして作られたのでしょうか？」
ジャニス「それはわかりません。どうやって作ったのか、わたしは知りません」
ドロレス「そこに住んでいた人たちが作ったのでしょう？」
ジャニス「そうではありません」
ドロレス「では、後になって作られたのですか？（はい）でも、あなたは誰がそこに作ったのかご存じないのですか？」
ジャニス「知りません。それは象徴的なものです」
ドロレス「その顔の近くにピラミッドがあるとも聞いていますが」
ジャニス「いいですか、火星にはあなたたちのような文明が栄えていました。あなたたちも注意しないと第二の火星になってしまうのです。（ため息をつく）今、地球はとても微妙な状況にあります。だからこそ、今、我々は実験やプロジェクトを行なっているのです」
ドロレス「そんなことが地球でも起こりうるのですか？（はい）でも、あなたは火星に、わたしたちには見えない生命が存在するとおっしゃいましたね」
ジャニス「その通りです」
ドロレス「そのことについて話していただけますか？」
ジャニス「知ってはいますが、わたしには……（彼女は禁断の場所に侵入したかのように躊躇した）」
ドロレス「そういったことを知りたがっている科学者は大勢います」
ジャニス「はい、でも……（間を取って、その後躊躇した）許可なしではまずい気がしますので、この話をして良いかどうかの指示を仰ぎたいと思います」

ドロレス「なんであれ、あなたを困らせるようなことはしたくありません。もし、許可が得られるようでしたらお願いします」

ジャニス「火星に今文明があるということは言えます」

ドロレス「え？　わたしは原始的な生命かと思っていました。原初の、ごく初期の生命だと。でも、それよりずっと進んだ生命体なのですか？」

ジャニス「文明があります。コロニーがあって、いろいろなプロジェクトも行なわれています。そこに地球から行った会計士とその家族が住んでいると言ったら、あなたは信じられますか？」

ドロレス「わたしはなんでも可能だとは思っています。でも、彼が生きていくには大気とか、さまざまな条件が必要です」

ジャニス「そうですね」

ドロレス「火星には人間が生きていけるような大気がないと思っているのですが」

ジャニス「現在の発達段階でのあなたの身体では無理です。あなたが地球で生活するのと同様な生活を火星の地表ですることはできません」

ドロレス「では、火星の都市は地表にあるのではないのですね？」

ジャニス「その通りです」

ドロレス「それらは、以前存在して壊滅的な大災害で焼けたあの文明の名残ですか？」

ジャニス「あるものはそうですが、そうでないのもあります」

ドロレス「では、焼け残ったものもあったのですね」

ジャニス「残ったものもありました」
ドロレス「他の種族がやって来て作った都市もあるのですか？」
ジャニス「はい、あります」
ドロレス「さきほどの会計士ですが、彼はみずから願い出たのですか？」
ジャニス「（強い調子で）そうです」
ドロレス「彼にとっては大変な冒険ですよね、すべてを後にして行くのですから」
ジャニス「彼はすべてを後にしました」
ドロレス「そのようなまったく違う環境に人間が慣れるのは、とても大変だと聞きましたが」
ジャニス「環境がコントロールされた場所であればそうでもありません」
ドロレス「それは興味深いですね。ご存知のように、地球から何かを送り込もうという計画があって……もうすでに何か火星に向けて発射しましたよね、探査機でしたっけ？　それで写真も撮りました」
ジャニス「あなたたちアメリカ人は、いろいろな宇宙計画を持っています。でも、ひとつのプロジェクトを集中して行ない、それを完成させてから次の計画に向かうようにしたほうが良いと思いますよ」
ドロレス「アメリカには火星に基地を置く計画がありますよね？」
ジャニス「火星に置く計画もあるし、他の惑星にも基地の設置を考えています。月にも作るつもりです」
ドロレス「人を火星に送りたいと思っているとも聞きました」

ジャニス「それは合同計画になるでしょう。アメリカが単独でそうするとは思えません」

ドロレス「その計画は実現すると思いますか？」

ジャニス「はい、必ず実現すると思います」

ドロレス「今、地球にいる人たちが、生きている間に実現すると思いますか？」

ジャニス「はい、大丈夫でしょう」

ドロレス「そこに行って、他の生命体がいることを発見したらどうなるのでしょうか？」

ジャニス「地球人に彼らは見えません。これまでに見たこともないし、見ることはできないのです。彼らが知られるようになるまでには、相当時間が掛かるでしょう。火星にいる生命体には地球から来た人たちが見えますが、アメリカ人やフランス人、それにロシア人たちには、火星にいる生命体が見えません」

ドロレス「火星に着陸して、そこに他の生命体がいることがわかったらショックでしょうね」

ジャニス「我々も、あなたたちの国に着陸した時にはショックを受けます。同様に、あなたたちが他の生命体の住む星に着陸したらショックなしには済みません。あなたたちの意識は……移行のポイントを越えることができないからです。それは精神の限界です」

ドロレス「火星の地表には、何か生命体が存在しているのですか？」

ジャニス「生命体は存在しますが、それはあなたたちの知っているような生命体とは違います。あなたたちにとって植物とは、葉があり、緑色をしたものでしかありません。そういう先入観があるため、火星の表面にある植物は人間の眼では認識できないのです。あなたたちは植物というものをひとつの基準でしか見ないからです。しかし、他の種に属する宇宙人たちは、火星に行って植物を見ることができます。見る基準が違うからです」
ドロレス「わたしたちにも、よく調べたらわかりますか？」
ジャニス「だめです。まったく違ったものですから。地球の植物とは構造的に全然違っているので、あなたたちはそれを植物とは呼ばないでしょう」
ドロレス「火星の写真を見ると、岩しか写っていませんが」
ジャニス「そうです。あなたたちは、それを岩としか認識しないのです。岩の中にもいろいろな違いがあって、我々にはその違いがわかるのですが、あなたたちにはわかりません」
ドロレス「ほかにも何か生命体はいますか？」
ジャニス「生命体の種類については、すでにあなたに話したでしょう」
ドロレス「火星の地表に住んでいるものの中に、例えば動物とか昆虫といった類がいるかと思ったのですが」
ジャニス「いません。地表には植物だけで、動物は生息していません」
ドロレス「そういうものは地下にいるのですか？（そうです）そこには、わたしが見たらわかるようなものがいるのですか？」
ジャニス「います。あなたたちの惑星から来た会計士が住めるようにコントロールされた環境があることはすでに話しました。彼が生活をしているということは、そこが地球と同様の環境に作られているのだと思いませんか？」
ドロレス「思いますが、わたしが考えていたのは、あの大災害の後に現れた火星固有の生物のことです。地下の人工的な環境の中に住む生物のことではありません」

ジャニス「あなたたちの国の森林に、まだ人が入り込んだことがない原生林があるのと同じように、火星の地下にも手の付けられていない場所はあります。しかし、開発が進んだ地表には、もう未踏の地はありません」

ドロレス「それでは火星固有の動物とか昆虫は、まだ生き残っているのですね？」

ジャニス「自然の環境下にはいます」

ドロレス「もし宇宙のほかのところから何者かが来たのなら、何か別の形の生命体を持ち込んだのではないかと思うのですが、わたしが知っているような動物とか昆虫などはいませんか？（いません）それでは、太陽系のほかの惑星ならどうでしょうか。どこかに生命体がいたことはありますか？」

ジャニス「ええ、他の惑星に生命体がいたことはあります」

ドロレス「どの惑星ですか？」

ジャニス「木星と金星です」

ドロレス「水星はどうですか？」

ジャニス「水星については、わたしはあまり詳しくないのです」

ドロレス「では、金星について話してください」

ジャニス「金星には生命体がいたことがあります。わたしは、本当はあなたに話すべきでないことを話しています。しかし、話してはならないという命令は受け取っていないので、このまま続けることにします。ですから……」

ドロレス「もし、禁じられていることを話そうとすると、誰かに止められるのですか？」

ジャニス「ええ、そうなると思います」

ドロレス「わたしたち地球人は、金星に生命体がいるかどうかについて、ずっと関心を持ってきたのです。ええと、たしか金星は雲に覆われていましたよね、わたしの乏しい知識によれば。それで、生命体はいつごろ存在していたのですか？」

ジャニス「(間を置いてから、躊躇して）何か別なことに話題を変えたほうがいいかと思います」

ドロレス「わかりました。もうひとつ、わたしがお聞きしたかったのは、木星にある大赤斑のことです。それについて、何か教えていただけますか？　それとも、それも禁じられた話題なのですか？」

ジャニス「木星は探検すべき、地球にとって重要な惑星です。今の段階ではわたしは……ちょっと待ってください」

ドロレス「わかりました。あなたには一切ご迷惑をお掛けしたくありません。それが許された話題なら、ほかにもっと詳しい方がいらっしゃるかもしれませんね」

ジャニス「この件について、もっと詳しく知っている者がほかにいます。その分野においてはわたしより専門家です。しかしながら……わたしは今、このことについてこれ以上話すべきではないのです」

ドロレス「もっと詳しいどなたかが、わたしに話をしてくれそうですか？」

ジャニス「今はだめです」

ドロレス「わかりました。それについては、また別な時に質問することにします」

ジャニス「そうですね……ちょっと待ってください」

　彼女は誰かと話をしているようだったが、そのうち低い声で、「はい……わかりました」とつぶやいた。その後は、何か別の言語をしゃべっているように聞こえた。小さな声で、聞き取るのは難しかったが、録音テープにはちゃんと入っていた。Vashusha（？　発音は、ヴァ・シュ・シャか、ラ・シュ・シャで、アクセントはない）というのだが、声は小さく、わたしに向かって話しているのではないことは明らかで、彼女はまだ誰かと話をしているようだった。そしてまた、聞き慣れない言葉が聞こえた。今度はいくつかの単語のように聞こえた。Temtem tensesavene（？　発音は、テム・テム　テンス・サ・ヴィ・ネ？）とても早口だったので、単語はひとつにつながって聞こえた。だから音節の区切りは間違っているかもしれない。

彼女の声が大きくなった。また、わたしに話し始めたのであった。「いいですか、連なる惑星の中で、地球はもっとも重要な位置にあります。その中で原因となる……」彼女はまた、何かに注意をそらされたかのように沈黙した。そして、ささやくような声で「え？」と言った後、またわたしに向かって語り始めた。「地球に起こることは、太陽系のすべての惑星に影響を及ぼします。ですから、地球の存続は、きわめて重要なことなのです」

ドロレス「あなたが話す内容は、誰かに指示されているのですか？」

ジャニス「はい。わたしは言われたことしか話してはならないのです」

ドロレス「木星の大赤斑について質問してよろしいですか？　それとも、惑星に関する質問はもうやめたほうがいいですか？」

ジャニス「それは、我々の進歩に関連したまた別な問題として、あらためて論じることになります」

ドロレス「わかりました。別のどなたかが情報をお持ちなのですね」

ジャニス「はい。その情報は木星について、また、その地球との関係を理解する上で非常に重要なものですから」
ドロレス「それをのちほど提供していただけるのですね？」
ジャニス「そうです」

こうしてこの話は終わってしまったので、わたしは別の話題に移った。

ドロレス「わたしは別の宇宙人たちと、地球に住む人間の体内に埋め込まれたインプラントの話をしたことがあります。そして、それについて彼らから若干の情報を得ました」
ジャニス「それで、あなたの知りたいことは？」
ドロレス「これは全員の体に埋め込まれるのですか？」
ジャニス「そうではありません」
ドロレス「ある特定の人たちだけですか？」
ジャニス「そうです」
ドロレス「その人たちを選択する基準は何ですか？」
ジャニス「それは選択ではなく、彼らの同意によるものです」
ドロレス「その目的を教えていただけますか？　わたしは個人を監視《モニター》する装置だと思っているのですが」
ジャニス「モニタリング装置であることもあります。そうでない場合もあります」
ドロレス「ほかにどんな目的があるのですか？」

ジャニス「あなたが理解できそうな例をひとつ説明してみましょう。手術の後にガーゼを当てておきますよね。そこには適当な分量の薬が付いていて、手術後のある期間、少しずつ徐々に効くようになっています。というわけで、埋め込まれた装置には二つの目的があるのです。ほかにもあるのですが、わたしが今あなたに話せるのはこの二つだけです。ひとつは、あなたが理解しているようにモニタリング装置として。そして、もうひとつは今、手術後の話をしましたが、それと同じような効果をその人の身体のある部分に及ぼすことです」

ドロレス「では、その人には手術が行なわれたのですか?」

ジャニス「そういうケースもあります」

ドロレス「これはあなたの専門分野でもありますので、その手術の概要と目的について話していただけますか?」

ジャニス「身体の仕組みについては以前も話しましたが、人間の身体にはさまざまな仕組みがあります。循環系とか呼吸系、消化系、神経系など、ほかにもまだいろいろあります。インプラントはその中でも、その個人にとって特に必要な部分が進化発達するように仕向けます。それにより、その人は、以前簡単に説明したように、情報とか振動数とか大気の状態などのさまざまな変化に対処できるようになるのです。ですから、インプラントは単なるモニタリング装置ではないのです」

ドロレス「そのように個人を調整する目的は何でしょうか?」

ジャニス「それはあなたの体内でビタミンが徐々に効いてくる働きと同じです」

ドロレス「それによって、外界の状態などに適応できるようになるということですか?」

ジャニス「次元を超えた移動を可能にするための調整です。分子の再構成が速くできるようになります。インプラントがさまざまに働き、その人は人間として生活しながら、いろいろな場合に適切に同化できるようになって、本人が参加することに同意したプロジェクトを続けることができるようになるのです」

ドロレス「このインプラントによって何か問題が起きるようなことはありますか？」

ジャニス「起こることもありますが、別に生命に関わるほどのことではありません。今、〝問題〟と言いましたが、あなたの言う問題なるものを定義してください」

ドロレス「ええと、体の機能を妨げるものです。その人が気になるようなことです」

ジャニス「時々、気になるようなことが起こることもあります。でも、生命を脅かすほどのことではありません。あなたに説明する時に比較に使えるような、あなたの環境、あなたたちの文化の中にある何かを探しています。（考えている様子）例えば、子どもにヒマシ油を与えると、その子は気持ち悪くなりますが病気は治ります。それと同様に、その人の身体の仕組みによっては、インプラントの機能に関係した問題が起こることもあるのです」

ドロレス「いったいどういう問題が起こるのか教えていただけますか？　わかっていれば、問題が発生した時に安心ですので」

ジャニス「落ち着きがなくなることがあります。また、身体に何か具体的な症状が出ることもあります。日頃あまり運動しない人なら、百マイルも歩いたかのように感じることもあるでしょう。消化にもいろいろと影響が出ます。その人が振動数を高めていくにつれ、それに合わせて食物の摂取も調整しなくてはなりません。そうすることで、その人の身体を高い振動数が通過できるようになるのです。人によっては食事の好みが変わり、そのことが問題とみなされる場合もあります。肉食を好んだりタバコをよく吸ったりするような人には調整期間が必要となります。それは人間社会で、ダイエットのため甘いものを断ったりするようなものです。そのようにして、その人は身体的、生理的な変化を経験するのです」

ドロレス「こうしたことは、インプラントを埋め込むとすぐ発生するのですか？」

ジャニス「そうとも限りません。埋め込んだ時に起こることもありますが、しばらくしてから徐々に問題が出て来ることもあります。これは時間を掛けて少しずつ身体に影響を与えるインプラントの場合です」

ドロレス「それで、インプラントは調整する必要はないのですか？」

ジャニス「その必要はありません。時々調整が行なわれます」

ドロレス「調整するには、宇宙船に行かなくてはならないのですか？」

ジャニス「身体に埋め込まれているケースでは、ほとんどの場合そうする必要があります」

ドロレス「消化系の問題についてですが、それは胃がむかついたり、インフルエンザのような症状だったりとか、そういったものですか？」

ジャニス「そうですね、身体が変化していますから。例えば肉食が主だった人が、果物と野菜類に変えたとすると、消化そのものに症状が現れます。そして浄化作用が起きます。そうした場合、人によっては下痢になります。あなたの言っていたのはそういうことでしたか？　体の浄化作用としてそういう症状が起こるのです」

ドロレス「すると、下痢は食事の変化によるのではなく、インプラントの影響なのですね」

ジャニス「インプラントは食事が変わるようにさせただけです。下痢はその二つが組み合わさった結果です。そのどちらかひとつだけが原因とは言えません」

ドロレス「なるほど。通常、こういうインプラントは悪いものだと信じられています。人々は自分の体にインプラントを発見した時、彼らの体が侵されたように感じるのです」

ジャニス「それは、その人たちの意識が、自分たちの参加しているプロジェクトを理解できるレベルに達していないからです。しかし彼らには、プロジェクトに参加しないという選択肢もあるのです」

ドロレス「彼らがもう参加したくないと思ったら？」

ジャニス「そうです」

ドロレス「なかには、許可なしに自分の体が侵されたと思い、強い怒りを感じる人たちもいるようです」

ジャニス「それはバランスが崩れたからで、彼らがそう感じるのはたぶん無理もないことなのでしょう。何かあることへの参加に同意しておきながら、いざ始まると、『えー、そんなことしたくない！』と言い出す人たちが多いのです。ある方法で成長することを嫌うとか、高いレベルで行動して進歩するために必要な精神的準備が出来ていない人は、そういう態度を示します。一人ひとりの選択次第で結果は変わりますが、それは彼らが選んだことなのです」

ドロレス「それは意識的な選択ではありませんね」

ジャニス「ええ、違います」

ドロレス「でも、一度それに気がついたら、その後は意識に上る問題になりますね。普通、何歳くらいの時にインプラントを埋め込むのですか？」

ジャニス「年齢は特に関係ありません」

ドロレス「子どもの時でなければというわけではないのですね？」

ジャニス「子どもの時とは限りません。年齢に関係なく行なわれ、その時期は個人によって違います」

ドロレス「彼らは一生、モニタリングされるのですか？」

ジャニス「そうとは限りませんが、そういう人もいます。一生の間モニタリングされる人というのは、多くの場合、その生涯を通じてプロジェクトに参加し続け、その間、高いレベルのエネルギーの領域に行き来しながら、そうしたエネルギーとともに仕事をする人たちだ、ということがわかってきました。それは必ずしも条件付けされてそうなるのではなく、また、発達上の理由からでもないのです」

ドロレス「インプラントを埋め込む際に、よく使われる体の部位はどこですか？」

ジャニス「いろいろあります。インプラントを埋め込む前には多くのテストが実施されます。（もどかしそうな様子で）なんと説明したらよいのか。ある種の重要人物とされる人たちには、モニタリング用のインプラントが行なわれます。そういう人たちに実施されるインプラントのもうひとつの目的は、彼らが選択した仕事をするのを助けることです。インプラントによって身体を侵されたとか尊厳が侵害されたと感じる人たちは、その意識の発達が十分でないために、プロジェクト全体の意義が理解できないか、あるいは、プロジェクトの全貌を知らされるほどの信頼を得ていないのです。そして、彼らは激しい怒りを経験することになります。その怒りが長く続くようなら、その人は、こんな言葉は使いたくないのですが、〝質（quality）〟が良くないのでしょう。怒りの内にとどまるか、あるいは、その怒りを乗り越えるかのどちらかによって定まることを述べるのに、わたしには今、ほかの言葉が思いつきません。もし、いつまでも怒りが治まらないようなら、その人はプロジェクトへの参加より怒りのほうを選択したというわけで、プロジェクトからはずされます」

ドロレス「彼らがひどく怒って、『こんなことをするのはやめてくれ！』と言ったらどうなりますか？」

ジャニス「そうしたら、それは中止されるでしょう。そのような怒りというのは移行期間でもあり、古い自分を捨て去る過程なのです。それを繰り返しながら意識が高められるのです。あなたは『不満は進歩につながる』ということわざを聞いたことがあると思います。それまで我々の考えるような意識レベルで働いていなかった人が、ある時、何かしら知りたくなることがあります。彼らが知ることを欲するようになったその時、我々は、その人に次のレベルに進む準備が出来たことを知るのです。理解できますか？」

ドロレス「はい、できます」

ジャニス「我々はこの期間を好みません。それは、外科手術を受けている人が、治癒にいたるための手術のメスの感触を楽しめないのと一緒です」

ドロレス「そうですね、その後で回復するのですけれどね」

ジャニス「今わたしに考えられる比較はそのくらいです。わたしの考え方をあなたたちの判断基準に合わせて翻訳するのは難しいので、もどかしく思うでしょうがご容赦ください」

ドロレス「それは大丈夫です。人々は、インプラントは尊厳の侵害などではないということを知るべきだと思います。そんなに怒りを感じる必要もないわけです」

ジャニス「彼らの意識レベルでは、真実を知ってもそれに対応できないので、怒るしかないのでしょう」

ドロレス「彼らにしてみれば、ただ、何かとても悪いことをされた、と感じるだけですね」

ジャニス「そうです。あなたたちの惑星のメディアの影響を強く受けているので、そういう風にしか考えられないのです。自分のためだけの生活をしている人は、自分の権利がひどく侵害されたかのように思うわけです。あまりにも自己中心的なため、自分自身以外のことは考えることができないのです」

ドロレス「インプラントの時に、どこに埋め込むか、いろいろテストをするとおっしゃっていましたね？」

ジャニス「ええ、それはその身体によって違います。影響を及ぼすべき部分が、どこであるかによるのです。神経系なのか循環系なのか、とかいうように」

ドロレス「よく使われる場所といったものはあるのですか？」

ジャニス「それはあります。ある種のモニタリング機器は鼻腔に入れられます。そこだと視神経に一番近く、脳にも近いからです」

ドロレス「その場合、どんな機器が使われるのですか？」

ジャニス「二つの目的を持ったものです。ひとつは、その人が見ているものを記録すること、もうひとつはモニタリングです。脳はいつでもその人がいる場所に関する思考を伝達してくれるので、その人の居場所がすぐにわかります。そしてまた、交信機器としても使用できます」

ドロレス「ほかによく使用される場所はありますか？」

ジャニス「肛門です」

ドロレス「（これにはわたしも驚いた）え？　失礼ですが、そこだとすぐに出て来てしまうのではありませんか？」

ジャニス「いいえ、皮下に埋め込むので出て来ません。ほかに、耳の後ろとか首の付け根、頭皮にもよく埋め込まれます。ほかにも、そんなによくあることではありませんが、関節に入れることもあります」

ドロレス「肘とか膝といった関節ですか？」

ジャニス「そうです、手首や足首とかも」

ドロレス「肛門のインプラントの目的は何ですか？」

ジャニス「それは言えません」

ドロレス「それについては話せないと？　では、耳の後ろはどうですか？」

ジャニス「全身に張りめぐらされている経絡に沿ってツボがあります。機器はそのツボに関連した場所に埋めてあります。指圧療法を知っていますか？」

ドロレス「聞いたことはあります」

ジャニス「経絡に沿って押すべきツボがあります。時間に接合点があることはすでに話しましたが、経絡にも接合点があるのです。ですから、その人がどんなプロジェクトに参加しているかを考慮して、どこに機器を埋め込むべきかを電気的に探知して決めるのです」

ドロレス「頭の基部に置かれたものはどうですか？」

ジャニス「それはモニター用でもあるし、神経系のプロジェクトの一部でもあります」

ドロレス「それはその人に影響を与えますか？」

ジャニス「必ずしも影響を与えるというわけではありません。ある機器は、先ほど言ったように交信に使用されます。交信にはさまざまなタイプがあり、個人と、そして……（躊躇して）宇宙のエネルギーとの間の交信に使われます。それは……」

彼女の声は、何かを聞きながら話をしているかのようにためらいがちになり、それから小さくなった。これは、彼女がわたしに惑星について話している時に妨害されて起こった状態と同じであった。

ドロレス「誰かがあなたに話をしているのですか？」

ジャニス「はい。今、わたしの左の耳に、とても高い調子の雑音が入って来ています」

ジャニスの左の耳は、テープレコーダーが置かれたテーブルのほうを向いている。しかし、部屋の中では物音ひとつしていないので、雑音とテープレコーダーの関係はないと思う。

ジャニス「それは遠くからわたしに交信してくる時の方法です」

ドロレス「そうですか。わたしがいる部屋には雑音はありません」

ジャニス「いや、あなたはわたしがいる場所と別なところにいますから、この音はあなたには聞こえません。これは我々同士が交信を行なう方法なのです。わたしはあなたに話しながら情報を受け取っているのです。その際、その情報の内容をわたしが知る必要はありません」

ドロレス「その情報は、自動的にあなたの頭の中に入るのですか？」

ジャニス「情報は高い調子の雑音として入って来て、その内容をあなたに伝えるのか、あるいは別の処理をするのかが指示されます。あなたと話をしていながら、二つのことが同時に起きているのです。わたしは今あなたに話をしていますが、同時にわたしは送られて来た情報を受け取っています。でも、受け取っていることにわたしが焦点を合わせる必要はないのです」

ドロレス「あなたが受け取った情報は、わたしが知るべきものなのですか？　それとも、あなただけへの連絡事項ですか？」

ジャニス「必要なものなら話しますが、今現在はそれが何なのか、わたしにもわかりません」

ドロレス「わかりました。わたしが知りたいのは、頭の基部に埋め込まれたインプラントについてなんですが……」

ジャニス「（話をさえぎって）はい、今あなたと話していましたが……（大きく息を吸う）インプラントのいろいろな目的を説明するために言うと……すでに話しましたが、目的は個人によってそれぞれ違います。ジャニスの頭の基部に埋め込まれたインプラントは、ジョンとかジョージとかいう他の人の頭の基部に埋め込まれたインプラントと同じような働きをするというわけではないのです。それは同調のためだけの機器であることもあります。同調とは、その人が焦点を合わせることが必要な場所と、波長を一致させるための作業です。そのようにして我々は放射線学的に交信するのです」

ドロレス「わたしは常に徹底的に探求することを心がけています。ですから、とても沢山の質問をしますが、それが時にはあなたをいらだたせているかもしれません」

ジャニス「そんなことでわたしはいらいらしません。わたしが慎重になっているのは、わたしが話したくても、話すことを許可されていないものがあるからです」

ドロレス「それでは他のインプラントについてはどうですか？　あなたのお話ですと、関節に埋め込まれたものもあるそうですが」

ジャニス「はい。身体の経絡を思い浮かべ、それから惑星の表面に存在するレイ・ラインを思い出してください。そして、人の経絡と惑星のレイ・ラインが照応していると考えてください。それがわかれば、わたしが行なっているエネルギー移動のプロジェクトを理解できます。このプロジェクトについては、その一部についてなら話せますが、詳細にわたってお伝えすることはできません。この宇宙プログラムの、ある特定の段階に参加するためには、あのインプラントのような特定の機器が必要になります。ですが、もしその人が、その後続けてプロジェクトに参加することを決意した場合には、そのインプラントはもう必要なくなります」

ドロレス「もう要らないのですか?」

ジャニス「たまに必要になることもあります。それは、身体の仕組みの進化に伴って、その人に合わせた振動数の調整が必要になった時です」

これを聞いて、わたしには俄然興味が湧いてきた。

ドロレス「わたしにインプラントがあるかどうか、教えることは許可されていますか? あるいは、わたしの体内にあるかどうか、あなたにわかりますか?」

ジャニス「(間を置いて)わたしには見つけられませんが、だからといって、あなたがインプラントを持っていないとは言い切れません」

ドロレス「あなたは、そういうことをする方法を……」

ジャニス「(話をさえぎって)方法は知っています。あなたの許可が得られるなら、あなたの体をスキャンすることも可能です」

ドロレス「不快感を伴うのでなければお願いします（戸惑いながら笑う）。わたしにもインプラントがあるかどうか興味があるので」
ジャニス「（長い沈黙）インプラントは見つかりません」
ドロレス「そうですか。わかりました。時々、頭の基部あたりに不快感があるので、もしかしたらと思ったわけです」
ジャニス「それはインプラントではないと思います。頭蓋骨で分子の変化が起きているのだと思います」
ドロレス「それについて、何かわたしが知っておくべきことはありますか？」
ジャニス「あなたは本当になんでも知りたがる人ですね」
ドロレス「（笑って）たしかに。この仕事をするように選ばれたのもそのためでしょう（笑う）」
ジャニス「あなたが一緒に仕事をしているエネルギーは……今、あなたが取り組んでいることができるようになるためには、そうしたエネルギーとともに働く必要がありますが、それにより、あなたの身体にもなんらかの形で影響を受けざるを得ません。今、あなたの頭蓋骨に対して行なわれているさまざまな調整は、あなたが今の仕事を続けられるようにするものです。影響はさらに強くなりますから、そうした調整が必要なのです」
ドロレス「今思いついたのですが、わたしにもかつてインプラントが埋め込まれていたことがあって、それが不快感をもたらしているのではありませんか？」
ジャニス「（話をさえぎって）どんな不快感ですか？」
ドロレス「時々……そんなにひどく痛むわけではないのですが、首筋が凝った時とかのような鈍痛があります。たまにきりきりと痛むこともありますが、そんなに長くは続きません。だから、いったいどうしたのだろうと思っていたのです」
ジャニス「たぶん、頭頂部を検査したほうがいいと思います」

彼女が何かをしている間、長い沈黙が続いたが、その後、思いがけないことが起きた。以前、わたしは別の宇宙人にスキャンされたことがあり、その時にはスキャンされている間中、体にちくちくした感じがあった。しかしそれは、わたしが自分の体に起こることに意識を集中していたために生じた感覚で想像の産物だったのだろうと、みずから打ち消していた。また、ジャニスとの別のセッションでも、わたしの頭のてっぺんに、わずかながら熱や振動を感じたことがあった。しかし、その時はほんの短時間だったし不快感もなかった。それで、今回も同様な感じだろうと思っていたのだが、その程度はもっと強かった。それは頭のてっぺんを赤外線ランプのようなものでじかに照射されたような熱さだった。それは単なるわたしの想像ではありえなかった。その感じが数秒間続いたので、わたしは思わず、「ああ、熱い！」と叫んでしまった。
わたしは苦笑いをした。熱かったが、別に不快感はなかったし、この宇宙人がわたしに危害を加えるとは思えなかったからだ。

ドロレス「(だいぶ間を置いてから) 何かありましたか？」
ジャニス「もし、以前インプラントがあったとしても、それはもうなくなっているし、目的がなんであったにせよ、それは果たされています。脳の活力が増大していますから」

ドロレス「それでは、以前、何かがあった可能性はあると思われるのですね」

ジャニス「可能性はあります。わたしはあなたにインプラントはしていませんが、ほかの誰かがしていないという保証は……」

ドロレス「あなたが検査している時、どうしてあんなに熱を感じたのでしょうか？」

ジャニス「中を見ていたのです」

ドロレス「ああ、じゃあ、わたしにも脳はあるのですね。（笑う）変な感じでした」

ジャニス「（優しく）だから、わたしはあなたに許可をいただいたでしょう？」

彼女の言う通りだった。彼女にわたしを検査する許可を与えたのだから、熱を感じたくらいで文句を言うべきではなかったのだ。検査中どんな感じがするのか、わたしが知らなかっただけだ。わたしは時間が気になりだした。

ドロレス「また、しばらくここを離れなくてはならなくなりました。わたしは長い距離を旅してこの地に来ましたので、今日の内にもう一度セッションを行ないたいと思います」

ジャニス「わかっています。あなたのしていることは良いことだし、続けて行なうのも良いことだと思います。彼女を通して話すことのできる大事なことは沢山あります。ですから、もう少し簡単にセッションが行なえる方法があればよいのに思います」

ドロレス「そうですね。もっと頻繁に彼女に会える場所とかがあればねえ。（はい）でも、わたしが来た時に、セッションを一日に何回もできたらいいとも思うのですが」

ジャニス「そうすれば、セッションに連続性が生まれますね」

ドロレス「わたしにそれをするだけのエネルギーがあればよいのですが。また、それでわたしの通信媒体を不快にさせたり、彼女に害を及ぼしたりすることにならなければよいのですが」

ジャニス「それは大丈夫です。以前話したように、彼女は完璧に守られています。もっと大事なことが沢山ありますから、さらにいろいろ話したいと思います」

ドロレス「わたしも質問を考えてみます。わたしはこちらの時間で一、二時間したら戻って来ます。その間にあなたも、わたしに話すことのできる話題を考えておいてください。（はい）話題さえ提供していただければ、それに関する質問はすぐに思い浮かぶでしょう（笑う）」

ジャニス「でも、次にあなたが会うのはわたしではないかも……」

ドロレス「（わたしは彼女の言葉を聞き漏らした）質問が思い浮かんだら、それを紙に書いてこようと思います。そして、あなたにまた接触できるかどうか試してみます。お話ししてくださってありがとうございました。とても勉強になる重要なことばかりでした。わたしたちの進歩につながったと思います」

ジャニス「あなたに平安がありますように」

ドロレス「ありがとうございます」

この後、ジャニスの意識を戻した。

このセッションの後、わたしたちは下の階に降りて行き、パッツィとともに夕食を取った。食事中、わたしはジャニスの手のひらが少し変色しているのに気がついた。新聞を読んだ後に手がインクで少し黒くなるのと同じような感じであった。特に口に出して言うほどのことではないと思ったものの、階下に降りて来てから彼女は新聞紙などには触っていなかったので、どうして汚れたのかが気になった。

食後、一、二時間ばかり休憩した後、この日最後のセッションを開始することにした。ジャニスの調子は良さそうだった。わたしは疲れていたものの、最後までやり通す気構えであった。わたしはいつも午前中遅くまで寝ているので、帰路に就く前に十分体力を回復できるはずだ。二人で話し合って質問を考え、それらを紙に書いた。ジャニスはよく、朝目を覚ました時、寝ている間にどこかに行っていたような感じがしたり、何か仕事をしていたような感じがしたりすることがあるという。その感覚は、たしかにそうだったという、かなり確信の持てるものであるらしい。それで彼女の用意した質問は、「わたしは寝ている間にどこかに行っていたのか、また何か仕事をしていたのなら、いったい何をしていたのか」であった。

次のセッションは夜の七時半から八時頃の間に始まった。そして終わったのは十時過ぎだった。それでも、その後わたしたちは、ジャニスが家に帰る直前まで話し込んでいた。そんなわけでその日は長い一日となったが、さらに前日のリンダとの同様に疲れ果てたセッションをも含めると、それはまったく大変な週末であった。しかし、その結果得られた情報により、その苦労は完全に報われたのである。

第12章 ジャニスの実の父親

その日の夜、夕食後しばらく休憩してから、七時半から八時頃くらいの時間にわたしたちは最後のセッションを始めた。前もって予定の質問を紙に書いておいたのだが、結局それを使うことはなかった。わたしがキーワードを使って指示を与えると、彼女はただちに今まで見たことのない美しい場所に行った。彼女は、曲面になっている壁の上のほうにまで階段状の座席が並んでいる講堂のような大きな部屋の中に座っていた。壁は薄い緑色をしていて、パステルカラーの緑や青、ピンク色等に彩れたアーチ状の通路があった。それは美しく、平和な場所であった。しかし、彼女以外、誰もそこにはいなかった。階段状の座席は部屋の中央の窪みの中にまで入り込んで続いており、そのうちに下の床が開いて、テーブルのようなものがせり上がって来た。彼女は驚いたが、階段を下りてそのテーブルが現れた場所に行ってみたくなった。依然として部屋には誰もいなかったが、今度は美しい音楽が流れて来て部屋中に響きわたった。演奏されている楽器がどんなものかはわからなかったけれど、それは今まで聴いたことのないような音楽だった。

時として被術者が、自分の周囲の様子を報告しながらそれに没頭し過ぎることがあり、そうなるとあまりにも進行が遅くなってしまう。そんな時、被術者を促して前に進めるのは施術者の役目である。わたしがジャニスをそのように仕向けようとしていると、誰かが部屋に入って来た。ジャニスはまったく急ぐ様子もなく、美しい音楽と平和に満ちた雰囲気を楽しんでいた。そして何かを、あるいは誰かを、待っているかのように見えた。

ジャニス「あそこにドアがあります。わたしは誰かが来るのを待っているようです。（大きく息をする）おや、人が何人かやって来るようです。（誰かに話しかけるように）ごきげんよう」

ドロレス「え？　なんですか？」

ジャニス「誰かがわたしに、『ようこそいらっしゃいました。ごきげんよう』と言いました。それでわたしも、『ごきげんよう』と言ったのです。彼は今、移動しています」

ドロレス「大勢の人がやって来たのですか？」

ジャニス「はい。前のほうにその内の数人がいます。でも、わたしは怖くもなんともありません。ただ、何が起きるのかは、わたしにはわかりません。ほかの人たちは、わたしが先ほどいた上の階にいます。ここは講堂のような、あるいは、バルコニーのある劇場のようなところです。皆は上のほうに行き、数人がわたしのいる階にいます。お互いに話をしているように見えますが、わたしには何を言っているのかわかりません」

ドロレス「どんな姿をした人たちですか？」

ジャニス「それぞれ皆違います。一人の人はまるで……（躊躇し、言いにくそうだ）何か奇妙な姿です。ローブをまとった人たちもいます。それからまた……（少々混乱したように見える）わたしは怖くはありません。彼らはお互いに話をしていますが、何をしゃべっているのか、わたしにはわかりません」

ドロレス「それで皆、違ったタイプの人たちなのですか？」

ジャニス「そうですね、違ったタイプの人たちもいます。上のほうには背の低い人がいます。下のここにはローブをまとった人がいます。でも皆、優しそうな人たちです。皆、ひたすら話し続けています。わたしは、この部屋には今まで来たことがありません。いったいここで何が起きているのか、見当が付きません」

ドロレス「あなたのような人はあなただけですか？（はい）あなたは、そこにいる自分はなんだと思いますか？」

ジャニス「わたしはわたしです。ただ、ここにいるだけです。いったいここで何をしたらいいのか、彼らが告げてくれるのを待っているだけです」

ドロレス「あなたは肉体の中にいるのですか？」

ジャニス「わたしには自分自身が見えています。わたし自身を見ることができます」

ドロレス「それはあなたが肉体の中にいて、自分の体を見ているということですか？」

ジャニス「（間を置いてから）本当にそうしているとは言えませんが、自分だということはわかります。どうしてわたしがここにいるのか知りたいものです」

ドロレス「心の中で彼らに聞いてみることはできないのですか？」

ジャニス「そうしてみます。（長い間を置いて）彼らがわたしにいくつか質問するそうです」

ドロレス「そうですか。彼らが質問するのですね。それは興味深いことです、今まではわたしたちが質問するばかりでしたから。質問に答えるというのはどう思いますか？」

ジャニス「大丈夫です。彼らは誰かが来るのを待っているようです。早く質問してくれればいいのに」

ドロレス「先に進もうと思えばできますよ。待たずに時間を先に進めて、その人が来る時間に行けばいいのです。(間を置いて) 誰かやって来ましたか?」

ジャニス「いいえ。(数秒後に) 彼が今、入って来ました。とても素敵な人です。わたしの頭を触っています。とても良い気持ちです」

ドロレス「彼は以前見たことのある人ですか? (うなずく) いったい誰ですか?」

ジャニス「わたしが子どもの頃、よくわたしを訪ねて来てくれた人です」

ドロレス「あなたが小さかった頃によく来た人ですか?」

ジャニスは泣き出し、感きわまった様子ですすり泣きながら「はい」と言った。

ドロレス「どうして泣いているのですか? 何か困ったことでも?」

ジャニス「いいえ、彼が来てくれたからうれしいのです。父親に会ったような気分です」

わたしは感情的な反応をやり過ごさせようとしたが、彼女は泣き続けた。よほど感動的な再会だったのだろう。

ドロレス「子どもの頃によく訪ねて来てくれたと言いましたね?」

泣きやめさせるためにも、わたしは彼女に話をさせなくてはならなかった。

ジャニス「はい、よく面倒を見てくれました。彼は……（また泣き崩れた）まるで父親のようです」
ドロレス「彼に対してそういう感情が湧くのですね？」
ジャニス「はい、彼はわたしの父親です」
ドロレス「実の父親ですか？（はい）どうしてそれがわかるのですか？」
ジャニス「彼に対してそういう感情が湧いてくるからです。彼がわたしをなんと呼ぶと思いますか？」
ドロレス「なんと呼ぶのですか？」
ジャニス「（感きわまった様子で）娘、です」
ドロレス「彼があなたの本当の生物学上の父親だと思うのですか？（はい）では、あなたが子どもの時から家に一緒に住んでいた、いわゆるお父さんは、実の父親ではないというのですね？」
ジャニス「ええ、違います。二人はまったく別々の人たちです」
ドロレス「わかりました。彼がこれから何か質問するのですね？」
ジャニス「はい。彼がやって来て質問します」
ドロレス「わたしには彼の質問が聞こえませんので、あなたが答える前に、質問を繰り返してくれますか？」
ジャニス「（まだ泣きながら）彼がそうさせてくれたらします」
ドロレス「それでかまわないかどうか、彼に聞いてください」

すると、まるでスイッチを切り替えたかのように突然、様相が変わった。それまでジャニスは泣きじゃくっていて感情を抑えきれず、わたしの質問に答えるのも大変そうだったが、次の声が聞こえて来た時、彼女は一瞬の間に変貌を遂げていた。感情は収まって涙は止まり、そしてその声は明らかに男性のものになっていた。以前、ジャニスを通して話をしてくれた男の宇宙人の声は、かなり年を取った人のもので威厳があったが、今回のそれは、やはり老人であることは感じられるが、高い知性と、前の宇宙人にも増して堂々たる威厳を示していた。

ジャニス「適切になされた質問であれば繰り返してもよい」

ドロレス「わかりました。あなたが彼女の口を通して質問を伝えてくれなければ、わたしは聞くことができません。もちろん、わたしが一番気に掛けているのは、彼女の心身の安全です」

ジャニス「それはわたしも同じだ」

ドロレス「あなたとの再会に、彼女はかなり感情を高ぶらせましたね」

ジャニス「それは理解できる。わたしもまた、彼女に会って感動しているからだ」

ドロレス「わたしは、あなたがたにも感情があるのかと疑問に思っていました」

ジャニス「あなたたちと同様、我々にも感情はある。自分の同胞に対しては特にそうだ」

ドロレス「それを聞いて安心しました。では、彼女に質問していただけますか。そうすればわたしにも質問が聞こえると思います」

ジャニス「質問の中にはあなたと話し合うことを許可されていないものもあるので、それは彼女の心に直接質問することにする。我々は、ジャニスの関わっている仕事において重要な段階に差し掛かっている。知っての通り、彼女はその仕事の中でみずからも進歩を続けているが、それはともに仕事をしている我々にとっても重要な時期なのである。我々の多くが彼女を通して学んでいるので、我々が彼女に対してする質問の中には、あなたにとってはつまらなく思われるものもあるだろう」

ドロレス「それでは、これは二つのレベルで行なわれるのですね?」

ジャニス「その通り。我々はこのために代表を招集し、あなたたちの言葉で言うところの会議を開いた。ジャニスの一生のうちには、それは地球上での一生だが、彼女が我々の言う〝交感《コミュニオン》〟を経験すべき時が何度かある。交感《コミュニオン》とは、彼女の根源と交流することである。だから、それはあなたたちが考えるような単なる質疑応答ではなく、そこで行なわれるのはエネルギーの交換であり、なんであれ、彼女が必要と感じるものの強化なのだ」

ドロレス「それでは二つのレベルで質問していただけますか? まず、音声を使わずに内面的方法で彼女に質問し、その後、わたしにも聞こえるように音声を使って別の質問をする。よろしいですね?」

ジャニス「いいだろう。どんな会議であれ、我々の会議に人間が参加するなど初めてのことで、どうなるかはわたしにもまったくわからない。しかし、我々はこれを重要なことと考えている。さもなければ、あなたとのこのような接触はなかっただろう。これは例外的なやり方なのだ」

ドロレス「それはありがとうございます。わたしは限られた知識しか持ち合わせていませんが、少しでもあなたの質問にお答えできればうれしく思います」

ジャニス「時に人は、その力を再強化する必要があるものだ」

ドロレス「では、よろしければ質問をどうぞ」

ジャニス「答えがもたらす利益は、必ずしもあなたのためのものでなく、ここに集まった我々のものでもあることは理解してほしい」

ドロレス「それは承知しています。わたしも、あなたたちがどんなことに興味があるのかを知りたいと思っています」

ジャニス「皆が知りたがっているのは、『チョコレート・ミルクは、どんな味がするのか？』ということだ」

ドロレス「(なんて奇妙な質問だろうと、わたしはおかしくなった)チョコレート・ミルクの味ですか？それは良い質問ですね」

ジャニス「彼女の答えを聞いただけで、その味を体験できる者もいるのだ。今、彼女は質問に答えている」

ドロレス「彼女が言っていることをわたしが聞くことは可能ですか？　あるいは、例の方法で、わたしに聞かせてもらえますか？」

ジャニス「あの方法を使うのは無理だろう。彼女とここに集まった者たちとの間で交信が行なわれている。それは情報の交換でもあるし、彼女の仕事の一部でもある。これは彼女が一生を通して行なっている仕事の一部である。父親として、彼女の人生の当初から交流を続けてきたわたしには、それが良くわかっている。わたしは長期間の滞在はできないし、かといって頻繁に来て彼女と交流することもできない。彼女はわたしと長いこと離れているために、再会した時にはあなたも目撃したように感情的な反応が起こる。ジャニスにとっては非常に感情が刺激される体験なのだ」

ドロレス「彼女の母親は生殖の実験に関わっていたのですか？」

ジャニス「彼女の誕生は、普通の妊娠とは少し違った方法によるものだった」

ドロレス「どのように違っていたのですか？」

ジャニス「わたしは、それをあなたに教えることを許可されていない」

ドロレス「それでは結構です。あなたがジャニスの生物学的な父親であるなら、何か違った方法が用いられたのかと思ったものですから。わたしの質問の意味は、単にそういうことです」

ジャニス「性行為の際に、ある特別な方法で行なわれたのだ」

ドロレス「性行為はあなたとですか？　それとも彼女が父親と呼ぶ人とですか？」

ジャニス「彼女が父親と呼ぶ人とだ」

ドロレス「そうですか。そういうことも可能なのですね？」

ジャニス「そういうことが起こりうる時点がある、という風に言っておこう」

ドロレス「そういうことは実験室のみで可能かと思っていました」

ジャニス「そうとは限らない」

ドロレス「あなたがたは、わたしの知らない沢山の能力をお持ちなのですね。それでは、彼女が成長する過程で、あなたは何度となく彼女に会っていたのですか？（その通り）彼女の潜在意識はそのことを知っていたのですね？」

ジャニス「彼女は昔からそのことを知っていた。しかし、彼女が日常生活で用いる意識にはそれが入っていない。時に彼女は、あなたがさきほど目撃したように感情が高ぶることもあるが、それは彼女の地球の父親とは関係ない。そうした感情は、わたしが訪れて交流した時にのみ起こるのだ。それがあまりにも激しくなり、トラウマになりかねなくなったので、わたしは訪れる回数を減らすようにした」

このように、子どもの時に〝実の〟父親に会うというタイプの経験は、本書第五章で紹介したフランのケースでもあった。

ドロレス「たしかに、これは困惑させられるような経験でしょうね、特に子どもには」

ジャニス「少々の困惑もあったが、このことで彼女は孤独を感じるようになり、故郷の家に帰りたいという気持ちが強くなった」

ドロレス「それなら、あなたが彼女に会う回数を減らしたのは良かったのかもしれませんね」

ジャニス「そうだ。だからわたしは彼女の人生における大事な節目の時にだけ来るようにしたのだ」

ドロレス「そして、その時に彼女に力を与えるわけですね？」

ジャニス「まさにその通り」

ドロレス「ところで、彼女がチョコレート・ミルクの味を説明すると、彼らは味とか香りとか、そのすべてを感じ取ることができるというわけですか？（そうだ）それなら、チョコレート・ミルクを飲んだのと同じ経験ができますね」

ジャニス「そういうことだ」

ドロレス「それは素敵ですね。で、ほかに質問はありますか？」

ジャニス「質問は沢山ある。彼らには理解できないものが多くあるので、もっと違った答えがあるのではないかと思い、何度も同じ質問を繰り返すのだ」

ドロレス「というか、彼らが理解できるような答えを探すということですね？（そうだ）どんな質問があるのでしょうか？」

ジャニス「ここに集まった者たちが、地球という惑星をどのように捉えているのかということに関係しているのだが、まず、彼らには暴力というものが理解できない。だから、暴力について理解しようとする質問がいくつかあるだろう。進化の過程の中で彼らがどこにいるかを考えると、これは彼らの成長の一過程でもあるし、教育的な経験にもなる。彼らが自分たちの置かれた状況の中で、また、地球で実行しているなんらかのミッションにおいて直面し、非常に困惑させられたものがある。それが暴力だ。彼らには痛みというものも理解できない。どうして人類はこの繰り返しが止められないのか？」

ドロレス「人間の中にも、それを理解できない者がいることを知ってもらうのも、大事なことだと思います」

ジャニス「それはわかっている。だが、わたしのような者たちがそのことについて彼らに講義するよりも、異なる次元の人々から直接話を聞いたほうがいいだろう」

ドロレス「それを経験した者から聞くべきです」

ジャニス「次元を超えて、だ」

ドロレス「彼らが本来住んでいたところには、暴力はまったくないのですか？（ない）昔からですか？（そうだ）以前にはあったけれど、進化した結果克服したのかと思っていました」

ジャニス「まったくなかった。考えようにも、それに当たる言葉さえ持っていない」

ドロレス「痛みは感じないのですか？」

ジャニス「彼らも人間が人間を殺すのを見ると痛みを感じる。というのも、彼らにとっては……生命体の世界でそういうことを目撃したり知ったりするなど、思いもよらないことだからだ。彼らの世界では同胞を殺すことなどありえないし、人間が殺人を犯すことも理解できない。わたしがそのことを彼らに説明して納得させることは不可能である。彼らは、わたし自身にそういう経験がなく、そのような環境で生活したこともないことを知っているからだ」

ドロレス「そういう環境で生活している人に対してであっても、説明は難しいことです。彼らは痛みとはどんなものか理解していますか？」

ジャニス「あなたたちの理解する意味とは違っている」

ドロレス「彼らの体は痛みを感じることはできますか？」

ジャニス「痛みという概念を頭で理解することはできるが、体が実際に痛みを感じることはない」

ドロレス「彼らは怪我をすることはないのですか？」

ジャニス「体に怪我をすることはない。すべては精神の問題である」

ドロレス「それでは、体の痛みがどういうものか理解するのは難しいでしょうね。苦しみを理解するのも無理でしょう」

ジャニス「そうだ。苦しみも彼らにはない。彼らの住む世界に苦しみは存在しないのだ」

ドロレス「そういった意味で、地球は特別な場所だと思いますか？」

ジャニス「そうでもないが、地球はそのような行動が特に顕著な場所ではある」

ドロレス「わたしたちだけがそんなに、表現が適当かどうかわかりませんが、低級な人種だとは思いたくありませんね。ほかにも暴力の存在する惑星はあるのですか？」

ジャニス「かつて暴力を経験した惑星は、ほかにもある」

ドロレス「しかし、今来ている代表者たちには、暴力の経験がないのですね？」

ジャニス「彼らの銀河系にはどこにも暴力はない」
ドロレス「ジャニスは、彼らに暴力のことをうまく説明できましたか？」
ジャニス「今盛んにやりとりが続けられている。どうやら終わったようだ」
ドロレス「たぶん、彼女の心の中の、彼女が見たり経験したりしたことなどから学び取っているのでしょうね？」
ジャニス「その通り。彼女が実際に体験したことを彼らも追体験できる。彼らは感情的に理解し始め、彼女の体が感じることも、自分たちの感覚器官で感じられるようになってきている。彼らは他人を通して、その人と同じことを経験できるのだ」
ドロレス「彼ら自身の心でそれを感じているのですね？」
ジャニス「感覚も使っている」
ドロレス「そうすることによって、その体験を再現しているのですね？」
ジャニス「そうだ。だが、ここにいる全員に、それができているわけではないことは理解しておかなければならない。一方、彼らの中にも、わたし同様、人間の感情の振幅や体の感覚についてよく理解している者もいる」
ドロレス「これは、そうした経験がない人のための教育なのですか？」
ジャニス「そうだ。地球において、彼らが今参加しているプロジェクトで仕事を続けるための学校のようなものだ」
ドロレス「これまでの興味深い質問で、あなたがたの感じ方がだんだんわかってきました。彼らの次の質問は何ですか？」

ジャニス「今は原子爆弾について話をしている」

ドロレス「ああ、それは大きな問題ですね。それについて、彼らはどんなことを知りたがっているのですか？」

ジャニス「彼らは、人間が人間に対して原子爆弾を使用した理由を、彼女が理解しているかどうかを知りたがっている」

ドロレス「そのことに関しては、わたしたちの文明の中にも賛否両論があります。こうしたことには、地球にいるすべての人が関わっているわけではないことは理解していますか？」

ジャニス「地球人全員が原子爆弾を落とす行為に参加したのではないことは、彼らもわかっている。しかし彼らは、責任は全員にあると考えているので、理解できずに混乱しているのだ。それに参加しないという選択もあったし、それが実行されることを容認したという責任もある。そういった意味で、全員に同等の責任がある、と彼らは感じているのだ。彼らには、ジャニスが、ジャニスがこうした事態を変えるために何もできなかったことが理解できないでいる。彼らはジャニスが、あなたたちの周囲のさまざまな状況に対して影響を与える力を持っているということを知っている。だから彼らは、なぜ彼女がそのような事態をそのままにしているのかと問いただしているのだ。彼らは彼女が、彼らの考えているようなことができるほど全能ではないことを理解していない」

ドロレス「そうですね。彼女は微小な一片にしか過ぎません」

ジャニス「彼らにはそのことが、まだ理解できていない」

ドロレス「しかも、それが起こった時、彼女は子どもだったか、あるいはまだ生まれていなかったのでしょう？」

ジャニス「まだ生まれていなかったし、むしろ、彼女が生まれて来た理由のひとつはそこにあったと言える。実際、彼女は、戦争が終わった時に地球に来たのだ。その結果、彼女がもたらしたエネルギーのおかげで戦後のこの惑星のバランスは改善された。ある時には……ええと、今はこのことを話すべきではない。彼女がこの惑星に生まれて来た理由のひとつは、この惑星のエネルギーに関わる仕事をするためだった、とだけ言っておこう」

ドロレス「その時、彼女はまだこの惑星上にいなかったのですから、原爆投下に関してはなんの影響も与えられなかったことを彼らも理解できると思います。彼女にはまったく関係ありません」

ジャニス「その通り。だが、原爆投下と彼女の間に関係がないということが問題なのではなく、彼女が地球上にいる現在も、この惑星にまだ原子爆弾が存在しているということが問題なのだ」

ドロレス「なるほど。彼らは、原子爆弾は存在すべきでないと考えているのですね？（そうだ）彼らは、原子力が良い目的のためにも使われていることを知っていますか？」

ジャニス「知っている。そして、それがまた彼らの理解できないことのひとつになっている。原子力を悪い目的に使うのを許したということ。あるいは、悪い目的に使用できる状態にそれが置かれているということだ」

ドロレス「これらは難しい質問です。彼女がどうにか役に立っていればよいのですが。それについて彼女は答えましたか？」

ジャニス「あの質問に関しては、今のところこれ以上の情報はない。今、いろいろやりとりがなされている」

ドロレス「議論が行なわれているのですか？」

ジャニス「そうだ。（声が小さくなって）ジャニスよ、我が娘よ、わたしはお前のことを誇りに思っている。（大きな声に戻って）彼ら同士で議論している間に、わたしは彼女と話ができるのだ。彼らの議論に参加しても、我々にとっては時間の無駄でしかないからな。そして我々は、また後でも話ができる。あなたにこの会議に参加してもらったのは、彼女の働きの一部を理解してほしかったからだ」

ドロレス「彼女はそれを質問したかったのです。彼女は自分のしている仕事を知りたかったのです」

ジャニス「彼女の仕事は一種類だけではない」

ドロレス「彼女は、このエネルギー状態にいると感じた時に、いったい自分は何をしているのだろうと疑問に思っていました。そういう時、彼女は、自分が他のエネルギーか何かと一緒に働いているかのように感じるというのです」

ジャニス「それは、これとはまったく違うプロジェクトだ」

ドロレス「彼女はまた、エネルギー状態でこの種の仕事をしている時、周囲に感じるエネルギー体は、彼女が肉体で生活している時に知っている人たちなのかどうかを知りたがっていました」

ジャニス「それらのエネルギー体は、彼女が肉体でいる時に知っている人たちではない。だが、別のプロジェクトでは、彼女の知っている人たちと一緒に仕事することもあるし、また、そこには将来知り合いになる人がいることもある」

ドロレス「彼女はそこに親近感を感じ、よく知っているような気がしたと言っています」

ジャニス「彼女のよく知っている場所なのだ」

ドロレス「もし許可されているなら、彼女の加わっているほかのプロジェクトについても何か話していただけますか？」

ジャニス「それについては話すことができる。それは、わたしがここに来た目的の一部でもある。彼女に理解できないことがあれば、わたしがわかるように説明してやる。言葉の意味からすれば、それが父親というもののすることであろう。彼女の成長段階のさまざまな時点において、わたしは彼女のところを訪れ、複雑な概念の理解を助けてやったものだ。また、取り掛かった仕事に関して彼女が理解できないでいる時にも、それを助けた。これはわたしの責任である」

ドロレス「彼女は自分が、日常の意識では知らないまま行なっている仕事について知りたいと思っています」

ジャニス「彼女はある程度、知ってはいるのだ。彼女がエネルギーの状態でいる時には、それをいわば保ち続けていて、そのことが意識できている。何かを保ち続けているという感じ、何かを助けている感じ、何かを癒しているという感じ。何かを保ち続けることによって癒しが行なわれる。それは、とてもゆっくりと進行する事態である。その保ち続けているものとは、ある周波数である」

ドロレス「それにより、いったいどんな目的が達成されるのですか?」

ジャニス「その周波数を保ち続けることで、この惑星を包む大気の状態のバランスを維持することができる。大気の状態は、地球上で進行中の事象に影響を与える。これが、今起こっていることの中であなたに話せる部分だ。しかし、わかってもらいたいのは、これが論ずるにはあまりに複雑な状況であることだ。しかし、彼女とともにこのプロジェクトに参加している人たちだが、彼らは……(間を置いて)とにかく、それは偉大なる奉仕である。なぜなら、それは大変な……それは……」

彼は躊躇した。話してはならぬことだったのか、それとも、どの程度まで伝えたものか、迷っていたのかもしれない。
テープを見ると終わりに近づいていたので、わたしは彼が躊躇している間にテープを裏返し、質問を続けた。

ドロレス「これは偉大なる奉仕だとおっしゃいましたね？」
ジャニス「それは人類に対する偉大なる奉仕である。なぜなら、あなたたちの惑星が自己破壊するのを防いでいるからだ」
ドロレス「周波数と言うと無線の周波数のことが頭に浮かびますが、それとは違うのですか？（違う）それがどのようにして地球に影響を与えるのですか？」
ジャニス「周波数は地球に影響を与えている。この我々のプロジェクトのために、多くの地震や火山の噴火、大小様々な気象変化がこの地球に起きているのだと言う者もいるだろう。彼らは、そのような災害を我々のせいにしたがる。しかしながら、事実はその正反対である。我々がこのプロジェクトを行なっていなければ、災害の規模はもっと大きくなっていただろう。そして、地球が破滅に向かう速度も、格段に速まっていたことであろう」
ドロレス「それでは、あなたがたは救ってくれているのですね？」
ジャニス「我々は地球のバランスを保つための手伝いをしており、さまざまな場所でその都度、それに必要な作業を行なっているのだ。それは、こうした災害が起きている場所のエネルギーの流れに関係したバランスである。あちこちで起きている地震は、もし我々のプロジェクトが実施されていなかったら、もっとひどい結果になっていただろう。だから、我々の行なっている仕事は保守整備のプロジェクト、あるいは維持管理の作業と言うことができると思う。つまり、天変地異による大災害の被害の程度を軽減するという意味である」

ドロレス「災害を根絶することはできないのですか？」

ジャニス「我々には可能であるが、しかし、災害に関して、今の時点ではこれ以上のことは言えない」

ドロレス「それは地球に起きねばならないことがあるからですか？（そうだ）そして、最終的な運命に関しては、あなたがたも手出しはできないということですね」

ジャニス「現時点ではそうだ」

ドロレス「だから、あなたがたがやってもよいことは限られていると」

ジャニス「その通り」

ドロレス「そうした掟を決定する誰か、あるいは何かがあるのですか？」

ジャニス「こうした掟は全宇宙普遍のものである。それらの掟は、あなたたちの言葉で言う何世紀もの間、過去のすべての時代を通してずっと知られていることである。それは書き記されて伝えられてきた。それは変わることはない」

ドロレス「その掟のいくつかを話していただけますか」

ジャニス「その中には不干渉の法がある。あなたたちの政治家もそうした法を確立し、それに基づいて行動しており、我々も同じ規範の中で仕事をしている。しかしながら、よく憶えておいてほしいのだが、我々にとっての干渉とは、必ずしもあなたたちにとって意味するところと同じ事柄を意味しないのだ」

ドロレス「言い換えると、場合によってはその法を少し曲げて、わたしたちを助けてくれることもできるということですか？」

ジャニス「助けることはできる。支援することはできる。指導することはできる。互いに影響し合うこともできる。知識や情報を伝えることもできる」

ドロレス「でも、直接介入することはできない。（彼女はため息をついた）いや、わたしはただ、はっきりさせようとしているだけです」

ジャニス「ある場合には、あなたたちが干渉だと言うであろうレベルまで我々の影響を及ぼすこともある。もし、それが同胞に関わることであれば、我々は必ず直接介入するであろう。なぜなら、それにはもう干渉という言葉は当てはまらないからである」

ドロレス「そうですね、それは干渉ではなく援護でしょう」

ジャニス「その通りだが、干渉と受け取られてしまうであろう」

ドロレス「かつて歴史上、あるいは地球の変化の過程で、あなたがたが干渉したという時期はありましたか？」

ジャニス「ない。根源的存在からの指令があった場合には話が別だが」

ドロレス「そのことが知りたかったのです。こうした掟を作った中心的な存在、あるいは中心的な役割を持つ部分があるかどうかということです」

ジャニス「根源的な存在はある」

ドロレス「根源的存在とはいったいなんですか？」

ジャニス「まったく純粋な状態の無制限のエネルギーだ」

ドロレス「あなたがたには、それを見ることが可能なのですか？」

ジャニス「我々にとってそれは実感できるものだ。あなたも、その一生のどこかで実感することがあるだろう」

ドロレス「これはおそらく、わたしたちが言うところの〝神〟のことでしょう。かなり限定された意味になりますが」

ジャニス「同じことだ。ただ、我々は違う言葉を使っているだけだ」

ドロレス「不干渉が規則のひとつだとおっしゃいましたが、ほかにどんな規則がありますか？」

ジャニス「我々は暴力行為を行なわない。我々は、あなたたちの惑星の否定的な部分には関わってはいないし関わることもできない。なんであれ否定的なことに関係した要素は、否定的なこととは反対の要素で打ち消されるというのが法則である。我々の中からそれを送り出すことはできない。それは不可能だ」

ドロレス「そのような掟が根源的存在によって作られ、そこから出て来たとして、それはどのようにしてあなたがたに伝えられたのですか？　あなたはどのようにしてその掟を知ったのですか？」

ジャニス「あなたたちがそれを知ったのと同じ方法だ。つまり、我々の歴史からである」

ドロレス「わたしが思い浮かべていたのは、ある人物が法則を書き記している姿とか、こういう風にしなさいと人々に告げている姿でした」

ジャニス「なんだって？」

ドロレス「どうしました？」

ジャニス「あなたの質問はなんだったのか？」

ドロレス「あなたが急に頭を動かしたので、何かそちらで起こったのかと思いました」

ジャニス「たしかに、ここで何かが起こりそうだったので、それを見ていた」
ドロレス「どうぞ、わたしにかまわず、そちらのご用を続けてください」
ジャニス「彼らは立ち去って行く」
ドロレス「ほかに彼らの質問はなかったのですか？」
ジャニス「質問はもう済んだ」
ドロレス「わたしが教えてもらえるような質問がほかにありましたか？（いや）後は彼女に関する質問だけですか？（そうだ）わかりました。わたしが話していたのは、人間、あるいはなんらかの存在が法則を書き記したり、それらを誰かに告げたりしている姿をわたしの頭に思い浮かべていたということです。（彼女の体に動きがあり、何かが起こっていることを示していた）どうしたのですか？」
ジャニス「静かに！（長い沈黙）」
ドロレス「何をしていたのですか？」
ジャニス「我々は話をしていた」
ドロレス「わかりました。あなたが言ったことをジャニスは憶えているでしょうか？」
ジャニス「後で思い出すだろう。たぶん明日」
ドロレス「このわたしのブラックボックスの利点のひとつは、彼女が日常的な意識状態にある時にそれを聴くことができることです」
ジャニス「彼女がその平常の意識状態にある時に、別の方法により改めてそれを学ぶことは重要である。我々は常にそうした方法で交流してきた。彼女の子どもの頃も成人してからも、常にこの方法が用いられた。だから彼女は、わたしの声にはあまり聞き覚えがないのだ」

ドロレス「それでは、彼女はあなたの言ったことを憶えているのですね？」

ジャニス「だが、すべてを一度に思い出すわけではない。というのも、彼女にとってわたしとの交流は、あなたたちの言葉で言うと感情的な、トラウマを生じやすい経験であるからだ。だからこそ、このような状態で交流が行なわれるのだ。わたしが言ったことをテープで何度も繰り返して聴くことは、その種の感情を増幅する結果になるだけだ」

ドロレス「おっしゃっていることは良くわかります。もう少し質問してよろしいですか？」

ジャニス「あなたのその箱の中に、ジャニスへのメッセージを残したい。ジャニスよ、あなたはわたしの来るたびにそれを感じたというが、その感覚は正しかった。わたしの訪問を感じ取るのは、あなたにとって重要なことである。わたしは本当にその場にあなたと一緒にいるのだから。その感覚をいつでも持ちながら、これからの毎日を送ってほしい」

ドロレス「彼女が助けを必要とする時には、あなたを呼んでもよろしいですか？」

ジャニス「もちろんだ。それは我々二人にとっての困難であるからだ。あなたたちと同様、我々も自分の子どもには愛情を感じるものだ」

ドロレス「人間にはそれが理解できないのです。人々は、宇宙人にはなんの情緒も感情もないと思っています。彼らに、あなたがたにもそうした感情があるということを知らせるのは、とても大事なことだと思います」

ジャニス「我々の銀河系では、特に家族に対しては、あなたたちと同様な感情を持っている。それが我々の、こうしてここに来ている理由のひとつでもある。人間たちも、我々が自分の家族と交流するさまを見れば、そうした感情とはどういうものであるかが理解できるだろう」

ドロレス「他の銀河系の人たちには感情がないのですか？」
ジャニス「持っている者たちもいるし、そうでない者たちもいる。そのうち、あなたたちの聖書に記されているように審判があり、試練があるであろう。そして、自分の家族の一人が、それらの出来事のうちのいくつかを経験、あるいは目撃することになるのは、わたしにとって辛いことである。彼女はすでに地球の変化による影響を受けているのだ。言っておくが、今現在、彼女にはわたしの言っていることが聞こえていない。今わたしが言っていることを聞き、同時にそれをわたしの声で伝えることは、彼女にとって負担が重過ぎるであろう」
ドロレス「でも、テープを再生すれば、彼女は聴くことになります」
ジャニス「（感情的になって）そうだ、そして……」
ドロレス「それは彼女の助けになるでしょう。（この話は彼の心をかき乱すようだったので話題を変えたほうが良いと思った）まだ質問があります。彼女が知りたがっていたのは……（ジャニスは感情が高ぶっている様子）いや、わかりました。結構です。あなたがご自分の感情をわたしに示し、それを共有させてくださったことに感謝いたします。わたしにとっては光栄なことです」
ジャニス「これはとても辛いことだ」
ドロレス「今晩、彼女が寝ている間に、また彼女と交流されたらいかがですか？」
ジャニス「そういうことはたびたび行なっている」
ドロレス「彼女は、大災害が起きる前によく気分が悪くなるそうですが、それはなぜかと質問しています」
ジャニス「そうしたことはある。わたしがここに来た理由のひとつはそこにもある。彼女がそういう経験をしていることはわかっている。それは、彼女の体に組み込まれた機能により起こっていることなのだ。その理由にはいくつかある。まず、災害が起きる前に彼女がそれを察知し、身を守ることが可能になるように。もうひとつは、彼女が参加しているプロジェクトや活動の一環として、彼女が来たところのレベルからエネルギー状態を下げ、同じ根源を持つ他のエネルギーとともに地球を保護する遮蔽膜となるためである。そういう状態になると、さまざまに張りめぐらされたレイ・ラインに沿って、そこからエネルギーが地球全体に転送される。そのようにして彼女と地球はエネルギーの状態において互いに結ばれ、一体化するのである。エネルギーがまた肉体的存在のレベルに戻っても、両者は結ばれたままだ。だから、これらの出来事は彼女に肉体的な影響を与えることになるのだ」

ドロレス「彼女が言うには、災害の前に感じる気分の悪さは、災害の種類によって違うとのことで、地震が起きる前に感じる気分は、他の一般的な事故災害、例えば、飛行機の墜落その他とでは違った感じだそうです」

ジャニス「その通りだ」

ドロレス「彼女は、その違いがわかるようになるのですね？」

ジャニス「彼女には、もうある程度の違いはわかる。これは彼女の、適当な言葉が見つからないが、教育の一環であるということを理解してほしい。彼女はプロジェクトに参加しながら、同時に学んでいるのである。彼女は自分の人間らしさを守ることを学びながら、同時にこの惑星を助けるプロジェクトに参加して、起きている間中、また睡眠中も食事中も、呼吸をしている時も、常にそれを続けているのだ」

ドロレス「でも、彼女がそれらの大災害が起きることを感じた時には、すでにそれらは始まっているので、彼女はそれを止めるために何もできないのではありませんか？」

ジャニス「いや違う。それが起きてから感じるのではない。起きる前に感じ、起きている時に感じ、起きた後でも感じるのだ」

ドロレス「しかし、それでも彼女は他の人に警告を発することはできませんね？」

ジャニス「警告の問題ではない」

ドロレス「でも、いずれにせよ、彼女が災害を防ぐことはできないのでしょう？」

ジャニス「それはエネルギーの問題であって、災害が起きるのを止めるというようなことではない。その目的は、災害のもたらす影響を軽減することだ。彼女はエネルギーの伝達路であり、受け取り手でもある。彼女を通ってエネルギーが流れるのだ。そして、そのエネルギーが地球全体の災害の被害の程度に影響を与えるのだ。そしてその時、彼女がエネルギーの状態にあるかどうかは問題にならない」

ドロレス「ほかにも地球に来て、彼女のようにエネルギーに影響を与える仕事をしている人はいますか？」

ジャニス「あなたたちの惑星のいたるところに、そのような仕事をする人はいる」

ドロレス「その人たちもジャニスと同じように、自分たちがそういう仕事に関わっていることを日常の意識ではわかっていないのですか？」

ジャニス「彼らは、ジャニスと同様にそのことは知っており、日常的な意識でもいくらかは認識している。しかし、彼らがそのプロジェクトの全容を知るにはまだ早過ぎる。それは、あなたが被術者に質問する前に、被術者の回答に影響を与えるようなことはしたくないのと同じことである。彼らに全容を知らせてしまい、それによって結果に影響を及ぼすような真似は避けたいのだ。また、プロジェクトに参加している者による人間レベルの干渉を防ぐ意味もある。人間の感情状態の影響を受けると、結果が異なってしまうことが時々あるのだ」

ドロレス「このプロジェクトに関わっている他の人たちは、地球のエネルギーなのですか、それとも地球以外からやって来たのですか？」

ジャニス「地球以外のところから来た」

ドロレス「わたしはある若い男性とも仕事をしているのですが、彼もそういった人たちの一人ではないかと思います」

わたしは、『この星の守り手たち』に登場した被術者、フィルのことを考えていた。

ジャニス「彼もそうだ」

ドロレス「彼は、地球上で目撃したことにより、非常な衝撃を受けています。彼にはとても辛いことだったのです」

ジャニス「それは彼らにとって、肉体的にも精神的にもとても辛いトラウマになりかねないことである。細胞の一つひとつがその影響を受けているので、そういう個人が細胞や分子の状態に還元された時、そうした出来事は一つひとつの原子にまで溶け込んでいるように見える。そのように、人間の体の状態でいる時に体験したことを、彼らの身体を構成する原子の一つひとつが再体験することによって、平均的な人間のそれに比べ、ずっと高度に発達した感覚レベルで受け止めることになる。そのため、ベッドから起き上がれなくなるほどの深刻な影響を受けることになるのだ」

ドロレス「彼は一時、自殺を考えたほどでした」

ジャニス「そういう者は大勢いる」

ドロレス「彼には理由がわからなかったので、ただもうここにはいたくなかったのです」

ジャニス「ジャニスも、どうして自分のまわりにそういうことが起きるのかがわからず、同じようなトラウマを経験したことがある。彼女には霊体だった時の別世界の記憶があったので、なおさら辛かったのだ」

ドロレス「そういえば、彼はよく、ここは自分の故郷ではない、と言っていました」

ジャニス「彼の言うそれは、言葉のもっとも深い意味における**故郷**なのだ。彼らは本来の故郷を知っているために欲求不満に陥るのだ。それが彼らの抱く不満の意味だ」

ドロレス「彼らはもともと、かつて一度も地球で生活したことのない霊魂なのでしょうね」

ジャニス「以前、地球で生活したことがある者もいるし、初めての者もいる」

ドロレス「でも皆、みずから進んで地球でのプロジェクトに参加したのですね？」

ジャニス「その通り。だが、それに参加している全員が、同じようなエネルギーではないということをわかってほしい。つまり、ひとつの同じエネルギーではなく、同じエネルギーの源から来たのでもないということだ」

ドロレス「わたしがジャニスとのセッションを始めた頃、宇宙人の中にも悪の勢力に属する者たちがいると聞きました。わたしは、すべての宇宙人は、皆あなたがたのような人たちだと思っていて、どうして悪い勢力の存在が許されているのかがわかりませんでした。あなたがた宇宙人は皆、進化が進んで完璧な状態に達したものと想像していたのです」

ジャニス「いや、すべての宇宙人がわたしのレベルまで進化しているわけではない。それは、すべての人間があなたのレベルまで進化してはいないのと同じことだ。だから、宇宙人にもいろいろなエネルギーがあることを理解してほしい。それは人間にもいろいろなエネルギーがあるのと同様である」

ドロレス「この悪の勢力についてはもっと知りたいので、彼女に影響を及ぼさないようなら、もう少し情報がいただきたいのです。彼らもまた宇宙船を持っていて、あなたがたのように航行しているのですか？」

ジャニス「この件に関しては、彼女を通じてあなたに話すことはできない。彼女にそのことを体験させたくない。いつかそれができる時が来るかもしれないが、今はまだだめだ。今は、我々の行なっているこの方法で交流する必要があるのだ。あなたの惑星でも家族同士の再会の時があるが、我々にもそういう時があるのだ」

ドロレス「ジャニスのほかの家族はどうなっていますか？　彼女には、たしか男の兄弟がいたはずですが」

ジャニス「彼女には男の兄弟がいる。皆、非常に特別な者たちで彼女に似ている。彼らはそれを知らないが」

ドロレス「彼らもあなたの子どもたちですか？（そうだ）でも、彼らの感受性は彼女ほど強くはないのですね？」

ジャニス「違った意味での感受性は強い」

ドロレス「あなたにはほかにも家族がいるのですか？」

ジャニス「ほかにもいる」

ドロレス「あなたには大勢の子どもたちがいるように思えるのですが」

ジャニス「その通りだ」

ドロレス「地球にも、そして地球以外にでもですか？（そうだ）父親というのは、何かを基準にして選ばれるのですか、それが生物学的な父親でも、あるいはそうでない場合でも？（沈黙）わたしの質問の意味がわかりましたか？」

ジャニス「いや、どうもよくわからない」

ドロレス「では、例えば、あなたが地球上の多くの子どもたちの親に選ばれたのは、あなたが何か特別な人だからですか？　それとも、あなたが持っている特性のためですか？」

ジャニス「わたしにはジャニスに現れているような特性がある。しかし、我々のすべての子どもたちが皆同じようになるというわけではない。それはあなたたちの子どもらが皆違うのと同じことだ。というのも、彼らが地球にやって来た時には、それぞれに選択の自由があったからだ」

ドロレス「それは皆、魂の状態の時、つまり本質的なものに起因するのですね？（そうだ）ジャニスに現れたあなたの特性とは何ですか？」

ジャニス「我々は意図において純粋である。我々は献身的であり、正直かつ率直である。また、我々は純粋な愛という観念を持っていて、無条件に愛することの意味を知っている」

ドロレス「それらはすべて素晴らしい特性だと思います。それで、あなたの子どもたちは皆、そのような特性を持っているわけではないのですか？」

ジャニス「持っている。だが、その特性のあるものは眠っているし、使うことを拒否された特性もある」

ドロレス「あなたがジャニスを自慢に思っている理由がわかります」

ジャニス「本当に彼女はわたしの自慢だ」

ドロレス「あなたはどこから来たのか教えていただけますか？　あなたの故郷はどこですか？」

ジャニス「あなたたちの銀河系以外の場所から来たとだけ言っておく」

ドロレス「それが、わたしたちにとってはどうも理解しがたいことなのです」

ジャニス「そうだろう」

ドロレス「それは物理的な惑星ですか？」

ジャニス「物理的な惑星だ」

ドロレス「たまにはそこに帰ることもあるのですか？」

ジャニス「ある。この場所にもそこから来た」

ドロレス「たった今ですか？（そうだ）わたしは海軍軍人の妻です。わたしの夫は仕事で何年も家を離れて暮らすことがあり、また、時にはわたしも彼に同伴することもありました。わたしは、あなたがあの宇宙船に派遣されて勤務していて、そこからわたしたちと交流しているのかと思いました」

ジャニス「わたしがどの宇宙船にいようと、そんなことは問題ではない」

ドロレス「任務のため、何年も家を離れているのかと思っていたのです」

ジャニス「必ずしもそうではない。なぜなら、次元間を行き来したり、別な銀河系に旅行したりする場合には、あなたたちの考えるような時間に従っているのではないからだ」

ドロレス「では、どのようにして移動するのですか？」

ジャニス「わたしは想念の力で移動する」

ドロレス「前にも何度かそのような答えを聞いたことがあります。でも、わたしは同様の質問を繰り返すことによって、答えの信憑性を確認しているのです。あなたの住んでいるところでのあなたの職業は何ですか?」

ジャニス「わたしはその惑星の統治者である」

ドロレス「そうですか、それは大変な名誉あるお仕事ですね。あなたが子どもたちを作る役目に選ばれたのはそのためですか? こういう言葉を使っていいのかわかりませんが」

ジャニス「選ばれたと言ったが、我々にとってそれはまったく自然なことで、選ばれたとは思っていない」

ドロレス「それでは、わたしたちの惑星で子どもを作ったのはあなた以外にもいるのですか?(いる)統治者の責任とは大きなものでしょうか?」

ジャニス「大きな責任である。だが、我々にはあなたたちのようないろいろな問題がないので、あなたたちの惑星の統治者たちの多くが時間を費やしているような諸々のことに時間を使う必要はない。我々の惑星には、あなたがいるこの家ほどの大きさの花がある。そういうことが想像できるかな?」

ドロレス「とても考えられません。あなたの惑星ではそんなことがあるのですか?」

ジャニス「今言ったようなことは、ほんの一部に過ぎない。とにかく美しい場所である」

ドロレス「わたしたちのところのように四季がありますか?」

ジャニス「あなたたちのような冬はない」

ドロレス「それはうらやましいことです(笑う)」

ジャニス「そして季節に関しては、あなたたちの言う四季のように、それぞれの特色を持って自然に移り変わるものとは捉えていない。それは定まった自然というより、むしろ娯楽になっている。あなたたちの惑星では、季節に従って作物を育てたり収穫したりするが、我々にはそういうことがない」

ドロレス「食物は消費しますか？」

ジャニス「我々は光を摂取する。しかし、何か食べたいと思った時には、そうすることも可能だ」

ドロレス「それは、あなたがたにも消化器官があるからですか？」

ジャニス「いや、あなたが考えるような消化機能はない」

ドロレス「感覚を使うのですか？（そうだ）彼女がチョコレート・ミルクの説明をしていた時のようにですか？」

ジャニス「まあ、それもひとつの考え方ではある」

ドロレス「あなたが宇宙船に乗っている時に、必要な種類の光を入手できずに困ることはありますか？」

ジャニス「ない、わたし自身がその光であるから」

ドロレス「補充が必要かと思ったのですが」

ジャニス「わたしが存続するためだけならその必要はない」

ドロレス「ところで、ご自分の惑星で、あなたたちは有性の生命体ですか？」

ジャニス「それはそうだ」

ドロレス「わたしたちのように性は二種類あるのですか？（そうだ）それで、あなたたちの子どもは、わたしたち人間のように赤ん坊から成長するのですか？」

ジャニス「彼らは靴のひもを結ぶ練習をする必要はない」

これは大まじめな口調で話していたが、たぶん冗談のつもりで言ったのだと思う。彼らの惑星には、おそらく靴などないだろうから。

ジャニス「生きていくための仕組みは、生まれつき備わっている。だから、食べなければならない時が来れば、教わらなくとも、必要ならナイフやフォークなどを使って自分で食べることができる。食べる行為を例に挙げたが、これはそれに限ったことではない。〝生まれつき知っている〟という意味は、それまで食卓で銀食器などを用いて食事をしたことがなくても、例えば地球にやって来た時には、別に教わらなくても、そのようにして食事ができるということなのだ」

ドロレス「それではもう自動的にできるのですね？（そうだ）乳児の時からそうなのですか？（そうだ）わたしたちが大人になるのと同じように、成長して成人するのですか？」

ジャニス「地球とはその速度が違うが、成長はする」

ドロレス「あなたの惑星の人々には死というものがありますか？（ない）では、最終的に体はどうなるのですか？」

ジャニス「体が死ぬことはない」

ドロレス「では、永久に生き続けることが可能なのですか？」

ジャニス「永久に生きることは可能だ。移行の時期はあるが、それを我々は死とは考えない」

ドロレス「わたしたちの事情と比較すると、この惑星では体が老化し、老衰し、やがて……」

ジャニス「我々も年は取る」

ドロレス「でも、体は死なないのでしょう？　衰えたり年取ったりするだけで？」

ジャニス「老化はしない」

ドロレス「人が死なないのなら、それは理想的な状態だと人間は考えてしまうのですが」

ジャニス「たしかに人間はそう考えるだろうが、死ぬことができないというのではなく、移行するほうを選択するということだ」

ドロレス「それなら、本人が、その体をもう必要ないと思ったらどうするのですか？」

ジャニス「根源に返す」

ドロレス「体はどうなるのですか？」

ジャニス「体は分子レベルで再吸収される」

ドロレス「それは、自分の体にもう飽きてしまった時とかにそうするのですか？」

ジャニス「理由はいろいろある」(彼女は不快感を示し始めた)

ドロレス「どうやら時間がなくなってきたようです。彼女が熱くなって不快を感じているようです。あなたとお話できて、本当に良かったと喜んでおります。光栄のいたりです」

ジャニス「わたしと話をしに来てくれたことに感謝する。わたしは、あなたとあなたの質問に完全には集中していなかったので、あなたの忍耐にも感謝する。あれは、ジャニスにわたしがここにいることを知ってほしかったために、わたしのわがままがしたことであった」

ドロレス「そんなことはありません。わたしのほうこそ、あなたの気を散らすような勝手なことをしてしまいました」

ジャニス「いやいや、彼女にとっては、わたしが今もまだここにいることを知ることが、とても大切だったのだ」
ドロレス「また、いつかお話ししたいと思います」
ジャニス「必ずまた話ができることだろう。わたしの娘と仕事をしてくれていることに、とても感謝している」
ドロレス「いつも、できるだけのお世話はしたいと思っています」
ジャニス「(威厳に満ちた声で)あなたなら必ずそれができる!」
ドロレス「この仕事をする時には、わたしはとても用心深くなります」
ジャニス「それはわかっている。あなたにきつい言葉を使ってどうかしようとは思っていない。わたしもまた、用心深く守っているのだ」

わたしがジャニスの催眠を解く準備をしていると、彼はわたしを止めた。

ジャニス「彼女と話したいことがある」
ドロレス「今ですか、それとも彼女が今晩寝ている時ですか?」
ジャニス「今でなければならない」
ドロレス「わかりました。まだ少し時間がありますので、どうぞお話しください。声を出して話すのですか、それとも内面的に行なうのですか?」
ジャニス「その両方の方法で話す。(彼は非常に優しく語り始めた)我が娘よ、我が子よ、わたしがいつもお前と一緒にいることを知ってほしい。わたしは、お前を決して一人ぼっちにはしないと約束した。だから、これからもわたしはお前のそばを片時も離れることはないであろう。お前がそう望めば、いつでもわたしを感じることができるのだ。お前にミッションを遂行するのに必要な力が不足している時、また、わたしと話をしたい時には、どうすればわたしと接触できるか、お前は知っている。それをどこですればよいかも知っている。わたしがお前を愛していること、いつもお前と一緒にいること、二人はいつも一つであることを決して忘れないでくれ。我々はお互いの一部である。我々が存在しなくなることはない。二人は今、それぞれ異なった次元に住んでいるが、わたしのところに来たい時にはいつでも来ることができることはわかっているだろう。わたしはお前を助けよう。わたしに任せなさい。このことを決して忘れないようにしてほしい。わたしが今回、ここでお前に話している理由はそこにある。最近、お前が忘れていたように、これから先もお前は、このわたしが付いていると いうことを忘れる時があるかもしれない。だから、そうならないように今話をしているのだ。ちゃんと聞いておいてくれ。わたしが必要な時にはいつでも来るからな。それでは愛を込めて、お前にさよなら(Alokeia)を言う」

ドロレス「さようなら(Alokeia)、どうもありがとうございました。もう時間です。わたしたちはここを離れなくてはなりません。ジャニスが家に帰れるように、催眠から覚まさなくてはなりません。それでは、ジャニスのすべての意識と人格は再びジャニスの体に戻って来てください。そして、他の人格は、それぞれの行くべき場所にお帰りください」

わたしは元通りになるよう指示を与えた。ジャニスの意識を元に戻そうとすると、彼女はそれに抵抗して泣き始めた。それはまるで、あの宇宙人から離れたくないと言っているかのようであった。わたしは彼女を慰めながら、同時に、元に戻らねばならないことを強調した。「いいえ、いけません、いけませんよ。あなたはこちらに戻らなくてはならないのです」

催眠を解く前に、わたしはゆっくりと時間を掛けて彼女と話し、慰めた。そして、彼女が会いたい時には、いつでも彼のところに戻れるのだということを彼女に納得させた。わたしたちは彼のところに行く方法を発見したのだから、これは永遠の別れというわけではないのだ。しかし、催眠から覚めた彼女は何も憶えていなかった。そして、自分が泣いていたことを知り、驚いていた。

目を覚ました彼女は、ベッドの上で半身を起こしていた。その時、わたしは彼女の両手の手のひらに注目した。セッションの間中、彼女は手のひらを下に向けたまま仰向けに寝ていて、まったく身動きしなかったので、それらは見えていなかった。今見ると、彼女の手のひらはかなり変色していて、ほとんど黒くなっていた。彼女もそれに気づき、どうしてそうなったか不思議そうだった。彼女は手を振り、マッサージしてみた。別に痛みも不快感もなく、ただ不思議なだけであった。そうしているうちに黒い色は消え始め、徐々に元の手の色になっていったが、このことについて記録するため、わたしはまたテープレコーダーのスイッチを入れた。

ドロレス「親指とその下方にある大きな筋肉、それに両手のすべての指は青くなり、ほぼ紫色になっています。まるで汚い新聞紙をいじって、インクが両手に付いてしまったかのようですね」

ジャニス「でも、わたしは新聞なんか触っていませんよ。（そしてまた、彼女が手をこすってみても色は付着しなかった。それは明らかに皮膚の内側で起きたことだった）それに、この部屋に来る前にトイレに行ったので、そこで手を洗いました」

わたしは、じつはセッションの前の夕食時に、彼女の手のひらが少し変色していたのに気づいていたことを告げた。しかし、今はその時よりずっと濃くなっており、ほぼ黒くなって、しかも変色部分がかなり拡大していた。彼女が立ち上がって動きまわりだすと色は消え始め、手のひらは元の状態へと戻っていった。深いトランス状態に入っている人は、じっとしていてほとんど身動きしないものなので、血液の循環が悪くなったのが原因とも思えない。その症状が特に体に不快感を生じさせているわけでもなかったので、わたしたちはこれをただ奇妙な現象だったということで、その場はとどめておいた。

その後、友人のハリエットにこの話をしたところ、あの別の宇宙人が彼女を通じて話したので、そのエネルギーによって変色したのではないかという意見だった。そして、次の機会には、彼女が催眠から覚めた後で、足の裏や首の後ろも見てみたほうがいいと言った。エネルギーは、体のそういった部分から出て行くと言うのだ。彼女は、どうしてそう思うのか自分でもわからないのだが、ただそう頭に浮かんで来たのだと言い、本当かどうかについても自信がないということだった。

また、人は死なないと皮膚にそのような変色は起こらない、とある人から聞いたので、看護師をしている娘のジュリアに話したところ、そんなことを言うのは集中治療室の実態を知らない人だと言った。彼女は、こうした現象をある患者の心臓手術の際に見たことがあったが、それは緊急事態の状況下で起こることなのだそうだ。その場合、変色は手のひらばかりでなく体のあちこちで生じ、薬物治療を行なう必要があるということだ。

わたしは、別の本の執筆時に医学的な問題について教えてもらったことのある知り合いの専門家にも聞いてみた。医師であるビルは、わたしの仕事を知っており、わたしの奇妙な質問にも慣れているので、どうしてそういう情報を知りたいか説明する必要がないのである。彼は皮膚の変色の原因に関わる医学用語を教えてくれた。それは、動脈の血流が正常であっても起きる静脈閉塞症で、一般人にわかるような言葉で言えば、外肢（腕や脚）からの血流が制限されたり、血管が狭まったり詰まったりすると、前述のような症状が出るのである。止血帯のようなもので血流を制限されたりすると起こり、その状態が長く続くと神経にも損傷を受けることがあるという。彼には、それ以外にそのような変色が起こる原因は考えられなかった。しかしジャニスの手は、別に圧迫されていたわけではなかった。セッションの間中、手は手のひらを下にして腹の上に置かれていた。そういう状態でその現象が発生するのは明らかに異常であり、おそらく、我々には理解できないような、なんらかの超自然現象ではないか、と医師は言った。いずれにせよ、明らかにこれは健康な人に起きる正常な現象ではなかった。

数カ月後、次のセッションの準備のためジャニスと話した時、彼女は、あれ以来、手が黒くなることはもうなかったと言った。また、彼女と行なったセッションのテープは、まだどれも一度も聴くことができないでいるとも言っていた。テープを聴こうとするたびに必ず何か用事が出来て、やめざるを得ないのだそうだ。わたしは、あのテープの感情的な部分に彼女がどんな反応を示すだろうかと不安に思っていた。彼女の父親である宇宙人も、彼の声を聴いた時の彼女の反応を心配していたが、結局、それは取り越し苦労であった。まさに彼が望んだように、メッセージは彼女の潜在意識の中に植え付けられたようだ。

ジャニスの手の変色現象は、第七章で紹介したスーザンの身に起きた現象の変種と見ていいだろう。それは、わたしが被術者を通して初めて宇宙人と遭遇した時に起きたことだった。スーザンがモーテルで催眠から覚めた時、彼女の膝から下の足先までの皮膚一面に、大きな赤い斑点がいくつも出来ていたのだ。また一九九七年、ハリウッドで、クララに初めての退行催眠を行なった時（第三章）にも、宇宙人と話した後で彼女のうなじの生え際が赤くなったことがあった。そうした過去の経験も踏まえて考えると、こうした皮膚の変色は、肉体を通して異なったエネルギーと交流した結果なのではないかと思われる。このような現象に、その時はびっくりさせられるが、それは一時的なものであり、後遺症はない。

一九九八年に、彼女とのセッションをわたしの著書に収録する許可を得るためジャニスに電話した時には、彼女はいまだに録音を聴いていないということで、テープをどこにしまったかも忘れてしまっていた。

第13章
究極の経験

　ジャニスとセッションするため、わたしが再びリトル・ロック市を訪れたのは、それから半年後の一九九〇年七月であった。今度も一日に数回のセッションを行なうつもりだった。前の時は一日三回で、それでも二人とも大変だったが、今回は日にどのくらいが両人にとって過度の負担にならぬ適切な回数なのかを見極めたいと思っていた。そしてその結果、それらのセッションの中で、さらに奥深い未知の領域へと足を踏み入れることになったのであった。

　わたしたちは単なるＵＦＯとの遭遇体験談から離れ、他次元の住人たちとの交流を深めていった。そうした生命体たちのあるものは光から成っており、自分たちは純粋なエネルギーであると語っていた。こうしたエネルギー体たちとともに活動する中で、ジャニスの訓練はますます複雑なものになっていくようだった。

　そこに示された諸々の概念は、あまりにも難解過ぎて本書には収録できなかったので、それらの詳細については別著『*The Convoluted Universe*』（『入り組んだ宇宙』）で紹介することにした。それにはか弱いわたしの脳など溶けてしまいそうな概念や理論が収められ、それなりの準備が出来ている読者のための本になるはずで、そういう難しい話が好きな人たち向けに一冊にまとめたほうがよいと思ったのだ。本書は、主としてＵＦＯ体験に関する事柄を扱い、それらの奥に、じつはさまざまなものが潜んでいることを示唆するのが目的なので、その方向で首尾一貫させることにした。

そんな中で、一つだけここで紹介することにしたのは、その内容が、一月に実施した三回のセッションの際、ジャニスの手が紫色に変色したことと関係があるからである。以前わたしと話し合ったことのあるあのエネルギーの医師が、その原因について説明してくれたのだ。

ドロレス「前回わたしがジャニスと仕事をした時、彼女の手のひらの皮膚に明らかな変化が起きました。どうしてそんなことが起きたのか、教えていただけますか？」

ジャニス「それは彼女の体が、その時彼女が使っていたエネルギーのレベルにうまく適応できていなかったからです。循環系に問題が起きたのです」

ドロレス「皮膚はかなり黒ずんでいて、手のひらの一部はほとんど紫色になっていました」

ジャニス「その時の彼女のエネルギーの状態が、とてもとても高いレベルにあったからです」

ドロレス「あの宇宙人が彼女を通じて話をしていたからですか？（はい）あの時わたしは、セッションを多くやり過ぎたせいかもしれないと思っていました」

ジャニス「それとは関係ありません。問題の一つは、当時彼女の体が絶好調とは言えなかったことです。それは、彼女の血管を流れていたエネルギーと、彼女がつながっていたエネルギー系との相互作用に関係していたのです」

ドロレス「皮膚の変色が、何か体に害を与えることはあるのですか？」

ジャニス「そういうことは我々が起こさせません。この人はとても大事な存在であり、二度とそういうことが起きることはありません。彼女は、その後さらに進歩を遂げ、今では当時と違うレベルにいます」

その後、わたしとのセッションでは、二度とジャニスにこうした変色が起きることはなかった。また、以前の彼女は、セッション中に時々体が熱くなってわたしを心配させたことがあったが、そうした現象も起きなくなった。どうやら彼女は、自分の体を通して高級なエネルギー体が話をすることにうまく適応できるようになったらしい。このタイプの交信では、媒介者の体にはっきりとわかる影響が出ることもあるが、その場合にも別に長く残るような害はないようだ。それは過渡的で一時的な現象なのである。

今回、このケースと関連した別の不思議なことが起きた。わたしはいつもセッションのテープを複製し、一つをルーに、もう一つを被術者に送ることで、常にどこかにコピーが確保されているようにしている。そして通常、セッションの後、二、三週間以内には、使用する予定のテープの内容をノートに書き写すことにしていた。

わたしはまず、一九八九年と九〇年にジャニスと行なったセッションの内容を書き写しておいた。その後、一九九〇年に三回、さらに一年後の九一年にもう一回のセッションを行なった。これから書き起こす予定のテープは、いつも一カ所にまとめてわたしのオフィスに置いておく。他のテープと混ざってしまうのを避けるためだ。

ところが、これら過去四回分のテープの内容を書き起こそうとした時、それらがどうしても見つからなかったのである。その後何度も、思い出すたびに部屋中それらのテープを探したが見つからない。そこで仕方なく、ルーとジャニスにテープを貸してくれるように頼んだ。しかしジャニスは、わたしが送ったテープをまだ一度も聴いたことがないばかりか、どこに置いたかさえも思い出せず、ルーも、オフィスがあまりに乱雑な状態なので、テープを探し出すのは大変だと言って取り合ってくれなかった。

わたしは、一連の話の全体像が把握できるまでは、これまで聞いた情報は一切出版物に書いてはならないと宇宙人から警告されていたことを思い出した。テープが見つからないのはそのせいなのだろうか？　わたしにはまだ本にする準備は出来ておらず、ただテープの内容を書き留めておきたかっただけだった。

その後、わたしが他の本の執筆やら企画等に追われていた五年間、テープは見つからないままであった。ところが不思議なことに、一九九六年の初め頃、突然、それらのテープがわたしの机の上に出現したのである。そこはどこからでも見える場所であり、初めからそこにあったのを見逃していたなどということはあり得なかった。

その頃、わたしはこの本を書くために過去のファイルからいろいろと情報を集め始めていた。これらのテープが魔法のように再び現れた時、わたしは、そこに収録された情報を世に出すべき時期が来たことを悟った。わたしは彼らとの約束を守り、一九八九年に彼らがわたしに公表の自粛を要請してから八年が過ぎていた。

そこでわたしは今ここに、一九九一年の九月にジャニスと行なった最後のセッションで得られた情報を記すことにする。わたしはそれを〝究極の経験〟と呼びたい。当時わたしは、彼女が宇宙船の中に入ったと思っていたのだが、テープを書き起こしたものを読んでみると、もしかしたら、山の中にある地下基地に行ったのかもしれないと思うようになった。たとえそこがどこであったとしても、それはこの宇宙のどこにも比類なき教育を施す学校であった。

わたしは、UFOによる誘拐と思われる二つのケースのセッションを行なうため、一九九一年九月に再びリトル・ロック市を訪れた。ルーとジェリーが車でわたしを現地まで連れて行ってくれた上、証人の役目も引き受けてくれた。滞在中、わたしはまたジャニスとも仕事をしたが、当時はこれが彼女との最後のセッションになるなどとは思ってもいなかった。この時も、彼女とのセッションは友人のパッツィの家で行なわれた。ジャニスの希望は、ごく最近（一九九一年七月）に起きた奇妙な出来事について探ってほしいというものだった。

その頃、ジャニスのところには数年間離れていたボーイフレンドが戻って来ていて、彼女はとても幸せだった。彼女はやっと自分と同類の魂に出会ったような気がしていた。しかし、彼が驚いて逃げ出すのを恐れ、彼女を悩ませている奇妙な出来事については一切告げてはいなかった。

軍人である彼、ケンと週末を過ごすため、彼女は基地の隣の町に出掛けていた。二人はモーテルに宿泊していたが、ケンは翌日、基地に戻るため、朝まだ暗いうちに起床しなくてはならなかった。彼が去った後、ジャニスはまた深い眠りに落ちた。数時間後、メードがドアをノックする音でやっと目を覚ましたものの、まだ寝ぼけていて、起き上がって返事をすることもできなかった。すると次の瞬間、メードが部屋に入って来たかと思うと、いきなり金切り声を上げた。これに驚いたジャニスは、はっきりと目を覚まし、ベッドに横になったまま、部屋中のすべての電灯がめちゃくちゃに点滅するさまを眺めていたが、やがてその電球のいくつかが破裂した。この光景に仰天したメードは、叫びながら部屋を飛び出して行った。

その夜、いったい何が起こっていたのかを、わたしたちはこのセッションで調べてみることにした。

わたしはジャニスのキーワードを用いた。一年以上もセッションを行なっていなかったにもかかわらず、それは完璧に役目を果たした。そこで数を数えて、そのことが起きた日の夜まで戻ってもらった。後でわたしがこのテープを書き起こしていた時、ここでセッション中には聞こえなかった奇妙な音響が聴こえてきた。数を数え終わった時、車のエンジンを掛ける時のような音がしたのだ。あるいはむしろ、モーターボートが速度を上げている時の音のほうが近いかもしれない。大きな音で、外部からのものではなく、まるでテープレコーダーのマイクのすぐそばで鳴り響いているかのようだった。その時、わたしにその音が聞こえていなかったことは、テープを聴いているとよくわかる。というのも、わたしは中断することなく彼女に指示を与え続けていたからだ。

彼女は、その夜の楽しい思い出について語った。その後、二人はとても深い眠りに落ちた。

ドロレス「その夜、あなたはそのまま朝までぐっすり眠ったのですか?」

ジャニス「いいえ。わたしが目を覚ますと彼も目を覚まし、二人で『何が起きたの?』と言い合っていました。わたしには、たった今ここにやって来たように感じられたのです。彼も『すごい、二人でどこか別の世界に行って来たみたいだ』と言いました。わたしたちの体はここにあっても、なぜか一方では、どこか別な場所にいることがわかっていました。というのは、その別な場所に手で触れることができたからです。とても不思議な感じでした。その夜の間に何かが起きたことは確かだったのですが、それが何かはわかりませんでした。彼は基地に戻るため、朝の四時半には出発しなくてはならなかったのですが、なかなか起き上がることができませんでした。彼の様子がまだ変なので、わたしは心配でした。そして、『まあ大変! こんな状態で運転して大丈夫かしら?』と思いました。彼と一緒に部屋を出てモーテルの裏手にまわると、そこは何もない広々とした場所で、しかも霧に包まれていました。でも、霧が出ているのはその場所だけでした。七月だというのに、霧だなんて本当に不思議なことです。わたしが、こんな霧の中をどうやって運転するのかと聞くと、彼は、霧なんか出てないじゃないかと答えました。彼には霧が見えなかったのです。彼が去った後、わたしはまたベッドに戻り、すぐ眠ってしまいました。でも、本当は眠るのではなく、どこかに行くのだということがわかっていました。そして、そのまま意識がなくなりました。そして朝になり、メードがドアを開けて入って来ました。彼女は叫び声を上げ続けました。彼女の声は聞こえたのですが、動くことができません。目を開けることもできませんでした。彼女はただそこに立ちすくみ、悲鳴を上げていました。わたしはなんとか目を開けようとしましたが、どうしても開けられません。やっと目が開くと、すべての電灯がついたり消えたり、すごい速さで点滅していました。わたしはひどい目まいに襲われていました。メードはまだ叫び声を上げていて、どうしたらよいのかわからないようでした。（小さな声で）大丈夫よ、大丈夫よ。電灯の点滅は続いていましたが、電球がいくつか破裂すると、やっと点滅が止まりました」

ドロレス「それでは、その前の夜に戻りましょう、そうすれば何が起きたかわかりますよ。それは、ケンがまだいる間に起きたのですか？」

ジャニス「その内のいくつかのことは、ケンがいる時に起こりました」

ドロレス「それではその部分に行きましょう。それがいつ始まったのかを教えてください。二人は眠っていましたか？」

ジャニス「（ニコニコして）いいえ、わたしたちは眠っていませんでした。それは眠る直前で、二人で出掛けました」
ドロレス「それはどういう意味ですか？」
ジャニス「二人でモーテルを出たのです。宇宙船に行きました」
ドロレス「どのようにして行ったのですか？」
ジャニス「わかりません。気がつくと宇宙船に乗っていました。とても速かったです」
ドロレス「肉体のままで行ったのですか？」
ジャニス「どうもそうらしいです。彼の身体も見えますから」
ドロレス「では、あなたがた二人とも部屋を出たのですね？（ええ、そうです）宇宙船はどこにあったのですか？」
ジャニス「わかりません。わたしたちはただ漂っていて、それから宇宙船に乗りました。シューッという感じで、あっという間でした」
ドロレス「わかりました。何が見えるか教えてください」
ジャニス「ああ、ここに来られて幸せです。全然怖くありません。わたしたちは神聖な部屋に入りました」
ドロレス「神聖な部屋とは何ですか？」
ジャニス「（間を置いて）説明できるかどうかわかりません」
ドロレス「許されていないとかいうことですか？」
ジャニス「（厳粛な調子で）これは船内で最高の部屋です。霊的な教師以外、入室は禁止されています。これは、とても特別な部屋なのです。誰もが入れるわけではありません」

ドロレス「あなたたち二人は、その部屋に入ったのですか？」
ジャニス「はい。わたしたちは特別な椅子に座りました。ここは荘厳な部屋です」
ドロレス「どうして荘厳なのですか？」
ジャニス「それは……」

長い沈黙があり、そして声が変わった。誰か別な者が話し始めた。ジャニスは畏怖の念に打たれた様子だったが、この新しい声には感情がなかった。

ジャニス「それは未来の複製である」
ドロレス「未来の、ですか？」
ジャニス「そうだ。地球という惑星の運行に関わるばかりではなく、銀河系とか惑星系の霊性に影響を与える多くのことがこの部屋で起きる。だから、ここは荘厳な場所なのであり、とても神聖な場所であるのだ」
ドロレス「そういう部屋はどの宇宙船にもあるのですか？」
ジャニス「そうではない。この宇宙船だけだ」
ドロレス「そのためにこの宇宙船は特別な宇宙船とされているのですか？」
ジャニス「そうだ。他のいかなる宇宙船とも違う」
ドロレス「この宇宙船は、どこか特別な場所に滞在しているのですか？」
ジャニス「この船はどこにでも行く、どの銀河系にもどんな宇宙にも。これは荘厳な存在であり、さまざまな人々がここに来る」

ドロレス「ここに来るのは、どのような人たちなのですか？」

ジャニス「ある進化レベルに到達した者だけであって、それ以外の者が来ることはない。ここに来る者は共通の目的を持っていなければならない。彼らがさまざまな目的を持っているにしても、ここに来る目的はただ一つなのだ。それは結合《ユニオン》の宇宙船なのである」

ドロレス「ほかにこの宇宙船の特長が何かありますか？」

ジャニス「部屋の形が違う。四角ではない。今まであなたが見たことのない部屋だ。多角形で、八角である」

ドロレス「八角であることに何か意味があるのですか？」

ジャニス「わからない」

ドロレス「その宇宙船の部屋は、皆同じ形をしているのですか？」

ジャニス「八角形の部屋は四つあって、それらは船体の中心に近い内側にあり、船の隠された核心部を形成している。外側にも部屋があり、そこでは教育が行なわれる。外側の部屋は曲面の壁で出来ていて、仕切りはない」

ドロレス「それは大きな宇宙船ですか？」

ジャニス「ああ、大きい。いや、それはもう巨大なものだ」

ドロレス「人が大勢乗っていますか？」

ジャニス「大勢いる。だが、全員が同じ目的を持って搭乗しているわけではない。同じ部屋にいるわけでもない」

ドロレス「いったい、ほかにどのような目的を持ってその宇宙船に乗っているのですか？」
ジャニス「統合の仕事をする者たちもいる」
ドロレス「それはどういう仕事ですか？」
ジャニス「人の発達のレベルが変化する時に必要な仕事である。その時には、肉体的、霊的、情動的、精神的、コーザル（原因）的、アストラル（星辰）的なものすべてが統合されねばならない。その時に分子の再構成を伴うことがある。人によっては融合もある。ある者たちは教育を受けるためだけに来るし、また教えに来る者たちもいる。また、もっと別な活動に参加するために来る者たちもいる」
ドロレス「いったいどんなことが教育されるのですか？」
ジャニス「音の仕組み。光の仕組み。エネルギーの仕組み。分子の再構成の仕組み。非物質化の仕組み。二カ所に同時にいる仕組み。並行宇宙の仕組み。時間の仕組み。物質粒子とエネルギーとに関わる空間の仕組み。時間・空間の中を移動する仕組み、光と移動との……光を超えて、光速を超えて移動する仕組みについて。まだほかにも多くの科目がある」
ドロレス「そこに参加している人たちは、皆肉体を持って来ているのですか？」
ジャニス「そういう者もいるし、そうでない者もいる。しかし、肉体で来たとしても、ここで自由に変えることができるので、実際にはまったく問題にはならない。肉体を持ってやって来た学生は、大体最後までそのままでいる。しかし、教師とか、化身《アバター》の状態で来た者はエネルギーに変わることができ、いわば、燃料補給することになる。彼らは活性化し、さらなる相互作用とエネルギーに関する活動に励む。そうすることによって、その活力を肉体に持ち帰る方法と伝達の仕組みを理解し、元の場所に帰ってから、そこでの仕事に役立てるのである」

ドロレス「それでは地球の人たちも、ここでの活動に参加するのですか？」

ジャニス「地球から来る者で、本当の地球人はごく稀である。地球から来た者たちは別の宇宙船に連れて行かれるのだが、そこにいる彼らは、実際にはまったく地球の人間ではない。彼らは地球に住んではいるが、肉体レベルと多次元のレベルで同時に機能できるほど、さまざまな分野に習熟し、高度な発達を遂げた者たちである。彼らが地球で肉体を持って生活している時には、必ずしも最初からそのことを自覚しているわけではない。しかし、ひとたびこの隠された部屋に入ると、自分たちが違った分子構造で機能していることを知り、また、別な次元や惑星との間でも活動をしていることも知るのだ。したがって、ここにいるということは、通常のＵＦＯ現象を超えた、それ以上のことなのだ」

ドロレス「ここで学んだ知識を持って地球に帰って来た人たちは、それを地球で活用するのですか？」

ジャニス「活用される。言ってみれば、彼らの内部に、ある振動数による機能が生まれたのだ。彼らのもっとも重要なミッションは、ここで獲得した、あるいは示された振動数を保ち続けることである。地球に戻った時、その振動数はすでに彼らの体内に組み込まれている。それらは使われるべき時が来れば使われるだろうし、将来、次の世紀に入った頃には、さまざまなことで彼らに役立ってくれるであろう」

ドロレス「そのような人たちは、そのことを日常の意識で知っているのですか？」

ジャニス「脳の構造によっては、通常の意識下で想起することも可能かもしれない。肉体の中で機能しながら、その状態のままで分子を再構成してもまったく普通と変わらぬように見えるほどに進歩していて、そのレベルを維持することができる者たちがいるのだ。その時……（不意に彼女は話すのをやめた。何かが起こっているようだった）」

ドロレス「どうしたのですか？」

ジャニス「（再びジャニスに戻った）わたしたちは場所を移動しているようです。どこか別な部屋に行こうとしています。これは通路とは違います。ここには部屋が四つあり、皆、八角形をしています。その四つの部屋すべてを通り抜けなくてはなりません」

ドロレス「一つひとつを歩いて通り抜けるのですか？」

ジャニス「いいえ、わたしたちは歩いていません。手を取り合って一緒に移動しています。想念の力で動いているのです」

ドロレス「次の部屋には何がありますか？」

ジャニス「次の部屋は違う種類の場所です。それは金属のような材質で造られていて、ここではまた違う方法で仕事をすることになっています。（息を呑んで）おや、まあ！（呼吸が荒くなった）」

ドロレス「何なのですか？」

ジャニス「わたしたちは今、ただの……空気になっています！　今ここで、我々は非物質化されました」

ドロレス「でも、前の部屋ではあなたがたは固体だったのでしょう？　それなのに？」

ジャニス「そうなのよ！（彼女は興奮していた。明らかに、これは予期せぬ出来事だったようだ）」

ドロレス「この部屋は非物質化のための部屋なのですね？　そうなのですか？」

ジャニス「たしかに、ここで非物質化が起きました」

ドロレス「その目的は何なのですか？」

ジャニス「わかりません。もうわたしたちは別々の人間ではありません。（息が荒くなる）わたしたちはもう別々の人間ではありません。（興奮した笑い声）うわあ、すごい！」
ドロレス「どういうことか説明してくれますか？」
ジャニス「（しどろもどろで言葉にならない）ふう！　ああ！　とても熱いです！（熱くならないよう暗示する）燃えているみたいです！」
ドロレス「もう別々の人間ではないとはどういう意味ですか？　その部屋で何か起こったのですか？」
ジャニス「この部屋に入ったら、シューッといって、わたしたちはもう別々の人間でなくなったんです」
ドロレス「あなたがたは何だったのですか？」
ジャニス「わかりません。ただ、もう二人の人間ではないのです。（興奮したような笑い）この部分はわたし、その部分はあなた、この部分はわたし、そしてその部分はあなた、とわかるのですが、でも、わたしたちはもう別々の人間ではないのです」
ドロレス「どういうことですか？　体の各部分が部屋中に散らばっているのですか？」
ジャニス「（笑って）いえいえ違います。散らばってなんかいません。それは……」
ドロレス「でも、指さしていましたよ（笑う）」
ジャニス「ああ、すみません。言いたかったのは、別々の人間ではないということです。それは、彼はここにいて、わたしもここにいて、二人ともここにいるけれど、二人は一人の人間であるということです。でも、わたしたちは肉体的存在ではありません。わたしたちは固体ではないのです。だから、あなたはわたしたちを触ることはできません。触っても触れないのです。（笑う）わたしたちはもう別々の人間ではないのです」

ドロレス「では、二人は融合してしまったとでも言うのですか？」

ジャニス「どうやらそんな感じですね。純粋なエネルギーになったのです。物質的な形はないのですが、それでも形は持っています。形はあるのですが、肉体としての形はないということです。けれど、わたしはわたしであることを知っていますし、彼は彼であることがわかっています。でも、わたしたちは別々でないこともわかっているのです」

ドロレス「あなたの個性はそのままなのですか？」

ジャニス「ええと、わたしたちではあるのですが、わたしたちではないのです。わたしたちはそれぞれ違うのですが、一緒に……混ざり合っているのです」

彼女がこう話していた時、テープにはモーターのように低く唸る音が入っていて、マイクが何かの振動を拾ったかのようだった。奇妙な音だが、エネルギーが原因なのであろうか？

ジャニス「この分子は彼のもので、こちらの分子はわたしのもの。その分子は彼のもので、あの分子はわたしのもの、といった感じです。それをわたしは知っているし、彼も知っています。でも、全体としては、わたしたちのものではないのです」

ドロレス「それであなたは〝混ざり合った〟という言葉が適当だと考えるのですね。でも、あなたの笑顔を見ると、気分は良さそうですね？」

ジャニス「ああ、もう、素晴らしいです！　本当に最高です。完璧な調和そのものなんです。これはただ純粋な……ああ！　彼らが今教えてくれました。これはエッセンス・エネルギー（essence energy）なのです」
ドロレス「エッセンス・エネルギー、ですか？」

原注：エッセンス・エネルギーとは、純粋なエネルギーのことなのだろうか？　原初のエネルギー、あるいはエネルギーの原型なのか？　神のエネルギーなのであろうか？

ジャニス「それはエネルギーです。わたしたちのエネルギーです。このエネルギーは、生まれた時の純粋な形です。そして、この分子はわたしので、その分子は彼のです。この分子はわたしので、あの分子は彼のです。しかし、全部わたしたちの分子です。そして、すべては光です。皆回転していて、その動きがとても速いので、一つひとつがそれぞれ小さな銀河系のようです」
ドロレス「さっきは空気のようだと言っていましたが、今はそれぞれが光の粒子のように見えるのですね？」
ジャニス「そうです。その通りです。本当に素晴らしい気分です」
ドロレス「それでもまだ、あなたはあなたであることがわかるのですね？」
ジャニス「はい、わたしがわたしであることを知っています。そして、彼がここにいることもわかっていて、わたしはわたしで、彼は彼です。でも、わたしたちは別々ではないのです」
ドロレス「それがこの部屋の目的ですか？　どのようにしてこういうことができるのか、そしてこうなったらどういう風に感じるかを教えてくれるところなのですか？」

ジャニス「そうです。このようになると、二人は一体のものとして、ここから他の銀河系へと宇宙空間を移動できます。現在知られているどの銀河系をも通過して。現在知られているどの宇宙をも通過して。この部屋からこの状態で出て、どんなものにもなれるのです。しかも、自己の本質を保ったまま。というのも、自分が思い浮かべるどんなものにも、即座に変身できるからです」

ここまで彼女が話している最中に、またしてもあの奇妙なモーターの音がして振動を起こし、テープの音が歪んだ。

ドロレス「何のためにそれを教えるのですか？」

ジャニス「固体物質の、ある構造に関わるエネルギー・パターンを変えるためです。それにより、ある特別な行動を起こす必要が生じた時に、肉体を持った状態に戻って、肉体を持ったまま、物理的な状態に対してそれを行なえるようになるのです。物理的な状態の範囲内で、です。それは、生物体の中でも、無生物の中でも可能です」

ドロレス「それをする時には、その部屋はもう必要ではないのですね？」

ジャニス「必要ではありません。一度体験しておけば、次にそれを起こす時にはこの部屋にいる必要はないのです」

ドロレス「一度体験しさえすれば、そのやり方を覚えるということですか？」

ジャニス「やり方は覚えます。でも、もうまったくこの部屋に戻って来て再体験することがないというわけではありません。なぜかと言うと、この部屋での体験は、エッセンス・エネルギーの全体性を再構築するからです。体の分子がばらばらになるのです。ただ散らばってしまうわけではなく、別な肉体的なものと相互作用するために再構成するのです。でも、言葉はあまり適当ではないのですが、それに近いものです。そのものずばりということではありません」

ドロレス「その後、今度は別な部屋に行くのですか？」

ジャニス「わかりません。今はただ回転しています。まるで宇宙の中に飛び出して、回転し続ける銀河になったみたいです」

ドロレス「そしてあなたには、起きていることの全体像がわかる。そういうことですか？」

ジャニス「まったくその通りです」

ドロレス「では、あなたにはなんの制限もないのですね？」

ジャニス「ええ、まったくなんの制限もありません。制限というもののなんたるかさえ知らないでしょう」

ドロレス「無制限ですね」

ジャニス「まったくの無制限です」

これは神の〝体〟のようなものなのであろうか？　ならば、それはどこにでも同時に存在できるのか？　わたしたちは神の体の分子であり細胞であると言われてきた。そして、わたしたちの最終目的は、全一なる存在、あるいは創造主のもとに再集結する、あるいは再統合されることだ、などと。わたしたちは、原初において分かたれたと言われている。それは今の説明と同じ仕組みで行なわれたのであろうか？　ジャニスを通して説明されたように、わたしたちは個別でありながら、しかも一つである、ということなのか。そうだとすると、わたしたちは、神の全一性や複雑さ、それに神の宇宙におけるわたしたちの役割を理解しうる地点に、きわめて近づいているということなのだろうか。

ドロレス「これが宇宙人たちのやり方なのですか？」

ジャニス「これらの宇宙人たちはそうします」

ドロレス「すべての宇宙人、というわけではないのですね？」

ジャニス「すべての宇宙人ではなく、これらの宇宙人たちです」

ドロレス「別の宇宙人には、また別の能力があるというのですか？」

ジャニス「その通り」

ドロレス「それでは、その経験が終わるところまで先に進みましょう。そうすれば、その後どうなったかがわかるでしょうから」

ジャニス「（大きなため息をつき、感嘆の言葉を発して）おお、ああ、ふう！　何かおかしな感じです。（笑う）ああ、やれやれ！　また元に……まるで……（混乱したように）ひたすら動いています。とても速いです。今、わたしの分子を集めています。とても速く動いています」

ドロレス「あなたの分子を集めなくてはならないのですか？」

ジャニス「いや、自動的に集まって来るのですが、それでも、集めると言ったほうがよいように思えます。自分の分子を拾い集めている。いや、拾い集めるというより、組み立て直しているのです。拾い集めなくても、向こうから集まって来て組み上がっていくのです」

ドロレス「この部屋は機械のようなものだと思いますか？」

ジャニス「いいえ。これは部屋の中のエネルギーと関係しているのです。そこではある振動数が保たれていて、部屋の中に歩いて入るとその現象が起きます。機械である必要はありません。部屋の中のエネルギーと、その人の持つエネルギーとの関係がもたらす結果なのです。この変容は、機械なしで自動的に起こるものです。このレベルになると、機械を使うことはありません。これは、この種の作業としては最高度のものです」

ドロレス「では、その人の準備が整えば、分子は自動的に元の状態に戻るのですね？」

ジャニス「それは、この部屋を訪れた目的によります。部屋に来る目的には、さまざまなものがありますから」

ドロレス「もし、その部屋に、違う振動数の人が入ったらどうなるのですか？　その人にも同じようなことが起きるのですか？」

ジャニス「(質問の意味がわからなかったようだ) え？　何が違うって？」

ドロレス「人がその部屋に入ると、その人の振動数が部屋の振動数と一致して、その結果、このことが自動的に起きるのだ、とおっしゃっていましたよね？」

このあたりから、声がまた威厳を感じさせるものに変わった。ジャニス以外の誰かが、わたしと話しているのは明らかだった。きっと、より詳しい情報を伝えてくれることのできる人物なのだろう。

ジャニス「その部屋には多面的な目的がある。ジャニスやケンと同様の振動数を持っていない人間でも、入室は可能だ。理解しておいてもらいたいのは、もし、別の振動数を持った人間が、その振動数のまま部屋に入れば、その人間は分解してしまい、無になるということだ。そうなると、もう元に戻ることはできない。よって、この部屋がこの振動数である時に、学生が入ることはできないのである。学生が入る時には、事前にこの部屋の振動数を調整して変えなければならない。ジャニスとケンの場合、彼らはマスター・レベルに達しているので、彼らがこの部屋に入った目的は、学生が入る時の目的とはおのずから違うということを理解してほしい」

ドロレス「わたしもそういうことを考えていました。人が分解して元に戻れなかったら大変だなと」

ジャニス「あなたの質問はきわめて現実的、かつ的確なものだと思う」

ドロレス「ありがとうございます。わたしは常に学びの心を持っていたいと思っています。ところで、その部屋にふさわしくない人間が入ってしまったらどうなるのでしょうか？　まあ、その種の人間は宇宙船に乗ることさえ許されないのだと思いますが。振動数が合わないとか」

ジャニス「ふさわしくないとは、何が？」

ドロレス「否定的だとか不調和であるとかですが」

ジャニス「どうやらあなたには、ここがどういう場所なのか理解できていないようだな。この宇宙船内は、否定的なものなど、入り込む余地のまったくない世界なのだ」

ドロレス「そのような感じは受けませんでした。むしろ、誰でもその部屋に入り込む可能性がありそうな……」

ジャニス「この部屋の振動数は我々の厳重な管理下にあるので、その可能性はまったくない。そればかりでなく、この部屋に来る学生は、すべてマスター・レベルの者たちだけである。今ここにいるのはマスター・レベルの学生と、マスターたちだけである」
ドロレス「わかりました。今、わたしに話をしてくださっているのは、どなたでしょうか？」
ジャニス「わたしはこの部屋の管理者だ」
ドロレス「わたしの初歩的な質問に答えていただき、感謝しています」
ジャニス「大変良い質問であった」
ドロレス「あなたは四つの部屋全部の管理者なのですか？」
ジャニス「いや、わたしの担当はこの部屋だけだ。振動数の調整作業に熟達するため、わたしは何年も学校で学ばなくてはならなかった。これはわたしにとって最高の仕事だ。わたしはこの部屋で講義を行なっている。それがこの宇宙船におけるわたしの役割である」
ドロレス「すべてがうまく行くようにするには、かなりの訓練を必要とし、大きな責任が伴うのでしょうね？」
ジャニス「じつを言えば、わたしの故郷では、こういう能力はいわゆる生まれつきのものであって、別に訓練など必要ないのだ。だからわたしも、この仕事のための訓練など、特に受けてはいない。この仕事の担当に選ばれたのは、わたしの持つ能力のためなのだ」
ドロレス「あなたは男性ですか、それとも女性ですか？　というか、そもそも性別はあるのでしょうか？」
ジャニス「基本的には男性だが、女性の特徴も持っている」
ドロレス「あなたはもともとどこから来たのか、教えていただけますか？」
ジャニス「ザイラー（Zylar）から来た（スペルを間違わないようにZ-y-l-a-rと、文字を一つひとつ教えてくれた）。あなたたちは今現在、この銀河系をまだ発見していない」
ドロレス「わたしたちの望遠鏡では見えないのですか？（見えない）あなたは、人間のような姿をしているヒューマノイド（humanoid）なのですか？」
ジャニス「まあ、ある意味ではそうだ。我々は人類をヒューマノイドと思っているので、そういった意味からすれば我々はヒューマノイドではない。しかし、我々はどんな姿にもなることができるから、その意味ではヒューマノイドであるとも言える」
ドロレス「あなたは通常、何かある一定の状態、あるいは姿を保っているのですか？」
ジャニス「わたしの通常の状態は純粋なエネルギーである。だから、肉体の形を取る必要はない。その理由は……肉体を持つ必要性は……どうしてわたしが肉体を持たねばならぬのか？」
ドロレス「では、肉体など必要ないというわけですね？（そうだ）いつもエネルギーの状態でいるので、あなたは教師でもあり、その部屋の管理者でもあることができるのですか？」
ジャニス「その通り」
ドロレス「でも、あなたはほとんど男性だけれど、女性としての特徴もあるとおっしゃいましたね？」
ジャニス「わたしにも女性のエネルギーがあるという意味だが。わたしは男性と女性のエネルギーのバランスが取れている」
ドロレス「わたしはそれを、もっと肉体と関連付けて考えていました」
ジャニス「そうだ。あなたは肉体を念頭に話し、わたしはエネルギーのレベルで話をしている。だから会話に食い違いが生じてくるのだ」
ドロレス「わたしが、エネルギーの状態で活動している他の宇宙人と話した時、その宇宙人は、必要に応じてどんなものにも姿を変えることができると言っていました。それと同じことですか、それとも、あなたの場合はまた別なのですか？」

ジャニス「いや、わたしも同じである」

ドロレス「わたしは、都市全体、惑星全体、すべてがエネルギーの状態で機能しているということも聞きました」

ジャニス「そうだ。すべてがそのようにして動いている。だが、そのようにして活動する生命体は、わたしの惑星以外からも来ているということを理解しておかなくてはならない」

ドロレス「他の銀河系にも沢山いるのですか？（そうだ）そういう惑星は物理的に存在しているのですか？」

ジャニス「物理的に存在する惑星だ」

ドロレス「でも、人々は肉体を持っていないのですか？」

ジャニス「どんな姿でいるかは、人々の自由に任されている。それは自由に選択でき、肉体を持ったからといって、ずっとそのままでいなければいけないというわけではない。今日は肉体の姿でいて、明日は肉体を持たないということも可能だ。今、肉体を持ち、次の瞬間、肉体を持たなくなることも可能だ。何を望むのか、どのレベルで、どのような交流を行なうために参加したいのかによって変わるのだ。肉体を持つことを一つの気晴らしにするような、エネルギーのあやつり方を学ぶのである。レベルをいろいろ渡り歩くのも面白い経験だ。そして、エネルギーの状態でなく、肉体のレベルで活動するというのにも、それなりの理由がある。肉体のレベルで起こってほしいこともあるものなのだ」

ドロレス「どのレベルにも自由に行き来できて、しかも、一つの形にとらわれることがないということとですね？（そうだ）」

こうした概念は一九九〇年代初頭には空想科学小説の世界のもののように思われていたが、その後、それらがテレビ番組や映画の中に登場するようになってからは、一般大衆にもおなじみになってきている。そのようなフィクションの中で、これらの概念は人々に理解しやすい演出により紹介されている。スター・トレック・シリーズの『ディープ・スペース・ナイン』編に登場するエネルギー体の宇宙人の中で、特に液状タイプのそれは定番キャラクターであり、彼らはまた〝シェイプ・シフターズ〟（Shape-shifters　形を変える者）とも呼ばれている。スター・トレックやスライダーズ（Sliders　アメリカで一九九六年から二〇〇〇年まで放映されたＳＦテレビ・ドラマ・訳注）、スター・ゲイトＳＧ－１（Star Gate SG-1 アメリカで一九九七年から二〇〇七年まで放映されたＳＦテレビ・ドラマ・訳注）などのテレビ番組では、代替現実（alternate reality）や並行次元の世界（parallel dimensional world）が紹介されている。わたしたちの頭が複雑な理論を理解できるようになるにつれて、かつては空想科学小説であったものが、だんだんと科学的事実になってきているのだ。

ドロレス「あなたの知っている他の惑星について教えていただけますか？」

ジャニス「今、それを教えることは、わたしには許されていないが、いずれ話すことはできるであろう。しかし、惑星についてはたぶん、わたしとは違う教師が話すことになるだろう。わたしの専門分野はエネルギーなので、エネルギーに関することならあなたに教えたり話したりできる。だが、それ以外の分野について話すのは控えておこう。それらについては他に専門家がおり、彼らから教えを受けるべきだと思うからだ」

ドロレス「わたしはそういう規則を知りませんでしたので、ただ知りたい一心でお尋ねしました」

ジャニス「別に規則などない。あなたはただ、その分野における最高の権威者に質問するがよい。現時点で、あなたはその分野で進歩しようと努力しているのだから」

ドロレス「わたしは今、頭が混乱しています。わたしの知力を超えているかのようにも思われますが、それでもわたしは学びたいのです。すると、さまざまな種類のエネルギーとその特質、使用方法について知りたければ、あなたに質問すればよいのですね？」

ジャニス「そうだ、エネルギーに関する質問ならわたしが答える」

ドロレス「わたしが接触すべき相手は、どのようにしたら知ることができるでしょうか？」

ジャニス「この部屋に来ればわたしがいる。わたしは常にここにいる」

ドロレス「あなたを管理者と呼ぶことにします」

ジャニス「そう望むのなら、わたしを管理者と呼んでもよい」

ドロレス「金属で出来た部屋の管理者、金属で出来たエネルギーの部屋の管理者ですね」

ジャニス「ただ、エネルギーの部屋とだけ呼ぶほうがいいだろう。この部屋は見掛けと違い、金属は使われていない」

ドロレス「わたしが以前この宇宙船に来たことがあるかどうかご存知ですか？」

ジャニス「ないと思う。いや、来ていない。この近くにいる宇宙船を訪れたことはある。それはまた別の分野について開発するためのものだ」

ドロレス「それでは、能力開発の目的によっていろいろな宇宙船に行くのですね？　そして、眠っている間に行くので、それを憶えていないというわけですか？」

ジャニス「それはどんな状態の時にも起こる。眠っている状態の時でも、意識がある状態でも起こる。瞬間的に、ほんの一瞬の間に、ここに来てまた戻ることもできる。エネルギーの働き方とはそういったものなのだ」

ドロレス「そして、そのことは一切意識にないのですね？」

ジャニス「例えばあなたは、『これからわたしは別の部屋に行って鉛筆を取ってこようとしている。でも……何を取ってこようとしていたんだっけ？　ああ！　別の部屋に行って鉛筆を取ってこようとしていたんだった』といった具合に考えるだろう。そして、そのある特定の時間内に、あなたはすでに宇宙船に行き、そして帰って来ているのだ。それは、あなたにとってはほんのわずかな時間の経過でしかない」

ドロレス「そして、そこにいる間に、何かを学んでくるのですね？」

ジャニス「その通り」

ドロレス「なぜ、わたしがそうした宇宙船に行く必要があったのですか？」

ジャニス「あなたが行きたいと思ったのだ。あなたの日常意識ではわからず、望みもしていないのだが、それはあなたの仕事において、被術者をより良く理解するための助けになる経験だったのだ。もし、エネルギーのことをあなたが理解できていれば、あなたのエネルギーは常にあなたの被術者と交流しているであろう。さらに、あなたの被術者と同調するために、あなたにも多少変化が起きることがある。あなたの日常の心はそれを意識していないが、どうしたらいいか、あなたは知っているのだ」

ドロレス「わたしが仕事で結果を出すことができているのは、そのためですか？」

ジャニス「その理由の一つであることは確かだ。しかし、それは理由のほんの一部でしかない。あなたの仕事がうまく進んでいるのは、あなたが純粋のエッセンス・エネルギーを持っているからである。そして、情報を集めているあなたの意図が純粋なものであるからだ。あなたには隠された野心もないし情報を悪用することもない。だから、我々がその情報はまだ公表する時期ではないと言えば、その通り公表しないでいる」

ドロレス「それは確かです」

ジャニス「尊敬に値することだ」

ドロレス「ありがとうございます。わたしはいつも自分がどういう情報を求めているのかを知らないままです。それでもとにかく、質問だけはして、情報を蓄積しようとしています」

ジャニス「そうだな。あなたは短い間にかなり進歩した。たぶん、表面意識では気づいていないだろうが、この仕事を始めた頃と比べると、さまざまな概念をより速やかに理解できるようになって来ている。そうは思わないか?」

ドロレス「たしかに、最初の頃は、簡単な概念でも、とても不思議に思われました」

ジャニス「なんであれ、とかく最初は奇妙に思えるものだ。だが今は、あなたを驚かすようなものはあまりない。それは、あなたが何度となく宇宙船を訪れているからでもある。そこではあなたにいろいろと調整が施された。そうした調整は、宇宙船のようなレベルの場所に来ないとできない。覚えていないだろうが、あなたは宇宙船に来ることに同意したのだ。しかし、それはあなたの日常生活を乱してはいない。あなたがこの仕事を続けるためには、それは必要なことであった」

ドロレス「それでは、こういうことは日常の意識に知らせずに行なうほうがよいのですね?」

ジャニス「それはあなたの希望次第だ。あなたが、今回は日常意識では知らないでいたほうがよいと思えば、いつでもそのように変えることが可能だ。また、知りたいと思えばそうもできる。もし、あなたが知りたいのなら、もっとも適当な時と方法を考えて、徐々にそうなるようにしよう」

ドロレス「わたしはいつも、自分は、あくまで一レポーターの役割に徹して、情報を収集していたほうがよいと考えています」

ジャニス「あなたの好きなようにしたらよい。ここにはいつでも来られる。あなたが知るべき適当な時期が来たら、エネルギーに関するさまざまな質問に答えよう。まだその時でなければ、決して答えることはないだろう。しかしながら、あなたには将来、なんらかの複雑な理論を説明する役割を果たすべき時がやって来る可能性があるので、あなたはエネルギーに関する仕事を続けることになるだろう」

ドロレス「わたしにはそういった種類のことはわかりません。わたしがそんな理論を説明するのであれば、誰かにそれをわたしが理解できるような仕方で説明してもらわなくてはなりません」

ジャニス「あなたがジャニスと結び付いている理由のひとつはそこにある。彼女の持っている専門技術の一つは、以前あなたにも伝えられたことだが、複雑な情報を実用的なレベルに移し、実際的にわかりやすく説明するという能力である。それが彼女の地球における訓練の一部なのだ。過去十二年間にわたって、彼女は、自分が霊的なレベルで、またエネルギーのレベルでしているのとまったく同じことを、地球のレベルで行なってきたのだ」

ドロレス「なぜ、そういうことを学んで、その情報を地球まで持ってくる必要があるのですか？　何か地球で行なう目的があるのですか？　これらのエネルギーについて知って、それをコントロールできるようにするためですか？」

ジャニス「それはあなたたちが関わっているプロジェクトに関係したことだ。その情報はまた、プロジェクトには参加していないが、あなたたちの惑星のエネルギーのバランスを保つことに人生を捧げてきたような人たちの間でも、いずれ当たり前のものになるであろう。彼らはこうした情報を知る必要がある。そして、統合の作業をする時や、自身の進歩のための時間が取れる時、その他、いろいろな目的に関わることをする時間がある時などに、皆この部屋にやって来て、肉体になんらかの調整をしていくのだ。この部屋に来て非物質化され、その後再構成されると、彼らはまったく新しい存在になっているのである」

ドロレス「彼らが分子の状態に分解された後で、変化が起きるということですか？」

ジャニス「いつも肉体的に変わるわけではないが、変わることもありうる。しかし、ある場合には、その変化の過程で肉体の細分化が起こることもあり、もし肉体が機能して……この話はとても複雑になってしまう。それでもよければ、あなたに説明してもよい。ともかく、肉体は変化することもあるし影響を受けることもあるが、通常はそういうことは起きない」

ドロレス「ジャニスが催眠から覚めた時に、体にあざが出来ていたことが何回もあります。それはあなたの専門分野と何か関係がありますか？」

ジャニス「（ニヤッと笑って）それはすまなかった。あれは、あなたたちがこの部屋に来て、わたしが説明しているような活動をする際の副作用の一つなのだ。このことは、彼女が意識のない状態の時にすでに説明してある。そして彼女も、潜在意識ではそれが起きていることを承知している。これは回避しようのない現象なのだ」

ドロレス「これはわたしの推測ですが、分子が再構成される時に何かが起きて、あざが出来るのではないでしょうか？」

ジャニス「それは再構成する際の理由か仕方によるのだ。時にはそうしたことが地球のレベルで起きることもある。それは……時間だ。それは時間と関係しており、つまり、いつこれらの分子が再構成され、どのようにして組み立てられるかによって影響を受けるのだ。予定された時間が来るまでに何か邪魔が入ると、損傷が生じる可能性がある」

ドロレス「これはあなたの管理する部屋で起こるのですか、それとも、その部屋から出される時に起きるのですか？」

ジャニス「多くはその体が地球の振動数に戻る時に起き、地球を離れる前に持っていた振動数に影響される。地球を離れる時の体の振動数と、戻って来た時の体の振動数が違うからだ」

ドロレス「帰って来た時には、体が分解され再構成された後なので、何か脆い状態になっているのでしょうか？」

ジャニス「むしろ内面的には強くなっているはずだ。しかし、肉体的には、もともと人間の体自体が弱い構造になっているので、これ以上強いエネルギーを受け付けることができないのだ。であるから、そのようなエネルギーを持ち帰って来るのは大変なことなのである。このように高いエネルギーの状態にいて、その後また肉体に戻れるというのは驚くべきことなのだ。これは、ほんの少数の人間にしかできない技であって、誰もができることではない」

ドロレス「それであざが出来たのではないでしょうか。つまり、体が再構成されて再び結合する時には、脆くなっているのではないかと思うのです」

ジャニス「そうだ。エネルギーが体内に入り、体中に広がる。その時、体のある部分がちゃんと……それを適切な効率で通過させられなかったのかもしれない。あるいは、もしかして、その時体が動いたのかもしれない。どんな動きにしてもだ。息をしても動いたことになる」

ドロレス「再び戻って来る時にですか？（そうだ）でも、呼吸をしないと体に害があるのではありませんか？」

ジャニス「体は大丈夫だ。エネルギーの状態でいる時は呼吸する必要がない」

ドロレス「すると、ほんの少しでも動くと、それがあざの原因になるのですね？」

ジャニス「時には体がエネルギーを支配しようとすることがある。体は、自分が肉体であることを知っているし、同時にまたエネルギーであることも知っている。体がエネルギーを持つようになる以前にエネルギーの所有者になりたいと思うと、問題が生ずるのだ」

ドロレス「ジャニスはまた、右の膝がおかしいとも言っています。その件に関して、何かご存知ですか？　それも彼女が宇宙船との間を行き来したことで起きた問題なのでしょうか？」

ジャニス「いや、それは地球上で起きたことだ。彼女は転んで膝を捻挫したのだ。彼女には我々との仕事を続けてもらいたいので、怪我で休んでいるような時間がない。そこで我々が治療して、彼女が我々の埋め込んだ装置を取り去りさえしなければ完全に治ったはずだった。しかし、彼女はそれを取り去ってしまったのだ。だから……」

このセッションが始まる前に、ジャニスは膝の皮下に小さな塊があるのを見つけたことについて話していた。そこから医者に、何か黒くて小さな物体を取り出してもらったのだが、彼女はそれがどうしてそこに入り込んだのか理解できないでいた。そして、ただ不思議なことと片付けていたのだった。

ドロレス「彼女はそれが何かわからず、妙なことだと思っていました」

ジャニス「それは理解できるし、除去されてしまったからといって我々は別に狼狽しているわけではない。今は遠隔操作により、別の方法で治療している」

ドロレス「では、彼女が宇宙船に行った時に、治療のためにそのインプラントが行なわれたのですね？」

ジャニス「そうだが、この装置と通常のインプラントを混同しないように。彼女にはもうインプラントは必要ないのだから」

ドロレス「彼女はその段階をもう卒業したのですね。その小さな装置の目的は何だったのですか？彼女が言うには、それはごく小さくて黒い色をしていたそうですが」

ジャニス「それは非常に小さくて黒いものだ。歯医者が歯を抜いた後の穴に入れる、患部を治す薬を含んだものと似ている。その装置は、膝を透過して癒すエネルギーを発していたのだ」

ドロレス「すると、彼女がそれを取り去った時、治癒は邪魔されたのですね？」

ジャニス「そうだ。しかし、その装置は、どうしてもなくてはならないというものではない。不快感を和らげるために置いたものだ」

ドロレス「そして、今では治療は遠隔で行なわれているのですね。（そうだ）いろいろ情報をくださいまして、どうもありがとうございました。また質問をしたくなった時には、よろしかったら、あなたに答えていただけるようお願いいたします」

ジャニス「もちろん、そうしよう。わたしも話したいことはまだ沢山ある」
ドロレス「今回はいきなりお会いしたので準備できませんでしたが、次回は前もって質問を用意しておきたいと思います。それではジャニスを帰していただけますか？　宇宙船でほかにどんなことが起きたか、彼女に質問してみたいと思います」
ジャニス「彼女はもうこの部屋にはいない」
ドロレス「どこに行ったのですか？　どの部屋に行ったのでしょうか？」
ジャニス「ジャニスは部屋と部屋の間にいて、あなたがわたしに飽きるのを待っている」
ドロレス「（笑って）わかりました。それでは彼女のところに行かせてください」
ジャニス「来てくれたことに感謝する。楽しい訪問であった」

そして声は突然変わり、小さく、女性らしいものになった。

ジャニス「ジャニスのところに行く前に、ちょっと話しておきたいことがあります。あなたも覚えていると思うのですが、わたしは以前、あなたと話したことがあります」
ドロレス「そうですか？　わたしは大勢の人と話しているので」
ジャニス「あなたはいつも、わたしのことを〝医師《ドクター》〟と呼んでいました。その呼び方はあまり使いたくなさそうでしたが」
ドロレス「前回お話しした時には、あなたは宇宙船の別な場所にいましたね」
ジャニス「いつまでもそこにいるわけではないのです。わたしは宇宙船の違う場所にも行けるのですよ。あなたに伝えたかったのは、ジャニスの全般的な健康管理は、現在わたしがしているということです。わたしのことをいつも医師と呼んでいましたよね？」

ドロレス「そうです。あなたはわたしに医師だと言いました。でも、あなたはエネルギーも扱うので、わたしたちが知っている医師とは少し違います」

ジャニス「そうです。わたしは、今まであなたが話をしていた者と一緒に仕事をしています。我々は緊密に協力し合っています。この二人で共同の任務を継続することになったことをあなたに知らせたかったのです。我々二人は、ジャニスとケンの平穏無事を心から願っています。二人は素晴らしいエネルギーです」

ドロレス「それでは、今までわたしと話をしていたのは、あなたとは別な方なのですね？」

ジャニス「ええ、そうです」

ドロレス「すると、あなたはわたしを帰り際に捕まえたのですか？」

ジャニス「最初からここにいました。よけいな口を挟んで、あなたたちの会話の邪魔をしたくなかったのです」

ドロレス「違う人の声のように思えました。わたしにはあなたの声がわかりますから」

ジャニス「それはうれしいです。あれからだいぶ経っていますけれどね」

ドロレス「わたしはいろいろと忙しい日々を送っています。ジャニスが住んでいるところは遠いので、なかなか会いに来られませんでした」

ジャニス「わたしたちは、あなたが来てくれるのを長いこと待っていました」

ドロレス「あなたに質問したいことは沢山あります。でも、わたしには、今がその時であるかどうかはわかりません」

ジャニス「それはすべてあなたの判断に任せます」

ドロレス「わたしたちは、ジャニスの身に起きていることが気がかりでした。そこで彼女の膝やあざについて質問し、答えをいただいたのです。医学的な質問がある時には、あなたのところに来ればよいのですね？」

ジャニス「はい。もしも医学的な質問や心理学的な質問、社会学的な質問があれば答えます。わたしは、ジャニスとケンの二人を、あらゆる側面において護り、二人が十分働けるようにする役割を持っています。実際、我々は彼らのために奉仕しているのです。我々が奉仕をするのであって、彼らが我々に奉仕するのではありません。この点は、はっきりさせておきたいと思います。今、わたしがあなたに話しているのも、そのことを告げたかったからです。あなたは、その件に関して一度も質問したことがなかったし、きっと考えたこともなかったのでしょう」

ドロレス「たぶん、なかったと思います」

ジャニス「しかし、ジャニスとケンは非常に高度な能力を持った人たちで、我々よりずっと高いレベルの仕事をしています。実際問題として、我々が彼らに仕えていることをあなたが知ることはとても大事なことです。それをあなたに理解できるように説明してみます。いいですか？　二人は多くのプロジェクトの監督です。ただ一つのエネルギーとか一つのグループの人たちとだけ仕事をするのではなく、あるいは、ある一つの目的だけのために仕事をしているのでもないのです。多くの異なったプロジェクトを持っていて、それらをすべて指揮監督しているのです」

ドロレス「でも、そのことを彼らは意識してはいないのですね？」

ジャニス「ジャニスは、ある意味ではそれをわかり始めています。彼女は、それらを肉体のレベルで知ることができるほど進歩したし、まだケンは覚えることができないでいる、ある方法で学ぶことができるのです。それは、ただ単に、彼女ができる……（ため息）あなたに伝えようとしている事柄にぴったりはまる言葉がない。それは……（混乱してイライラしている）ああ、もう！」

ドロレス「それに当たる概念とか、何か近いものはないのですか？」

ジャニス「（混乱したように）たぶん……ちょっと待って。駄目です。わたしには説明できそうにありません。そこにはバランスが必要なのです。ジャニスとかケンのような人たちが、あらゆる分野や多くの銀河系で仕事をし、その能力を保っていくためには、時々戻って来てバランスを取り直す必要があるのです。ですから、彼らがこの宇宙船に来る目的はバランスを取り直すことです。今、二人は肉体のまま、おそろいでやって来ましたが、それは、今の仕事には二人が肉体で一緒にいることが必要だからです。これまでは違いましたが、今は肉体の状態でも他のレベルにおいても、二人が連携して働く必要があるところまで進化しなくてはならなくなったのです」

ドロレス「そのことを質問したかったのです。何年間も会わずにいた二人が、なぜまた一緒になる必要があるのですか？」

ジャニス「肉体でしなければいけない仕事があるのです。肉体でいる彼らは、これらのプロジェクトは、彼らが肉体の状態で持つ意識の中でも発展するのだということを知るようになるでしょう。そのことにより、彼らはこの惑星にさらに大きな影響を与え、変化させられるようになるのです」

ドロレス「彼らと同様な仕事をしている人がほかにもいると、別の宇宙人が教えてくれました」

ジャニス「同じように仕事をしている人たちはほかにもいます。でも、おそらく他の人たちはジャニスとケンと同じような結び付き方はしていないでしょう。この二人のような結び付きの例はきわめてまれです」

ドロレス「それにより、二人がそれとともに働いているエネルギーは、さらに互いに調和したものになるのでしょうね」

ジャニス「あなたの今の質問は、エネルギーの管理者に対するものとしてはあまりに否定的で、とても適切なものとは言えません。彼らのエネルギーの相互作用は、地球の人間には想像もつかぬような、どんな連携をもはるかに超えたものです」

ドロレス「何年間も離れていた後に再会できたことは素晴らしいと思います」

ジャニス「ああ、それはただもう時間の問題でした。彼らが別の選択をしていたら、もっと前に再会できたでしょう。それに、地球の歴史の上でも今は大変重大な時期に差し掛かっているので、二人が肉体の状態で一緒にいることが必要なのです。というのは、このエネルギーの部屋で彼らに起こったのと同じことが、あの二人の肉体に起きるのです。肉体の状態では外見上は微かにしかわかりませんが、起きることは間違いありません。それは他人にも見えますが、見た人にはそれが何なのか理解できないでしょう」

ドロレス「人間とはその程度のものです。ところで、他の部屋では何をするのか教えていただけますか?」

ジャニス「それは今、わたしには言うことができません。あなたも、いずれそこに行くことになると思いますが、たぶん今回の訪問ではないでしょう。あなたが次にどこに行くことになるのか、わたしにはわかりません。あなたがこのことを本に書く前に、評議会と話し合いたいと思います。わたしの理解しているところによれば、ジャニスを通してあなたに与えられる情報は、あなたが本に書く前に評議会の審査を受けるのだと思います。許可が下りないと、いくら本にしようとしても無理だと思います。この点について、まだあなたが理解していないのは、すべてのことが相互に作用し合っているということです。あなたも仕事をしてきたなかで、タイミングの重要性を思い知らされたことがあるでしょう。ですから、この種の情報が、ある歴史的な出来事が起こる前に流布され、それが適切な情報の発信者、あるいは適切な翻訳者の手に渡らず、あるいは適切なエネルギーの変換形式を取らなかったりして、つまり、あなたたちの世界の否定的な勢力の側の手に渡ってしまえば、この惑星の均衡が崩れ、否定的レベルを高めることになります。そうすると、エネルギーの肯定的な側面を理解する仕組みを通じて、否定的勢力のレベルをさらに高めるという結果になります。わたしが言おうとしていることは、短く簡単に言えば、ジャニスや評議会の許可なしにあなたが得た情報を流してはいけないということです。というのも、あることが起ころうとしているからです。この出来事を、あなたはすでにあなたの他の本に書いています。その歴史的な出来事が起きる前に、エネルギーに関するある情報を流さないことが重要なのです。わたしが言っているその出来事が何であるか、あなたにはもう推察できているでしょうか？　もしまだなら、そのことについて話さなくてはなりません」

ドロレス「今の時点では、わたしは特に何も行動を起こすつもりはありません。今はただ情報を集めているだけで、あなたの指示には必ず従います」

ジャニス「とても重要な出来事で……じつは、これはわたしがあなたに話すように言われていることなのです。あなたが学ぶこの情報、つまり、ある要素の仕組みですが、この情報はまだ広めてはいけないのです。わたしが傍聴している評議会では、目下、この件に関して議論が沸騰しつつあります。彼らはすごい早口で話しているので、それらについてわたしがあなたに説明する余裕もありません。今はただ、この情報はそれにふさわしい時期が来るまで流してはいけない、とだけ伝えておきます。その時が来るまでは、この情報は決して世の人の目に触れさせてはなりません。それは、あってはならないことなのです」

ドロレス「では十分に注意したいと思います」

ジャニス「(ため息をつき)話をしている人があまりにも多過ぎる。本当に多過ぎる(荒い息遣いになり、不快そうな様子)」

ドロレス「大丈夫ですよ。落ち着いてください。その情報は、許可なしには絶対使いませんから。その件に関しては、細心の注意を払います。(ジャニスは落ち着きを取り戻し始める)もしご迷惑でしたら、話題を変えましょうか？　あなたに負担をお掛けしたくありませんので」

ジャニス「いや、別に問題があるというのではありません。ただ、振動が入り込んで来て、わたし自身の振動数が、わたしの慣れていないレベルにまで上昇したのです。それでちょっと……(大きく息をして)でも、これはぜひ聞いてほしいことなので、ちょっとわたしに調整の時間をください……今、わたしのエネルギーのレベルで、わたしに伝えてもらっています(大きなため息)」

ドロレス「わかりました。どうぞ続けてそちらの作業に集中してください。わたしはこちらのレベルでする用事がありますから」

わたしはテープを取り出して、新しいテープを入れた。

ドロレス「気分は良くなりましたか？」

ジャニス「（混乱した様子で）そこにはただ、完全な……（荒い呼吸）」

ドロレス「わたしが質問していることで、あなたに迷惑が掛かっていないでしょうね？」

ジャニス「わたしにとっては問題ではないのですが、あなたの質問はもっと高いレベルにいる存在にとって問題のようです。かなり上のほうの存在たちです」

ドロレス「わたしはどなたにも、一切ご迷惑をお掛けしたくありません」

ジャニス「問題になっているのは、流してよい情報とそうでない情報を、あなたが誤解しているのではないかということです。あなたに、入り込んで来たエネルギーに対処するために振動数を調整する話をしましたね。あの時、わたしはあの神聖な部屋にいる人たちから伝えられることを口述しようとしていたのですが、あの部屋の中に存在したエネルギーの力には気がつきませんでした。（彼女にはまだエネルギーの力の影響の感覚が残っていた。この力のために彼女は混乱し、わたしとの会話ができなかったのだ）わたしはあの部屋には入りません。わたしは今、自分が慣れ親しんだエネルギーの部屋の中からあなたに話しています。ジャニスとケンは、別の存在状態で別の部屋にいます。わたしはここにいて、彼らはあちらにいます。ここと彼らのいる場所、そして物理的な場所。ですから、ことは複雑になり、時に、あなたと話をするのが難しくなって、それが肉体的な状態としても現れるのです」

ドロレス「どうやら、評議会の人たちは神聖な部屋にいて、わたしとあなたの会話を傍聴しながら、その内容について議論している、ということのようですね。そして明らかに、彼らはあなたが……」

ジャニス「（途中でさえぎって）彼らはすべてを知っていて、わたしたちが話していることも監視しています。しかし、何かとても強力なものが、わたしの中にやって来たのです」
ドロレス「わたしに話してはいけない何かを、あなたが話していたのではないかと思っています」
ジャニス「この情報の中のあるものは、今はもう、あなたに知らされてもよい時です。（息が荒くなり混乱している様子）ちょっと待ってください。今、わたしは正しく機能していません。もう少し待ってくれれば、なんとか元に戻りそうです」
ドロレス「あなたに不快な思いをさせてしまったのでしたら、許してください」
ジャニス「いえいえ、これは不快と言うほどのものではありません。これは単なる、ああ！　わたしは連れて行かれ……どうもありがとう……これは、ああ、わたしにとってはすごい経験でした。わたしがそこにいることは、許されていない……それは許されるとか許されないとかの問題ではありません。ただ、わたしがそこに行かないだけです。なぜなら……ふう、ちょっと変になっています（混乱しているようだ）」
ドロレス「とにかく、はっきりさせておきたいのは、彼らがわたしにさせたくないことは何か、ということです」
ジャニス「はい。わたしは今、この振動数を保っています。わたしが今、ふだんのわたしの振動数と違うレベルの振動数で機能しているというのは、重要なことですから、ぜひ覚えておいてください。そして、この振動数はまた変わる可能性があります。お望みなら、あなたは神聖なる長老の一人と話すこともできますが……ここで何が起ころうとしているのか、わたしにもわかりません」

彼女は適応しようと、深く息をしていた。その時突然、大きな、これまでとは違う声が聞こえ、わたしは不意をつかれて驚いた。「ドロレス！」と、わたしの名を呼んだその声には威厳があり、命令口調だった。

ドロレス「はい」

ジャニス「（呼吸は収まっていた）ドロレス！」

ドロレス「はい、聞こえていますよ」

ジャニス「わたしがわかるか？」

ドロレス「はい、よく聞こえます」

ジャニス「わたしがあなたの肉体の耳以外のところで聞こえるか？　心の中で聞こえているか？」

ドロレス「ええと……よくわかりません」

ジャニス「わたしが光のような感じで聞こえるか？　光が聞こえるか？」

ドロレス「それがどういう感じなのか存じませんが、何かを感じてはいます」

ジャニス「それがわかっていれば十分だろう。あなたに害はない。わたしは、あなたがいつも使っている方法では交信できないのだ。まあ、努力はしてみる。わたしは声を真似事で出しているのであって、これは自分本来の交信方法ではない。が、あなたが入ることが想定されていない領域に入ってしまったので、言っておかねばならないことがあるのだ」

ドロレス「それで何か問題が生じているのでしょうか？」

ジャニス「問題というほどではないが、問題と見ることもできる。わたしはジャニスの声を使う必要があるのだが、まだ使えていないので、あなたがジャニスの体の状態を調整する必要がある。ジャニスの体に不快感はないが、ただ……（ため息をついて）ジャニスに身体の調整を行なうように指示を与えなさい。彼女自身を調整させるのだ」

ドロレス「エネルギーに対してですか、それとも、何か別のものに、ですか？」

ジャニス「ジャニスの物理的身体に、だ。急いで彼女の肉体的自己に指示し、調整させなさい。それだけでよい。ただ、彼女の体に向かって、調整するようにと言えばよいのだ。（声を強めて）彼女の体に、調整するように言いなさい」

ドロレス「わかりました。ジャニスの体に言います。調整してください。リラックスしてください。（彼女の呼吸が再びゆっくりになった）落ち着いて。これはただ、別のエネルギーがあなたを通して話をしているだけのことです。調整してリラックスしてください。体にはなんの問題もありません。良い気分です。とてもリラックスした気分です。何か、いつもとちょっと違うことが起きています。でも、体はそれに十分うまく対応できています。どうですか、彼女は体の調整ができていますか？」

ジャニス「（優しい女性の声で）ええ、彼女は今調整しています。調整中です」

ドロレス「わかりました。ところで、あなたは、わたしが許されていない領域に入り込んだとおっしゃいましたが」

ジャニス「（威厳のある声に戻って）調整する余裕を与えなさい！　これは非常に重要なことだ。あなたは、多くのエネルギー・レベルを通過してここに来たということを銘記すべきである。そのために体に害があってはならない。ジャニスには現在、四つのエネルギーの状態で機能してもらっている。あなたにはわからないことだが。今、ちょっとした……移行が起こったところなので、少し待ってほしい。それらの四つのレベルで非常に速い移行を経験しているので、体の調整が追いつかないのだ」

ドロレス「わかりました。彼女には、どんな害もないようにしてください」

ジャニス「害はない。だが、あなたは現在、もっとも高いエネルギーの状態の中で仕事をしている。だから、時にはこういうことが起きるものなのだ。我々が指導するので、どうしたらよいかわからなくとも怖がることはない。あなたもわかっているように、その状態で機能することが可能か不可能かは、その人の体の状態により決まり、また、ある神聖な場所との関係にもより、さらには、あるエネルギーの空間とも関係し、保持しているある空間のパターンによっても決まる。つまり、我々にはこの四つの存在の状態があるのだ。そして、理解しなければならないことは、それぞれのレベルで分子が常に運動しているということである。それらは動いているのだ。そして、あなたが時間を超越し、光を超えた速度で異なった時間系を通過して、今のこのエネルギー・レベルに到達するまでの間、あなたの身体構造には、さまざまなパターン変化が、ものすごい速さで引き起こされているのである。そして、バランスを保つことがとても重要になる。ジャニスやケンがバランスを失うような事態には、絶対にいたらせてはならない。この二人がバランスを失うようなことは起きてはならないのだ。バランスが保たれているからこそ、この二人が肉体でも機能できているのである。今現在、ケンの肉体のバランスは崩れている。彼の生命がバランスを取り戻すように、今、我々は努力を続けている。彼には今、問題が生じており、我々はそれに対処している。彼には今意識がなく、意識を取り戻すことができないでいるが、ジャニスを通して意識を取り戻すことになる。ケンは今、オクラホマ州で眠っているが、同時に彼が今、別な状態でジャニスと一緒にいるということを理解するのは大事なことである。あなたは、こういうことを知らなければならない。そして、あなたにとって、自分が何に関わっているのかに気づいていることは重要である。というのも、あなたは常にそれを意識しているわけではないからだ。しかし、これはあなたの欠点ということではない。我々が、このことをあなたの欠点と見ているわけではないということは、ぜひ理解してほしい。あなたはまだこのレベルで仕事をしたことがないので、これらの方法にまだ慣れていないというだけのことである。あなたはこのレベルでは、まだ実際に働いたことがないのだ。ここに近いところまで来たことはあるが、このレベルではない。そして、ジャニスと知り合ったのは、そのためなのである。他のエネルギーと別なレベルで接触したのも、あなたの中に、このレベルに来たいという気持ちがあったからに違いない。だから、その望みは実現するだろう。しかし、そのことによってあなたの日常生活が変わったり、あなたのエネルギーの状態に変化が起きたりすることはまったくないだろう。だが、少々の違いは感じることになるだろう。その変化は快いものになるはずだ。理解しておかなくてはならないのは、このレベルに来ることを、あなたが願っていたということである。さもなければ、ジャニスとともにこのレベルまでやって来ることはできなかったであろう」

ドロレス「ここに来る途中で止められたはずだ、とおっしゃるのですか？」

ジャニス「許可が下りなかったであろう。だから、あなたはこのレベルに来る準備ができていたということだ。今、あなたが知っておくべきなのは、ある意味で、ある種の事柄がもっと簡単にできるようになるということである。それはあなたにとって自然な変化である。わたしが〝調整〟という言葉を使う時には誤解しないでほしい。このレベルにおける調整とは、あなたが肉体でいる時のそれとは違うのだ。我々は、あなたの高潔さを高く評価している。自分のしている仕事のため、あなたは肉体を持った人間としての限界を超えて探求しようとしているが、そのことを我々がおおいに賞賛していることは知っておいてほしい。あなたは実際、自分の現実の肉体の許容範囲を超えるような努力をしている。どうやってあなたが選び出されたかといえば、あなたがある方法を求めてきた時、それが我々にとってはあなたの準備が整っていることを知る鍵になったのだ（わたしには何も頼んだ記憶はないのだが、どうやら潜在意識下で起こったことのようだ）。あなたがスキャンされたのはその時だ。その後で、今夜あなたに示したあの方法が使われた。だが最初、あなたはそれを受け付けなかった。あなたはそれを聞いたのだが、受け入れなかった。その時我々は、あなたにはまだこのレベルに来る準備が出来ていないと判断した。それで、ジャニスを通して別な人たちがあなたのところに来たのである。ジャニスはいつもこのレベルにいる。しかし、彼女はレベルを下げてあなたのところに行き、あなたがこのレベルまで来る気になるようにさせなくてはならなかった。人格が変わってしまうのではないかという恐怖感を持たなくなるところまで、あなたを進歩させる必要があったのだ。実際、あなたの人格が変わることはないからだ。しかし、あなたには、自分でコントロールできなくなってしまうかもしれないという恐怖があった。ある意味では、あなたは過去の何か不愉快なことがさらけ出されてしまうのではないかという恐れを抱いていたと言える。あなたはこの一点において、自分には対処できないと感じていた。そして実際、あなたには対処できなかった」

ドロレス「それはきわめて人間的な習性だと思います」

ジャニス「まさに人間的な習性である」

ドロレス「でも、わたしにはその方法を与えられたという記憶はありません。その頃のテープにも、そうした事実は記録されていません」

ジャニス「それはテープには記録されていない。テープへの収録が終わった後の話し合いの中でのことだ。それは記録されることを想定したものではないので、テープには入っていない。今ごろになって言うのも申し訳ないことだが、セッションの後で交わされたジャニスとのいろいろな会話の中であなたに伝えたのである。前もって許しを請わねばならないが、我々はあなたが日常の意識状態にある時にあなたをテストした。セッションの後、あなたはジャニスといろいろなことについて話をしただろうが、それがテストであった。彼女があなたに話したことを通じてテストされたのだ。それは、もしもあなたがある仕方で反応すれば、あなたが、みずからの意思でこのエネルギー・レベルの領域に入り、その様式で活動しうるところまで進歩しているということがわかるというものであった。あなたは他の人々を通じてこの世界を垣間見たことはある。クラス単位のセッションで接触したこともある。学生レベルの者に接触したこともある。だが、まだマスター・レベルの存在に出会ったことはなかった。今夜、初めてそれが起こった。マスター・レベルのエネルギーと交流したのだ。以前述べたように、ジャニスとケンは、UFOのエネルギーを通じてそのレベルで仕事をしている。しかし、彼らはまた、そのエネルギーの外でも仕事ができるのだ。二人は、あなたが接触したUFOの宇宙人たちよりさらに上の振動数の領域でも仕事ができるのである」

ドロレス「ジャニスの体に反応が出たので心配しています。彼女にはそのエネルギーが受け入れられなかったのかと思いました。別の宇宙人は、わたしが、自分にまだ受け入れ準備の出来ていないレベルまで進んでしまったと考えているようでした」

ジャニス「いや、あなたは思い違いをしている。あなたは医師と話をしていた。わたしは医師ではない。わたしは調停者だ。バランスを取るのがわたしの仕事だ。あなたは今、医師と話をしているのではない。医師のエネルギーの場は乱されてしまったのだ。あなたにはぜひ理解してほしいことがある。あなたにぜひ知っておいてもらいたいことをこれから話す。これは将来、また起こることだからだ。あなたが理解していないのは次のようなことだ。実際には、ジャニスとケンが神聖な部屋に入った時、二人は再び肉体を持ってその神聖な部屋にいたのである。そして、彼らは神聖な部屋から出て行った。だが、彼らは神聖な部屋から動いてはいなかった。というのも、彼らは神聖な部屋に**いる**からであって、今こうして話をしている間にも彼らはそこに**いる**のである。彼らは、肉体とは別の種類のエネルギーの状態で神聖な部屋に**いる**のだ。複雑ではあるが、あなたにとってこれを理解することは重要である。あなたはこうした移行の仕組みを理解しなくてはならないのだ。さらにあなたにとっては、自分がエネルギーの管理者と話をしたのだということを知ることも重要である。あなたは彼に、あなたがたの用語を用いて、このようにきわめて適切な名を与えることができた。彼は、あの部屋のエネルギーの管理者である。しかしながら、医師もまたあの部屋に行き、そこで活動する自由を持っている。彼女はあなたがそこに来ることを知っていた。今夜、あなたが彼女と話したがっている、あるいは彼女との接触を望んでいるということを聞いていた。そこで彼女はここに来たのである。しかし、あなたは彼女との接触を求めなかったので、彼女はあなたと話すことはなかった。しかしながら、あなたがその部屋から出て行く時に、彼女はあなたの望みを叶えようと思い、あなたに話しかけたのだ。あなたは別の部屋に移動する時だったので、それはそれでよかった。あなたは記録係ではあるが、ただそれだけの存在ではない。もし、ここにいたくなければ、今そう言ってほしい。あなたが以前このセッションを始めたかった時に、許可が下りなかったのには理由がある。そしてわたしは、その理由についてあなたと話し合うことを許されている。あなたはセッションを始めたがっていたが、間違いなくその時が来るまで、そのセッションを開始することは許されていなかった。あなたがこのエネルギーの状態になるのは、まさにその時でなければならなかったのである。あの時、電話が鳴ったのは、あなたがセッションを始められないようにするためであった。あなたは、自分にとって抵抗のないような、よく知っている話題から話を始めたいと願っていた」

それは事実だった。わたしは自分にも理解できる肉体的、地球的なレベルの分野の研究に戻りたいと以前から思っていた。しかし、その願いとは裏腹に、情報はますます複雑で込み入ったものになっていったのであった。

ジャニス「そしてあなたは、常に選択の余地があることもよくわかっているのだ。あなたはそれを信じている。だが、確信が持てなくなったこともあった。あなたは心の中で自分自身に、そこに選択の余地はあったのか？　そんなことが起きたのか？　と問い掛けていた。あなたは、選択の余地のないことが起きるかもしれないと恐れていた。あるいは、避けようのない、とても悪いことが起きるのではないかと思った。それは、あなたの中にある根強い恐怖であった。あなたはそれに、ほんの少し触れただけかもしれない。もしかしたら、たった一度だけそう思っただけなのかもしれない。しかし、それには、あなたがＵＦＯのエネルギー以外の別なものに触れるという意味があった。（ＵＦＯ以外のエネルギーとは、わたしの別著『*Conversations with Nostradamus Volume II*』（『ノストラダムスとの対話第二巻』）中に出て来る反《アンチ》キリスト・エネルギーのことを言っていると思われる）しかし、エネルギーはＵＦＯ以外のあらゆるものにも関わって働いている。我々の仕事は、言ってみればバランスを取ることであり、我々があなたたちの惑星にやって来た主たる目的はそこにある。

自然界の諸力、いわゆるエレメンタルズ（elementals　自然神、自然霊・訳注）の間の相互作用の構図は複雑である。言っているのは小さな妖精たちなどのことではない。さまざまな形式の構造、それにタイミング……いや、話がちょっとずれてしまった。神聖な部屋にいる評議会に指摘されたので話を本筋に戻すが、わたしは、今晩起こったことの仕組みをあなたに説明しなくてはならない。そうすれば、次に同じようなことを感じた時には、あなたは速度を緩める必要があることが理解できるであろう。あの時、あなたは医師と話していた。そして、あなたはある分野に話を移し、一つの問題しか頭になかった。だが、評議会の者たちがあなたに話したかったことは……これから起きることについての情報だったのだ。わたしは彼らが話すことを聴きながら、それをまた急いでしゃべって伝えなくてはならなかった。というのも、彼らの話すことは奔流のように、ものすごいスピードでやって来るからだ。そして、それらをわたしは四つのエネルギー・レベルを通してあなたに伝えているのである。あなたにわかってほしいのは、あなたが医師と話をしていた時、医師があなたに本としての形で情報を出すことについて言ったことを、あなたが理解していなかったということである。あの時、あなたは彼女がただ光のエネルギーについてのみ話しているのだと考えていたが、彼女は、これから起こってくることについて話をしていたのである。ここで受け取る情報は、あなたがみずから調査して得た情報と一緒にしてはならない。というのも、それらの目的はまた別のところにあるからだ。そして、その目的とは、地球の未来の出来事に関係があるので、地球の時間においてその時が来る前に情報が漏れてしまい、それによりそれらの出来事に影響を及ぼすようなことがあってはならないのである。そういうことになってはいけないのである。それは神聖な……（ふさわしい言葉を捜しているようだった）地球には適当な言葉がない。それは評議会とも違う、もっと上のものだ。長老たちよりも上位だ。それは英語には翻訳しえない言葉なので、あなたには理解できないであろう。わたしにとってもレベルが高過ぎて、自分の意識にそれを持ち込むことは不可能である。あなたが理解できなかった時には、それは医師を通して入って来なければならなかった。その神聖なるものから来るエネルギーのすべては、その医師のエネルギーや、ジャニスの保持しているエネルギーのパターンを通って戻って来て、再度肉体のあなたに入り込もうとした。だが、それがあまりに急激な変化だったので……それが妨害された。そのためにバランスが崩れ、調節を行なわねばならなくなったのである。自分の著書が、そのような広がりを持った内容の本になるのだということを、あなたは知るべきだ。そこには、あなたがこれまでに得たすべての概念をさらに拡張した事柄が書かれているであろう。だが、我々の同意があるまで、ジャニスを通じて得た情報を本にして出版することは許されないということについては理解してもらわねばならない」

ドロレス「それはよくわかっています。わたしは、ジャニスの体に変調があったことがちょっと気になっていたのです。あの重々しい声が話し始めた時、あなたはその声が神聖な部屋から直接来ているのだとおっしゃいましたよね。(そうだ) たぶん、あの時、彼は、わたしが許されていない領域に入り込んだと言っていたのではありませんか？」

ジャニス「今はまだ、ということだ」

ドロレス「それでは、この件から、わたしは一切手を引いたほうがよいのでしょうか？」

ジャニス「あなたはそうした情報に触れてもよい。そういう領域に入ってもかまわない。ただ、あなたは彼があなたに話したことを聞いていなかったのか、あるいは、情報を流すべきペースのことをよく理解していなかったのかもしれない。現在、あなたたちの惑星の重要性が増しており、情報を広めることが急務になっている。我々も、この惑星のできるだけ多くの人々と接触し、彼らが振動数を変えられるようにしたいと思っている。しかしながら、ある種の情報が、以前わたしが言ったように、もう起こる日時が決まっている歴史的な出来事に先んじて流されてしまうと、否定的なエネルギーの勢力がその仕組みを悪用し、彼らの力を強めてしまう結果になるのである。我々は、そのことをとても心配しているのだ」

ドロレス「それならご心配には及びません。わたしは指示があるまで何もしませんから」

ジャニス「あなたが入手する情報の内のあるものは、反キリストの時代の後で使用されることになろう」

ドロレス「その頃までわたしが生きていて、本を書き、情報を広めることができるのかは疑問です」

ジャニス「大丈夫だと思う」

ドロレス「その頃にも、わたしは情報を集め、本を書いているのでしょうか？」

ジャニス「あなたは情報を集め、本を書いているだろう」

ドロレス「ずいぶん年を取っているでしょうね。（笑う）そんな年になってもこの仕事ができるのですね？　本を書いたり、あるいは……」

ジャニス「できる。時代も変化しているであろうから」

ドロレス「ということは、その時は別な時代になっているということですか？　振動数も違って」

ジャニス「そうだ。なんであれ、ずっと変わらないままでいるものはない。今までよく耳にしてきたと思うが。あなたは今の状態で十分に満足している。特に何も変化を求めてはいない。だが、あなたの心の内には、本当にわずかだが変化の兆しがある。それは仕事を通してあなたが成長する中で自然に起きたものであって、意図的な変化ではないだろう。それはあなたの使命である。あなたの目的がはっきりしてきたのである。だから、それを喜んで容認したらよい。それがあなたの目的であるからだ」

ドロレス「では、わたしはそんな年まで生きているのですね。そして、いろいろな出来事を目撃することができるのですね？」

ジャニス「あなたにとって大事なのは、将来もこの仕事を続けているということを知ることだ、とわたしは告げられている。そして、あなたはまだここにいるであろう」

ドロレス「地球上にですか？（そうだ）わかりました。わたしにはやりたいことが沢山あります。ですから、わたしは健康を維持し、こうしたことをするエネルギーを持ち続けたいと思います」

ジャニス「あなたは進歩するであろう。この仕事を続けていれば、難しいと思っていたことも理解できるようになる。それは、あなたの内なる欲求の問題なのだ。そして、あなたが欲しいと思う情報だけが与えられるであろう。我々は、あなたの手に負えないほど多くの情報を与えるつもりはない。あなたが参加している通常のプロジェクトには、ジャニスやケンばかりでなく、あなたの仲間も何名か参加している。今年あなたは旅行したが、それはこのプロジェクトのためだったのである」

このセッションを行なった一九九一年に、わたしは会議での講演のためアメリカ中をまわる旅行を開始した。さらにその数年後には、やはり講演のため、何度にもわたって世界中を旅した。しかし、この夜には、自分の将来がどうなるかなど知るよしもなかった。

ジャニス「あなたは気づいていないだろうが、あなたの旅行は、我々のためにも地球のためにも役立つことなのだ。それと同じ目的で、あなたはロンドンに行くことになっており、実際にそこへ行くであろう。あなたはロンドンに行く理由を知る必要がある。あなたは、自分があるプロジェクトに加わっていることは知っているか?」

ドロレス「いいえ、それがわたしにはわからないことなのです。わたしは情報を伝えるためにいろいろな本を書いてきたつもりです。でも、何かそれ以上のことを、わたしはしているのですか?」

ジャニス「あなたの関わっているのは、それらをはるかに超えたことだ。あなたはきわめて重要な仕事をしているのだ。このプロジェクトには、あなたの惑星でも限られた人間のみが参加しているのだ」

ドロレス「そのプロジェクトとはいったい何なのか、話していただけるでしょうか?」

ジャニス「もうあなたにも知るべき時が来た。これを知れば、あなたが理解できないまま行なっていたことについても疑問が解けて安心できるであろう。これはきわめて重要なプロジェクトである。人類の間に起きている相関的なエネルギーの流れの仕組みの説明には、ちょっと時間が掛かる。また、粒子と粒子同士の混合、つまり、融合と細分化についても話す必要がある。しかしながら、もっとも簡潔に説明する方法は、この惑星の人間のレイ・ラインについて語ることであろう。あなたたちは、まさにこれによって結び付き合っているのだ。あなたはエネルギー場やエネルギーの源の実例についてはほとんど知らないと思うが、時として、あなたたちはそれらと関係した行動を実際に取っているのだ。あなたはそうしたことに関心を持ち始め、より深く知りたいと思うようになっていくであろう。なぜなら、あなたの振動数はデンバー市で必要であったし、カリフォルニアでも必要であった。今年訪問したいろいろな市でも必要であった。将来あなたが訪ねる各都市、各国でも、あなたの振動数が必要になるであろう。あなたが接触した人たちとは絆を失うことはないであろう。それは、あなたと彼らの間は、線を引いたように常に結ばれているからである。すべては失われることなく存続するのである。今あなたが持っているエネルギーは、あなたがこの部屋を去ってもこの部屋に残る。そのエネルギーが、完全にこの部屋から出て行ってしまうことはないのだ。だが、そのことをあなたが知ることはないだろう。なぜなら、あなたは自身のエネルギーの不足を感じることはないからである。よほど大きなエネルギーの消費がない限り、あなたが自分のエネルギーの不足を感じることはないであろう。エネルギーの不足を感じた時には、補給を行なう方法を知ることが重要になるが、どうすれば素早く補給できるかを習得せねばならない。そのうち、人々があなたに、惑星のレイ・ラインについて話すようになるであろう。彼らはそれらのラインが地球の内部に存在すると考えているが、それは正しい。わたしがあなたに話しているプロジェクトは、人間のレイ・ライン、つまり人のつながりについてのものである。もしあなたが、地球の時間におけるある時点、そして次元間の時間における特定の時点において、地球上のある場所内のある地点にいる、ある人たちの姿を思い浮かべることができるとしたら、それには一秒の狂いもあってはならず、何もかもが正確に相互に対応していなければならない。それは、地球内部のレイ・ラインのエネルギーとバランスを保っていなければならないのだ。それは、レイ・ラインのホログラムである。（この時突然、テープに静電気が発生したような騒音が入った。それは録音された言葉には影響は与えず、すぐに消えた）すなわち、それはあなたとジャニスとのつながりであり、また、あなたの人生に関連がある他の人々とのつながりであって、それらは三角形《トライアングル》を形成する。それがトライアングル・プロジェクトである。それはこの惑星にとってきわめて重要なものである。あなたがデンバーにいた時、あなたの振動数がこの惑星の反対側に影響を与え、そこに変化を引き起こしたという事実は、あなたがぜひ理解すべき重要なことである。それは、あなたにはさまざまな人々とのつながりがあり、それらは決して切れることがないからである」

ドロレス「わたしは常に新しい人々に会いますが、そういう人たちとのつながりもですか？」

ジャニス「もちろんそうだ。そして、プロジェクトの中の人々もいる。と言っても、あなたが仕事をともにしたり出会ったりする人たちすべてが、そのプロジェクトに参加しているわけではない。あなたには話し相手の友人がいるが、彼もまたプロジェクトに参加している。あなたもジャニスも、そのプロジェクトに参加している」

ここで、わたしが今までに出会った多くの人々について、そして、それらの人たちとわたしの仕事や将来との関連の可能性についていろいろと話し合った。わたしは一九九一年のその当時、まだ会社を設立していなかったので、そうしたことに関心があったのだ。

ジャニス「あなたが知る必要があるのは、あなたは守られているということである。だからあなたは誰と関わっても安全である。しかしまた、実際にはそんなことは問題にならない。結局、あなたは同じ場所にたどり着くのだから。あなたが大変だと思った時には、わたしが最初にあなたに話したことをよく考える必要がある。それは時間の合流であった。あなたがいくらじたばたしても、宇宙と調和できなければ、つまり、人類にとっての時間と次元間の時間の合流がなければ、それは起こりえないであろう。あなたがしているのは惑星規模の仕事であり、人類の進歩向上のためのものである。あなたはここでのあなたの目的を理解しなければならない。あなたにはとても重い責任がある、ということを理解しなくてはならない。そしてその責任は、あなたがみずから求めたものなのである。この仕事をしている時には、あなたは自分の目的に向かって生きるのに忙し過ぎて、それがみずからに課した責任であるなどとは考えていない。あなたはもう生きる目的を探す必要はないのである」

ドロレス「わたしはいつも、何かさらに多くの情報が見つかるような気がしています」

ジャニス「ああ、そうであろう。そのためにあなたはここにやって来たのだからな。あなたは翻訳者で、その役目は、忘れ去られてしまった概念を人類が知るための助けをすることである。それは、ほんのちょっとのことで、この惑星の歴史を変えてしまうような概念である」

ドロレス「ふむ、それは責任重大ですね？」

ジャニス「そうだ。だから今晩、わたしがあなたと話しに来たのだ」

ドロレス「ありがとうございます。わたしとしては、ジャニスのほうが情報を必要としていると思うのですが、でも、わたしと話してくださることについては感謝いたします。わたしも時々、自分がなすべきことをちゃんと行なっているかどうか、考え込んでしまうことがありますので」

ジャニス「あなたはきちんとやっている。迷うことなどない」

ドロレス「何か、すべてにおいて、すごく時間が掛かっているような気がするのです、地球の時間で、ですが」

ジャニス「だから、あなたに時間について説明しているのだ。時間については理解せねばならない。それがあなたの仕事である。そういうことを本に書いているのだからな。あなたは次元間の時間に取り組んでいるのだ」

ドロレス「それに、多くの複雑な概念についても書いています」

ジャニス「複雑な概念を平易な言葉で説明し、普通の人が読んでも『ああ、そうか』と言えるようにするのがあなたの仕事である。そうすれば、人々はいくつもの人生を同時に経験できるようになるであろう。そして、この惑星で彼らが肉体で行なうすべてのことは、彼らの他の人生のいずれにも影響を与えるということがわかるであろう。それらの影響はどこまでも続く。今、我々がいる場所から発しているエネルギーの流れも、今、我々が話していることも、あなたのいるところからわたしのいるところに届いているあなたの話も、それらはいつまでも残るであろう。それらが違って見えるとしたら、それはただ、あなたが次元から次元へと移動したからである」

ドロレス「わたしはいつも、失われた知識、失われた情報へと導かれているような気がしています」

ジャニス「それはもう失われている」

ドロレス「それをわたしが取り戻さねばならないと感じているのです」

ジャニス「そう、そのことだ。そのことをあなたに伝えようとしていたのだ。あなた自身に関してわたしはいろいろ話をしたが、それについてあなたはどう思うのか、それをあなたに尋ねるように言われた」

ドロレス「どう思うかですか？　ええ、わたしはそれでよいと思っていますし、今の仕事を続けたいと思っています。ただ、わたしは健康でありたいと願っています。そうすれば、より良い仕事ができるでしょうから。それに、仕事を続けたり各地を訪れたりするのに十分なエネルギーを持っていたいですね。そういう状態であれば、わたしはうまく活動できます。こんな感じですが、よろしいですか？」

ジャニス「結構だ。あなたに何か問題が起きた時に、どうしたらよいかわかっているか？」

ドロレス「あなたに助けを求めればよいのですね？」

ジャニス「そうだ、もし、そう望むならば。あなたもよく被術者に、『もし、あなたがそう望むなら』と言うではないか」
ドロレス「(笑って)では、その時、誰を呼んだらよいのでしょうか、医師ですか、それとも調停者のあなたですか?」
ジャニス「あなたはただ助けを求めればよい。そうすれば正しい場所、正しいエネルギーと接触できるであろう。だが、そうだな、たぶん医師ということになるであろうな」
ドロレス「不快感とか、そのほかなんでも身体に起きた問題に関して、ですね?」
ジャニス「不快感はもちろん問題だ。その時はわたしが来てあなたを助けよう」
ドロレス「わかりました。わたしが機能し続けるには、そうした助けが必要になると思います」
ジャニス「今、かなり疲れているのか?」
ドロレス「そうですね。このセッションもだいぶ長くなりましたので、この辺で終わりにしたいと思います」
ジャニス「あなたがとても疲れているからだな?」
ドロレス「それもありますが、ジャニスは明朝仕事に行かねばなりません。わたしたちには肉体の生活があります。そして今回は、わたしたちが今までに行なったどのセッションよりも長時間に及んでいるのです」
ジャニス「あなたに理解してほしいことは、あなたが最後にジャニスと仕事をしてから一年も経っているということだ。そして彼女も、あなたの最初の頃のやり方で情報を得ていた頃と比べると格段に進歩している。あなたも感じたと思うが、彼女の肉体は当時とはすっかり変わっている。そのため、今彼女は、一睡もしなくとも機能できるようになっている」
ドロレス「でもわたしは、そんなことを彼女にさせたくありません」
ジャニス「いや、これはそういう問題ではなく、必要なら、我々が教えたことを使ってもよいということだ。今あなたがいるこの時間は、とても重要な時で、あなたがいるこの場所もとても重要な場所である。そして、あなたがいつまたこの場所に戻って来られるか、わたしにもわからないのである」
ドロレス「はい。それでもなお、わたしたちはここでもう十分長く過ごしたと思います」
ジャニス「あなたの好きなようにすればよい」
ドロレス「わたしたちは地球の時間で機能していますので。でも、あなたがわたしに話してくださり、いろいろ指示を与えてくださったことには感謝しています」
ジャニス「どういたしまして。今晩あなたと接触するとは思っていなかった。ここに現れる予定はなかったからな」
ドロレス「次にお会いできる時には、もっとこちらの時間を取っておくようにします。ここでの接触は長くなることがわかりましたので」
ジャニス「それが良いだろう。このレベルになると、集めて持ち帰るべき情報も沢山ある。それらはいずれ、ある歴史的な出来事が起きた後で機能するために必要となる情報であり、重要なものだ。それはそういう種類のエネルギーである。(声はまた別なものに変わり、大きくなった。わたしがセッションを終わらせようとしている時、声は再び威厳のあるものに変わっていた) あなたが去る前に伝えておきたいことがある。一つ明らかにしておきたいのは、この仕事をしている時、あなたにはどんな危害も及ぼすことができないということである。我々はあなたにいろいろと複雑なことを説明する。あなたは、今まで自分では経験したこともないようなレベルの知識を託されているのである。ここで、我々があなたの働きに対して感謝していることをあなたに伝えておかなくてはならない。そして我々は、あなたを助けるためには、あらゆる努力を惜しまないであろうとも言っておく。またあなたが、ある意味でジャニスの世話役を務めてくれていることに対しても感謝したい。あなたがしていることはジャニスの精神的安定を助けていると思う。ある意味で、この仕事はあなたたちの惑星のためには、大変役に立っているのである。しかし、それはあなたの活動がなかったとしても、必然的に起こりうることであった。例えば昨年、あなたはジャニスと仕事をしなかったが、彼女はある種の交信の限界を超える進歩を遂げた。だから、わたし個人としては、あなたの仕事の進め方については賛同しているということを伝えておきたいと思う」

ドロレス「ありがとうございます」

ジャニス「どういたしまして。それではお別れだ。あなたに平和と愛と光のあらんことを」

ドロレス「お名前も存じませんが、ありがとうございます。(ジャニスは、手を挙げる仕草をしていた)とても美しい身振りですね。(ジャニスが深い呼吸をしたので、その宇宙人が去ったことがわかった)それでは、ほかの皆さんともお別れしたいと思います。皆さん、どうぞお帰りください。そして、ジャニスの意識が完全に彼女の体に戻って来るようにしてください」

ジャニス「(突然、口を挟んで)灯りが点滅しています!」

ドロレス「どうして点滅しているのですか?(混乱している様子)エネルギーのせい?(何かを見つめているようだったが、答えはなかった)エネルギーのせいでそうなっているの?」

ジャニス「(小さな声で)ええ、メードに邪魔されたんです。(悲しそうに)邪魔されてしまいました」

ドロレス「でも、彼女は何も知らなかったのよ」

ジャニス「彼女はドンドンとドアをノックしています。彼女のせいで、めちゃめちゃにされてしまいました（泣き出しそうな様子）」

わたしの考えでは、ジャニスが完全に自分の体に戻る前にメードの邪魔が入ったことにより、電灯の点滅が起こったのだと思う。あまりに強力なエネルギーが、妨げられたことで周囲に散乱し、電気が接続しているところに入り込んだのではないか。振動が強過ぎて過負荷になり、電球が破裂したのだろう。ジャニスが完全に体に戻る前にメードの邪魔が入るとは予期せぬことだった。彼らが言ったように、完全に体に戻る前に邪魔が入れば、たとえそれが呼吸によるものであっても体に損傷を受ける可能性がある。そこで宇宙人たちは、そうなるのを防ぐために過剰なエネルギーを電気回路に送ったのである。

当時、わたしの講演旅行は始まったばかりで、まだおぼつかないわたしの歩みが、そのうち全世界を股に掛けるまでに発展しようなどとは想像もしていなかった。翌一九九二年には初めてロンドンに行き、以来、毎年少なくとも二回はヨーロッパを訪れることとなった。わたしは、ミステリー・サークル（crop circle）の調査をしたり、ストーンヘンジやエーヴベリー、グラストンベリーなどの神聖な場所を訪れたりしながら各地で講演し、研究で得られた情報を伝えた。わたしは、共産党の支配から抜け出した後のブルガリアを訪問した最初の退行催眠セラピスト兼著作家であるアメリカ人となり、内戦中のユーゴスラビアと国境を接するバルカン諸国も訪問した。オーストラリアでは、主要な都市すべてで講演を行なった。一九九七年にはペルーでアンデスに登り、マチュピチュの古代インカ遺跡を見学した。今はアメリカ全土を旅して回っていて、日替わりで違う市や州にいることもしばしばだ。現在計画しているのは、一九九九年の香港とシンガポール、そして南アフリカへの旅行である。この調子だと、まもなくわたしは、世界の全大陸に足を踏み入れた人間になりそうだ。

　彼らが言ったように、わたしはこれらの訪問先にエネルギーを残してきたのだろうか？　もしそうだとしても、彼らも言っていたが、わたしはエネルギー不足などまったく感じていない。むしろ逆に、自分の本が出版され世間に広められたことで、わたしのエネルギーは増大したような気がする。わたしの著書は、今では多くの言語に翻訳され、その結果、わたしのエネルギーは、書かれた言葉の力を通して、わたしが到底行くことのできないような所にまで広がっている。

　このような、まったく予期せぬことがわたしの周辺に起きてくるのは、すべての人間が皆、同等の責任を担っているからではないかと思う。一人ひとりの人間が、本人も気づかぬうちに、善悪どちらにも働くエネルギーを広めているのである。わたしたちの目的は、人々にエネルギーの肯定的な影響を広め、それにより、この惑星をより高いレベルの霊的段階へと成長させることでなくてはならない。

第*14*章 ＵＦＯ研究者を調査する

宇宙人たちは、被術者たちを通じてわたしと交信することができるということがわかってからは（あるいはその逆で、その方法をわたしが見つけてからは）、機会あるごとにわたしに情報を与えてくれるようになった。交信と情報の提供は今でも続いており、それら複雑難解な情報の多くは、わたしの別著『*The Convoluted Universe*』（『入り組んだ宇宙』）に収めてある。

これから紹介する事例が示しているのは、ＵＦＯ関連の催眠療法のセラピストや調査研究者でさえも、そうした調査研究の対象になりうるということだ。彼らが、その日常の意識では知らぬまま宇宙人にまつわる体験をしていることもあるのである。わたし自身にそういうことがあるとは思わないが、それでも、その可能性をまったく排除することはできないと思う。しかしながら、わたしには、今わたしの行なっている調査方法がもっとも適していると思う。この方法によれば、わたしは観察者、客観的なレポーターであり続けられ、自分自身が関わった場合には逃れられない、さまざまな感情を経験しなくてすむのだ。

この事例に登場する催眠療法のセラピストは、匿名を希望している。なぜなら、彼女は現役で治療を行なっており、この情報を軽々に発表することはしたくないと思っているからである。彼女はまた、みずからの経験から得られた情報を本に書いて出版したいとも考えている。その時には、彼女はこの事例のこと、また、わたしとの関わりについても言及するであろう。

そんな彼女を、ここではボニーと呼んでおこう。彼女とわたしは数年来の知り合いで、仕事上でも連絡を取り合っており、講演旅行などでも一緒になることがある。一九九七年六月、ワイオミング州のある大学で開催された会議に、わたしたち二人はともに講演者として参加し、会議の終了後、わたしたちは宿にしていた学生寮でこのセッションを行なった。二人ともへとへとに疲れていたし、わたしのほうは翌朝そこを去ることになっていたのだが、二人でセッションを行なえるこのまたとない機会を、みすみす逃すわけにいかなかった。ボニーの承諾を得て、二人の男性が同席した。そのうちの一人はボニーのテープレコーダーを操作し、わたしは自分のテープレコーダーを受け持った。

セッションを始める前、ボニーは一同に向かって、一カ月ほど前の一九九七年五月に起こった奇妙な出来事について語った。彼女は、その体験にはもっと多くのことが隠されているはずだという漠然とした不安感を抱いていて、催眠状態になれば、より詳しい事実が明らかになるだろうと考えたのだった。

その日、彼女は数人のUFO研究者たちと、カリフォルニア州サンタバーバラ市北部のあるレストランで夕食を取りながら話し合っていた。話は弾み、とても有益な話題だったので、彼女はほぼ夜中までそこにいた。店を出る時、家に着くまで二時間半ぐらい掛かるなと計算していたので、彼女はその時の時刻を正確に憶えていた。

「レストランの駐車場を出たのは十一時三十五分で、すぐにハイウェイに入り、南に向かいました。それはパシフィック・コーストを走るハイウェイ一〇一号線で、その夜はまったくの暗闇でした。わたしは時々、真っ暗闇の中にいたいと思うことがありますが、その晩の暗さはビロードのように優雅でした。わたしは、ひとりきりでの家までのドライブが楽しみでした。というのも、運転しながら、UFO研究者仲間と過ごした今夜の楽しいひと時を思い返すことができるからです。そんな真っ暗闇の中での孤独なドライブは、瞑想の時間でもあり、自由に思いをめぐらす時間でもあるのです。その夜の闇はとても深く、右手に続く海岸の、いったいどこからが海なのかも見分けられないほどでした。何年か前にこのあたりをドライブした時には、沖にある油田の掘削装置や船舶の海面に映る影が見えたものでした。水際がどこかもわかったし、月が出れば水面が照らされて光りました。しかし、その晩は星ひとつ見えないまったくの暗闇で、陸と海の区別さえつかなかったのです。しばらくすると、〝シークリフ（seacliff）〟と書かれた小さな標識が見えました。でも、このハイウェイ沿いにそんな名前の町があるとは聞いたことがありませんでした。というのも、そのあたりは町はもちろん、外灯さえもない道路が延々と続くようなところだったからです。わたしはもうかなりの距離を走っていましたが、気がつくと、ハイウェイのどちらの車線にも、車のテールランプやヘッドライトが一切見えませんでした。この道路上にわたしの車たった一台だけというのは変な話だとは思いましたが、でも、そんなことはどうでもいいほど、とても気分が良かったのです。そんな風に、なんの不安も感じていなかったので、次に起きたことは本当に予想外でした」

ボニーが、他の車のまったく見当たらないハイウェイを延々と走り続けていると、右手前方の海岸に突然現れた丸い光に驚かされた。それは、わずかに緑がかった白い光で、ほんの一秒くらいしか見えなかった。その後はまったくの暗闇になり、音は何もしなかった。それは花火ではなかったし、何かが燃えた炎でもなかった。彼女はただ、おかしなこともあるものだと思いながら、そのままドライブを続けた。ハイウェイ一〇一号線のこのあたりには、左手のほうに小高い丘がいくつも連なっている。相変わらず人間の気配のないハイウェイを進んで行くと、それら連なる丘の背後に、非常に明るく輝く光が見えてきた。その光は広範囲にわたっており、弧を描いていたが動いてはいなかった。光はかなり明るく、その色は先ほど一瞬見掛けた閃光と同じように、わずかに緑がかった白色であった。あの場所からさほどの距離は来ていなかったが、あれと同じものとは思えなかった。さっきとは別の光である。丘の向こうにある光はかなりの範囲を照らしていたので、現場を通り過ぎるのには数分も掛かった。いったいなんの光だろうと考えながらそこを走っていると、今度は前方の道路上に何かがあるのに気づき、彼女はそちらに注意を向けた。彼女の車が走っている側の車線の路肩に、何かが停車していた。とても大きなトラックか大型のトレーラー・トラック、あるいはセミ・トラックの後部のように見えた。しかし、後続車の注意を促すべき円錐標識も反射板も発煙筒も置いてなかった。その車体は完全に路肩に寄せてあるわけではなく、一部はハイウェイ側にはみ出ていた。それを避けて通過するだけのスペースは十分あったが、彼女の車がかなり近づかないとヘッドライトに照らし出されなかったから、衝突の危険はあった。それが突然、彼女の車のすぐ前に現れたのである。近づくと数人の（たぶん四、五人の）人が、車の後部付近や車道を歩きまわっていた。これもまた、車にはねられかねない、危険な状況に違いなかった。

「すべてがごく短時間の内に起こったことなので、これらは皆、わたしの個人的な感じによる報告です。他の車がいなかったので、わたしはたぶん、時速百十キロ以上で走っていたのではなかったかと思われます。そして、この駐車中の車両が、道路側からのかすかな光で照らされていることに気がつきました。それはまるで、道路上に置かれた懐中電灯が、その車両の後部を照らしているような感じでした。その脇を通り過ぎる瞬間、車両の後部の上のほうに黒い大きな文字が見えました。そこには四角張った黒い字で、〝緊急車両〟と書いてあったようでした。おかしいと思いました。あんな形の緊急車両は今まで見たことがありませんでしたから。消防車でもないし、パトカーや救急車とも違います。セミ・トラックの緊急車両なんて聞いたこともありません。わたしには、とても長い車体のトラックのように見えました。いずれにせよ、次から次におかしなことばかり起きるものだと思いました。海岸沿いの光から始まって、丘の向こうの光、この大きなトラック、緊急車両の表示、発煙筒も焚かずにハイウェイを歩き回る人たち。それで閃いたのが、このトラックは今到着したばかりで、発煙筒はこれから焚くのだろう、ということ。そして、さっき見てきた丘の向こうの光と何か関係があるのではないかということでした。あれが火事でなかったのは確かですが、このトラックの人たちは、あの光か何かの調査をしているのではないかと思ったのです。でも、すべては短い間の出来事でしたから、これはわたしがそう感じたというだけの話です。わたしはただ、奇妙なこともあるものだと思っただけで、気分は最高で申し分なく、恐れも何もまったく感じていなかったのです。

すると次に、さらに不思議なことが起きました。トラックがあったところを通り過ぎていたのか、あるいはまだその付近にいたのかわかりませんが、突然、わたしの車のフロントガラスいっぱいに目のくらむように明るい光が広がったのです。その瞬間まで、わたしはそんな光に向かって走ってはいませんでしたし、こちらに近づいて来る光などもありませんでした。でも、まるで突然スイッチが入れられたかのように、前方全体が急に明るくなったのです。フロントガラスを通して見えるものと言えば、この目のくらむようにまばゆい光だけです。こんな明るい光は今まで見たことがありません。それはまた、とても美しい、黄色がかった白色光でした。本当に、目がつぶれそうな明るさでした。それだけでも不思議な出来事なのですが、さらに奇妙なことに、その光の中心には何か細い帯状のものがありました。それが見えたと思った瞬間、車はそれにぶつかっていました。それは無色、あるいは白色でしたが、その光の中にありました。それはリボンかテープのように見えましたが、フロントガラスを横切ってぴんと張られ、わたしの左下方に向かって斜めに傾いていました。普通、そのようなものを見たら針金などを連想するところですが、針金よりは幅が広く、テープのように見えました。今まで真っ暗闇の中を走って来ただけに、それはいやがうえにも奇怪に感じられました。まったくの暗闇だった前方が、突如このまばゆい光で完全に視野を埋め尽くされ、その中をこの物体が左右に延びて広がり、わたしの車はそれに衝突しようとしていたのです。そして、バリッという大音響とともにぶつかり、雷のような、バリバリッ、パシッといった感じの音がしました。その音は、わたしの周囲と内部をひっくるめた全体に響きわたって反響しました。本当にびっくりして、『今のはいったいなんだったの？』と思いました。そして、その大音響の直後、フロントガラスに大きな亀裂が入っているのに気がつきました。運転席側に大きなクモの巣状の亀裂が出来て、そこから長い巻きひげのようにうねったひび割れが数本、ガラスの左右中央部まで走っていました。それからわたしは光を通り抜けたようで、自分の車のヘッドライトで走っていました。亀裂はひどく視野を妨げるほどのものではなく、弾丸や小石が当たった時のような孔は出来ていませんでした。しかし、もしそのようなものが原因だったとしても、どうしてあんなまぶしい光がそこにあったのでしょうか？　わたしは当惑するばかりでした。

あるいは、スピードを緩めて車を路肩に止め、あのトラックのところまで戻って、そこにいる人たちに何かを見たかどうか聞いてみたら？　とも考えましたが、結局そのまま運転し続けました。わたしの〝魂の声〟が激しい調子で、『戻ったら駄目だ！　ここから立ち去れ！　このまま行くんだ！

止まるな！　戻ってはいけない！　ここを立ち去れ！　このまま行くんだ！　このまま家まで走り続けろ！』と、大声でわたしに語りかけていたのです。そこでわたしはそれから二時間、フロントガラスが粉々になりはしないかと心配しながら、ぶっ続けで運転を続けました。家に着くと、時刻は二時をちょっとまわったところでした。道路があの通りのがら空き状態だったのですから、これは妥当な時間であったと言えます」

当然ながら、帰宅したボニーの頭の中は、わからないことだらけだった。失われた時間はなく、その点は安心したのだが、あの信じ難い光や、ハイウェイに延びて広がり、彼女の車のフロントガラスに亀裂を作ったテープ状のものの正体は不明のままだった。彼女は、ハイウェイの途中で車を止めて公衆電話からパトカーに電話することも考えたが、真夜中のことだったし、女性一人という状況でもあったので、そのまま家まで運転を続けたのであった。彼女の夫も、車を止めないでよかったと言っていた。車が止まるようにハイウェイに罠を仕掛け、降りて来た人に強盗を働いたり車を奪ったりする事件もあるらしいので、そのまま走り続けたのは正しい判断だったと言うのだった。フロントガラスにはひびが入ったものの、それがもとで事故にならなかったのは幸いであった。

ボニーは、その出来事は普通ではないと言ったが、わたしも同感だった。そこには異常な要素があまりにも多過ぎる。催眠術を掛ければ、表面意識から得られるよりもっと多くの情報が得られることはわかっていた。ボニーは優秀な被術者であり、すぐに深いトランス状態に入った。催眠術の同業者の場合、抵抗してなかなか催眠状態にならないことが往々にしてあるものだ。術を熟知しているのでそのやり方を心得ており、使用されている技術を分析しようとしたりするからである。だが、ボニーにはまったくそういうことはなかった。彼女はわたしを信頼してリラックスし、すぐに一九九七年五月のあの夜に行ってくれた。強いて問題と言えば、彼女の述べる内容が詳細過ぎたことで、その晩一緒に食事をした同席者全員の名前を憶えており、食べたものとか話の内容まで報告してくれたのだった。わたしは早く調査すべき問題の場面に行きたいと思ったのだが、彼女の詳細な描写は続き、レストランを出て車に乗り、時計で時間を確かめた後、駐車場を出るまでのことを詳しく説明した。だが、これは良いきざしなのだ。このような人は、経験した事実について、こちらの要求以上に、きわめて詳細にわたって思い出し(必要以上に詳細になることも少なくないが)、さらには、どう見ても関係のなさそうな些細な情報まで進んで伝えてくれることもしばしばだ。これは、潜在意識が徹底的に正確に話そうとしている証拠だと思われる。そんなわけで、これは上々の滑り出しと言えた。

ボニーは、ハイウェイ一〇一号線を南下するドライブを再体験していた。

ドロレス「今、あなたは車を運転していますが、ふだんと変わらないドライブですか?」

ボニー「まあ普通ですが、ハイウェイの前にも後ろにも他の車がまったくいないのが奇妙です。また対向車線にも、まったく車が走っていないのが不思議です」

ドロレス「いつもは車が通っているのですか?」

ボニー「こんなに夜遅くサンタバーバラから帰ることはほとんどないのですが、金曜日の真夜中ですから、少しは車が走っているかと思っていました。でも、対向車のヘッドライトの光が目に入らないので、その点は具合が良いと思います」

ボニーは、真っ暗闇であることや、陸と海の区別がつかないことなどについて話した。やがて彼女は、〝シークリフ〟と書かれた小さな標識を通り過ぎた。その直後、彼女は海岸に完璧な円形の大きな光を見た。また、その少し先、ハイウェイの左手にあるごつごつした岩山の向こうにも、大きな光の輝きがあるのに気づいた。その光はかなりの範囲に広がっており、そこを通り過ぎるのにはしばらく時間が掛かった。ここまでは、彼女がその後続いて話したレストランにおける会合と彼女の週末の予定についての情報を除けば、日常の意識下で彼女が語った通りの内容であった。

ボニー　「まるで、何かのまわりの光冠《コロナ》のようです。でも、丘が邪魔になって、それが何であるかは見えません。でも、光冠の円弧は、巨大な完璧に丸い円か輪の上部のように見えます。その光には沢山の輪郭線が見えます。普通の光はその端で拡散し、徐々に暗闇に溶け込んで行くものです。でも、この光はそうではなく、端がもっとはっきりしています。この光はあまりに大きく、また明る過ぎて、どこから発しているのかは見えません。先ほど見た閃光に似ています。さっきは右側で光り、今度は左側にこの大きな光があるというのは興味深いことです。いったい何なのでしょうね？　あのあたりに町らしいものはありません。わたしはかなりの速度で走っているのですが、それでも光のある部分を通り過ぎるのに結構時間が掛かっています。それに、その光は動いているわけでもありません。ただ、そこにそのままじっとしているのです。そして右側のほうですが、何か大きなものが見えます。とても背の高いトラックの後部のように見えます。たぶん、それはトレーラーのようなものかと……それほどの高さがあるからには、相当大きな車両に違いありません。その側面とか前の部分を見ているわけではないのです、わたしはその後ろのほう、車体の後方から近づいているのですから。でも、どうしてここに来るまで見えなかったのだろうと不思議に思っています。また、どうしてこんなところに駐車してあるのかということもわかりません。たぶんそれは、ハイウェイの片側にある丘の向こう側に見える奇怪な光と何か関係があるのではないかと考えています。また、下のほうから光が出て車体を照らしています。きっと、その光はハイウェイに置かれた何かから出ているのでしょう。それは柔らかな光で、歩いている人々のシルエットが見えます。あまりよくわかりませんが……」

ドロレス「彼らをはねてしまう心配はありませんか？」

ボニー「ええ、車がそばを通り抜けるスペースは十分あります。できれば動きを止めてみて……」

ドロレス「わたしも今、そう提案しようと思っていたところです。その場面をそこで停止して、観察してみましょうと」

ボニー「わたしはかなりのスピードを出していたので、すべてがきわめて短時間のうちに起こったのです」

ドロレス「進行速度を遅くして、全部の場面をひとコマずつ見ることができますよ」

ボニー「そうしてみましょう」

ドロレス「わかりました。その何かの後部にあなたが近づくにつれて、すべてがとてもはっきり見えてきますから、それを報告してください。速度を緩めましたから、細部まではっきり見えますよ。動きがゆっくりになったら、何が見えたか報告してください」

ボニー「ええと、この人たちは、とてもひょろ長い体つきをしています。かなりやせていて長い脚です。皆、動き回っています。ある者は、このトラックのようなものの後ろを通り過ぎて歩いて行きます。一人ひとりが、それぞれ違った方向に向かって歩いています。一人は、ハイウェイ側を歩いてトラックの前部に向かっています。一人か二人は、トラックに沿って横から回って後部にやって来ます。すばやく歩いていますが、動きはスムーズです」

ドロレス「彼らの他の細かい部分まで見えますか？」

ボニー「背の高さはまちまちです。（不快感を示して）大きな頭をしています（混乱した様子）」

ドロレス「なんでしたら、レポーターとして、客観的に見て報告してくれてもいいですよ」

ボニー「（今にも泣き出しそうになって）はい、彼らは本当の人間ではありません」

ドロレス「どうしてそう思うのですか？」

ボニー「人間よりかなり細いし、首は長く、大きな頭です。もし人間だとしたら、とても奇妙な格好の人間です。最初は、道路工事の男の人たちか何かだと思いました」

ドロレス「それがどうして嫌なのですか？」

ボニー「ただ、びっくりしたんです。思いがけないことでしたから。（まだ混乱している）それが悪いと言っているわけではないのですが、ただ驚いています」

ドロレス「無理もないですよ。今、速度を緩めて場面をひとつずつコマ送りしていますので、道路沿いにあるものをよく見てくれますか？　今ならはっきり見えるでしょう？（顔つきに変化が表れる）何が見えますか？」

ボニー「上のほうに大きな字が見えます。ええと、〝緊急車両〟と書いてあると思ったのですが、よく見ると何かの模様のようです。それは何かの……（彼女が調べている間沈黙があった）〝三角形〟と言いたいところですが、ちょっと違うようです。三角形の一部のような角度がある形です。それらをいくつか適当に組み合わせると三角形が出来る感じですが、それら自体は三角形ではありません。

わたしたちが使う文字のような形とは言えません。それに、角はもう鋭角ではなくなりました」

ドロレス「後でそれを描くことはできそうですか?」

ボニー「一部なら描けると思います。わたしはまだ速く動いています。とても速いです」

ドロレス「その模様の形とか文字を、後でなるべく正確に描けるように、しっかりとあなたの頭に焼き付けておいてください。できますよね?(彼女は何かぶつぶつ言っていた)どんな風に見えたかということを憶えておいてください」

ボニー「あの、下で輝いていた光ですが、あれは道路に置いてある灯りか何かだと思っていたのですが、そうではないようです。なんだと思います? あれは、あの大きな車両そのものに付随した何かであって、それ自体が下のほうから光を放っているのです。わたしが考えていたように、何かによって照らされているのではありません。それに車体も、当初わたしが思ったほど長くはないようです。また、車体の側面と後部の境目は、鋭角か、あるいは角になっているものと思っていましたが、どうやら、なだらかに湾曲しているようです」

ドロレス「あなたはその物体を通り過ぎました。その後起きたことを話してください。あなたには、それが何かもうわかっているはずです。細かいところまで見えていますよ」

ボニー「突然、わたしのフロントガラスの前に、ものすごい光が現れました」

ドロレス「それはいったいなんですか?」

ボニー「(驚いている様子)わかりません」

ドロレス「いや、あなたにはわかっているはずです」

ボニー「目がくらんでしまっています。あまりに明るくてまぶしいので、びっくりしています。とにかく、光以外何も見えません。その光の中にいるということだけはわかります」

ドロレス「でも、あなたの心は、それが何であるかを知っていますよ。それを信じてください。光はどこから来ているのですか？」

ボニー「どうやら彼らから出ているようです」

ドロレス「その人たちからですか？」

ボニー「そうです。それと、あの下から光が出ている銀色のものもそうです。その背後からも出ています。光の色は違いますが、彼らが関係しているのは確かです。彼らがやっているのだということはわかっています」

ドロレス「それから何が起きたのですか？」

ボニー「それからわたしは……おや、変ですね。ずっと車を運転しているのだと思っていたのですが、していませんね。いや、運転はしているのですが、わたしは……上に向かっています。上のほうにです。これは奇怪です。（信じられないという風に）まだ車のハンドルを握っているのですが、上に向かって動いています。まだ光の中にいます。光は一秒くらいしか続かなかったと思ったのですが、まだ光の中にいます。車は光に取り囲まれていて、その光が車の中まで入って来ています。美しい、本当に美しい光です」

ドロレス「その光はどこから来ているかわかりますか？」

ボニー「いいえ。わたしは前に向かってではなく、上に向かって運転しています。急な坂か山を登っているみたいに、上へ上へと向かっています」

ドロレス「斜めになって上がっているのですか？」

ボニー「そうですが、もう道路上にはいないような気がします。道路はこんな上までありませんから。軽々と上がっている感じです。車のエンジンは止まっているようです。それでも、わたしはまだハンドルを握ったままです」

ドロレス「エンジンの音は聞こえないのですか？」

ボニー「聞こえません。何も聞こえません。今は前方に進んでいるのではなく、上のほうに浮かび上がって行く感じです。でも、わたし自身はしっかりと守られているのを感じます。というのは、大きな卵形の泡のような、非常に明るい光の中にいるからです。光がどこで終わっているのかはわかりません。わかっているのは、自分が光の中にいるということだけです」

建物の外からの騒音のために、わたしの気が散ってしまった。セッションを行なっている場所は、大学の構内にある学生寮の一室だった。少し前に、テニスの試合のために若者たちの一団がバスでやって来ていた。高校生のように見えた。もう暗くなってきたので、彼らが寮の窓の下にある通りに集まって来たらしい。金切り声や叫び声、笑い声などで、もう大変な騒ぎになっている。わたしはなんとか騒音を無視しようとし、それがセッションの妨げにならないことを願っていた。通常、被術者は自分の見ているものに極度に集中しているので、大きな騒音などにもまったく邪魔されないものだが、わたしは立ち上がって窓を閉めた。部屋の中は暑くなったが仕方がない。

ボニー「この光は本当に綺麗です。それが車を取り囲み、車内にまで通り抜けて入って来ています。わたしはこの目くるめく光の巨大な泡の中に座っています。何も聞こえませんが、なんの心配もなく、まったく安心しています。まだハンドルを握っています。とても良い気分です……あ、今、わたしと車が何かの中に入ったようです。車が何かの上に置かれた感じがします。床か地面のようなものの上です。光はだんだん薄れて来ました」

ドロレス「どこにいるかわかりますか？」

ボニー　「とても大きな部屋の中です。まわりを見わたすと円形の部屋のようで、そこから廊下や出入口へと続いています。ここにも光は沢山ありますが、先ほどまでの明るさはありません」

ドロレス「このことについてどう思いますか？」

ボニー　「大丈夫だと思います、驚きではありますが。（間を置いて）今、大勢の……〝人たち〟と言いたいところですが、本当の人間たちではありません。彼らは皆、車のまわりに集まっています。とてもおかしな光景です。ボンネットの上に乗って中をのぞく者もいます。皆、窓からのぞき込んでいます。振り返ってみると、後ろの窓のところにもいます（彼女にはこれがおかしかったようだ）」

ドロレス「どんな様子の人たちですか？」

ボニー　「（笑って）良い人たちのように見えますが、人間ではないことは確かです。大きな潤んだ目をしていて、大きな頭には毛がありません。でも、まったく怖い感じはしません。彼らは好奇心が強く、子どものようで友好的です。のぞき込んでいましたが、今は首を傾け、もっとよく観察しようとしています」

ドロレス「あなたをですか、それとも車をですか？」

ボニー　「両方だと思います。でも、わたしのほうにより興味を持っているようです。そして、何を思ったのか、両側のドアを開けました。でも、おかしいですね、ロックしてあったはずなのに。夜間、暗い中で運転する時には、いつもドアをロックしておくんです。でも、簡単にドアを開けてしまいました。彼らの中の二人が……（大声で笑って）二人がわたしの右側の助手席に入って来ました。そこにはわたしの小さなハンドバッグが置いてあり、中には運転中眠くなった時になめるためのキャンディーが入っています。彼らはハンドバッグを端に押しのけています。一人が座席に座り、二人目も座ろうとして、最初の人をお尻で押しています。まるで子どもみたいです。（子どもの声を真似て高い調子で）『最初に彼女を座らせてもらうよ』。今度は、わたしの座っている側のドアの傍に三、四人来ました。皆手を伸ばして……不思議です、本当に不思議なことです。わたしはシートベルトをしているし、ドアはロックされています。でも、そんなことは彼らにはまったく関係ないかのようです。誰も手を伸ばしてシートベルトを外すなどしなかったのに、左の腕を取ってわたしを車から引っ張り出していました。そして、誰かがわたしを捕まえて……いや、捕まえたのではなく、わたしの右腕に触り、そしてドアを閉めました。今はわたしの両脇に彼らがいて、後ろにも一人か二人います。彼らはすり足で歩いているようです」

ドロレス「彼らがどんな手をしているか見えますか？　あなたの腕に触れている手です」

ボニー「はい。とても細い指です。この人たちは、なんだか……(観察している様子)そうですね、〝青い色〟をしています。でも、ごく薄い青色です。青みがかった灰色と言ったほうがいいでしょう。目はとても綺麗です。大きくて潤んでいて、やはり青っぽい色です。青っぽい黒でしょうかね」

ドロレス「指は何本あるか見えますか？」

ボニー「わたしの右の前腕を押さえている手の指は三本しか見えませんが、奇妙なものがわたしの前腕のまわりに見えます。親指のようには見えないのですが、まあ、でもなんとか親指の役目を果たしているようです」

ドロレス「では、指が三本と、その親指のようなおかしなものが一本ですね？」

ボニー「はい。とても細い指です。やせて骨ばっている、とでも言えばいいのでしょうか」

ドロレス「あなたをどこに連れて行こうとしているのですか？」

ボニー「彼らはわたしと一緒に歩いています。さっき、すり足と言いましたが、本当のすり足ではないのです。わたしもいつもの歩き方ではありません。歩き始めたつもりが、歩く必要はないのです。ただ滑って動いているような感じです。とてもスムーズです。彼らはスムーズだし、わたしもスムーズです。そして時々、(笑って)歩くように、足を前に出して下ろします。でも、そうすると進む速度が遅くなります。足を出すと、動くのに邪魔になるのです。彼らは、わたしを連れてこの大きな部屋を横切って……この部屋は円というより楕円に近い形でした。わたしとわたしの車以外に、この部屋には何もありません。わあ、すごく高い天井です。この部屋には本当に何もありませんが、ドアはいくつかあります。このように、浮いたような感じでわたしたちは楕円形の部屋を横切りました。本当に空中にいるといった感じではありません。かなり床すれすれのところにいるのだと思います。まわりを見わたして、車がどうなったか確認したいのですが、彼らがそこにいて車を調べているようです」

ドロレス「(笑いながら)まるで小さな子どものようですね、なんでも見たがる」

ボニー「ええ。キャンディーの包み紙やハンドバッグ、手帳やテープなどを見て、彼らはどう思うのでしょうか。録音テープが置いてあるんです」

ドロレス「もしかしたら、そうした物には全然興味を持たないかもしれませんね」

ボニー　「そうですね。何も欲しいものはないでしょう。わたしはただ、『いったい彼らはどう思うのだろうか？』と思ったんです。特に、ＵＦＯ関連のテープを見たら。（笑う）何が録音されているか知りたいと思うのでしょうか。ああ、もうドアのところに来ました。別の部屋に行くようです。次の部屋の真ん中に、肘掛けの付いた椅子が置いてあります。ヘッドレストや足を載せる板も付いています。今、わたしをその椅子に載せています。リクライニングの椅子のようです。でも、わたしの脚を支える部分はありません。足を載せる斜めになった板のような部分はあります。そこに足を載せました。表面には波型の溝が付いていて傾斜しているので、足は滑り落ちません。彼らはわたしの腕を椅子の肘掛けの上に置きました。これはいったい何に似ているでしょうか？　歯医者の椅子のような感じもします。肘掛けの部分にはパッドが入っているので、美容院の椅子のようでもあります。わたしの腕をそこに載せたので、その端からわたしの手がだらりと下がっています。これはなんだか美容院のようです。美容院にはヘアー・ドライヤーみたいな設備がありますよね？（そうですね）あれと同じように、後ろから、椅子の頭部に付いていたものをわたしの頭に載せました。それは高さを調整できるらしく、ちょうどわたしの頭のまわりに来ました。わたしの両側にそれぞれ一人ずついて、器具を調整しています。これはさっきよりは小さな部屋で、円形ではありません」

ドロレス「その器具で、彼らは何をしているのだと思いますか？」

ボニー　「(戸惑ったように）わかりません。彼らが良い人たちのように見えなかったら、きっとわたしは恐ろしがっていたでしょう。でも、わたしは怖くありません」

ドロレス「それがどんな風に頭にはめられているかわかりますか？」

ボニー　「いいえ、後ろからかぶせられましたから。わたしが椅子に近づいた時に見えたそれは、蜂の巣のような形をしていて、美容院のドライヤーよりは小型でした。まあ、そんなわけで、今、椅子に座っています。彼らはその器具をかなりきつく頭に取り付けようとしていて、こめかみのあたりを調整しているようです。そこは敏感なところですから、あまりきつくしないでもらいたいものです。わたしの顔の上までは降りて来ないで頭で留まっています。どうやら、ちょうど良い位置に調整できたようです。わたしの脇に立っている人たちがわたしを見ています。（笑う）本当に可愛らしい人たちです。依然としてそのあからさまな好奇心を隠そうともせず、わたしの顔や頭、それにこめかみのあたりを見ています。小さな骨ばった指でわたしを触り、何かうなずいています。それでも、なぜか怖くないのが自分でも驚きです。わたしは興味津々ですが、彼らも同様の様子です。わたしは、『わあ、わたしは本当にここにいるんだ！　今、本当にこれを体験しているんだ。この人たちは実際にここにいて、わたしに何かしているんだ』と思っています。今、彼らが何かを始めました。音が聞こえているのではないのですが、ブーンという響きを感じることはできます。つまり、振動を感じているのでしょうか。でも、とてもかすかな振動です。振動は、あらゆる方向から頭を通して伝わって来ます。彼らはわたしに、『首を楽にしてください』と言っているようです。そして、リラックスして、頭のまわりのこの器具にすべてを任せるようにと」

ドロレス「彼らは口であなたに話しかけているのですか？」

ボニー　「いいえ。彼らが考えていることがわかるのです。彼らの考えていることは、わたしの考えではありませんから。いずれにせよ、わたしはもうこの器具の中に入っているのですから、頭や首をリラックスさせたいと思います。首の支えもあります。ちょっと硬めですが、でも、首をもたせ掛けることはできます。肘掛けと同じように、いくらか詰め物をして柔らかくしてあります」

ドロレス「それからどうなりましたか？」

ボニー　「わたしもどうなるのかと考えながら座っています。沢山の操作スイッチ類が見えます。そしてさらに人がやって来ます。急にこの部屋に大勢の人が入りました。街の通りを歩いている人たちと同様、背の高さもいろいろです」

ドロレス「皆、似たような見掛けの人たちですか？」

ボニー　「いいえ、中に一人、背の高い人がいます。〝男性〟だと思います。とても骨ばった白い頭で、目も他の人たちと違います」

ドロレス「目がどんな風に違うのですか？」

ボニー　「本当にすごく大きいのです。他の人たちの目よりかなり大きくて、形も違います。でもね、素晴らしいと思うのは、彼らの目には皆、表情があるということです。そして、わたしに対して興味を示すというか、敬意を払ってくれているかのように感じます。つまり、好奇心以上のものを感じるのです。何が起きているのか、強い関心を持って見ているようです。そしてまた、皆から大いなる賛同を受けている感じもします。といっても、興奮して動きまわっているとか拍手をしているとかいうのではありません。わたしを見つけたことを心から喜んでいるようなのです。（笑って）このわたしをです。どうやら、わたしは彼らの欲しい情報をかなり持っているようです。わたしのような者を調べるのは初めてらしく、彼らにとっては見たことのない新しい調査対象なので、特に興味を持っているようです。そんなわけで、わたしはここに座らされています。皆がわたしを見ている中、また新しい人たちが入って来ました。入って来るばかりで誰も出て行かないので、部屋はかなり込み合ってきました。さまざまな人たちがいて、中には互いに押しのけ合っている者もいます。（笑って）あの車の座席に座った小さい人たちと同じことをしています」

ドロレス「振動を感じたと言いましたね？（はい）それはどこで感じたのですか？」

ボニー「わたしの頭の中です。ブーンという感じの振動です。でも、音が聞こえたわけではありません。電流みたいな感じでもありましたが、痛みなどはありませんでした。むしろ、気持ちを落ち着かせ、リラックスさせるものでした」

ドロレス「でも、何が起きているかはわからないのですね？」

ボニー「ええ。ただ彼らがわたしにかなり興味を持っていることは確かです。まるで、わたしの頭の中にあるものを知りたがっているかのようです」

ドロレス「それについて彼らに質問してみませんか？」

ボニー「ああ、いいですよ。口は動かせませんが、頭で質問を思うことはできますから」

ドロレス「そうですね。彼らに聞いてみてください」

ボニー「わたしは彼らに、二重三重にまわりを取り囲まれていますが……（笑い）あの背の高い人に聞いてみます。前から三列目にいる、背が高くて巨大な目の、骨ばった白い頭の人です。驚いたことに、わたしは彼が好きなのです。普通なら、あんな人を見たらとても気味悪く思うのでしょうが、素晴らしい人のようなので、彼に注目しているのです。でも、彼の両方の目を同時に見るのは難しいです。彼の両眼の間はかなり離れていますから、わたしがまっすぐ彼の目を見ると、きちんと目と目が合わないのです。ですから、どちらかひとつの目しか一度に見ることができません。わたしの両眼はかなりくっついていますから。（笑う）今、質問しています。『あなたは何をしているのですか？ここではいったい何が起きているのですか？』。すると彼が、わたしに信号を送って来ました。『あなたは我々にとって宝物だ』。（ボニーは感きわまって泣き出した）『我々は、あなたを通じて学ぶ必要がある。あなたが我々を通じて学んでいるのと同じように。そして今、我々は、こうして実際に対面しているのだ』。（彼女は本格的に泣き出した）『我々は、あなたが我々についてどれだけ知っているかを知ることができる』。（泣き声でテープが聴き取りにくい）『それはとても良いことだ』。（泣きながら）本当に光栄に思います……そして幸せです。これは嬉し涙です」

ドロレス「悲しさや恐ろしさゆえの涙ではないのですね？」

ボニー「いいえ、とんでもない！（泣きながら）まったく光栄のいたりです」

ドロレス「それは素晴らしいですね。（彼女に客観性を取り戻させ、泣き止ませようとした）彼らはどうやってあなたから学んでいるのですか？」

ボニー「（落ち着きを取り戻して）彼はこう言っています。『我々はあなたの心から情報をダウンロードしている。どういうことかわかるかな、ボニー。よろしい！　あなたはコンピューターについて学習しているのだから、この意味はわかるだろう。我々は、あなたが仕事上で得た被術者たちの情報をすべて収集しているのだ。あなたは、我々のような者たちとのエピソードを持った人たちから情報を入手している。考えてみれば、そういうことを〝エピソード〟（特異な体験）と呼ぶのも面白いことだと思うがね。我々が知りたいのは、そうした人たちが、我々との交流をどのように経験しているのかということだ。彼らに対して我々がどんな影響を与え、彼らにとってそれがどのような経験になり、どういう意味を持つことになるのかが知りたいのだ。ボニーよ、あなたはそうした大勢の人に会ったので、それを知っている。彼らに起こった変化も知っている。彼らが、大変な恐怖とトラウマの状態から、あなたたち地球人の言うところの受容と平和に至るまでの過程を、あなたは見てきたのだ。多くの場合、そのような人々は、もっと我々のことを知りたいと思うようになる。あなたもまた、我々について知りたいと望んできたのであり、そのことについて少しは憶えているはずだ。今、それが実現しているのである。だから、この経験はあなたのためのものでもある。あなたは以前にも我々と会ったことがある。ただ、あなたがそんな風には思ってもいないだけだ』と。ここでわたしは、『そうだ。この青みがかった人たちには会ったことがある。はるか昔の、一七四二年のことだ』と思いました」

ドロレス「(これには驚いた)一七四二年？　相当な昔ですね」

ボニー「その頃、わたしはウェールズでお城の警護をしていました。彼らはわたしの体を捕まえて、宇宙に向かってどこまでも進み、ずうっとずうっと遠くまで行きました。そうして到着したところで、こういう青みがかった銀色の体を持ち、美しい潤んだ目をした善意溢れる人々と会い、歓待を受けたのです。とても素晴らしい経験でした」

ドロレス「それではあなたは、彼らをもう昔から知っていたのですね？」

ボニー「そういうことになります。わたしは、彼らとの意識の共有（group mind　集合精神）も経験しました。それはまったく新しい経験でした」

ドロレス「彼らとは、その時以来の知り合いということですか？」

ボニー「わたしはそれを知りませんでした」

ドロレス「では、彼らのほうだけがあなたのことを知っていたというわけですね。わかりました。ところで今、あなたは宇宙船の中でダウンロードされているところです。その後、何が起こりましたか？」

ボニー「ダウンロードはあまり長く続きませんでした。たぶん数分間だったと思います、よくわかりませんが。そして、今は彼らを見て目がくらんでいます。いいですか、彼らの作っている人の輪の一番内側にいるのは、美しい青みがかった銀色の人たちです。皆、お互いにそっくりの姿をしています。そして、どの人からも愛深い優しさが感じられ、旺盛な関心と好奇心が表れています。後ろにいる背の高い人も、とても好意的な雰囲気です。彼が、わたしと話してくれた人です」

ドロレス「それで、この後どうしましたか?」

ボニー「ブーンという感じは止んでいます。彼らはわたしの両脇に来て、こめかみのあたりで何かを開いていました。それが蝶番のようなものなのか板状のものなのか、それとも何かほかのものなのかはわかりません。それから、わたしの頭からあの器具を外しました。わたしはまだ頭を起こしたままの姿勢で座っています。あの背の高い人がわたしに、『ありがとう。あなたの情報に感謝する。我々と一緒に仕事をしている人たちと行なっているあなたの活動にも感謝する。あなたに深甚なる敬意を表する。あなたはまったくなんの心配もする必要はない。あなたの記憶を取り去るようなことは一切していない。記憶は全部元のままだ。あなたが持っている情報は、すべて地球の人々と分かち合ってもらってかまわない。地球の人たちが、我々が存在するという考えに慣れることは、とても大事なことだからだ。そして我々が、地球に住む多くの人たちと交流している、という事実を知ってもらいたいのだ』と言いました」

わたしはセッションに没頭し過ぎて、テープレコーダーを見張るのを忘れていた。ボニーのテープレコーダーが止まったのに気づき、それでやっと自分の機械に目を向けたのだが、テープは終わる寸前だった。同席していた男性が彼女のレコーダーのテープを取り換えている間に、わたしも新しいテープを入れた。

ドロレス「それでは彼らは、わたしたちがこうした情報を持つことを容認しているのですね？」

ボニー「彼の言うには、『どうぞ、そうしてくれ。機会あるごとに人々に情報を伝えてくれ。あなたの所属するグループであれ、あなたの出会う人であれ、あなたが話をするどんな相手にも伝えてほしい。また、あなたの家族にも、詳しく話して聞かせるべきだ』とのことです」

ドロレス「個人情報を話すのは良くないと言う人もいますが、それについて彼はなんと言っていますか？」

ボニー「彼は、宇宙的な計画の中においては、それは悪いことではないと言っています。そして、次のように言っています。『今の段階では、あなたたちについて多くのことを知ろうとしているのは我々のほうだが、いつかそのうち、あなたたち人類、地球の人たちが我々について学ぶ番が来るであろう。我々の多くも、地球の人たちに自分たちのことをもっと知ってほしいと思っている。そう思っていない者たちもいるが、我々はそのように思っている。我々は、お互いの共通の利益のために地球人と交流をしているのであるからだ。我々は、地球における生活の質の向上のために、多くの地球人を通じて熱心に努力している。地球の他の人たちがそのことを知ることは、とても重要である。あなたたちの社会に非常に頻繁に現れている大災害を引き起こす原因となるものをなくすためにも、相当大掛かりなバランス調整が必要になっているのだ。そしてボニーよ、あなたは生まれた時からずっと、常にバランスと相互理解の実現を求めてきた。だからこそあなたは、我々とともに活動する人間の一人として選ばれたのだ。時には、我々があなたのところに人を送り、一緒に仕事をさせることさえある。彼らは、あなたの講演を聴いたからとか、誰かあなたの知っている人に薦められたとか言うので、あなたはそれと気づかない。だが、彼らにあなたの存在を知らせ、講演会へと導いて連絡先を教えたのは、多くの場合我々なのである。あなたはバランスを保とうと努め、我々の多くがその実現のため懸命に努力している良きことに賛同しているので、彼らはともに働こうとあなたのところに集まって来るのである。地球の人々の間に起きているさまざまなことを目撃するにつけ、我々は大変残念に思っている。そしてまた、この宇宙に存在する他の人たち、いわゆる宇宙人たちに対して心を閉ざす地球の人たちを見るのも、とても悲しいことなのである。そういう中で、あなたやあなたのような人を見つけると、本当に言葉に尽くせないほどの尊敬の念に打たれるのだ。我々は、あなたたちが学び、探求し、文献を読み、そして、常にすべての意見に耳を傾け、心を開いていることに対して敬意を表する。しかも、あなたはその情報を他の人たちと分かち合ってもいる。あなたが他の人たちと行なっている仕事は、彼らが今回の人生において我々との交流を開始するきっかけを作り、それを受け入れるようになるのを助けている。そのことが彼らの魂に与える影響の大きさは、あなたの想像を超えている。そうした一人ひとりが我々と融和し、受け入れて交流を開始するならば、それは彼らが地球での一生を終えた後も続く。その影響は今のあなたには想像もできないほど長く続き、遠い将来にわたって効果を及ぼすものなのである』」

ドロレス「では、わたしも、別の時代に、またボニーと仕事ができるのでしょうか？」

ボニー「ああ、もちろんだ。彼女がそのことを理解しつつあるので、我々も大変喜んでいるのだ」

ドロレス「また二人で仕事をする時には、もっと情報を入手できるのですね？」

ボニー「そうだ。我々にとっても、それはうれしいことだ。我々は、彼女がこの体験を楽にできるようにしている。彼女が今、家に帰る途中であることは、我々もよく承知している。地球的な観点からすれば、もう夜も遅く、しかも真っ暗闇で、彼女にはやらねばならないことが山ほどある。知っておいてほしいのだが、我々が人々を、あなたたちの言葉を使うと捕まえて、さまざまな経験をさせるために宇宙船に連れて行く時には、彼らの生活上のさまざまな事情を十分に考慮して行なうのである。病気の時は避けるし、手術の前も除外する。結婚生活上の危機に陥っている時も、あるいはまた近親者があなたたちの言葉で言う〝死〟にいたったばかりの時も避けている。我々が選ぶ時とは、その人にとって差し迫った用事があったり重要な時期であったりしない時、つまり、そういったことに心が奪われたり感情的になったりしていない時である。寝ている時に宇宙船に連れて行くことが多いのはそのためだ。そうすることによって、仕事や家庭生活に影響が出ないようにしているのである。休暇中に連れ出すことが多いのも、それはその人にゆっくりする時間があるからなのだ。あなたの友人のボニーの場合には、どこかへキャンプ旅行に出掛けた時によく連れて来られている。そうしたことは、本人が知っている以上に何回も起きている。休暇中はストレスもなく、翌日気を張って働く必要もないから、そのほうが良いのだ。我々もそんな配慮はしている。あなた自身に置き換えて言うなら、仕事の予定がいっぱい詰まっているにしても、夜遅く家に向かってドライブしている間は、あなたには素敵な時間の余裕がある。たしかに明日も忙しいだろう。だから、我々は今夜のことで、あなたにトラウマや体の障害などが残らないようにする。何事もなかったかのように元に戻して、あなたがいつもの生活を続けられるようにするのだ。そして、あなたに知る用意ができるまでは、何が起こったのかもわからないようにしておく」

ドロレス「よろしければ、道路脇に止めてあったものはなんだったのか、教えていただけますか？」

ボニー　「ああ、あれか。あれは我々の小型偵察機だ。それを大きなトラックのような、地球の人たちに馴染みのあるものに見せ掛けたのだ。彼女が見たそのまわりにいた人たちは、我々の仲間だ」

ドロレス「丘の向こうで輝いていた光はなんですか？」

ボニー　「あれは宇宙船だ。あの夜、付近には我々の宇宙船の船団がいた。そのうちの一機が丘の向こうに停止していたのだ。世の中には人里離れた山間に住んでいる人たちがいる。あのあたりは丘陵や谷間だけが延々と続いているところで、たまに、舗装もしてない道路や一軒家がぽつんとあるだけだ。そういうところに住んでいる人たちの中には我々の仲間がいる。そんな風景を見掛けた人は、どうしてこんなところに住むのかと不思議に思うだろう」

ドロレス「そういうところにある家に住んでいる人たちが、あなたの仲間たちだというのですか？（そうだ）では、彼らは地球で生活しているのですね？」

ボニー　「わたしが言っているのは、我々が接触して宇宙船に連れて行っている人たちのことだ」

ドロレス「そうですか。わたしはあなたと同じような人たちなのかと思いました」

ボニー　「いや違う。我々が地球上で生活することはない」

ドロレス「言い換えますと、そういう人里離れたところに、あなたがたと一緒に仕事をする人たちが住んでいるということですか？」

ボニー　「そうだ。ボニーが車を走らせていたあたりの丘陵の背後には一機の我々の宇宙船がいた。それが強い光を放っていたのだ。その宇宙船は、付近の家に住むある人物を訪問していた。そのあたりには田舎家が点在しているが、ハイウェイからは見えない」

ドロレス「その宇宙船は、今彼女が乗っているものとは違うのですね？」

ボニー「違う、違う。別の宇宙船だ。じつを言えば、彼女の見た光景の中には、もう一機の宇宙船がいたのだ。海岸のほうだ。彼女が突然、まぶしい光の輪が音もなく現れるのを見たというのは、宇宙船が一機、別の次元から地球の次元に入り込んだところだったのだ。第三密度（third density）を持つ地球の次元に入る際には、一瞬、そのような現象が起こることがあるが、いったん入り込みさえすれば、すぐに新たな次元に馴染んでしまう。異次元同士がぶつかった瞬間だけ、そういう閃光が走るのだ」

ドロレス「次元と次元の衝突ですか？」

ボニー「そうだ。別の次元から来た宇宙船が三次元の現実に入り込む時に起こる衝突だ。その際、しばしば閃光が走るのだが、我々はこれを昼間に行なうことが多い。そうすれば、地球のほうから見ると空は明るいので、閃光に気づかれることがないのだ」

ドロレス「こちらの次元に入り込むと、その光は消えていくのですね？」

ボニー「そうだ。この次元に入るとすぐに調整を行ない……地球の人間には理解が難しいことだが、密度を増大させるのだ。宇宙船と乗員たちの密度もだ。こうして彼らはすぐに調整を完了し、ただちに三次元において存在できるようになる。だが、不思議なことに、三次元に住む人間たちはそれに気づかない。目には入っているのだが、見ていないのだ。どれほど多くの我々の宇宙船が、誰にも気づかれることなく地球の空を飛び回っているかを知ったら、あなたはさぞ驚くことだろう」

ドロレス「（笑って）いや、わたしは驚きませんよ。事実だと思います」

ボニー「さらにまた別の問題だが、我々が彼女をハイウェイに帰す時、できるだけ連れ去った時と同じ場所に戻そうと心掛ける。宇宙船はまだそのあたりにいるので、それは簡単にできるはずなのだが、その正確な位置がわからない時があるのだ。それと、我々が元の場所に戻した時、彼女はまた第三密度に戻らねばならない」

ドロレス「ということは、彼女が宇宙船にいる時には別な密度を持っているのですね？」

ボニー「彼女が宇宙船の中でこの椅子に座っている時には、地球に戻って第三密度の状態でいる時ほど密度が高くはない」

ドロレス「車を戻す時にも、密度の調整をしなければならないのですか？」

ボニー「そうだ。さらに言えば、戻った瞬間には閃光を発するので、彼女は非常に驚かされるだろう」

ドロレス「それはまた、二つの違う次元が接触するからですか？」

ボニー「そうだ。薄い密度のところから、それより濃い第三密度の中に入るからだ。海岸に見えた閃光と同じことである。ハイウェイでも閃光が発生するだろうし、それは彼女にも見えるだろう。彼女は車の中にいる。この宇宙船内で彼女を車の中に入れ、そのままハイウェイまで下ろすのだ。そのことについて、彼女は何も知らない。そこへ、突然のこの閃光だ。かくして彼女は無事ハイウェイに戻り、エンジンは回転し、ドライブを続けることになる」

ドロレス「でも、この事件の初めに彼女が見たフロントガラスを横切る閃光は何だったのでしょう？」

ボニー「そうだったな。あの瞬間、あそこから今回のことが始まったのだ。もちろん、我々がそうしたのだが、彼女は我々の次元に入ったのだ」

ドロレス「それで閃光を発したのですか？」

ボニー　「そうだ。地球の人間、地球の乗り物、地球の動物、さらに言えば、地球上のあらゆる生命体が、三次元の世界を離れ、振動数が高く密度の薄い我々の次元に入ると、その時点で、ある種の〝固体〟でない物理的存在になるのである。それは地球上にはないものだ。その際、よくこの閃光が出ることがある。さっきも言ったが、昼間、ほとんどの人はこれに気づかないし、夜も眠っている人には見えない。時には、それが閃光というより、光線の中に入ったように感じられることもある。それが、彼女の場合のようにきわめて速く、ほんの一瞬のうちに起こると巨大な閃光に見えるのだ。対象がドライブ中の人間である場合には、我々はまた別の方法で行なうことも多い。車を光で包み込み、エンジンが動かなくなるようにする。エンジンが止まり、ライトも消えたら、まず車をハイウェイの脇に寄せるか、あるいはハイウェイの外に移動させる。そうしないと、皆にとって不都合なことが起きかねないことがわかっているからだ。だが、そのような作業には時間が掛かるので、車の中にいる人はエンジンが止まったことに気づく。だから、この場合には、我々の次元への急激な移行は起こらない。言っていることがわかるかな？　光が車を包むとエンジンが止まり、ハイウェイの外に移動する。そして我々が現れ、車のドアを突き抜けて、あるいは彼女の時のようにドアを開けて連れ出す。その後、光線の中を連れて上がって行く。この場合には閃光は発生しない。それは、よりゆっくりとした移行であるからだ」

ドロレス「では、それは二つの仕方で起こるのですね？（そうだ）わかりました。わたしたちのほうに時間がなくなってきました」

ボニー　「わかった」

ドロレス「ですから、質問は後二、三にします。彼女は、まばゆい光の中にテープ状の光のようなものを見たそうです。それはいったいなんだったのですか？」

ボニー「それはレーザー効果のひとつだ。非常に細い光線だ。それはハイウェイ上にいる我々の宇宙船から発したものだ。あれは、今もまだあの場所にいる。路面に着地しているのではなく、すれすれのところに浮いているのだ。我々は、自分たちの宇宙船を直接地面に触れさせることは決してない」

ドロレス「どうしてですか？」

ボニー「我々の宇宙船にとって非常に危険だからだ。それは、宇宙船のまわりに放射しているエネルギーのためだ。それはまた、宇宙船の底面からも出ている。宇宙船は、機体の表面全体から放射しているエネルギーの力で飛びまわっているのだ。宇宙船の底面が地面に触れると、その力が妨げられることになる。だから、いつも浮いている。たまに脚を出して停止することもあるが、この時は空中に浮いていた。地面すれすれだったので、彼女には駐車してあるように見えたのだ」

ドロレス「あなたがおっしゃったレーザー効果とは、どんなものですか？」

ボニー「それは、我々があの小型の宇宙船で使用している力だ。我々はすべての宇宙船でそれを使っている。それは即座に効果を発揮する、とても強力なものだ。それは光線だが、ある限定的な目的に沿った特性と周波数を持っている。通常の物理的な力とはちょっと異なるが、強力なもので、非常に高い密度にまで凝縮され、一定の周波数の中に収束させられたきわめて細い光線である。今のところ、あなたたちは、そのごく限られた利用法しか知らず、講義とかスライド映写の際に利用している程度だ。レーザー・ポインターがそれで、小さなボタンを押すとスクリーンに赤い点が映る。だが実際には、その小さな器具と赤い点の間には、ある特定の波長を持った光線がある。それは非常に細い光線で、人間には通常見えないが、我々の目にはいつでも見えている。我々にはいろいろな波長の電磁波が見えるのだ。我々は、彼女の注意を引くためにこの細い光線を出したのだが、また彼女に、何か異常なことが実際に起きたのだということを知らせるという、特に、後々になって想起した際に思い当たるようにするという意味もある。かといって、我々としては、彼女を本当に怖がらせてしまうようなことは一切したくなかったし、その夜、彼女はまだ家までの長い距離を運転しなくてはならなかったので、心的外傷になるようなことも避けたかった。さらに、彼女には週末に大事な仕事が控えていたので、そのためにも、十分休んで気分を一新させる必要があった」

ドロレス「彼女はフロントガラスにひび割れが出来たと言っていましたが、どうしたのですか？」

ボニー「それは光線の仕業だ」

ドロレス「光線がフロントガラスに当たったのですか？」

ボニー「そうだ。光線にはそれだけの強さがあった」

ドロレス「それは意図的に行なったのですか？」

ボニー「そうだ。斜めに角度が付いていたのは、車より少し高い位置にいる宇宙船から出ていたからだ。先ほど言ったように、宇宙船は地面の上に浮いていたので、地上を走っている車より高い位置にあり、そこから出た光線はフロントガラスをわずかに上から斜めに横切ったのである。光線は物理的な物体ではないので、二つのことが起きるのはわかっていた。衝撃と、フロントガラスに傷が付くことである。しかしまた、それほどの密度はないので、車のハンドルさばきを大きく狂わせて事故につながるようなことはないとも思っていた」

ドロレス「このフロントガラスへの衝撃は、彼女が宇宙船に連れて行かれる前に起こったのですか、それとも、ハイウェイに戻されてから起きたのですか？」

ボニー　「いや、実際には、それらの前であった。それらが起こる前に非常に明るい光があり、テープ状のものを見たというのが事実だ。我々には、あなたたちから見たら驚嘆するしかないようなことができるのである。（笑う）我々が光を見せると、彼女はその中に向かって車を突っ込んで行った。上に向かって、というのは彼女の言う通りだった。その後、彼女と車を持ち上げ、上方にいる別の宇宙船に連れて行った。その間、あの小型宇宙船はハイウェイの路肩にそのまま残っていた。そして、彼女を再びハイウェイに戻す時には、先ほど言ったように、彼女の元いた場所に可能な限り正確に戻してやる。もしできれば、まばゆい光の中で彼女がテープ状のものと思われる何かを見た、まさにその瞬間に、そこへ帰してやる。そして、彼女の今回の経験を先に進めるのだ。彼女はあのレーザー光線による衝撃を受け、フロントガラスには痕跡が残るであろう。だから、この瞬間にはまだ光線との衝突は起きていなかった。だが、時間とはまったく相対的なものであって、それが起こったかのように見えるとすれば、それはこれから起きるであろうことなのだ」

ドロレス「わかりました。先ほども申し上げましたが、こちらの次元には時間の制約というものがありますので、この辺で終わらせていただきます。（そうだな）あなたに交流していただいたことには、本当に感謝いたします」

ボニー　「わたしも喜んでいるよ、ドロレス。これまでにも、わたしの同僚の多くがあなたと交流してきた」

ドロレス「（笑って）でも、同じグループの人たちかどうか、わたしにはわかりません」

ボニー　「あなたは多くのグループと仕事をしている。わたしはそのグループの一員だ。我々は多くのグループの内のひとつである。だから、あなたのことは知っているのだ」

ドロレス「では、わたしがいつも知りたがり屋であることもご存知なのですね？」

ボニー「あなたが世界中で行なっているのは素晴らしい活動である。我々は本当にうれしい。これ以上の喜びはない」

ドロレス「では、わたしがこのような仕事を続けてもよろしい……」

ボニー「（中途でさえぎって）もちろんだとも！　そして情報を皆と分かち合ってほしい。あなたの執筆活動には敬意を表するし、講演活動にも敬意を表したい。あなたが各地を訪れていることにも敬意を表したい。それはまったく素晴らしいことである。あなたは、まわりの人間たちに受け入れられる素晴らしい人格を持った人間だ。皆、あなたを信じている。あなたが言うことなら、皆、偏見なしに聞いてくれる。あなたは一見、素朴で平凡な人物に見えるが、本当はそれよりはるかに傑出した人間なのである。だが、人々があなたから受ける印象は、そんな風に庶民的なものだ。あなたは、皆が信用できる良き母親のような存在である。そして、そのことが、今の地球にとってはきわめて重要なことなのである。人々がこうした大事な情報を、好感の持てる信頼すべき人物から聞くことになるからだ」

ドロレス「それでは、これからも、ボニーを通じてあなたに会い、さらに情報を得ることをお許しいただけるのですね？」

ボニー「もちろんだ。どうかそうしてほしい。我々にとってもうれしいことだ。最後に言っておきたいのだが、今、彼女のまわりにいる小さな人たちは、その昔、別な時代に、彼女の別の人生の中で、彼女と一緒に仕事をしていた仲間だったのだ」

ドロレス「彼らはわたしたちよりずっと長生きするのですね？」

ボニー　「そうだ。我々は皆、生きたいだけ生き、あるいは必要なだけ生きて、今行なっている仕事をするのだ。ただそれだけの話だ。この経験の場を与えてくれたことに感謝する。ボニーを助けてくれていることにも感謝する」

ドロレス「ご存知のように、わたしは彼女を常に守り、いつも彼女の身の安全を念頭に置いています」

ボニー　「それはよく承知している。彼女もよくわかっている」

ドロレス「それでは、これでお別れということにしていただけますか？（わかった）そして、彼女の人格と意識が元に戻るように……」

ボニー　「（さえぎって）しかしながら、彼女を元に戻す必要がある。たいして時間は掛からない」

　わたしは彼らとわたしたちの時間経過のずれを忘れていたが、あの背の高い彼はちゃんと覚えていた。ボニーの意識が戻り、わたしたちの現実の中に帰って来る前に、彼のスケジュールに合わせなくてはならなかったのだ。

ボニー　「小さな人たちはボニーを車に戻している。そして、好奇心に溢れた小さな人たちは後ろに下がって行く。彼らはこの大きな宇宙船の底面を開けている。彼女は光の中に入れられて下ろされている。ところで、あのハイウェイには今も誰もいない。我々は、この時間にハイウェイ一〇一号線を南や北に向かっている車に対して、運転しないようにするような影響を与えた。と言っても、地球の時間にすればほんの短い間である。車をハイウェイの脇に止めてぼんやり海を眺めていたり、わずかな間うたた寝したりしている人たちを見たら、あなたは驚くに違いない。北や南に向かってドライブしていた沢山の人たちが、ほんの少しの間眠っているのである。それはほんの片時のうたた寝だ。この光を見てもらいたくないからである」

ドロレス「たしかに、見ないほうがいいと思います」

ボニー「それから、我々は彼女をハイウェイに戻す。今、下に降りている。ハイウェイに着いた。ああ！　今、ピシッと亀裂が生じた。レーザー光線だ。完璧なタイミング！　まったく完璧だ。実際、今の操作は、我々としても自慢できるほどうまくいった。（わたしは笑った）彼女は今また運転しているが、車を止めようとしている。そこで我々は彼女に信号を送っている。彼女の魂の叫び、というほどたいしたものではないが、『このまま行くんだ！　止まるな！　このまま行くんだ！　ここを立ち去れ！　家に帰るんだ！』と彼女に伝えている。彼女はその指示に従っている。ハイウェイをまた一般に開放するためには、彼女を無事に帰路に就かせなくてはならないからな」

ドロレス「なるほど。そのことを彼女は今、全部知っています。それを彼女が知ることに関してはまったく問題ないですよね？」

ボニー「ない。むしろそれは良いことだ」

ドロレス「わかりました。彼女は今、車で帰宅する途中です。そしてあなたも、わたしたちの愛と感謝に包まれながらここを去って行きます。（そうしよう）またいつかお会いしましょう」

ボニー「どうもありがとう、親愛なる友よ」

次いで、わたしはボニーの意識と人格が彼女の体に戻って元の状態を回復し、こちらの時間枠に戻るように指示を与えた。彼女は目を覚まし、今のセッションについていろいろと質問を始めた。

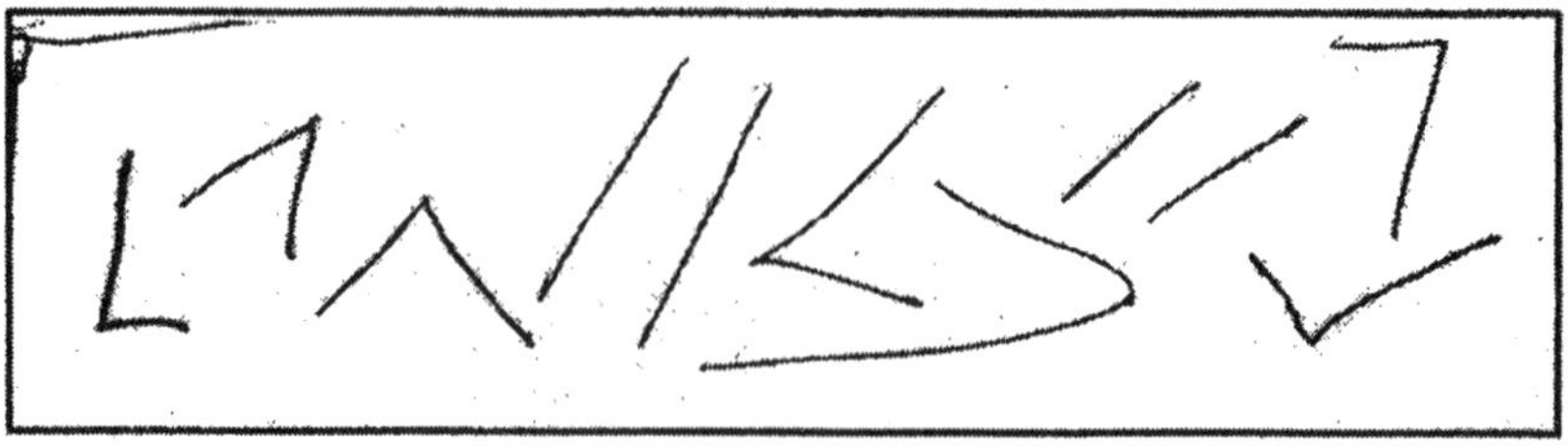

ボニーが描いた「トラック」の後部に見えたシンボル

同席した男性の一人は、宇宙人がずっとしゃべり続けたことや、その流暢さに驚いていた。ボニーは、彼女が催眠術を使った時にも同様な感銘を受けることがあると言った。彼女も、どうやらわたし同様、意識や感情を通り越して本当の情報が詰まっている場所に到達する催眠技法を使うようだ。

ボニーには聞きたいことが沢山あるようだったが、彼女のすべての質問に答えている時間はなかった。わたしは、朝三時に起きてデンバー行きのバスに乗らないと、帰りの飛行機に間に合わなかった（デンバーまでは四時間掛かる）。

ボニーと二人の男性は、コロラドまで二時間半運転して帰らねばならない。あのようなセッションの後での運転はボニーにはとても無理なことがわかっていたので、男性の一人が運転することになった。後でボニーに聞いたのだが、帰りの車中で皆とテープを聴き、彼女は、自分を通じて得られた情報に驚いたという。

それから数カ月経った一九九七年の九月、わたしはいくつかの講演をするためにカリフォルニアに行ったのだが、その時、ロサンゼルスに一日だけ滞在した。その日ボニーが、またセッションを行なうためにわたしのホテルにやって来た。彼女は、もしまた前回と同じ宇宙人に会えた時のための質問を書いて一覧表にしてきた。
わたしがキーワードを使うと、彼女はすぐに深いトランス状態に入った。わたしが、例の宇宙船の中の場面に行かせると、彼女はまた例の、可愛らしく子どもっぽい人たちに取り囲まれていた。

ボニー　「わたしは椅子に座っています。小さな人たちがわたしのまわりに群がっています。彼らは相変わらず好奇心が強いようで、場所取りのため押し合いへし合いしながら、互いに肘や肩で押しのけ合っています。わたしのことを覗き見しているだけなのですが、とにかく可愛いです。わたしは全然気になりません。彼らは本当に好奇心が旺盛で、わたしも大勢の人にこれだけ興味を持ってもらえるなんて光栄です」

ドロレス「たぶん、彼らには、あなたのような人を近くで見る機会がそうないのでしょう」

ボニー　「それはわかりませんが、わたしが彼らをよく見たことがないことは確かです。で、ここでちょっと時間を取って、これらの小さな青みがかった灰色の人たちを、もう少し観察してみたいと思います」

ドロレス「もっとよく見たいということですか？（ええ）（彼女が観察している間、若干の間があった）彼らの間には何か違いがありますか？　それとも、皆同じように見えますか？」

ボニー　「ええ、小さい人たちは皆同じに見えます。でも、今回は皮膚の状態などを、もっと詳しく観察したいと思っています。以前、彼らの皮膚はもっと滑らかだと思っていましたが、どうも小さな粒々があるようで……少しぶつぶつしていて、表面に細かな粒状の凹凸があるような感じです。粒自体は非常に小さくて、それに一番似たものを挙げるなら、わたしたちに鳥肌が立った時の状態でしょうか。でも、それよりはもうちょっと粒が丸い感じです。それと目に特徴があります。目の上に横長の隆起のようなものがあります。あと、人間の目にはまぶたがありますよね。そのまぶたが、眼窩の部分に引っ込んでいるような感じなのです。（そうですか）それで、目を覆うまぶたもまつ毛もないのです。今、わたしの右側の至近距離にいる人を見ています。（彼女は見たものを伝えるのに苦労しているようだった）目のまわりは平らではなく、彫りの深い形状で、両眼のところが少しくぼんでいます。眉毛のように見える部分もありますが、そこに毛は生えていません」

ドロレス「先ほど横長の隆起があると言っていましたが、そのことですか？」

ボニー「目の上に弧を描いています。説明するのは難しいのですが、見ればわかります。頬骨らしき形をした部分もあります、かろうじてわかる程度ですが。それに、ごく小さな鼻もありますが、わたしたちの鼻のようには突き出してはいません」

ドロレス「鼻の穴はありますか？」

ボニー「はい、鼻孔と言ってもいいでしょうね。でも、丸い孔ではなくて長方形に近く、上下垂直方向に、縦長に開いています」

ドロレス「口らしきものはありますか？」

ボニー「いや、何かほんのわずかな、とても小さくて……唇は見えません。今、寸法を推測しようとしています。口の大きさは二・五センチ程度か、もうちょっと長いかもしれません。おそらく三センチくらいでしょうか」

ドロレス「それは小さいですね。耳は見えますか？」

ボニー「いいえ。そのような出っ張りは何もありません。でも、何かが、なんと言うのか知りませんが、わたしたちの顔を前から見ると、小さな突起と言うか、つばと言うのか、耳の穴を保護するようなものがありますが、それと似たようなものはあります。でも、外に見えているのはそれだけで、わたしたちの耳殻のようなものはありません。その突起物の後ろ側には穴があるようなのですが、ほとんど見えません。わたしたちの耳の穴を覗き込むようなわけにはいかないのです。何かがあるようなのですが、小さ過ぎてわかりません」

ドロレス「手を見ることはできますか?」

ボニー「はい。わたしたちの手とはだいぶ違います。とてもほっそりしていて、手の甲を見ると、わたしたちのと比べてかなり幅が狭く、指の数も少ないようです。指は三本ですが、それに加えて、たぶん、わたしたちの親指に当たると思われるものがもう一本。でも、これは他の指と同じ方向に並んでいるので、わたしたちが親指として考える位置にはありません。でも、他の指よりは横方向の動きができそうです」

ドロレス「この人たちは衣服を着ていますか?」

ボニー「全体が同じ色なので、よくわかりません。どこかに何か質感の違いがあるか、見分けようとしています。ある種の衣服をまとっているような気がするのですが、どこにも端が見つかりません。そこがどうも不思議です。でも、それで全身を包んで、表面を滑らかにしているのではないかと思われます」

ボニーは客観的なレポーターとして優秀な働きをしていた。わたしが今まで一緒に仕事をしてきた被術者の多くは、奇妙な姿をした者たちに対して拒絶反応を示し、どうしても必要な時以外は彼らを見ようとしなかった。人によっては、潜在意識がぼやけた姿しか見せてくれないこともあるし、あるいは（『*Legacy from the Stars*』〔『星からの遺産』〕の中のケースのように）後ろ姿しか見せないこともある。ボニーはわたし同様好奇心が強いので、この人たちをじっくり詳細に観察できるように、場面をゆっくり進行させてくれとわたしに頼んだ。そして観察しながら、恐怖心を表すこともなく、科学的好奇心を持ち続けていた。このように、完全に客観的になることによって、より多くの情報が得られるのである。

ドロレス「ほかにも宇宙人はいますか？　以前、わたしたちの質問に答えてくれた人はいませんか？」

ボニー　「います。彼はわたしの正面に立っている人の後ろにいます。わたしのほぼ正面です。ちょっと左に寄っていますが」

ドロレス「また彼に質問できますか？」

ボニー　「はい。（小さな声で、わたしに向かってではなく）あなたともっと話し合い、またいくつかの質問をしたいと思います。もっと彼に焦点が合うようにしなければなりません。彼は、『もっとはっきりさせなさい、もっとはっきりさせなさい』と言っています」

ドロレス「それはどういう意味か、わかりますか？」

ボニー　「はい。わたし自身が彼を見るようにすることです。（ため息をついて）彼について描写することができたら、もっとはっきり見えるようになるかもしれません」

ドロレス「彼を見るのが嫌というわけではないのですね？」

ボニー「ええ、そんなことはありません。そうですね。彼はかなり背が高く、とてもやせています。そして、とても、とても色が白いです」

ドロレス「皮膚の色が違うのですか？」

ボニー「はい、ほかの小さい人たちとは全然違います。小さい人たちは黒っぽくて青みがかった灰色ですが、彼は純白です。人間の白さとは違います。真っ白な紙のような白さです」

ドロレス「それは本当に白いですね。顔も違うのですか？」

ボニー「はい、違います。頭はほかの人たちのように丸くはなく、顔も含めて細長い格好をしています。上のほうは丸みを帯びているように見えますが、てっぺんの真ん中あたりが少しへこんでいますので、完全にそうであるとも言えません。耳らしきものは見えません。頭蓋骨そのままのように見えます。つまり、全体に、肉らしきものが付いているようには見えないのです」

彼女のこうした語り口からは、通常、人がこのような生物を見た場合に抱くと思われる恐怖心のようなものがまったく感じられない。驚いたことに、ボニーにはまったく不安な様子がないどころか彼に好感を抱いているかのように機嫌良く報告していた。これは通常の人間的な反応とは矛盾しているとも言えるが、彼女のこうした態度は小さな人たちに対しても同様であり、彼らにほとんど愛情のようなものを感じているようで、相性の良さは明らかだった。最初のセッションの際、あの部屋に連れて行かれ、頭に器具を付けられた時には、彼女は自分でも恐怖を覚えるに違いないと思ったが、実際にはそうならなかったのでちょっと驚いていた。唯一、恐怖らしきものを感じたのは、〝トラック〟のまわりにいた人たちが人間ではないとわかった時だけだった。しかし、宇宙船内に入ると、そんな恐怖感はもうどこかに消え失せ、小さな人たちの子どものような振る舞いを面白がっていた。彼女はこの奇妙な人たちと一緒にいてもまったく平気な様子で、落ち着いて報告を続けていた。彼女は、科学的客観性を持ってその生物たちを観察した。

ドロレス「頭蓋骨のようだと言うのは、つまり、皮膚がぴんと張っているということですか？」

ボニー「かなり張りつめた感じです。きっと、何かで覆っているのではないかと思います。それから、目がとても大きいです。顔の大きさとの比率からすれば、小さな灰色の人たちの目より大きいです」

ドロレス「目の色は同じですか？」

ボニー「いいえ、小さな人たちの目は濃い藍色とか、紺色がかった黒などといった感じですが、彼の目は濃褐色、もしくは、ほとんど黒であるが茶系に属する、などと表現できるでしょう。目の形も違います。縦に長い長方形ですが、その四隅は丸みを帯びています。わたしたちの眼のように横に長くなく、上下に長いのです」

彼女の説明に従って彼のイメージを想い描いてみて、わたしは驚いた。

ボニー「彼の目は横幅よりも縦方向、上下、垂直方向に長くなっています。そして、底部よりも上端のほうが少し幅が広くなっています。目は顔の面積の大部分を占めています。そのため、彼の顔を見る時には、ほとんどこの目だけを見ている感じになります。寸法で言うと、どのくらいの大きさになるか、今考えています。(間を置いて)目そのものの大きさは、縦が大体九センチから十センチで、横が七、八センチくらいです」

ドロレス「それは大きな目ですね。その他の特徴は、小さな人たちと似たようなものですか?」

ボニー「いや、顔全体の形が違います。小さな人たちは、丸みを帯びた頭頂からこめかみのあたりまでが大きく、そこから徐々に細くなり、あごはかなり小さくなっています。でも、彼の顔は一番上の部分が最大で、そこから下に向かってだんだん細くなっています。どちらかと言うと馬面《うまづら》と言いたいところですが、馬のような鼻はないし、口も違います。顔の形について言えばという話です」

ドロレス「より細長いということですね。口とか鼻は、小さな人たちと同様ですか?」

ボニー「いいえ。また馬と比較したくなります。顔の真ん中あたりから下部にかけての部分は、少し前に出ていますが鼻らしいものはありません。口も、どこにあるのかよくわかりません。ちょっと待ってください。(間を置いてから)あっ、口がありました。あごと同じあたりです。いや、あごより下かもしれません。というのも、小さい人たちのように口が横に広がっていないのです。彼はまったく彼らとは異なっています」

ドロレス「手はどうですか? 見えますか?」

ボニー「いや、見えません。細くてとても長い首は見えます。首も純白です。肩も見えます」

ドロレス「何か衣類は?」

ボニー「彼は本当に真っ白です。そして、何か白い衣服を身に着けていると思われ、それがとても幅の狭い肩から垂れ下がっています。今、それをよく見ようとしています。(間を置いてから)首の根元のところまであります。丸首で襟はありません。わたしたちなら、そこには何か宝石類かネックレスでも着けるところですね。それにしても、彼はじつに狭い肩で、胴体もかなり細く、腕も細いようです。でも、はっきりした衣服の形は見えません。何かガウンか、それよりも少しゆったりしたもののようです。小さな人たちが着ているような、体にぴったりした衣服ではありません」

ドロレス「わかりました。さて、もう彼はわたしたちの質問に答えてくれるでしょうか？」

ボニー「ええ、大丈夫だと思います」

ドロレス「では彼に、わたしたちはとても好奇心が強くて、いろいろ沢山のことを知りたがっているのだと伝えてください」

ボニー「わたしたちはとても好奇心が強く、これまであなたのことを何度も考えてきました。そしてまた、あなたのことを考えるたびに、それ（宇宙船に行くことを指す？　訳注）はよいことだと思いました。いや、むしろ、とても光栄に思いました。あなたや小さな人たちに対して恐怖を感じたり、いやな感じを持ったりしたことは一度もありません。おかげさまで、あれ以後、一人だけで、あるいは真夜中に運転していても全然怖くなくなりました。——彼があの目でわたしをじっと見つめています。あの人たちの目には本当に興味をそそられます。彼らの目には瞳はなく、目全体が同じように見えますが、それでいて、とても生き生きしていて感じやすそうです。目は動いているように見えるのですが、どのように動いているのかは定かでありません。まぶたがないので瞬きはしないのですが、目には豊かな表情があります。どうしてかわかりませんが、表情があるのです」

ドロレス「彼に質問してみましょう。彼の目は、わたしたちの目とどう違うのでしょうか？」

ボニー「彼が言うには、彼らの目はわたしたちの目と違い、物の内部を見ることができるのだそうです。彼らには表面の下にあるものが見えるのです」

ドロレス「それは文字通りに受け取っていいのですか？」
ボニー「彼らにはわたしの中が見えます。わたしの体内を見通せるのです」
ドロレス「エックス線のようにですか？」
ボニー「はい。エックス線のようにです。彼らには物の形も見えますが、それより重要なのは、思考や感情も見ることができるということです。彼らは常に感情を理解するというわけではないのですが、わたしたち一人ひとりの中で起きていることがわかります。表面の下にあるものが見えると言ったのはそういう意味です。そして、彼らには、わたしたちの目が小さいことが興味を引くようです。（わたしは笑った）もちろん、わたしたちからすれば、彼らの目があんなに大きいことに興味を引かれるのですが」
ドロレス「わたしたちの目は、ひとつのレベルだけしか見えません」
ボニー「そうですね。彼らの目は、さまざまな物の内部を見ることができます。さらに、わたしたちよりもずっと広い視野を持っています。例えば、ハイウェイを眺めた場合など、彼らが見たいところまで、どんな遠くでも見ることができるのです。それは眺める〝幅〟についても同じです」
ドロレス「それでは、宇宙船からハイウェイを見た時に、ハイウェイ全体の長さが見えるのですか？」
ボニー「（突然、変化があった）ここからはわたし自身で話したい」
ドロレス「わかりました。どうぞお話しください。そのほうがやりやすいでしょう」
ボニー「我々は全域を見ることができる。この宇宙船の中のすべてでも見える。我々の下にあるすべてのものも見える。この地方全体を見ることができる。ハイウェイの上り線下り線、その両側も見ることができる。海の沖のほうも、陸地の遠くのほうも見える。海岸線に沿った北の方向も、反対の南のほうも遠くまで見える。すべてを一度に見ることができるのだ」

ドロレス「同時にすべてが見えるのですか？」

ボニー「そうだ。我々は人間のように目を動かす必要はない。我々は非常に広範囲の波長を見ることができる。それればかりではない。視野に入ってくるものすべての内部まで見えるのだ。その地域で車に乗っている人たちも、海上で船に乗っている人も、その一人ひとりをすべて見ることができる。それぞれの家の中にいる人たちも、すべて見ることができる。すべてのビルディング、すべての家の中を見ることができる。ボニーがドライブ中に見た丘の向こう側も見ることができる。向こうにいる我々の宇宙船も見ることができる。何本かの道路沿いに点在している四軒の家々も見ることができる。ごつごつした岩山の全体も見ることができる。ベンチュラ市も見ることができる。サンタバーバラも、モンテシトやカーピンテリア市も見ることができる」

こうした大きな目は昆虫を思わせる。昆虫たちの身になることができないので、彼らがどのくらいの視野を持っているかわからないが、宇宙人の目のそれと似ているのだろうか？　昆虫の大きな目は、わたしたちが思っている以上の情報を得ることができるのだろうか？

ドロレス「そんなに沢山の情報を一度に取り込んで、混乱しませんか？」

ボニー「そんなことはない。人間だったら混乱するだろうな」

ドロレス「(笑って) はい、わたしは人間の視点で考えています」

ボニー「我々にとっては当たり前のことだ。今わたしが話しているのは、三次元の地球の物質的現実においてのことである。我々には、さらにもっと見ることができるものがある。我々は別の次元を見ることもできるのだ」

ドロレス「あの小さな人たちも……？」

ボニー「あの小さな者たちにもできるかと言っているのか？」

ドロレス「はい、あの人たちの目も同様な機能を持っているのですか？」

ボニー「我々ほどいろいろ見えるわけではないが、彼らも中は見ることができる。例えば、今、彼らはあそこでボニーを見ていて、わたしは彼らの頭の後ろを見ている。（この視点の変化は、もはやボニー自身がわたしに話をしているのではないことの証明だ。この宇宙人が彼の視点から話しているのである）彼らは彼女の考えていること、感じていること、それに彼女の過去のすべてを見ている。彼女の身体機能の働きも、目の働き方も見ている。彼女の目は開いている。脳の働き、血管の中を流れる血液、各種の腺や結節や組織も見える。鼻腔の中も、そこに生えている鼻毛も見えている。鼻水や副鼻腔も見える」

ドロレス「それで彼らは彼女をじっと見つめているのですね？」

ボニー「そうだ。彼らは素晴らしい時間を過ごしている。（わたしは笑った）ボニーにも、彼らが好奇心旺盛であることはわかっている」

ドロレス「でも彼女は、何もかも見えてしまっていることを知りませんよ」

ボニー「彼らが何を見ることができるのかについては、ボニーはまったく知らない。彼らには耳道が見え、聴覚の状態がわかる。耳垢も見える。唾液も見えるし鼻水も見える。いやまったく、見るべきものはじつに沢山ある」

ドロレス「あなたがたにはなぜ、わたしたちのような、目を覆って保護する部分がないのですか？」
ボニー「我々の目にも覆いはある。それは内蔵されていて、あなたたちの言葉では膜と言ってもよいだろう」

先ほどの説明では目は昆虫のように思われたが、今の説明からは爬虫類の目が思い起こされた。

ドロレス「それが実際に目を保護するのですか？」
ボニー「そうだ。それには光沢があり、また自己再生能力があるので自然に新しいものに換わる。我々は人間のように目を閉じる必要はない。人間の目の仕組みはまったく異なっている。人間の目の表面には沢山の水分があるが、そのためほこりなどが付きやすい。我々の目にはその一部としての膜があり、その表面にはほこりのようなものが付着しないようになっている。この膜には、目に付着しようとするものを取り払う機能があるのだ」
ドロレス「あなたがたは人を見るだけでその人物の意図を知ることができるので、あなたがたをだますことはできないと聞いていますが、本当ですか？」
ボニー「そうだ。それも我々が見ることのできるもののひとつだ。人間たちは、我々が〝真の動機を見抜くことができる〟と思っているのかもしれないが、我々は、いわゆる〝魂〟を見ているのだ。我々には物の本質が見えるが、同時に、それを覆っているすべての余計なもの、条件付けなども見える。人間にはあまりにも多くの条件付けがあり、教えがあり、理論があり、信念があり、それらをすべて使って人生を送って行く。我々から見ると、それはじつに驚くべきことである。人間が生まれながらに持っている純粋な本質の上に、さらにこうした多くのものを適用するので、大人に近づく頃になると、これらの教えや信念、教化などによって、純粋な本質は完全に覆い尽くされてしまう。そのため、その人は、自分が本来は純粋な魂の本質なのだと感じることが困難になる。そのため、生来の本質の上に幾層にも重なって存在する教えや信念、教義などしか見ることができないまま、一生を送ることになるのだ」

ドロレス「彼らがわたしやボニーとともに仕事をするのは、わたしたちの真の動機があなたがたにわかるからだ、と言われたことがありますが、そうなのでしょうか？」

ボニー「〝彼ら〟とは、いったい誰のことを指しているのだ？」

ドロレス「あなたがた、つまり、我々の言う〝地球外生物〟です。わたしが被術者を通じて話をする人たちです」

ボニー「我々はあなたの動機が大変良いものであることはよく知っている。それは真実を世に示す助けになろうというものだ」

ドロレス「わたしたちには自分たちの動機を隠すことができない、と言われました。わたしたちの意図は、わたしたちよりも彼らのほうがよく知っていると」

ボニー「そうだ。しかし、あなたとボニーは、人の心の奥深くにある情報を取り出すため、懸命に努力している。自分自身のことも含め、過去世を探求してみたり、何世紀も昔の情報を蘇らせたりしている。また、その人の人生の初期の頃に戻り、その中からその人に役立つ情報を探し出す。あるいはまた過去世にさかのぼって、現在悩まされている問題の原因を探し出す。また、人々の持つ我々のような存在との体験の中に分け入っての探求も行なっている。あなたやボニー、それにあなたたちと同様な仕事をする人たちに見られる動機は、ある出来事の中に潜む別の階層や異次元を明るみに出そうとするものである。あなたたちは真実を明らかにしようとしている。真の根源を探し当てようとしている。あなたたちのやり方には、かなりの労力を必要とする。我々なら、それは瞬時にできることだ。それでも、我々はあなたたちを高く評価している。そんな風には考えたこともないと思うが、あなたたちは、我々と同じことを沢山行なっているのだ。つまり、物事の奥深くに目を向け、そこにあるものを見つめるのである。純粋な本質をよく見て、過去世や今の人生において条件付けされた結果、その純粋な本質を覆い隠してしまっているものを見分けるのである」

ドロレス「わたしたちには難しそうです。時間も掛かるでしょうし」

ボニー「たしかにそうだ。〝霊能者〟のように、人の内面を見ることができるわけでもないからな。だが、あなたやボニーは、人をこうした意識状態に入り込ませることにかけては専門家であり、それによって幾層にも重なった覆いの下に隠されている記憶を浮かび上がらせることができるのだ」

ドロレス「ここで、ボニーから依頼されたあなたへの質問にお答えいただきたいと思います。（どうぞ）あなたは、ボニーが取り扱った事例や、彼女が手助けした人々に関する情報を、彼女の記憶から彼らが取り出しているとおっしゃっていました。（そうだ）その情報は、何かコンピューターのようなものに入れているのですか？　コンピューターが適当な例かどうかわかりませんが」

ボニー「我々は、自分たちの心を用いてそうしたことを行なっている。機械は使わないが、それと同じようなことができるのだ」

ドロレス「わたしとしては、自分に理解できる地球的な物の名称を使わざるをえないのです」

ボニー「わかっている。我々の集合的な精神の構造の一部には、あなたたちの言う〝コンピューター〃のような機構があるので、そこに情報を入れておき、利用できるようにしているのだ」

ドロレス「彼女の心からコピーした情報をどうするのか、本人は知りたがっています」

ボニー「我々は非常に多くの生命体たちとつながっている。我々の同類も他の種族の生命体たちも、地球や地球人には強い関心を寄せている。だから、時にはテレパシー的な方法で互いに情報を分かち合っている。想念の力でそれを発信するのだ。それは思考を放映するようなものだ」

ドロレス「それを受信したいと思う人は誰でも受信できるのですね？」

ボニー「そうだ。この種のことに興味を持つ者たちが対象になる。地球の人間に興味を持っている者たちはかなり沢山いる。中には、あなたたちが言うところの〃良心〃の感覚を持ちあわせている者もいる。良心（conscience）だと！　そして、我々の訪問が地球の人間たちにどういう影響を与えているかを知りたがっている。しかしながら、その訪問や接触が地球人たちに与える影響など気にしないで地球の人間に関心を持つ者たちもいる。我々の情報発信は放送のようなものだ。ただし我々は、地球人のように電線とか機器類を使うことはない。あなたたちの言葉で言えば〃直接交信〃とか〃テレパシー〃とか、そういったものだ。我々の間には違うレベルの交信方法や伝達媒体があり、物理的な機器に頼る必要はない。もう少しわかるように説明すると、それはあたかも……地球人にも理解できるような表現を探しているのだが……」

ドロレス「それはいつも難しいことですよね」

ボニー「そうだ、難しい。我々のやり方はまったく違うからだ。それは言ってみれば、目に見えぬ網細工のような、多次元にわたって、つまり、あらゆる方向に向かって張られた網を通して行なわれるものだ。あなたたちは常に物理的な言葉で物事を考えているので、わたしは、いつもそのことを念頭に置いて話すようにしている。今あなたが地球上で立っている場所から上を見て、そこに三次元的に完璧な網の目があると想像してほしい。それは二次元の平面の上に広がっているのでなく、異次元も含め、あらゆる方向に向かって広がっているのだ。あなたの思い描いた、そのあらゆる方向に向かう多次元的な網の中心に我々の中の一人がいると思ってもらえばよい。そしてまた、あなたが知っている何か、たとえにふさわしいものを探しているのだが……そうだ、電球を想像してほしい。かさのない裸電球だ。地球上でその電球にスイッチを入れると、かさや壁などのような邪魔ものが何もなければ、光はあらゆる方向に向かって均等に輝く。想念の力による網状の交信も同様だ。例えば、わたしのような送り手が想念の波を発信すると、それはあらゆる方向に向かって放射状に広がって行く。四方八方に向かってだ。そうすると、その周波数に合わせることができて受信能力のある者なら誰でも、その想念の波を受け取ることができる。そして、興味があればそれを受け入れ、なければ無視すればよい」

ドロレス「関心のある人なら、そういう情報を探しているでしょうからね」

ボニー　「その通り。それはいわば、そこで光り輝いているのだ。それは、あなたのオフィスにあるコンピューターにたとえられるだろう。そこにはインターネット上のワールド・ワイド・ウェブを通して、驚くほどの情報が溢れている。人によっては、オフィスに入るとすぐにコンピューターを立ち上げ、インターネットに接続して、そこから多くの情報を入手する。だが、それ以外にも、そこには彼らがまったく探そうともしない情報が沢山ある。しかし、そういう情報には興味がないので、彼らは〝クリック〟してアクセスしようとは思わない。人によっては、オフィスに来ても、コンピューターの電源すら入れないかもしれない。なかには、コンピューターを持ってもいない人さえいる。同様なことが、我々皆に言えるのである」

ドロレス「それはわたしにもわかります」

ボニー　「我々の次元においては、興味を持つ者もいるが、持たない者もいるということだ」

ドロレス「わかりました。ところでボニーは、あなたが宇宙船の中で暮らしているのかどうかを知りたいということです。それとも、あなたは時々、あなたが元いた場所に戻るのですか？」

ボニー　「今我々が乗っている宇宙船は巨大なもので、地球のかなり上のほうにいる。地球の人たちはこの宇宙船を見ることがないようだ。しかし、たまにはこの巨大な宇宙船を目撃する人もいて、それを報告している。だが、我々にはすべてを見る力があり、一人ひとりの心の中まで見通せるので、誰かに見られたことがわかると、通常は隠蔽工作を行なって見えなくする。あるいは、その場所から移動することもある。こんな巨大な宇宙船でやって来ているものが存在するという事実と直面する準備は、まだまだ地球人には出来ていないと我々は感じている。そんなわけで、わたしも含めて、我々の多くはこの宇宙船の中で生活をしているのだ。そして、わたしのこの小さな友人たちも、ここで生活しているのである」

ドロレス「あなたには、自分の家と言えるようなものがあるのですか？」

ボニー　「あるが、それはとても遠いところだ。我々にとっては、この宇宙船にいるほうがずっと便利だ。今、ボニーが来ているように地球から誰かが宇宙船にやって来た時、その人が見るのは宇宙船全体からするとほんのわずかな部分なのだ。ここには生活の区域と仕事の区域がある。その中で、今わたしがいるのは、小さな仕事部屋の内のひとつである。彼女がここに来てから見た場所は、この大規模な構造物の中のたった二カ所である。だが、それはそれで別に問題はない。彼女が希望するなら、今後もっとほかのところも見せることになるかもしれない。しかし、我々にしてみれば、必要なことをなるべく短時間内に行なうためにはここが便利なのである。そこで我々は、彼女と車を宇宙船内の一角に運んで来て、そこから彼女をこの小さな部屋に連れて来た。そしてまた、車のところまで連れて行き、また、下に降ろすのだ」

ドロレス「ボニーは、あなたの故郷の星に興味を持っています。そこは、わたしたちの星座表などにある星ですか？」

ボニー　「地球の星図に載っているのは間違いないのだが、地球人たちによく知られている名前の付いた星ではない。地球人たちはよく、シリウスとか琴座、プレアデス星団、アンタレス、アンドロメダ星雲など、いろいろな星のことを話題にするが、そんな中に我々の星の名前はない。じつのところ、我々自身も名前を付けていないのだ」

ドロレス「そうだと思いました。そういう話は以前にも聞いたことがあります」

ボニー　「そこに帰ることはあまりないが、行く時にはエネルギーと振動を利用する。それは遠距離だし結構大変だ。また、我々はそこに思いを定めて見つけるのであって、地球の航空機パイロットが使う方法とは違う。あなたたちの管制塔とも違い、我々が認識するのは振動数なのだ」

ドロレス「これはもちろん、また人間的な感覚で質問するのですが、あなたには家族はあるのですか？　離れていると会いたいと思うような家族です」

ボニー　「我々の多くは家族とともにこの巨大な宇宙船に乗っている。だから、家族にはちゃんと会っている」

ドロレス「では、あなたと一緒に旅行をしているのですね？」

ボニー「彼らは家に戻ることもできる。ここにいる全員が家族と一緒にいるわけではない。しかし、多くの者は家族と乗船している。わたしの家族もここにいる」
ドロレス「そうなると、今度は子どもを産むことについてです。（笑って）興味のある話題です」
ボニー「ああ、それは種族によって違う」
ドロレス「あなたの種族ではどうなっているのですか？」
ボニー「地球人の観点からすれば、我々はどちらかと言うと昆虫に近いタイプである。我々は自分たちについてそんな風に思わないのだが、多くの地球人がそう思うことはわかっている。そんなわけで、我々は卵を使う。人間がするような性交渉はない。じつのところ、地球の人間について、我々はとても興味深く思っている。男性と女性が直接的に生殖行動を行なうと、あれだけ興奮するのだから。我々の場合は女性が卵を造って産み、それを我々が受精させるのである。その時、卵はすでに女性の体外にある。だから、かなり異なっている。我々は、地球人たちがするように女性と一緒になることはない」

昆虫は、その種としての特徴がすべてＤＮＡに組み込まれて生まれて来るので、両親から教育や訓練を受ける必要はない。彼らもたぶん、そのような生物ではなかろうか。

本書で紹介した別の事例に出て来た生物は、人間というよりかなり昆虫に近かった。彼らは、生まれた時にすでに多くのことを知っていたと言う。彼らは成長が早く、短期間で大人になり、ほとんど訓練の必要はないので、親が一緒にいて保護することもない。

ドロレス「小さな灰色の人たちはどうなのでしょうか？　彼らも同様の仕組みですか、それとも別な方法で生殖するのですか？　あるいは、そもそも生殖する必要があるのですか？」

ボニー　「小さい灰色の者たちにもさまざまの種族がある。地球人たちには、彼らを十把ひとからげにして見る傾向があると思うが、実際には、彼らも多種多様なのだ」

ドロレス「わたしが仕事していても、それは本当だとわかります。彼らもさまざまです」

ボニー　「ちょっと考えさせてくれ、ほかにもまだ一緒に仕事をする種族がいるから。今、ボニーのまわりにいる小さな者たちは、人間と同じような生殖行動は行なわない。彼らは陰茎も膣も持っていない」

ドロレス「彼らは有性生殖の生物ではないのですか？」

ボニー　「ああ、彼らは人間のように、生殖とか快楽のために性交渉をすることはない。彼らにとって、それはむしろ実験室の仕事なのだ。自分たちの細胞を取り、それを混ぜ合わせるのである。彼らの男女の違いはごくわずかで微妙なものでしかない。地球人たちは外観で男女の見分けが付くが、彼らの場合、外から見ただけではわからない。彼らの遺伝子の構成に男女の差があるのだ。そこで我々は、彼らから細胞のサンプルを採取する。通常、それは彼らの保護されている柔らかな部位から採取される。そこから、あなたたちの言葉で言えば〝削り取る〟ようにして、皮膚細胞を採取するのだ。その場合、採取によく使われる場所のひとつは男性の腕の下である。

ドロレス「腋の下のことですか？」

ボニー　「そう、腋の下だ。そこは良く保護されている場所である。また、時に我々は……」

ドロレス「すみません、ちょっと待ってください。このわたしの小さなブラックボックスの世話をしなくてはなりませんので。わかっていただけますよね？」

ボニー「あなたのしていることはわかっている」

わたしは、録音テープを入れ換えた。

ドロレス「わたしたちには会話のすべてを記憶しておく能力がありませんので、それらを保存する道具が必要なのです」

ボニー「わたしも今、そのことを言おうとしていたのだ。あなたたちのように真面目な興味を抱いている地球人たちが録音して記録し、後で再生できるようにしているのを見ているのは、我々にとってはある種、辛抱と忍耐の要ることではある。それは例えば、人間の大人が、指を使って足し算している子どもを、しばらくの間じっと眺めているようなものだ。だが、これは決して馬鹿にして言っているわけではない。我々はそれを、むしろ愛すべき光景と見て、辛抱強く受け入れているのである。だから、まったく問題ない」

ドロレス「(笑って)わたしたちは情報を伝達するために、このようなことをしているのです。そして、それを可能な限り正確に伝えたいので、自分たちの記憶に頼りたくないのです」

ボニー「うむ、それについては大変感謝している。さあ、話はまた生殖に戻る。我々は時々、皮膚の表面から、いわゆる〝遺伝の試料〟を採取することがある。これは小さな灰色の者たちの話だ。サンプルは股間から取ることもある。別にそこに生殖器官などがあるわけではないが、そのあたりには空気や土ぼこり、公害物質その他が入りにくいからだ。そこはよく守られ、保護されている。この宇宙船にも、彼らの生殖のための作業を行なう部屋がある。まず、男性から細胞を削り取るが、前にも言ったように、男性と女性にそれほど大きな違いがあるわけではない。それでも違いは明確に存在する。そして、女性からも細胞を取り、男性のものと混ぜ合わせる。それは清潔で厳格に管理された実験室のような部屋で行なわれる。そして、あなたたちの言葉ではたぶん〝交配〟と呼ぶであろうことを行なう。あなたたちのところには魚の孵化場があると思うが、どうかな？（あります）そのほかにも地球には、交配したり、ある種の菌や生命体などを培養したりする施設がある。我々も同じような場所を持っている。違うのは、我々は男性の物質と女性の物質、つまり遺伝物質を、管理された液体の中で培養し、その生命体が液体の外に出ても普通に生きられるようになるまでそこで育てる、というやり方だということである」

ドロレス「そうすると、この種の生命体は、実験室なしには生殖できないことになりますね？」

ボニー「その通り」

ドロレス「宇宙人が人間からサンプルを採取したという話を聞いたことがありますが、それと似たような感じですね」

ボニー「そうだ。ボニーが知っているのはわかっているし、あなたも承知していると思うが、時には、人間の男性や女性の遺伝物質を宇宙人の遺伝物質と混ぜて混血児を作ることもある。そのやり方はグループによって多少の違いはあるが、それでも、わたしが説明してきた方法とほとんど同じように行なわれることも少なくはない。時には、あるグループでは、人間の女性の卵巣から卵子を取り出し、それを、あなたたちの言葉で言えば〝受精〟させることもある。それをまた女性の子宮に戻して植え付け、二カ月から二カ月半、長くても三カ月間、そこで発育させる。それからその生物、つまり胎児を子宮から取り出し、我々の特別な保護施設に移して、発育に必要な残りの期間そこで成長させるのだ」

ドロレス「人間と他の種族の遺伝子を混ぜる目的はなんですか？」

ボニー「我々のグループ、あるいはわたしのグループが、直接手を下してそういうことをすることはない。だが、他のいくつかのグループが行なっているのは確かだ。人間と他の生命体との間にもこうしたいろいろな相互関係の側面があるように、さまざまに異なった行動原理で活動している沢山のグループが存在しているのだ。だから、中には自分たちが深刻な危機に陥っていると考え、彼らの種の存続のために地球にやって来て、人間の遺伝子の試料を採取し、彼ら自身の遺伝子と混合させる種族もいる。実際、なかには、もう自分たちの故郷の惑星が住めなくなったため、宇宙船暮らしを余儀なくされている種族もあるのだ。また、自分たちの種族を存続させるため、必要な遺伝子試料を得ようと、地球に密偵を送り込んで来ている種族もある。そうした種族の中には、わたしが述べたような、腋の下や股間から遺伝子試料を削り取るやり方を発見した者たちもいた。ある種族は、そうしたやり方でしばらくは効果があったものの、まもなくそれではうまくいかなくなり、また他の、自分たちとは異なった遺伝子試料が必要になった。そして、長期にわたっての同系交配の結果、異種から採った遺伝子試料の必要に迫られた彼らは、人間を選んだというわけだ」

ドロレス「もう、うまくいかなくなったからですか？」

ボニー「そうだ。うまくいかなかった。子孫が生き残るのに十分なものでなくなったのだ。あなたはご存知かどうか知らないが、ある種族では、地球の人間でそれを行なうばかりでなく、他の種族、つまり、あなたたちの言う〝地球外生命体〟との間でも実行しているらしい。他の種族とは、当然ながら地球には存在しない者たちだ。というわけで、実際、現時点で膨大な数のさまざまな実験が、こうした生殖にまつわる試みを行なう種族たちの間で進行中なのだ。そして、その対象には、地球の人間ばかりでなく、宇宙の他の場所からやって来た生命体たちも含まれているのである。こうしたすべての試みについては、あるいはそれを、己の種族の存続のための〝絶望的な〟試みとも呼ぶことができるかもしれない。どこであれ、生命の存在するところであれば、それが地球上の無数の種であれ、あるいはまた、あらゆる場所に存在する数限りない種族であれ、それぞれが自己の子孫の永続を願うというのは生命の基本的な特徴であるらしい。そして、地球上の動物界その他を見ればわかるように、種というものは、自分たちの生存のために必要なことをするものだ。だから、これは生存のために講じられた手段のひとつでもある。また、ほかにも方策がある。種族の中には、地球の人類の一部となることによって、地球人を理解できる新しい種を創り出そうと考えている者たちがいる。その種族と遺伝的に混じり合った人間の子孫を残そうというのだ。そのようにして生まれた子孫は両方の種を理解できるので、人類とその種族との間を、より直接的に仲介することができるだろう。それはとても必要なことで、かなり大規模なプロジェクトになる。このように、先ほどのが生き残りプロジェクトだとすれば、これは仲介、あるいは大使プロジェクトと言える。ある者はそれを〝友好的〟大使プロジェクトと呼んでいる」

ドロレス「問題なのは、本人に相談なしに行なわれるので、それを冒涜と思う人がいることです」

ボニー「そうだな。そう思うのも無理もないかもしれないが、しかし、その人間はそのことに同意しているのだ。ただ、多くの場合、この同意は、その人間が完全に目覚めているような日常的意識状態でなされていないことも事実だ」

ドロレス「それについては以前聞いたことがありますので、わたしにはわかりますが、普通の人には理解できないと思います。ボニーは、あなたがたが、一緒に仕事をする人間をどのようにして選択するのかを知りたいと思っています。何か選考方法があるのですか？」

ボニー「いろいろな方法がある。グループによってもやり方が違う。だから、簡単に説明するのは難しい」

ドロレス「ちょっと答えにくい質問をしてしまったかもしれませんね」

ボニー「そうだな。しかし、あなたが知りたいことを理解するためにはとても良い質問だ。我々の中のある者は、先ほど話したような、もっと魂の本質に近いレベルでの仕事をする。我々は魂、あるいは本質を、地球人たちに付きまとっている何層もの覆いや条件付けにも妨げられることなしに見ることができる。我々の中でも本当に真剣に探している者たちは、その人間たちが地球に転生して来る前の、ただ単に魂だけ――そこには魂という本質のみが存在するので、〝ただ単に〟という言い方は適当でないが――の状態の時に一緒に仕事をすることがよくある。つまり、地球に来る前のその魂とともに仕事をするのである。そして、そういう人間たち、また、彼らを補助している者たちと我々の間には、素晴らしいテレパシーによる協力関係が生まれるのだ。我々はこのような存在を〝ガイド〟と、あるいは霊的なガイドと呼んでいる。また、〝ヘルパー〟と言うこともある。我々がそういう人間と話し合う時、それはすべてテレパシーで行なわれるのだが、その人間の側では、我々の姿を見ているような感じになることが多い。そして、我々が行なっていることを説明し、これから始まる地球での人生の中で、我々に協力するつもりがあるかどうかを訊ねる。その時に、協力する、同意する、と言った人間たちとだけ我々は一緒に仕事をするのである。しかし、ひとたびその人間が実際に地球での生活を始めてしまうと、彼らが魂という本質的な状態にあった時に決めた他の多くの事柄と同様、我々と同意したことも忘れてしまうのが普通である。それが、地球人たちと他のいくつかの種族、例えば我々のような種族との間の違いのひとつなのである。我々は自己の本質により近づいた存在であり、お互いをその本質において見つめ合うことができるので、自分たちの目的に関しては、地球の多くの人々より、もっとはっきりと認識している。しかしながら、地球人の中にも、ちゃんとわかっている人もいることはいる」

ドロレス「それについては、一緒に仕事をした人たちから聞いたことがありますので、わたしには理解できますが、普通の人には無理でしょう」

ボニー「地球人にしてみれば、そういうことになるだろう」

ドロレス「こちらの時間がなくなってきました。被術者を、あまりに長い間この状態にしておくわけにはいきません。わたしは被術者の安全にはとても気を使っています。ですから、質問はあと少々で終わりにしたいと思います」

ボニー「ボニーはよくやっていると思う。彼女は退行催眠を何回も行なっている」

ドロレス「彼女は、自分自身について知りたいことがあると言っています。彼女は、あなたがた以外のグループで、あまり高邁な目的を持っていない人たちに連れて行かれたことがありますか？　好意的でない種類のグループの人たちに連れて行かれたことはありますか？」

ボニー「わたしはそういうことは知らない。それはないと思う。我々が彼女に注目しているのは、我々が多くの地球人たちを、また、我々と接触したことがある人間たちを観察し続けているからだ。我々は、彼女がこれまでに多くの退行催眠を行なってきていて、それに関してかなりの関心を持っていることを知っている。彼女は、そうした経験について多くの人々に隠すことなく伝えてきた。ほとんどの地球の人間たちには、我々がどれほど地球人についてよく知っているかがわかっていないと思う。我々の視力は強力で、視界は広範囲にわたり、深く持続的で、しかも博識である。地球人たちが持っている我々についての知識よりも、我々が地球人たちについて持っている知識のほうが限りなく多いのだ。そして、我々はある特定の地球人たちに注目し、観察している」

ドロレス「また、彼女のもうひとつの質問は、あなたたちが彼女以外の退行催眠を使うセラピストからも情報を得ているか、ということです」

ボニー「ああ、時々はそうしている。その方法はいろいろだ。我々は、この地球上で、我々や他のグループの者たちが、人間に対してどのような影響を与えているか、ということについて、その概観を知りたいと思っている。我々の意図するところは、人間たちとの相互関係を改善したいというものであり、わたしが個人的に希望しているのは、我々のグループのせいで人間が心配したり、苦痛や恐怖を感じたり、トラウマになったりすることのないようにということだ。我々と接触した多くの地球人たちに、その経験が苦痛をもたらし、大変なトラウマとなり、悪い影響を残していることはよく承知している」

ドロレス「でも、人間ですから、そういう結果になるのも仕方ないと思います」

ボニー「そうだな。だから我々は、こういうことをもう少し歓迎されるようなやり方で行ないたいのだ。地球人たちが我々を知り、我々と接触することによって利益を得るような方法だ。我々の側では、彼らとの接触で利益を受けていると本当に感じている。しかし、ここで付け加えておかなければならないのは、我々がボニーなどを通じて学んだことを宇宙に向けて発信した場合、あまり利他主義的でない宇宙人たちのグループがそれを受信し、その知識をあなたたちの観点からすれば利己的な目的に利用する危険があるということである。利己的で、地球人たちに与える影響について無神経な宇宙人たちがいて、そういう者たちが地球に来て人々と接触することもある、という事実を知っておくのはきわめて重要なことである。とは言うものの、多くの宇宙人のグループが人間についてとても心配し、人類全体のことを気に掛け、人間の好戦的性格がもたらしている現在の悪い状況を憂えているのである。我々は、人間の貪欲さや自己中心主義に対して、また人間が、この地球を代表するような美しい生き物たちに対して行なっていることに関しても、重大な懸念を抱いている。このように、地球についてとても心配し、できる限り助けの手を差し伸べたいと考えている我々の仲間たちが大勢いるのである。しかしながら、地球人たちの間には、我々の存在そのものに対してさえ大きな偏見があることも、我々は承知している」

ドロレス「はい。そして多くの人たちが、まったく否定的です。でもわたしは、彼らの流すそうした悪いうわさを信じたことはありません」

ボニー「多くの人たちは、我々の存在すら、まったく信じていない」

ドロレス「それも事実です」

ボニー「まったく馬鹿げている。我々の仕事が大変なのは無理もない。我々の仲間にも、地球人たちと接触し、対等に話し合おうと、前向きに考えている者がいる。そして人間の中にも、そうしたいと思っている人たちがいくらかはいる。だが、そのように思っている我々のような者が、同様な考えを持つ地球の人たちと話し合うための適切な場を設けることは非常に難しい。だからこそ、今あなたとこうしているようなことが、非常に貴重になってくるのだ。我々は今こうして、礼儀正しく心を開いて、地球人であるあなたと話をしている。あなたには受容力があり、すべてがうまく運んでいる」

ドロレス「わたしには前回の経験もあるので、だからうまく行っているのでしょう」

ボニー「ボニーもとても調子が良いようだ」

ドロレス「ということは、二人とも普通の人間ではないと……？」

ボニー「いやまったく、この件に関しては、二人は普通の地球人とは決定的に違う」

ドロレス「ちょっとお尋ねしますが、わたしから情報を取り出したことはありますか？　あなただけでなく、他のグループの人たちも含めてですが」

ボニー「ああ、我々の中の別の種の者たちがそうしたのではないか。わたし自身がやったことはない。わたしが個人的にあなたと会ったのは、前回のボニーとのセッションが最初だ。あなたは施術で得た膨大な情報を持っているので、我々の側の誰かが、あなたからそうした情報を取り出したことはあると思う。あなたはいろいろな人々とこの仕事を続けて行くだろうが、あなたの活動を我々は大変高く評価している」

ドロレス「わたしはいつも、彼らには会いたくないと伝えています。そのほうが、より客観的でいられると思うからです」

ボニー「なるほど。我々としても、そういった要望はなるべく尊重するようにしている。だから、あの夜も、ボニーを驚かせないためにあのようにしたのだ」

ドロレス「そして、混乱させないためにですね」

ボニー「そうだ。しかし、あの夜はかなり混乱させてしまった。彼女はフロントガラスを交換しなければならなくなり、いったい何が起きたのかと不審を抱かせてしまったからな。それでも、とにかく彼女には何も危害が加わらなかった」

ドロレス「あれはとても貴重な経験でした。少なくとも、彼女が得た情報は、彼女の仕事にもおおいに役立つことになるでしょう」

ボニー「そうだ。そして最近、彼女があの時と同じ車に乗っていて、またもや道路上で大変痛ましい事件に遭遇したことは我々も知っている。しかし、断っておきたいのだが、その事件、その事故に関して、我々は一切関係していない。我々がそのことを知ったのは事故が起こってからで、その時、彼女は道路に横たわっており、心の中で、誰かが事故に気づいて助けに来てくれるよう求めていた。その時、彼女が、我々や別の次元にいる知り合いたちのことを頭に浮かべていたことを、我々は大変誇らしく思う。彼女は治癒に関して我々に助けを求めていたから、彼女には、我々が治癒を速めるようにできるだけのことをしていることを知ってほしいと思う。彼女は順調に回復している。今回の災難を、彼女はとてもうまく切り抜けようとしている」

このセッションが始まる前、ボニーはわたしに、数週間前に大きな交通事故に巻き込まれたと言っていた。彼女の車はめちゃめちゃに壊れ、他の車（複数台が関係）の人たちも重傷を負ったという。ボニーの怪我は主に背中で、今も痛みが残っていた。セッションの前、彼女は、痛みで気が散ってトランス状態に入れないのではないかと心配していた。彼女は枕を背中のあたりに当てて、背中が楽になるようにした。しかし、わたしには、深いトランス状態に入ると筋肉の緊張が解けるので、彼女が楽になることがわかっていたのだった。

ドロレス「それは良かった。あなたの助けに、彼女はとても感謝していることでしょう。そのように彼女のことを心配してくれるあなたは、とても優しい方だと思います」
ボニー　「我々はただ、気になるからそうしているまでだ。それに、彼女は我々にとって大事な人なので、彼女には良い状態でいてほしいのだ」
ドロレス「彼女はきっとあなたに感謝するでしょう。それでは、わたしたちのほうに時間がなくなりました。こちらでは、常に時間の問題が付きまといます」
ボニー　「わかっている。地球ではとても大きな問題だ」
ドロレス「それでは、あなたにここを離れるようお願いいたします。またいつか、あなたとお話しできればと思います」
ボニー　「よろしい。我々もこうした機会をありがたいと思っている。そして、あなたに礼を言いたい。再会を楽しみにしている」
ドロレス「それではここを離れ、宇宙船上のあなたの職場にお戻りください。そして、ボニーのすべての意識と人格が、彼女の体に再び戻るようお願いします」

そして、わたしはボニーに指示を与え、完全に意識を取り戻させた。

目覚めた時、彼女は、セッション中に起きたことを断片的にしか覚えていなかった。背中はだいぶ楽になったと言い、ここに到着した時から比べるとかなり良くなったようだった。これは明らかに、彼女が今経験したばかりの深いリラックス状態の効果であった。

あの宇宙人が、かなり積極的に我々と情報を分かち合ってくれるようなので、ボニーとわたしの共同作業は、この先もずっと続くことになるだろう。しかし、この章で紹介したセッション以降の成果は、彼らも言っている通り、また違った種類の話なので、わたしの別の本で報告することにする。今回、わたしはその中から本書にふさわしいと思われる部分だけを選んでここに収録した。それにより、過去十二年以上にわたるわたしの仕事が、どのようにして単純なものから複雑で難解な内容のものへと徐々に進んで来たのかを示すことにもなった。

わたしは今、扉を開けたばかりであり、今後、そこからは情報がどんどん流れ出て来るだろう。わたしが唯一望むのは、人類が心を開き、偏見を取り払って、それらの情報に含まれる進んだ思想や概念を受け入れ、自分たちの現実の中に取り入れることである。未来の世界は必ずそうなるはずだ。心を開いて自由に考えられる人であれば、他の現実や別の次元というような概念も抵抗なく受け入れ、理解することができるに違いない。そのような人こそが、わたしたちを三次元的な物の考え方へと縛り付けている足かせの鎖を断ち切り、解き放つ能力を持っているのである。

第15章

結論

本書に収録された事例の調査記録は、こうして公開できる時が来るまで十年以上もの間休眠状態に置かれていた。わたしは宇宙人たちから、全体像を把握できるようになるまでは、これらの情報を部分的に発表してはいけないと言われていたのだ。彼らは、わたしが全体をちゃんと理解する前に情報を公表してほしくなかったのである。

今回、原稿を整理しながら、研究を開始した当初のわたしの見方を振り返ってみて、今の理解程度と比べるとかなり幼稚なものであったことを思い知らされた。そしてその頃、情報が少しずつ与えられ、それらを理解し、消化できてから次の情報が与えられていたということも良くわかった。わたしは、この本も同様なやり方で書こうと思った。つまり、優しく読者の手を取って未知の散歩道へと誘い、途中、時々立ち止まって道端のバラの花の香りを楽しみながら、その情報を良く吸収してもらい、しかるのちに次の段階に進むというわけだ。

自分の研究生活においても、わたしは簡単な問題から複雑な問題へと導かれてきた。そしてこの先には、さらに難しい課題が待っていることだろう。もし、この仕事を始めた一九八六年当時に、今受信しているような一連の理論を入手していたとしたら、それらを前にして、わたしはただ圧倒されるばかりであったに違いない。そしてその挙句に降参し、こんなことは専門の物理学者か何かでなければばとても理解も説明もできない、と音をあげてしまっていたことだろう。要するに、問題全体があまりにも複雑過ぎて、わたしの手には負えなかったのだ。

しかし、どうやら彼らは、わたしには未知の物事に対する旺盛な好奇心と学習意欲があることを理解していたようで、その時々のわたしに対処できるだけの質と量の情報を与えてくれた。話が複雑になってくると、彼らはたとえ話などを用い、できるだけ易しく丁寧に説明してくれた。彼らの忍耐力は並外れており、決して苛立つようなことはなかった。彼らは、わたしに本を書かせることで情報を世に出したかったのである。

わたしが最初にＭＵＦＯＮ《ムーフォン》（Mutual UFO Network）と仕事を始めた頃には、いわゆる主流派の科学者たちは、想念の力で宇宙船を推進させるというわたしが得た情報を嘲笑していた。彼らの主張は、人間が一番近い星に行くには、特別な燃料を開発するしか方法がないというものであった。さらに彼らは、そのような旅はあまりにも長期にわたるので、宇宙飛行士は生体機能を停止した冬眠のような仮死状態で乗船しなければならないだろうとも言っていた。当時、彼らの心は閉ざされていて、それ以外の可能性に目を向けることができなかったのだ。

しかし、一九九八年の夏、そのような考え方を永久に変えてしまうような事実が発表された。ある日本の科学者たちのグループによって、想念の力が実際に働くことが証明されたのだ。彼らは想念の力を使用した機器を発明したのだが、想念の力がエネルギーであるということは、ずっと以前から科学者たちに知られていたと言う。たしかに、そうした事実はわたしの研究においても別に目新しいものではなく、まさにそのような考えについて、わたしはもう何年も講演で話してきていたのである。

その報道番組の中で、科学者たちは頭に着けたその装置を公開した。それはどこかヴァーチャル・リアリティの機器と似ていたが、驚いたことに、その人が思っただけで電球を点滅できるばかりか、機器類を始動させたり止めたり、また、助けを求めるための警報を鳴らすことなどもできたのである。さらに、思考のタイプによって、それぞれに異なる周波数が発生することも明らかにし、それらを増幅してさまざまな機器を操作して見せたが、その際には特に意識を集中する必要もなく、普通に思念するだけで十分だった。彼らは、こうした機器は、まず身体障害者用に使われることになるだろうと言っていたが、わたしには将来、もっと幅広く利用できるようになるのではないかと思われた。

さらに驚くべき発見は、それを使う人の言語が何語でも良いということだった。その装置は想念を解釈するのであって、言語ではないのであった。彼らは、「想念は物質である」と言っていた。この日本人たちは、いまや言葉の壁を回避する方法を示しているのであり、それはまさに宇宙人たちの用いているものと同じなのだ。電球を点滅させたり警報を鳴らしたりすることから、それにより車や宇宙船をコントロールするようになるまでには、さほど時間は掛からないであろう。今、世界中の科学者たちが、光の速度より速く物体を動かす方法を研究しているが、これはアインシュタインの理論によって不可能とされたことであった。かつては空想科学小説の世界のこととされていた話が、いまや科学的事実の領域に入って来ているのだ。おそらく、宇宙人たちが主張している他のことについても、理論的には可能と考えても良いのではないだろうか。

本書の原稿を最終的に推敲していた時、『ディスカバリー・マガジン（*Discovery Magazine*）』の一九九八年五月特別号が発売され、それには人間のクローニングと複製についての特集記事が掲載されていた。この発行のタイミングは完璧であった（わたしは偶然などないと思う）。と言うのも、そこには本書で取り上げた問題についての納得のいく説明があったからだ。

当時、スコットランドの科学者がクローン羊、ドリーを作り出し、それに続いて我が国の科学者たちも牛やアカゲザルのクローニングを成功させた（アカゲザルに関しては、二〇一五年現在でも、クローン胚とそれから作成されたES細胞が公式に報告されているだけである・訳注）。世界中で、特に政治家たちの間で、人間のクローニングに関する倫理上の問題についての議論が沸騰し、これを禁止するか、少なくとも制限するための法律の制定が検討されていた。その様はまるで、馬が逃げた後で、あわてて厩舎の扉を閉めようとしているかのようだった。

すでに、アメリカや世界各地のいくつかの研究所が、人間のクローニングの実験を開始したと明言しており、二年以内には成功するだろうと予想されている。彼らは、「可能なことであれば、それは実行されるであろう」と言っているが、科学的好奇心とはそういうものだ。眼の前に挑戦すべきことが示されれば、結果がどうなろうとそれに取り組むのである。何百人もの人々が、最初のクローン人間の実験材料になることを志願している。科学者たちによれば、羊よりも人間のクローンを作るほうが簡単だろうということだ。

その雑誌記事には、クローン人間が可能であることが最初に科学者によって明言されたのは一九三〇年代であった、と書かれていた。その後、研究は中断したが、一九七〇年代にカエルのクローニングに成功した。しかしその後は、最近になって哺乳類の動物を使った研究成果が発表されるまで、なんの報告もなかった。

この四十年間、誰も何も研究していなかったなんて、人は信じるだろうか？　一九三〇年代に初めてクローンの可能性が確認された後、科学者たちが何も研究しなかったなどと本当に信じられるだろうか？　わたしは、今起こっているような大騒ぎを恐れて、科学者たちは秘密裏に実験を続けていたのだと思う。彼らは、〝神の真似〟をしようとしている、などという倫理上の論争が起こりうることを予想していたのだろう。今の仕事をしていてわたしにはっきりわかったことは、研究機関、特に政府の関係する機関が、多年にわたり実験を続けて完成させた技術を、今頃になって公表しているということだ。彼らは情報を少しずつ小出しにし、人々をそれに慣らしてから、何年も前に完成していたものを発表するのである。

彼らは、人間のクローンは普通の人と見分けがつかないと言う。それなら、すでにそういう人間が、わたしたちに混じって多数存在しているのかもしれない。同じことが、宇宙人と人間の混血児にも言える。記事には次のようにあった。

「人々は彼女（クローン人間）に向かって、『お母さんにそっくりね』と言うであろう。しかし、誰にも真実はわからない。少なくとも、彼女が十六歳になって、自分の身の上話を大衆紙に売る決心をするその時までは」

多くの人々は（特に宗教界では）、クローン人間は、心を持たないロボットのようなものだと言う。それはまったく違う。科学者たちは、もうずいぶん以前から体外受精の技術を確立し、その結果、多くの、完全に普通の子どもたちが生まれて来ているのだ。彼らは、〝通常の受精〟で生まれて来た子どもたちとまったく区別ができない。わたしたちは皆、母と父の遺伝子を混ぜて作られたクローンなのである。そして真のクローンとは、一人の人間の遺伝子だけで作られたものということになるのだろう。

〝通常〟の受胎では、母親の卵子は父親の精子によって受精されねばならない。受精は体内でも、実験室のシャーレの中でも可能だ。クローニングでは精子は必要ないが、卵子は他の手段（化学的あるいは電気的な）で活性化される。

卵子が発達を始めた初期の段階においては、それはまったく同じ細胞の塊でしかないが、数日経つと、それらの細胞は分化し始める。あるものは将来骨になり、あるものはなんらかの臓器になり、また、あるものは皮膚になる。細胞の奥深くに存在する何ものかがこの反応を引き起こし、それぞれの細胞に体のどの部分になるのかを伝えるのだ。だから科学者は、分化が始まる前、細胞が自分の役割を本能的に知るようになる前であれば、その細胞でクローンを作ることができる。しかし、発育を始めた胚は女性の体内に戻され、出産までの間、そこで成長する必要がある。

こうした一連の技術には、わたしがここ十年以上もの間、宇宙人から得てきた情報の内容と非常によく似たところがある。精子と卵子の試料採取、体のいろいろな場所から細胞を削り取ること、胚を人間の体内に戻すこと、十分育ったと思われる段階で胎児を取り出すことなどである。ひとつ、大きな違いと言えば、宇宙人たちは胎児を人間の体外の保育器の中で育てる方法も開発していることである。『*Legacy from the Stars*』（『星からの遺産』）には、人間の目から採った液体から細胞を採取し、胎児を宇宙船内の実験室にある人工子宮の中で成長させるという話がある。わたしの他の著書にも、宇宙人の科学者たちが、実験室で培養皿の中の細胞を使って作業している様子を目撃したという例が多数収録されている。

我が国の科学者たちは、細胞には複製に必要なＤＮＡが含まれているので、成人の細胞でもクローン作成に使用することは可能だと言っている。しかし、成人の細胞はすでに分化してしまっており、そうした細胞を新たに分化発達させるための刺激法の開発にはまだ成功していないらしい。大人の細胞には、どの細胞になるかがすでに告げられているのだが、生まれたばかりの細胞はまだそれを知らないのだ。しかし、その方法もやがて見つかるはずだと科学者たちは言う。だから、いずれは実現するであろう。

その雑誌の記事には、どのクローンであれ、身体以外は正確な複製とは言えない、と書いてあった。例えば、アインシュタインやシェークスピアの細胞が手に入ったとしても、それらを使ってクローンを作ったら、また同様な天才が出現するだろうか？　どの程度が遺伝子によって決定され、どれくらいが育った環境や文化の影響によるのだろうか？　クローン人間は、元の人間と少なくとも一世代は年齢層が違うことになる。複製された人間は、コピー元とはまったく異なった社会的、文化的、環境的な条件の中で、それらの影響を受けながら育てられるのである。

記事にはまた、子宮内にいる間にどのくらい母親の影響を受けているかは不明だともあった。これはまさに、あの宇宙人たちがジャニスに告げたことと同じである。彼らは、二種類のまったく違ったクローンの個人を作ることができると言っていた。母親の遺伝物質から作られたものは正確な複製であるが、一方、受精後、子宮内で育ったほうは、母親が日常生活で経験したことの影響を受けるので、体外のみで育ったクローンとはまったく違った人間になると言うのである。

クローンが、身体以外は元の人間とまったく同じではない、という理由には、まだもうひとつ、とても重要なことが抜け落ちている。それは、わたしたちが、単なる身体そのものではない、ということだ。わたしたちは身体を持っているが、それがすべてではない。人間の真の本質は、永遠なる魂、または霊である。身体に魂が入り込まなければ、それは生命体ではない。いくら科学が肉体を発達させることに集中して努力しても、魂が生気を与えなければ、それは生命のない抜け殻でしかない。魂が肉体に入ることによって、その魂が持っている宿命をも受け継ぎ、これから始まる新しい人生の目的が決定するのである。それぞれが異なった二つの魂なのであるから、元の人間とはまったく違う人間が創り出されるのである。

宇宙人たちも、このことは認識している。『*Legacy from the Stars*』(『星からの遺産』)には、未来の世界で、地球の地底に暮らす人たちが繁殖の能力を失ってしまっている話が紹介されている。彼らは、身体の正確な複製を作って石棺のような容器に保存していたが、魂がそれに入り込む決心をしなければ、それは生命のないままであることを知っていた。わたしは同書の中で、わたしたちは皆、長い輪廻転生の中で宇宙人の体の中に住み着いたこともあるのだということについても論じた。わたしたちの魂は太古の昔から存在し、これからも永遠に生き続けるのであるから、それは常に新しい異なった身体の中に入り込み、可能な限りのあらゆる教訓を学び取るのである。

宇宙の歴史からすれば、地球はまだ若い惑星である。だから、地球特有の感情とか制約のある状態を進んで経験しようと決断する以前にも、わたしたちはさまざまな形の生命体としてすでに多くの冒険をしてきたのである。宇宙人たちは、わたしたちすべてが永遠の魂を持ち、すべての魂は根源《ソース》(Source 彼らは神のことをこう呼ぶ)から来ていることを知っている。だからこそ、わたしはあの本の中で、「彼らはわたしたちであり、わたしたちは彼らである。わたしたちはひとつの全体である」と述べたのである。

わたしたちの政府は、すでにこうした技術を確立しているとわたしは信じているが、その根拠のひとつは、秘密の地下基地を訪れた人たちの報告である。彼らはそこで〝奇妙な怪物〟の開発現場を目撃した。これは、その機関がすでにクローニング技術を完成させ、人間と他の種の遺伝子の組み合わせを行なっていることを示唆していると思われる。

このような研究は秘密裏に、こっそりと行なうしかない。宇宙人たちは、自分たちはクローニング技術を完成させているので、政府の科学者たちとともに仕事をしながら助言を与えるのだと言っていた。しかし、政府は彼らの助言を無視して勝手に仕事を進め、すでに完成している技術の上に、さらに何かを付け加えようとしていた。宇宙人たちには科学者たちが間違いを起こすことはわかっていたが、あえて彼らの好きにさせ、みずから悟らせようという決断を下した。宇宙人たちも違う種との混血を作る実験をしたことがあるが、その目的は興味本位のものではまったくなく、別の太陽系内の惑星に適応し、そこで機能できる種を作るためであった。わたしたちには怪物のように見え、嫌悪感を催させるような生物でも、異なった環境ではまったく問題なく受け入れられるのだろう。このように、一般には決して公表されることのない多くのことが、政府と宇宙人たちによって行なわれているのである。

宇宙人たちによれば、人類が地球を破壊してしまった時のために、移住先となる惑星を準備中だということだ。彼らが作った、人間に良く似た、複製された遺伝子を持ったものが、すでにそこに連れて行かれているらしい。彼らは、人類の生命を絶えさせてはならないと言っている。生命とは非常に繊細で、また貴重なものである。だからこそ人類も、このような方法で保存されようとしているのである。

こうしたことは、一般のＵＦＯによる拉致被害者たちにしてみれば、まったくあずかり知らぬことではあるが、彼らの遺伝子は大変価値のあるものであり、この惑星においても他の銀河系の惑星においても、生命の保存のために使われているのである。彼らは自分たちの知らぬうちに、人類の生き残りという問題に対する解決策を提供しているのかもしれない。

わたしの生きている間には無理かもしれないが、目隠しが取り外され、今のところは過激と言われても仕方のないようなこうした考えが、実現可能なものであることを科学者たちが認める日がきっと来ると、わたしは信じている。そして、ひとたびそうした可能性を認めれば、彼らの精神は解き放たれ、自由に思考をめぐらして、未知の不可思議な小径を探検する旅に出掛けることができるようになるだろう。

今までなされたことのないことを試みようとする積極性と、不可能に思えることをなんとか説明してみようとする努力によって、新しい発見が生まれるのである。そしてその時には、わたしたちの五感で知覚できる物質的な現実を超えた、もっともっと多くの事実が存在することがわかるであろう。わたしたちはこの世界と隣り合って実在する別の存在レベル、別の次元、別の宇宙があることを発見するであろう。そういった別の世界との間を行き来することは、可能なばかりでなく望ましいことであることを発見するであろう。これらは気違いじみた理論ではなく、事実に基づいたものであることが明らかになるであろう。わたしたちの進歩を妨げている目隠しを取り払い、直線的思考による制限から解放された時、わたしたちの限界を定めているのはみずからの想像力だけであるという事実に気づくのだ。そして、わたしたちを地球に縛り付けていた足かせの鎖を解き放ち、わたしたちの同志や先人たちに加わって、いろいろな星々で彼らと共存することができるようになるであろう。

宇宙は最後の未知の領域と言われているが、その次には、別の次元や並行宇宙（わたしたちの世界に隣り合って存在している世界。平行宇宙とも）が、わたしたちの挑戦の対象となるだろう。しかし、探検に出掛ける前に、まず、それらを理解しておく必要がある。

かくして、わたしは探求を続け、問いを発し続けてゆく。そして、ますます大きく高くなってきている証拠の山に、さらに新たな資料を積み重ねるつもりなのである。

冒険の旅は続く。

訳者あとがき

わたしはかなり以前からＵＦＯに興味を持っており、その手の書物を数十冊読んできた。特に関心があったのは、「なぜ宇宙人は地球にやって来るのか、そしてなぜ人間の体を調べるのか」ということで、そうした観点からすると、ＵＦＯ目撃だけの話にはさほど興味を持てなくなっていった。宇宙人によって誘拐され、宇宙船の中で身体検査を受けるといった話が書かれた本は沢山世に出ていたが、そのどれにも、人間を誘拐するその理由は書かれていなかったのだ。

そのようなわたしの疑問に答えてくれたのが、ドロレス・キャノンの一連の著作だった。彼女は宇宙船に連れて行かれたと思われる人に催眠術を用い、宇宙船内での出来事を再現して見せてくれたのである。宇宙船内での経験談を書いた本は他にもあるが、ドロレスはそこで検査されている人に、なぜそんなことをするのか、その場にいる宇宙人に聞いてみるよう指示してみたのだ。すると、「お前らにこんなことをする権利はない」と抗議した人間に対して宇宙人は、「いや、おおいにある」と答えたのである。

その後、彼女は宇宙人に多くの質問を試み、さまざまな情報を得た。高度な文明を持った宇宙人は、人類や地球についての知識も豊富で、ドロレスは彼らから多くの事柄を知らされた。彼女はさらに高い次元にある「図書館」に行くことも教えられ、そこで得られた多くの情報を数冊の本にして出版した。わたしはそれらの本をすべて読んだ。宇宙人や古代の人類、それに地球に関する情報だから、面白くないわけがない。なかでも特に面白いのは『この星の守り手たち』と本書『人類の保護者』、それに『入り組んだ宇宙（*The Convoluted Universe*）』だ。

わたしは後者二冊を翻訳した後、ドロレスに面会すべく、ラスベガスに近い小さな町ラーフリンで開催された国際UFO会議に参加した。彼女がゲスト・スピーカーとして名を連ねていたので、多忙の彼女に会える絶好のチャンスと思ったのだ。幸いなことに、ドロレスは娘のジュリアとともに著書の販売のため会場の一角で店を開いていて、わたしはそこで彼女といろいろ話をすることができ、十分に目的を果たせたのであった。

ドロレスは、彼女の著作が日本でも読まれることを喜んでくれ、わたしが翻訳したタイトルを自分が創立した出版社で出版してくれると約束してくれた。しかし、その後のメールのやりとりで、やはり日本語の本は日本で出版したほうが良かろうということになり、すでに『この星の守り手たち』の日本版を出されていたナチュラルスピリット社のお世話になることになった。とくに、編集を担当してくださった方には、非常に読みやすい文に仕上げていただき、深く感謝している。


ドロレスは被術者を催眠術でリラックスさせ、その人の霊をさまざまな場所に送って情報を得てきたが、じつは同じ方法で被術者を十分にリラックスさせると、その人の守護神が出て来てくれるのである。彼女は守護神をなんと呼んでよいかわからず、それを「潜在意識」（Subconscious〔これは通常の精神分析や心理学で言うそれとは異なった意味を持つ彼女独特の概念である〕）と命名した。潜在意識はその人のあらゆる病気をヒーリングしてくれるので、難病で苦しむ多くの人々がドロレスのセッションにより救われている。この方法は現在QHHTと呼ばれているが、彼女はこれを世界中の多くの人々に教え伝え、二〇一三年には来日して四十名ほどの受講者を相手に研修を行なった。

彼女は自身を「埋もれた知識の探究者」と位置づけ、独自の方法で古代の知識の発見に努めながら多くの個人のヒーリングを実践し、さらにはＱＨＨＴを学ぼうとする人々の研修指導や講演、それに執筆を続け、近年はＱＨＨＴを中心としたヒーリングを教える大学の設立にも尽力していたが、残念なことに二〇一四年一〇月、八十三歳で他界してしまった。

しかしながら彼女は、みずから育ててきた多くのＱＨＨＴの後継者たちを今でも見守り、希望するとＱＨＨＴのセッションに出現し、後継者と会話をして指導を続けている。

このように傑出した存在である彼女の著作が、またひとつこうして日本で世に出ることは本当に素晴らしいことであり、原稿の仲介をしていただいた玉井孝夫氏、そして快く出版を承諾してくださったナチュラルスピリット社の今井社長には感謝してもしきれない。ドロレス・キャノン女史も同じ気持ちだと思う。

誉田光一

Dolores Cannon
P.O. Box 754
Huntsville, AR 72740 U.S.A.
Ozark Mountain Publishing
WWW.OZARKMT.COM

〔訳者付記〕
以上が原著に付された著者紹介であるが、ドロレス・キャノン女史は2014年10月18日、この地球における探究活動を終え、別の次元へと移行した。その直後、彼女の最後の著書となった『*The Search for Hidden Sacred Knowledge*』が刊行された。また、主要著作としては、本書中にも挙げられている『*The Convoluted Universe*』シリーズ全5巻がある。

■訳者プロフィール

誉田光一（ほんだ・こういち）

1943年7月、千葉県に生まれる。千葉大学卒業後、1966年カナダに移住。カナダのブリティッシュ・コロンビア大学で理学修士と図書館情報学修士号を取得後、1973年より国立農業図書館に勤務。2010年4月、ドロレス・キャノンの研修指導を受け、ＱＨＨＴプラクティショナーの資格取得。

■著者プロフィール

ドロレス・キャノン（*Dolores Cannon*）

1931年、ミズーリ州セントルイスに生まれたドロレス・キャノンは、退行催眠療法士として、また心霊研究家として“失われた”知識を収集し記録し続けてきた。ミズーリ州で教育を受け、1951年に海軍の職業軍人と結婚するまで同州で暮らしたが、その後の20年間は、典型的な海軍軍人の妻として家族とともに世界中を旅して回った。

1968年、アマチュアの催眠療法士であった夫が、肥満の問題を抱えた1人の女性に催眠術を掛けたところ、彼女が過去世にさかのぼって行くという出来事が起こり、その時、彼女は初めてそうした世界を垣間見ることになった。その頃は“過去世”のことなどは異端的な話題であり、そのような分野に関わっている人もほとんどいなかった。彼女も、好奇心に火はつけられたものの、当時は家庭のことが最優先され、よけいなことに手を出すことはできなかった。

1970年に夫が傷痍軍人として退役し、アーカンソー州の山岳地帯で引退生活をすることになると、彼女は著作活動を開始して、いろいろな雑誌社や新聞社に原稿を売り込むようになった。子どもたちが成長して独立し始めると、退行催眠や人の生まれ変わりについての興味が再び頭をもたげてきた。彼女は各種の催眠術を研究し、独自の方法を考案したので、それによって被術者から非常に効率良く情報を得ることができるようになった。1979年以来、彼女は何百人ものボランティアに退行催眠を施術し、彼らから得られた情報を整理保存してきた。1986年には調査対象をＵＦＯの分野まで広げ、ＵＦＯが着陸したと思われる場所での現地調査や、イギリスのミステリー・サークルの調査なども行なった。そうした分野における証拠資料の多くは、ＵＦＯに誘拐されたという人たちに催眠術を掛けて得たものである。

彼女の著作には、『*Conversations with Nostradamus Vol. I, II, III*』（邦訳〔*Vol.I*のみ〕『ノストラダムス霊界大予言』二見書房）、『*Jesus and the Essenes*』、『*They Walked with Jesus*』、『*Between Death and Life*』、『*A Soul Remembers Hiroshima*』、『*Keepers of the Garden*』（邦訳『この星の守り手たち』ナチュラルスピリット）、『*Legacy from the Stars*』、『*The Legend of Starcrash*』などがある。『*Jesus and the Essenes*』と『*They Walked with Jesus*』は、イギリスのGateway Booksによっても出版された。彼女の著作のあるものは、いくつかの言語で読むことができる。

ドロレスには4人の子どもと14人の孫がいるが、彼らの存在により、彼女は家族に代表される“現実の”世界と、仕事上で関わる“見えない”世界との間で、しっかりとバランスを保つことができてきたのである。

彼女の著作に関して質問その他があれば、下記住所宛に手紙をお送りいただきたい（住所を記入の上、返信用切手を貼った封筒を同封のこと）。また、出版社のウェブ・サイトを通しての連絡も可能である。

人類の保護者
UFO 遭遇体験の深奥に潜むもの

●

2016 年 8 月 12 日　初版発行
2022 年 12 月 12 日　第 2 刷

著者／ドロレス・キャノン
訳者／誉田光一
編集／高取隆喜
本文 DTP ／小粥 桂

発行者／今井博揮
発行所／株式会社 ナチュラルスピリット
〒101-0051 東京都千代田区神田神保町 3-2 高橋ビル 2 階
TEL 03-6450-5938 FAX 03-6450-5978
info@naturalspirit.co.jp
https://www.naturalspirit.co.jp/

印刷所／シナノ印刷株式会社

ISBN978-4-86451-211-4 C0010